Guilá Naquitz

Archaic Foraging and Early Agriculture in Oaxaca, Mexico

by Kent V. Flannery

墨西哥瓦哈卡的古代期觅食与早期农业

肯特·弗兰纳利 主编

陈淳 陈虹 董惟妙 译
董宁宁 殷敏 韩婧 潘艳

Routledge
Taylor & Francis Group

上海古籍出版社
Shanghai Chinese Classics Publishing House

《外国考古学研究译丛》编委会

主任： 刘庆柱（中国社会科学院学部委员，中国社会科学院考古研究所研究员）

委员： 刘　莉（美国斯坦福大学东亚语言与文化系教授）

　　　　陈星灿（中国社会科学院考古研究所所长、研究员）

　　　　吴小红（北京大学考古文博学院副院长、教授）

　　　　陈胜前（中国人民大学考古文博系教授）

　　　　陈　淳（复旦大学文博系教授）

本译丛获国家社科基金重大项目资助

（批准号：12&ZD152）

GUILÁ NAQUITZ

Archaic Foraging and Early Agriculture in Oaxaca, Mexico

UPDATED EDITION

Edited by

KENT V. FLANNERY

with a 2009 Foreword by the Editor

Left Coast Press Inc.

Walnut Creek, California

ARCHAEOLOGY/BOTANY

This volume reports on the excavation of Guilá Naquitz cave in Oaxaca, a site that provides important evidence for the earliest plant domestication in the New World. Stratigraphic studies, examinations of artifactual and botanical remains, simulations, and an imaginative reconstruction make this a model project of processual archaeology. A new 2009 Foreword by Kent V. Flannery provides recent data and reflects on the importance on this site for later study of New World agriculture.

"The whole is impressive."
—Don E. Dumond, *AMERICAN ANTHROPOLOGIST*

"Not only does it give important data on the Archaic of Oaxaca, a key region of Mesoamerica, but also it adds new techniques and methods of analysis that result in a new approach to theory."
—Richard S. MacNeish, *AMERICAN ANTIQUITY*

Kent V. Flannery is the James B. Griffin Professor of Anthropology and the Curator of Environmental Archaeology, Museum of Anthropology at the University of Michigan, Ann Arbor. He is author of numerous books and articles and a member of the National Academy of Sciences.

For orders and inquiries, please contact the publisher

Left Coast Press Inc.

Walnut Creek, California
www.LCoastPress.com

瓦哈卡河谷的自然景观（韩婧 摄）

瓦哈卡河谷中的
牧豆树草地（韩婧 摄）

瓦哈卡河谷的荆棘林与仙人掌（韩婧 摄）

在瓦哈卡农业基础上形成的萨波特克国家首都，蒙特阿尔班

作者简介

（括号里的数字是指该作者文章的起始页码[即本书边码]）

埃里克·卡伦[1]（Eric O. Callen）（173），麦吉尔大学植物病理学系，蒙特利尔，加拿大PQ H3A 2T7。

休·卡特勒（Hugh C. Cutler）（275），密苏里植物园和华盛顿大学，圣路易斯，密苏里，63130。

伊莱亚斯（J. N. Elias）（297），印第安纳大学医学中心医学系，印第安纳波利斯，印第安纳，46202。

肯特·弗兰纳利（Kent Flannery）（3、19、31、43、65、147、163、169、171、175、239、249、255、285、303、321、331、425、435、501、511），密歇根大学人类学博物馆，安娜堡，密歇根，48109。

弗兰克·霍尔（Frank Hole）（97），耶鲁大学人类学系，纽黑文，康涅狄格，06520。

劳伦斯·卡普兰（Lawrence Kaplan）（281），马萨诸塞大学生物系，波士顿，马萨诸塞，02125。

玛丽·伊丽莎白·金（Mary Elizabeth King）（157），印第安艺术与文化博物馆人类学实验室，圣塔菲，新墨西哥，87504。

迈克尔·柯克比（Michael J. Kirkby）（43），利兹大学地理学院，利兹，英格兰LS2 9JT。

西尔维亚·马兰卡（Silvia Maranca）（65），圣保罗大学保利斯塔博物馆，圣保罗，巴西，04263。

克里斯·莫泽（Chris L. Moser）（65），河滨市博物馆，河滨，加利福尼亚，92501。

罗伯特·雷诺兹（Robert G. Reynolds）（385、439），韦恩州立大学计算机科学系，底特律，密歇根，48202。

罗布森（J. R. K. Robson）（297），南卡罗莱纳医科大学家庭医学系，查尔斯顿，南卡罗莱纳，29425。

詹姆斯·舍恩韦特（James Schoenwetter）（179），亚利桑那州立大学人类学系，坦佩，亚利桑那，85287。

小厄尔·史密斯（C. Earle Smith, Jr.）（265），阿拉巴马大学人类学系，阿拉巴马，35486。

兰登·道格拉斯·史密斯（Landon Douglas Smith）（179），美国农业部森林服务署，西南部地区，计算机系统，阿尔伯克基，新墨西哥，87102。

查尔斯·斯宾塞（Charles S. Spencer）（331），康涅狄格大学人类学系，斯托斯，康涅狄格，06268。

迈克尔·惠伦（Michael E. Whalen）（141），塔尔萨大学人类学系，塔尔萨，俄克拉荷马，74104。

罗伯特·惠伦（Robert Whallon）（369），密歇根大学人类学博物馆，安娜堡，密歇根，48109。

简·惠勒（Jane Wheeler）（239、285），科罗拉多大学人类学系，博德，科罗拉多，80309。

托马斯·惠特克（Thomas W. Whitaker）（275），美国农业部与加州大学圣迭戈分校生物学系，拉霍亚，加利福尼亚，92038。

安妮·怀特（Anne V. Whyte）（43），联合国教科文组织生态科学部，巴黎，法国，75700。

戴维·威尔逊[2]（David Wilson）（521），密歇根大学人类学博物馆，安娜堡，密歇根，48。

---

[1] 加灰底者已过世。
[2] 现在地址：南卫理公会大学人类学系，达拉斯，德克萨斯，75275。

译者简介

陈 淳

复旦大学文物与博物馆学系考古学教授、博士生导师。著作有《考古学的理论与研究》《考古学理论》《当代考古学》《文明与早期国家探源》《考古学研究入门》《考古学前沿研究：理论与问题》；译作有《手》《骗局、神话与奥秘》《欧洲文明的曙光》《考古学思想史》（第二版）、《时间与传统》《龙骨山——冰河时代的直立人传奇》《考古学：理论、方法与实践》（第六版）、《族属的考古》等。

陈 虹

复旦大学文物与博物馆学系博士、赴加拿大多伦多大学人类学系联合培养两年。现为浙江大学文物与博物馆学系副教授，博士生导师。

董惟妙

兰州大学地理学系博士，现任复旦大学文物与博物馆学系讲师。

董宁宁

南京大学历史系考古专业学士、剑桥大学硕士和博士，现任复旦大学文物与博物馆学系讲师。

殷 敏

复旦大学文物与博物馆学系学士、英国诺丁汉大学考古系硕士、伦敦大学考古系博士。

韩 婧

北京大学考古文博学院学士与硕士、英国格拉斯哥大学艺术史系博士。目前在盖蒂文物保护中心做博士后。

潘 艳

复旦大学文物与博物馆学系博士，赴加拿大多伦多人类学系联合培养两年，复旦大学生命科学院博士后，现任复旦大学文物与博物馆学系副教授。

目 录

《外国考古学研究译丛》总序   1
英文版序   1
中文版自序   2
2009年再版前言   1

第一编
问题与模型   1

1 研究的问题   3
引言   3
农业："如何"还是"为何"？   3
古植物学的证据   6
瓢葫芦与西葫芦   7
豆子   8
墨西哥类蜀黍与玉米   8
玉米—豆子—西葫芦的共生   10
早期驯化模型与理论   10
模型的普遍性方面   18
小结   19

2 特化坎—瓦哈卡地区的信息流动   20
引言   20
物质、能量与信息   21
一个生态系统的选择   22
建立一个多环结构模型   23
从特化坎和瓦哈卡资料得出的一个系统论模型   24
玉米与牧豆：与人类相联系的两个植物种属例子   27
为环境多样性建模   28
时间安排   29
小结   29

第二编
文化与环境背景   31

3 圭拉那魁兹的时空与文化背景   33
引言   33
瓦哈卡河谷   33
圭拉那魁兹的发现   38
圭拉那魁兹的年代和文化定位   40
圭拉那魁兹的人口背景   41
宾福德"觅食者—集食者两分"背景里的圭拉那魁兹   42
麦克尼什"大游群—小游群两分"背景里的圭拉那魁兹   42
瓦哈卡—特化坎居址类型背景里的圭拉那魁兹   43
小结   45

4 圭拉那魁兹洞穴群的自然环境   46
引言   46
地质与土壤   48
气候与水文   49
植被带及其群丛   50
本地动物   54
较远的环境   55
小结：前陶期遗址位置的因素   56

第三编
发掘与人工制品分析   57

5 圭拉那魁兹的发掘   59
引言   59
发掘技术   61
第一阶段：初步试掘   64
第二阶段：探方D8和E8   67
第三至五阶段：主要发掘开始   69

第六至七阶段：完成主要的发掘　　71
　　前陶期的居住面：概述　　73
　　B层的意义　　77
　　后古典期的地层　　77
　　形成期的短暂栖居　　78

6　打制石器　　80

　　引言　　80
　　技术与原料　　80
　　类型学　　82
　　圭拉那魁兹石器工业的基本特点　　82
　　打制与剥片工具　　83
　　石核与石核碎块　　84
　　砍砸器、刮削器与石刀　　85
　　开槽与穿刺的工具　　88
　　其他石片与石叶工具　　89
　　矛头　　91
　　两面器　　96
　　未加工制品　　98
　　小结　　99

7　圭拉那魁兹打制石器的原料产地　　107

　　方圆10千米以内　　107
　　距离25千米外　　109
　　距离45—55千米外　　109

8　磨制石器　　111

　　初步讨论　　111
　　单手磨石　　112
　　磨盘　　114
　　石臼　　115
　　杂类　　116
　　各居住面小结　　117

9　圭拉那魁兹前陶期的绳索与篮子　　119

　　引言　　119
　　结网　　119
　　绳索　　120
　　纤维　　121
　　篮子　　122
　　各居住面小结　　122
　　小结　　123

10　木制品与相关材料　　124

　　取火装置　　124
　　矛头装柄设备（？）　　125
　　仙人掌烘烤装备　　126
　　杂类　　127
　　各居住面小结　　128

11　作为燃料的木头　　130

12　鹿角器　　131

　　人工制品类型　　131
　　各居住面小结　　132

13　粪化石和动物皮毛　　133

14　放射性碳断代　　135

　　与特化坎的比较　　136

第四编
古今环境的比较　　137

15　瓦哈卡地区古代期的花粉分析　　140

　　项目介绍　　140
　　现代花粉雨　　141
　　河谷的植物生态　　144
　　地表花粉记录　　147
　　化石花粉记录　　159

16　前陶期与现代的小型动物比较　　197

　　引言　　197
　　现代啮齿动物样品　　197
　　前陶期啮齿动物样品　　199
　　比较古今样品　　201
　　鸣禽　　202
　　小型蜥蜴　　203
　　软体动物　　204
　　概括与小结　　204

第五编
生计形态分析 205

17 生计材料的量化分析：第五编的介绍 207
引言 207
圭拉那魁兹食物残存的性质 207
第五编的格式 210

18 米特拉洞穴的野生食物资源：生产力、季节性和年际变化 212
1966—1976年间的植物普查 212
季节性波动 217
年际差异 218
肉食的生产力估算 219
将原始生产力换算成卡路里和蛋白质 220

19 圭拉那魁兹前陶期的植物遗存 223
植物遗存的类别 225
植物遗存的阐释 230
前陶期的农业 231
圭拉那魁兹的植被史 231
小结 232

20 圭拉那魁兹前陶期地层中的西葫芦 233

21 圭拉那魁兹的前陶期菜豆 237
引言 237
圭拉那魁兹1型豆介绍 238
圭拉那魁兹的本地野豆 239
圭拉那魁兹1型豆遗传上对驯化种可能的影响 240

22 圭拉那魁兹前陶期动物食物遗存 241
引言 241
狩猎或诱捕的动物 241
哺乳类和爬行类 247
鸟类 248
各居住面小结 249

23 圭拉那魁兹食物遗存的营养意义 252
引言 252
讨论 253
圭拉那魁兹每天摄入的假设 255

24 圭拉那魁兹食物采办区与前陶期食谱 257
食物种类与每一百克份量的关系 257
植食 257
肉食 261
洞穴遗存所代表的采获面积 262
居住面小结 267
圭拉那魁兹人口的维持面积 268
圭拉那魁兹每天的植食消耗 268
计算维持区 269
食谱的历时变化 270

第六编
居住面的空间分析 273

25 圭拉那魁兹居住面的空间分析：第六编介绍 275
图像表现技术 275
定义活动区 276
数据组 277
空间共存和分开的原因 284

26 圭拉那魁兹碎屑的空间差异：一种描述性方法 285
引言 285
描述性估量 285
轮廓线图 287
解释轮廓线图 290
E层 290
D层 293
C层 295
B3层 298
B2层 300
B1层 302
概括与小结 305

27 圭拉那魁兹四个居住面的空间分析 307
统计方法 307
方差三维分析的介绍 307
统计技术 309
圭拉那魁兹的居住面 310
各居住面的分析结果 312

小结 319
　鸣谢 319

28　圭拉那魁兹四个居住面的多维度分析 320

　引言 320
　活动区：空间形态构建的问题 320
　认知活动区的结构 321
　划分距离技术 323
　Q型因子与R型因子分析 326
　结果与讨论 327
　历时变化 346
　概括与小结 348

29　圭拉那魁兹的片段分析：斯宾塞、惠伦和雷诺兹分析结果的综合 350

　片段分析 350
　片段1　E层的堆积 351
　片段2　D层的堆积 352
　片段3　C层的堆积 353
　片段4和5　B3层和B2层的堆积 355
　片段6　B1层的堆积 355
　人工制品与活动区 357

第七编
瓦哈卡的觅食与早期农业 359

30　觅食策略的建模：第七编介绍 361

　其他计算机模拟背景中的雷诺兹模型 362
　为狩猎采集者生计策略建模的其他途径 363
　我们方法的基本原理 364

31　瓦哈卡河谷东部植物采集与早期农业演进的适应性计算机模型 365

　Part 1　引言 365
　Part 2　为狩猎采集者的决策建模 367
　Part 3　瓦哈卡河谷东部材料 372
　Part 4　非正式的前农业模型 373
　Part 5　开发正式模型 379
　Part 6　前农业的模拟 394
　Part 7　为初始农业建模 401
　Part 8　模拟初始农业的达成 403
　Part 9　模拟气候变化与人口增长 412
　Part 10　概括与小结 415

32　适应、演进与考古时段：雷诺兹模拟分析的一些启示 418

　前农业阶段 418
　前农业阶段的启示 418
　初始农业阶段 420
　初始农业阶段的启示 420
　作为前农业形态延伸的农业 421
　适应与考古学年表 424

第八编
概括与小结 425

33　探访大师 427

　大师 428
　下午 429
　傍晚 431
　午夜 434
　拂晓 435

34　摘要 437

　参考文献 440
　索引 447
　译后记 449

《外国考古学研究译丛》总序

在《外国考古学研究丛》即将付梓之际，主编陈淳教授嘱我为序，我欣然同意。这主要因为长期以来，我十分钦佩陈淳教授孜孜不倦的治学精神、对科学研究的持续激情、对真理探索的不断追求、对考古学学科理论与方法的真知灼见、对传播国外考古学思想与成果的积极贡献。

陈淳教授是"文化大革命"后的第一批考古学研究生，他在中国科学院古脊椎动物与古人类研究所师从贾兰坡院士攻读旧石器时代考古学。其后又于20世纪80年代中期，赴加拿大麦吉尔大学（McGill University）人类学系攻读史前考古学，他成为新中国最早获得西方考古学博士学位的研究生之一。特别需要提出的是，陈淳教授在加拿大留学期间，深得西方著名考古学家布鲁斯·特里格先生的"真传"，使他成为当今较为准确、较为全面、较为深入掌握现代西方考古学基本理论的为数不多的中国考古学家。

陈淳教授三十多年来，一直工作在考古学教学、科研第一线。其间，他出版了《考古学的理论与研究》《当代考古学》《文明与早期国家探源——中外理论、方法与研究之比较》《远古人类》《中国猿人》《考古学理论》《考古学研究入门》等著作。陈淳教授在考古学理论与方法、旧石器时代考古学、国家与文明起源研究、农业起源研究等诸多考古学重要学术领域成果丰硕，显示出其广博的学识、深厚的学术造诣。

国外长期考古学学习、研究的学术背景，国内多年来考古学教学与科研的实践与学术积累，使陈淳教授倍加关注、思考中国考古学的历史发展过程、学科现状与学科未来走向。

考古学在欧美的发展经历了19世纪的进化考古学、20世纪初的文化历史考古学、20世纪60年代兴起的过程考古学到80、90年代的后过程考古学等几个重要发展阶段。在陈淳教授看来，当今中国考古学与国际考古学界的发展相比，虽然改革开放后有一些理论方法的借鉴，但是国内这门学科基本上还是停留在欧美的文化历史考古学阶段。这是一个很值得重视的意见。我认为目前至少中国考古学存在不同程度上学科理论的"贫乏"、方法的"滞后"、术语"共识"的"缺失"等问题。长期以来，我们一些考古学者把方法与理论混为一谈，把一个世纪前已经出现并应用的考古学基本学术概念，视为新的"学说"、新的"理论"、新的"方法"。我们的一些考古学研究还处于对考古学资料的"描述"阶段，人们只是在津津有味地陈述"是什么"，很少探索"为什么"。对于诸如家庭、家族、氏族、族、族群、民族、国家等不同学科的基本学术概念，缺少"共识性"、使用"随意性"是较为普遍存在的学术现象。在一些重大学术研究中，把本来不属于"同类"的科学问题混为一谈。如属于"血缘"性质的家庭、家族、氏族，与基本属于"地缘"与"文化"性质的"民族"及属于"政治"性质的"国家"，不分时代统统纳入"考古学文化"，造成学理的混乱。改变上述现状是目前中国考古学的急需，了解世界上其他地区的考古学研究成果，这是尽快深刻认识、加速发展中国考古学所必需的，是极为有益的科学借鉴。

中国考古学界从20世纪80年代起，随着中外交流的频繁、增进，一些国外考古学理论、方法和学术经典被陆陆续续介绍到中国。如其间翻译出版的《当代国外考古学的理论与方法》《考古学的历史·理论·实践》《时间与传统》，伦福儒和巴恩的《考古学：理论、方法与实践》第二版、《考古理论导论》《考古学思想史》第一版、《理论考古学》《民族考古学实践》和《阅读过去》等论著，他们为中国考古学发展作出了一定学术贡献。但是，诚如陈淳教授所指出的，从学科发展的更深层次、更高要求来看，上述译著的翻译质量还是参差不齐，有的不尽如人意，因此有必要加强这方面的基础性学术建设。为此，他近年来翻译和推介了大量西方考古学经典著作，如：当代灵长类学缔造者约翰·内皮尔的《手》，柴尔德的《欧洲文明的曙光》《历史发生了什么》《人类创造了自身》《历史的重建》和《考古学导论》，国际考古学理论权威布鲁斯·特里格的《考古学思想史》（第2版）、《时间与传统》（重译）等。陈淳教授的译著受到学术界广泛好评。与此同时，他还主持了《南方文物》"域外视野"栏目，在中国考古学界产生了积极影响。

近年来随着改革开放的深入，国家加大了中外文化交流的力度，在国家社会科学基金重大课题项目中，专门设置了国外著名学术著作的翻译项目。陈淳教授主持的"外国考古学研究译丛"，当之无愧地被首次评为考古学内容的"国家社会科学基金重大课题"。

《外国考古学研究译丛》与此前出版的同类译丛著作相比，其译丛著作作者的权威性、著作的代表性与前沿性十分突出。译丛著作的作者多为世界著名考古学家，如《考古学：理论、方法与实践》作者科林·伦福儒和保罗·巴恩、《聚落与历史重建：秘鲁维鲁河谷的史前聚落形态》作者戈登·威利、《圭拉那魁兹：墨西哥瓦哈卡的古代期觅食与早期农业》主编肯特·弗兰纳利，还有《国家与文明的起源》作者——著名的人类学家塞维斯、《族属的考古：构建古今的身份》作者——学界新锐希安·琼斯。译丛的五本书堪称在世界考古学界范围内的相关学术领域的重要著作，其内容涉及考古学学科综述、聚落考古、农业起源、文明探源、民族身份考古等五个方面，涵盖了当今世界考古最为重要、最为关注、最为前沿的学术问题。

陈淳教授的深厚学术素养，使其在本译丛的选题方面紧扣"国情"。他认为当前中国考古学界的最为重大学术课题是人类起源、农业起源、文明起源，以及族属的考古学研究，这一分析是十分准确的。在此基础之上，陈淳教授《外国考古学研究译丛》的五部专著是从国外众多考古学著作中精心挑选出来的，可以预见，这套译丛的出版会像陈淳教授所期待的那样，为我所用、中西结合，提升我国考古学界自身水平，使中国考古学的发展少走一些弯路，达到事半功倍的效果。

陈淳教授主编的即将付梓的《外国考古学研究译丛》，是开展中外考古学学术交流的很好开始。世界考古学还在飞跃发展，新的考古学成果还会不断出现，我衷心希望陈淳教授还能不断把更多、更新、更重要的国外考古学成果，更快译介给中国考古学界！

刘庆柱
2014年3月21日

英文版序

本报告是对墨西哥南部高地农业起源的跨学科研究。它始于前农业时期，止于瓦哈卡河谷东部栽培作物最早证据的出现。所采用的学科包括考古学、植物学、动物学、孢粉学和计算机建模。

这类研究已有许多先行者。我有幸参与了有关农业起源的一些最早的项目，其中包括与理查德·麦克尼什（Richard S. MacNeish）1961—1964年在中美洲的研究，与罗伯特·布雷德伍德（Robert Braidwood）1960年在近东的研究。这份圭拉那魁兹的报告建立在他们先前的工作之上，如果我没有参加他们的课题，也许我永远不会做（这项研究）。

圭拉那魁兹是一处很小的洞穴，不像诸如墨西哥特化坎河谷的科斯卡特兰（Coxcatlán）洞穴和以色列加利利（Galilee）山那样的大型洞穴。但是，正因它是个小型洞穴，意味着它能被完整发掘，为我们提供一种麦克尼什称之为"小游群营地"的极佳图像。小游群营地只是复杂栖居系统中的一类，而圭拉那魁兹只是我们打算发表的四处遗址之一。因此，尽管我们这本最终报告是有关圭拉那魁兹前陶期地层的介绍，但是这肯定不是我们有关瓦哈卡前陶期序列的最后介绍。最后当其他遗址如布兰卡洞穴（Cueva Blanca）和盖欧希（Gheo-Shih）等其他遗址的报告面世，我们才能够以更为清晰的视角审视圭拉那魁兹的材料。

自1966年圭拉那魁兹被首次探掘以来，它就证明是一项长期的研究。确实，发掘本身是该项目中最快的阶段。分析人工制品花了好几年时间，而花粉研究比这还长。第18章里对野生植被的统计几乎用了十年的时间（1966—1976年）。只有在完成这些统计之后，生计策略的计算机建模才能开始，而建模又花了四到五年时间。因为我们需要以前没有收集的有关降雨和野生物种产量年际变化的材料，因此我们无法很快完成研究的生态学部分。现在在我们看到了这种长时段分析的价值，并或多或少屈从于它，但是，我们许多中美洲同行仍然感到困惑，分析这么小的一个遗址怎么要花上十五年的时间。

我能够理解他们的想法，因为我也一直是这么觉得的。当二十年前我还是一个研究生时，我常和罗伯特·布雷德伍德开玩笑，说他究竟要花多长时间才能完成对扎尔莫（Jarmo）遗址的学科交叉研究。扎尔莫是在1948年第一次试掘的，而最后出版是在1983年，在一段时间流逝之后，我对它已经不再感到好奇。实际上，就像我告诉布雷德伍德那样，在他1982年提交文集时，我对圭拉那魁兹的经历已经将我转向可称之为"保罗·梅森"（Paul Masson）的考古学方法，即"时间不到，我不会发表遗址的报告"。

中文版自序

肯特·弗兰纳利

感谢陈淳教授和他的学生邀请我为《圭拉那魁兹》的中文版写一篇序。这给了我一个机会，来对目前正在或将要在中国从事农业起源研究的考古学家说几句话。

自圭拉那魁兹这个小岩棚发掘以来，已有五十多年过去了。在这五十年里，考古学发生了巨大的变化，如果我们今天同样发掘这个洞穴的话，那么我们所做的许多事情会有所不同。

在1966年，几乎没有什么考古学家（也许欧洲除外），会将燧石片拼复到它们剥下来的石核上去。我们确实将两件不同出处的矛头近端和远端拼合到了一起（边码132和133页），但是在2018年，我们会想做比这更多的拼合研究。我们也会想擦拭一下石刀、砍斫器、刮削器、石叶以及使用石片的刃缘，以分析它们的残渍。在许多情况下，这会告诉我们，这些工具加工的是哪些动植物种。

1966年，我们还没有加速器质谱法（AMS）可用。这意味着，我们总在纳闷，某个层位出土的玉米、豆子和南瓜，是否真的和我们用来提交测年的炭屑是同样的年龄。在2018年，我们应该完全能够依赖AMS断代——甚至是用极小的种子——而能让我们所有的年代数据得到校正，就像圭拉那魁兹2009年"修订版"中的那些更新的数据。

我们非常幸运，圭拉那魁兹位于一处巨大岩壁的干燥避雨处。这意味着，差不多有几千件植物能够保存7000—10000年。并非每位考古学家都能如此幸运。例如，在探寻驯化水稻的起源时，中国考古学家很可能必须在与瓦哈卡河谷东部那种干燥地区很不相同的地方进行发掘。

幸运的是，还有其他的可能。采用非常细的筛子，中国考古学家应该能够提取到因碳化而得以保存形态特征的稻谷。采用土样进行显微分析，他们应该能够发现水稻和其他早期驯化植物的植硅石。诚然，尽管植硅石分析能够确认水稻的存在，但这并不能探知这些水稻是野生的还是驯化的。

正是这个原因，许多学者相信，驯化研究的未来属于DNA分析。在许多情况下，DNA分析能够提供驯化的证据，即使当其形态尚未驯化。当然，若要运用DNA分析，水稻应该被保存下来而非被碳化。这在降雨量很大而植物一般不易保存下来的地方，会是一个问题。

但是，中国考古学家不要为此而感到受挫，因为有一种情况，植物甚至能够保存在湿热中：饱水环境。在沼泽地带，水稻会被淹埋在地下水之下好几千年，这应该保存得足够完好，以供DNA分析。我希望我的中国同行在这样的地区的发现中撞上大运。

2009 年再版前言

肯特·弗兰纳利

感谢左海岸出版社（Left Coast Press）允许我为再版的圭拉那魁兹写篇前言。自第一版面世后的二十三年来，出现了如此多的新信息，使得这篇前言像是一篇全新的文章。

我是在1966年发掘圭拉那魁兹的。在那个时候，植物学家们还在争论墨西哥类蜀黍或绝灭的野生玉米是不是驯化玉米的祖先。我们对葫芦的起源同样也不清楚，因为在美洲没有发现其野生的祖先。1986年第一版6—7页上提出的一个理论认为，野生瓢葫芦很可能是从非洲漂到新大陆的。

1966年，我们还没有加速器质谱法（AMS断代）。史密森研究院、密歇根大学和地质年代学实验室只能做常规放射性碳断代。这意味着我们无法用提取到的小碎屑对圭拉那魁兹出土的植物直接断代。这些实验室需要1克甚至更多的炭屑。我们只能限于对10件木炭的样品进行断代，并祈求好运。我们希望这些木炭样品与同一前陶期居住面上出土的植物是真正共时的。

我们有5个最早的玉米标本（3个玉米棒和2个玉米棒碎块）无法断代，因为和它们一起没有发现炭屑。它们在栖居期间被丢弃，太短暂而无法形成实际的居住面。该玉米标本发现在两个小的白灰透镜体里，位于B1层上的地层，而在形成期散布的陶片以下，它早于A层的堆积（见1986年版8页图1.2）。

最终，AMS和放射性碳断代的树木年轮校正被广泛应用。朗等人（Long et al. 1989）对从特化坎河谷洞穴出土的12件早期玉米棒做了直接的AMS断代。最早的放射性碳年龄是距今4 700年（约前3 550年，做了树木年轮校正）。就麦克尼什对相同洞穴出土的木炭断代数据，距今4 700年的常规数据要比想象的年轻了2 000年。自然，这些结果给我们试图用树木（长寿的多年生植物）炭屑为玉米（一年生草类）做放射性碳断代带来了疑问。

在1990年代，布鲁斯·史密斯（Bruce Smith）我们发表在惠特克和卡特勒1986年的研究中（第20章）的瓢葫芦和南瓜进行了分析。在此过程中，史密斯对3片瓢葫芦皮、6颗南瓜子和3件南瓜梗做了AMS断代（Smith 1997）。当这些瓜类蔬菜的AMS数据出来时，我们的疑虑一扫而空，它们都和同一居住面出土的先前木炭数据一样古老。

从C层和B2层出土的两件瓢葫芦皮分别得出了公元前6950年和公元前5990年的常规数据。树木年龄校正范围应该在公元前8030—前7915年和公元前7020—前6595年。但是，也许有关墨西哥葫芦最令人兴奋的新材料，来自他们的DNA：墨西哥瓢葫芦（Lagenaria siceraria）与亚洲而非非洲的葫芦遗传关系最近（Erickson et al. 2005）。这就提出了这样的可能性，即驯化的瓢葫芦是随更新世晚期从亚洲来的移民而进入新大陆的（Zeder et al. 2006：150）。

圭拉那魁兹B1层出土的第3件瓢葫芦皮，给出了一个公元前580年的常规数据（树木年轮校正到公元前810—前415年）。这是形成期中期的数据，表明这个瓢葫芦是侵入的。我们确实在圭拉那魁兹A层和B1层不整合处发现了几件形成期中期的陶片（见1986年版95页），表明形成期的农人曾偶尔造访该洞穴。在其中一次造访时，有人很可能踩在了这件瓢葫芦的碎片上，将其插入到B1层。

由史密斯测定的9件西葫芦（Cucurbita pepo）标本的AMS数据（Smith 1997），确认了圭拉那魁兹出土了最早记录的西葫芦。一颗从C层E9探方出土的西葫芦籽，得出了一个公元前6960年的数据（树木年轮校正为公元前8035—前7920年）。一颗从B1层E11探方出土的种子（就年龄来看，可能是来自C层的再沉积），给出了一个相似的公元前7040年的常规数据（树木年轮校正为公元前8085—前7955年）。B/B1和B2层出土的5颗种子和3件果柄，给出了公元前5770年和公元前5030年的常规数据（树木年轮校正为公元前6610—前5705年）。根据史密斯的看法，圭拉那魁兹的西葫芦不只是大得足以被看作是栽培作物，而且已经显示出驯化特点的果实形状和橘黄色。

现在让我们转到圭拉那魁兹古代期居住面出土的黑色小菜豆。1986年，卡普兰（第21章，图21.3）鉴定出这些豆子是菜豆属（*Phaseolus*）的一种，并未留下驯化的后裔。但是，我在第24章里指出，在某些居住面上，这类黑菜豆是如此之多，推测应该有1—2公顷[1]的采获量——几乎与西葫芦相当（见1986年版313页）。因此我认为，圭拉那魁兹的先民很可能偏好甚至栽培这些表现型为野生的菜豆，但是当有更好的豆子到达瓦哈卡后，它们就被放弃了。

在1990年代，劳伦斯·卡普兰把B1层C11探方出土的两颗菜豆送去做AMS断代（Kaplan and Lynch 1999），其常规数据为公元前5633年（树木年轮校正为公元前6460—前6260年）和公元前5556年（树木年轮校正为公元前6400—前6220年）。这是新大陆豆子最早的直接断代数据。可惜的是，我们不知道圭拉那魁兹的黑菜豆属于哪个种，因为没有像花那样的可鉴定部分。也许DNA能够解决这个问题。

下面让我们转到玉米。就玉米（*Zea mays*）而言，自圭拉那魁兹发掘以来我们的理解真正发生了一次革命。现在所知的玉米是驯化的墨西哥玉蜀黍，实际上DNA证据表明，玉米特定的野生祖先是 *Zea mays* ssp. *Parviglumis*，它是米却肯州（Michoacán）和格雷罗州（Guerrero）巴尔萨斯河（Balsas）流域本土一年生墨西哥玉蜀黍的一个亚种（Matsuoka *et al.* 2002）。派帕诺等（Piperno *et al.* 2009）最近从格雷罗州伊瓜拉（Iguala）附近的西华科克斯特拉（Xihuacoxtla）岩棚鉴定出了玉米的植硅石和淀粉颗粒，这是今天野生玉米（*Parviglumis*）分布区的中心。与植硅石和淀粉颗粒同一层的木炭给出了一个公元前5970年的常规数据（校正后为公元前7040—前6660年）。西华科克斯特拉实际上与麦克尼什的特化坎洞穴——科斯卡特兰、普隆（Purrón）和阿贝哈斯（Abejas）海拔相同，900—1 000米。

早期玉米抵达瓦哈卡需要多长时间？现在加速器质谱法（AMS）已经能使我们回答这个问题了。多洛雷斯·派帕诺（Dolores Piperno）被允许对在圭拉那魁兹白灰透镜体里出土的两件很小的玉米棒做了采样（Piperno and Flannery 2001）。她采集的玉米棒样品，是1986年版本书图1.2里的b和c。从D10探方出土的一件玉米棒，提供了一个公元前3460年的常规年龄（校正后为前4340—前4220年）。从C9探方出土的另一件玉米棒，提供了一个公元前3470年的常规年龄（校正后为前4355—前4065年）。这些测年结果表明，觅食者将较早的玉米从格雷罗带到瓦哈卡中部，很可能花了好几千年的时间。松冈等人（Matsuoka et al. 2002：6083）相信，玉米在扩散到低地之前，在高地已经产生了分化。

布鲁斯·本兹（Benz 2001）研究了圭拉那魁兹出土的3件早期玉米棒。他将其形容为未脱落的穗轴，意思是说它们没有散播种子的机制，很可能需要依靠人类繁殖。3件玉米棒都是两列或两排对生；D10探方出土的那件标本很可能有四排玉米粒，而从C9探方出土的两件碎段很可能只有两排。本兹的结论是，古代期的种植者挑选小穗成对的玉米棒，也就是说有四排以上的玉米粒。

最近遗传学家论证了墨西哥玉蜀黍驯化发生的改变（Dorweiler and Doebley 1997；Jaenicke-Després *et al.* 2003）。墨西哥玉蜀黍表面看像玉米，但却是腋生分生组织，或多分叉的，而非单一茎秆。它也有一根花穗，由一些包有7—8颗籽的硬果壳组成。玉米遗传学家已经鉴定出了该等位基因（所谓"墨西哥玉蜀黍分叉1"的一个基因位点），该基因降低了栽培墨西哥玉蜀黍从多分叉向一根茎秆（生长的可能性）。他们也发现了另一个基因位点"墨西哥玉蜀黍颖苞结构1"，它有两个等位基因。第一个是产生墨西哥玉蜀黍的硬果壳。但是，当该植物与第二个等位基因同型结合时，它就会产生圭拉那魁兹出土玉米棒所见的那种软凹盘。非常有趣的是，相同的基因位点也左右着玉米棒里的植硅石形成，使得即便具体的玉米棒并未保存下来，专家也能够从考古沉积中分辨玉米。

---

[1] 原书以"公顷（square hectometer）"作为面积单位，共涉及150余处之多，改用"平方米""平方千米"既赘余又费事，故中译保留"公顷"，不作换算。1公顷=10 000平方米=0.01平方千米。——译注。

遗传学家还找到了一个称为"醇溶蛋白盒结合因子"的基因位点，它是控制和储藏玉米粒里的蛋白质的。然而，另一个基因位点"糖分1"是将玉米粒里的淀粉变成胶状，方便制作玉米饼。因为从塔毛利帕斯（Tamaulipas）奥坎波（Ocampo）附近麦克尼什的洞穴中出土的大部分早期玉米都显示有这些基因构造，因此我们知道大约公元前2300年的古代期栽培者正在选择玉米棒的大小和玉米粒的质量（Jacnicke-Després et al. 2003）。

要了解从墨西哥玉蜀黍向玉米转变的每一步，我们还有很长的路要走。当未来发现了玉米棒的时候，应该小心地将它们储藏在恒温和恒湿的设备里。但首先应该提取玉米棒碎片做AMS断代。我们还应该找到一些典型的古代玉米植硅石和淀粉颗粒。所有这些分析方法必须作为统一的项目推进。我们不能询问植硅石和淀粉专家，完全根据他们从现生植物提取的比较材料，它们不会有和最早玉米完全一样的遗传型。

下面让我们转向银合欢（guajes），这些分布很广的牧豆籽被圭拉那魁兹古代期觅食者所食用。根据1966年我们所拥有的比较材料，我们认为我们主要处理的是银合欢属（Leucaena）的豆树（1986年版第18和第19章）。

现在，民族植物学家塞尔吉奥·佩德罗切（Pedroche 1990）对我们的银合欢做了再分析。他认为，我们报道的许多银合欢（Leucaena esculenta）很可能是 Leucaena diversifolia。最重要的是，看来圭拉那魁兹古代期层位中最常见的一种银合欢是 Conzatia multiflora，当时我们没有把它鉴定出来。

现在我们知道，1986年版53页上图4.11的银合欢并不是 Leucaena，洞穴堆积和荆棘林A中最常见的银合欢——罗布森和伊莱亚斯为它们做了营养分析（第23章）——看来是 Conzatia。请注意，其营养数据没有变化，只是分类有变。

显然，在圭拉那魁兹附近并没有野生的银合欢。但是，该物种最终被墨西哥印第安人所驯化，并在瓦哈卡河谷被蒙特阿尔班IIIB—IV的先民所种植。实际上，"瓦哈卡"一词就是萨波特克语"银合欢鼻子（即山）"的变体。

表1

地层，探方和材料	^{14}C常规年龄，距今	树轮校正范围	实验室编号
B1, D5, 侵入的瓢葫芦？	2530±60（前580）	前810—前415	β97236
D, D10, 侵入的松木炭屑？	4300±180（前2350）	前3485—前3465 或 前3375—前2460	M2098
B1, D10之上灰烬中的早期玉米	5410±40（前3460）	前4340—前4220	β132510
B1, C9之上灰烬中的早期玉米	5420±60（前3470）	前4355—前4065	β132511
B, B9, 西葫芦梗	6980±50（前5030）	前5950—前5705	β972540
B1, C11, 西葫芦梗	7280±60（前5330）	前6195—前5980	β97238
B, D7, 木炭屑	7310±70（前5360）	前6225—前5985	β74751
B, B9, 西葫芦梗	7340±60（前5390）	前6235—前6015	β97239
B, D7, 木炭屑	7450±60（前5500）	前6400—前6160	β74748
B1, C11, 菜豆	7506±90（前5556）	前6400—前6220	AA13336
B1, C11, 菜豆	7583±62（前5633）	前6460—前6260	AA15007
B1, C11, 西葫芦籽	7610±60（前5660）	前6485—前6355	β91406

续 表

地层，探方和材料	^{14}C常规年龄，距今	树轮校正范围	实验室编号
B1，C11，西葫芦籽	7690±50（前5740）	前6570—前6415	β91405
B1，C11，西葫芦籽	7720±60（前5770）	前6610—前6420	β91404
B1，E11，西葫芦籽（来自C层？）	8990±60（前7040）	前8085—前7955	β100766
B2，C11，西葫芦籽	7710±50（前5760）	前6585—前6425	β100763
B2，E10，瓢葫芦皮	7940±60（前5990）	前7020—前6595	β97237
B2，D8，木炭屑	8620±160（前6670）	前7995—前7325	SI-515
B2+3，E6，木炭块	8860±180（前6910）	前8235—前7565	GX784
C，F9，木炭块	5980±220（前4030）	前5330—前4360	M2100
C，E7，木炭块	7920±80（前5970）	前7025—前6535	β76868
C，F9，瓢葫芦皮	8900±50（前6950）	前8030—前7915	β100762
C，E9，西葫芦籽	8910±50（前6960）	前8035—前7920	β100764
C，F6，木炭屑	9230±120（前7280）	前8510—前8025	GX873
C，D10，牧豆树炭屑	9400±300（前7450）	前9150—前7915	M2097
C，E7，木炭屑	10340±60（前8390）	超越曲线	β74749
D，E7，木炭块	8870±80（前6920）	前8045—前7695	β76869
D，E7，木炭块	9010±60（前7060）	前8095—前7965	β74750
D，F8，木炭屑	9350±80（前7400）	前8570—前8140	β76870
D，F8，木炭屑	9380±70（前7430）	前8580—前8230	β76871
D，F8，木炭屑	9520±60（前7570）	前8955—前8425	β74626
D，F8，木炭屑	9580±70（前7630）	前9005—前8565	β74625
D，F5，木炭屑	9790±240（前7840）	超越曲线	GX783
D，E5，木炭屑	10700±350（前8750）	超越曲线	M2099
E，F7，木炭块	6160±70（前4210）	前5255—前4920	β76873
E，F8，橡树和金合欢炭块	6300±220（前4350）	前5600—前4750	M2101
E，H9，木炭块	6570±70（前4620）	前5590—前5335	β76872
E，D10，木炭块	7495±90（前5545）	前6460—前6150	GX872
E，F7，橡树炭屑？	9580±60（前7630）	前8995—前8495	β74627
E，G4，未碳化的落羽松木	14420±60（前12470）	超越曲线	β74628

现在让我们更新圭拉那魁兹的放射性碳年代学来结束这篇前言。1986年我们只给出了古代期层位中出土木炭的10个常规放射性碳年代。感谢布鲁斯·史密斯、多洛雷斯·派帕诺、劳伦斯·卡普兰和其他同仁,我们现在有了40个AMS和常规放射性碳断代数据,使得圭拉那魁兹古代期地层被广泛做了断代。我们现在也有了1986年所有十个数据的树木年轮校正。

表1中列出了从圭拉那魁兹下部地层获得的40个断代数据。采用这个表格需要参照第5章的阅读,包括B1—B3层的地层图(图5.35)以及我们对B到B1关系的评述(边码85页)。

我们对种子和木炭的测年数据出入不大。但是,我想说一句话来为麦克尼什从特化坎获得的断代数据辩护。一年生植物、龙舌兰花、小豆树、成熟的橡树和落羽松的年龄相差极大。从定义上说,一年生植物只活一年。龙舌兰花有时在死去几年后被收集来做柴火。橡树可以活几百年。落羽松可以活几千年。结果,当对西葫芦或玉米的测年数据和橡树或落羽松内部生长年轮比较显得比较年轻时,这并不意味着发掘者有了麻烦,或地层被扰动了。放射性碳年代的有些差别是不同物种生长期的合理反映。比如,看下我们对落羽松距今14 420的断代数据(E层,G4探方)。

我很高兴左海岸出版社允许我更新圭拉那魁兹的故事。但是,我颇为伤感的是,本书的五位作者已经离开了我们。永远感谢埃里克·卡伦、休·卡特勒、克里斯·莫泽、小厄尔·史密斯和托马斯·惠特克为本书作出的贡献,而我也将这篇前言作为献给他们的纪念。

参考文献

Benz, Bruce F.
2001 Archaeological evidence of teosinte domestication from Guilá Naquitz, Oaxaca. *Proceedings of the National Academy of Sciences* 98: 2104–2106.

Dorweiler, Jane E. and John Doebley
1997 Developmental analysis of *Teosinte glume architecture* 1: a key locus in the evolution of maize (Poaceae). *American Journal of Botany* 84: 1313–1322.

Erickson, David L., Bruce D. Smith, Andrew C. Clarke, Daniel H. Sandweiss and Noreen Tuross
2005 An Asian origin for a 10000-year-old domesticated plant in the Americas. *Proceedings of the National Academy of Sciences* 102: 18315–18320.

Jaenicke-Després, Viviane, Ed S. Buckler, Bruce D. Smith, M. Thomas P. Gilbert, Alan Cooper, John Doebley, and Svante Pääbo
2003 Early allelic selection in maize as revealed by ancient DNA. *Science* 302: 1206–1208.

Kaplan, Lawrence and Thomas F. Lynch
1999 *Phaseolus* (Fabaceae) in archaeology: AMS radiocarbon dates and their significance for Pre-Columbian agriculture. *Economic Botany* 53: 261–272.

Long, Austin, Bruce F. Benz, D.J. Donahue, A.J.T. Tull and L.J. Toolin
1989 First direct AMS dates on early maize from Tehuacan, Mexico. *Radiocarbon* 31: 1035–1040.

Matsuoka, Yoshihiro, Yves Vigouroux, Major M. Goodman, Jesus Sanchez G., Edward Buckler and John Doebley
2002 A single domestication for maize shown by multilocus microsatellite genotyping. *Proceedings of the National Academy of Sciences* 99: 6080–6084.

Piperno, Dolores R. and Kent V. Flannery
2001 The earliest archaeological maize *(Zea mays* L.) from highland Mexico: new accelerator mass spectrometry dates and their implications. *Proceedings of the National Academy of Sciences* 98: 2101–2103.

Piperno, Dolores R., Anthony J. Ranere, Irene Holst, José Iriarte, and Rurh Dickau
2009 Search grain and phycolith evidence for early ninth millennium B.P. maize from the Central Balsas River Valley, Mexico. *Proceedings of the National Academy of Sciences* 106: 5019–5024.

Smith, Bruce D.
1997 The initial domestication of *Cucurbita pepo* in the Americas 10000 years ago. *Science* 276: 932–934.

Zárate Pedroche, Sergio
1990 Letter to Flannery dated September 21, 1990.

Zeder, Melinda A., Eve Emshwiller, Bruce D. Smith and Daniel G. Bradley
2006 Documenting domestication: the intersection of genetics and archaeology. *Trends in Genetics* 22: 119–182.

第一编

问题与模型

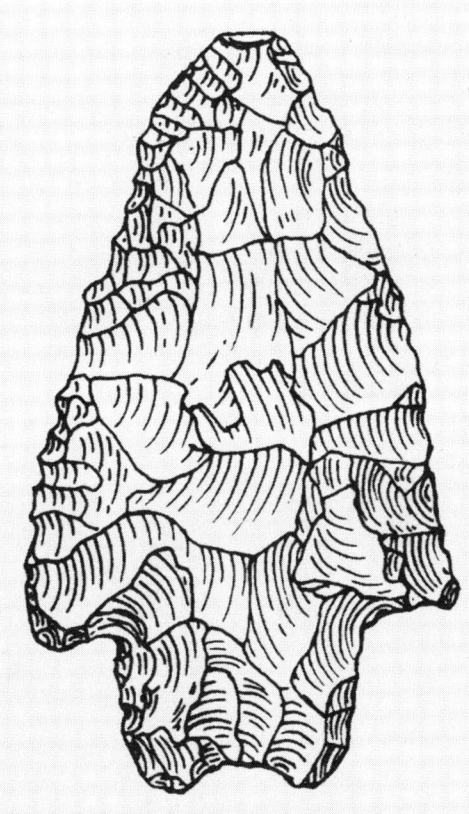

1 **研究的问题**

 引言
 农业："如何"还是"为何"？
 古植物学的证据
 瓢葫芦与西葫芦
 豆子
 墨西哥类蜀黍与玉米
 玉米—豆子—西葫芦的共生
 早期驯化模型与理论
 模型的普遍性方面
 小结

2 **特化坎—瓦哈卡地区的信息流动**

 引言
 物质、能量与信息
 一个生态系统的选择
 建立一个多环结构模型
 从特化坎和瓦哈卡资料得出的一个系统论模型
 玉米与牧豆：与人类相联系的两个植物种属例子
 为环境多样性建模
 时间安排
 小结

1

研究的问题

肯特·弗兰纳利 撰，潘艳 译

> 我们储存猪屎豆（chipil）的种子，当地里什么都没有时就种植它们，这样我们就会有绿叶菜吃了。
> ——约1972年，萨波特克线人告诉民族植物学家埃伦·梅瑟
> 梅瑟（Messer 1978：88）

引言

更新世晚期，大约相当于北美洲威斯康星冰川推进的时期，墨西哥中部的气候比今天更加干冷（Bradbury 1971）。诸如普埃布拉（Puebla）南部的特化坎河谷（the Tehuacan Valley），这样的地区栖息着一群晚更新世动物，今天它们仅见于科阿韦拉（Coahuila）和德克萨斯南部更加干冷的平原上（Flannery 1967）。随着威斯康星冰期渐近结束，墨西哥中部气温升高，直至普埃布拉和瓦哈卡河谷被密集的仙人掌和豆类丛林覆盖，高海拔地区则生长着橡树和松树。这一朝着与现代植被不同的半干旱半热带植被组合的转变，似乎出现在公元前8000年。

在这个后更新世植被体系被确立到公元前5000年初之间的某个时间，墨西哥这个区域的印第安人开始栽培一系列植物，其中有一些是全新世荆棘林中的土生种类。几个世纪以来，普埃布拉、瓦哈卡、莫雷洛斯（Morelos）、格雷罗和墨西哥盆地的史前先民，以这片土地为生，学习有关野生植物的奥秘。他们学会了如何烘烤可食用的龙舌兰、如何用木钳摘下仙人掌带刺的果实、如何用牧豆荚烹制糖浆、如何过滤橡子里苦涩的单宁酸，以及如何在山麓灌木丛中找到野洋葱和菜豆花并预测它们的收获时间。他们发明了一整套技术，包括护足的龙舌兰纤维草鞋、投矛器、钻火棍、编织篮子、便携网袋、各种罗网和陷阱、磨种子的单手磨棒和石磨盘。数百年来，他们有时以洞穴为居，有时在旷野扎营，他们遵循着随野生资源成熟而移动的策略，或是分散成较小的群体，或是在丰收季节聚集成较大的群体。到公元前7000年，他们用瓢葫芦携带饮用水，这是一种驯化植物，其早期历史仍然是个谜，并且被认为并非产自墨西哥本土。

最终，墨西哥中部的印第安人增加了另一种策略——通过选择和种植来操纵某些可食用的植物。其中最重要的三种植物是西葫芦（*Cucurbita* spp.）、菜豆（*Phaseolus* spp.）和玉米（*Zea mays*）（或叫作玉蜀黍 [Indian corn]），它们都在本书中有所探讨。这些栽培植物刚出现时，在仍以野生种为主的食谱中是比较次要的成分，但是其重要性随时间发生有利的遗传变化而增加，令栽培它们变成了一项更有吸引力的活动。

农业："如何"还是"为何"？

农业起源是文化演进中的一个重要时刻，人类学家对此最常问的问题是"它为什么发生？"我想花点时间思考一下这个问题，因为它与古生物学家询问的生物进化问题常常是如此不同。

比如，虽然化石证据的重要性使古生物学家相信鸟类是从爬行动物进化来的，但是很少有人听到古生物学家询问："鸟类为何会从爬行动物进化而来？"不过，我们经常听到的问题是："鸟类是如何从爬行动物进化而来的？"对一个古生物学家而言，"为何"的问题是一个目的论的问题，它意味着事物是为某种目的而发生的。而另一方面，进化却被普遍认为是机会主义的，即变化的发生并非因为进化想达到某个目的，而是因为机会的出现，并在正确的时间和正确的地点刚好发生了一种有利的突变。

古生物学家会告诉你，关于鸟类如何从爬行动物进化而来，有两种主要的对立理论（Lewin 1983）。根据"树栖"理论（arboreal theory），其中间阶段是从高处跃下时适应了滑翔的一种爬行动物。根据"奔走"理论（cursorial theory），其中间阶段是发展出"腾空"技巧，能在奔跑跳跃中增加觅食范围的一种爬行动物。但是，"鸟类为什么会进化"的问题似乎不太可能得出"因为爬行动物想捉到更多虫子"的答案。一些古生物学家可能会说："我们还不知道。"其他人可能回答："因为某些突变在恰到好处的情况下发生，并且自然选择偏好那些个体。"这不是专门针对鸟类起源的解释，而是牵涉到了进化的基本原理。

我时常为古生物学家大多问"如何"而人类学家大多问"为何"这一现实而感到吃惊，因为这突显了两个领域之间的基本差异。古生物学家关注进化的机制，他们尽力通过研究进化转变期的化石形态来回答"如何"的问题。人类学家则关注人类的意愿（aspiration），关注被林多斯（Rindos 1980）称为"刻意性"（intentionality）的内容，他们尽力通过研究文化所造就的行为方式来回答"为何"的问题。古生物学家不会想象爬行动物会说"让我们变成鸟类吧"，但是许多人类学家会想象狩猎采集者会说"让我们把这些种子种在洞穴下的坡地上吧"。

人类学家的想象并非一桩令人惊讶的不科学事情。现在就让我们来考虑野生草本普米腊猪屎豆（*Crotalaria pumila*），它是豆科成员，在瓦哈卡河谷被叫做"chipil"。尽管并不被认为是一种栽培植物，但它与人类有一种共生关系。它是该地区第一拨入侵休耕玉米地的次生杂草之一，它的叶子跟野生藜（原住民称为 *epazote*，是藜属的一个种）和苋（土著称 *quintonil*，是苋属的一个种）一起被人采集，在包馅的玉米面窝头或炖菜里用来调味。民族植物学家埃伦·梅瑟（Messer 1978）发现有些讲萨波特克（Zapotec）语的村民储存猪屎豆的种子，当问她为什么，她给出了本章开头的回答："我们储存猪屎豆的种子，当地里什么都没有时就种植它们，这样我们就会有绿叶菜吃了。"

从这个例子可以总结出几点。首先，人类文化的确表现出刻意性，而且它可能完全是理性和现实的。他们有极好的理由种植猪屎豆，虽然那些理由未必能让5000年后的考古学家所认识。萨波特克人肯定并不视自己处于"猪屎豆初始栽培"阶段，但是如果合适的遗传变异将在某些猪屎豆类植物中出现，并且萨波特克人在储存种子时会选择那些特征的话，有一天就可能出现一种驯化的猪屎豆。植物学的同行们也许就能向未来的考古学家解释变化是如何发生的，但是未必能解释为什么。就像前面鸟类进化的例子那样，他们可以用遗传变异与选择的基本原理来解释，把刻意性的问题放在一边。

然而，人类学背景的考古学家会继续有意无意地谈论刻意性，他们很可能会尝试以比梅瑟的线人更具决定论色彩的方式来解释猪屎豆的驯化。基于我们本章后将要观察的一些模型，他们或许会声称，萨波特克人被迫栽种猪屎豆来拓展他们的食谱，是由于：（1）气候变化减少了玉米产量；（2）人口增长使玉米短缺；（3）当地政府要求他们增加产量；（4）猪屎豆中有玉米缺少的一些营养。

尽管所有这些解释似乎都有道理，但梅瑟线人的话表明种植猪屎豆的原因要简单得多，而且很少会被引述。瓦哈卡河谷是一种半干旱半热带的环境，许多变量——最明显的是降雨——的年际波动和不可预测性都很大。虽然年降雨量一般在450—650毫米的范围内，但是在1930到1970年期间，有四年降雨少于400毫米，五年大于700毫米，两年少于300毫米，一年超过1 000毫米（Kirkby 1973：图58）。在非常干旱的年份，猪屎豆可能根本无法存活，而在非常湿润的年份，它可能被地里的积水淹没。萨波特克人储存猪屎豆种子，每逢自然环境中没有足够的绿叶菜时就种植它们，以应对一年中这种不可预测的差异。它不是应对人口过多、农作物歉收或政治压力，而是应对不确定性。

这可能是从我们的猪屎豆例子中能总结出的最具普遍性的一点。农业起源包括人类的刻意性与一套基本的生态与进化原理。当我们像古生物学家那样询问某个特定的驯化事件是如何发生时，我们可能会遇到一个生物学原理，比如突变、自然选择，或（就如我们将在后面所见的）共同进化。这可能是驯化最普遍方面所在的层次。当我们像人类学家那样询问为何时，我们可能发现自己面对的是局地的原因，而这些原因只有在我们竭尽所能重建起局地的文化方式后才能进行建模。

于是，人类学家在构建农业起源的普遍性解释上为何收效甚微，就不足为怪了。虽然他们关注人类的意志和刻意性，但是他们集中在农业起源可能是最局部和最不普遍的方面。无论我们就墨西哥前陶期所提出的人口压力或气候困境假说是如何的精当，如果我们能够回到公元前8000年前，并与该地区最早的栽培者面谈，我们可能仅仅被告知："我们保存葫芦籽，在什么都没有的时候种植它们，这样我们就有盛水的东西了。"

当然，我们可以忽略人类的刻意性，集中在驯化的基本生物学方面，像林多斯（Rindos 1980）最近所做的那样（见下文），提出一种普遍性模型。麻烦在于，虽然这种模型可能令生物学家满意，但它常常不能使人类学家满意（见 Ceci 1980; Cohen 1980）。不难发现，这种不满的原因是：人类学家想对文化行为做出文化的解释，而当文化被归约（reduce）到生物性时，往往就令人不满了。人类学家知道人类的狩猎采集者是哺乳动物、灵长类及掠食者，但这并非是人类学家最感兴趣的地方。最近有如此多有关狩猎采集者的文章谈及"决策"、"策略"、"共识"、"信息流"以及来自经济学模型的应用（Keene 1981a; Moore 1981; Reynolds 1978; Reynolds and Ziegler 1979; Winterhalder and Smith 1981），绝非偶然。

最近，威尔逊（Wilson 1979）给出了一幅图表，显示生物学家、灵长类动物学家、人类学家和社会学家看待人类社会行为的不同方式，图1.1是该图的修改版。当我们向图表下方的生物学移动时，视野越来越大，分辨率越来越小；当我们向图表上方的社会学移动时，分辨率越来越大，视野越来越小。当把农业起源归约为一种动植物共生或共同进化的情况时，得到的是生物学视野，在墨西哥和近东就失去了分辨率。集中于墨西哥的人类决策，会为该地区提供较高的分辨率，但不适用于近东。也许要直到某种模型有效地兼容生物学原理的普遍性和与某地区人类文化方式相关的特殊性时，它才会被广泛接受。

本书中我们所选择主攻的研究问题主要是：为墨西哥瓦哈卡地区的农业起源建立一个模型，不仅

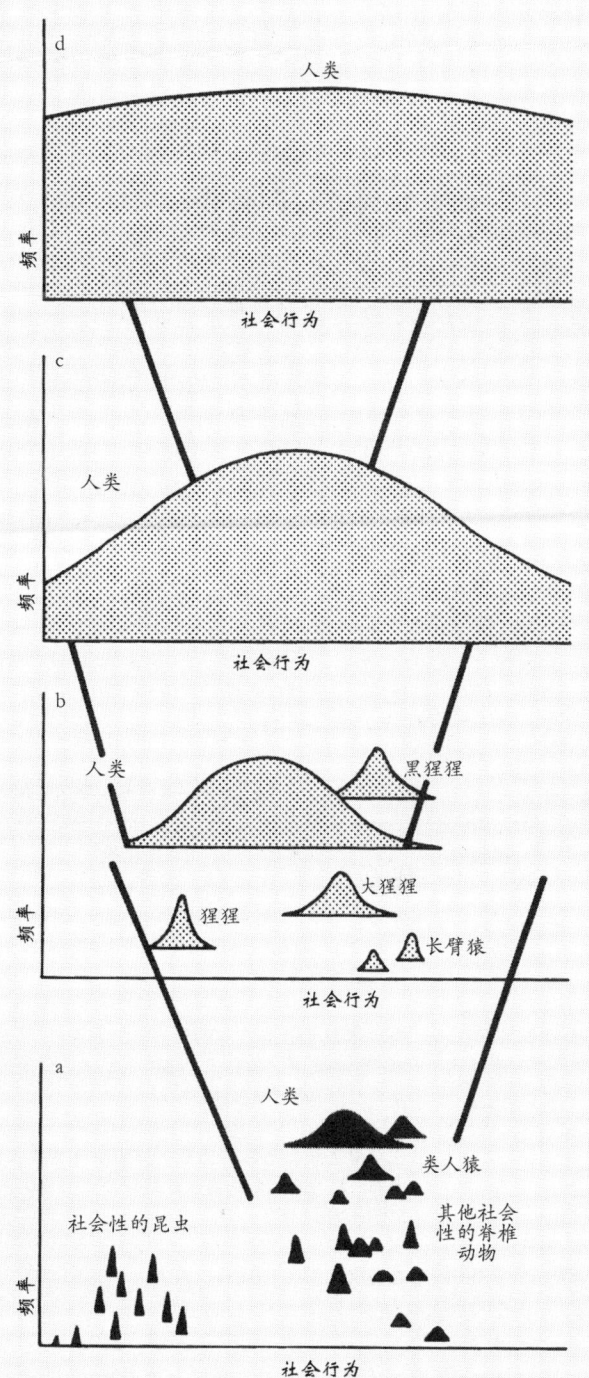

图1.1 威尔逊（1979）的图表比较了（a）生物学家、（b）灵长类动物学家、（c）人类学家与（d）社会学家研究社会行为所专注的方式。从 a 到 d，我们的分辨率越来越大，而视野越来越小，反之亦然（重画并修改自 Barash 1982: Fig. 7.2）。

涉及一些根本和较为普遍性的驯化过程，而且还涉及瓦哈卡文化序列的一些特定事件。但是，第1章中我们的目的较为有限。我们首先处理目前所知的早期农业的经验性材料。接下来，我们结合瓦哈卡—普埃布拉地区来观察当下农业起源的理论框架。

古植物学的证据

我们不大可能了解墨西哥早期驯化的准确年表，前陶期遗址过于分散，发掘得太少，植物保存情况实在难以预判，而且放射性碳断代也过于模糊。我在表1.1中列出了目前所知最早的瓢葫芦、西葫芦、菜豆、玉米和墨西哥类蜀黍，但是该表仅强调了在拥有充分样品以前，我们还需要进行多少发掘。给出的所有年代均采用《放射性碳》杂志推荐的半衰期为5570年的碳十四同位素数据。

当我开始在瓦哈卡工作时，我们所有早期驯化的古植物证据实际上都来自麦克尼什研究过的三个地区：（1）塔毛利帕斯山的干燥洞穴（MacNeish 1958），（2）塔毛利帕斯山奥坎波附近马德雷山（Sierra Madre）的干燥洞穴（Mangelsdorf et al. 1964），（3）普埃布拉地区特化坎河谷中的干燥洞穴（Byers 1967）。自那以后，还有材料来自（4）尼德伯格（Niederberger）报道的墨西哥盆地佐哈皮勒科（Zohapilco［Tlapacoya特拉帕科亚］）露天遗址出土的碳化或饱水材料（Niederberger 1979），以及（5）我自己对瓦哈卡地区圭拉那魁兹和其他遗址的发掘，即本书的报告。我们需谨记这五个发掘项目所覆盖的区域是多么有限（而且事实是，在某些案例中最早的证据仅是一颗种子、一个豆荚，或一些同样微小的样品），现在让我们大致考虑一下早期栽培植物中三种最重要的植物。

表1.1　一些墨西哥早期驯化物种与其野生祖先最古老的考古学证据[a]

植物名	最古老的考古学证据	备 注	其后的考古学证据
瓢葫芦	瓦哈卡圭拉那魁兹遗址C—B1层（前7400—前6700年）、塔毛利帕斯山奥坎波遗址公元前7000年地层所出表皮碎片	表皮是好证据，但种子更好	普埃布拉地区科斯卡特兰洞穴XIII层（前5050年）所出的一片表皮
西葫芦	圭拉那魁兹D层（前8750—前7840年）所出一颗"像西葫芦"的种子；塔毛利帕斯山奥坎波遗址公元前7000年较大的样品	种子是相当好的证据，但瓜柄更好	圭拉那魁兹C—B1层（前7400—前6700年）所出的14颗种子和瓜柄
野豆	圭拉那魁兹公元前8750—前6700年地层所出100余颗；塔毛利帕斯山奥坎波遗址公元前7000—前5500年的14颗	塔毛利帕斯的样品是驯化菜豆的一个野生祖先；圭拉那魁兹的样品不是	科斯卡特兰洞穴约公元前200年的一颗菜豆
墨西哥类蜀黍	圭拉那魁兹C—B1层（前7400—前6700年）的花粉颗粒	墨西哥类蜀黍的花粉是否能与玉米的花粉区分仍存争议	墨西哥盆地佐哈皮勒科遗址公元前5090年地层所出的饱水种子
玉米	普埃布拉地区科斯卡特兰洞穴XIII层（前5050年）的18个豆荚	曼格尔斯多夫说是"野生的"；比德尔会说是"驯化的"（见正文）	普埃布拉特化坎洞穴公元前5000—前3000年所出的74枚以上玉米棒子

[a] 资料来源：弗兰纳利1973年表2（Flannery 1973：Table 2）。

瓢葫芦与西葫芦

新大陆最早驯化的植物可能是葫芦科的成员，其中不仅包括西葫芦和南瓜，还有瓢葫芦（*Lageneria siceraria*）。就像植物学家查尔斯·海泽（Charles B. Heiser）所指出，这种瓢葫芦"一定是人类发明陶器以前最重要的植物之一"，而且甚至有可能是世界上前陶期流动时代分布最广的植物之一（Heiser 1979：71）。尤其是在干旱和半干旱环境中，觅食者需要某种办法来运输饮用水。卡拉哈里（Kalahali）的！昆布须曼人和内盖夫（Negev）的纳图夫（Natufian）狩猎者使用鸵鸟蛋壳，一些近东的狩猎者可能使用山羊皮袋，中美洲和安第斯山区的印第安人使用葫芦。

因为瓢葫芦是非常早出现在新大陆考古记录中的栽培植物，所以许多研究者都猜测它很可能是那里最先驯化的植物。莱斯拉普（Lathrap 1977）提出，葫芦除了用来做水壶外，还适于做渔网的浮标，这使它在全球的沿海地区传播。把瓢葫芦视为新大陆首个驯化种的有趣之处在于，这使农业起源偏离了食物短缺和人口压力的范围，从而成为一项技术突破。向没有瓢葫芦的自然环境迁移的狩猎采集者，只要随身携带一些瓢葫芦籽，即可为自己和子孙后代提供水壶。就像磨制石器的起源，这是一种技术变革，可以在各种人口密度和多样环境条件之中发生。此外，一旦人们开始栽培瓢葫芦，它就有可能为葫芦科的其他植物即野生西葫芦的生长起到预适应作用，后者的种子可食（尽管有的没有果肉，有的果肉苦涩），人们会马上发现它们易于种植、储藏和运输。

然而，重建瓢葫芦驯化有一个问题，即难以确定它的野生祖先。瓢葫芦被认为原产于非洲，但正如海泽（Heiser 1979）所指出，它的产地证据远未有定论，该植物在史前期广布于亚洲和美洲。据海泽所言，瓢葫芦能在海上漂流至少347天种子仍可发芽，"这时间足使它横跨大西洋"。其实，海泽（Heiser 1979：114）推测，早在100 000—50 000年前，瓢葫芦就可能多次漂流到美洲，而且可能在巴西到墨西哥的任何地点被冲上岸。

瓢葫芦一旦在新大陆沿海扎根，并为人类所用，它就可能成为一种普通植物，其种子会在人类营地中自然发芽。因此，"根本不需要假设野生瓢葫芦某时发现在美洲大陆人类栖居地以外的地方"（Heiser 1979：116）。海泽也构想瓢葫芦最初是作为一种杂草而非驯化植物而传播的，与人类建立起一种真正的共生关系——人类依靠瓢葫芦获得水壶和浮标，瓢葫芦靠人类居址生存——最后达到驯化。这种互利共生的模型与林多斯的方法（Rindos 1980）并无不同。

如果瓢葫芦是墨西哥最早的驯化物种，并可作为其他葫芦科植物栽培的一种预适应模型，那么这终究会得到考古记录的确认。目前，虽然尚未有考古发现能证明这点，但我们可以说，瓢葫芦和西葫芦在古代期记录中都比较早（表1.1）。麦克尼什发掘的塔毛利帕斯山奥坎波附近公元前7000年洞穴（Whitaker *et al.* 1957）和圭拉那魁兹公元前7400—前6700年的C—B1层中（第20章）都有瓢葫芦皮碎片。圭拉那魁兹的同一地层中还出土了14粒西葫芦种子和果柄，D层（前8750—前7840年）发现了一粒类似西葫芦的种子。圭拉那魁兹还出土了葫芦亚科（*Apodanthera*，即coyote melon）的标本，表明本地野生葫芦科植物也被采集（第20章）。最后，舍恩韦特和史密斯（L. D. Smith）（第15章）的花粉研究从圭拉那魁兹B3层中发现了1粒葫芦科花粉，鉴定为类似南瓜[1]的一种葫芦科植物。这种瓜未见于圭拉那魁兹肉眼可辨的遗存，但之前从普埃布拉的科斯卡特兰洞穴出土的5粒样品得到证实，年代为公元前4500—前3000年（Cutler and Whitaker 1967）。也许未来的发掘会比较清楚地确立墨西哥瓢葫芦的年代早于可食用的西葫芦。

---

[1] 英语原文中该植物拉丁名为 *Cucurbita* cf. *moschata*，中文可暂译作南瓜。但在植物拉丁名命名规则中，cf.指示该物种需要与其他物种作比较的情况下才能识别，故此处应不宜直译为南瓜，为求准确表达原意，特加说明。——译注。

豆子

墨西哥有三种菜豆属植物的野生祖先，菜豆（*Phaseolus vulgaris*，后文简写为 *P. vulgaris*）、荷包豆（*Phaseolus coccineus*，后文简写为 *P. coccineus*）和尖叶菜豆（*Phaseolus acutifolius*，后文简写为 *P. acutifolius*）。考古记录证实的最古老样品，是麦克尼什在塔毛利帕斯山奥坎波发掘的洞穴（Kaplan 1965）和圭拉那魁兹（第21章）出土的野生荷包豆。塔毛利帕斯的14个标本是野生荷包豆，是驯化种的祖先，年代为公元前7000—前5500年。圭拉那魁兹出土的年代在公元前8750—前6700年的100余件标本是黑色小粒荷包豆，属于一种没有驯化后代的野生种。它们相对其他植物数量更多，很可能令圭拉那魁兹的先民尝试在洞穴附近种植它们，但即使如此，这是一种最终被摒弃的策略。早期栽培的历史总有一天会揭示，许多栽种植物的尝试因有更受欢迎的物种而被最终放弃。如果卡伦（Callen 1967b）是对的话，那么狗尾草（*Setaria*，俗名 foxtail grass）也许是该现象的另一例。

墨西哥类蜀黍与玉米

迄今为止，玉米在所有主要栽培植物的起源中是最扑朔迷离和最有争议的，这可能归咎于现已没有野生玉米种群的缘故。这提出了两种可能：要么"野生玉米"已经灭绝，要么玉米源自一种不同的野生植物。

也许考古学家最熟悉的理论是保罗·曼格尔斯多夫（Paul C. Mangelsdorf）与里夫斯（R.G. Reeves）一起于1938年提出的想法，即栽培玉米源自现已灭绝的一种野生有荚玉米，其单颗玉米粒被谷壳裹住并保护起来，而非杯状的果壳（Mangelsdorf 1947, 1958; Mangelsdorf and Reeves 1938, 1939）。大多数考古学家都熟悉这一观点，因为曼格尔斯多夫和沃尔顿·加利纳（Walton Galinat）实际参与分析了墨西哥出土的所有重要的早期玉米考古标本，包括出自特化坎洞穴的著名标本（Mangelsdorf *et al.* 1967）。

另一个不同的理论，最初在1877年提出，1970年代又被乔治·比德尔（Beadle 1972, 1977）、加利纳（Galinat 1970, 1971）、德韦与哈伦（de Wet and Harlan 1972）再次强调，他们认为玉米可能源自一种广泛分布的墨西哥禾本科植物——墨西哥类蜀黍（*Zea mexicana*）。如果这一理论成立，那么从来就没有"野生玉米"，而玉米和墨西哥类蜀黍实际上可能是同一物种。这个理论得到解剖学研究的支持，指出"玉米棒子和墨西哥类蜀黍的杯状果壳之间有明确的联系"（Galinat 1970），该理论也得到扫描电镜研究的支持，表明玉米和墨西哥类蜀黍的花粉并无重大差别（Banerjee and Barghoorn 1972）。然而，尽管比德尔怀疑不超过6—10个独立遗传的基因差异能将玉米和墨西哥类蜀黍区分开来，但曼格尔斯多夫（Mangelsdorf 1974）仍坚称，尚无遗传学的操纵显示，如何能将一种植物变成另一种植物。

10年前我对争论双方的证据（Flannery 1973：290—296）做了综述，在此不再赘述。然而，从那时起，伊尔蒂斯等人（Iltis *et al.* 1979）发现了生长在哈利斯科的一种多年生墨西哥类蜀黍，即二倍体多年生类玉米（*Zea diploperennis*）。曼格尔斯多夫（Mangelsdorf 1983：94）现在坚称：

> 玉米有双亲祖先，玉米和二倍体多年生类玉米所起的作用同等重要：前者贡献了玉米在驯化演进中所有阶段拥有的植物特征；后者提供了众多具有强劲根系和抗病能力的现代种群。

根据这一观点，一年生的墨西哥类蜀黍可能是晚近进化而成的杂草，与玉米的世系无关。不幸的是，曼格尔斯多夫比这走得更远，他声称：

> 整个中美洲的所有考古证据清楚表明，墨西哥类蜀黍本身很可能从未被作为栽培作物和采集植物利用过。墨西哥类蜀黍的果壳很特别，十分坚硬，极易在考古记录中保存下来，然而实际上从未在农业初期或更早阶段见到。（Mangelsdorf 1983：89）

该说法忽视了佐哈皮勒科考古遗址（墨西哥盆地特拉帕科亚）公元前5090年地层中发现过恰尔科型墨西哥类蜀黍（Chalco type tcosinte）这一事实（Lorenzo and Gonzales 1970; Niederberger 1979）。虽然这比出自特化坎河谷科斯卡特兰洞穴已知最早的玉米棒仅早了40年，但它是一个不容忽视的发现。圭拉那魁兹公元前7450—前7280年C层的一份样品中有小粒玉蜀黍属花粉，舍恩韦特相信它属于墨西哥类蜀黍，远早于任何肉眼可见的玉米实体证据（第15章）。当然，仅存的墨西哥类蜀黍花粉，并不能证明它被食用。但是，在瓦哈卡的形成期（前1500—前500年），墨西哥类蜀黍毫无疑问一直被利用，在托马尔泰佩克（Tomaltepec）（Smith 1981）和圣何塞莫戈特（San José Mogote）（Smith 1980年未发表资料）出土的碳化种子样品中，它与玉米粒混在一起。福特在法布里卡·圣何塞（Fábrica San José）对玉米棒的民族植物学研究表明，（玉米）与墨西哥类蜀黍的杂交"已经达到了我们必须断定这种野生一年生禾本科本身就长在玉米地里的程度"（Ford 1976：265）。换言之，曼格尔斯多夫很可能低估了早期中美洲墨西哥类蜀黍的利用，特别是因为大部分相关时期的遗址几乎没有发掘过。

但是，曼格尔斯多夫正确地指出，发掘过的遗址还没有证实从墨西哥类蜀黍向玉米的遗传渐变过程。这是否意味着：（1）这种变化没有发生过；（2）我们所知的地区和遗址太少；取决于你喜欢两个理论中的哪一个。最近，二倍体多年生类玉米的发现者之一，伊尔蒂斯对玉米起源提出了一种新的和颇具争议的重建理论。根据伊尔蒂斯（Iltis 1983）的看法，一种"灾难性"的有性突变，使墨西哥类蜀黍的雄花转变为玉米的雌性花穗。伊尔蒂斯相信，通过"修改比德尔的墨西哥类蜀黍假说，来调和曼格尔斯多夫的批评"，灾难性有性突变理论可以"终结四十余年的争执"（Iltis 1983：893）。如果伊尔蒂斯是对的，那么墨西哥类蜀黍向玉米的转变，就可能发生得很快，以致很难从考古学记录中发现。

不幸的是，圭拉那魁兹对这一争论无所贡献，可能是因为它的几个前陶期层位太早，以至于还没到玉蜀黍属的驯化阶段。圭拉那魁兹最年轻的前陶期地层年代接近公元前6700年左右，而特化坎出土的最早玉米棒的年代为公元前5050年（表1.1）。因此，玉蜀黍属的栽培很可能要到瓢葫芦和西葫芦驯化约两千年后才开始。

我们确实在圭拉那魁兹发现了四个看上去很原始的小玉米棒，但是对它们的出处几乎难以得出什么结论。它们都出自直接叠压在B1层（最年轻的前陶期地层）上的小灰烬透镜体里，以及在孤立而分散的形成期陶片之下，这些陶片早于A层（后古典期初）的沉积。由于这些灰烬透镜体不含人工制品，因此我们只能猜测，它们的年代介于公元前6700年和最早形成期陶片的时期，即公元前1000年（？）之间。理查德·福特（Richard I. Ford）和乔治·比德尔观察了这4件标本（图1.2），两人都同意，根据你偏爱哪一种玉米与墨西哥类蜀黍的观点，它们可以被视为：（1）玉米和墨西哥类蜀黍的杂交种；（2）显示出其世系强烈受墨西哥类蜀黍影响的原始玉米。鉴于这些标本地层位置年代不定，目前对此没有什么可说的。

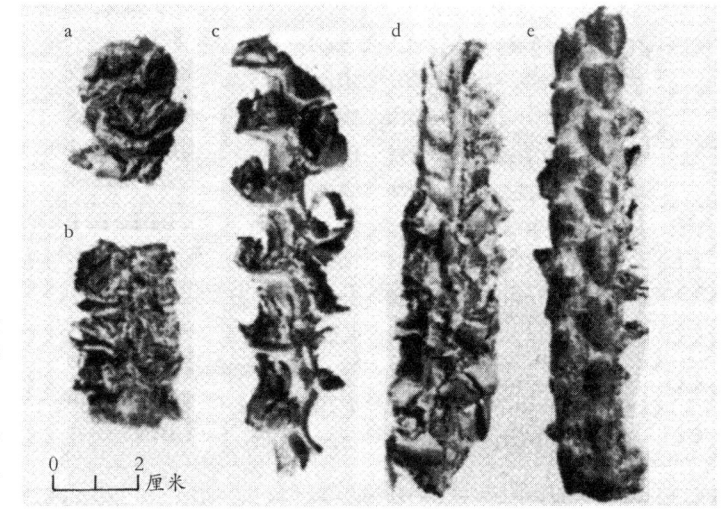

图1.2　自圭拉那魁兹B1层上面、年代不明的灰烬透镜体所出的、看似原始的玉米标本或玉米与墨西哥类蜀黍的杂交种。

a、b：同一件玉米棒的两个碎片，出自C9探方；c：出自D10探方的两段玉米棒；d、e：出自D7探方的两件标本。（比例尺为毫米）标本现收于墨西哥城国家人类学研究所史前部。

玉米—豆子—西葫芦的共生

每一本有关中美洲的教科书都会指出，玉米、豆子和西葫芦是该地区印第安人的"农业三宝"。确实，印第安人的主要贡献之一，就是发现了这三种植物可以在同一块地里一起种植。不仅豆子为土地贡献了氮而玉米吸收它，而且这两种作物在食谱中的组合提供了一套较全面的植物蛋白。这是因为豆子富含赖氨酸，这是玉米中所缺少的一种氨基酸（Kaplan 1965）。

如果我们能将此三宝归功于中美洲印第安人的天才，那就太棒了；但实际上很可能是自然提供了模型。一年生墨西哥类蜀黍是杂草类先锋植物，能在诸如休耕玉米地、多石坡地，或烧荒区等景观的自然斑块中生长。在今天墨西哥边境格雷罗州和米却肯州的荆棘林区，抛荒的玉米地会迅速被大片两米高的墨西哥类蜀黍丛占据（Flannery and Ford 1972）。这些田地里天然生长着野生荷包豆和野生西葫芦，荷包豆缠绕着墨西哥类蜀黍的植株（图1.3），葫芦科物种则在这些植株根部之间生长。

无论何时，当印第安人在该地区清除荆棘林时，他们不会不注意到这种天然的杂草共生，并最终在他们的农田里进行了复制。这可能也是海泽（Heiser 1979）和林多斯（Rindos 1980）描绘的另一例互惠共生，人类提供了环境的扰动，而玉蜀黍属、菜豆属、西葫芦则提供了经济上有用的植物共生。但是，就我在本书第2章中概述的方法，这也是信息流的一例：实际上，自然界向早期栽培者展示了玉米地多物种混作的模式。

图1.3 格雷罗州的奇尔潘辛戈（Chilpancingo）附近，荷包豆缠绕着墨西哥类蜀黍的成熟植株，1971年。

早期驯化模型与理论

多年前，有人提出墨西哥早期驯化起源的"发现"说，即人类在较长一段时期以野生植物为生，之后发现从他们食物中扔掉的种子发芽了，从而为他们提供了必要的栽培知识。人们经常提出，这种情况发生在人类居住的一处洞穴或岩棚下方的坡地上。

的确，有些植物是"营地杂草"（weedy camp followers），易在洞穴坡地或受人类扰动的任何其他地方生长；正如我们所见，墨西哥类蜀黍和野生西葫芦科植物就属于此类。但是，驯化不大可能源于这样一种发现。我们从未听说狩猎采集者愚昧到居然对植物是从种子长大的一无所知。那些主要以野生植物为食的人群，往往对各种植物的栖息地、生命周期和环境需求了如指掌，尽管如此，他们并不栽种它们。

今天我们几乎已经听不到将驯化视为一种发现或发明了。更确切地讲，过去数十年见证了一系列全新模型和理论的出现，生态学基础扎实，而且思考周全。

每个模型都有值得推荐的地方，但每个都会遇到经验性的考古材料而存在问题，尽管考古材料远非理想，但它们为所有的农业起源模型提供了一种检验。本章节，我们看看能从每种模型中获得哪些有用的洞见。

气候变化

我们已经提到，墨西哥晚更新世与全新世初的气候变化发生在栽培开始前不久。随着这些变化证据的增多，考古学家对它们所起的作用也愈加好奇，这并不奇怪。

根据一个模型，墨西哥晚更新世的先民主要靠狩猎猛犸、乳齿象或本地美洲马等大型猎物为生。随着更新世末许多大型物种的灭绝（或北迁），狩猎采集者被迫日益依赖小型猎物和植食，他们对后者依赖程度的增大导致了农业。另一个模型认为，公元前5000—前3000年间，墨西哥的气候经历了一段干热时期（在北美称为"高温期"），很可能影响到农业。然而，考古学家尚未达成共识，这一干热期是否因食物资源耗竭而迫使人们转向农业，还是将早期农业的成功延晚至公元前3000年后。比如，威利（Willey 1966）在一篇综述中，认为干燥和湿润都可能是促发因素：

> 随着高温气候期日趋干热，公元前5000年以后，这种偶然而微弱的栽培似乎变得越发认真。……到公元前2500年以后，随着小冰期较为凉爽湿润气候的到来，植物栽培明显"爆发"了。

现在让我们提出这些模型的复杂性。首先，科斯卡特兰洞穴的晚更新世地层清楚地表明，该时期的印第安人不光依赖大型动物，也狩猎几十种小型物种，甚至集体围捕野兔（Flannery 1966, 1967）。而且，晚更新世气候有可能比全新世初更干燥，而且更为凉爽。一旦全新世气候在瓦哈卡这样的地区形成，花粉研究未必揭示出一个如此干热，以至于有可能摧毁后更新世植被群落的时期的存在，虽然古代期的气候波动有可能导致那些群落向坡上或坡下移动（Schoenwetter and Smith，本书第15章）。简言之，我并未见到更新世末或公元前5000—前3000年间，气候变化迫使人们采纳农业的证据。

但是，我们不能排除气候变化延缓或加快农业兴起的可能性。雷诺兹在第31章对瓦哈卡河谷农业发生的计算机模拟过程中，观察了这种可能性。他模拟了现代气候状态下的适应后，再让程序先在比现代湿润的条件下、然后在比现代干燥的条件下运算。这使得我们不仅能观察这种条件变化会加快还是减缓农业的发生，也能通过观察程序的输出以发现它们是如何发生的。

我们能从各种气候变化的模型中，获得哪些最重要的洞见呢？在我看来，这可以从赖特（Wright 1977）一篇题为"新旧大陆的环境变迁和农业起源"的文章中找到。赖特讨论了近东扎格罗斯—陶鲁斯（Zagros-Taurus）山脉晚更新世气候非常干冷以致该地区林木不生，并严重削弱山区野生谷类植物生长潜力的事实。然后他补充道：

> 随着11 000年前更新世末气候变化，一批新的植物进入该地区，包括野生谷类。这些谷类和其他野生植物加入人类的食谱之中。（Wright 1977：297）

换言之，公元前9000年前，伊拉克山区是不大可能栽培二粒小麦的。

这并不意味着更新世末气候变化导致了农业，或没有气候变化，农业就不可能发生。毕竟，即使在晚更新世盛冰期，仍有不少受到掩护的地点，如叙利亚的加卜（Ghab）盆地，很可能为一些野生谷类提供了庇护所（Niklewski and Van Zeist 1970）。但是，在全新世早期，野生谷类的范围大幅扩张，与成千上万的人接触，增加了它们作为食物的可能。

可以这么说，墨西哥也是如此。更新世末的变化并没有导致农业，但是荆棘—灌丛—仙人掌林在全新世早期大幅扩张，其中生长着如此众多的早期驯化种的野生祖先。理论上讲，没有这种变化，农业很可能也会发生，但是在特化坎和瓦哈卡这两个地区很可能不会发生得这么早。

人口压力

过去曾经提出、后来式微、而后又兴起的另一个模型是人口压力，即到野生动植物不足以供养人口的临界点时，人类会被迫采纳农业。该模型有两个版本。其一是，农业起源的压力来自人口"密度平衡"（density equilibrium）的局地失衡（Binford 1968）；其二是，"人口过剩"被视为引发早期食物生产所有案例的一种全球现象（Cohen 1977）。

在一篇有关后更新世适应、现已成经典的文章中，宾福德（Binford 1968）为农业适应提出了一个密度平衡模型，后来被我用于近东（Flannery 1969）。宾福德声称，只有面对人口与环境之间的平衡出现扰动时，适应方式才会变化，比如：（1）会引起可选动植食密度减少的自然环境变化；（2）会导致人口增加过于接近周边地区土地载能的人口密度或分布的变化。在赖特所形容的更新世末气候变化（见上文）之后，近东很可能成为"适宜的"镶嵌生境（如橡子—开心果林）和"边缘的"生境（如砾石沙漠或干草甸）。野生谷类肯定也有生长茂密的"最佳"区和长势不佳的"边缘"区。依宾福德的模式，最佳生境应该是人口增长的中心（即"输出区"[donor areas]），而边缘生境（"输入区"[recipient areas]）则接纳溢出的移民。正是这些边缘区，很可能最先感受到人地的失衡。因此，我在1969年提出，农业很可能并未发生在野生谷物生长的最佳区（那里，野生小麦和大麦已像它们长在农田里一样茂密），而在边缘区附近，那里可能需要栽种谷类，以便达到它在最佳区自然生长的同样密度。

这一过程可能真的在世界一些地方发生过。特别是在黎凡特（Levant），在那里依靠采集野生谷类的定居生活很可能确实早于农业，那里很可能也有人口密度差异很大的镶嵌区。但是，对该模型而言，不幸的是，现有的考古材料（虽然价值不大）并未显示，诸如扎格罗斯山脉南部或黎巴嫩林地这类最佳区，人口有长足的增长，恰恰相反，更新世末人口数量与规模有最惊人增长的遗址在边缘生境，如内盖夫（Marks 1971）。虽然我不打算抛弃这一模型，但我也感到它需要进一步优化，因为两者过于密切而无法分辨原动力是气候变化还是人口增长。我们设想，更新世末黎凡特的人口增长是社群定居生活的产物，它可以缩短生育间隔，并降低婴儿死亡率（Binford and Chasko 1976）。让我们进一步设想，定居生活的开始并非是对最佳生境的回应，而是宾福德（Binford 1980）对这些术语（见下文）所定义的意思，即由觅食（foraging）向集食（collecting）转变的一部分。我们突然有了一个更为复杂、且因果关系并不清晰的模型。（换言之，我们那精细而匀称的密度平衡模型变成了一个典型的人类学问题。）

在讨论将局部密度模型用于墨西哥的困难之前，让我们来考虑科恩（Cohen 1977）更为雄心勃勃和全球性的模型，他实际上在副标题里用了"人口过剩"这一术语。科恩从询问两个问题开始：（1）为什么人类在成功适应了狩猎生活方式（被某些人认为是人类最稳定的适应方式）的情况下，会将其抛弃而转向农业？（2）为什么世界上这么多人群大体同步采纳了农业？科恩断定，只有当热量需求超过了野生食物供应潜能的平衡时，才会采纳农业，还有"唯一可能的解释——人口的实际增长——才能解释影响世界许多地区的生态失衡"。科恩（Cohen 1977：279）声称，狩猎采集群"大约在10 000年前已经遍布世界各地，并已经耗竭了在狩猎采集生活方式制约下增加他们食物供应的所有可行（或可接受的）策略"，以至于除了农业，他们别无选择。科恩意识到，这意味着有别于其他任何哺乳动物，人类会持续增长，不会在达到某种土地载能而稳定下来。而且他采纳了这一启发。

我认为科恩提出了两个很好的问题，特别是第二个。在公元前10000—前5000年间的某时，农业看来确实是在近东、西南亚、中美洲和安第斯地区独立起源的。与整个人类史前史相比，这是一段相对很短的时间。诚然，虽然不时有人声称更早时间的农业，但大多缺乏可靠的地层或放射性碳断代证据。最近，其中被拉回到公元前10000—前5000年这段时间的例子是大麦，放射性碳断代将埃及瓦迪·库巴尼亚（Wadi Kubbaniya）出土的标本暂定在距今19 060年（Wendorf et al. 1979）。对具体大麦颗粒本身的最新分析给出的年代为距今4 850年，表明它们实际上并未与年代更早的木炭共生[1]（Wendorf et al. 1983）。我期待将来能对现在年代定在公元前10000年之前的大多数其他栽培植物例子做相似的重新调整。

因此，科恩正确地说，任何农业起源的普遍理论不仅必须解释它如何发生，而且还要解释它为何在该特定时间发生。虽然前面提到的更新世末气候变迁可能对此有影响，但是在人类史前史中有过几次较早的温暖间冰期。许多学者感到纳闷，为什么农业没有在某个较早的时段发生，其中有人提出，人类"尚未达到合乎自然地必须迈向驯化的文化阶段"（Wright 1977：296）。布雷德伍德和霍韦（Braidwood and Howe 1960：180）指出旧石器晚期以前所不见的工具组合"区域性"；他们声称，这也许反映了在农业开始前，某种程度上必须在区域环境里安顿下来。科恩提出，实际上，前几次间冰期中，全球人口过于稀少，以至于不会耗竭野生食物资源。

将科恩的人口过剩模型或宾福德的密度平衡模型用到墨西哥的主要问题在于实际的考古材料。当农业开

---

1 温多夫（Wendorf）、克洛斯（Close）、席尔德（Schild）借助顺磁共振光谱和直线加速器放射性碳计数，继续研究该大麦真实年代，他们作出的贡献值得受到赞扬。大多考古学家会让得到较早断代数据的欣喜，盖过他们本身对科学的求知欲。

始时，墨西哥高地的人口是如此之少，以至于"人口过剩"、"食物危机"及"无计可施"这些说法显得言过其实。我在另一篇文章中（Flannery 1983：35）曾估算特化坎—瓦哈卡河谷古代期初的人口为每9—29平方千米不到1人，而"该数据只包括河谷地区，并不包括可以从事各种觅食活动的周边山区"。在第24章里，我计算出一个半径5千米的采集区，所拥有的植食要比圭拉那魁兹先民一辈子吃的还多。如果这还不够充分，墨西哥的农业甚至有可能始于一种并非用作农物驯化的植物。如果瓢葫芦是最早的驯化种，其起因与食物短缺无关；它是一种技术突破，等于确保自己有可靠的石料供应。

在较为理论和较深的层面上，我和哈桑（Hassan 1981）一样，不愿将人口增长视为一个独立变量，处于主导其他哺乳动物数量因素的制约之外。在动物学中，种群增长一般被看作成功适应的一种标志，或已经取得的完美进化的证据，而非进一步进化的原因。在古生物学中，我无法想象，某个新物种的出现会是因为它的远祖数量过多；数量增多是适应的标志。种群增长常常引发密度依赖（density-dependent）的行为变化，但这种变化一般在种群减少时是可逆的。

在一本有关人口考古学的著作里，哈桑（Hassan 1981：图12.3）将现在所有的更新世全球人口增长的"最佳估计"放在一个图表里，如本书重绘的图1.4所见。请注意，世界人口在约10万年前首次开始急速攀升，在武木冰期开始时上升，止于手斧使用者向旧石器中期石片工具使用者的过渡。这些石片工具使用者（广义上的"尼安德特人"）在大约30 000年前被旧石器晚期的智人取代，开始了一次人口的急速增长，见证了"完全现代化"人类向旧大陆沙漠、极地和热带森林的持续扩张，并进入美洲。

哈桑的图表明，更新世末由于"广谱适应"的结果，土地载能将狩猎采集者增加到1 000万人以上。"广谱适应"是我于1969年命名并能从经验上检验的现象，并会在后文中详述。哈桑图中最显著的特征是，它显示土地载能的变动发生在人口变化之前，是觅食效率先于（并使之可能）人口增长的变化结果。我相信，这与动物学家看待进化和种群增长的视角比较相似。哈桑的人口曲线在距今10万年后陡增，几乎肯定与一种重要的、也许

不可逆的进化（遗传）演变相伴。另一方面，人口曲线在距今15 000年后接近土地载能，可能促发了应对竞争加剧与流动性降低（见下文）的行为变化，但是，一旦人口密度因各种原因下降，大部分变化是可逆的。

哈桑的图止于距今10 000年，接近科恩所指的农业肇始关键阶段。当然，接下来所发生的，是成功的农业，接着在其兴起的地区出现人口的激增。但重要的是，农业的发生是因为将这些地区的土地载能提高到了，使那里的环境对人口增长的限制非常低的程度，而不是因为像我们所提出的距今10万年前那种不可逆的（遗传）变化。这在我们下面考虑林多斯（Rindos 1980）的共同进化模型时是很重要的。

我们能从迄今提出的各种人口压力模型中得出哪些最重要的洞见呢？其中之一肯定是科恩所坚称的，我们要解释公元前10000—前5000年发生的那些事件。但是我想做的，是要去掉他假说中"人口过剩"和"食物危机"这两个术语，而代之以这样的说法：大约距今10 000年前，世界上所有大陆都已被人类栖居，并达到了，使移民作为调节人地关系的一种策略大大减少（即使实际人口密度很可能没那么高）的程度。

就整个更新世而言，无论是调整不可预测的资源短缺还是缓解冲突，移民无疑是早期人类最早和最常用的选择之一（Lee and DeVore 1968）。但是，到公元前10000年，大部分人群很可能都已被邻居包围，因此原地解决自己的问题日趋必要。布雷德伍德和霍韦所谓的晚更新世区域性就是此现象的一种证据，正如下文所要讨论的广谱适应那样。使情况变得更为复杂的是，赖特所描述的更新世末气候变迁可能加剧

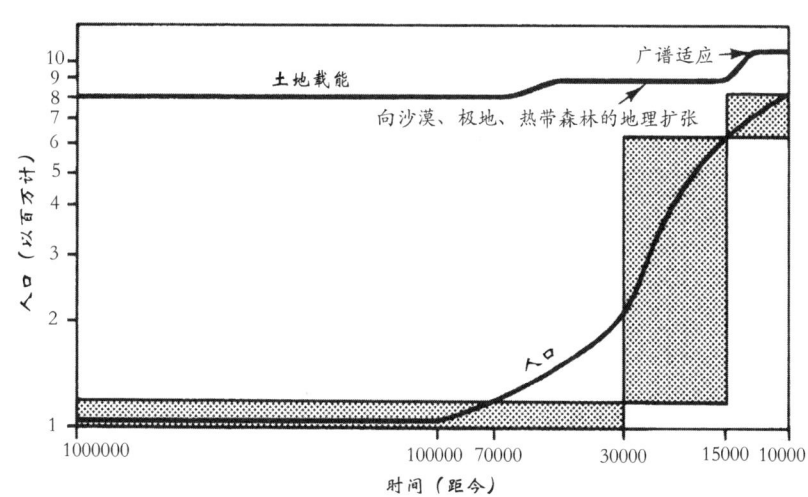

图1.4　更新世全球人口增长与人类土地载能的重建（依Hassan 1981：Fig. 12.3重画）。

了，而不是缓和了狩猎采集者所不得不应对的环境变异。正如哈桑（Hassan 1981：206—207）所言：

> 到更新世末，与冰期向冰后期转变相伴随的气候波动巨大。这种条件会加强人群的流动性。但是，由于更新世末整体人口密度比此前（尤其在适宜的生境中）高得多，还由于相邻人群形成了一种抑制领地扩张或长途迁移的屏障，增强了人口本土化与地区差异。本土化作为防止不可测波动的进一步保护措施，还增强了对各种资源的开拓。

哈桑的这段话其实综合了赖特的气候变化模型、科恩的人口增长模型、宾福德的最佳生境模型，以及布雷德伍德和霍韦的区域性概念中最有说服力的部分。哈桑没有采纳科恩更新世末狩猎采集者"除了农业，无计可施"的说法。世界许多地区后更新世狩猎采集者选择捕猎海洋哺乳动物、鲑鱼，强化采集种子或其他策略而不是农业。这些策略并非都旨在"增加单位空间的卡路里"。许多例子似乎显示——也许根据科恩坚持的我们应该探索的全球尺度——这是应付不确定性或不可预测的多样性的一种嗜好，并达到了前所未有的水平。

广谱适应

由于哈桑的模型结合了广谱适应的思想，在此值得更新一下这个概念。在我尝试将宾福德的密度平衡模型用于近东的同一篇文章中（Flannery 1969），我指出在该地区的早期农业之前，有一种从开拓较为"窄谱"的环境资源向开拓较为"广谱"的可食野生食物的趋势。除了长期作为主食的有蹄类动物，近东的人群现在越来越多地食用鱼、蟹、龟、软体动物、陆生蜗牛、鹌鹑、迁徙水禽，甚至可能还有野生禾谷物。同时还以一些农业的预适应为特征，比如磨制石器技术的发展和储藏设施。尽管磨制石器工具最初似乎是作为研磨赤铁矿的工具出现的，但是当人类转向广泛利用禾本科种子时，它便现成可用。对于储藏坑而言，它们的采用如此迅速，以至于公元前10000—前8000年，以色列一处遗址拥有的这类设施，要比近东之前所知的所有遗址之和还多（Flannery 1969：78, 1973：281）。

狩猎采集者利用储藏设施，是有望为他们如何应对不确定性策略提供线索的课题。宾福德（Binford 1980）最近提出，大多数狩猎采集社会在一批表现出不同流动性与生计形态的策略区间占据着某一位置。该区间一端是觅食者，流动性最大；另一端是集食者，几乎最接近定居。宾福德的觅食者一词，是指其通过栖居移动和调节群体规模来移向资源。因为一年中资源的机会不定，觅食者会根据食物的分布而移动，而他们的栖居形态（settlement pattern）会随资源的多少而聚散。另一方面，集食者通过组织后勤任务小组而为自己供给专门的资源。也就是游群整体上倾向于待在一个地方，派遣小组外出带回资源；也许男性外出猎鹿，女性外出采果实，但是这类移动有别于觅食者那种整体的居址移动。正如宾福德（Binford 1980）和托马斯（Thomas 1983）所强调的，大多数群体处在此两端之间的某处，像!昆桑布须曼人（!Kung San Bushmen）这样的觅食者会移向曼杰提果（*mongongo*）树林，而派出全体男性组成的后勤狩猎团队去捕猎大兽。

尽管觅食者和采集者都会有储藏的实践，但利用储藏的程度却能影响栖居和生计策略。就像宾福德（Binford 1980：50）指出的，储藏是延长生境中某特定资源供应和利用时间的方法。然而储藏减少了群体的流动性，以至于"随着对储藏依赖的增加，于是某栖居系统中后勤移动的各种活动也有望增加"。如哈桑所推测，如果更新世末群体流动性因周边群体成为自由迁徙的障碍而减少的话，那么我们能够想见公元前10000—前5000年会出现：（1）储藏遗迹的增加；（2）越来越多的从移动觅食向定居采集的转变。宾福德（Binford 1980：18）还认为，有组织的后勤采办策略的数量增多，可望与向农业生产的转变相伴。

宾福德还提出，由于储藏的目的是为了延长供应季节，所以生长季节越短，对储藏的依赖就越大。在一幅很有意思的图表中（Binford 1980：图4），他将当代狩猎采集者对储藏的依赖与他们所在地区的"有效温度"做了比较，显示寒冷气候中的群体更依赖于储藏。就宾福德开展田野工作的地区而言，他视温度为关键制约变量是可以理解的；但是，这在特化坎和瓦哈卡却不适用，这里植物的生长更多受制于水分不足。圭拉那魁兹的生长季结束时并没有太多霜冻，但是却有长达五个月的干旱，月平均降水量少于10毫米（Kirkby 1973：16—17）。因此，特化坎—瓦哈卡地区定居采集的关键，是要在11月到来年4月中旬之间重新开始降雨期之前找到可储藏的东西。在一些高海拔地点，如圭拉那魁兹，那里显然努力储藏橡子（第5章）。在低海拔地点，比如科斯卡特兰，我们发现，玉米到来之前几乎没有可供储藏的东西。

我们也看到，本章开始在对猪屎豆的讨论中，11月到来年5月的旱季并非瓦哈卡地区唯一的问题。就算旱季严酷，但至少可以未雨绸缪，因为印第安人知道每年都会有。而另一方面，降雨的年际波动范围可能非常大，没有明显的周期可循，因此无法预见。柯克比（Kirkby 1974）对瓦哈卡的个体和社群如何应对降雨波动的研究表明——至少我如此认为，萨波特克人的应对方式旨在缩小干旱和湿润年份之间的差异。在这点上，我对福特（Ford 1968）所研究的泰瓦印第安人的类似行为印象深刻。像墨西哥高地那样，西南部的普韦布洛地区（the Pueblo region）雨季与旱季的生产力差异巨大。泰瓦人也像萨波特克人那样，与其控制自然，不如对提高预测性更感兴趣；在他们的技术与仪式中，都不追求最大化，而是尽量削弱极端情形，从而减小波动。

根据这些资料补充的思路，我想重新阐述广谱适应如下。公元前10000—前5000年间，气候的年际和季节性波动都至少跟今天一样大，也许更甚，因为世界许多地方的晚更新世植被，被含有许多后来驯化种野生祖先的全新世植物群落所取代。过去，迁徙是应对不可预测波动的一种方法；但是现在，流动性被由狩猎采集人口扩张而形成的社会屏障减弱。因此，公元前10000—前5000年间，人类不得不学习如何留在原地应付不可预测的环境波动，而且其规模前所未见。在这一大背景下，纳入更多低营养级物种的多样化生计基础仅仅是策略之一，还包括扩大储藏、开发磨制石器工具、提高渔猎技术，以及由觅食趋向后勤采集的加强。所有这些选项似乎都以保持灵活度、减少风险、改善极端环境、增强资源的可预测性为目的。从人类刻意性的观点来看，栽培一系列善于在扰动生境中拓殖的一年生杂草植物，仅仅是一系列策略中的一种，如储藏，它们旨在帮助解决大年与小年之间的差距。并且如果采集者"把物品向消费者移动且大体上更少移动居址"（Binford 1980：15），那么农业就是最终的采集策略。

人类社会特别适于应对长期季节性和年际波动，以及可预测和不可预测的波动，因为他们有代代相传的"记忆"，并且能够以其他生物所不具备的方式分享过去生计—聚落策略的成功信息。在本书第31章，雷诺兹尝试用一种长期的基于记忆的效率提高模型，来模拟瓦哈卡河谷早期栽培者的活动。我不想在这里把我们的故事扯得太远，但是雷诺兹的结果显示，大量史前记录可以被理解为一种应对不确定性的努力，甚至是在人口密度较低和较为温和的环境中。

农业：共同进化还是共生？

随着更新世末人口增长以及可用植物的种类多样化，人类毫无疑问越来越多地扰动了他们的生境。人类对环境的改变，甚至像在荆棘林里清理出一块营地这样简单的行为，都能促进次生物种取代原始植被。即使在农业开始以前，正如海泽（Heiser 1979）在瓢葫芦的案例中所强调的，某些植物与狩猎采集者之间已建立起了共生关系。

在近年的一篇文章和更近的一本书里，林多斯（Rindos 1980, 1984）把这个植物与人类共生的概念发展为"驯化植物和农业系统起源与发展的一个新模型"（Rindos 1980：751）。我希望我的简要综述不会过分歪曲这个模型，因为它太长了，以致在此无法巨细靡遗地考虑。林多斯基本上把驯化视为人与其所培养植物之间的一种共生互动关系，是两者长期共同进化的产物。他引用了动物界的大量案例，讨论蚂蚁和金合欢树、白蚁和它们的菌圃、松鼠和橡树之间的共生关系。从林多斯的视角来看，松鼠是传播橡树种子的一种机制；故而人类也成为玉米传播种子的一种机制。正如阿施曼（Aschmann 1980）所说，林多斯"把进化的农业系统中的选择能力或决策制定从人类身上抽离出来，赋予了植物"。实际上，林多斯阐明了人类意图对于他的模型是不必要的，而且可以被吝啬地束之高阁。与此观点相应，林多斯认为驯化品系的表型变化特征是由共生关系促成的，而不是人类选择的，而且他引用了离开动物伙伴就无法在野生环境中生存的植物做例子。

在林多斯的模型中，在驯化之后，农业是"对驯化植物在整个生命周期中所栖居的环境产生影响的一整套活动"（Rindos 1980：752）。他甚至在此坚称"农业在任何意义上都不能局限于人类与植物的互动。如果我们努力寻找任何活动或一批活动来定义人类与植物的关系，那么我们也同时在定义其他动物与植物的关系"（Rindos 1980：754—755）。他主张，小型哺乳动物偶尔会在它们巢穴附近富氮的土壤中"种下"种子。是的，但是有多少小型哺乳动物会像中美洲的印第安人那样，刻意手工挑选并种下大种子呢，或是"在评估与农人所支配环境相关的成本、产量和市场后"决定种哪个物种呢（Aschmann 1980）？

显然，我在很多方面赞成林多斯的模型。毕竟，在1968年，我提出前陶期觅食者与仙人掌之间的关系就像林多斯所讲的那样（Flannery 1968），在第21章，我提供了这种关系的一些量化材料。我对林多斯模型的主要担忧是，他在动物界其他地方为农业寻找一种可类比的过程中得出结论，人类对植物的驯化可以被归为仅仅是众所周知的生物学过程的又一个例子。在1957年，当我是在芝加哥大学学习动物学的学生时，这可能听上去还像是个好想法，但是现在我是一个人类学家，我对此持保留意见。

农业是否与蚂蚁和金合欢树之间那种动物与植物之间的共同进化关系一样呢？让我们来看看古代期初觅食者与菜豆之间的互动关系吧。野豆有两个有助于繁殖的遗传特征：（1）它们成熟时豆荚像螺丝锥一样扭转、变干、落粒，种子以这种方式撒播；（2）它们的种皮很不渗水，以至于它们只在雨季真正过后才萌芽，而不会在过早的雷雨之后尚未成熟时打开。这两个特征都是自然选择的结果，但是都减弱了菜豆对人类的吸引力；前者使之更难收获，而后者则需要大量水浸才使之可食。尽管如此，表型特征"野生"的菜豆显然被塔毛利帕斯和瓦哈卡古代期的觅食者广泛利用（表1.1）。甚至还有一些间接证据，在第24章中有综述，表明圭拉那魁兹表型特征"野生"的荷包豆通过栽培被人为提高了密度。

最终，豆子的驯化品系在两方面得到培育：（1）豆荚变得松软、笔直，且不易落粒；（2）种子变得较易透水（Kaplan 1965）。这些变化都有益于人类，却不利于豆子种子的传播机制。如果我理解的林多斯的话没错的话，他是说这些变化是当豆子进入与人类共同进化的关系中来，是由自然选择所造成的；并因为这些变化阻止了豆子适当地繁殖，成为人类后来开始栽培菜豆的原因。这是一个有趣的想法，但是我很怀疑众多植物学家会相信这样一个缺乏种子传播机制的豆类品系能够生存，除非人类已经在以违背自然选择的方式栽培它。

此外，我们所知的所有考古材料表明，栽培始于这种表型变化发生之前。在墨西哥，卡伦（Callen 1967b）发现了最早栽培狗尾草的统计学证据，包括对较大种子的选择和种植，而任何能使植物依赖于人类干预的遗传变化尚未出现。在圭拉那魁兹，惠特克和卡特勒（第20章）认为，在出土可食果肉的表皮碎片的地层中，西葫芦还未被栽培。在美索不达米亚周围，赫尔贝克（Helbaek 1969）谈及"栽培的野生大麦"，是其种子平均大小可能表现得不同于真正野生大麦，但穗轴不落粒性状还没有出现遗传变化的一种作物。

然而叙利亚北部幼发拉底河畔的穆雷拜特（Mureybit）土丘还有另一考古案例（Van Loon et al. 1968, 1970）。公元前8200—前7500年，穆雷拜特建造了一系列土灶，用于烘焙谷物，大约20份浮选样品出土了总计数千粒碳化种子。冯·蔡斯特和卡斯帕里（Zeist and Casparie 1968）介绍了这批种子主要是双芒野生小麦（*thaoudar*）的大粒品种——一粒小麦（*Triticum boeoticum*）。这是一种耐寒的小麦，茁壮生长于距穆雷拜特以北100—150千米的土耳其山脉中，但未见于前陶期遗址的低海拔温暖环境中。结论不可避免地就是，穆雷拜特的村民把一粒小麦移出其原生境，种到幼发拉底河平原上，他们用燧石镰刀收割，烘焙后在石灰岩石臼里碾磨。还有二粒大麦（*Hordeum spontaneum*）、兵豆（*Lens* sp.）和四籽野豌豆（*Ervum* sp.），因此穆雷拜特较早拥有了与此后近东村庄所特有的豆子和谷物一样的组合。

最重要的是，冯·蔡斯特和卡斯帕里研究的谷物中，没有一种在表型上出现驯化特征；它们没有驯化出单粒小麦和大麦特有的不易脱落的穗轴和脆弱的颖壳。因此，栽培它们显然早于最终使之依赖人类的遗传变化的出现。另一种可能性是，穆雷拜特的大量主食是从100—150千米外、这些谷物的野生植株所在地输入的，从民族志资料来看，距离似乎有点远。镰刀、碾磨石器和烘焙坑也好像暗示，穆雷拜特村民是刻意利用谷物的。

换言之，虽然我在很多方面喜欢林多斯的模型，但考古材料有力地表明，重要的遗传变化是表型特征为野生的植物经栽培后，由人类选择所产生的。而后者并非真正的共同进化。虽然人类选择不是那么复杂和刻意，但它更像是今天全美国实验室里正在进行的遗传工程。像玉米棒这种特征就是畸形，是人类干预的产物，在自然条件下不可能存活。当人类选择弯曲的豆荚或下垂的辣椒时，他们就是在逆自然选择而行，而非顺其道而行；借用道金斯的话"自私的基因"（Dawkins 1976），正好配得上"自私的人类"。与生物的共同进化恰恰相反，作为与玉米、豆子或西葫芦相互作用的结果，人类无论在形态上还是行为上，似乎都未产生遗传变化。最初栽培者并没有与农业对应的基因；他们所经历的重要变化都是文化上的，而且是可逆的。民族学记录为我们提供了过去农人在环境变化下基本上又回到狩猎采集的案例（见Lathrap 1968），就像许多哺乳动物在密度因子发生变化时，会放弃与密度相关的行为。

毫不意外，林多斯1980年的文章遭到人类学家的极力反对。科恩（Cohen 1980）很快指出，如果驯化仅仅是一个共生的案例，我们就会预期它的发生会贯穿整个人类史前史，而不是如此明显地集中在公元前10000—前5000年间。切奇（Ceci 1980）像阿施曼一样，被"刻意性是人类所特有的，还是反之为所有生物所共有"的问题所困扰。谢弗（Shaffer 1980）认为"任何忽略人类对动植物驯化具有不同回应的模型，都制约了其评价驯化对全球动植物历史，或对人类行为历史影响的价值"。

林多斯似乎对此回应感到为难。尽管他承认他的模型"与经验证据不一致",而且他"没有给出农业的明确动因"(他相信"不是单个动因"),他还是"被迫问自己"为什么人类刻意性这个不必要的变量"会引得如此小题大做"(Rindos 1980:769—770)。他指出,"人类遗传的推进无需求助于刻意性"。不幸的是,林多斯选了一个最不适用的例子。虽然人类遗传学能告诉我们许多关于血型和眼睛颜色的知识,但它无法告诉我们狩猎采集者和农人之间的诸多差异,而且它也不可能做到这些。

我认为我们这里所说的是两个不同学科的学者向对方谈论过去的一个经典案例。我们已经讨论了威尔逊(Wilson 1979)那幅表现人类学家和生物学家在分辨率和概括性上的研究差异的图(图1.1)。林多斯受训于

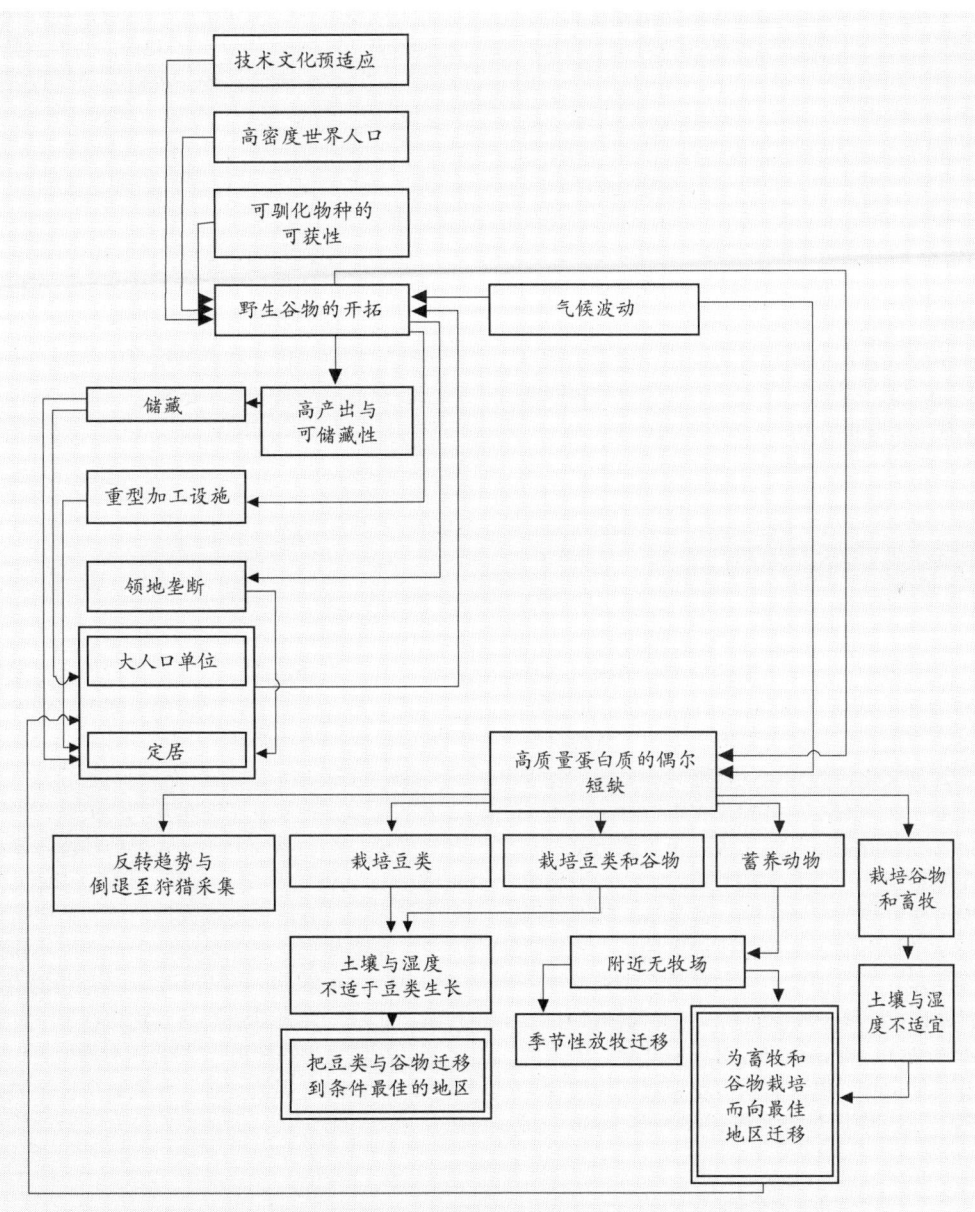

图1.5 近东农业起源的多变量模型(依Hassan 1981:图13.3重绘)。

植物学,他满足于把驯化简化为一个生物学模型,概括性很强,但是(他自己承认)分辨率不足以解释所有地区的农业起源。他显然没有意识到,被训练从文化、社会、政治和经济决策等方面寻求解释的人类学家,恰恰对可检验的高分辨率解释最感兴趣,而他的模型却不能提供。生物学与人类行为可以类比这一事实,给人类学家带来了麻烦,就像人类刻意性给林多斯带来麻烦一样。的确如此,因为考古材料表明,与他的预期相反,刻意的栽培似乎先于导致驯化的遗传变化。

至今为止,我们思考过的每个模型或理论都为我们提供了一些有理由坚持的见解。在林多斯的案例中,我想维护植物与动物共生的理念,但是我觉得它应用于狩猎采集时期比用于以后的阶段更为确切。人类与野生瓢葫芦之间的互利,墨西哥类蜀黍、野生荷包豆和西葫芦与人类扰动区域之间的密切关系,以及由人类传播的仙人掌(见第2章),在我看来都是可接受的共生例子。随后是一系列文化行为的变化,导致了与自然选择背道而驰的遗传畸变。在生物学意义上,这既不是共同进化,因为它不包含遗传编码的动物行为变化,也不是自然选择导致的植物遗传变异。作为一种文化现象,它必须由一种关注文化而非遗传的学科来解决。

多变量模型

显然,如果我们对上述各理论与模型中站得住脚的见解予以保留,那么我们就能以多种因素来讨论农业起源,而非一种单一而又齐整的主动力解释。哈桑(Hassan 1981)在讨论近东农业初始期时,发现自己面临这个问题,他用一个多变量模型来解决,考虑了技术文化预适应、人口密度、定居、气候波动和许多其他因素(Hassan 1981:图13.3;见本章图1.5)。毫无疑问,许多学者会偏爱一种极简的代数公式——简言之就是"只要当x达到某一特定水平时,y和z就会发生,农业就开始了"。但是,我所见的所有这类尝试不是与考古证据相悖,就是无法回答许多重要问题。

在本书中,我们建立了我们自己解释瓦哈卡农业起源的多变量模型,验证它不违背抽象逻辑,但会不符合考古证据。这种方法最大的风险是,研究者为瓦哈卡初始农业提供一种越是恰当的模型,他就越无法探讨农业起源的普遍性。因此,我们尽量将上述提及的我们认为有说服力的普遍性过程结合到模型之中。

模型的普遍性方面

在我们的模型中,赖特所描述的更新世末气候变化,以及科恩和哈桑所描述的公元前10000—前5000年间的全球人口增长,共同引发世界上大多数地区取决于人口密度的文化行为变化。迁徙和高度流动性变得不那么重要,而应对本地可预见(季节性)与不可预见(年际)变动的策略开始出现。布雷德伍德和霍韦提及的工具组合(tool kits)的地域性,以及我曾描述的较低营养级食物的广谱扩张,都是这一转变的两个方面。储藏愈加重要,宾福德所提出的觅食多样性与后勤采集策略在考古记录中更加显见。宾福德提出的后更新世镶嵌式环境斑块中的人口差异同样普遍。

人类非常适于以弹性策略应对环境变异,因为他们有数代相传的记忆,以及交换信息和建立长期合作关系的独特方法。他们对公元前10000—前5000年间

不确定性的成功适应,不是遗传行为改变的结果,没有人类学家会满意于一个将此等同于蚂蚁和金合欢之间共同进化过程的模型。

如林多斯所言,在后更新世的环境中,人类与许多动植物物种建立了互惠互利的关系,但是并非所有这些关系都会导向驯化。人类的环境扰动必然使次生物种比其他物种更有优势,但直到晚至公元1800年,世界上仍有许多地区人群的成功适应策略不包括农业。在墨西哥,农业可能始于旨在缩小年际干湿差异、并使自然环境"更可预测"(依福特的术语)的多种策略之一。而且其最早的驯化物种是一种被用作人工制品而非食物的植物[1],尽管依海泽所言,它是与人共生的。在无意地干扰其环境数个世纪后,人类现在开始刻意地干扰,因此他们会有足够的瓢葫芦。而

---

1 此处是指瓢葫芦。——译注。

且，如果的确驯化的是瓢葫芦，那为何不驯化它们的近亲——西葫芦呢？而且，正如宾福德所言，为何不把它们储藏起来以缩短旱季？换言之，没有必要使用诸如"食物危机"或"人口过剩"之类的术语来解释墨西哥的早期农业。通过增大可储藏植物的密度，可以缩短旱季，降低流动的需要，促进从觅食向集食转变，并且在无需被迫离开生活区域的条件下应对不确定性更为容易。因此，瓦哈卡的特殊进程可能是宾福德（Binford 1980）最近归纳出的更普遍的狩猎采集者行为的个案。

为什么农业"突然成功"？许多可能的早期尝试，诸如狗尾草和圭拉那魁兹"野生"荷包豆的驯化试验都以失败而告终，但并非全部如此。我曾经在1968年提出，大多数"突然成功"的尝试都是因为发生了增加栽培者所得回报的遗传变化。（林多斯讨论了许多这类变化，只可惜在他的模型中它们都先于栽培发生。）尽管有利于人类采集者的偶发变异在前农业阶段肯定存在，我还是依据考古记录指出，直到栽培开始，才产生一种增加该变异频率的机制，即人类的选择与种植（即使自然选择的倾向会削弱它们）。

在上述西葫芦的个案中，惠特克和比米斯（Whitaker and Bemis 1975）提出，起初只有种子是可食的。栽培开始以后，人类选择（并种植）那些种子数量最多的个体。对大量结籽特征的选择导致果肉的出现。进一步对不苦果肉的选择最终得到了我们今天所见的驯化品种，大个的果实和可口的果肉使之比圭拉那魁兹的西葫芦——种子表现型驯化，但仍无果肉——更引人栽培。我提出过，这种受人喜爱的变化开启了栽培者与植物之间的正反馈循环，使栽培的时间投入有所增加（Flannery 1968），但这不会像一个真正共同进化的案例那样难以逆转（Gilbert and Raven 1975）。

小 结

我们已经指出，我们为圭拉那魁兹选择的研究问题是开发一个模型，不仅涉及有关早期驯化一些基本而普遍的方面，而且还把这一过程与瓦哈卡河谷特有的文化模式联系起来。目前为止，本书的大量篇幅致力于公元前10000—前5000年间瓦哈卡地区发生了什么的个案研究。但从本章起应当明确，我们没有把瓦哈卡的事件作为独立于上述论述的普遍因素来看待。它们包括更新世末气候变迁、更新世末世界人口增长、农业前动物与植物的共生、一种可能取决于人口密度的对本地不确定性和多样性的广泛适应策略、全球食物广谱化扩张，以及一种在采纳农业后不同的共同进化过程，对植物是遗传的，对人类是文化的。

但是，当我们谈瓦哈卡这个特例时，我们希望偏爱"分辨率"的人类学家们能获取他们的材料。因此，在第2章，我们将讨论一个特别针对瓦哈卡的模型。第3章到第29章，我们展示圭拉那魁兹的"化石记录"。在那些章节中，我们试图重建瓦哈卡河谷东部前农业阶段的生活方式，努力理解初始农业在何种程度上是那种生活方式的结果。利用第3章到第29章提供的材料，雷诺兹设计了一个计算机模拟程序，以探索我们是否能模拟出（并由此更好地理解）圭拉那魁兹的觅食者把农业加入其原有生计形态中去的方式（第31章）。这一模拟程序也允许雷诺兹检验气候变化和人口增长在采纳农业情形下的影响，使我们能衡量最后总论中的那些要素。换言之，我们在本书中努力做到视野与分辨率之间的平衡、生物性与文化之间的平衡、过程普遍性与区域刻意性之间的平衡。诚然，"如何"的问题将更经常地引出普遍性，但是对一个研究理性、文化、决策制定的人类学家而言，"为什么"的问题是不会缺席的。

当然，人类学家必须小心，不要漏掉一个如埃伦·梅瑟的萨波特克线人所说那样简单的答案。

2
特化坎—瓦哈卡地区的信息流动

肯特·弗兰纳利 撰，陈淳 译

> 简言之，我们描述的是一种系统，其中任意一样东西都影响着其他每一样东西，我们以一种对表面令人迷惑的问题的科学分析，来面对该系统因果关系网相互交织在一起的复杂性。而正是这种相互交织的特征，是一个系统最具特色的鉴别方面。
>
> ——瓦特（Watt 1966b：2，获科学出版社许可重印）

引 言

从我们第1章的讨论可以明白，农业起源是一个复杂的问题，涉及共生、人口增长、遗传变化、技术变迁、人类策略和文化适应。这就像上面语录中生态学家肯尼斯·瓦特（Kenneth Watt）所描述的那种系统，一种复杂的因果关系网相互交织在一起，其中每个变量会影响其他几种变量。我觉得，涉及如此众多互为因果的过程问题，是不适合用"直接原因"（linear-causal）或"主动力"（prime mover）的模式来解决的，它需要一种系统论的途径。

在1968年华盛顿人类学学会（ASW）出版的一本论文集中，我为特化坎—瓦哈卡地区农业起源和发展提出了一种互为因果的系统论模型框架（Flannery 1968）。本书则试图为该模型增加点新意。我对埃兹拉·朱布洛（Ezra Zubrow）向我ASW论文所提的第一条评语做出回应，他简单地问我："你为何不对你的模型进行量化？"我要解释的是，因为我的瓦哈卡项目刚刚开始，而该模型几乎完全参照麦克尼什的特化坎材料，只是最近才开始收集量化所必需的信息，并对其进行检验。

我犯的最大失误，是将ASW文集上的那篇文章起名为"考古学的系统论和早期中美洲"。这令某些批评者感到困惑，他们可能以为我是指贝塔兰菲（Bertalanffy 1962）的"一般系统论"（General System Theory）或米勒（Miller 1965）的"活态系统的跨层次假设"（cross-level hypothesis of living system）。尽管我对这些研究者的方法表示赞赏，但是我1968年的文章里并没有提到"一般系统论"。事实上，我明确声称，在该文章的论述中，我尝试"在史前期的层次上，采用最近由韦达（Vayda）和拉帕波特（Rappaport）提出的一种**生态系统分析**，并利用考古材料的性质来予以修正"（Flannery 1968：68，黑体为弗兰纳利所加）。

正如瓦特（Watt 1966a）的书所指出的，系统论模型一直是生物学家分析活体生物群落的标准方法。如果我当初将我ASW文章的题目叫做"生态系统与中美洲史前史"，那么许多读者就不会对我想要做的事情有那么多误解。就如多兰（Doran 1970）和萨蒙（Salmon 1978）所批评的，他们认为考古学相对很少采用系统论方法，实际上并不涉及生态系统的分析。相反，他们实际上关注一般系统论是否真的是一种"理论"，并关注系统论分析是否真的是一种"解释"，而且关注更加正式的和数学的、诸如用在工程技术上的系统论方法。考古学家实际上用的并不是这种方法。

事实上，瓦特著作中概括的这种系统分析不算是象牙塔：对生态系统中"重复发生的关系"和"互为因果的过程"建模。瓦特（Watt 1966b）利用了一个简化和抽象森林生态系统的例子，包括气候、树木、人类、食叶虫、鸣禽、蜘蛛、膜翅类寄生虫和昆虫病。在他的例子中，一个异常温暖的春季能使这些树木更早和更快地开花。食叶虫利用异常难得的食物，乘机迅速生长。温暖的春季将鸣禽招来，大规模地消费这些昆虫，但是这也压制了各种昆虫病的速率，这在凉爽和湿润的气候中效果最佳。鸣禽吃掉的昆虫越多，留给蜘蛛和昆虫寄生虫的机会就越小。所有这些变量影响到食叶虫的数量密度，它们进而左右着树木存活的可能性，进而左右着伐木工人群体的经济生活。如果这些人群选择利用杀虫剂，他们将不仅影响到食叶虫，而且也将影响到消费它们的鸣禽和蜘蛛。

瓦特指出，这样的一种系统只能将其视为一个整体来看待，然而这样的一个整体对于常规分析而言过于复杂了。因此，分析者必须将其分解为许多子系统逐一分析，但不会在分析最后阶段错过将该整体再次整合的必要性（Watt 1966b：3）。瓦特的两个基本分析概念是：（1）重复发生关系的概念，诸如上面鸣禽数量与昆虫数量的关系；（2）最佳化的概念，"系统分析的中心目标是在一段时间序列中，在每段时间里从一批策略选项中做出最佳的选择"（Watt 1966b：4）。由于我们将在第30章里更加充分讨论，这一部分保留了重复发生关系的概念，但是用"最佳化"来代替"随着时间逐步改善"的概念。

最后，瓦特指出，电脑模拟"在系统分析者采用的技巧方法中非常突出"。这是因为"大部分系统最佳化问题是如此复杂，以至于它们无法通过纸张和铅笔用任何一目了然的方式来解决"（Watt 1966b：5）。雷诺兹在对瓦哈卡河谷农业转变所做的模拟（第31章），就是这样一种电脑程序，采用了我们项目所发现的那些重复发生的关系，以及上面提及的"逐步改善"的概念。

物质、能量与信息

所有的生态系统都以物质、能量和信息在它们的组成部分之间进行交流为特点（Flannery 1972：400）。大部分的生态学研究关注物质与能量的转换，但是对左右这种转换的信息掉以轻心。不幸这在人类生态学的情况里尤其明显，信息在人类生态系统里的调节无疑要比任何其他物种更多。尽管物质能以克、能量能以卡路里来衡量，但是信息衡量却没有可操作的单位，这带给人以普遍的挫折感。然而，有些考古学家已经开始考虑采用"比特"（*bit*），将其定义为最小的信息单位，它能够解决两个选项之间的不确定性。例如，对于"我们是否要到那片矮松树林去觅食"的问题，可以简化为两项对立的选择是/否，可望根据最近某人路过那片树林的关键信息比特而得到解决。

穆尔（Moore 1981）承认，尽管文化系统通过物质、能量和信息流动而发挥作用，但是，研究者只能对前两项做出比较好的建模。

> 信息流动转瞬即逝的性质……制约了对它们的研究。大多数理论对于将信息作为一种变量来分析和处理感到无所适从。（Moore 1981：194）

穆尔的文章就是难得的设法建立的一种模型，其中人类觅食者对于交换资源信息所表现的需要和向往，被赋予了与物质和能量"同等的地位"。重要的是，他被迫设计了自己的电脑模拟，因为他发现，对于信息流动没有可用的一套计算公式。也是这种同样的制约，使得雷诺兹为本书的章节设计了自己的程序；如今，如果你想让你自己的程序随时间"学习"和"优化"，那么你很可能必须自行设计。雷诺兹理想地契合了这个项目，因为他以前曾经为采集社会尝试过一种信息分享和决策的方法（Reynolds 1978; Reynolds and Ziegler 1979）。

除了分享信息和做出基于共识的决定外，人类觅食者能够储藏超越个体寿命的信息。比如，在本书后面一部分，我们要讨论这样的事实，即在仙人掌荆棘灌丛里是否有紫豆花，是决定后面几个月份是否能收获野豆的一个关键信息。于是根据看见这些花朵，可以考虑到以下的信息转换：

1. "前面5月份我看见了这些豆花。"
2. "前面5月份我的侄子说，他看到了豆花。"
3. "河对岸的一个小游群说，他们在前面5月份看见了豆花。"
4. "在我小时候，一个干旱年份，我在那里找到过豆子。"
5. "我祖父说，在他小时候，当干旱和饥荒时，一般就能够在那里找到豆子。"

然后，在此人类觅食者有一个有别于最佳觅食理论家所研究的有蹄类动物的途径（见第30章）。他们不仅能够利用远方亲戚和熟人的经验，而且他们也能储藏有关某些资源在特定气候条件下可获性的信息，以便在以后的年份里采用。这就是雷诺兹在第31章里呈现的如何利用植物可获性和觅食行为信息的模型。

一个生态系统的选择

为这种研究而选择瓦哈卡河谷作为一个"田野实验室"是相对容易的。1964年，麦克尼什的特化坎考古—植物项目（我作为动物分析者加盟其中）接近尾声，而这是选择我自己项目的时候了。我四处寻找一个河谷：要靠近特化坎，以便我熟悉其人工制品、植被和动物群；然而不要像特化坎那么干旱和农业边缘化。麦克尼什选择特化坎是因为这些洞穴的干燥性，而我意识到，选择一个不很干燥的洞穴，考古材料的保存度会差些。但是，我愿意就此冒险，因为我想看看一个河谷里的早期栽培不像特化坎那样依赖灌溉会有什么不同。

瓦哈卡河谷看来很不错，因为其早期的大型城邦中心——蒙特阿尔班应该得到了成功农业的支持。我也知道该河谷有许多洞穴和岩棚，因为洛伦佐和麦斯马彻（Lorenzo and Messmacher 1963）最近就在米特拉附近找到了几个地点。此外，麦克尼什曾观察了米特拉弗利塞尔萨波特克艺术博物馆（Frissell Museum of Zapotec Art）地表采集的一些矛头或投射尖状器（projectile points），并且相信其中许多属于前陶期。洛伦佐和麦斯马彻发现的几处岩棚离科斯卡特兰洞穴仅150米，使得我所发现的任何前陶期组合很有可能可以直接与特化坎的材料进行比较。1964年圣诞节，我的初步勘察令我相信，瓦哈卡至少有些洞穴保存有植物，虽然不会像特化坎许多极为干燥的洞穴那么多。

正如一位可敬的老哲学家所言，事后诸葛亮总是完美的；具有了这种后见之明，我意识到，在特化坎我们有许多本想完成的事情留下未做。许多这些事情必须与生计材料的量化一起来做，而当我原有的ASW模型开始成型，我们对量化的要求变得更加明确。在瓦哈卡项目启动之时，我的脑子里已经有了下面一些研究目的：

1. 我们需要确定一系列每年不同季节栖居的前陶期遗址的位置，但愿好运，有些遗址会保存很好的植物。很幸运，圭拉那魁兹正合我意（见史密斯，第19章；惠特克和卡特勒，第10章；卡普兰，第21章）。
2. 在了解到我们干燥洞穴中的动植物在瓦哈卡前陶期十分重要之后，我们需要对它们在当地栖息地的数量进行调查，以便决定每公顷可获得的可食部分的重量（千克）。这使得我们能够很好地量化物质的流动。最后我们意识到，我们需要了解湿润、干旱和平均年份之间产量的差异，所以该项数量普查要花十年来完成（见第18章）。
3. 为了掌控能量流动，我们需要专业的营养学家来将我们动植物食物的重量（千克）转换成卡路里和蛋白质（这由罗布森和伊莱亚斯在第23章做了）。
4. 在对今天的环境进行量化之后，我们需要确定，它是否与前陶期的环境足够相似，以便用来作为阐释过去的指南。这个任务是由花粉（舍恩韦特和L. D. 史密斯，第15章）和小动物群（弗兰纳利和惠勒，第16章）研究来完成。
5. 在对所有这些材料进行整合之后，我们想请某个人来对它们进行操作，设计一个电脑模型，能够模拟瓦哈卡古代期的觅食策略。我们想对物质和能量的流动进行建模，当然不应忘记信息和长期记忆的作用，以便使我们前面提及的适应"随时间推移而改善"。当然，对该模型的最终检验使其能与考古材料相契合（见第30—32章）。
6. 在对前农业的状况进行建模之后，我们接着想模拟早期农业的采纳，看看它是否能为先前的觅食策略向早期农业策略发展的方式提供一些洞见。我也希望，我们能够用这个模型来观察诸如人口增长和气候变化等变量的重要性，这些变量以前被一些学者认为是促发因素。
7. 最后，因为我们知道我们模型的许多方面是供我们同行讨论、批评和修改的，所以我们想，本书的中心内容应该是有关圭拉那魁兹遗址直截了当的报告，它能够单独成立，并对那些甚至和我们观点不同的考古学家有用。这样，我们至少能够成功向为我们研究提供资助的自然科学基金会和史密森研究院交账，虽然我们希望能够做得更多。

建立一个多环结构模型

在本章下面部分，我们为特化坎—瓦哈卡高地的前陶期生态系统考虑了一个以人类为中心的模型。就如瓦特（Watt 1966b）假设性例子所提出的，我们需要一个由许多子系统组成的模型或"多环结构"，其中每个子系统或环节能够被拎出来研究，最后再放回到整个系统中去。根据某特定时间的策略，这类环节的重复发生的关系可以是积极或消极的，它们能够要么从该系统先前的状态消极偏离，要么积极强化它们。在那篇ASW的文章里，我从"第二控制论"（The Second Cybernetics）中为我的模型借鉴了一个框架，这是丸山（Maruyama 1963）的一篇研讨会论文，里面有一些比我当时手头更好的洞见。在我看来，丸山的多环系统仍然是这类文献中最清晰和最有指导性的例子。

我们的图2.1重绘了丸山的图3，他的简化图用于一种假设都市系统的运转。丸山采用的七个变量用一系列的反馈回路彼此相连，有些积极，有些消极。两个变量之间的箭头上的一个加号表明它们以一种相同的方式变化；例如，当P增加，那么G也如此。另一方面，如是一个减号，则表明反方向的改变，比如S增加，则D减少。这些加减号反映了系统的策略，而策略中从加号到减号的变化会产生巨大的影响。

负反馈回路是这样一些东西，它们有助于抵制已有形态的偏差，使系统回到它原先的状态。例如，思考一下P-G-B-D-P这些环节。当该城市的人口数量增加，单位面积的垃圾也会增加，也增加了单位面积的细菌，因此增加了疾病的数量并最终降低了人口——使得该系统回到其原先的人口水平，虽然未必能够达到这个水平。

正反馈的回路是这样一些东西，它们有助于该系统进一步从原先的形态分离出去，防止它向原先状态回归。例如，思考一下P-M-C-P这些环节。当该城市的人口数量增加，这会刺激现代化，并鼓励向城市迁移，进一步增加了城市人口，刺激更加现代化和更多的移民。当该系统进一步偏离其原来的条件，新的回路会出现，造成其他地方的重大变迁。就这样的一个例子而言，考虑下M-S的箭头，它从M-S-B-D-P-M这些环节分开。现代化的发展会导致较好的卫生设施，减少单位面积的细菌，减少疾病，于是部分制止了P-G-B-D-P消极反馈回路的结果。

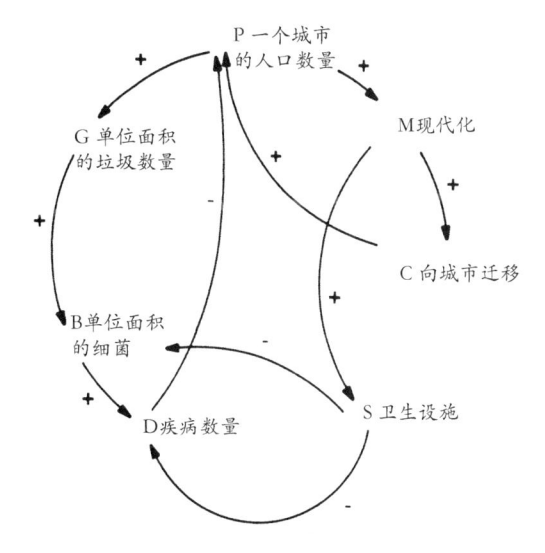

图2.1 一个假设的都市系统运转的简化模型。（据Maruyama 1963：图3重绘）

这样一个模型的优点是什么呢？首先，即便是简单加减各种作用力的操作，你也清楚知道各种变量之间的关系，而非只是罗列它们。一个较为精致的模型甚至能够量化各种变量对应其他变量发生变化的速率——比如，每个新进城的人每年每公顷产生的千克垃圾重量，或每公顷每千克垃圾产生的细菌数量。这样的量化将你的工作转化为一种真正的系统论模型，而不只是"一堆东西"（这在系统论分享中叫做一堆变量，它们之间并无明确的关系）。它也将你放在了一个使系统"运转"的位置上，就像雷诺兹在本书后面所做的那样，来模拟它的运转过程。

第二，我相信这样一种用模型处理因果关系的途径，要比在考古学中有时采用的直线因果律模型更加现实。例如，图2.1中哪个是独立变量？许多考古学家会想是P，城市里人口随时间的增长。但是，就我们看来，P的值不只是移民（C）和疾病（D）的作用。实际上，该系统里没有变量是完全独立的；尽管它们的重要性肯定不完全对等，但是每个变量在系统的某些相关背景里，它是一个原因，而在另外一些背景里它却是结果。虽然这样一种模式可能不够简洁，但是它更加接近考古学家在真实世界里遇到的互为因果的各种关系。

第三，我觉得还有另外一个优点是该系统模型处理因果关系的方式。在任何生态系统中，有许多变量是显著相伴的。在考古学家经常采用的决定论色彩更浓的模型里，这些相伴性经常被提取，并说成是"规律"。例如，在瓦特的模型中，"温度升高，虫害的机会就会下降"；在我们的模型里，"种子的渗水性愈好，豆子栽培的可能性就愈大"。在一个系统模型里，这些不是规律，只不过是瓦特所说的"重复发生的关系"（Watt 1966b）。它们是重要的，但是它们只不过是一个较大整体的组成部分。

从特化坎和瓦哈卡资料得出的一个系统论模型

1966年，当我开始撰写我ASW文章时，瓦哈卡项目刚好启动。我们当时尚未有洞穴遗存的量化分析，植物普查不到十年，没有对原住民食物做过营养学研究。因此，我大部分的材料来自麦克尼什的特化坎项目，或来自其动植物群特点的一项研究。于是，从某种真正的意义上说，我的ASW论文可以被看作大体是由特化坎材料产生的一个初步模型——一个现在能被从瓦哈卡出土的全新材料进行检验的模型。例如，我们后续在瓦哈卡采集的植物普查材料现在能让我们对模型做某种量化，这在1966年是不可能的。

因为该模型比较复杂，它无法真正地在一幅图上展示。我们必须逐一构建每个子系统或每个反馈回路。我们始于该模型的核心，它由图2.2表示。在该幅图里，智人（*Homo sapiens*）代表了特化坎—瓦哈卡高地人类觅食者的一个小游群[1]，而包围的圆圈代表了他们觅食活动的每年周期，用1月、4月、7月和10月为标志。对这个核心，我们现在能够添加我在ASW论文中介绍的采办子系统。

采办龙舌兰

就如我那时认为的那样，前陶期的觅食者"不单单从其环境里提取能量，而且也参与其中；他们利用的每个种属是某系统的组成部分，使得后者即使在高强度利用下也能存活，甚至茂盛"（Flannery 1968：69）。图2.3显示了这如何发生在龙舌兰（*Agave* spp.）上，这是石蒜科（*Amaryllis* family）中一类坚韧而原始的成员，它们甚至在最贫瘠的年份也可获得。

围绕着龙舌兰的这个圈是其生命周期。新龙舌兰发芽并逐渐生长六至八年的时间成熟，到这一点上它们就开花了（*quiote*）。该植物传播其花粉，散布其种子，之后它就死了。但是，种子并非它繁衍扩散的主要手段，成熟的龙舌兰能无性繁殖，并会被吸根（*hijos*）所包围，它们的发展会因与母体植株的竞争而减缓。

今天的印第安人知道，食用龙舌兰的最佳时间是在它开花之后，这点由在前陶期洞穴沉积里的荚和花的碎片表明，前陶期的觅食者也知道这点。花期常常是在雨季之末开始，这为觅食者提供了某种龙舌兰可以利用的信息。他们会在这时把花切掉，此后在即将死亡的植物上会发生自然发酵，这会使它变软并增加其含糖量。数月之后——甚至在旱季当中，那时几乎没有什么其他植物可供利用——他们也能回来挖出龙舌兰，在一个泥制烤炉里烘烤24到72个小时，情况看其大小而定。将母株挖出，去掉吸根或无性繁殖植株的竞争，能使它们自己发展成熟，于是就将龙舌兰的

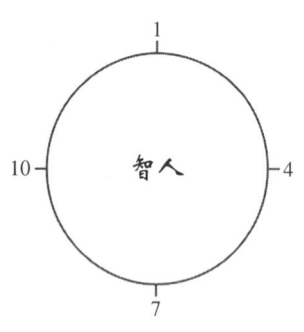

图2.2 人类觅食者一个小游群每年的活动周期，将被用作一个以人为中心的系统论模型的核心（由理查德·福特设计，未发表，1970年）。

---

[1] 对于小游群的定义，请见第3章。

数量保持在大体相等的水平。

图 2.3 中的加号和减号是指以相同方式变化的变量（挖出和销毁一株成熟的龙舌兰，但会促使一条或更多吸根的生长）。该图显示了信息而非物质和能量流动的关键点。但是，后面两个变量现在能够部分根据第 18 和 24 章提供的材料进行建模。比如，我们现在能够假定，圭拉那魁兹附近每公顷平均有 122 株开花的棱叶龙舌兰（*Agave potatorum*）；这些龙舌兰有 341 公斤可食部分，提供 429 660 千卡/公顷的能量；而洞穴里每个人在其居住期间每天食用约 140 克龙舌兰。

采办仙人掌果

特化坎洞穴里食用的仙人掌至少有四个种。而在较高的瓦哈卡河谷种类就较少，至少有一个属——龙神柱属（*Myrtillocactus*）——没有利用的考古记录，因为它的果实在 2 月份出现，那时圭拉那魁兹没有人。

这两个地区也许最有用的仙人掌是仙人掌果（*Opuntia* spp.），它的季节性果实（tunas）以及它的嫩茎（nopales）都能食用。嫩茎全年大部分时间都可获，在圭拉那魁兹它们被放在火烫的煤炭上翻动和烘烤（见图 10.5）。它们为前陶期的觅食者提供了丰富的蔬菜（尽管不那么可口）。

果实只有当季才有，而印第安人利用的方式也许提供了林多斯（见第 1 章）提出的一种共生关系的例子。我在 1968 年的文章里根据特化坎的材料简单介绍了这种关系，而这种关系在图 2.4 中予以描绘。平均而言，瓦哈卡河谷东部的仙人掌果重 50 克，含 50 颗籽（第 24 章），每颗籽有一层坚硬的外壳。它实际上阻碍了种子发芽的机会，直到它被胃酸所泡软。前陶期粪化石中的仙人掌果残迹表明，这类种子"在通过人类消化道后几乎毫发无损地存活下来，并随粪便排出"（Flannery 1968：72）。换言之，无论收获多少果实，印第安人处理这种植物就是软化它们的外壳，并散布其种子。

就如图 2.4 所示，人类得到的关键信息是随春雨降临花期的到来（然后是未成熟的果实）。这让印第安人知道，他们应该在 7 月份回到仙人掌林去收获果实。这种收获必须与果蝠、鸟类、啮齿类和领西猊（collared peccaries）竞争，它们都爱吃仙人掌果。特化坎的有些洞穴见有木头夹子，用来从茎上摘取多刺的果实。这些刺可以用火烧去，果实能够裂开并晒干，可以保存几个星期不坏。有点讽刺意味的是，就像图 2.4 所示，印第安人食用这些果实更像是帮助散布其种子；没有食用的果实常常被浪费掉（比如洞穴里扔掉的果实任其脱水，并被考古学家所发现）。于是，仙人掌果果实的采办是这样一种活动，它对于双方都有好处。

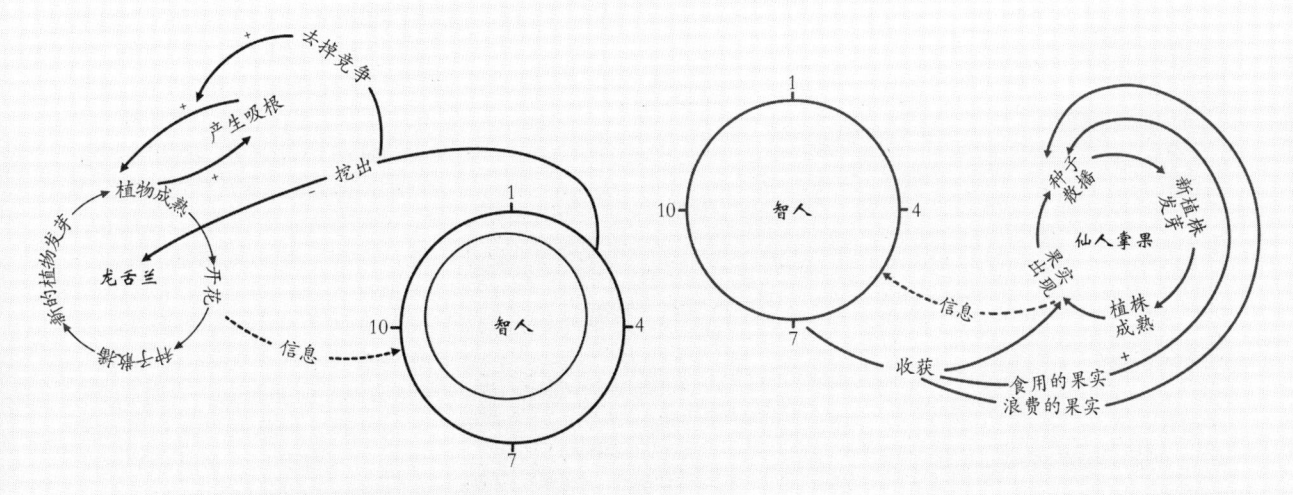

图 2.3 古代期瓦哈卡的龙舌兰采办。

图 2.4 古代期瓦哈卡的仙人掌果采办。

但是，这并没有对依赖人类的仙人掌果产生不同的遗传压力。

采办野豆

菜豆（*Phaseolus* sp.）和野洋葱（*Allium* sp.）是见于全新世荆棘林中的两类植物，它们可以从花朵探知。就圭拉那魁兹地区的野豆而言（图2.5），在正常的年份紫豆花在5月开放。这些花提供了必要的位置信号，以便觅食者能够在9月或10月回到同一地点来收获这些植物，或是带荚壳的豆子，或是块根（*jicamita*）。就本地的野洋葱而言，其花是白的，倾向于开在湿润的小块栖息地里。

豆子是没有强烈显示与人类存在共生关系证据的一类植物。它们种子的散播有赖于螺旋状扭曲豆荚轻易的爆裂，这种遗传特点对收获不利。考古学材料表明，这种特点直到人类驯化对其进行有选择培养后才消失；实际上，有些豆子最初是被作为块茎而非种子而栽培的。

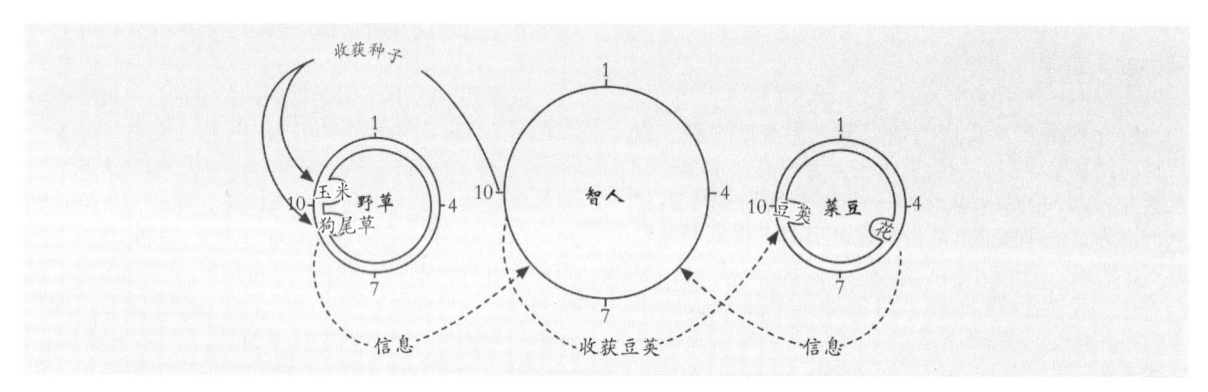

图2.5　古代期墨西哥中部高地菜豆（右）和两种野草（左）的采办。

采办野草

收获野草是塔毛利帕斯、特化坎和瓦哈卡前陶期觅食者的秋季活动之一。这项活动大部分是在河谷山麓支谷里进行的，那里是半干旱环境里较为湿润的栖息地。两种重要的属是狗尾草和玉米，其中包括墨西哥类蜀黍。

狗尾草和墨西哥类蜀黍共享许多群落生境，就如图2.6中显示的格雷罗山麓（Guerero piedmont）。在这样一种栖息地中，狗尾草成熟较早，常在9月下旬；墨西哥类蜀黍要晚几星期，常在10月中旬。就如图2.5中所示，狗尾草逐渐成熟的头部会为觅食者提供必要的信息，以便在合适的时候前往山麓地带。通过在该地区扎营一两个月，他们能连续收获两种草类，还有野生葫芦和缠绕着墨西哥类蜀黍的荷包豆（见第1章）。虽然对于狗尾草没有产量数据，但是1971年福特和我收集的材料显示，每公顷狗尾草大概可以提供152.5到627千克左右的可食部分（Flannery and Ford 1972）。

图2.6　成熟的狗尾草生长在格雷罗的奇尔潘辛戈附近尚未成熟的墨西哥类蜀黍植株边缘，1971年。

采办牧豆

好几种豆科灌木，包括金合欢（Acacia sp.）和银合欢（Leucaena sp.），其结出的豆荚和豆子可以被前陶期觅食者用作食物。目前来看，特化坎—瓦哈卡环境里最重要的豆科树是牧豆树（Prosopis juliflora 及相关物种）。在瓦哈卡河谷东部它们最适宜的栖息地，每公顷能够生产109 960个豆荚（或约183.6千克可食部分）。这样的收获能够提供545 292千卡的能量和10 456克的蛋白质（第18章）。豆荚能够用手采摘，并很可能被运回特化坎和瓦哈卡的洞穴里，在前陶期层位里发现了许多类型的篮子和网兜。印第安人要和野鹿、墨西哥兔、白鼻狗、蓬尾浣熊其他动物竞争，他们收获豆荚并将它们煮成一种胶汁或糖浆，虽然这些种子可以烘烤和食用，但是考古材料表明，它们常常被成千上万地废弃；这要比7到8月树木正常掉落种子更加有利于把种子散播到更大的区域，而使植物扩散。

玉米与牧豆：与人类相联系的两个植物种属例子

就像我们在丸山的例子中所见，多环系统的特点之一，是某一环的变化会对系统另一部分遥远的一环产生影响。屡见不鲜的是，这些环在时空上分得如此之开，单凭直觉根本难以想见它们的关系。在本节中，我在我们所建立的瓦哈卡模型玉米和牧豆环节之间考虑了一种关系。在特化坎项目结束时，我并没有足够的材料来琢磨这一关系，而它在我写AWS论文时仍未成型。在我发表在1972年《人类学年度回顾》（Annual Review of Anthropology）上的文章里，这一关系的某种轮廓开始出现，我在此对其进行优化。

在野生条件下，玉米与牧豆并不占据相同的空间，因为一棵好的豆树的覆盖面会遮掉墨西哥类蜀黍的阳光。成熟的豆树林在河谷底部的溪流边以及合适河流的自然堤坝后面分布极多。墨西哥类蜀黍在该景观的自然空地上是一种先驱野草，特别是在清理了山麓地带的荆棘林后。甚至在公元前8000—前5000年农业的发展中，起初也没有将栽培从山麓峡谷移到主要河流的冲积平原上。如麦克尼什所称呼的那样，该时期的早期农业保持了"峡谷园圃"的方式，可能因为山麓峡谷要比河谷底部获得更多的降雨，并因为沿主要河流清理被森林覆盖的堤坝很可能需要更多的劳作。此外，这类林地有些每公顷可产183.6千克的牧豆荚。

就本章的目的，我们在此无需特别提到早期玉米是否是墨西哥类蜀黍的一种驯化形式（如Beadle 1977, Galinat 1971和Iltis 1983所相信的那样），抑或它来自一种目前已经绝灭的野生玉米（如Mangelsdorf 1974相信的那样）。在公元5000年前，这是一种原始的带有小棒芯的栽培品种，要比野生墨西哥类蜀黍较易收获，但是很可能产量不高。

在许多地区，为栽培这种植物去掉主河道冲积平原上的豆树很可能不值得。一个较为合理的策略很可能是让豆树在主要河谷底部生长，让其每年生产每公顷180克的豆荚，同时在山麓的山谷里种植玉米，那里是它的老家……采取这种策略可以从一个事实来推测，即在玉米驯化了几千年后，中美洲的河谷底部仍不见有村落，虽然麦克尼什（MacNeish 1964）怀疑，在分支峡谷里存在地穴式房屋的聚落（Flannery 1973：299）。

但是，这一策略最终被逐渐的遗传变化所改变，这种变化增加了玉米棒的长度和玉米粒的行数以及玉米粒的大小。我们对玉米产量的相对增加有些估算，这要感谢柯克比（Kirkby 1973：图48）在瓦哈卡萨波特克印第安人玉米地所记录的每公顷玉米千克重量玉米棒平均长度与玉米产量之间的线性回归关系。根据这种关系，以及利用麦克尼什在特化坎发掘中出土的玉米棒平均长度，科克比是能够为史前期的各个时期计算出"估计产量"。

从科斯卡特兰洞穴（前5050年）出土的最早玉米棒，估计产量仅为60—80千克/公顷；后来从特化坎出土的前陶期玉米棒估计产量为90—120千克/公顷。大约公元前2000年，玉米达到了200千克/公顷的估计产量，超过了每单位面积豆树可食部分的毛重（crude weight）（我们暂时忽略这两种食物所有的其他区别）。大约公元前1000年，玉米产量很可能达到了300千克/公顷甚至更多。

柯克比（Kirkby 1974）后来的一项研究显示，除非期望的产量至少有200—250千克/公顷（去皮的玉米），否则萨波特克印第安农民通常并不认为其值得种植和进行土地清理。将上面的所有观察考虑在内，于是我们能提出下面的可能：永久性的农业村落在主要河流冲积平原的自然堤坝区一直要到玉米的产量高得足以值得清除覆盖在该区域的成熟豆科灌木。这种说法的一个必然结果可能是，开始清除豆科灌木很可能是由于：（1）当玉米在产量上超过了豆树（184千克/公顷）；（2）当玉米产量达到了今天萨波特克印第安人所偏好的200—250千克/公顷；（3）第三种价值，这只能被未来考古学研究所确定。

在图2.7中，我展示了达到上述门槛之前状况的一张图表。在右面，我们见到了牧豆树的生命周期，从新苗生长到树木的成熟，以及6月份绿豆荚的生长。这些不能采摘的豆荚的出现是传递给人类的一个关键信息，让他们知道8月份就有牧豆可以收获了。就像上面所述，在印第安人处理豆荚时被扔掉的种子，很可能要比它们留在树上的干枯豆荚里有更好的发芽机会（而且肯定散播更广）。

在图2.7的左边，我们见到了早期栽培玉米的每年生长周期，随着古代期的推移，它们在山麓峡谷的林间空地上，从50—100千克/公顷开始慢慢增加。它的产量对于人类来说还是另一种信息来源，人类对任何植物很有可能会有愿意投入劳力强度的一套办法。在图2.7的时代（大约公元前3500年），他们的策略是在山麓上栽培玉米，在冲积平原上收获牧豆。但是，玉米产量的明显增加会有提供新信息的潜力，使得来年对于玉米和牧豆的策略发生改变。在本书第32章里，在观察了从圭拉那魁兹出土的材料以及由雷诺兹所做的电脑模拟之后，我们展示了第二幅玉米—牧豆图示（图32.1），我们相信该图为这一策略变化的开始提供了一个模型。

用丸山的话来说，导致玉米产量增加的可喜遗传变化，很可能是将玉米子系统转为正反馈回路的"第一脚"。玉米产量的增加，加上它坚韧的花轴和松软的玉米棒较易收获，很可能鼓励了印第安人花费较多的时间来栽培玉米，而减少收获反应不佳的其他植物。如果情况确实如此，那么考古学记录将不仅显示：（1）对玉米有了更多的投入；（2）当人类改变了其首选，所利用的野生物种的"搭配"（mix）就会发生重大变化。换言之，一个环节的策略改变很可能深刻改变其他环节。

为这些策略改变作出贡献的基因突变会被人类的意图所关注，这是生物转型的组成部分。但是，如果没有人类的意图，那么不利于植物种子传播机制的突变就难以存活，更不要说令其增加数量了。考古材料表明，早在关键的遗传变化使得驯化种类依赖人类之前，人类已经在墨西哥栽培西葫芦和豆子，并在近东栽培小麦和大麦了。因此，我们的模型不仅要考虑物质、能量和信息，还要考虑遗传和人类的意图。系统论模型对此很适用，因为就如雷诺兹在第31章里所论证的那样，它们能被设计来处理各种不同变量，诸如千卡热量、搜寻区域和决策。

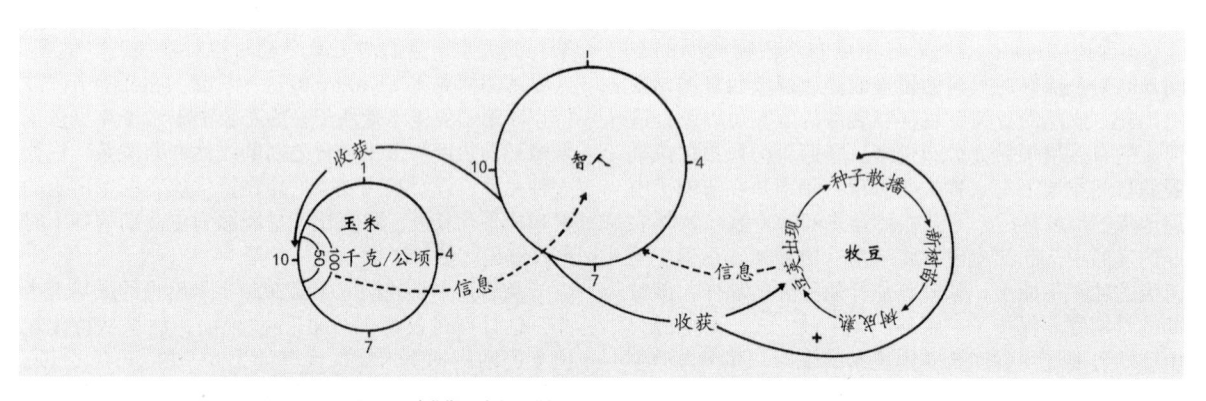

图2.7 古代期瓦哈卡人群与野生牧豆（右）和栽培玉米（左）的互动。

为环境多样性建模

我们已经在第1章提出，古代期的觅食者必须适应环境变化的两个主要来源。第一个来源是季节变化，在瓦哈卡这一变化较有节奏，而且相对可预测，夏季的正常降雨始于5月，止于11月底，6月和9月达到高峰。这意味着在雨季之末一般会有大量的植物资源，每年旱季之末会出现匮乏。

第二个来源是年际变化，这比较随机且不可测。如在第1章里所述，瓦哈卡年降水平均为450—650毫米，但是最低可达300毫米，而最高可达1000毫米。在多雨的年份，某些物种会丰产；而在干旱的年份，几乎所有物种都会减产。而且，某些树种比如矮松会被某丰产作物所"拖累"，以至于为后来几年产生的种子无法达标，雨量再多也无济于事（理查德·福特，个人通讯，1980年）。

在本书中，我们对季节变化的建模无能为力，因为圭拉那魁兹看来只是在8到12月期间被栖居，因此我们获得的1到7月这一段时间的材料不足。以后对邻近地区的遗址如布兰卡洞穴和盖欧希的分析，有助于完善我们对每年活动周期的了解。

但是，对每年变化的建模将是雷诺兹模拟的一个重点。在该模拟中，干湿和平均年份的不可预测的序列将被输入该模型，努力看看古代期的觅食者对这样的变化会做出什么样的反应。

时间安排

就如我在ASW论文中所提出的，对资源的采办有如此多的可能性供这些古代觅食者选择，这就不可能将它们都囊括进来，甚至单考虑季节性。

> 情况是，在某年的不同时间，当有一批资源同时可获，便会造成该人群中在时间和劳力上产生某些冲突的情况。按性别进行劳力分工，如男性狩猎和女性采集，对于这些冲突是一种常见的做法，但是并非所有冲突都能如此简单地解决。（Flannery 1968：75）

对于较为复杂情况的解决办法，可以称之为"时间安排"（scheduling）。

在本书中，我们按以下步骤研究这些解决办法。在第25—29章，圭拉那魁兹居住面上的碎屑形态由斯宾塞、惠伦和雷诺兹进行分析，着眼于决定（在其他事情中）劳动的性别分工允许同时开展的一些工作，而不与觅食者时间产生冲突的范围。

另一方面，在第31章里，雷诺兹设法为圭拉那魁兹人群植物采办活动的时间安排进行建模。一个假设的觅食者游群与该洞穴前农业层位里11种利用最普遍的植物被列出，加上每种植物所处的环境区、密度和营养构成的资料。我们的觅食者需要对这些植物资源的采办、造访的环境区、搜寻区以及采集的数量做出次序上的时间安排。尽管无法预测的湿润、干旱和平均年份的前后相继过程持续如故，只要人群的安排不断改善，那么这种功效就能予以评估。最后，栽培的西葫芦、豆子和原始玉米进入了我们的觅食者首选的系统，而我们要看他们活动变化的时间安排是否与我们所设想的路径一致。

小 结

换言之，尽管本书的中心内容是有关圭拉那魁兹洞穴的一份遗址发掘报告，但是我们也将这本书加以扩充，并对瓦哈卡河谷野生植物采集和早期栽培模型的某些方面进行检验。在该模型的核心部分是一批小的人群，他们在几百年里，年复一年地围绕着这些野生植物每年的收获而移动。就像我们在图2.3和图2.7中所见，这个模型通过物质、能量和信息的交换，与一系列的植物联系起来。因为这些联系是如此之多，以至于我们无法在一张图里全部把它们呈现出来；我们必须想象有一种n维度的空间，其中橡子、矮松果、仙人掌果、牧豆、龙舌兰、野豆、西葫芦和瓢葫芦都与该人群交织在一起。但是，我们的人类觅食者不会与这些植物种类建立一种静态而一成不变的关系，因为他们受到一系列随机变量缓冲，包括湿润、干旱和平均年份的交替，其中各种野生植物的产量会发生变化。

我们的疑问之一——将在本书中检验和弄清——

是我们的觅食者制定一种资源时间安排的不同策略，处理该生态系统中的季节性和年际变化，它有足够的弹性在这种长时间的波动中维持下来。我们希望，雷诺兹将我们模型变成能够实施的版本并告诉我们，这是如何做到的，但是我们也承认，考古记录将对我们提出的模型是否与实际一致做出最终的检验。

我们的另一个问题是，就如本章前面介绍的玉米—牧豆的例子，早期栽培以这样的方式改变了该系统里的信息流动而改变了其策略。为了协调早期农业，产生了对时间做出重新安排的需要，某些野生植物种类与其他植物以及与人类的优先地位出现了升降。我们希望，我们的模型能预测可能发生的这类变化的某些方向，我们也希望，考古记录能够使我们知道我们哪些预测是正确的。我们也希望能够利用该模型，来观察很可能影响到农业起源的变量，如人口增长和气候变迁的范围。

模型的不足之处

尽管我们尽了最大的努力，但是我原来的ASW模型的许多方面，甚至在本书完成后仍然未能量化。其中有些能够在瓦哈卡项目未来的著作中加以改正，而有些可能不行。

例如，狩猎和陷阱捕猎对于我们前陶期的觅食者是重要的活动，而在1968年我把采办棉尾兔和白尾鹿放入我的模型里。尽管动物采办在第22章和本书的其他地方做了讨论，但是它没有包括在雷诺兹的模拟之中。这是因为我们决定把狩猎活动的主要处理推迟到布兰卡洞穴材料发表之后，这是邻近的一处遗址，出土的各种活动证据要比圭拉那魁兹更加丰富。没有把狩猎和陷阱捕猎包括在内，我们在本书中的模型明显有些缺陷。

此外，没有更多的材料，我仍然无法完全对图2.3—2.7的图示加以量化，这可能需要进行多年的收集。例如，准确知道人类食用仙人掌果如何影响到瓦哈卡山麓仙人掌果的密度，我们就必须跟随种子的一个样品经历它们的整个生命周期，从它们在粪便化石中的沉积一直到我们能够确定它们有多少会长成成熟的仙人掌果。为龙舌兰收集相同的资料，我们可能要挖出一株成熟龙舌兰的样品，并跟随到这些植物的吸根最终达到茂盛的成年。直到收集了这些材料，我们的模型才能在某些环节的终点继续下去。

对于这点无需过分悲观，因为很可能任何模型都试图尽量多地整合各种变量，就像这个模型会有材料缺失的部分。构建任何生态系统的模型是一个缓慢的过程，而我们必须想见，为一个史前生态系统建模有双重的难度。于是，在本书的后面部分，我们设法去积极思考，并集中在那些已有的材料上，而各种洞见是可期待的。这些新鲜皮肉可以添加到我们1968年提出的骨架上去。

第二编

文化与环境背景

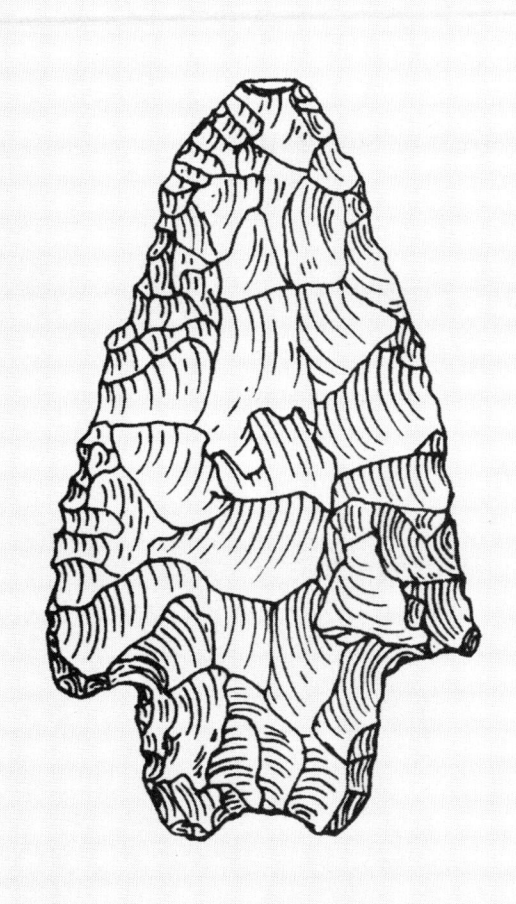

3 圭拉那魁兹的时空与文化背景

引言
瓦哈卡河谷
圭拉那魁兹的发现
圭拉那魁兹的年代和文化定位
圭拉那魁兹的人口背景
宾福德"觅食者—集食者两分"背景里的圭拉那魁兹
麦克尼什"大游群—小游群两分"背景里的圭拉那魁兹
瓦哈卡—特化坎居址类型背景里的圭拉那魁兹
小结

4 圭拉那魁兹洞穴群的自然环境

引言
地质与土壤
气候与水文
植被带及其群丛
本地动物
较远的环境
小结：前陶期遗址位置的因素

3 圭拉那魁兹的时空与文化背景

肯特·弗兰纳利 撰，陈淳 译

引言

前两章已经讨论了：(1) 作为人类学中一种普遍性理论问题的农业起源；(2) 为特化坎—瓦哈卡地区建立一个生态系统模型的问题。在本章里，我们将集中在特定的考古遗址，其中最重要的就是圭拉那魁兹洞穴，用以重建瓦哈卡河谷古代期的生活方式。我们从对该河谷的一个总览开始，逐渐集中到它的东部或特拉科卢拉支谷（Tlacolula arm），以及围绕前哥伦布时期的"米特拉堡"周围的16平方千米区域。在此很清楚的是，圭拉那魁兹至少有两种环境背景。第一是由史密斯（C. E. Smith 1978）所重建的该地区的"原始初级植被"（original primary vegettion）；第二是今天的植被，明显受到了人类活动的扰动，其中"原始的"植被仅以斑块状残留。

但是，空间和环境只是圭拉那魁兹能够予以讨论的两个背景。它也只是在某特定时间段被某个人群所栖居，这些人的文化方式遍及墨西哥的广阔区域。

瓦哈卡河谷

瓦哈卡河谷位于墨西哥南部高地，在北纬16°40′到17°20′及西经96°15′到96°55′之间。它有两条河流流过：阿托亚克河（Río Atoyac）上游，从北向南流动；其支流斯拉达河（Río Salado）或特拉科卢拉河，向西流动，在今天的瓦哈卡城附近汇入阿托亚克河。该河谷被塑造成Y形或三点星形，其中心是瓦哈卡城，而其南端以阿约奎斯科（Ayoquesco）峡谷为界，在那里，阿托亚克河离开了河谷，一路流向太平洋沿海。这里为半干旱气候，年降雨量为500到700毫米，主要集中在夏季的几个月份。河谷的底部海拔高度在1 420和1 740米之间，海拔较低处为半热带气候，而较高处为温带气候。它被较凉爽和湿润的山脉围绕，这些山脉高耸达3 000米（图3.1）。

基岩地质

阿托亚克河与斯拉达河以及它们的支流通过侵蚀塑造了该河谷，并分割成三种主要的地质构造（Lorenzo 1960）。其中最古老的是前寒武纪片麻岩和片岩的复合型基岩，其变质如此彻底，以至于它们最初的岩类成分并不清楚。第二类构造是一系列中生代的石灰岩，被认为主要是白垩纪的，也许与远方的恰帕斯（Chapas）高地的石灰岩有关。三种主要构造中，最晚近的一种是第三纪中期（可能是中新世）所谓熔结凝灰岩的火山岩。熔结凝灰岩是火山灰流动的凝灰岩，由爆炸性喷发沉积，但是由炽热的崩塌所致，并可能闷烧数年；在瓦哈卡，它们包括一些熟悉的变体如流纹岩和疗英安岩（Rhyodacite）（Williams and Heizer 1965）。

自然地理区

第四纪的侵蚀和沉积过程将这些初始物质切割成四个主要的自然地理区：山脉、山麓、高冲积层和低冲积层（Kirkby 1973：9）。山脉区一般在2 000米以上，以陡峭的山坡、较凉爽的气候以及比其他

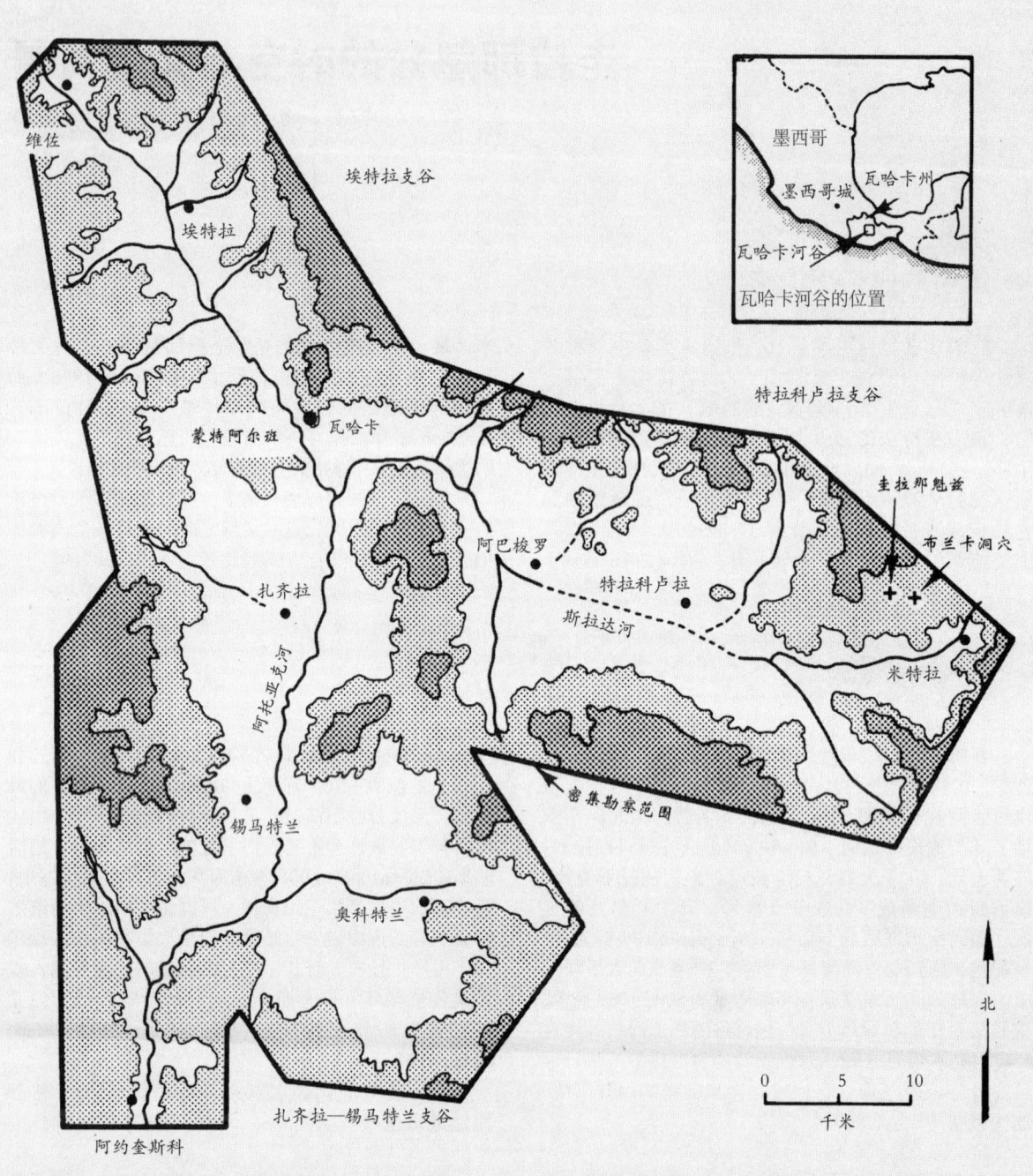

图3.1 瓦哈卡河谷密集勘察部分，显示了埃特拉、特拉科卢拉和扎齐拉—锡马特兰支谷。淡点标示山麓，深点标示较陡的山脉。

区域较多的降雨为特点。广泛的山麓起先是由山脉底部一系列相连的冲积扇所组成，但是现在被分成一条脊线和沟壑与河谷底部的外缘分开。除了有冲沟的地方，它的坡度为1°—2°，并且它构成了山脉与河谷底部之间的一片过渡区（兼从自然地理和植被的角度而言）。

在两片冲积区里，高冲积区较为广泛并很重要。以阿托亚克河和斯拉达河的更新世冲积平原为代表，它的倾斜度不到1°，形成了谷底的主要部分。低冲积层或目前的洪积平原，是沿阿托亚克河和斯拉达河河道不到50%的特殊地貌单位而分布的，而它很可能在公元1500年前并不存在（Kirkby 1973：15）。这是一片比山脉和山麓降雨要少、温度要高的地区，虽然它的地下水位可能比较高。

瓦哈卡河谷的本地植被受到这些自然地理区以及低冲积层与高山之间的气温梯度、降雨、蒸发和生长季节长度的严重影响。就最简单来说，随着山脉的海拔升高，霜冻季节的长度就会增加，而当我们往洪积平原下行时，干旱的可能性就增加了。结果就是山脉拥有的植被可以忍受较低的年平均气温（3 100米处为8°），但是需要较高的年平均降雨（1 000毫米）；洪积平原植被适应于较高的年平均气温（1 540米处21℃），并能在较低的年平均降雨中以汲取地下水存活（瓦哈卡城为630毫米）。山麓位于两者之间，因其过渡性位置而具有巨大的植物多样性。

降雨方式"显示干旱的冬季和夏天的雨季之间的显著差异，旱季从11月到（来年）3月，其平均月降雨不到10毫米。雨季一般始于4月下旬到5月，但是一直要到6月才完全到来，其平均降雨为137毫米。雨季有两个高峰，一个在6月，第二个在9月（平均降雨=144毫米）。到10月平均降雨减少到44毫米，而雨季的结束一般就像其开始一样突然"（Kirkby 1973：17；也见本章的图3.2）。

本土植被

对某河谷的原始野生植被进行重建并非易事，因为它的谷底在7 000多年里已被农业所扰动，在山麓放羊也至少有400年了，而山脉里到处是伐木工和烧炭者。但是，生物学家厄尔·史密斯（C. Earle Smith）

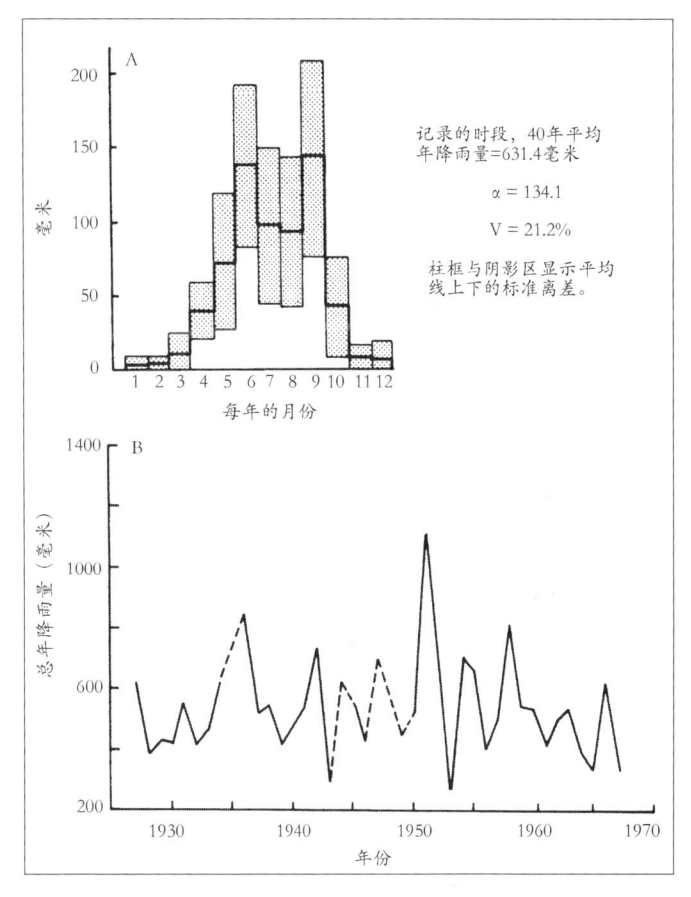

图3.2 瓦哈卡河谷的降雨。A. 瓦哈卡城的平均月降雨量；B. 1926和1968年间特拉科卢拉的年降雨量（根据Kirkby 1973：Figs. 6和58重绘）。

记录的时段，40年平均年降雨量=631.4毫米

α = 134.1

V = 21.2%

柱框与阴影区显示平均线上下的标准离差

设法进行了这样的重建，根据是：（1）原始植被残留的孑遗；（2）植物生长的原理，就像上面介绍自然地理中所提到的；（3）在邻近河谷相同环境里的植被知识；（4）考古发掘出土的植物遗存（Smith 1978：17—22，地图2）。所有证据表明，瓦哈卡河谷原来覆盖着森林、灌木或低矮的蒙特灌木丛（Monte）——不像我们今天所见的开阔的草地河谷，这是农业土地清理的产物。

沿阿托亚克河及其主要支流，无论在有黏土的地方还是地下水在地表以下不到3米的地方，史密斯见有一种中生林（河边），由柳树（*Salix*）、桤木（*Alder*）、落羽杉属或蒙特苏玛丝柏（*Taxodium*）、无花果树（*Ficus*）、番荔枝树（*Annona*）、洋椿属（*Cedrela*），可能还有鳄梨（*Persea*）。在此森林里很可能有许多常青树种，它们很高而且庇荫其冠盖到最

下面的树枝也许有15米。在地下水位相同但土质为沙质的地方，这样一种中生林很可能比较稀疏。对柴火建筑材料的持续需求，把这类森林变成了栲木和杨柳断续分布的斑块，或是孤零零的蒙特苏玛丝柏，就像在圣玛莉亚图利（Santa María del Tule）附近的树林。

在主要河流自然堤坝外的高冲积层上，地下水位下降到了3到6米，史密斯发现有一种森林，主要是牧豆，并密集夹杂着其他豆树如金合欢和橄榄科、锦葵科和大戟科的成员。尽管其组成很可能包括了少数常青树种，但大部分物种都是落叶林，而树的冠盖只有在夏天的雨季才会合拢。这样的区域野生资源很可能在5月和8月下旬之间最为丰富。

在豆树林外，水位下降到6米以下，出现了一片仙人掌荆棘林，它一度覆盖在高冲积层的边缘和低矮的山麓坡地上。这片植被区取决于降水而非地下水，在旱季后半段比较荒凉，但是在夏天雨季之后比较繁茂。史密斯（Smith 1978：20）重建了这种荆棘林，类似"特化坎河谷东北边的样子（Smith 1965）"，并共有许多相同的物种。尽管豆树林的许多成员在这片地区挣扎着生存下来，但是它也以一些树木为特点，如银合欢、决明属（Cassia）以及像毛麻风树（Jatropha urens）这样的灌木。龙舌兰和丝兰（yucca）很普通，就像仙人掌一样。柱状仙人掌包括群戟柱（Lemaireocereus）、龙神柱（Myrtillocactus）和老翁柱（Cephalocereus）。"在其最佳发展状态，这种共生很可能有5到10米高范围的冠盖，取决于采光和土壤湿度等等。"（Smith 1978：24）但是，这种冠盖很可能是开放的，因为严酷旱季会阻止植物密集聚集在一起。

当我们向山麓上部和山脉下部区攀登，仙人掌荆棘灌丛慢慢变得稠密，并最终与橡树相遇。今天，这一转变带处于1 700至1 900米海拔高度，但是因为花粉显示史前期气候有所波动（第15章），因此，我们无法确定某个时间这个位置在何处。史密斯（Smith 1978）的重建表明，有一片橡树—松树林覆盖着瓦哈卡河谷周围的山脉。尽管橡树很可能在这片森林的下部占主导地位，但是随着向高海拔移动，其平衡会逐渐偏向以松树为主。考古记录中证实的一种松树是矮松，它显然不见于这片森林之中，也许因为所有松树被烧炭者有意选择而被过度砍伐。至少自公元前1000年以来，松树明显一直被偏好用作炉灶木炭的品种。

在史密斯的重建里，原始的橡树—松树林很可能由"分得很开而且高大得多的树木组成"，其冠盖"在以橡树为主的地区完全合拢"（Smith 1978：25）。甚至在今天，橡树区是特别美丽的一片区域，生长的树木包括黑胡桃树（*Juglans*）、乌木（*Dyospyros*）、石兰（*Arctostaphylos*）以及浆果杜鹃（*Amelanchier*），俯瞰着覆盖着橡树、绿叶成荫的山谷。可食野生植物最多的区域是从荆棘林上部向橡树林的过渡地带，这些资源在雨季末和旱季初（9—12月）最为丰富。

特拉科卢拉地区

形成瓦哈卡河谷不规则Y形的三条支谷中，最干旱的一条就是特拉科卢拉（Kirkby 1973：15—25；Smith 1978：9—11）。特拉科卢拉是该地区的首府，位于海拔1 620米处，平均年降水量仅为550毫米，而潜在的蒸发量为2 020毫米。相反，瓦哈卡城年降雨量为630毫米，而潜在蒸发量仅为1 890毫米；相较埃特拉的数据，它是该河谷降雨最多的地方，年降水量为650毫米，蒸发量为1 670毫米。

与特拉科卢拉普遍干燥相伴的是延时较长的旱季。尽管瓦哈卡城一般在12月到来年2月间没有降雨记录，但是特拉科卢拉"经常在11月到（来年）3月期间整个时段无雨"（Smith 1978：9）。这种旱季的长度和严酷强烈影响了特拉科卢拉支谷植被的季节性，特别是落叶树种。

米特拉和特拉科卢拉河谷东部

本书主要关注特拉科卢拉河谷东部的三分之一，该地区的主要景观是山脉和第三纪火山凝灰岩台地（图3.3）。在某种意义上，该河谷的支线始于米特拉，那里斯拉达河（当地叫大米特拉河）沿一条从熔结凝灰岩切出的陡峭山谷注入该峡谷。那条山谷排列着许多山洞和岩棚，其中最著名的就是迪瓦布罗洞穴（Cueva del Diablo）（Parsons 1936：295）。

流出山谷后朝西南，该河转向正西，流了大约4千米，然后在米特拉桥下通过。在此，它深深切入淤泥高冲积区，仅为1千米宽的条带，在海拔1 688米处自东向西而去。在此冲积带的两边，一片山麓台缘缓缓朝山脉抬升，并从大约2千米外的距离俯瞰着河谷。

在这些山脉中，令人印象最为深刻的是其东面一段，米特拉萨波特克人叫做当洛山（*Dan Ro*），该山脉"在地震时也岿然不动"（Parsons 1936：295）。当洛山脉东西长15千米以上，南北宽12千米，而它覆盖着松树林的山脊位于大陆分水岭3 000米处。施米德（Schmieder 1930：地图4）和帕森斯（Parsons 1936：295）都报道了"骷髅洞穴"（Biliyär Calaver），位于离米特拉一天路程的一处山脊顶部。但是，正是在这个山谷和当洛山脉的低坡上，发现了许多被栖居过的洞穴和岩棚。

过了桥，大米特拉河继续西行约4千米，到了河谷的咽喉处，岩岬之间距离1 000米。在此靠近洛玛·拉尔加（Loma Larga）小村寨（Union Zapata［萨帕塔公会］），米特拉的一处代理点，米特拉的范围到此为止，然后特拉科卢拉河谷中段开始。沿河的北岸，正好在该咽喉的东部，见有一处前陶期旷野遗址盖欧希。过了这个地点，河流继续西行，一直流到特拉科卢拉平原，叫做斯拉达河。

从前陶期的立场来看，瓦哈卡河谷最有意思的地区之一，就是在西与萨帕塔公会接壤，东到米特拉，南到大米特拉河，北到当洛山脉较高部位的一片区域。该区域形状像是一个巨大的圆形剧场，其弯曲的背墙是山脉后退到河流以北2.5千米处所形成。该圆形剧场的地板是岩石，到处薄薄覆盖着一层很贫瘠的沙土，来自风化的火山凝灰岩。其中心舞台是米特拉堡，这是一处陡峭的熔结凝灰岩台地，后古典期在其山脊上建造了防御工事。这个台地是前哥伦布时期石器工具硅化凝灰岩的产地（Holmes 1897：287；Williams and Heizer 1965：47；惠伦，本书第7章）。而分布在地表的打制石制品向四面八方散布好几千米。由于这个地区土壤很薄、侵蚀和风蚀的缘故，这里要比瓦哈卡河谷其他地方更易在地表找到前陶期工具。而且，沿大米特拉河的北岸，有许多硬化的更新世冲积物——几乎总是被深埋在河谷各处——被暴露在地表。这种露头有时候会有前陶期旷野遗址出露，如盖欧希。

我们有理由相信，相比河谷其他地区，这种山脉、山麓和狭窄冲积层的自然圆形剧场不会被狩猎采集者更强化利用。出于各种原因，它只不过是有较好的环境条件保护前陶期遗址。在此，当洛山脉底部被边缘陡峭的山谷隔开，这些山谷都是熔结紧密或块状的凝灰岩。其峭壁很适合洞穴的形成，而该山谷本身

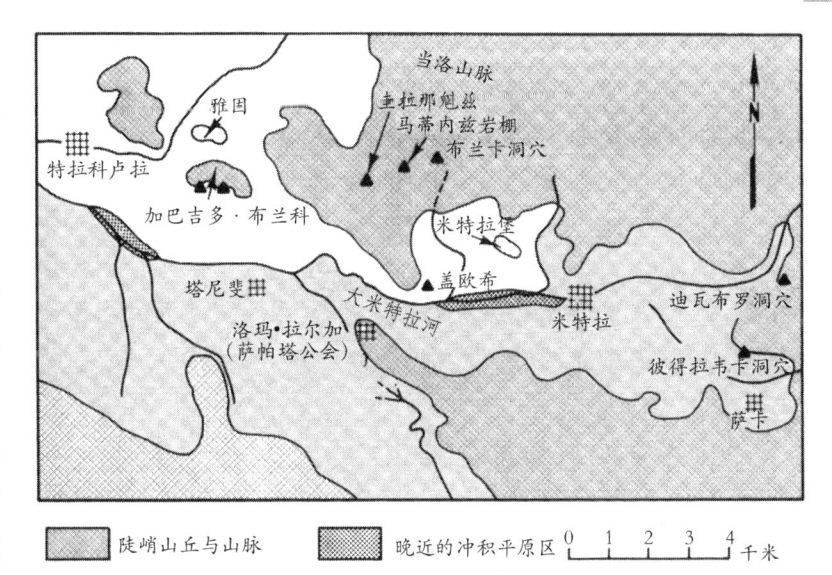

3 圭拉那魁兹的时空与文化背景

图3.3 特拉科卢拉支谷的东端，显示了正文中提到的圭拉那魁兹和其他地点。

也用作谷底与松树林覆盖的山脊顶部之间的通道。大部分山谷溪流多是临时的，但有少数源自当洛山脉的泉水。该地区是如此干旱，以至于正常情况下被冲积物掩埋的旷野遗址都没有覆盖，在勘察中能很容易找到。因为这些条件，我们将我们的前陶期勘察和发掘集中在米特拉地区，并大力依赖这一地区，因为在其他地方，前陶期遗址是如此难以发现。

米特拉西部和河流北面的16平方千米的区域，就我们的研究目的而言也有其他优势：现在大部分无人栖居的合作农场土地，其植被很接近该河谷在某些地区残留的史密斯所谓的"最初植被区"。一度还包括米特拉堡名下的一个大型农场或庄园，部分地区当帕森斯（Parsons 1936：18）在1929年和1933年造访米特拉时，还叫"富埃德农场"（El Rancho del Fuerte）。1966年，在该圆形剧场背墙的峡谷和山坡上，是长满森林的公共土地，洛玛·拉尔加的经纪人偶尔用它来放羊。大农场解体，建立了合作农场体制后的年代里，这一地区的植被有机会恢复到史密斯（Smith 1978：22）所言的那种状态："只是在该河谷米特拉一段，向圭拉那魁兹洞穴，存在原始植被覆盖的某些孑遗。"

这些孑遗的最佳代表就是史密斯的"仙人掌荆棘灌木林"，尽管经历了几百年人类的开拓，它仍然能够在圭拉那魁兹的斜坡上见到。它作为残留斑块，分布在今天我们称之为"荆棘林A"的植被区（第4章）。不太容易分辨；但只要有机会仍然在努力斗争回归的

是史密斯的"牧豆林",它们一度分布在仙人掌荆棘灌丛以下的山坡上。这里大部分已经被我们今天叫做"牧豆树草地B"的植被所取代;但是,即便在这个植物群落中,仍然有高大的牧豆树丛,而该地应该已经休耕了十年左右,它最终会回归牧豆和金合欢。我们确实幸运,瓦哈卡河谷东部原始植被覆盖的这些子遗与我们最好的前陶期遗址区重合,如果没有它们,本书后半部分的大量分析就无从谈起。

圭拉那魁兹的发现

圭拉那魁兹洞穴是位于一处大型凝灰岩峡谷峭壁底部,但高出河谷底部的小型岩棚,大约在米特拉西北5千米处(图3.4)。该峭壁高出海平面1 926米,高出大米特拉河约300米,向东南朝米特拉堡。该洞穴北纬16°57′,西经96°22′,位于米特拉和迪亚兹·欧达兹(Díaz Ordaz [Sto. Domingo del Valle])之间通过当洛山脉的一条小径附近。该地区是属于洛玛·拉尔加村寨的合作农场土地。

实际上,该洞穴并没有名称;我们借用了岩石构造的名称,它在米特拉萨波特克人中指称"白崖"。圭拉(Guilá)即"崖"(源自gui即岩石),而naquitz意为"白色",该词的米特拉人发音至少可以上溯到16世纪的萨波特克河谷。在那个时代,这种悬崖很可能被叫做 Quieláa Naquichi(Cordova 1578)。

在1964年12月,带着一份洛伦佐和麦斯马彻(Lorenzo and Messmacher 1963)的一篇文章《瓦哈卡河谷前陶期文化层的发现》(Hallazgo de Horizontes Culturales Precerámicos en el Valle de Oaxaca),我飞到了墨西哥城,与荷西·路易斯·洛伦佐(José Luis Lorenzo)和伊格纳西奥·伯纳尔(Ignacio Bernal)商谈。洛伦佐向我出示了梅斯玛切在米特拉和萨卡附近采集的箭镞。伯纳尔为我提供了一份他在瓦哈卡、埃胡特拉(Ejutla)和米亚瓦特兰(Miahuatlán)河谷调查发现的第一批275处考古遗址的卡片目录。他们两人都鼓励我继续前往瓦哈卡,观察洛伦佐和梅斯玛切的岩棚,并寻找其他遗址。

当时,我的姐姐莉莎·弗兰纳利·阿雷东多(Liza Flannery Arredondo)和她丈夫温贝托·阿雷东多(Humberto Arredondo)住在墨西哥城,温贝托在那里是个企业主管。莉莎和温贝托慷慨地把他们的奔驰梅赛德斯轿车借给我去瓦哈卡洞穴考察。如果他们看到我最后到达地方的那种样子,他们肯定悔不当初;这好像借给你客人一辆邦尼(Bonnie)和克莱德(Clyde)车去抢劫银行并设法随后逃离。神奇的是,这辆梅赛德斯爬上了山谷和险要的令四轮驱动的车子刚好通过的毛驴小道。底盘被卡住两次,卡在巨石间一次。

1964年12月16日,我探访了特拉科卢拉附近加巴吉多·布兰科台地(Caballito Blanco Mesa)的几处小岩棚中的第一个。它就是OC-1(瓦哈卡1号洞穴),我借用了麦克尼什的调

图3.4 圭拉那魁兹洞穴。

查编号系统。我很快就弄清楚，加巴吉多·布兰科的这些岩棚堆积很薄，主要与特拉科卢拉地区蒙特阿尔班Ⅰ—Ⅴ期的栖居有关。萨卡附近彼得拉韦卡（Piedra Hueca）的小岩棚也令人失望，因为虽然能够在洞穴下坡上找到一些前陶期的石器类型，但是这些岩棚本身是如此之浅，至多不过是些地表分布的东西。

在米特拉的弗利塞尔萨波特克艺术博物馆（Meseo Frissell de arte Zapoteca），我受到了约翰·帕多克（John Paddock）的热情欢迎，1958年他在雅固（Yagul）的发掘为我提供了在瓦哈卡田野发掘的基本经验。帕多克陪同我在萨卡做了勘察，并把我介绍给几位米特拉村民，他们对周围的山脉十分熟悉，因为他们从小就在那里放羊。当埃尔茜·克卢斯·帕森斯（Elsie Clews Parsons）在米特拉做田野工作时，达里欧·葛洛（Darío Quero）还是个孩子[1]，他引导我前往迪瓦布罗洞穴，在那里帕森斯对米特拉的一处洞穴做了首次"试掘"（Parsons 1936：295）。帕森斯的描述表明，她发现了后古典期小型的供奉器皿，而这令我证实了自己的怀疑，即这个重要的祭祀洞穴很可能是很晚的堆积；它也过于湿润，使得易朽的东西难以保存下来。

一天当我们在米特拉堡附近展开的平原上做地表采集时，弗利塞尔博物馆的一位萨波特克民工指着西北方向几千米外的山脉和山麓一片未勘察过的区域，他记得那边某处有个洞穴，他说，他和他的羊群在一次春天暴雨时曾在那里躲避。米特拉人把它叫做骷髅洞穴（Cueva Oscura［欧斯古拉洞穴］），因为它从远处看像是一个菱形的黑点。在12月23日，我把梅赛德斯轿车停在米特拉—马塔特兰（Matatlán）的十字路口，步行出发前往那位村民遥指的地方。大约1小时后，我在一处火山凝灰岩山崖上分辨出一外貌可疑的黑点，并穿过仙人掌和多刺的大戟（mala mujer）灌丛向上攀登。当我到达那片山坡时，就发现了一件特立尼达（Trinidad）矛头、一件阿巴梭罗（Abasolo）尖状器和一件肯弗尖状器。在洞穴内部，我发现了位于一层前哥伦布时期玉米棒、龙舌兰咀嚼渣和陶片上的粗糙石叶和锯齿状陡刃刮削器。这个遗址编号为OC-27，萨波特克人叫比利加基尔，而西洛玛·拉尔加附近的西班牙人叫欧斯古拉洞穴。

对地表的采集喜出望外之际，我短暂邂逅了来自洛玛·拉尔加的一群猎兔人，他们对一个外国佬在他们合作农场里转悠有点好奇。"我在寻找洞穴，"我解释说。他们当中一人笑道："隔壁那个山谷的拐弯处有一个更大的洞穴，我们叫它布兰卡洞穴。"我决定用下午的其余时间在雷东达（Redonda）洞穴的前坡上做地表采集，改日再来。

1964年12月24日，我爬上了旁边的山谷，发现了OC-29、OC-30和OC-31，即布兰卡洞穴遗址群。要比其他遗址更重要的是，OC-30启动了瓦哈卡项目，因为看来明确的是，布兰卡洞穴可能在一片相当大的区域有前陶期的栖居，而且很厚。第二天，我在远离家乡和亲人的地方过了圣诞节，起草申请基金的第一份草稿。

整整一年之后，我又重回米特拉，装备了一辆四轮驱动的敞篷小型货车，以及从史密森研究基金会得到的资助。1966年1月22日，我重启前陶期遗址的调查工作，此时我得到了弗利塞尔博物馆埃里西奥·马蒂内兹（Eligio Martínez）、美洲大学的克里斯·莫泽和西尔维亚·马兰卡的协助，后者是一位巴西学生，最近一年在史密森研究院实习。

从布兰卡洞穴向外辐射，我们的勘察到达了一处山谷，上面是一片长长的悬崖，只知道叫圭拉那魁兹布兰卡岩崖（La Peña Blanca）。那里到处都是小洞穴，当埃里西奥和席尔瓦在岩崖中部地表采集时，我爬到了圭葛兹山隘（Gui Gohtz Pass），那里是该山谷开始的地方。在1966年1月26日，我在勘察的记录本上写下了这些内容：

> OC-43。小洞穴（8×10米，洞顶高3米），正好在圭葛兹山隘东北，沿山谷西边山崖朝布兰卡洞穴南北走向。洞穴面向东或东南俯瞰山谷。估计时间段为前陶期和后古典期。非常干燥，玉米棒、龙舌兰咀嚼渣、草和其他植物遗存保存良好。可能1.5—2.0米厚，最初50厘米实际上是坚硬的植物遗存。地表采集包括一件矛头的下半部分、带有底部内凹的镞、许多陡刃刮削器、石臼、磨盘、后古典期陶片，还有许多打制的石器废片。

这个小洞穴OC-43，我主观地称它为圭拉那魁兹，得名于它所在的岩崖，它是本书的中心。勘察又

---

[1] 在她的前言里，帕森斯（Parsons 1936：x）感谢："帕拉西托（papacito）、小达里欧用服装和一种可爱的老人举止"让我成为他们群体中一员，并使我十分愉快地待在那里。三十年后，当我们待在马特拉时，也对他的好客表示最衷心的感谢。

继续进行了大约一周，之后便决定对几处洞穴和岩棚进行试掘。为了使这一过程容易一点，我们修了一条通往该地区的小路，这样我们能够把民工和装备运到离这些洞穴几百米以外的地方。此事完成后，我们带着一队来自米特拉的萨波特克民工重访每个洞穴，让他们花整个下午在荆棘林覆盖的山坡上进行密集地表采集。在圭拉那魁兹，这次较为密集的地表采集获得了第二件铤部内凹的矛头。这是一件完整的标本，现在知道它属于佩德纳雷斯（Pedernales）类型，它不同于在布兰卡洞穴或雷东达洞穴发现的任何类型，因此我们处理的估计至少有两种前陶期组合。

在1966年2月期间，我从超过60处地点中试掘了几个洞穴，最后决定圭拉那魁兹和布兰卡洞穴为最佳。决定了这点后，我们就在4月份在这两个遗址扩大了发掘，并在5月结束。但是，前陶期遗址的勘察并未在那时结束，而在1967年重新开始搜寻，并找到了盖欧希（OS-70）和OS-71前陶期旷野遗址，它们也靠近米特拉。甚至在本书写作时，由斯蒂芬·科瓦勒斯基（Stephen A. Kowalewski）领衔的对特拉科卢拉—米特拉地区的勘察，继续确定了许多前陶期旷野遗址。看来很有可能的是，未来当土地清理和灌渠挖掘揭露出埋藏的古代期地层时，会有更多这类遗址重见天日。

圭拉那魁兹的年代和文化定位

圭拉那魁兹的年代学位置将在第14章详细讨论。从它前陶期居住面获得的放射性碳断代为公元前8750年（D层）到前6670年（B2层），而根据这些层位中出土的人工制品，我们没有理由怀疑这些年代。总体来说，从圭拉那魁兹E—B1层出土的前陶期组合内部很一致，足以令我们将它们归入单一的时段，叫做"那魁兹"（Naquitz）期。

在另一个遗址有一处居住面，我们也指称其为那魁兹期。这是在布兰卡洞穴的E层，它提供了4个放射性碳年代数据，范围在公元前9050和前8100年之间（见表3.1）。根据这些年代数据，有可能的是，布兰卡洞穴的E层要比圭拉那魁兹最下层略早。

那魁兹期所处的时间段因两个原因而十分有意思。第一，其最早的年代数据落在非常接近所谓古印第安（Paleoindian）期向古代（Archaic）期初的过渡，前者有现已灭绝的更新世动物群，而后者为全新世动物群。第二，在那魁兹期末，我们有当地植物驯化的最早证据。

显然，虽然我们期望能够将我们在瓦哈卡得出的前陶期序列，与约翰逊和麦克尼什（Johnson and MacNeish 1972）为特化坎河谷制定的年表相对应，但是将那魁兹期与特化坎精确对应，被证明是不可能的。那魁兹期只有"现代"动物群，因此要比特化坎河谷阿惠雷亚多（Ajuereado）期早段要晚，后者出土的动物群在特化坎和瓦哈卡现在都已灭绝。但是，尽管那魁兹期为全新世动物群，但它无法与特化坎河谷的埃尔列戈（El Riego）期相对应，因为埃尔列戈期在公元前7000—前5000年，并包括无数为那魁兹期

表3.1 瓦哈卡与特化坎河谷前陶期文化时段的尝试性对照

瓦哈卡的阶段[a]	遗址和层位	特化坎的阶段
马蒂内兹 （前±2000年）	尤扎努遗址 马蒂内兹岩棚， 10—15厘米	阿贝哈斯 （前3400— 前2000年）
布兰卡 （前3300— 前2800年）	布兰卡洞穴C层 布兰卡洞穴D层	
希卡拉斯 （前5000— 前4000年）	盖欧希A、B层	科斯卡特兰 （前5000— 前3400年）
那魁兹 （前8900— 前6700年）	圭拉那魁兹B1层 圭拉那魁兹B2层 圭拉那魁兹B3层 圭拉那魁兹C层 圭拉那魁兹D层 圭拉那魁兹E层 布兰卡洞穴E层	埃尔列戈 （前7000— 前5000年） 阿惠雷亚多晚期
晚更新世 （>前10000年？）	布兰卡洞穴F层	阿惠雷亚多早期 （>前10000年）

[a] 瓦哈卡各时段确切的起始年代数据没有给出，因为放射性碳断代数据的样品过小，使得精确性不够。这对特化坎河谷阿惠雷亚多期的早段和晚段来说也是如此。虚线表示从更新世向全新世的过渡。

所不知的矛头类型。约翰逊和麦克尼什（Johnson and MacNeish 1972：39—40，图4）认为那魁兹期与特化坎河谷的阿惠雷亚多期晚段同时，尽管拥有的一批器物群更像恰巴斯中部圣玛尔塔（Santa Marta）期的东西，它们也是从公元前7000到前5000年的（Johnson and MacNeish 1962）。实际上，那魁兹期与阿惠雷亚多晚期、埃尔列戈期和圣玛尔塔期共有某些矛头的类型，但是与它们任何一种并不完全相同。

在瓦哈卡河谷，那魁兹期后面是希卡拉斯期（Jícaras），它的典型遗址是盖欧希。盖欧希较易与特化坎的序列对应，因为它有较多的矛头样品。最常见的尖状器是佩德纳雷斯类型，它有短宽的铤和内凹的底部。麦克尼什等（MacNeish *et al.* 1967：78和图67）在特化坎河谷埃尔列戈洞穴西部报道了单件佩德纳雷斯尖状器，这是科斯卡特兰期的成分。从埃尔列戈洞穴出土的这件佩德纳雷斯矛头，被认为在特化坎采集品中是独有和"反常"的，它看上去与盖欧希标本如此相似，以至于我们知道它来自瓦哈卡时不会感到惊讶。其他矛头类型如拉米纳（Lá Mina）、特立尼达和圣尼可拉斯（San Nicolás），将瓦哈卡河谷的希卡拉斯期与特化坎河谷的科斯卡特兰期联系起来。

在文化方面，我们能够以下面方式简要介绍一下圭拉那魁兹的地位。在阿惠雷亚多期初，在更新世晚期较为干冷的条件下，墨西哥南部高地的先民狩猎本地的野马、美洲羚羊和墨西哥兔，有时采用集体驱赶的方式（Flannery 1966，1967）。随着全新世开始，气温逐渐转暖，由史密斯（Smith 1978）重建的仙人掌荆棘林遍布瓦哈卡和特化坎，而许多更新世动物消失；所以显然是集体驱猎的结果。古代期初见证了最初由麦克尼什所定义的小游群—大游群觅食形态的确立（MacNeish 1964，1972），并将在本章另作讨论。特化坎阿惠雷亚多晚期的觅食者和瓦哈卡那魁兹期的觅食者，很可能最早展示了这种古代期初聚落—生计形态。这两个地区接下来就是初始农业（incipient agriculture）。

圭拉那魁兹的人口背景

为了了解圭拉那魁兹所代表的史前期样品种类，我们必须考虑墨西哥南部高地前陶期狩猎采集者的人口密度，以及他们可能留下的营地数量。我在最近的一篇文章里完成了这项工作（Flannery 1983），在此仅作简单介绍。

在我们踏勘过的60多个山洞的样品中，我们实际能够发掘的、看来含有前陶期沉积的洞穴不到5个；其他几个在坡上见有古代期的矛头或投射尖状器，但是里面的堆积很薄。同样在米特拉地区，零星的前陶期人工制品在地表很常见，但是，盖欧希是我们唯一的有足够沉积可供发掘的旷野遗址。如果我们假定，盖欧希是25个人的一个大游群，他们的地域是特拉科卢拉河谷的东半部分，那么，在希卡拉斯期，瓦哈卡河谷整个特拉科卢拉段很可能不会超过50人。由此推断，可以告诉我们，在瓦哈卡河谷整个700平方千米的谷底有约150人，河谷底平均4.7平方千米1人。但是，如果我们假定，盖欧希大游群的地域是整个特拉科卢拉河谷，那么在瓦哈卡河谷很可能只有3个这样的游群，整个人口为75人，密度为每9平方千米1人。

这三个数据可以与我们对特化坎河谷埃尔列戈期的估算进行比较，在那里麦克尼什（MacNeish 1972：图3）的地图显示了在整个2 000年的时段和整个1 400平方英里[1]的勘察区域[2]，有7处大游群营地和13处小游群营地。要记住的是，小游群营地只是食物短缺季节的营地，他们与资源丰富季节生活在大游群营地中的是同一批人，我们在计算中只包括大游群营地，并对埃尔列戈期提出如下估计：（1）如果所有大游群营地被同时栖居（不太可能），那么每10平方英里1人；

---

1 原书有20余处使用"平方英里"，改用"平方米""平方千米"既赘余又费事，故中译保留"平方英里"，不作换算。1平方英里≈259公顷≈2 590 000平方米≈2.59平方千米。——译注

2 我很高兴有机会在此纠正《云中人群》（*The Cloud People*）（Flannery 1983）主题八正文中的地形学错误。我给出的特化坎河谷面积是"70×20英里，整个面积是140平方英里"（35页）。显然，后一个数据应该是1 400平方英里。这意味着，即使所有7个大游群营地被同时栖居（很不可能的情况），那么埃尔列戈期人口密度该是1 400平方英里105—175人，或大约每10平方英里1人（并非我在35页中所说的"每平方英里1人"）。非常感谢诺曼·哈蒙德（Norman Hammond）第一个向我指出这个错误。

（2）如果它们是前后栖居的（较为可能），那么每70平方英里1人。换言之，从发现的考古遗址判断，特化坎—瓦哈卡地区古代期初的人口估计在由斯图尔特所列举的其他狩猎采集者范围以内（Steward 1955：125），"从最多很少超过每5平方英里1人到每50平方英里以上1人"（Fried 1967：55）。低人口数据有助于解释我们为何对农业起源的人口压力理论总是心存疑虑，至少是在中美洲。

当然，生活在瓦哈卡河谷东部的群体并非孤立存在。基于沃伯斯特（Wobst 1974）和伯塞尔（Birdsell 1968）的估计，我认为瓦哈卡河谷前陶期的狩猎采集者"以2—5人组成家庭，进而又属于平均在25人左右的本地群体，他们在类似圭拉那魁兹这样的地方一起采集野生食物，当资源许可的情况下，他们所有人可能在类似盖欧希这样的地方一起扎营。这些本地群体很可能通过联姻组成栖居在相邻河谷的一批175人以上的有效繁衍人口，而一个更大的方言部落（dialect tribe）至少要500人"，恰如所有人都讲一种相互能够理解的古奥托曼格安语系（Proto-Otomanguean）的方言（Flannery 1983：36）。这样一种方言部落几乎肯定很可能包括了特化坎河谷的先民，米特拉的觅食者很可能不时与他们交换人工制品——佩德纳雷斯矛头来到了特化坎，而科斯卡特兰尖状器来到了瓦哈卡（Flannery et al. 1981：59—60；以及本书霍尔的第6章）。

给出了这些人口估计，那么圭拉那魁兹是哪一类样品呢？我已做了估计（假定大游群每年改变他们的大本营），麦克尼什的7处埃尔列戈期大游群遗址可能代表了埃尔列戈期2 000年里所建大游群营地的不到0.4%（Flannery 1983：35）。就瓦哈卡河谷东部情况，我们推测那魁兹期延续了2 200年，从公元前8900到前6700年（第14章）。根据我们目前的证据，盖欧希很可能至少栖居过两次；因此，它可能代表了该河谷特拉科卢段所建造的所有大游群营地的千分之一（0.1%）。这种情况对于圭拉那魁兹来说更糟；如果我们假定，每25人的大游群每年分裂为5个每组5人的小游群，那么在那魁兹期很可能建过10 000个小游群营地。因此，圭拉那魁兹的6处前陶期居住面代表了瓦哈卡河谷东部那魁兹期所建小游群营地的不到0.06%。

宾福德"觅食者—集食者两分"背景里的圭拉那魁兹

在第1章里，我们考察了宾福德（Binford 1980）的设想，即大部分狩猎采集社会都是沿着从觅食到集食这样一条连贯的策略占据一席之地的。觅食者（foragers）流动性极大，哪里有食物就移向哪里，而他们的居址形态是分散或聚合的；而集食者（collectors）几乎是定居的，倾向于待在一个宜人的地点，同时组织和派出后勤移动的工作小组，带回各种资源。宾福德还讨论了储藏食物以延长充裕季节的作用，而我们认为，在瓦哈卡，这种储藏是一种适应干旱而非寒冷的方式。我们也承认，大部分狩猎采集者处在宾福德两个极端之间的某个位置，有些群体觅食植物资源，而组织他们的男性小组以后勤移动方式去狩猎有蹄类动物。

上面的陈述很像我所介绍的居住在圭拉那魁兹的该群体的生活方式。我将他们置于该条连贯策略的觅食一端，因为似乎每年不同资源可获，他们便多次改变居住点；他们秋季居住在圭拉那魁兹，那时橡子很丰富，然后在1—5月的旱季移向其他地方，在6—8月的雨季，很可能在谷底的牧豆灌木中扎营。但是，在每年的不同时间，他们很可能由小群男性组成猎鹿群体，离开大本营，然后带回肉食。偶见明显用于橡子的窖穴也清楚表明，圭拉那魁兹群体至少有小规模的储藏。

麦克尼什"大游群—小游群两分"背景里的圭拉那魁兹

在特化坎的工作中，麦克尼什（MacNeish 1964, 1972）对两种前陶期居址做了区分。这就是在一两个季节里居住着15—25人的大游群营地，和从居住一两天到一个季节大部分时间的2—5人的小游群营地。

麦克尼什采用斯图尔特（Steward 1938, 1955）为大盆地所建的狩猎采集者居址形态模型作为他的主要框架，并推论，小游群营地是由类似派尤特（Paiute）或肖肖尼（Shoshone）游群那样的家庭集食者游群所建。而大游群营地可能代表了资源充裕季节由几个家庭聚集在一起的地方。麦克尼什的推理得到了这样事实的支持，即特化坎考古学的大游群营地常常兼有"男性的工具"（如矛头）和"女性的工具"（如石磨盘），还有估计可能由男性和女性分别采集的食物，如鹿和野果。这表明，特化坎的许多大游群是家庭群体（男性、女性和孩子）而非与宾福德"集食策略"相伴的某种全部由男性或女性组成的各种工作小组。

如同埃尔列戈和科斯卡特兰，至少在古代期初的特化坎，麦克尼什对居址形态的重建比较符合宾福德所描述的觅食者——这些人群进行迁居移动（residential moves），以搜寻各种资源，并在大游群和小游群之间调节他们的群体规模。麦克尼什最初的设想是，大游群很可能是在雨季植物资源很丰富的情况下聚集到一起的，然后到旱季又分裂为小游群。

我们现在在瓦哈卡发现的这些遗址能够被添加到特化坎的遗址之中（见图3.5），由此提供了更多的样品，并清楚表明，居址类型要比我们最初想象的要更多。我们仍然将那魁兹期视为觅食者时期，"他们通过迁居移动四处觅食，并调节群体的规模"，但是我们现在相信，"简单地把大游群与雨季对应，把小游群与旱季对应"是错的。在牧豆异常丰富的年份，大游群可能在7月于冲积平原上聚集；而在橡子丰产的年份，他们可能在11月于山麓上部聚集。在某干

旱的年份，就不可能有大游群聚集的机会（Flannery 1983：33）。

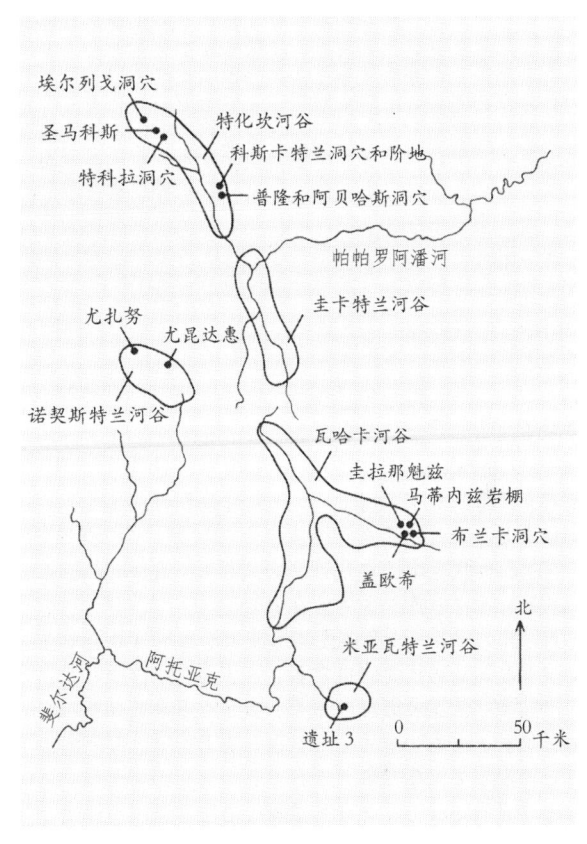

图3.5 特化坎、圭卡特兰、诺契斯特兰、瓦哈卡和米亚瓦特兰等河谷，显示了发掘过的前陶期遗址和重要的前陶期地表发现。

瓦哈卡—特化坎居址类型背景里的圭拉那魁兹

1983年，我为瓦哈卡—特化坎地区提出了一种包含五部分的居址类型学（Flannery 1983），它在此作为图3.6再做介绍。因为发现和发掘了更多的遗址，所以这一类型学可能需要做修改，但是我将在此做一简要介绍，以便将圭拉那魁兹纳入视野。

1. 盖欧希遗址应该是米特拉地区的大游群营地的一例。盖欧希面积1.5公顷，很可能居住有25人，可能是在6—7—8月，那时谷底冲积层上正是牧豆荚产量最高的时候，并很可能在雨季栽培某些早期的驯养植物。那里有呈椭圆形的岩石和工具的集中，表明居住在小型掩体或遮风窝棚里，而一块由巨石围起来的区域很可能用作祭祀或公共活动的场所。盖欧希将是未来一篇遗址报告的主题。

在特化坎河谷，科斯卡特兰洞穴和科斯卡特兰阶地（MacNeish et al. 1972）应该是大游群营地的例子。

2. 圭拉那魁兹的E—B1层（本书的主要内容）代表了山麓上部一系列的小游群营地；它们含有男性和女性的工具。我们从居住面来重建它们，该遗址由

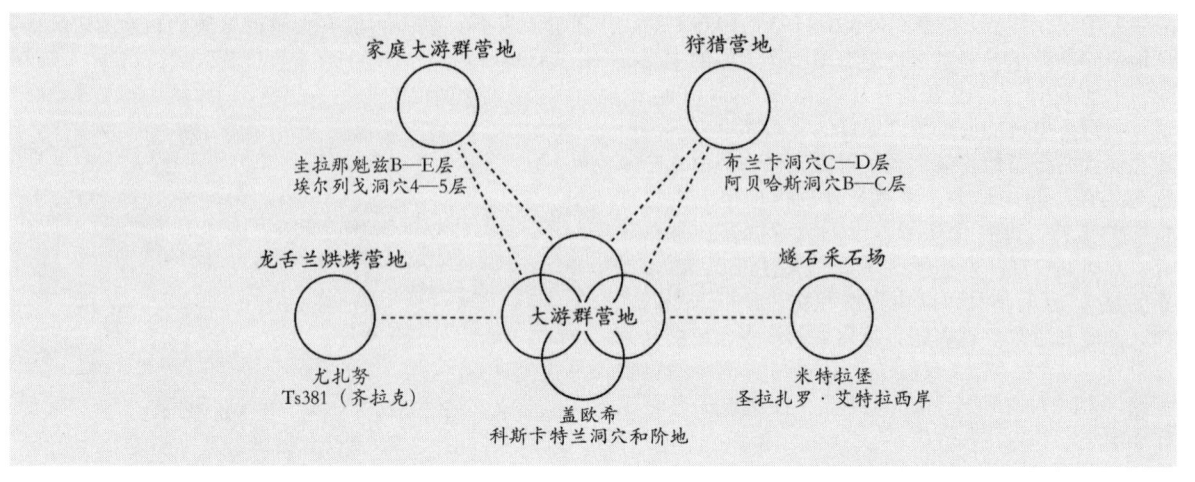

图3.6 瓦哈卡—特化坎地区前陶期五种居址类型假设的整合模型。每个圆圈代表了麦克尼什术语中的一种小游群。每种居址类型给出了两个例子。

4—5人的家庭所遗留，他们在牧豆收获季节末抵达（8月下旬或9月上旬），并一直待到橡子收获的末期（12月底？）。尽管该群体从事一些狩猎，但是它们主要的活动很可能是收获许多野生植物。这些在圭拉那魁兹扎营的小游群很可能在其他地方与大游群分裂之后便如此行事，或者在无法形成大游群的年份这么做。他们是宾福德所谓的觅食者，以及斯图尔特和麦克尼什所谓的家庭采集群。于是，他们告诉我们的仅是有关米特拉地区秋季活动的情况，并仅仅是许多当地群体规模调节中的一种。

在特化坎河谷，埃尔列戈洞穴的4层和5层（MacNeish et al. 1972）很可能由同类家庭小游群所遗留，他们主要集中在野生植物的收获上。

3. 布兰卡洞穴的D层和C层也代表了米特拉地区的小游群营地，但是它们看来要比圭拉那魁兹的E—B1层更加倚重狩猎。矛头和鹿骨相对较多，而碾磨工具很少。在目前的写作中，我们还无法断定布兰卡洞穴的居住者是否代表了全部为男性的猎鹿人营地，表明一种桑布须曼人意义上的"后勤移动组织起来的狩猎"（或宾福德所谓的"集食者"），抑或它们是带有很强的狩猎目的的家庭大游群营地。布兰卡洞穴将是未来一份遗址报告的主题。

特化坎河谷阿贝哈斯洞穴的C—B层（MacNeish et al. 1972），也代表了这种以狩猎为主的小游群营地。

4. 在旱季中（如2月份），在圭拉那魁兹地区可获得的植物太少，无法维持一个家庭的生存，而鹿常常爬到较高的山上，那里较低的蒸发为它们提供了较多的嫩枝。烘烤龙舌兰就是在这种匮乏季节的一类活动，有些成熟的植株全年可获。龙舌兰的芯部可以放在大石砌成的坑穴或土灶里烘烤，这便有许多烘烤龙舌兰的营地。我相信，洛伦佐（Lorenzo 1958）在瓦哈卡尤扎努附近发现的那座大型的烘烤坑穴，应该是这种遗迹的一个代表。在特化坎河谷，齐拉克（Chilac）附近的Ts381遗址的西半部分（MacNeish et al. 1972），有一个属于埃尔列戈期的龙舌兰烘烤坑穴。相同的遗迹在靠近我们发掘的马蒂内兹岩棚沿岩崖附近一带很明显，该岩棚将在未来的考古报告中介绍。我以为大多数（并非全部）龙舌兰烘烤营地时间在旱季，并被发现在谷底以上的较高位置。

5. 第五种遗址类型并不被认为是一种真正的营地，它是燧石或燧石采石场。在米特拉地区，也许最醒目的燧石矿位于米特拉堡的山坡上，它由惠伦在第7章里介绍。在此地表发现的矛头半成品和未完成的标本表明，前陶期的石器工匠常常光顾该堡垒附近有硅化凝灰岩露头的矿脉。在瓦哈卡河谷的西部，在圣拉扎罗·艾特拉附近的阿托亚克河西岸的一处燧石露头附近，也有相同的证据。再往北，在诺契斯特兰河谷的尤昆达惠山上的石灰岩露头，也见有前陶期的矛头（Ronald Spores私人通讯，1975）。

这项简单讨论弄清了这个问题，即在米特拉地区，圭拉那魁兹仅属于几种前陶期居址类型之一。一个仍未解决的问题令这种情况更为复杂，即这些遗址之间的年代学差异。盖欧希、布兰卡洞穴和阿贝哈斯洞穴的B—C层都比那魁兹期和埃尔列戈期要晚。这就提出了一种可能性（在第32章里讨论），即古代期初与家庭小游群相伴的觅食策略，到古代期晚期慢慢转变为与后勤移动大游群相伴的集食策略。如果是这样，那么我就有望在古代期晚期找到更偏永久性的大游群营地，以及全男性或全女性的小游群营地。目前，我们发掘的遗址样品可能太少，不足以肯定显示这点，但是还是值得思考的。但这肯定并不违反瓦哈卡和特化坎已经发掘的那些遗址的序列。

小 结

瓦哈卡项目的研究目的之一是更好地了解觅食向农业的转变，圭拉那魁兹为我们提供了那魁兹期（前8900—前6700年）的6层居住面，从而为这个目的作出了贡献。它正好落在了公元前10000—前5000年的范围之内，我们在第1章里提到，这对于全球的农业起源十分关键。

为了了解圭拉那魁兹的先民如何利用他们的史前环境，我们已经考虑了该时期的文化背景。这是这样一个时期，瓦哈卡—普埃布拉高地的先民经历了从古印第安期向古代期生活方式的转变。他们主要以野生动植物为生，而微弱的植物驯化证据要到那魁兹期之末才出现。他们居住在临时营地里，随收获季节的变化从一个地方移向其他地方。有时候，当资源许可，他们就会聚集成25—30人的群体；而在其他时候，他们又会分裂成3—5人的家庭群体。米特拉地区含有好几种前陶期遗址类型的例子——洞穴、旷野遗址、大游群和小游群营地、夏季和冬季居住点——如果不考虑这种较大的居址系统，我们就不可能了解圭拉那魁兹，因为它是其中的一个组成部分。它看来是一个秋季营地，大概由一个4—5人的家庭居住4个月。

可以用一种方式想象这种情况：在一段2200年的时间里，米特拉地区经历了几个时段，有时温暖有时寒冷，有时干燥有时湿润。想象主要植被区随着这些时段的变化向上坡或下坡移动；有时候橡树往下生长到圭拉那魁兹以下地方，有时候它们又退回到较高的山坡上。在外面，有一小批印第安人群随季节变换在这个地区来往，有时聚集到一起，充分利用当地丰盛的植物，而有时候则分散开去，开拓分布很散的资源。在2200年的时期里，你有6次机会注意到圭拉那魁兹洞穴的人群，并且按下相机的快门：6次快拍，每次都是一处前陶期的居住面。它们肯定是很有意思的照片，但每张只代表了某次静止瞬间。对于长时段文化与环境波动的动态过程我们实际上提供不了公正的评判，而你按下的快门使之看来如此稳定和永恒。

4
圭拉那魁兹洞穴群的自然环境

迈克尔·柯克比、安妮·怀特、肯特·弗兰纳利　撰，陈淳　译

引 言

1964年和1966年，瓦哈卡项目在河谷东部造访了60多处洞穴和岩棚，以寻找前陶期的遗址，并大约挑选了10处遗址进行了试掘。基于试掘，有4处地点被选择做进一步广泛的发掘。所有最佳的前陶期洞穴都分布在前一章介绍的那片圆形剧场地区——东部与米特拉接壤，西部是拉尔加丘陵，北部是当洛山脉，而南部是大米特拉河。

这些洞穴位于当洛山脉较低的岩崖上，位于曾为原富埃德农场拥有的合作农场土地上，在米特拉西北约4—5千米，离后古典期的米特拉堡2—3千米（图4.1）。到处分布着凝灰岩，这是一种火山岩，很容易形成洞穴，在瓦哈卡河谷这段形成了好几处洞穴群。但是，富埃德洞穴群为人类栖居提供的绝对好处超过了其他洞穴。这些洞穴是天然的，形成于大陆分水岭山脉底部的低矮岩崖上。在洞穴上方，土地陡直上升到长满橡树和松树的林带，它们提供了丰富的野生食物资源。在洞穴下方，陡峭的山坡通向冲积扇和山麓地表的较低山坡，构成了这片山麓区。再往下，山麓下降到大米特拉河的冲积地带，该河道在离洞穴区3千米处切入它自己的沉积物3—7米的深处。因此，

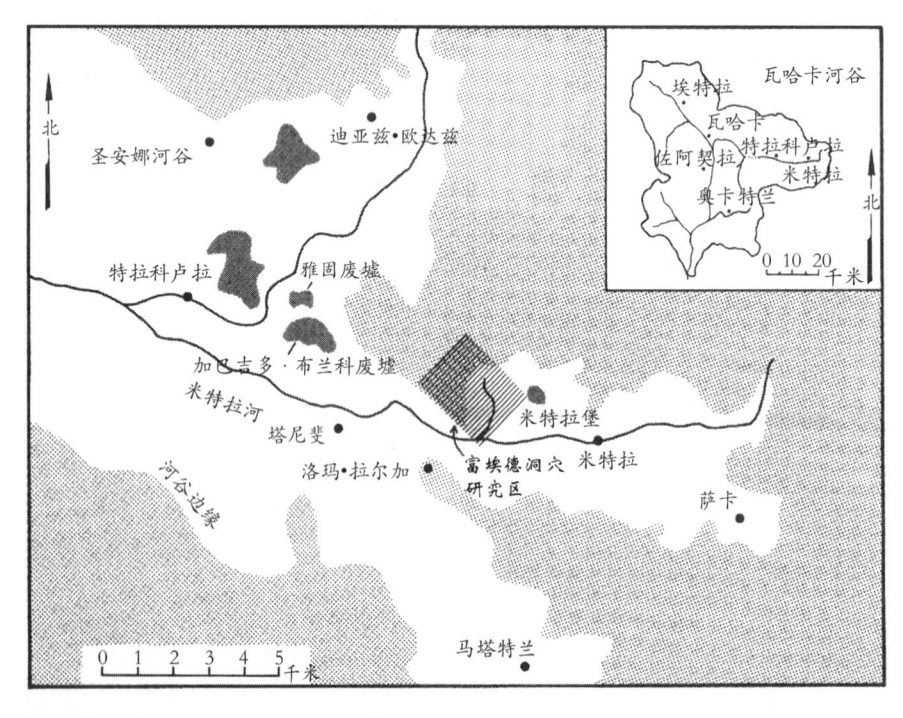

图4.1　特拉科卢拉河谷东北部，显示了富埃德洞穴区。

4 圭拉那魁兹洞穴群的自然环境

这些洞穴位于山脉和山麓区之间的一个重要交界处，利用洞穴的先民可以直接企及好几处自然地理和生态区的资源。

已经探掘和发掘的洞穴分成两组。较大的一组，包括圭拉那魁兹（OC-43）、马蒂内兹岩棚（OC-48）、西尔维亚洞穴（Silvia cave）和洛斯阿弗利基多斯洞穴（Cueva de los Afligidos）（OC-45），位于海拔大约1 900米处的一条连续的岩崖上。较小的一组，包括布兰卡洞穴（OC-30）和雷东达洞穴，位于东北1.5千米、海拔约1 800米的另一条岩崖上（图4.2）。

圭拉那魁兹洞穴群位于一座岩崖的底部，方位朝南和朝东，高度在20到40米。这里是一条小峡谷的边缘，面积只有0.4平方千米，有一条临时小溪在该岩崖底部50米下方流过。在该岩崖下的河谷陡峭山坡上，沿着小溪的河道边，发现了一些较丰富的植物资源。直接在该岩崖之上有一片平地，形成了面积为1.5平方千米的高地，那里提供了其他的野生植物资源，虽然重要性稍差。该高地提供的平地可以用作农田，有一条重要的道路通过这里，在迪亚兹·欧达兹河谷和米特拉区之间来往（图4.3）。

布兰卡洞穴群位于一处低矮岩崖的底部，只有10米高，各洞穴朝向各异，随岩崖弯转，并沿从山里流出的一条溪流而从朝西到朝南不同。这条临时溪流流经4.3平方千米的范围，而在这些洞穴附近，河道从一处50米深典型山区的V形河谷，变为一处很浅的（下切1—5米）山麓河谷，切入它自己的冲积扇地表。这组洞穴靠近山麓地带，土地较为平坦，足以从事栽培，甚至在这些洞穴以下20米的山坡上，不时还修筑梯田进行耕作。

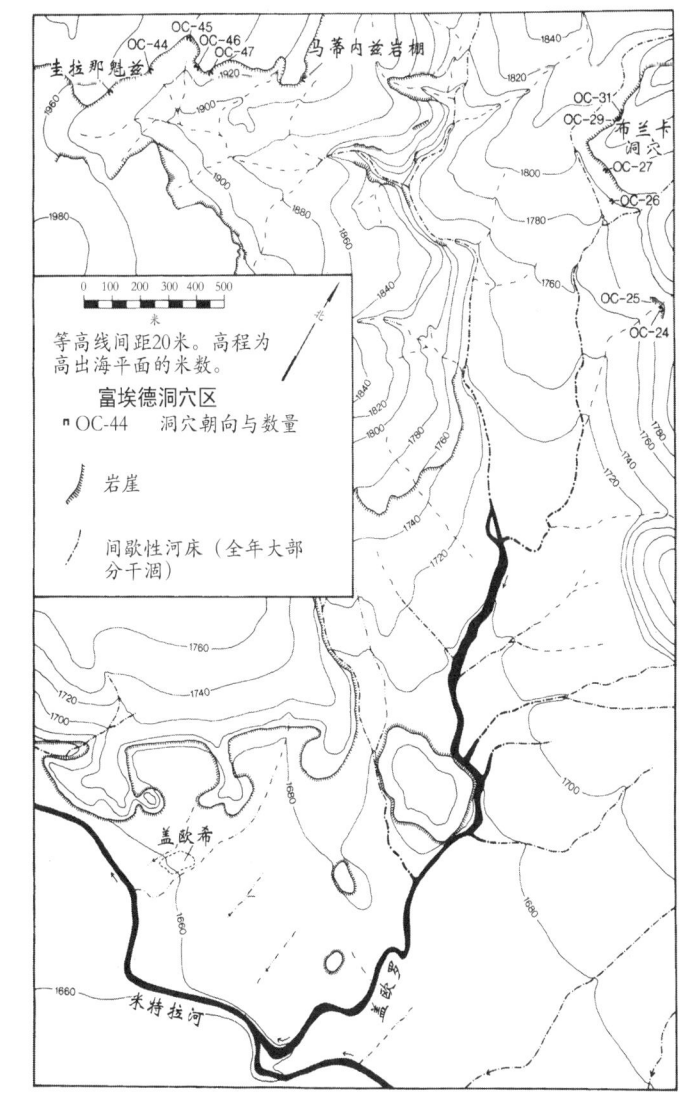

图4.2 富埃德洞穴区地形图，显示了溪流、岩崖和洞穴。

图4.3 圭拉那魁兹岩崖的拼图，以竖线表示OC-43（圭拉那魁兹）、OC-44、OC-45（洛斯阿弗利基多斯洞穴）、OC-47（西尔维亚的洞穴）和OC-48（马蒂内兹岩棚）。照片前方有无数龙舌兰，这是一种可食的龙舌兰。

地质与土壤

虽然该地区大部分下伏为凝灰岩，但是在这些洞穴下面的山麓地表，有很薄的固结沙子沉积，来自风化的凝灰岩（图4.4）。凝灰岩是一种呈层状的火山岩。每层碎屑为一次流动所释放，并在冷却后凝固在一起。虽然下降坡度不到10°，但是倾角和方向各不相同。这些地层厚度不一，但不易侵蚀，而且每层以中部的耐蚀性为最（Williams and Heizer 1965）。这些洞穴形成于较为耐蚀、呈陡崖状的岩层中，看来是由于风化和沿壁凹陷形成的应力表面塌陷所致。虽无水侵蚀动力，不断加深的壁凹陷导致了洞穴的形成，而这种洞穴形成类型在瓦哈卡河谷这种相对干旱的地区最为常见。

洞穴的干燥性，对于在史前期被选作居住和储藏的地点，以及保存考古遗存特别是植物遗存，都很重要。虽然存在干燥洞穴，在某种程度上是一种幸运，但是也受到了许多因素的促进：

1. 全年大多数月份的潜在蒸发量大于降雨量。
2. 该岩崖的突出部分足以为洞穴提供避免日晒雨淋的屏障。
3. 该洞穴最初并非由流水造成。

米特拉的这些洞穴特别适于栖居和储藏食物的干燥条件，也很适合保存考古材料，因为：

1. 它们位于瓦哈卡河谷最干燥的区域。
2. 每层凝灰岩地层的顶部和底部都不那么耐侵蚀，所以它们被风化掉了，而该岩崖是由每层地层耐蚀的中部形成，为这些洞穴提供了一种保护的穹顶。
3. 该凝灰岩不是一种可溶性岩石，所以这些洞穴是由弓形弯曲而非由流水所造成。

在这些洞穴的下面，山麓表面主要覆盖了一层很薄的固结沙层（约5米），年代可能属更新世，并源自凝灰岩。因此，整个地区的土壤总体来说是多石的沙土（15%以上的颗粒直径在2毫米以上），黏土含量很少。除了在狭窄的溪流冲积平原上，这些土壤厚度不到25厘米，蓄水能力很差，也很贫瘠。

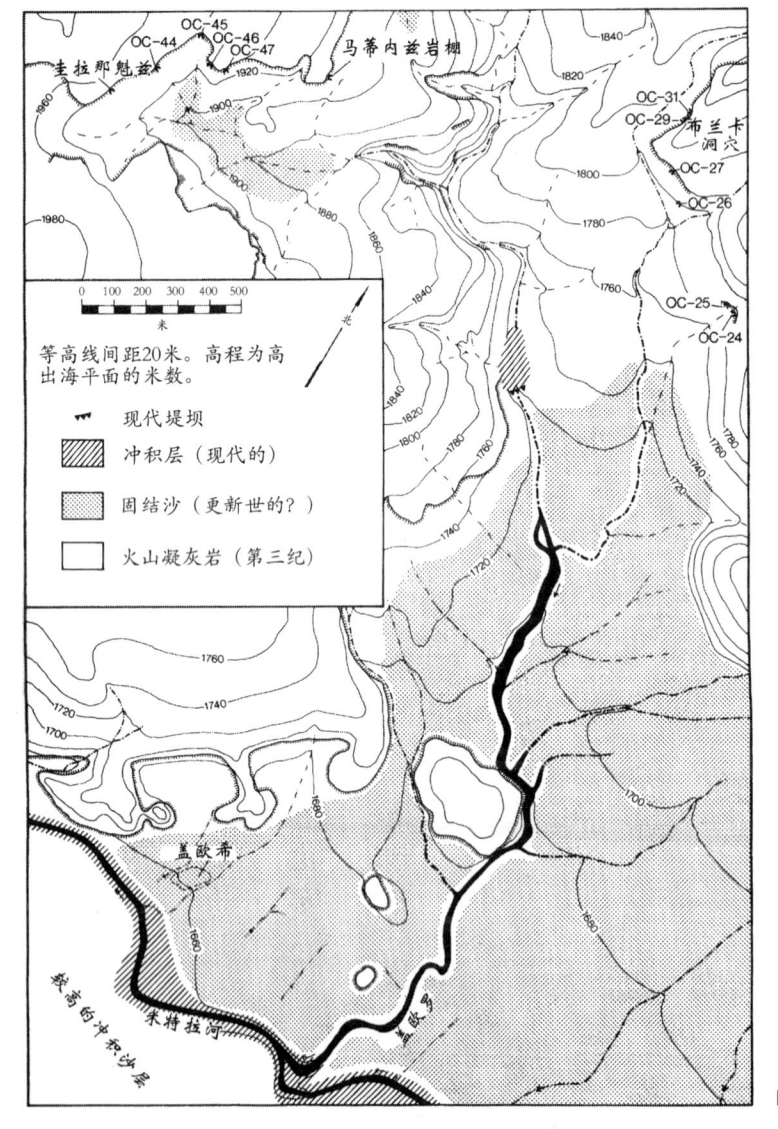

图4.4 富埃德洞穴区的地质与土壤。

气候与水文

米特拉地区是瓦哈卡河谷最干燥的地区。潜在的蒸发量超过了年平均降雨量,所以只有特殊的半干旱植被能够生长;沿河道和谷底区地下水不到5米深的地段是例外。表4.1提供了米特拉河谷底部和较高洞穴区的气候估计数据。米特拉河谷底部降雨与潜在蒸发量的很低比值表明,在干旱的农耕条件下,冬季作物无法生长,仅能生长耐旱的多年生作物(比如龙舌兰),而米特拉地区对于夏季一年生作物如玉米和豆子,也十分勉强。洞穴区要比米特拉河谷具有较高的降雨与潜在蒸发量比值(夏季是1.10∶0.48),所以单从气候条件来说,在夏季几个月份里,一年生玉米作物会有很好的生长条件。

在该洞穴区附近,并没有地下水位高于5米的地区。但是,当地的溪流离山区的源头流经的距离很短,所以常年的水塘和渗漏有较大溪流的河床很常见。布兰卡洞穴群离最近的溪流仅60米,而圭拉那魁兹的穴居者则必须走1千米以上,才能抵达常年有水的池塘(图4.5)。虽然在米特拉地区会出现霜冻,但是因为缺水而非偶尔的霜冻,限制了植物在冬季的生长。

综合两点:(1)比较陡峭的山坡有贫瘠单薄的土壤;(2)降雨稀少的地区没有灌溉之便,严重制约了该洞穴区玉米农业的潜能。只是山麓表面足够平坦,不用建造梯田来进行玉米栽培;即便是这里,在第四纪沙子上形成的土壤也是贫瘠而单薄的。在三至五年的休耕之后,这类土地今天的产量在一般年份大约是0.2吨/公顷。即便在今天(并不考虑采集野生植物的选项),一个农人也无法靠如此低的玉米产量,耕种足够的土地来养活自己和5口之家。在古典期之前,玉米棒的大小(其代表产量)表明,很可能在这个地区无法将玉米作为主食维持生存(A. Kirkby 1973:图48)。且,栽培各种原始的西葫芦,如圭拉那魁兹所见的那种,仅凭雨水,只有在荆棘林上方才有可能。

表4.1 米特拉地区估计的气候

地 区	海拔 (米)	年平均温度 (℃)	年霜冻次数	年平均降雨 (毫米)	年平均潜蒸发量 (毫米)	降雨与潜在蒸发量之比	
						全 年	6—9月
谷 底	1 650	19.9	2	480	2 000	0.24	0.48
洞穴区	1 900	18.6	5?	600	1 300	0.46	1.10

这些数值根据的是特拉科卢拉和瓦哈卡的气象站资料,并由瓦哈卡项目在米特拉村收集的降雨资料所补充。更多的信息由全河谷潜在蒸发量、月气温与计算的环境递减率之间的关联所提供。

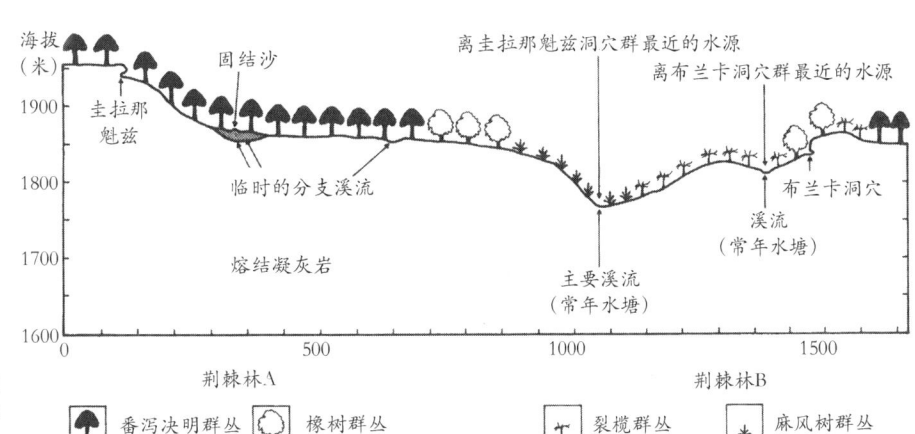

图4.5 从圭拉那魁兹到布兰卡洞穴的剖面显示了地质、水文和植被区。

植被带及其群丛

相比气候估算,自然植被的一般形态(图4.6)可能提供了可利用湿度变化的一种较为合理的证据。植被区显示了一种整体高度的分区,以一种橡树为主的地区下降到海拔约2 000米的地方,我们的荆棘林A(见下)下降到1 800米处,而我们的荆棘林B延展到1 750米处。我们荆棘林A的橡树群丛(facies)的分布主要限于朝北的陡峭山坡上,在那里通过蒸发失去的水分较少。沿河道集中了较多喜湿植物,如水柳(Baccaris["seep willow"],或萨波特克的 yakšeh)、野生黑柿(Diospyros[wild black Zapote])、柳树(Salix bonplandiana)和桤木(Alnus),这里按照我们沿溪流而上的最初分布位置列举次序。但是,山边的植被区看似有点往河谷下方延伸,表明只有河道本身才富有水分。

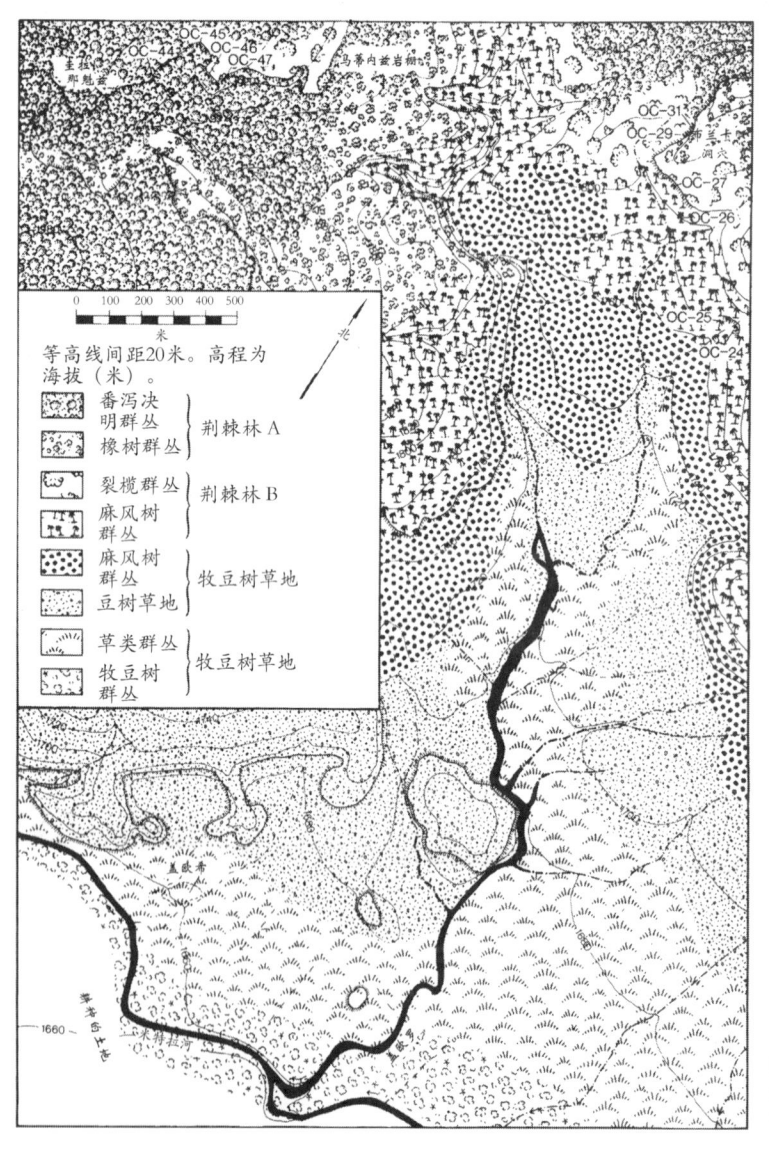

下橡树区

今天分布在圭拉那魁兹上方约100米处的下橡树区,很可能代表了由史密斯(Smith 1978)重建的枯竭的"原始"橡—松树林区的残留。松树实质上已经在洞穴附近消失,包括其松子出现在史前垃圾中的矮松。根据史密斯(Smith 1978)的介绍,更远的上坡,人们能够见到米却肯松(Pinus michoacana)。圭拉那魁兹附近留下的橡树仅有栗栎(Quercus impressa),它一直向下延伸到荆棘林A。这一地区其他有用的树木是石兰科常绿灌木(Amelanchier mexicana),它被用作烘烤龙舌兰坑穴的柴火(图4.7);墨西哥唐棣(Amelachier denticulata);或俗称the tejocote的墨西哥山楂(Crataegus mexicana),在布兰卡洞穴这些植物的果实曾被食用;还有一种野生的黑柿(Diospyros sp.;图4.8)。

图4.6 富埃德洞穴区今天植被区及其群丛的分布。牧豆树草地B的重要牧豆树群丛见于这里显示的地区东南1 000米处,沿米特拉河。

荆棘林 A

荆棘林A是圭拉那魁兹所在的在今天气候下的一片植被区。它至少含两类群丛：(1) 含橡树的群丛 (*Quercus* facies)，(2) 十分常见的银合欢群丛 (*tepeguaje* [番泻决明群丛])。尽管有橡树，但是它们在荆棘林A中很少；龙舌兰很多；而强刺球 (*Ferrocactus*) 不常见。

荆棘林A以密集生长的荆棘灌丛、高矮不等的树木和高高的柱状仙人掌为特点。该区可食的植物极为丰富，在靠近洞穴的地方，相对未被扰动的斑块区给了我们史密斯 (Smith 1978) 为山麓上部重建的"原始"仙人掌荆棘灌丛植被的一瞥。

荆棘林A明显的食物资源中，有朝北山坡上橡树提供的橡子 (图4.9和4.10)。豆科树很常见；其中最可观的是银合欢 (*Leucaena esculenta*)，它丰富的豆荚含有可食的种子 (图4.11)；但是还有相对不甚可观的近缘种马肉豆和多花决明 (*Lysiloma divaricate* 和 *Cassia polyantha*) 或金合欢 (*Acacia farnesiana*)。裂榄属 (*Bursera* sp.) 就生长在洞穴外 (图4.12)。

该地区的独特之处是纪念碑状的柱状仙人掌，诸如群戟柱 (*Lemaireocereus treleasi*)（西班牙语叫 *cardón* 或 *tunillo*，萨波特克语叫 *bidsz-lats*）和龙神柱 (*Myrtillocactus schenkii*)（西班牙语叫 *garambullo*，萨波特克语叫 *bidszōb*) (图4.13和图4.14)，两者都有可食的果子。其他常见的仙人掌是仙人掌果 (*Opuntia* spp.)，它的果实可以生吃，而其柔软的嫩茎煮后可食 (图4.15)。它的近亲结节仙人掌 (the cholla 或 jumping cactus；也属仙人掌果 [*Opuntia* spp.]) 同样也很丰富。

图4.7 熊果。

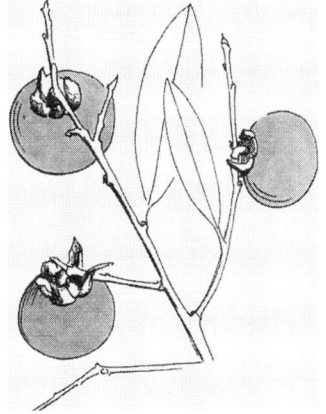

图4.8 野生黑柿。

图4.9 荆棘林A，橡树群丛。正前方的橡树可以产2 000颗以上的橡子。

图4.10 荆棘林A采摘的橡子。这些可食的橡子有时被圭拉那魁兹的先民采集 (见第19章)。

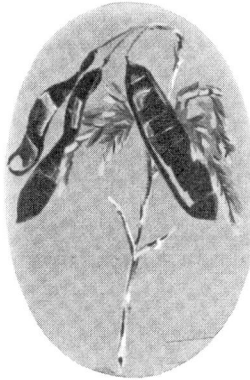

图4.11 银合欢。

图4.12 圭拉那魁兹洞坡上的裂榄属。请留意附生植物。

图4.13 荆棘林A，扁豆群丛。左前方的柱状仙人掌是龙神柱仙人掌。

图4.15 仙人掌果（*Opuntia* sp.），显示了花朵、成熟的果实和嫩茎。

图4.14 龙神柱仙人掌显示了很有特点的小果子。

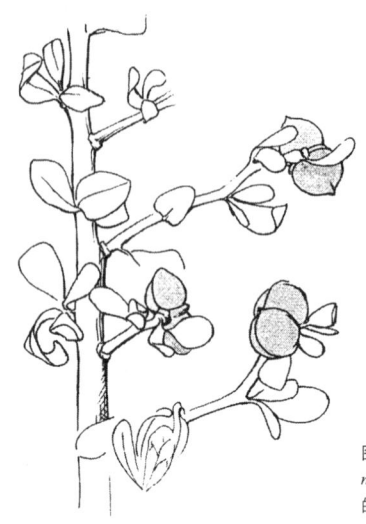

图4.16 麻风树（*Jatropha neodioica*），显示了很有特色的球形种皮内的成对种子。

荆棘林A以诸多龙舌兰品种为特点，从较大的棱叶龙舌兰（A. *patatorum*；萨波特克人叫 *dobh-gib*）和多纹龙舌兰（A. *marmorata*），到较小的龙舌兰（A. *karwinskii*），它们的花序在古代有时被用作钻火棍（fire drill hearth）。棱叶龙舌兰可食，但是只有将它的芯放在石头围成的土灶里或烤穴里烤上24到72个小时才行（Flannery 1968：70—71）。

除了在有溪流的河谷里生长的野生黑柿外，这个地区还有针叶樱桃（俗名 nanche，学名金虎尾属 [*Malpighia* sp.]），它们的果实可以生吃。还有许多可食的植物，我们只有它们萨波特克名称。其中主要的有麻风树（yak susi [*susi*]），这是一种矮小的灌木，有可食的坚果，包着一层球状的种皮，常常种子成对（图4.16）。麻风树（*Jatropha neodioica*）在这一地区的这一属中是仅有的能食用品种；它的近亲毛麻风树（*Jatropha urens*），在荆棘林中是最令人唯恐避之不及的植物之一，因为它会产生一种刺痛的且将持续数天的红疹。

这个地区的其他植物包括车桑子（*Dodonaea viscos*），一种在雨后令整个区域变得芳香袭人的灌木；瓦氏山黄皮（*Randia watsonii*），一种荆棘灌木，所产的果实苦甜参半；锯齿龙（*Dasylirion* sp.），这种多刺的植物密集生长会让汽车爆胎和泄气；还有沙漠凤梨（*Hechtia*），一种陆生的凤梨科植物，其纤维可用。

荆棘林B

荆棘林B的生长密度不如荆棘林A，较大数量的木本植物是灌丛而非树木（图4.17）。不见橡树；番泻决明（*Cassia*）和龙舌兰不多；强刺球较多。该区有裂榄属（*Bursera*）和麻风树（*Jatropha*）群丛。

可以想见，荆棘林A和B共有许多物种。大部分已经讨论过的物种在荆棘林A中更加茂密，但是有些在荆棘林B中也很繁盛。它们包括 *Pájaro bobo* 或叫牵牛树（*Ipomoea pauciflora*）、台湾福桂花（*Fouquieria* cf. *formosa*），还有被叫做 *chilillo* 的针垫形仙人掌——乳突球属（*Mammillaria* sp.）。其 *chilillos* 的名称来自它红色的辣椒形果实，甜而不辣，能够生吃（图4.18）。

荆棘林A和B其他共有的植物包括葫芦亚科（*Apodanthera aspera*）等野生西葫芦（*Phaseolus heterophyllun*）和菜豆（*P. atropurpureus*）。在溪流和池塘附近也有特别湿润的地区，那里可以发现一簇簇野洋葱（*Allium* sp.）。

4 圭拉那魁兹洞穴群的自然环境

的地方，它是一种草地群丛，以草为主，有牧豆树分布，但不多，不见麻风树和车桑子。盖欧希旷野遗址位于该贫瘠的群丛中，那里的人类活动已经无法令当地植被恢复（图4.20）。（2）在那些扰动时间并不太久的地方，牧豆树群丛就会发展起来，以牧豆为大宗。该群丛特别寻求地下水位相对较浅的地区（不到5米），像牧豆这样的地下水湿生植物在那里很茂盛，并形成了一片高达6米的密林（图4.21）。这些牧豆树的豆荚每公顷能生产180—200千克的可食部分，是该群丛里的主要资源之一（图4.22）。其他重要的植物包括沙漠朴树果（*Celtis pallida*），它的果实可以生吃（图4.23）；所谓的十字架荆棘（*Dalea* sp.）；类似马利筋的叫 *binya'a* 的萝藦科（Asclepidaceae）成员；叫做 isote 的丝兰（*Yucca* sp.），它的纤维在古代被利用；还有金合欢（*Acacia farnesiana*）（图4.24）。

图4.17 荆棘林B，麻风树群丛，在OC-27和OC-28洞穴下面。

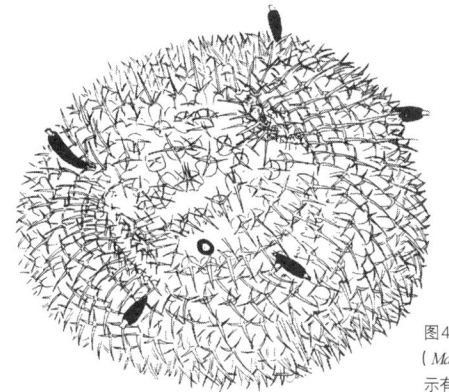

图4.18 乳突球属（*Mammillaria* sp.），显示有辣椒形的果实。

牧豆树草地A

牧豆树草地至少有两类群丛：（1）在其毛麻风群丛中，不见裂榄属，景观主要是草类，点缀着稀疏的灌丛，完全没有树木。（2）在此柱状仙人掌群丛中，裂榄属不多，牧豆很少，车桑子（*Dononaea*）不见，柱状仙人掌很多。这类群丛是以柱状的仙人掌占绝对优势，灌木相对稀少。

尽管牧豆树草地A是片过渡区，但是其相对的贫瘠无疑因自西班牙人征服以来的过度放牧而变得更糟。这片地区除了仙人掌果外，可能是可食野生植物最贫乏的区域。

牧豆树草地B

牧豆树草地B是史密斯（Smith 1978）重建的"原始"基本植被区以牧豆树林残留至今的孑遗（图4.19）。它有两类群丛：（1）在大部分已被人类扰动

图4.19 瓦哈卡的圣胡安·盖拉维亚（San Juan Guelavia）附近大片生长受阻的牧豆树草地。该地区因为含盐分而未被开垦，为原始牧豆树林生长的可能景象提供了线索。

图4.20 牧豆树草地B，草地群丛。盖欧希前陶期遗址位于前方，背景是米特拉河的冲积层。

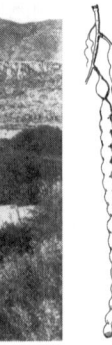

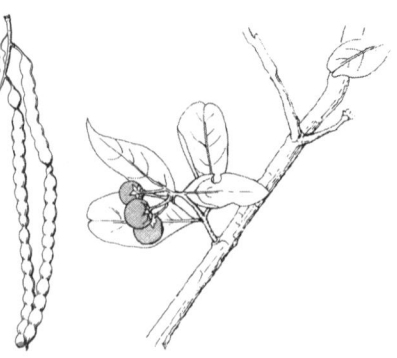

图4.21 牧豆树草地B，牧豆树群丛。牧豆林位于前方，背景是当洛山脉。　　图4.22 牧豆荚（*Prosopis juliflora*）。　　图4.23 朴树果，显示了特别的果实。　　图4.24 金合欢，显示了豆荚、种子和棘刺。

本地动物

圭拉那魁兹地区本地动物与特化坎河谷荆棘林区的动物群，在物种组成上很相似（Flannery 1967）。当然，在两个地区，土地清理和过度捕猎已经造成某些动物前往较高的山区寻求庇护，尽管一些耐受的物种甚至在次生林中也很繁盛。

肯定的是，最重要的本地动物是白尾鹿（*Odocoileus virginianus*），它在当洛山脉的上部仍然可见，但是在圭拉那魁兹地区早已绝迹。领西猯甚至更不耐受人类的扰动，可能很快放弃了这片区域。

该地区较小的动物包括土狼（*Canis latrans*）、灰狐（*Urocyon cinereoargenteus*）、负鼠（*Didelphis marsupialis*）、浣熊（*Procyon lotor*）、蓬尾浣熊（the cacomixtle [*Bassariscus astutus*]）、白鼻狗（the coatimundi [*Nasua narica*]）和三个属的臭鼬（*Mephitis, Conepatus* 和 *Spilogale*）。但是，所有哺乳小动物中，在史前期食谱中最为重要的看来是兔子。该地区仍然常见的有墨西哥兔（*Lepus mexicanus*）和东部棉尾兔（*Sylvilagus floridanus connectens*）[1]。特别是棉尾兔，仍然常见于圭拉那魁兹地区（见第18章）。

几乎在圭拉那魁兹各层里都能见到的是墨西哥泥龟（*Kinosternon integrum*），它们生活在水塘和溪流附近，以及沿大米特拉河道的泥穴中。两种小蜥蜴（*Cnemidophorus* 和 *Sceloporus*）是该地区很普通的蜥蜴。小型啮齿类很多，包括棘小囊鼠（*Liomys irroratus*）、库氏稻鼠（*Oryzomys couesi*）、西部大耳禾鼠（*Reithrodontomys* spp.）、禾鼠（*Peromyscus* spp.）、侏儒鼠（*Baiomys musculus*）、刚毛棉鼠（*Sigmodon hispidus*）和墨西哥地峡林鼠（*Neotoma mexicana*）（见第16章讨论）。

该地区的鸟类很丰富，看来尽管人类改造了景观，它们仍很繁荣。对史前期觅食者最重要的是小野鸽（doves）、鸽子（pigeons）和鹌鹑（quail），它们今天仍生活在荆棘林中。其中包括斑尾鸽（*Columba fasciata*）、哀鸽（*Zenaidura macroura*）、白翅哀鸽（*Zenaida asiatica*）、地鸽（*Columbigallina passerina*）、山齿鹑（*Colinus virginianus*）和彩鹑（*Cyrtonyx montezumae*）。从圭拉那魁兹的洞坡上能够听到墨西哥小冠雉（*Ortalis poliocephala*）的叫声，而在洞里曾经烤过仓鸮（*Tyto alba*）。各种隼，包括红尾鵟（*Buteo jamaicensis*），在该地区很常见，而它们的羽毛很可能被用作矢羽。

瓦哈卡河谷动物群中似乎已经绝迹的一种动物是巨囊鼠（*Orthogeomys grandis*）。它们在形成期遗址中还很常见，它们看来被消灭得如此彻底，以至于我们的民工无法想起是否见过。

---

1 *Sylvilagus flordanus connectens* 是最小的一种棉尾巴兔，就像奥杜邦棉尾兔一样小，很容易与后者搞混，要观察鼓膜泡后才能分辨。弗兰纳利在特化坎对较小棉尾兔的进一步收集工作令他相信，它们也是东部棉尾兔，而非原来报道的奥杜邦棉尾兔（*S. audubonil*）（Flannery 1967）。

4 圭拉那魁兹洞穴群的自然环境

较远的环境

就狩猎采集者进出瓦哈卡河谷东部时，很可能遇到的各种环境区，有必要再说一句。今天旅行者进一步攀登当洛山脉，最终到达一片有高高的松树、苔藓、兰花和无数附生植物的雾林（图4.25）。这片高山森林甚至在较低河谷的旱季仍很湿润，而这很可能为鹿、领西猯和其他动物在1—3月提供关键的食物。记住这点很重要，因为河谷里和山麓上的资源在这一时段极为贫乏。我们不知道在旱季之末，圭拉那魁兹先民会跑到哪里去，但是一种可能就是这片近3 000米处的山脉区。在当洛山脉的顶上，有些洞穴如"闪电洞穴"（*Biliyär Gusi*）和"骷髅洞穴"，它们以前被米特拉萨波特克人用作祭祀场所（Parsons 1936：295）。

离开米特拉往南，进入特旺特佩克（Tehuantepec）地峡，今天旅行者抵达的一片干燥热带荆棘林，与特化坎河谷南部普隆洞穴周围很相似。该干热的峡谷区海拔在1 000米以下，以各种巨大的柱状仙人掌为特色（图4.26），包括群戟柱（*Lemaireocereus* cf. *prinosus*），长有很大的红色果实（图4.27）。其他本地物种有木棉树（*Ceiba parvifolia*），它的管茎能食，而它的籽（包在荚里）在2月的旱季可获（图4.28）。该地区也有一些热带动物，如黑鬣蜥（*Ctenosaura* sp.）。这些资源很可能为圭拉那魁兹先民所利用，如果他们选择从瓦哈卡河谷往下，进入特旺特佩克地峡的上游源头，1966年我们对该地区的勘察表明存在许多洞穴。

图4.25 位于瓦哈卡河谷上部（约海拔2 500米）的茂密松树林。

图4.27 野生群戟柱的果实。

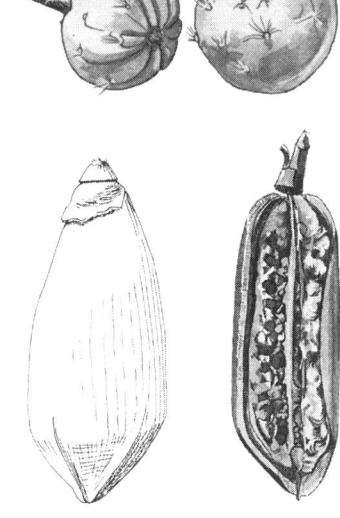

图4.28 木棉树的豆荚与种子（*Ceiba parvifolia*）。

图4.26 圣洛伦佐·阿尔巴拉达（约海拔1 000米）下面干燥热带峡谷里的柱状仙人掌林。

小结：前陶期遗址位置的因素

原富埃德庄园区洞穴群的分布，特别是那些干燥得足以栖居的洞穴，受到了自然环境的严重制约。考虑到前陶期狩猎采集者可用地点的选择，他们选择这些洞穴是以**资源为取向**的；也就是说，接近重要的自然资源，要比接近具有相似生计条件的其他居址更重要。

富埃德洞穴群作为季节性营地有几个优点：

1. 它们接近永久性饮用水供应点（虽然较小）。
2. 它们靠近一种主要的资源：荆棘林A区的野生植食。这是今天该地区最重要的两处资源区中的第一处。
3. 从这些洞穴，一般很容易前往其他主要资源区：（a）前往当洛山脉高海拔狩猎采集区，可以沿布兰卡洞穴下面河道的一条小路通行；该小路仍然被今天的猎人所使用。（b）大米特拉河附近牧豆树草地B区（牧豆树群丛）的重要食物资源在3千米开外，通过一片平缓的坡地。这是今天最重要的两处资源区中的第二处。
4. 靠近重要资源并干燥得适于栖居的洞穴在当时可能不少，特别在较高的山上，但是富埃德洞穴群还有一个吸引力，就是干燥得适于全年储藏。对于野生食物的集食者而言，这无疑提高了它们的价值，他们很可能把从较高和较为湿润海拔带回的食物储藏在这些山洞里。具有合适的储藏区，很可能与采集区一样重要，而富埃德洞穴群也许特别适合这个要求。这种难得的干燥，加上接近好几处生态区资源的便利，使得这些洞穴成为早期季节性营地的最佳地点。

由此可见，虽然当地自然环境的地质、地形和植被因素，共同为这些洞穴提供了适于作为早期储藏室和临时营地的条件，但是它们独一无二的考古学意义，不仅取决于它们作为早期遗址的合理性，而且取决于这些洞穴难得的干燥度，这使得许多易朽材料能够长期保存至今。

第三编

发掘与人工制品分析

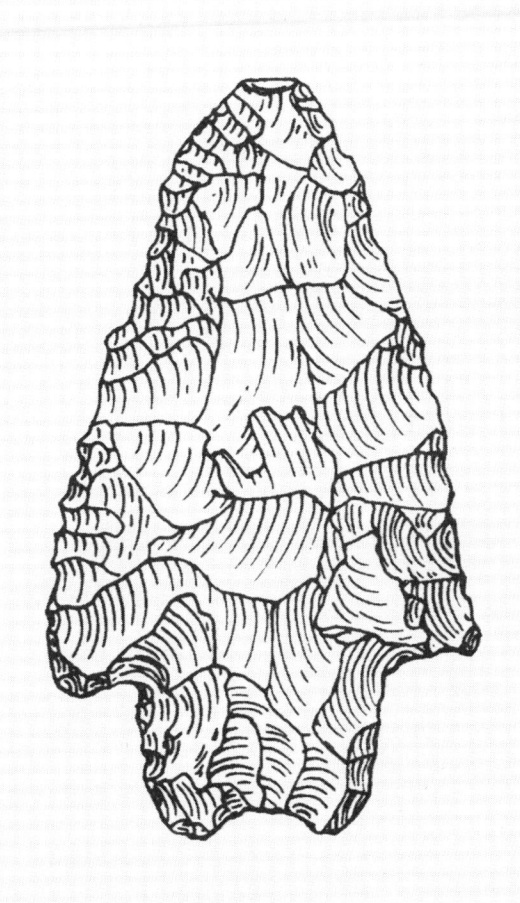

5 圭拉那魁兹的发掘

　　引言
　　发掘技术
　　第一阶段：初步试掘
　　第二阶段：探方 D8 和 E8
　　第三至五阶段：主要发掘开始
　　第六至七阶段：完成主要的发掘
　　前陶期的居住面：概述
　　B层的意义
　　后古典期的地层
　　形成期的短暂栖居

6 打制石器

　　引言
　　技术与原料
　　类型学
　　圭拉那魁兹石器工业的基本特点
　　打制与剥片工具
　　石核与石核碎块
　　砍砸器、刮削器与石刀
　　开槽与穿刺的工具
　　其他石片与石叶工具
　　矛头
　　两面器
　　未加工制品
　　小结

7 圭拉那魁兹打制石器的原料产地

　　方圆 10 千米以内
　　距离 25 千米外
　　距离 45—55 千米外

8 磨制石器

　　初步讨论
　　单手磨石
　　磨盘
　　石臼
　　杂类
　　各居住面小结

9 圭拉那魁兹前陶期的绳索与篮子

　　引言
　　结网
　　绳索
　　纤维
　　篮子
　　各居住面小结
　　小结

10 木制品与相关材料

　　取火装置
　　矛头装柄设备（？）
　　仙人掌烘烤装备
　　杂类
　　各居住面小结

11 作为燃料的木头

12 鹿角器

　　人工制品类型
　　各居住面小结

13 粪化石和动物皮毛

14 放射性碳断代

　　与特化坎的比较

5
圭拉那魁兹的发掘

肯特·弗兰纳利、克里斯·莫泽、西尔维亚·马兰卡　撰，陈虹　译

引 言

　　圭拉那魁兹（OC-43遗址）发现于1966年2月26日，随后用一个月的部分时间，我们将连接米特拉和迪亚兹·欧达兹的牛车小道修整成一条道路，能让我们的四轮皮卡开到富埃德农场的洞穴。在2月21日和25日之间，我们在圭拉那魁兹进行了试掘，以便建立它的地层序列，确定是否存在原生的前陶期文化层，探知最早的植物遗存出现在哪层，以及评估进一步的发掘潜力（图5.1）。

　　当麦克尼什发掘特化坎河谷的普隆洞穴时，他经常问自己发现了什么，并重复他的口头禅"很好"，"至少是植物学家的一个好日子"。这个回答反映的事实就是，在普隆洞穴保存有极好的植物遗存，但每平方米出土的非常典型的人工制品不多。圭拉那魁兹的试掘出现了相似的情况：前陶期栖居的保存情况极佳，但是人工制品的密度很低。显然，如果要确定工具组合的性质，我们就要发掘这个小洞穴的全部或大部。

　　3月份我们试掘了其他洞穴，并拓展了调查范围。最终在4月14日，我们带着一个较大的团队回到圭拉那魁兹，并在那里一直发掘到1966年5月10日。当时我们相信，岩堆里可能还会有前陶期遗迹，所以挖掉了被洞顶遮掩的整个前陶期区域，总共发掘了64个"1×1"米的探方。

　　弗兰纳利和克里斯·莫泽主持了2月份的试掘，和埃里西奥·马蒂内兹一起雇了6位来自米特拉的民工。4月份的时候，西尔维亚·马兰卡加入其中，这

图5.1　发掘期间从东看圭拉那魁兹。图中前景部分主要是柱状的龙神柱仙人掌（*Myrtillocactus* sp.），许多低矮的麻风树（*Jatropha neodioica*）藏在灌木丛中。

图5.2 圭拉那魁兹洞穴的真正发掘者。从左下方顺时针方向依次为：安布罗西奥·马蒂内兹、阿尔弗雷多·索萨、赫纳罗·路易斯、巴布罗·加西亚、弗利克斯·索萨、唐胡安·马蒂内兹、埃里西奥·马蒂内兹、安赫尔·索萨、卡洛斯·佩雷斯、埃内斯托·马蒂内兹。一位隐去姓名的城市牛仔作为照片的比例尺。

样米特拉的民工队伍就增加到10位。这批讲萨波特克语的米特拉团队是我们项目的核心和灵魂，应该被认为是圭拉那魁兹真正的发掘者（图5.2）。其中包括唐胡安·马蒂内兹（Don Juan Martínez），他的兄弟安布罗西奥（Ambrosio），他的儿子埃内斯托（Ernesto）；弗利克斯（Felix）和安赫尔·索萨（Angel Sosa）；巴布罗·加西亚（Pablo García）、卡洛斯·佩雷斯（Carlos Pérez）和赫纳罗·路易斯（Genaro Luis）；还有已故的、令人非常怀念的阿尔弗雷多·索萨（Alfredo Sosa）。他们的耐心、才智以及对细节的专注对于我们的成功来说不可或缺，他们不屈不挠的高贵精神和幽默感使得工作一直非常愉快。

不知为何，我们的福特皮卡"埃尔·加巴吉多·布兰科"（El Cabalito Blanco）每天早上都会在布满碎石的山坡上熄火，我们只好在洞穴下的一个风口下车。我们必须将所有设备运上山洞，包括10加仑的桶装饮用水，唐胡安也没法托付给其他人。有一次在洞穴附近，莫泽将他忠诚的看门狗拴在岩堆上，以便将山坡下离群游逛的迷路山羊挡在外面。

2月的早晨很凉，天空清澈蔚蓝，但洞穴中十分阴暗，以至于我们不得不使用Tri-X胶卷。在铲子和刷子的声音中，某位发掘者会用萨波特克语讲无聊的故事。不免夹杂着西班牙语的笑话，但是这对于我们这种没听懂前面故事的人而言安慰不了什么。渐渐地，我们这些没有故事的人也积累了一系列笑话："杀了他，因为我买了他（Mátalo, porque ya está comprado）"；"有两条毯子，上面新的，下面旧的（Con dos cobijas, una nueva encima yuna vieja abajo）"。经常说的句子有"我承认，神父，我有罪（confiésame, padre, porque yo he pecado）"，许多故事明显涉及神父和检讨，但萨波特克语的原罪忏悔往往伴随着大嗓门的笑声。虽然我们后来逐渐学会了描述考古沉积最基本的词汇——*giht*是瓢葫芦皮，*dohb*是龙舌兰，*gui bidžúi*是黑曜石——但是我们从来没有真正听懂任何故事。

娱乐消遣在午餐时间也不消停。篮子中有卢普（Lupe）回到波萨达拉索尔普雷萨（Posada La Sorpresa）之后准备的三明治（*torta*s，墨西哥式三明治）、水果和其他美味食物，以及一打煮鸡蛋。不，是11个煮鸡蛋。第12个是"幸运蛋（the egg of the day）"，一个难以与熟蛋区分的生鸡蛋，是被埃里西奥·马蒂内兹塞进篮子的。在我们开始敲碎和剥鸡蛋时，气氛越来越紧张，我们等着看今天是谁拿到这个鸡蛋。终于，听见一声令人不快的声音，一个英语或萨波特克词汇。最后，为防不测，莫泽开始在埃里西奥的头上剥他的鸡蛋。

难忘的午餐时间伴随着震耳欲聋的叫声，几秒后一个民工从悬崖的阴影处走出来，手上拿着他原来衬衫撕碎的部分。大家都知道发生了什么：一个筛土的民工抓到了一只蝎子并切断了它尾巴的最后一节，使它变得无毒，但仍然活着很凶猛。他靠近正在低头吃饭的一位民工，把这位民工的领子拉开，然后用两根手指夹着蝎子的尾巴放入他的领子里。这位民工抬头看见的最后一幕，是一只活的蝎子掉入他背上的衬衫里。现在，大部分民工都倒在地上哈哈大笑。其中一人笑道："这是我们能让他换掉那件旧衬衫的唯一办法。"

这种时候没有人会发脾气，甚至连被作弄者也不生气。不是不报，时候未到。他知道他的回报会比这位恶作剧者想象的更快。

在漫长下午，我们的米特拉民工对洞穴文化层的辨认越来越棒。他们熟悉每个居住面，记得每层哪个探方出土了什么，并且每层都有自己专门的代码。C层因其柔软的白色灰烬而被叫做"奶粉"。D层因含焚烧橡树叶的褐色颗粒状基质，被叫做"速溶咖啡"。E层被简称为"沙子"。我们总被民工们在发掘探方时所表现的过目不忘的能力，还有被几周前田野日记所确证的回忆评述感到惊讶。

到了放工时间，无聊的故事和恶作剧又开始了。

午餐剩下的一个橘子将会给其中一个民工,他会急着用牙齿咬掉橘子皮,却发现某人已经不动声色地用剃刀切开橘子,去掉内囊,再用隔壁洞里的蝙蝠粪塞满橘子,并用红薯树胶封好刀痕。还会在回去的路上去作弄在车上像睡着的小阿尔弗雷多这样的人。阿尔弗雷多从未告诉我们,一个人怎么能够在四驱皮卡颠簸下山时在车后面睡着。他也无从知道,他睡着后他的凉鞋怎么会被偷偷地用绳子绑在一起。当我们开进米特拉的小旅馆,弗利克斯和埃里西奥会跳下车,打开车的后挡板,并叫唤阿尔弗雷多。他常常会在挡板和地面之间的空中,意识到自己的凉鞋被捆住了。

有点伤感的是,发掘在1966年5月10日结束。圭拉那魁兹是一个伟大的遗址,发掘令人愉快,地层极其清楚,整体保存状态极佳。此外,这是一段与一群永远令人难忘的人们相处的丰富多彩的经历。

发掘技术

我们从开始就知道,迄今发掘的墨西哥大多数干燥洞穴都有复杂的地层,包括大小不等的居住面,不时被侵入的坑穴打破。我们想尽可能按照自然或文化划分地层,同时保持标准的水平单元,以便绘制其中出土的遗存。我们的技术结合了麦克尼什(MacNeish 1961)在特化坎遗址还有霍尔等人(Hole et al. 1969)在近东采用的方法。整个发掘区域都设置平面为1×1米的探方。垂直控制根据最初几处洞壁试掘探方剖面所暴露出来的文化层,然后根据它们绘制并记录各部分的垂直剖面,一个探方挨着一个探方发掘,来分别清理每层居住面。在开始发掘前,我们尽量从两条边以上分离出一个探方,以便从一开始就可以看出每层居住面的坡度和变化,以及任何打破的遗迹。我们发现圭拉那魁兹"配合"(coorperated)有我们所见到的最清晰且极易辨认的地层间的颜色变化,就如本章中展示的照片所示。

圭拉那魁兹洞穴本身的方位按磁极南北向进行布方,从洞穴后部自西向东用字母编号(B、C、D等),洞内由南向北用数字编号(3、4、5等)(图5.3)。除了洞穴东北角露头的基岩区,共布1×1米探方64个。主要基准点是钉在洞内探方C7西南角的一枚钉子,它被作为所有深度和探方的基本参照点。

每个探方都安排了三位民工:一位铲土工,负责实际发掘;一位运土工,负责将挖出的土运去过筛;还有一个筛土工,负责筛土。这三个人通常作为一个小组一起工作,所以不会弄混每一篮子土所筛出的东西。如果可能的话,一组成员包括习惯在一起工作的人,如父子、两兄弟或两位表兄弟,弗兰纳利见过罗伯特·布雷德伍德在近东就曾采用这种办法。

圭拉那魁兹的土是如此柔软,以至于发掘时没必要使用比手铲更大的工具,但是,我们还是给每位发掘者提供了一把螺丝刀(用来挖松沉积底部的坚硬沙

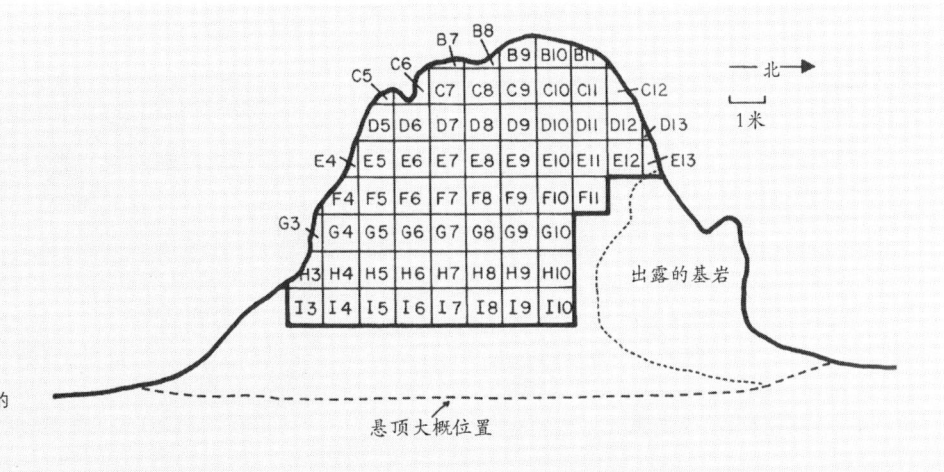

图5.3 圭拉那魁兹遗址1×1米的探方发掘平面图。

子），还有冰锥和刷子，以揭露原地的遗存，还有一把糖勺用来将土舀进桶里，以及一把小笤帚以保持探方的清洁。每位民工还配有一块小草席或芦席，尺寸大约为30×40厘米，上面可以放任何出土的东西——这也是布雷德伍德的办法（图5.4）。

一个典型探方的发掘始于对其剖面的观察和讨论，手铲要挖多深才能将第一个居住面挖松。如果某地层厚度超过10厘米，那么我们参照麦克尼什的办法，对地层做进一步主观的划分，即便它看上去是同质的。挖土工从一个剖面开始，向探方中心发掘，仅挖松居住面的最上层（图5.5）。在工作中，他们将出土的材料在草垫上分堆放好，例如橡子（图5.6）、龙舌兰咀嚼渣、朴树果籽、动物骨骸、燧石片等等。当遇到矛头、刮削器、两面器、碾磨石器、木器或织物等物品时，他们会登记每件物品的深度，及其与该探方北边和西边的距离。每个居住面出土的所有材料都会按各探方单独保存，以便将未加工的石片（和刚出土时由于太脏而无法辨认是否经过加工的石片）都能放到平面图上，并按每个探方进行统计。

无论多么仔细，没有一个挖土工能够找出居住面的所有小遗物。为此我们有两种尺寸的筛子。每位挖土工用糖勺将洞里的基质（所有可见遗存都已从中清理出来了）放到桶中。一旦装满，运土工就会把这些基质运到筛土工那里，他用两种尺寸的筛子过筛（图5.7和图5.8）。首先，基质用大孔筛（网眼为6毫米）过筛，筛出像瓢葫芦种子大小的、未被发掘者发现的所有遗存。大孔筛过筛的泥土直接落入小孔筛（网眼为2毫米），以便获得小如仙人掌果种子的遗存。运土工和筛土工一起仔细查看各个筛子，回收小种子、啮齿类脊椎骨和其他东西（图5.9）。此外，用于浮选的基质样品也会用筛子检查，以免漏掉很小的遗存。幸运的是，这些浮选样品通过化油器滤网之后，只会罕见地漏掉很小的草籽（如黄茅属[*Heteropogon* sp.]）。

当挖土工在1平方米探方内完成某居住面的挖掘后，他这部分筛出的材料会回放到他的草垫上。这时，我们收集每种植物（银合欢、牧豆、洋葱、橡子等等），并将它们分别卷在带标签的铝箔里（图5.10）。之后，在米特拉的实验室中，清洗这些植物，并放在有相同标签的干净塑料口袋里。所有动物骨骸都被放在牢固的钱币口袋里，按1米探方和居住面标记；人工制品也如是处理，这些都标明出土位置，标签上有三维坐标。最后，如果探方未被扰动，那么就会从每个居住

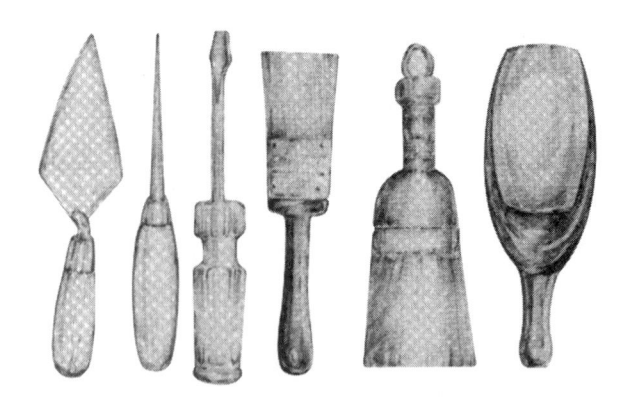

图5.4 铲土工发掘圭拉那魁兹的工具包：小草垫或芦席、手铲、冰锥、螺丝刀、刷子、小笤帚和糖勺。

图5.5 唐胡安·马蒂内兹从探方F10东剖面开始工作；背景中巴布罗·加西亚正在探方G9中工作。

图5.6 E层H6探方中出土的一堆橡子。

5 圭拉那魁兹的发掘

图5.7 弗利克斯·索萨看着赫纳罗·路易斯通过6毫米网筛，将基质筛到下面2毫米的网筛中。

图5.8 运土工弗利克斯·索萨看着巴布罗·加西亚用2毫米网筛筛土。

图5.9 在前面，埃内斯托·马蒂内兹、赫纳罗·路易斯和阿尔弗雷多·索萨从2毫米网筛中捡拾小的种子和啮齿类遗骸。背后卡洛斯·佩雷斯和埃里西奥·马蒂内兹在做同样的工作。

图5.10 埃里西奥·马蒂内兹和克里斯·莫泽在分拣D9探方出土的遗存并打包。

面里挑选用于放射性碳断代的木炭样品和做花粉分析的基质标本。

圭拉那魁兹是一个堆积较薄的遗址；后部堆积约为120厘米深，岩堆附近的深度大约40厘米左右。最深的探方差不多有6—7个居住面，但是周围的探方可能只有1—2个居住面。虽然侵入遗迹很多，但它们都很清楚，以至于能够比较容易将其与早期沉积区分开来（见图5.11和图5.12）；甚至连鼠洞都可以轻易地被分辨（见第16章）。

当各探方结束，我们绘制剖面图并拍照来控制水平和垂直的情况。考虑到成本问题，我们没有发表每张剖面图，但是我们在本章中展示了四个主要的东西向横截面和两个主要的南北向横截面（图5.15，5.16，5.20，5.21，5.27）。

图5.11 从东看E10探方,遗迹12(一个后古典期的钟形坑,含两块大石头和3米长的绳子)扰动了前陶期地层。这种打破的遗迹通常和该图中显示的一样清楚。

图5.12 西尔维亚·马兰卡正在清理遗迹18,一个外面绑着龙舌兰纤维的后古典期陶器,在I4探方从A层往下侵入B1层顶部。

第一阶段:初步试掘

我们确定C7、D7、E7、F7和G7这部分探方是最佳试掘区。我们推测,这部分探方能够让我们了解最深的堆积以及提供从洞穴后壁到洞口的横截面。因此,这五个探方是最先发掘的(图5.13)。

我们先挖隔开的两个探方D7和F7。因为这是最初试掘的探方,所以不知道会出现什么样的地层。于是我们推进缓慢,采用旧大陆考古学家所谓的"一口口(spits)"清理,每次不超过10厘米。人工制品、植物和动物骨骼根据出土深度和所在地层的详细描述进行编目。当我们到达与上层颜色和基质不同的新文化层时,我们就停止下挖,转而将整个探方清理干净到自然中断(实际上是"文化中断"[cultural break])。我们推论,一旦确定了洞穴的地层,并予以命名,那么从这些最初试掘中出土的材料,就应该根据其出土深度以及这些材料所处层位背景的描述,归入这些层位,并应该详细描述出土地层的背景。这样做并不难,因为土色变化十分清晰。

但是,地层清晰的事实并不意味着它不复杂:两个仅隔1米的试掘探方呈现如此不同的序列,以致该地层的认定一直要到中间探方E7挖完才能确定[1]。

图5.13 在布完最初五个探方(C7—G7)之后,西望圭拉那魁兹。

---

1 我们使用麦克尼什在描述米特拉洞穴文化层时使用的术语"地层(stratigraphic zone)"。反思过去,术语"面(level)"或"层(layer)"似乎比"区(zone)"更合适,后者听起来更像是水平分区而不是垂直分层。不过,由于"层(zone)"在文献当中已经被很好地确立起来,所以改变它似乎没有什么意义。

探方D7始于20厘米厚的草、灰色灰烬、橡树叶子和后古典期初的（蒙特阿尔班Ⅲb—Ⅳ期）陶片。这一层是洞穴中各探方最上面的真正居住面，所以我们最后指称其为A层。它含玉米、豆子、南瓜、鳄梨、仙人掌果、美果榄、棉花和其他栽培植物，并富含储藏坑和其他遗迹。A层看来曾是后古典期在米特拉山麓腹地从事农耕和烘烤龙舌兰的一批人群所留。该居住层的放射性碳样品的断代为公元620—740年。A层已做了初步的讨论（Flannery 1970：14—15；Flannery and Smith 1983），并将在未来有关米特拉洞穴后古典期的著作中做详细报道。

尽管A层是洞穴中最晚的地层，但仍有蒙特阿尔班Ⅴ期后段的四个遗迹（放射性碳测定为公元1270年）。包括一个龙舌兰烘烤坑，一个未使用的龙舌兰芯储藏坑以及两张可能被蒙特阿尔班Ⅴ期居民用来睡觉、铺着草和橡树叶子的床。其中一张床（遗迹6）在A层探方F7之上，为我们提供了探方F7和D7之间的第一个不同之处。虽然蒙特阿尔班Ⅴ期的栖居并没有形成一个事实上的居住面，但我们最后还是用"上A层"（Zone Super-A）来指称这四个遗迹组合。上A层也将在上面提及的未来著作中报道。

在探方F7中，用草和橡树叶子铺的床（遗迹6）从地表延伸到10厘米深处，而A层延伸的深度为10—20厘米。在这下面是和A层明显不同的一层薄灰白色灰烬，不含陶片。后来我们意识到，这个表面上并不起眼的层位是B层的一部分，在其他探方中，B层是整个洞穴中最厚且最复杂的一层。

随着唐胡安·马蒂内兹在探方F7中继续下挖，他遇到了一个较厚的地层，这次是灰色的灰烬和咖啡色的腐烂橡树叶，延伸到地表下40厘米深处。该重要层起初被称为"底部灰色灰烬层"，最后成为D层，从其人工制品组合来看，它肯定属于前陶期。只是在探方F7的南半部分是D层，上覆有很薄的一层膜状白灰，现在我们意识到它是C层尖灭的片段。在探方F7中，这层白灰里未见任何人工制品，实际上无法将其和D层分开。

在D层下，唐胡安发现了一层松软的红黄色沙子，这看来是洞穴中火山凝灰岩地板自然风化的产物。该层总体而言很贫瘠，除了在40—60厘米深处发现几处含孤立的燧石和植物遗存的凹陷。该栖居层是洞穴中最古老的，我们指称它为E层。在它下面，松软的沙子逐渐变成坚硬贫瘠的沙子，最后变成坚硬的凝灰岩。

同时，阿尔弗雷多在探方D7中发现了不同的情况。他试掘的部分是遗迹1，一个蒙特阿尔班Ⅲb—Ⅳ期的大型储藏坑，对角斜跨该探方，其中填满了玉米和其他植物。在这个储藏坑的北面，A层和探方F7中的情况相似，但是在A层下面见有一系列灰色灰烬和白色灰烬交错出现的地层，这和探方F7所见很不一样（见图5.14）。首先遇到的是没有任何人工制品的一个白灰透镜体（white ash lens）。下面是一层粉灰，约离地表20厘米。紧接着是第二层白灰，进而是第二层灰色粉灰，大约离地表50厘米。然后是第三层白灰，仅见于探方部分区域。突然在此第三层白灰下，在60—70厘米深处，堆积变成了灰色灰烬和咖啡色腐烂的橡树叶，与探方F7底部遇到的灰色灰烬层相同。果然，在此灰烬层底部下面发现了在探方F7底部遇到的松软的红黄色沙子。因此，我们两个试掘探方被A、D、E三层相连；所有之间的地层还有待解释，为了做到这点，我们显然必须挖探方E7。

图5.14 D7探方刚发掘完，从东南看西侧和北侧的剖面。北侧剖面（右）可以和图5.15进行对比。

在探方 D7 下面层位，我们发现了第一批前陶期遗迹。一个直径大约 46 厘米的圆坑，从 D 层一直下挖到 E 层的松软沙子。命名为遗迹 2，里面含有橡子、一块火裂石（fire-cracked rock）以及一件盘状单手磨石的碎块。附近又见另一个填有橡子的坑穴——遗迹 3，它的东半部延伸到探方 E7。这个坑同样位于 D 层，实际上往下直达基岩。

弗利克斯·索萨是探方 F7 的挖土工。因为探方 D7 的地层和探方 F7 相比太过复杂，所以我们决定从 E7 的西侧剖面开始发掘，并追随复杂的灰色和白色灰烬层，往东到达比较简单的探方 E7—F7 剖面。弗利克斯立即发现了遗迹 5，一个特科马特罐（tecomate），或无颈罐，直径大约为 50 厘米，被 A 层的蒙特阿尔班 Ⅲ b—Ⅳ 期居民埋在洞穴里。它可能曾为该层的居民储水，但是随时间流逝，它的口缘和上半部分的器壁已经破碎。遗迹 5 扰乱了前陶期地层，深度达地表下 40 厘米，但是仍然能在它周围看到灰色和白色的灰烬。此外，这个大型特科马特罐的底部坐落在 D 层，这层以灰色灰烬和咖啡色腐烂橡树叶为特点，并从探方 D7 经探方 E7 一直延伸到探方 F7（见图 5.15）。

一旦遗迹 5 被清理完，探方 E7 的序列就清楚了。探方 D7 最上面的白灰透镜体在它到达 E7 前已经消失。最上面的粉状灰烬层（后径称粉灰层）在到达 E7 时尖灭，然后变成了我们之前在探方 F7 里 A 层下（见上）发现的灰白色灰烬薄层。我们现在把这一层称为 B1 层。

在 B1 层下面出现了探方 D7 中所见的第二条白色灰烬层。当它向东朝探方 E7 延伸时，它往上倾斜并变薄变细，直到在地表附近消失。这层现在分辨为 B2 层。

在 B2 层下面出现了探方 D7 中所见的第二条粉状灰色灰烬层。它也向上倾斜并在朝东延伸时变薄，但是它跨越了整个探方 E7，只是在被遗迹 6 阻断后消失。这层现在被辨认为 B3 层，而在探方 E7 中出土了我们最感兴趣的前陶期人工制品之一：经纬相交处的云雀头结网残片（见第 9 章）。这件残网出土的位置靠着该探方南剖面，距地表 25 厘米，距西剖面 10 厘米，那里还伴出有燧石片、牧豆籽、银合欢豆荚和龙舌兰咀嚼渣。

在 B3 层下面，弗利克斯遇到了探方 D7 中所见的第三条（最厚的）白灰层。它向东穿越探方 E7 后开始变得越来越薄，一直缩减成之前在探方 F7 中所见的、覆盖在 D 层上（且无法分开）的纤细白灰薄层。这一层现在称之为 C 层。

最后，探方 E7 的发掘止于 D 层和 E 层。我们发现了遗迹 3 的东半部，即从 D 层一直挖至基岩的橡子坑，它的西半部发现在探方 D7（见图 5.16 和图 5.17）。在迄今发掘的小面积内发现两个这样的坑穴（遗迹 2 和遗迹 3），提醒我们注意橡子在圭拉那魁兹前陶期生计策略中的重要性。

此时，我们开始绘制探方 D7、E7、F7 的剖面图。通过一张覆盖整个探方的图纸（看看图 5.15）可以知道，探方 E7 的发掘对于了解洞穴地层的重要性，而且

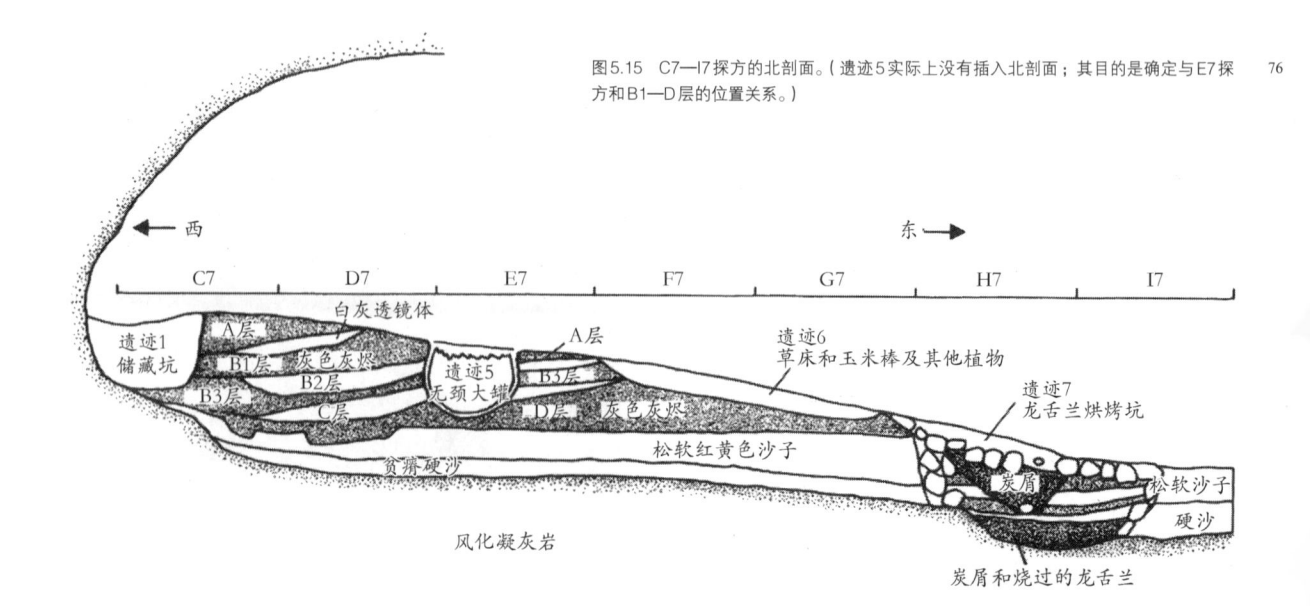

图 5.15　C7—I7 探方的北剖面。（遗迹 5 实际上没有插入北剖面；其目的是确定与 E7 探方和 B1—D 层的位置关系。）

5　圭拉那魁兹的发掘

图5.16　显示最初试掘探沟（C7—H7探方）南壁的拼图。C7和D7探方主要包含遗迹1，一个侵入的后古典期储藏坑。在D7和E7探方相连处的基岩上可见一个从D层挖下来的坑穴——遗迹3的底部。在探方E7中，可见把B1、B2和B3层分开的白灰透镜体从右往左向上延伸；在接近地表处被A层截断，A层厚10厘米，主要是一层草和灰，覆盖着整个剖面。最下面的白灰层是C层，它始于探方D7—E7交界的基岩附近，向上延伸到F7探方中部的地表附近。其下的灰色灰烬是D层，探方G7的D层下所见的浅色松软沙子是E层。H7探方（和G7探方的部分）是遗迹7，一个后古典期的龙舌兰烘烤坑。C7和D7探方剖面上的一些洞，原来是一些松散的石头，需要在它们掉下来前清理掉。

可以设法想象一下，如果没有它的话，我们不知如何才能解释探方D7和F7之间的差异。

发掘的探方越多，洞穴的地层图就越清晰。弗利克斯在2月24日对探方C7的清理，显示了A层和B1层是如何被遗迹1截断的，而B3层在遗迹1的下面穿过。唐胡安在2月22和23日发掘探方G7揭示出，当我们朝东向洞口移动，地层变得越来越简单：遗迹6下面发现了A层以及部分暴露清晰的D层和E层的几块片段，却没有B层的踪迹。最终探方H7发掘揭露了遗迹7，这是一个大型龙舌兰烘烤坑穴，与上A层相伴，它基本上破坏了该探方中的所有早期地层。

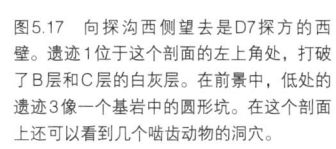

图5.17　向探沟西侧望去是D7探方的西壁。遗迹1位于这个剖面的左上角处，打破了B层和C层的白灰层。在前景中，低处的遗迹3像一个基岩中的圆形坑。在这个剖面上还可以看到几个啮齿动物的洞穴。

第二阶段：探方D8和E8

C7—H7探方发掘的完成，为我们提供了一条6米长的探沟，它的东西剖面可以作为发掘洞穴剩余部分的指导。我们绘制了这些探方的北部剖面（图5.15），并对南部剖面照了相（图5.16）。此外，我们对D7探方的西部剖面绘了图和拍了照，以便继续工作时，我们最终可以绘制出D5—D12探方的南北向剖面。（原书图5.18，实际指图5.20。——译注。）此时我们几乎深信，全部发掘洞穴是值得的，但为了更有把握，我们决定再挖D8和E8两个探方。对这两个探方的发掘，我们能够充分利用已经绘图和标示的D7和E7探方的北剖面开始工作。

D8和E8探方由唐胡安·马蒂内兹和弗利克斯·索萨在2月24和25日发掘（图5.19）。除了没有入侵遗迹扰乱地层外，D8探方的序列和D7并无不同。A层是一套厚厚的灰烬和植物层，覆盖在一个看似草床之上。在它下面，B1层扩展，含有两个部分——上部是白色灰烬，含少量人工制品；下部是灰色灰烬，含燧石片、橡树叶、橡子和针叶樱桃籽。我们从下部提取了一个花粉样品。再继续往下，B2层是一套不规则的白色灰烬层，有些地方扩展，但在其他地方又薄又淡。它含有燧石、橡子、龙舌兰种子和丰富的木炭块。这些木炭块成了测年样品的SI—515，其得出年代为公元前6670±160年（见第14章）。

B3层在这下面，地表下45—50厘米深处，这是布满整个探方的粉状灰色灰烬层，为我们采集花粉样品提供了良好的背景。地表下50—60厘米深处的C层，是一套不规则的白色灰烬层，有些地方较厚，而有的地方很薄，有时也由两部分组成。D层是通常的灰色灰烬和咖啡色腐叶层，该探方除了常见的未修整石片外，还有一件凹缺石片和一件石钻。E层是柔软的红黄色沙子，东西不多。但是，总的来说，我们很高兴D8探方没有侵入的遗迹，所以为我们提供了一个观察前陶期未扰动居住面序列的机会。

在E8探方中我们并不走运，因为我们挖到了遗迹4——一个蒙特阿尔班Ⅲb—Ⅳ期围着草的坑穴，在该探方的许多地方扰乱了B1和B2层。但是，B3层保存完好，也有C层，尽管它的厚度不等。虽然人工制品很少，但是C层出土了一些西葫芦种子，令我们兴奋不已，因为它们的前陶期背景没有被扰动。而且，D层的材料很丰富。这层记录了两段龙舌兰纤维的绳索，而D层的废弃物中有燧石、银合欢豆荚、橡子、野豆荚、针叶樱桃、牧豆、仙人掌果籽

图5.18 圭拉那魁兹发掘的阶段图，显示了不同探方组的发掘顺序。

图5.19 1966年2月24日的圭拉那魁兹。最初的探沟已被清理，工人们正在补充发掘的两个探方——D8和E8探方。莫泽忠诚的狗正驱赶迷途的山羊远离洞穴。

5 圭拉那魁兹的发掘

（从2毫米孔筛中筛出）和棉尾兔骨头。也有E层，但是材料不多。

到此，我们结束了丰拉那魁兹的试掘工作，并确信这个洞穴值得做较充分的发掘。虽然有许多后古典期遗迹的侵入，但是它们易于识别和清除；而除了它们之外，还有大片保存有完好前陶期植物遗存的居住区。因此，我们准备在对其他洞穴做一段时间探测之后，再回到圭拉那魁兹来。

第三至五阶段：主要发掘开始

我们在1966年4月14日回到了圭拉那魁兹，完成了第三至五阶段的发掘。第三阶段包括清理C8、B8、F8、G8和H8探方，当4月下旬挖完D8和E8后开始扩方。这使得我们可以继续我们南北剖面的绘制（图5.20），还可以沿B8—H8探方的北侧剖面画一条东西向的新剖面图（图5.21）。第三阶段发掘的探方比较好，

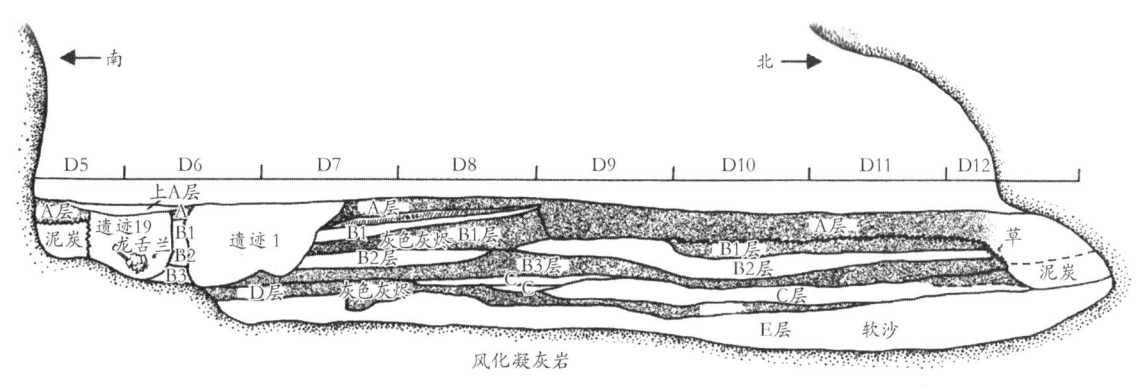

图5.20 D5—D12探方的西壁。D7探方的剖面可以和图5.17中的照片进行对比。

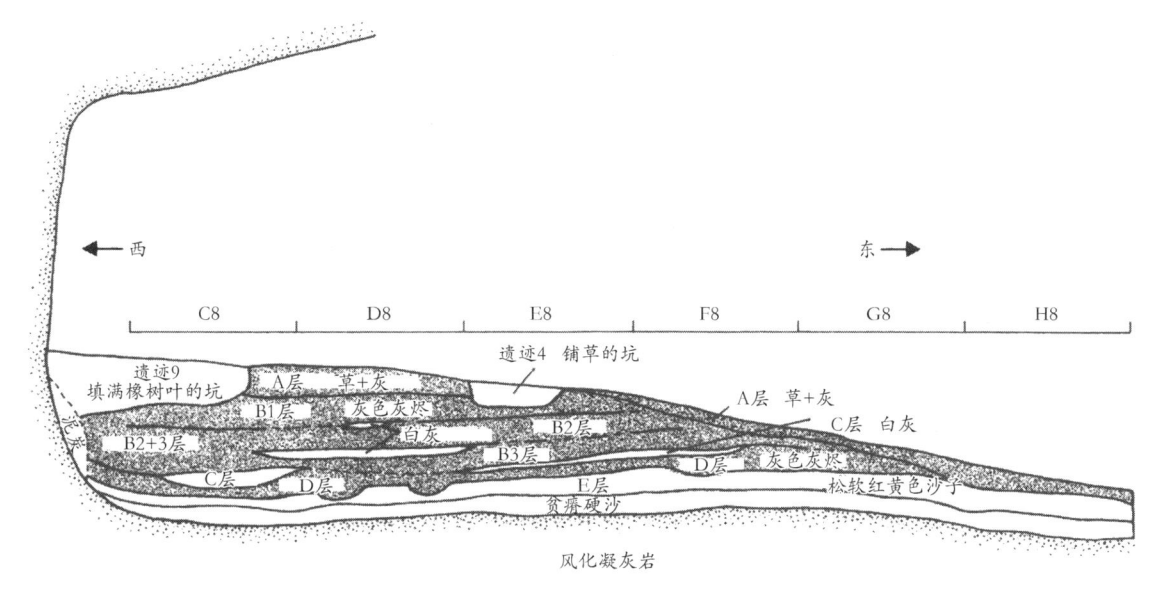

图5.21 C8—H8探方的北壁。

来自A层的侵入坑穴相对较少，并常有B1、B2和B3诸层叠压的很长条带。但是，B2层在洞穴的这个部分逐渐变为灰色灰烬，在探方C8中，我们发现了一片无法和B3层分开的区域。我们将这个区域称为"B2+3层"。

F8探方对于D层来说很重要。在这个探方的西南角我们发现了一个填满白灰的火塘，直径约30厘米，深8厘米，我们指认其为遗迹22（图5.22）。附近是一件领西猫的下颌骨和一件燧石片。（我们）测绘了一件打制石核碎块，白灰的基质中还有橡子、针叶樱桃、龙舌兰咀嚼渣和仙人掌果。

第四阶段清除F9—H9，F10—H10和F11探方，从F8—H8探方的北剖面开始，向北追踪各居住面，直至它们止于洞穴悬崖东北角下露出的基岩穹顶处。在此，可以对F9—F11探方的西剖面拍照，准备向西追踪各居住面。

F9对探方C层来说很重要。这里层位厚得足以分为两个部分，上面是白灰，下面是暗棕色的灰和混合物。在上面部分，我们测绘了一件破碎的盘状单手磨棒、一件石灰岩卵石颜料研磨石和一段绳索。在下面部分，我们测绘了一件完整的脉状石英岩长方形单手磨棒（图5.23）。

另一方面，H10探方没有C层，但是对于E层来说十分重要。该层柔软的红黄色沙子中，我们测绘了

图5.23 F9探方出土的脉状石英（？）单手磨棒，位于C层下半部分。（比例尺单位厘米；箭头指向北）。

一件未完成的雷尔玛（Lerma）矛头。

在第五阶段的发掘包括清理B9—E9、E10—E13和D10—D13探方，这是一块L形的区块，其南面是B8—E8探方剖面，绘了图；东面是F9—F11探方的剖面，照了相。当沿这些剖面向北和向西追踪时（图5.24），我们遇见了较多的前陶期遗迹。清理E9探方B1层的挖土工巴布罗·加西亚，在该探方中央发现了一个火塘。该火塘被叫做遗迹11，直径约45厘米，深15厘米，填满了白灰和炭屑，至少两面垒有石块（图5.25和图5.26）。这一层还出土了一件很好的打制石器和一些绳索，还有橡子、银合欢、针叶樱桃、朴树果、牧豆和龙舌兰咀嚼渣。同一探方的C层里，棕色的混杂物上是一层厚厚的白灰，根据它丰富的橡子遗存和已硬化的鹿角，可以判断该居住层的时间是秋季。原地还保存有麻风树果、牧豆、西葫芦、矮松果、朴树果、针叶樱桃、仙人掌果和龙舌兰。

弗利克斯·索萨清理D9探方的D层时，发现了另一个橡子储藏（或加工）坑。我们称其为遗迹10，它的直径为40厘米，深35厘米，位于探方的西北角，开口在D层。虽然在它的底部有一层橡子，但是可见废弃后填满了D层其他部分的咖啡色灰烬和叶子。橡子和打制石器废片在其周围很常见。

事实上，D9探方是洞穴这部分比较有意思的探方之一。在B2层，我们分离出一个啮齿类巢穴，里面有一具老鼠的干尸（侏儒鼠）。在B3层，我们测绘了一件取火钻残段。C9探方同样有趣，特别是B1—B3层。B1层出土了一件单手磨棒，还有一团可能用于制作装柄工具的仙人掌胶。B2层出土了一件单手磨棒和一件磨盘残块。最后，在B3层我们测绘了一件佩德纳雷斯矛头的远端；巧合的是，它是之前发现的一件佩德纳雷斯矛头的缺失部分，这件器物的近端是我们在2月26日的调查中在洞穴的岩堆里发现的（见第3章）。

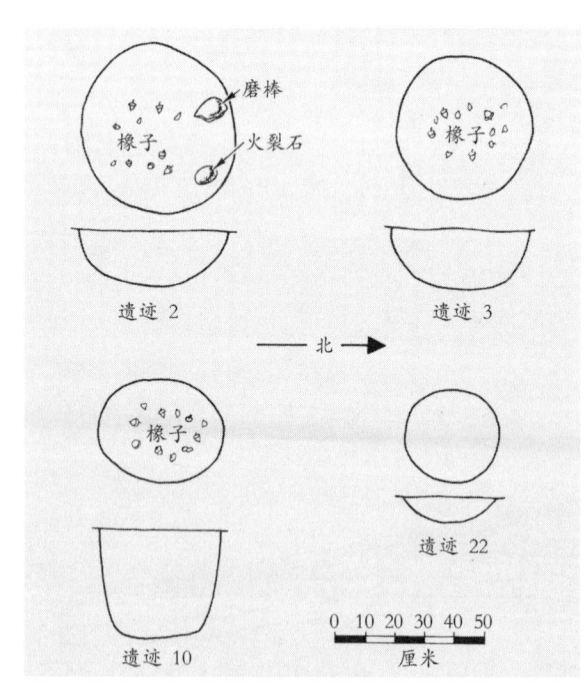

图5.22 D层的相关遗迹。

5　圭拉那魁兹的发掘

图5.24　E9探方的发掘：A. 清理完E8和F9—F11探方后，E9和E10探方露出了两个剖面（图中显示的层位被认为是当时拍摄的F9—F10探方西壁）。B. 巴布罗·加西亚发掘了探方F9中B1层的南半部。探方E9中的A层被清除，但是E10探方中的A层被保留下来。B1层的南半部已被清除，巴布罗也揭露出遗迹11。这层薄的粉灰下面是B2层，尚未发掘；厚的白灰下则是C层。

D10和D11探方中也有许多有趣的发现。在探方D11的B2层中，我们测绘了一块编织篮制品，离探方东壁34厘米，离探方南壁70厘米。在同一探方的C层，我们发现了另一件取火钻。D10探方的地层是如此清晰，下层也没有鼠洞，因此我们决定从C、D和E层采集放射性碳测年的样品。

图5.25　遗迹11，一处两侧垒有石头的火塘，位于F9探方的B1层（比例尺单位厘米；箭头指向北）。

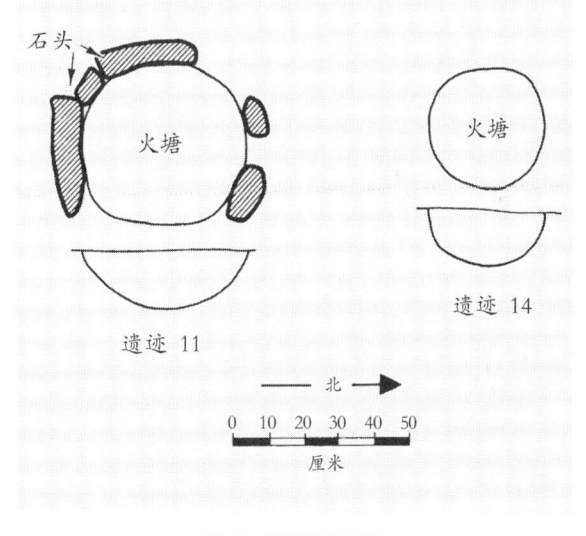

图5.26　B1层相关的遗迹。

第六至七阶段：完成主要的发掘

我们第六阶段的发掘，包括将已在C7—H7探方中发现的各地层向南追踪到D6—H6探方。此时，D6—H6探方的南剖面已经完成绘图（图5.27）；从这个新剖面向南发掘，我们清理了G3—G5、H3—H5探

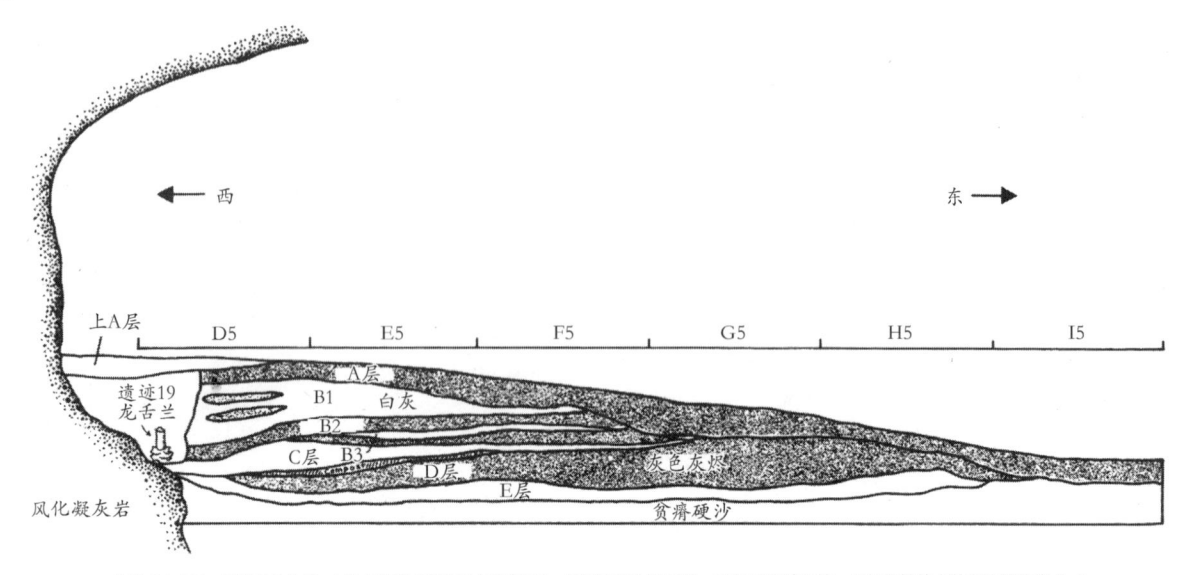

图5.27 D5—I5探方的北壁。(这个横截面实际上是依据D6—I6探方的南壁画的,方向已经过调转,以便能够符合数字编排的格式。)

方。于是,被从洞穴南部清理掉的这个L形探方块,很像第五阶段在洞穴北部清理掉的L形探方块。

D6—H6一排探方出土了这一阶段最有意思的材料。我们先发掘探方H6,因为我们觉得它可能相对比较简单,而去掉它可以让我们通过这部分剩余探方向西掘进,此时有两个剖面可以工作。正如我们所推测,H6探方中唯一的前陶期地层是E层,它堆满了橡子(见图5.6)。等到我们到达F6探方时(图5.28),B1、C和D层都再次出现。在探方F6的B1层中,我们测绘了一件残断的矛头和一块带红色赭石痕迹的调色板碎块;C层出土了一件石臼碎块。在D层中,我们清理出一个棘小囊鼠(棘小囊鼠属)的巢穴,它从A层带入了一些玉米,然后蜷缩在洞中死亡,最后变成干尸(见第16章)。

清除F6探方后,露出了E6探方的西侧面和北侧面(图5.29)。图5.30和图5.31展示了依次发掘一个探方的地层是多么容易,这归功于圭拉那魁兹土壤非常清晰的颜色特征变化。B2+3层——照片中莫泽正在发掘的地层——出土了相当多的燧石、少量龙舌兰咀嚼渣、橡子、仙人掌果、朴树果、野豆以及花粉和浮选标本。同一张照片中,C层上面部分未被扰乱的白灰层出土了鹿角和棉尾兔骨头。C层下面部分是棕色混合层,里面有花粉和浮选的标本,鹿角和多种植物。这些花粉标本尤其值得关注,因为它包括几粒在墨西哥类蜀黍花粉(teosinte pollen)尺寸范围内的玉米(*Zea sp.*)。

D6探方有许多后古典期的遗迹,但是在弗利克斯和巴布罗发掘了这些遗迹后发现,前陶期的文化遗存也很丰富。我们在B1层发现了两件碾磨板的碎块,在B2层还有两件磨棒的碎块。

到目前为止,我们已经清理了44个探方的全部或部分,留给第七阶段的发掘工作是遗迹的周围部分。这包括完成西北角(B10—B11探方和C10—C12探方)、西南角(C5—F5探方和E4—F4探方)和最东面(I3—I10探方)。事实上,I3—I10探方已经被证实不属于前陶期,但是有趣的发现都是在洞穴的角落部分进行的。

我们在C10探方的B1层发现了另一个火塘(遗迹14)。经过测量,其直径为33厘米,深度为6厘米,里面填满了白灰,但是没有发现遗迹11中所见的石头内衬(图5.26)。在同一探方的B2+3层中,我们发现了石臼的碎块。在C11探方中,B1层出土了另一件石臼的碎块,同时B3层出土了可能是特立尼达矛头的柄杆。

E5探方很好保存了前陶期的所有地层,尽管C层已经减缩成10厘米的棕色混合物,而且上面没有常见的白灰。这个探方中的D层出土了一件燧石两面器,其距离E5探方北壁45厘米,距离西壁5厘米。附近木炭的碳十四测年为公元前8750年。D层旁边的F5探方,遗存同样十分丰富,并为我们提供了一个公元前7840年的碳十四测年的木炭标本。这件木炭标本来自最古老的西葫芦种子附近,周围环绕着鹿骨的碎片、橡子和矮松果、朴树果、龙舌兰咀嚼渣、麻风树果和仙人掌果。所有这些材料都很好地封存在C层未经扰乱的区域下,该层同时有上层(白灰)和下层(棕色混合物)的部分,虽然这些都被压缩成仅10厘米厚。

5　圭拉那魁兹的发掘

图5.28　唐胡安·马蒂内兹正在清理F6探方中的D层。从东侧可以看到遗迹3位于篮子后面的基岩里。清除F6探方之后，清理出E6探方（唐胡安的后面）的两个剖面，参见图5.30和图5.31。

图5.29　1966年4月28日，E6探方北视图。F6和E7探方已经被清除，可以看到发掘E6探方之前两个剖面的地层。

图5.30　克里斯·莫泽正在发掘E6探方（东视图）。图中部分粉灰层已被清理的是B2+3层。C层中，厚的白灰分布在深棕色混合物之上（糖勺所在的层位）。在这个探方中能够区分C层上下两个部分。

图5.31　E6探方东北视图。莫泽正在清理B2+3层的最后部分，一层灰色的灰烬。它下面是纯正的白灰层，是C层的上半部分，覆盖在C层下半部分的深棕色混合物上。再往下是D层，另一个粉灰层；D层下面是有松软沙子的E层，颜色很浅。

前陶期的居住面：概述

我们已经描述了圭拉那魁兹探方的地层，我们从洞穴的一部分到另一部分，观察每个地层的变化，现在我们已经可以总结出这些地层的特点。

洞穴底部的基岩是白色的火山凝灰岩，然后渐变成了红黄色的沙子,这样一层坚硬的沙子发现于基岩上面。这个贫瘠的地层推定是更新世时期的,其中的花粉标本显示出当时的气候比现今更冷。在这条坚硬的地层上面是一层较为松软的红黄色沙子,推定其是第一批穴居者发现的最原始洞穴地表。这第一批居住者明显在洞穴中居住了很长时间,长到足以将一批工具、植物遗存、动物骨骼和木炭留在沙子的上层部分,但是没有长到产生像上层居住者留下的那样的白灰或粉灰层。

E层

E层可以总结为红黄色的沙层,它遍布整个洞穴的北半部,厚度偶尔可以达到20厘米,但是在洞穴南半部只在某些地方才有。大多数的基质为风化熔结凝灰岩,但是其中也有在此短暂停留或一连串短暂停留的少数人遗留的打制石器和植物遗存(图5.32),也有鹿和兔子的骨头。橡子遗存十分丰富,矮松果、豆科灌木、朴树果、仙人掌果籽和龙舌兰咀嚼渣同样十分常见,推测其栖居(使用)时间为8—12月。有一件古印第安期或者古代期早期类型的尖状器半成品,以及其他的打制石器。虽然没有火塘遗迹,但还是有足够的木炭碎块能够证明该层有用火现象。尽管E层部分源自洞穴的风化凝灰岩,但我们依然认为它是人类的一个居住面,因为它似乎是一个人们扎营、食用动植物、打制石器的居住面,然后由于行走活动,使得这些材料陷入沙子当中[1]。

D层

D层是一层柔软的粉灰层,腐烂的咖啡色叶子几乎见于洞穴后部的所有探方中,但是在洞穴的前面部分不见或非常少见。相比于E层,实际上D层的整个基质都含有人类带入洞穴的材料。在一些地方,由于大量燃烧过橡树叶子,地层显示为巧克力棕色;这些橡树叶子原本可能被带入洞穴中用来铺床,但是在某些地方引发火情。在其他地方,地层的颜色由草木灰而呈现灰色,大概是火塘中的灰烬踩踏到周围导致的。

D层的平均堆积厚度为20厘米,它可能是一小群人的一个秋天营地(8—12月)。4个遗迹的存在表明,该层毫无疑问是一个真正的居住面。两面和单面经过修理的精致加工工具、锯齿状陡刃刮削器、使用石片和一件单手磨棒,都在出土的遗物中(图5.33)。鹿、兔子和泥龟占据了出土动物骨骼的主要部分。除了丰

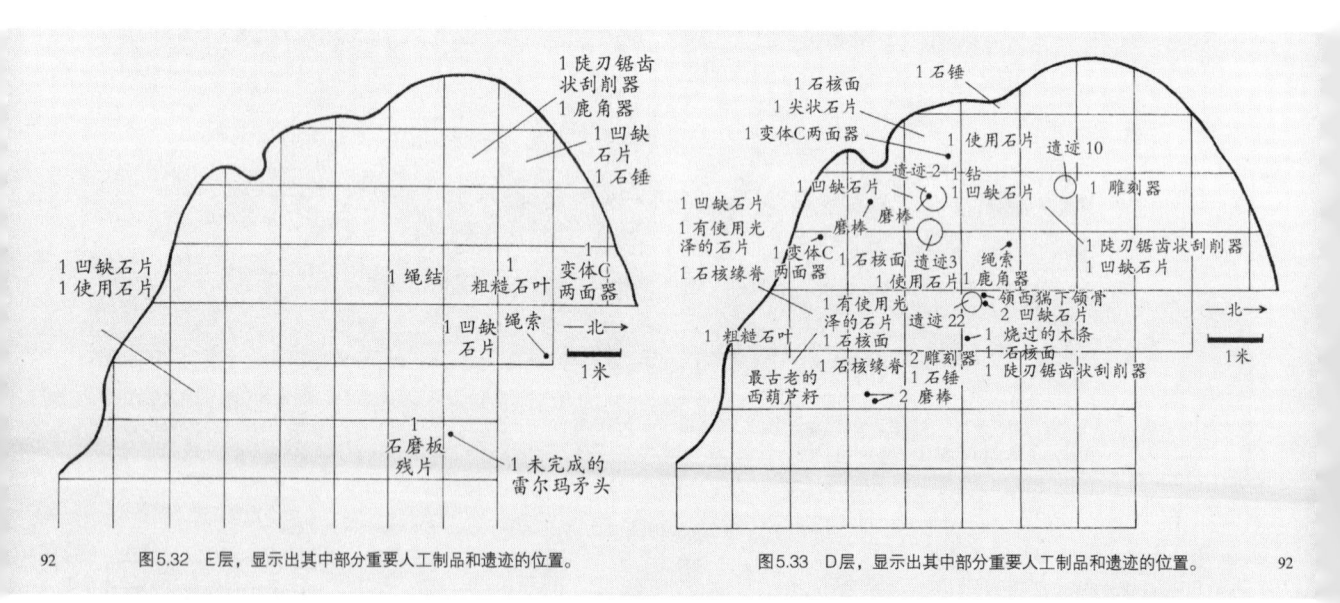

图5.32 E层,显示出其中部分重要人工制品和遗迹的位置。

图5.33 D层,显示出其中部分重要人工制品和遗迹的位置。

---

[1] 在我们米特拉洞穴的案例中,我们使用了"居住面"这个术语来表示至少含有部分人类带进洞穴中的材料,并且至少有部分表面是人们扎营、走动、工作或挖掘遗迹的层位。它不是一个通用型的定义(例如,这与有些旧石器时代早期旷野遗址的"居住面"单位不合)。我们用它主要是和并非人类真正居住的垃圾堆层或者是自然力形成的地层,例如风沙或粉灰层进行对比区分。

5　圭拉那魁兹的发掘

富的橡子之外，植物食物还包括豆科灌木、麻风树果、针叶樱桃、矮松果、朴树果、银合欢、仙人掌果嫩茎和果实、龙舌兰咀嚼渣和野洋葱。三种较令人兴奋的民族植物学发现是瓢葫芦、西葫芦和野生红花菜豆，它们都出土在碳十四测年为公元前8750年到前7840年的居住面中。

C层

C层的厚度不均（通常为5—20厘米），里面含有一层几乎纯白的灰，在很多探方的白灰下面则贴合着棕色到黑色的混合层。该层遍及整个洞穴，从一面的F9—F11探方，到另一面的E6、F6和D7探方。有些探方中它变得稀薄而难以寻找，但是在其他一些探方中又非常明显。这些坚硬的黑色混合物，似乎主要由腐烂的橡树叶子组成；它看起来像是这群人开始在此居住时铺上橡树叶子和草，可能作为床。后来，这床（还有堆在上面的植物）着了火，慢慢焖烧。而白灰可能是火塘的材料，在火塘的周围广泛分布。该层中并没有火塘遗迹遗存，但是我们在D9探方中发现了不寻常的灰烬堆积和烧过的树枝，可能是一个篝火遗迹。这样一个火塘遗迹，在走动的踩踏下几乎已经认不出来了，很可能也因此形成了大面积的白灰。

C层可能是一小群人在8—12月这段时间里的营地，此时豆荚、朴树果、针叶樱桃、麻风树果、橡子和矮松果已经可以采收。再者，野生红花菜豆和早期驯化的西葫芦也已经成熟，与此相伴，木炭的测年时间为公元前7450年到前7280年。尽管该层缺少遗迹，我们仍然认为C层是一个真正的居住面：构成它的全部材料都从洞外带进，包括火塘的灰烬可能是通过走动而散布到其他地方的（图5.34）。

表面上，C层颇像我们较复杂B层的白灰成分。但它有别于后者的地方，在于它构成了单一居住面，几乎遍及整个洞穴，从未和B层合并，并一直在它的下面，就像它一直在D层上面那样。此外，放射性碳测年的时间也证实它早于B层，晚于D层。诚然，有几个探方（例如E6和F9）中的C层很厚，以至于它可以被分为上（白灰层）、下（混合层）两个部分，因此也分开单独地对每个部分进行了发掘。然而，我们还是没有发现任何地层证据表明C层的白灰部分与B层有任何关系。

B层

B层是如此复杂，以至于要发掘洞穴的整个区域，才能弄清它和所有下面地层的关系。实际上，它只能通过一个理想化的图（图5.35）来了解，同时我们将简要解释我们如何解决其复杂性。

简单来说，B层是一个很厚且一系列反复强化利用的区域，似乎是一个很小群体在8—12月使用后留下形成的。每次栖居都会产生一个粉灰层或白灰层，而且两次栖居间隔的时间很短，所以这些层便在有些地方合在了一起。例如在大多数F编号的探方中，同样也在其他例如B9和B10这样的探方中，只有一层，我们最初称之为"B层"。在其他探方中，比如D11、E9和E10探方，则厚到可以分为两层，一层粉灰层为B1层，一层白灰层为B2层。最终，我们发现老的B层和新的B1层含有来自相同动物的骨骼和同一件石头上打下的石片；在这点上，明显表明我们处理的是单一的地层，可以简单地称之为B1层。

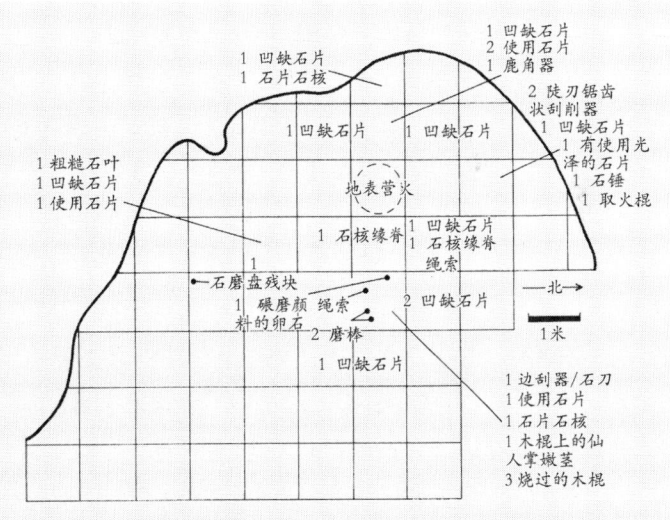

图5.34　C层，显示出其中部分重要人工制品的位置。

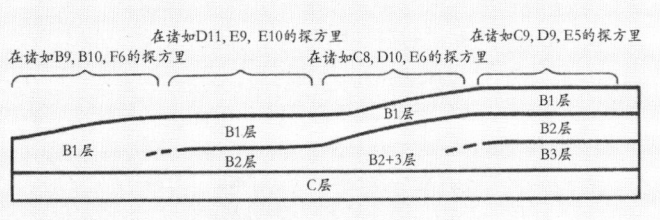

图5.35　B层内部分层的理想化示意图。

还有其他的探方，像C8、D10和E6探方的B2层，厚到出现了白色和灰色的相间层，我们现在称其为B2+3层。最后在例如C9、D9和E5探方中，B2+3层又被分成了一层白灰（B2层）和一层粉灰（B3层）。

最终，这成为我们处理这样一层栖居的证据，这层栖居从北部的C9—C11探方、D8—D10探方和南部的E5—E6、D5—D6、C6—C7探方开始。B3层的这两块可能代表洞中两片独立的工作区。渐渐地，这些碎屑逐渐散大到包含F4—F5、D11和E7—E10在内的探方，在B3层上形成了B2层。尽管B2和B3层在C7、C9、C11、D5、D6、D9和E5探方中十分清晰且可区分，但是它们在C8、C10、D10、E6、F4和F5探方中合并成了B2+3层。为了方便起见，我们有时将这个复杂的B2、B2+3和B3层称为"下B层"（图5.36和图5.37）。

随着时间的推移，该栖居逐渐扩大到探方B8—B11、C12、D12、E11、F6—F8、G4和G5，在B2层上形成了B1层。在该栖居的周围，B1层蔓延到了之前没有B层碎屑的地方，成为所有前陶期组成部分中分布最广的一层。我们有时将这一广布的亚层称为"上B层"（图5.38）。

因此，我们处理的是一个多层栖居的隆起堆积，它在B3层碎屑的原始区域最厚，而后从该处向外辐射时逐渐变薄。理清B层的情况是困难的，因为它是最常被A层或者上A层遗迹打破的层位。然而，它们还是可以被耐心解决的。例如，因为我们可以从D8和D9探方开始，穿过C8和C7探方到C6和D6探方，然后到E5探方，都可以发现连续的层位，所以我们知道洞穴西北部的B2和B3层，和东南部发现的B2和B3层相同。

毫无疑问，我们可以确定B1层是一个居住面，里面有两个火塘（遗迹11和遗迹14），其中一个里面衬有石头。但是B层下是什么样的呢？B3层似乎代表两个单独活动区上的碎屑，而B2层则可能代表了并无时间间隔的覆盖它们的第二层碎屑。在两个亚层中都没有留下火塘遗迹，但是大量的灰和木炭清楚表示曾经用过火。或许火塘都已经变薄，它们里面的东西也在被另一层覆盖之后四处分散。最终我们认为B2和B3层是小的居住面，而B2+3层只是这样一个区域，它如此之薄和踩踏严重，以至于无法将其分层。

所有的B层都含有丰富的植物遗存和人工制品。该层出土了单手磨棒、矛头残段、刮削器、两面器、石核、使用石片、木器、绳索、龙舌兰纤维绳结、

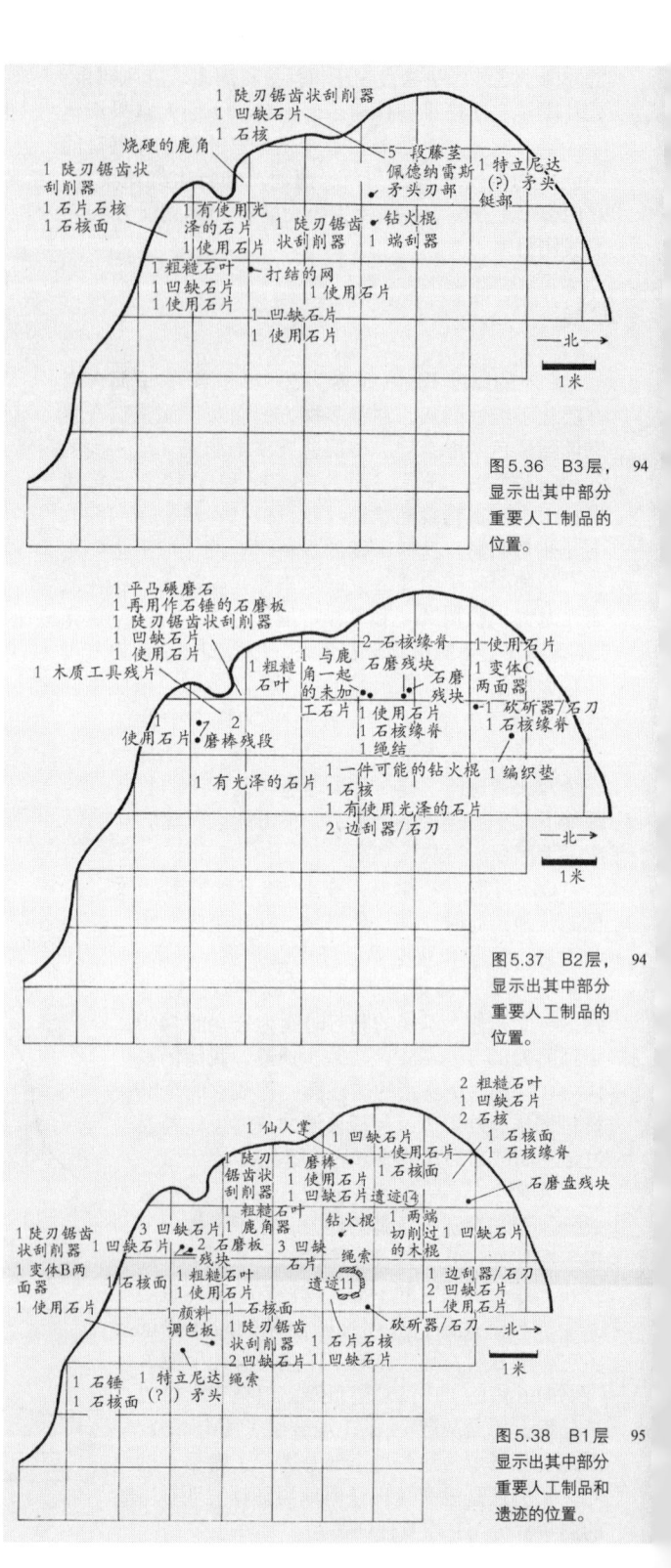

图5.36 B3层，显示出其中部分重要人工制品的位置。

图5.37 B2层，显示出其中部分重要人工制品的位置。

图5.38 B1层，显示出其中部分重要人工制品和遗迹的位置。

网与篮子的碎片。还有橡子、矮松果、龙舌兰、针叶樱桃、朴树果、麻风树果、牧豆和银合欢籽、仙人掌果和嫩茎。野生红花菜豆和驯化的西葫芦也被很好地保存下来。主要的动物是白尾鹿、棉尾兔和泥龟。B2层出土的木炭放射性碳十四测年数据为公元前6910年到前6670年。

B层的意义

关于B层需要回答的最重要问题,是关于B3、B2和B1层之间的时间间隔。它们是在同一年不同季节造成的三次独立的栖居吗?还是它们在同一个季节的三次独立栖居?或者是三个不同年份里形成的?最后,为什么B层比其他早期地层复杂得多?

根据B2层出土的植物遗存,我们可以排除上面的部分可能性。假如B3、B2和B1层是在一年中不同季节形成的,那么我们则有望每层出土的植物种类有所不同;相反,像C层和D层出土的植物都显示其处于8—12月这个阶段。如果这三个独立地层在同一个秋季形成,那么我们有望B3保存有更多8月收获的植物(豆科灌木、朴树果),而B1则有较多12月收获的植物遗存(橡子、矮松果)。但是,虽然这三个亚层出土的样品数量不同,但它们出土的植物基本是相同的。尽管它们和E、D、C层有些不同(例如,它们有更多的豆科灌木和较少的橡子),但是B3、B2和B1层的植物遗存都很相似。

我们能否以较快的连续性处理这三个独立的秋季栖居,比如三年以上的时间?我们认为这个可能性最大,然而,我们不能完全排除B层下部代表了一个两阶段的栖居,而B层上部则代表了之后不久单一阶段栖居的可能性(例如下一年)。

至于复杂性问题,我们将考虑以下的可能性:我们大部分的前陶期地层本来很可能还要复杂,但是随着时间的流逝以及穴居者地表行走的重压,压扁了这些地层,使得这些地层变得"简单"了。B层的使用时间可能确实比其他几层更长,它里面包括了连续几年的灰烬堆积。然而,由于它是最晚的前陶期地层,它也可能受到较少的重压和侵蚀。

我们可以在C层和D层中发现部分较早居住面很可能更为复杂的迹象。例如,在探方E6和F9中可能可以将"上C层"(白灰层)和"下C层"(棕色混合层)进行区分。在其他探方里,这两个部分依然可见,但是由于过于紧实,以至于无法将它们分开。是否它们很可能一度像B3和B2层清晰可辨?至于D层,在遗迹22附近的探方D8中,它可以分为上部(粉灰)和下部(烧过的橡树叶子)。即使在这个探方,这两部分也十分紧实,难以分开。我们觉得,这意味着相对B层,下面几个地层明显简单,可能部分(虽然并非全部)是人为的一种结果,或更古老时代和沉积后的历史。

后古典期的地层

就如我们已经提及,圭拉那魁兹后古典期的地层将会在未来的著作中,和其他洞穴同时代的栖居情况一起报道。然而,我们先在这里对它们进行简短的介绍,因为在这里,它们的居住者需要对前陶期多数地层的打破现象负责。

A层

A层是厚厚的一层草和柔软的粉灰,覆盖在它之前的堆积上,遍布所有的探方。这是迄今为止洞穴中堆积最广和最好的居住面,大体因为与B—E层相比,它的时代最晚。结合出土的陶器(数量不多),指示其处于蒙特阿尔班Ⅲb—Ⅳ期,其碳十四测年数据为公元620年到740年。该层出土了"爪状"肖像容器、香炉(sahumadores)和类似附近米特拉和兰比提耶戈(Lambityeco)遗址的陶器。因为部分A层的遗迹侵入到A层的其他遗迹中,这种堆积现象可能反映了对相当稳定地作为仓储的该洞穴的利用,一个小规模或中等规模、很可能来自米特拉的乡间生活区(the rural sustaining area)的人群,在几个季节或几年内采集野生植物和收获栽培植物。

在A层阶段内使用该洞穴的居民，为他们自己制作了大量的常用设施。一系列巨大储藏坑侵入到洞穴后墙附近较早的沉积里（遗迹1a、1b、9、15和13）。其他储藏坑分散在遗址里，总共有12个。后来，这些坑多被用来丢垃圾。它们其中的一个（遗迹13），里面有"新玉米"仪式（玉米收获仪式）中留下的遗物，包括大量收获的玉米、"龙舌兰杯子"、"爪状"肖像容器、香炉和一个可能的柯巴脂胶球。A层有大量采集的野生植物，包括橡子、银合欢、朴树果、龙舌兰、仙人掌果、牧豆、银合欢和野洋葱。矮松果看来不像在前陶期地层中那么明显，很可能这个区域正处于消失过程之中（在洞穴附近现已消失）。除此之外，A层有许多驯化植物，想必它们也不会生长在离洞穴太远的地方，例如：玉米、大黑豆、刀豆（Canavalia）、鳄梨、南瓜、瓢葫芦、智利辣椒、棉花和白香肉果属（zapotes）。矮菜豆则被连根拔起，正如今天米特拉人的习惯一样。这里的棉花很有意思，因为：（1）它证实了特拉科卢拉和米特拉之间关系的一个看法（Canseco 1580），即米特拉在被征服之前自己种植棉花（现在已经不种）；（2）一个棉铃上面有一只棉铃象鼻虫，它是考古学材料中已知的最古老的（Warner and Smith 1968）。曼格尔斯多夫对玉米的最初研究表明，这是一种高度适应干旱环境的玉米（chapalote [Mangelsdorf n.d.]）。

上A层

上A层不是一个居住面，而是一个小群体（可能不超过2个人）留下的四个遗迹，他们使用这个洞穴的时间太短，所以没有形成一个居住面。这些遗迹要么在A层上，要么侵入了A层。它们与蒙特阿尔班V期的陶器相伴，其中一个遗迹放射性碳十四测年的数据为公元1270年。

这些遗迹包括位于洞口附近的一个大型龙舌兰烘烤坑（遗迹7），靠近洞穴后墙的一个储藏坑，坑里还有一个未食用的龙舌兰芯（遗迹19），两张草和橡树叶子铺成的床（遗迹6和遗迹16），估计这床是两个住在洞里的人烘烤龙舌兰时（这通常需要24—27个小时）使用的。很可能此时的洞穴只是作为烘烤某种当地龙舌兰（棱叶龙舌兰）的一个临时驻扎点，而且这项活动由来自米特拉城的几个人进行，结束之后他们便带着烤好的龙舌兰回到了米特拉。同一个山崖中的其他洞穴里也有龙舌兰烘烤坑，年代也基本在公元1250—1500年之间。

上A层的人工制品包括很薄的黑陶瓷碎片和烧制有黑口沿的灰色泥盘，这与米特拉遗址本身出土的蒙特阿尔班V期的陶器相同。此外，还有大量可能用来切削或处理龙舌兰的两面器和锯齿状陡刃刮削器。许多刮削器很像霍姆斯（Holmes 1897）在米特拉废墟或附近米特拉采石场发现的标本，它们表面上很像前陶期的刮削器，但是我们的证据表明，它们实际上是后古典期的，威廉姆斯和海泽已经提出过这点（Williams and Heizer 1965）。

由于这种后古典期的栖居，圭拉那魁兹前陶期的地层被12个以上的侵入遗迹打破。这有两个重要影响。首先，有些前陶期的工具，包括古代期的矛头，会二次沉积在后古典期的遗迹中。其次，有些前陶期的居住面被扰动得如此严重，以至于我们决定不考虑对任何附近的材料进行可靠测年。此外，有些鼠洞也将后古典期的材料带进了前陶期的地层中（见第16章）。这些鼠洞通常很容易被辨别和分离。不过，它们的存在使得我们不愿接受任何来自前陶期地层的驯化植物的可靠年代，除非它们远离任何鼠洞和后古典期的遗迹。据此，我们认为智利辣椒、鳄梨和菜豆不可能是前陶期驯化的植物。作为原则性问题，我们所列举的所有圭拉那魁兹B—E层出土的植物，都来自我们相信没有来自后古典期地层侵入的背景。

形成期的短暂栖居

最后，我们需要提及在形成期（Formative period）偶尔使用圭拉那魁兹洞穴的一些证据。这些造访显然是如此短暂，以至于没有形成居住面，没有活动区，也没有遗迹。这些证据包括少量分散的形成期陶片，它们出现在以下两种背景里：（1）再次沉积在A层或A层的遗迹中；（2）正好在A层和B1层间的不整合面上。这些陶片属于圣何塞期（前1150—前850年）、蒙特阿尔班I期（前500—前200年）和蒙特阿尔班II期

（前100—100年）等阶段。

这些陶片最好的解释，就是在B1层废弃后和A层堆积之间的漫长阶段里，偶尔有人来到圭拉那魁兹洞穴，但是他们居住的时间很短，不足以形成一个新的居住面。估计这些人带来了装水的陶器，有时有些陶器在洞穴里破碎或被废弃。估计A层的居住者在公元700年来到这里的时候，洞穴的表面很可能散布着一些形成期的陶片。布兰卡洞穴也有同样的情况，在那里短暂的利用至少可上溯到迪埃拉斯·拉嘎斯（Tierras Largas）期（前1400—前1150年）。这些罕见的形成期陶器，就像这些洞穴里的后古典期考古材料，将在未来出版的著作中进行讨论。

6 打制石器

弗兰克·霍尔 撰，陈淳 译

引言

这是前陶期瓦哈卡一系列打制石器研究中最早的一项。虽然它仅整理了圭拉那魁兹B—E层出土的1 716件石制品，但是它是在布兰卡洞穴、马蒂内兹岩棚、盖欧希以及瓦哈卡河谷东段其他前陶期遗址创建的类型学基础上进行整理的。圭拉那魁兹这处小游群营地并不含有前陶期所知的所有工具；该时期没有一处遗址是这样的。因此，任何对前陶期石器工业的全面综述，一直要等上述其他遗址出了报告以后才能进行。

分别处理各遗址的好处，是可以让我们能够关注季节性和功能性。我们知道圭拉那魁兹主要是在豆科灌木收获季节之末（8月底到9月初）与橡子收获季节之末（12月到来年1月初）之间被栖居的。我们从残留的有机物得知，野生植物的采集是相对重要的活动，而与其他遗址相比，狩猎相对不太重要。我们有理由相信，栖居在该洞穴的人群不过4到5人，可能是单一的家庭。因此，这些工具除了形制—年代学信息之外，它们也应该反映了一个家庭在秋季的活动。而且从活动区来看，雷诺兹在第28章里已经重建了每处居住面的活动，各组工具甚至能够代表男性的屠宰活动与女性的植物加工活动。坦白地说，有一天根据季节性和劳动分工能够分辨出不同的工具组合，看来比只利用工具类型来构建一个前陶期分期的年代学似乎更有意思。未来对附近遗址的断代工作一旦能够确定不同的季节，我们就有更充分的理由来确定，遗址间的差别是由于年代学还是遗址功能性或季节性所致。

技术与原料

从旧大陆史前史的背景来到墨西哥的前陶期，首先令我印象深刻的是这些人工制品外观上的粗糙。在瓦哈卡的案例中，这种印象被这样一个事实所加深，即大部分工具是用粗劣的原料制作的，大多是二次硅化的凝灰岩（火山凝灰岩）。这是米特拉地区最丰富的原料，并有好几个种类。首先，在当地凝灰岩基岩中存在硅质的矿脉，由于它们的风化比基岩慢，因此它们会以板状形态突出基岩之外，一些断块也很容易破碎。其次，当地河流与峡谷向前侵蚀到凝灰岩山体之中，河床与谷底会铺满巨砾与卵石。较软的凝灰岩会解体，而硅质卵石会残留下来，以供挑选用作石核。

该地区至少有一处低矮的凝灰岩台地，看来曾被用作硅质原料的采石场。该地所谓的米特拉堡最初于1897年被霍姆斯发现，后来在1965年被威廉姆斯和海泽判定为一处石制品的矿源。较晚近由惠伦在瓦哈卡河谷寻找燧石与凝灰岩产地的一次调查，也确认该要塞为前哥伦布时期的一处重要采石场。然而，假如圭拉那魁兹先民对石料质地不太挑剔，他们很可能在洞穴2千米范围内捡拾他们所想要的所有硅化凝灰岩。

如果他们确实需要优质石料，圭拉那魁兹先民就必须走得很远。也许，该地域唯一的燧石或玉髓产地是在该河谷东北50千米处埃特拉地区马塔达马斯农场

（Rancho Matadamas）的一处石灰岩悬崖（惠伦，第7章）。较小的燧石矿源仅在25千米开外（比如在罗哈德瓜特莫克［Rojas de Cuauhtemoc］），但是它们的质量明显要比玛塔多玛斯的石料差。圭拉那魁兹先民显然既用25千米开外的劣质原料，也用50千米之外的优质原料，但是都不如当地硅化凝灰岩用得那么频繁。总体来说，蜡状的燧石或玉髓偏好被用来制作精致的工具如矛头，而大部分诸如凹缺石片和使用石片这样的工具，都是用硅化凝灰岩制作的。在某些情况下，这些穴居者曾找到破裂方式与燧石毫无二致且与燧石难以区分的细腻的硅化凝灰岩原料。

瓦哈卡石器粗劣外表的另一个原因是其粗糙的打制技术。其打制剥片技术大致相当于旧大陆阿休利晚期采用的方式。在那些存在两面剥片的例子中，该技术似乎是在制作不同工具的过程中用来调整不顺手石片的。换言之，若不采取两次修整（两面），当地石器工匠看来无法生产形状和厚度适当的优质大石片。我们也对前陶期的工具缺乏标准而印象深刻。这总体上与粗糙的技术相一致，使得很难采用准确的类型学。由于这个原因，我倾向于将工具归类（lump）而非分类（split），并倾向于等待有更多的材料之后才做更细化的区分。

上面的讨论是对打制石器的笼统介绍。唯一的例外是投射尖状器（矛头）与两面器，它们的加工十分考究，其表现出的类型一致性，是其他工具所没有的。然而考虑到这点，十分显然，包括各种变体的许多"类型"尖状器，是在某时段里使用的。

我的一项关注，是将瓦哈卡前陶期的石器与最接近的可比遗址，即麦克尼什等研究的特化坎洞穴的组合进行比较（MacNeish *et al.* 1967）[1]。但是，就工具总体上缺乏标准来看，加上这样一个事实，即我并没有机会观察特化坎的第一手材料，过分依赖这样的比较似乎是不明智的。不同的研究者在对工具归类时，常常会得到不同的类型。如果我们仅从发表的照片，而不研究具体的工具，要统一结论并非易事。而且，这些工具是如此粗糙，原料的性质不可避免地会对某些类型产生决定性影响。例如，"扁平"刮削器与"半球形"刮削器之间的区别在于某些原料类型的可获性，而与文化的、年代学的或功能的差别没有任何关系。

在表6.1中，我把自己认为瓦哈卡打制石器确定的种类，与麦克尼什等对特化坎材料确定的种类做了约略的对比。需要强调的是，这样的比较只是尝试性的，因为特化坎材料完全是根据发表的描述和照片。该表格也指明了一点，即麦克尼什等采用的是"分类"，而我由于上述的原因采取了"归类"。

表6.1 瓦哈卡与特化坎前陶期工具种类之间的大约对比

瓦 哈 卡	特 化 坎
石锤	卵石石锤；敲砸过的球状卵石
石片石核	粗糙的锥状与半锥状石核
石核工作面（core facets）	石核断块
石核缘脊（core edges）	
砍研器/石刀	石片砍研器
陡刃锯齿状刮削器	刮削器刨子（各种类型）、粗糙的盘状刮削器、平凸状刮削器
边刮器/石刀	厚石片，1与2做了加工
端刮器	端刮器（各种类型）
雕刻器	雕刻器
石钻	形制上无可比者
尖状器（pointed pieces）	石片刻刀（flake gravers）
粗糙石叶，素面	粗糙石叶，台面未修理
凹缺石片	一些使用石片及一些"似辐刨工具"（spokeshave-like tools）
带光泽的石片	无可比者
使用石片	薄石片，1与2刃缘用过；厚石片，1与2刃缘用过
矛头或尖状器	矛头或尖状器
变体B两面器	薄而粗糙的卵圆形两面器
变体C两面器	大型两面盘状器
带柄端的石镐	无可比者
废片	打片的碎屑

注：瓦哈卡材料来自本文，而特化坎材料来自麦克尼什等（MacNeish *et al.* 1967）。

---

[1] 也许第二处可比较的最近遗址群，是普埃布拉附近瓦塞基尤（Valsequillo）盆地的几个洞穴。其中泰斯卡尔洞穴（Cueva del Texcal），自我研究圭拉那魁兹以来已经发表（García Moll 1977）。在加西亚·莫尔的泰斯卡尔I期（前7000—前5000年）与麦克尼什的埃尔列戈期之间，存在许多共性。

类型学

在此区分的类型代表了一种对大体量新材料进行初步整理的尝试。分析的方法类似笔者对近东打制石器的研究（见 Hole et al. 1969），因此它采用的技术及术语与美国考古学家有点不同。

基本上说，我设法确定剥片的目的，因此集中关注加工的性质及其在工具上的部位。这样一种类型学，并不注重器物的大小与式样（例如一块石片是厚是薄，与它在一边加工和陡刃加工相比，并不重要）。

毫不意外，加工如此粗糙的一组标本——其终极产品的标准化程度很低，其中某件工具可能用于不同的任务，且几种类型都用相同的石片制成——有时很难确定某件工具应该归入相关类型中的哪一类。为了解决这个问题，我将侧重修整的程度，如果一件器物，其在两个不同的位置做了加工（这样可能将其放入两个不同的类型），这样我会将它放在"权重最大"的类型中。例如，一件器物在一条刃缘上有陡直的锯齿状加工，而在另一条刃缘上有一个凹缺，那么我就以"一件锯齿状陡刃刮削器"而非以"一件凹缺石片"来进行登记。但是，我们应当牢记的是，瓦哈卡前陶期的类型之间是渐变的。凹缺石片在这种连续渐变的一端可以被看作是一种尖状器，而在另一端可以是锯齿状陡刃刮削器。

我们对类型的区分，有助于比较不同遗址出土的材料，有助于建立遗址的相对年代学，并有助于确定制作这些工具的人们在干些什么。虽然这三个目的其内在并不相互排斥，但是为有助于解决某个问题而构建的类型，未必有助于回答其他问题。就圭拉那魁兹石制品的案例而言，我所强调的是各种类型所见的功能性内涵，以及就这点出发不同类型之间的关系。我的设想是基于某工具的式样和加工与其打算从事的任务之间的一套比较宽泛的假设。圭拉那魁兹出土的动植物遗存提供了该洞穴内所从事的许多工作的独立证据。在同一活动区存在的某些工具与某些动植物，进一步提供了这些工具用来从事这些活动的证据，但是这仍不过是要看情况而定的证据。我们有望在将来，如果我们在附近的前陶期遗址中能见到不同的工具组合（我们活动区的扩充样品），这将有助于增强这些类型及其功能之间相互印证的论断。

圭拉那魁兹石器工业的基本特点

圭拉那魁兹 B—E 层出土的打制石器工业，基本上是一种石片工业。它始于从多面石核未修整的台面上剥离石片，共发现 11 件石核和 19 件石核碎块。洞穴中发现的 8 件石锤中，至少有几件很可能被用来剥制石片，并继续用来打片。循环的例子很清楚，有些废弃的石核后来被用作石锤。

我们很难描述从这些石核上打下来的石片，其不对称性需要进行加工使之规整。偶然有少数几件的形状像是粗糙的石叶（见有 10 件），但是这些都是例外。有些石片直接利用它们锋利的自然刃缘，如果这样的使用持续一段时间，就会形成各种形态的磨损。大约有 21 件石片显示有使用所致的加工痕迹，而 6 件石片的一条刃缘显示有光泽。

有些石片是刻意加工的，其中有 40 件显示在至少一条刃缘上有一处或几处凹缺。至少有 4 件石片经过仔细的加工，变成了边刮器或石刀。陡直加工被用来制作其他类型的工具：砍砸器或石刀（2 件）、锯齿状陡刃刮削器（13 件）及端刮器（1 件）。至少有一件石片在一端进行修理，形成一个锋利的尖头。

4 件具有雕刻器打法的石片被改造成开槽的工具。还有另一件工具被修出一个很小的锐尖。

圭拉那魁兹出土的大型石片中，有 6 件进行过两面锤击，制作了一系列引人注目和颇为精致的椭圆形两面工具。但是，迄今为止，制作最精美的石器是一系列两面经仔细打制和压制的尖状器——用于投刺的矛头。其中有 4 件从 B—E 层出土。

从上述介绍清楚可见，圭拉那魁兹的许多工具类型代表了从未使用石片到使用石片，再到刻意加工及随意加工，再到广泛加工这一持续过程的不同阶段。

6 打制石器

表6.1设法用图表形式显示这种情况，表明各种打制石器种类的生产阶段与相互关系。我们大致以上述的序列来体现这些种类，始于初步的石片生产，而止于最精致的两面工具。

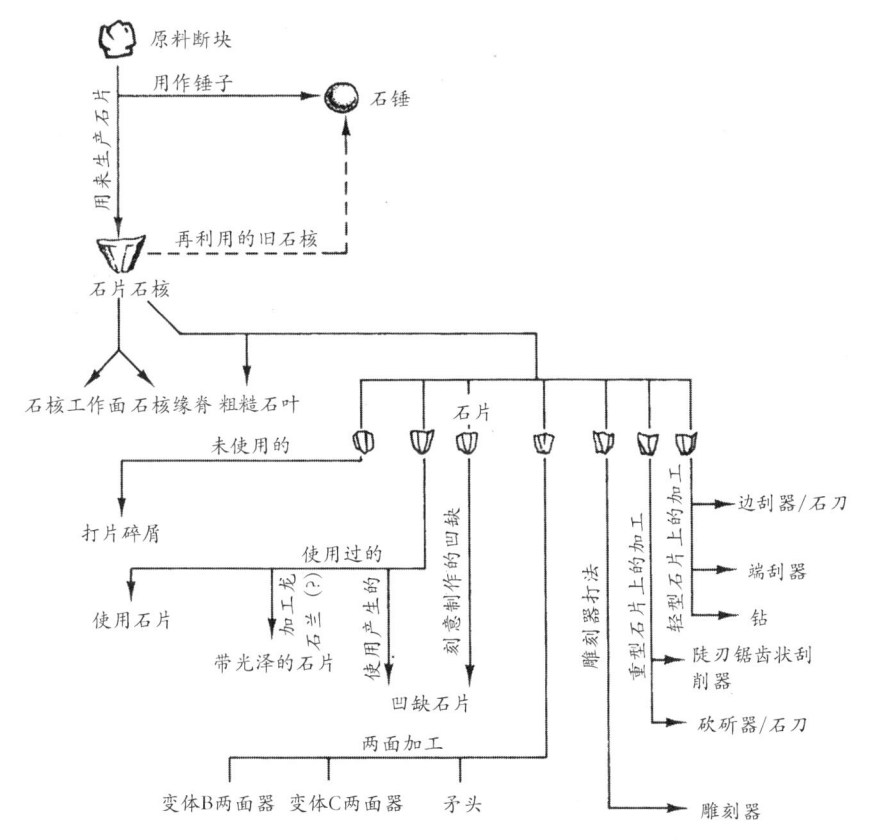

图6.1 本图显示了圭拉那魁兹前陶期出土的打制石器类型之间的关系。

打制与剥片工具

石锤

图6.2与图6.3。

标本数量：8件。

尺寸：直径估计在4—7厘米（未破碎时）。

描述：这些都是硅化凝灰岩、燧石的断块，带有用作锤子的敲击证据。有几件标本似乎是曾当石锤使用的石片石核。许多石锤是在敲击的初期被废弃的，而有些（包括图6.2中绘制的两件）明显是在敲击过程中碎裂的。当敲击的时间过长，这些标本实际上就不断磨耗而变成了一个圆球。有些石锤很可能是用来敲击石臼里的橡子和豆荚的。而其他石锤上的痕迹应该是用于锤击打片或从石核上剥片的。

特化坎序列中大体相当的标本，包括"卵石石锤"（MacNeish et al. 1967：126—127）和"球状敲击卵石"（1967：85）。后者中有些确实是作为石锤再利用的石片石核（1967：图71），因此和我们的许多标本相似。

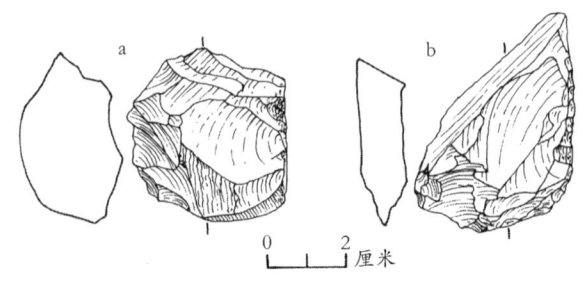

图6.2 用石片石核制作的石锤碎块：a. D层，B9探方；b. C层，D11探方。

图6.3 用硅化凝灰岩石片石核制作的石锤碎块：a. D层，B9探方；b. C层，D11探方（最大宽62毫米）。

石核与石核碎块

在瓦哈卡的前陶期，预制的石核极少；大部分石片是从未做任何修整的石块上打下来的。前陶期较晚时段所见的一类石核，即盘状石核不见于圭拉那魁兹的B—E层之中。这将在后面的报告中讨论。

石片石核

图6.4—6.6。

标本数量：11件。

尺寸：高3.5—8厘米；打击台面直径4—10厘米。

描述：这些是硅化凝灰岩、燧石的断块，带有一个以上的台面，用来剥制大小可用的石片。从图版上清楚可见，某些石片石核与某些锯齿状陡刃刮削器之间，常常在表面上有点类似。在这种情况下，用来区分两个种类的标准是石片的大小：从这些石核上剥制的石片大得足以用来制作典型的那魁兹期工具。在特化坎序列当中，麦克尼什等台面未作修整的"粗糙锥状和半锥状石核"（MacNeish et al. 1967：26，图Ⅱ），与我们的石核最为相似。

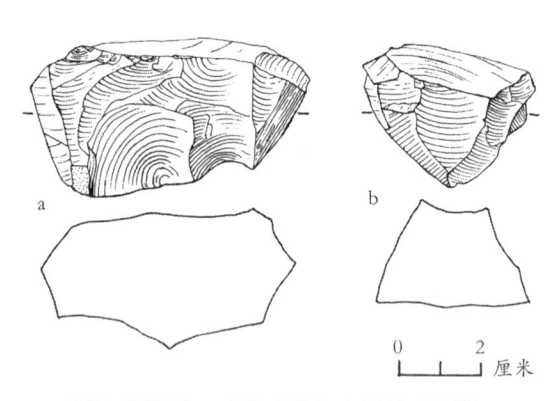

图6.5 石片石核：a. C层，F9探方；b. B1层，C11探方。

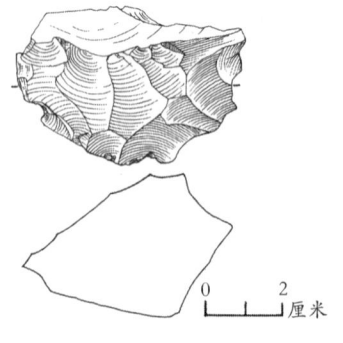

图6.4 石片石核，C层，B9探方。

图6.6 石片石核，硅化凝灰岩：a. C层，B9探方（最大长100厘米）；b. C层，F9探方。

石核工作面

图 6.7 a, b。

标本数量：10 件。

描述：这些是从台面上直接打击石片石核剥离的侧面碎块。打击点离台面边缘足够深，以至于整个工作面而非一块石片被打下来。

石核缘脊

图 6.7 c, d。

标本数量：9 件。

描述：石核缘脊被定义为台面的边缘，（所有情况）都是从石核侧面而非从台面上予以一击剥离的。

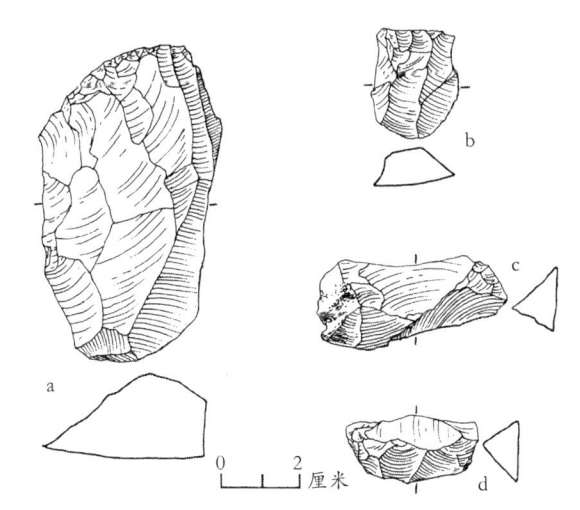

图 6.7 石片石核碎块：a. 石核工作面，D 层，F8 探方；b. 石核工作面，C7 探方；c. 石核缘脊，B2 层，D11 探方；d. 石核缘脊，D 层，F5 探方。

砍砸器、刮削器与石刀

砍砸器/石刀

图 6.8—6.10。

标本数量：2 件。

尺寸：长 8—11 厘米；宽 5.5—8.5 厘米；厚 1—3 厘米。

描述：这些标本大多是硅化凝灰岩或燧石的厚重大型石片、断块或结核，它们被打击出一条锋利的刃缘或边缘。加工通常十分粗糙，两面打制，使得刃缘成为一条弯曲的直线；虽然这类制品会递变为变体 C 两面器，但是砍砸器/石刀要比前者更为粗糙。而且，瓦哈卡前陶期其他遗址出土的一些砍砸器/石刀并非两面打制的。总的来说，砍砸器/石刀与变体 C 两面器的刃缘相比，带有更多的磕碰痕迹，而且不对称，其加工也不像两面器的那样，被用来对石制品塑形。

就如它们的名称所示，这些工具很可能被用来砍砸与切割，有些很可能用于对植物的重力砍伐与切割，但是在布兰卡洞穴（材料未发表），它们的频率与分布表明，它们很可能常常被用来屠宰鹿。

在特化坎地区，和我们砍砸器/石刀最为相似的工具类型是麦克尼什等的"石片砍砸器"，它们在"阿惠雷亚多期最为流行"（MacNeish et al. 1967：85，图 70 顶部）。

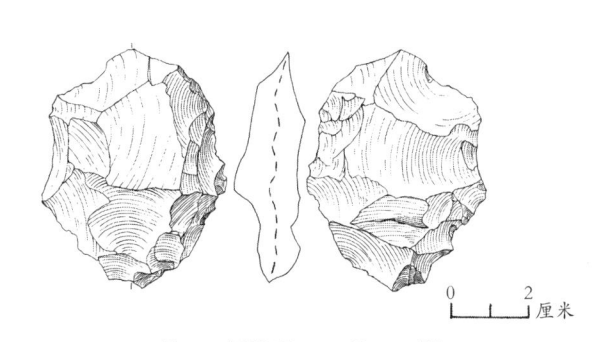

图 6.8 砍砸器/石刀，B2 层，D11 探方。

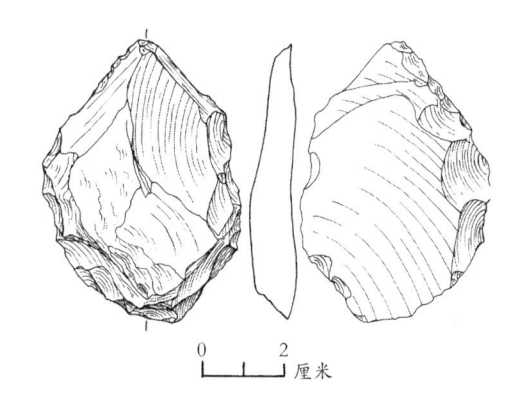

图6.10 砍砸器/石刀：a. 硅化凝灰岩标本，B1层，E9探方出土；b. 燧石标本，B2层，D11探方出土（最大长110厘米）。

锯齿状陡刃刮削器

图6.11与图6.12。

标本数量：13件。

尺寸：长4—9厘米；宽4—9厘米；厚1—5厘米。

描述：这些硅化凝灰岩和燧石重型石片或断块有一条以上由粗糙打制加工而成的刃缘，使得相对于石片破裂面的刃角很陡。加工的刃缘因打制而呈锯齿状或凹缺状而非平直。加工过程剥离的石片一般长不超过1厘米，因此可能不适合制作那魁兹期的典型工具。如果剥制的石片明显比较大，那么有人会问，这些刮削器中有的标本是否实际上是石核。如果是这样的话，那么接下来被陡直加工的石核应当归入此类。

图6.12 锯齿状陡刃刮削器：a. E层，C10探方出土；b. B1层，F5探方出土；c. C层，D11探方出土。

此类型中较大的例子很可能非常接近麦克尼什等的"刮刨"（scraper planes, MacNeish et al. 1967：36—39，图17和图18）。但是，瓦哈卡的大部分标本都用石片制作，它们太小而不适合用作刨子。这些较小的标本可能更像是特化坎出土的"粗糙盘状刮削器"和"椭圆形平凸刮削器"（MacNeish et al. 1967：40—43，图21和图24）。我们的有些锯齿状陡刃刮削器很可能用来加工植物原料或切削木头，有些较大的标本实际上很可能用来撕碎和捣烂如龙石兰和仙人掌果嫩茎的含纤维植物。

圭拉那魁兹出土的锯齿状陡刃刮削器，在尺寸上与该地区其他洞穴（布兰卡洞穴、马蒂内兹岩棚）出土的这类标本相似，平均重量为110克。就这方面而言，这些洞穴标本与前陶期旷野遗址盖欧希出土的锯齿状陡刃刮削器明显不同，后者的重量平均只有一半（表6.2）。圭拉那魁兹和其他洞穴出土的比例较高的锯齿状陡刃刮削器，大得足以被舒服地用作手握的刮刨，其平均重量反映了这点。虽然这些数字有测量误差和必须处理破碎及完整标本的问题，但是洞穴遗址之间的一致性令人印象深刻，而且表明盖欧希出土的锯齿状陡刃刮削器明显较小。我们应当考虑这样的可能性，即尽管它们的形态相似，但是盖欧希的刮削器的用途与该洞穴标本不同。这个问题将在盖欧希的报告中再做探讨。

锯齿状陡刃刮削器也见于普埃布拉附近的泰斯卡尔洞穴（García Moll 1977：Lám. 26）。

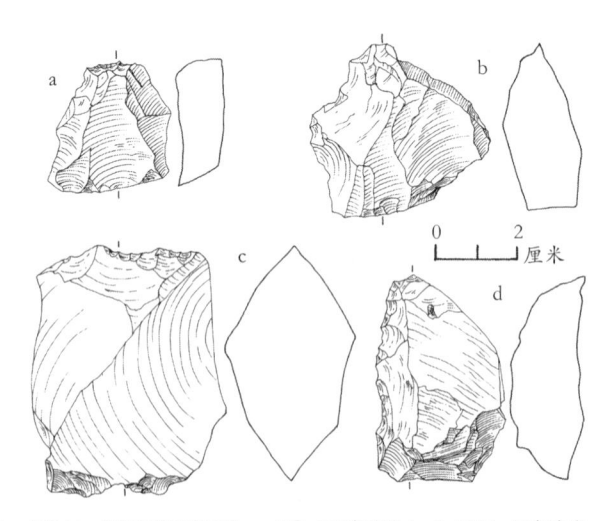

图6.11 锯齿状陡刃刮削器：a. E层，C10探方出土；b. B1层，F5探方出土；c. B3层，C9探方出土；d. C层，D11探方出土。

表6.2 圭拉那魁兹、布兰卡洞穴、马蒂内兹岩棚与盖欧希出土的锯齿状陡刃刮削器重量之比较

遗址	层	刮削器数量	完整器数量	重量（kg）	平均重量（kg）
圭拉那魁兹	B	8	5	0.74	0.09
	C	2	1	0.13	0.07
	D	2	2	0.10	0.05
	E	1	1	0.40	0.40
	（平均）				0.11
布兰卡洞穴	B	127	93	14.00	0.11
	C	9	5	0.85	0.08
	D	32	23	3.50	0.19
	E	8	3	0.38	0.05
	（平均）				0.11
马蒂内兹岩棚	A	2	2	0.39	0.19
	B	8	5	0.79	0.09
	C	4	3	0.41	0.10
	（平均）				0.11
盖欧希	地表采集	199	173	14.75	0.07
	发掘出土	144	76	6.75	0.05
	（平均）				0.062

边刮器/石刀

图6.13 a—c 和图6.14 a—c。

标本数量：4件。

尺寸：长5—8厘米；宽3—6厘米；厚5—15厘米。

描述：这些石片有一条完全打制的刃缘，呈浅阶梯状或鳞片状加工，刃缘比较平直（而非锯齿状），外形或直或弯。这些工具很可能是用于剥制兽皮或加工皮革的刮削器或石刀。

就特化坎的序列而言，我们的边刮器/石刀可能更像麦克尼什等的"一条或两条刃缘加工的厚石片"（MacNeish *et al.* 1967：48—50，图29和图31）。

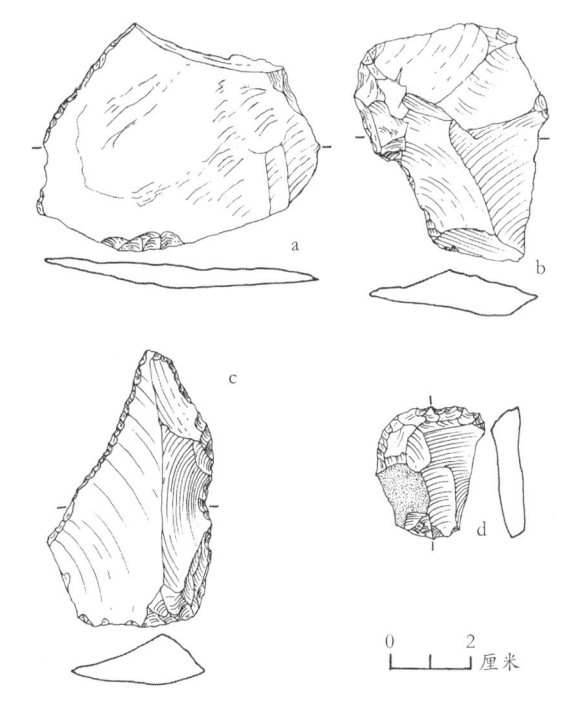

图6.13 边刮器：a、b. 两件边刮器，B2层，E9探方出土；c. 边刮器，B1层，E11探方出土；d. 端刮器，B3层，D9探方出土。

图6.14 边刮器：a. 硅化凝灰岩，B2层，E9探方出土（最大宽75毫米）；b. 燧石边刮器，B2层，E9探方出土；c. 硅化凝灰岩边刮器，B1层，E11探方出土；d. 玉髓端刮器，B3层，D9探方出土。

端刮器

图6.13 d 和图6.14 d。
标本数量：1件。
尺寸：长3.5厘米；宽3厘米；厚5—7厘米。
描述：圭拉那魁兹出土的这件标本是一条刃缘被陡直加工修钝的石片。刃缘外形呈弧凸形。传统上，这类标本被认为是加工皮革的工具。因为其他前陶期遗址含较多的端刮器标本，它们将在未来的报告中做较为详细的讨论。

端刮器在特化坎的前陶期十分常见，于是麦克尼什等用整整一章来介绍它们（MacNeish *et al.* 1967：30—43）。

开槽与穿刺的工具

雕刻器

图6.15 a，b 和图6.16 a。
标本数量：4件。
尺寸：高3—4厘米；宽2—3厘米；厚5—10厘米。
描述：圭拉那魁兹的标本是简单雕刻器，它们拥有一个由打去一些石片、形成大致呈直角的刃角，或一块直角石片与一条横向折断相交形成的锐角。该地区的其他前陶期遗址出土的极少雕刻器，不止一次从石片的一个方向打片，因此从技术上而言属于多面（polyhedral）雕刻器。但总的来说，雕刻器的数量是如此之少，而不必对其再做细分。

雕刻器一般被认为用来开槽、挖凿或切割木头与骨头。在这种情况下，它们很可能被用来加工木柄，如投矛器的前掷杆，还有切削木头工具，如第10章介绍的那些工具。我们瓦哈卡的标本非常像特化坎出土的最简单类型（MacNeish *et al.* 1967：45—47）。

钻

图6.15 c 和图6.16 b。
标本数量：1件。
尺寸：长5.2厘米；宽2.5厘米；厚约6厘米。
描述：圭拉那魁兹出土的这件标本是在一端加工形成一尖的长石片。尖头的两缘兼从背面和腹面方向做了加工。总体来说，瓦哈卡出土的前陶期石钻几乎没有明显的标准化可言。盖欧希遗址的一些石钻显示有微痕，推测它们被用来将砂岩盘状器加工成合适的珠子，但是在圭拉那魁兹并未见有这样的盘状器。圭拉那魁兹标本的一种，就如第10章里所介绍的，可能是用来挖钻火棍上的凹槽的。

特化坎地区没有发现与我们石钻形制相似的标本。

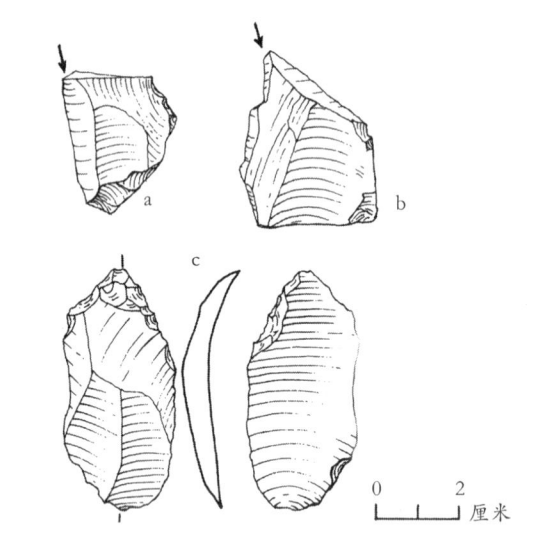

图6.15 雕刻器与钻：a. 雕刻器，D层，G7探方出土；b. 雕刻器，B1层，E5探方出土；c. 尖头部分破损的钻，D层，D8探方出土。

图6.16 雕刻器与钻：a. 硅化凝灰岩雕刻器，B1层，E5探方出土；b. 玉髓钻，尖端破损，D层，D8探方出土（最大长55毫米）。

尖状器

标本数量：1件。

描述：尖状器被定义为因加工或使用，在石片上形成一尖的器物。它们因这个事实与钻相区别，即它们很少显示出刻意加工的痕迹，而剥片一般看来是由于轻微使用的结果。其中最好的标本与麦克尼什等的"石片刻刀"相似（MacNeish et al. 1967：47，图26）。而最简单的，就如圭拉那魁兹稀少的标本所见，它们可能只不过是在木头或皮革上挖洞而形成的一个钻尖。

其他石片与石叶工具

粗糙石叶，素面

图6.17和图6.18。

标本数量：10件。

尺寸：长3.5—6.5厘米；宽0.8—3厘米；厚3—8毫米。

描述：石叶被定义为长为其宽两倍以上，且两缘大体平行的石片。圭拉那魁兹的大部分标本看来有点勉强。它们并非是从预制的锥状石核上剥制下来的，而是从典型的石片石核上打下来的，碰巧长而窄。但是，就如在后面报告所要讨论的，前陶期其他遗址出土的所有样品未必都是如此。圭拉那魁兹没有一件石叶做了加工，而且除轻微切割外，很少标本曾被使用。

重要的是，大部分石叶都是用当地的燧石制作的，只有少数用硅化凝灰岩。原料的差异在于，很少能从硅化凝灰岩石核上打下窄长且两缘平行的石叶。从地区来看，圭拉那魁兹和马蒂内兹岩棚出土的石叶是"最粗糙的"，而盖欧希出土的石叶最小（并数量最多）。但是，就圭拉那魁兹出土的少量样品而言，这不能说明什么问题。

"台面未作预制的粗糙石叶"也见于特化坎的前陶期，并可上溯到阿惠雷亚多期（MacNeish et al. 1967：20，图3）。

图6.18 粗糙石叶，均为硅化凝灰岩：a. E层，E11探方出土；b. B2层，C7探方出土（最大长62毫米）；c. B2+3层，E6探方出土；d. D层，F4探方出土。

凹缺石片

图6.19和图6.20。

标本数量：40件。

尺寸：实质上与一般石片的大小一样。最佳标本：长3—8厘米；宽1.5—5厘米；厚6—15毫米。

描述：它们是各种形状的石片，在一条刃缘上打出一个或几个凹缺。凹缺的剥片很可能是刻意造成的，或因加工坚硬的材料所造成。实际上，有些石片可能兼有刻意和使用所致的凹缺。这些石片通常不呈块状，与锯齿状陡刃刮削器相比具有较薄的刃缘，但是在持续递变的一端，它们与后者相似。

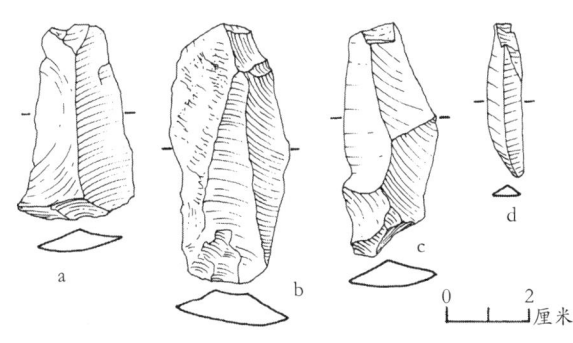

图6.17 粗糙石叶：a. E层，E11探方出土；b. B2层，C7探方出土；c. B2+3层，E6探方出土；d. D层，F4探方出土。

凹缺石片在圭拉那魁兹（及该地区其他前陶期遗址），是最多的一批石制品种类。虽然少数刻意加工的样品很可能作为辐刨用来加工木头或藤条工具，但是瓦哈卡诸遗址存在多样性和数量均巨大的凹缺石片，表明它们的用途十分广泛。如果手头需要从事切割工作，圭拉那魁兹的先民很可能捡拾随意剥制的任一石片，然后进一步将其加工成合适的锯子。

　　麦克尼什等在特化坎发掘出土的一些"似辐刨工具"与本类重合（MacNeish *et al.* 1967：47，图27），但是它们和我们所有的凹缺石片并不完全匹配。

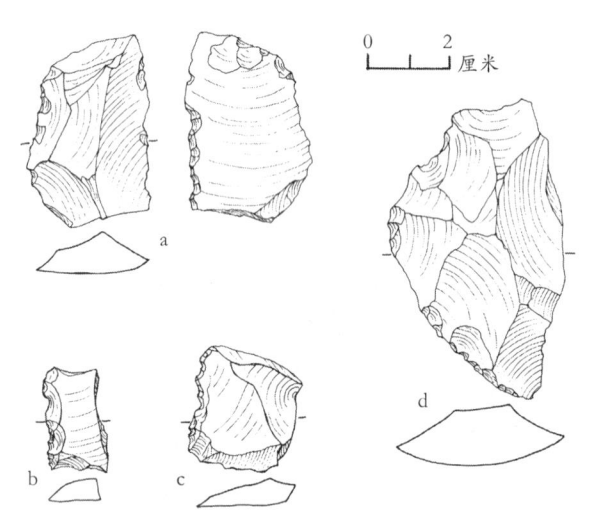

图6.19 凹缺石片：a. B1层，F7探方出土；b. B1层，D8探方出土；c. B1层，C11探方出土；d. B1层，D6探方出土。

图6.20 凹缺石片，均为硅化凝灰岩：a. B1层，D8探方出土；b. B1层，C11探方出土；c. B1层，D6探方出土（最大长80毫米）。

带光泽石片

图6.21和图6.22。

标本数量：6件。

尺寸：长3—7厘米；宽2—5厘米；厚5—15毫米。

描述：这些石片在一条或多条刃缘上有某种玻璃光泽，或称"谷物光泽"（corn gloss），常见于近东遗址出土的燧石镰刀石叶之上。带这种光泽的石片也见于该地区的其他前陶期遗址，因此圭拉那魁兹出土的这些标本绝非独一无二。虽然大部分标本拥有薄而锋利的刃缘，但是相似的光泽也见于一件锯齿状陡刃刮削器。这些工具很可能手握，并无装柄的证据，而实际上许多石片的形状也很难装柄。

　　有无数的文章提及导致镰刀出现光泽的可能，有些学者认为，这是由于与草茎中的二氧化硅或蛋白石沉积摩擦所致（Curwen 1930; Witthoft 1967）。但是，我和我的学生在赖斯大学（Rice University）所做的一系列尚未发表的实验表明，当草茎（或切割的其他材料）很脏时也能形成光泽。换言之，某些光泽实际上可能是一种"泥土抛光"，类似于某些新石器时代或密

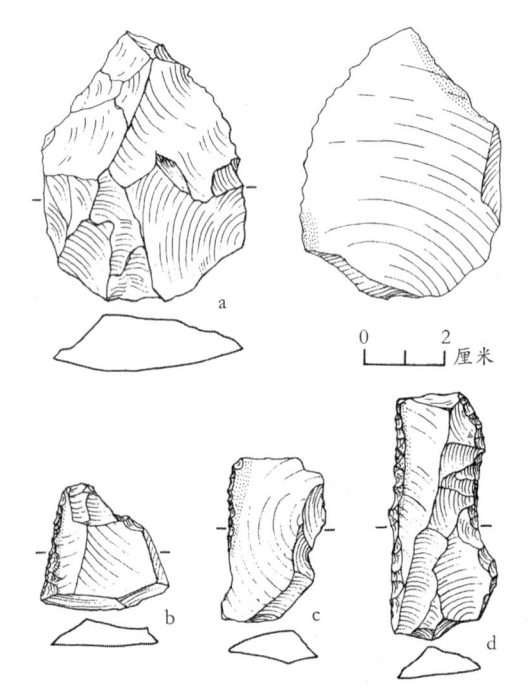

图6.21 带光泽的石片：a. 腹面带光泽的石片（左图为背面与横截面；右图为腹面），B2层，E6探方；b. B2层，E9探方；c. D层，F6探方；d. D层，F5探方。光泽区用小点表示。

118 图6.22 带光泽的石片，大部分为燧石：a.B2层，E6探方；b.D层，F6探方；c.D层，F5探方（最大长60毫米）。在各例中，带光泽区都在左缘的上部。

西西比石锄上的光泽，更有可能是植物上细颗粒的烂泥而非植物本身所造成。

瓦哈卡出土的这类前陶期石片上的光泽又是如何形成的？根据圭拉那魁兹出土的遗存，一个明显可能是，在烘烤龙石兰芯前对其进行处理。龙石兰芯是从地下挖出来的，而圭拉那魁兹发现的叶根碎片表明，它们是带泥土的，并不用水清洗。在锯开坚硬而多纤维的叶子，以便处理芯后进行烘烤的过程中，任何石制品都会做大量的摩擦。每个芯上仍留有许多叶子。因此，我们暂时将石片上的这种光泽归咎于处理龙石兰叶子过程中，与烂泥、砂子和坚硬纤维长时间共同接触的结果。

虽然特化坎前陶期并未提及有这类工具种类的存在，但是我们可以想见，如果我们的解释是正确的话，那么这类带光泽的石片会出现在存在这类活动的地方。

使用石片

图6.23和图6.24。

标本数量：21件。

尺寸：实质上与一般石片的大小一样。最佳标本：长5—7厘米；宽3—7厘米；厚5—15毫米。

描述：这些是硅化凝灰岩、燧石石片和断块，在其一条刃缘上见有部分轻微的剥片浅疤。就其剥片的不规整性，它们似乎是由于轻微使用所致。这类石片

矛 头

从圭拉那魁兹出土的几乎所有矛头或尖状器都是两面加工的，而且都相对较大，较重的矛头估计要么

在圭拉那魁兹是数量上第二丰富的制品类型，再次可见，遗址先民只是随意捡拾形状合适的石片来从事项工作。如果它们没有使用痕迹，我们就会将其归入打制产生的废片之中。如果它们使用的时间很长，它们很可能变为凹缺石片或带光泽的石片。

与特化坎的前陶期相比，我们的使用石片很可能堪比麦克尼什等的"一条或两条刃缘使用过的薄石片"和"一条或两条刃缘使用过的厚石片"（MacNeish *et al.* 1967：47—51，图28—31）。

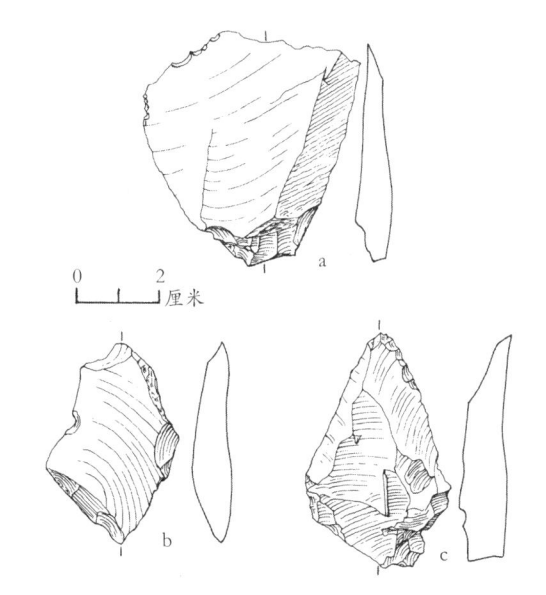

图6.23 使用石片：a.C层，C9探方；b.B2层，D9探方；c.C层，F9探方。 119

图6.24 使用石片：a.硅化凝灰岩标本，C层，C9探方；b.燧石标本，B2层，D9探方；c.燧石标本，C层，F9探方（最大长62毫米）。 120

用作标枪头，要么用在投掷杆或投矛器上。大部分圭拉那魁兹出土的标本都用质量较好的燧石或玉髓打制，

虽然在瓦哈卡前陶期，硅化凝灰岩和质量较差的燧石被广泛用来制作矛头。

传统上，矛头被认为是判定墨西哥前陶期各段、并在各前陶期遗址之间进行比较的最有用的石制品。它们的价值在于这样一个事实，即它们制作相对较佳，要比其他打制石制品更加规整，它们倾向于含有较多的形制特点的信息，而且它们显示有相对独特的历时变迁。

不幸的是，从圭拉那魁兹遗址出土的矛头样品是如此之少，以至于对它们进行个别描述并不合适。仅在B—E层出土了4件完整和破损的矛头。在与A层共生的窖穴中出土了两件较为完整和部分破损的矛头，该层属蒙特阿尔班IIIb—IV层；根据类型学特点，它们被认为是从前陶期地层中再沉积的，也许当时在A区挖窖穴时打破了下面的沉积。此外，在当初勘探洞穴时，地表发现有两件完整和部分破损的矛头——一件位于岩棚脚底附近，另一件发现于洞穴下几米处的碎石堆里。意外的惊喜是，后来发现碎石堆里的这件矛头残片是B3层C9探方原地发现的一件矛头的尾端，而原地出土的标本是矛头远端的半段，两片几乎可以粘到一起。但是，我们仅发现8件矛头和碎片，代表了不超过7件的石制品。显然，要么圭拉那魁兹圭与瓦哈卡其他遗址相比，狩猎并非其主要活动，要么矛头丢失，使得它们不像其他遗址那么普遍。

由于其样品较少，我将等待将来的报告出来后，再讨论瓦哈卡前陶期所有矛头的序列。当其他遗址如布兰卡洞穴和盖欧希等的较大样品加上我们的样品可以超过50件时，这样再做更为合理。然而，对以后的报告作个预期，根据为瓦哈卡所有尖状器所建立的标准公式，我为圭拉那魁兹的矛头提供了一些测量数据（表6.3）。图6.25说明了测量的方法。这个过程是在关注统一术语、采取统一测量的可行性以及差异测量意义的各方人士，多次尝试和大量讨论的基础上构建的。我希望，当我们最终能够提供瓦哈卡所有遗址的全部样品时，统计学程序能帮助我们决定最符合我们需要的尖状器特征。

就矛头的类型学而言，我们也选择采取谨慎态度，部分是因为我们的样品过少。我们无意创造新的类型名称，而是尽可能遵循麦克尼什等人的类型学（MacNeish et al. 1967：56—79），该类型学部分基于先前已有的德克萨斯命名法（Suhm and Jelks 1962）。虽然我们已经知道，该命名法对瓦哈卡的所有矛头类型并不管用，但是对于圭拉那魁兹出土的很少样品仍是一个很好的起点。

圭拉那魁兹的B—E层放射性碳测定为公元前

表6.3 圭拉那魁兹出土的矛头及其残片的测量

鉴定		最大尺寸[a]（毫米）					比例		
类型	出处	长	宽	厚	刃长	柄长	长/宽	长/厚	刃长/器长
雷尔玛	E层，H10探方	76	35	13.7	—	—	2	5.5	—
特立尼达（？）	B3层，C11探方	—	—	7.8	—	—	—	—	—
特立尼达（？）	B1层，F6探方	—	40	6.4	50	—	—	—	—
佩德纳雷斯	刃，B3层；铤，地表	65[*]	46	9.8	52[*]	13	1.4	6.6	0.8
佩德纳雷斯	地表	68	39	8.4	54	16	1.7	8	0.8
阿尔马格雷	遗迹13	—	—	9.0	—	9	—	—	—
角凹缺	遗迹12	—	—	6.1	—	13	—	—	—

[a] 列出的尺寸包括长、宽、厚、刃长和柄长。
[b] 如可能就测四项刃宽A，B，C（见图6.25 b）和D—D¹（见图6.25 a）。
[c] 如可能就测三项柄宽A，B，C（见图6.25 c）。
[d] 注有星号*的测量数据是估算的，用于破碎的尖头。

6 打制石器

8750—前 6670 年，而我们从这些层位中鉴定的大部分矛头与该时间段的其他遗址并不相称。其中包括雷尔坞、佩德纳雷斯和特立尼达类型；在较晚地层中再次沉积的一件阿尔马格雷（Almagre）类型，则很好地与该时期相合。

未完成的雷尔玛（？）矛头

图 6.26 a 和图 6.27 d。

标本数量：原地发现 1 件，E 层，H10 探方。

尺寸：见表 6.3。

描述：这些矛形尖状器的外形被麦克尼什等形容为与桂叶状相似（MacNeish et al. 1967：56—57，图 35），"其最宽处略偏向正好位于其中点之下"。大部分标本的横截面为菱形，几乎完全打片直接成形。我们这件样品看来是件未完成的标本，其两端有一头在废弃之前尚未完全剥片。其原料为棕灰色的蜡状燧石或玉髓。

雷尔玛矛头看来"在公元前 7000 年已经存在于墨西哥，并见于特化坎河谷的阿惠雷亚多期和墨西哥盆地的猛犸猎杀遗址"（Aveleyra 1956；MacNeish et al. 1967：56—57）。

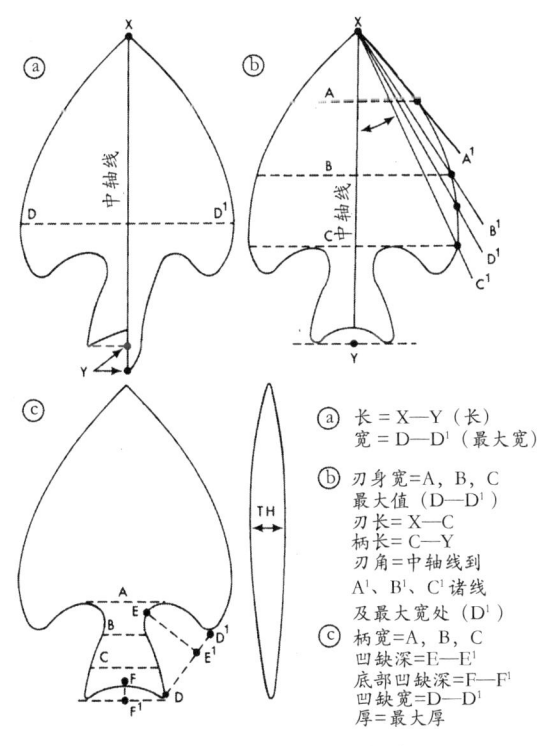

图 6.25 本图显示矛头是如何测量的。

刃宽[b]				柄宽[c]			凹缺深	凹缺宽	刃角[d]			
A	B	C	D—D	A	B	C	底部	柄	右	A	B	C	D
21	34	16	35	—	—	—	—	—	—	30	17	—	28
—	—	—	—	—	24（？）	18（？）	—	—	—	—	—	—	—
23	37	39	40	—	—	—	—	—	—	38	33	24	31
25	38	45	46	25	21	19	3	6	18	38*	30*	25*	29*
22	34	33	39	24	22	21	3	6	15	34	26	20	22
—	35（？）| 45	45	29	20	12	—	—	—	—	—	—	—
—	—	—	—	—	—	—	5	18	—	—	—	—	—

129 图6.26 矛头：a. 未完成的雷尔玛（？）矛头，E层，H10探方（背面、腹面和两个横截面）；b. 可能的特立尼达矛头，B1层，F6探方（背面、腹面和横截面）。

130 图6.27 矛头或残段：a. 可能的特立尼达矛头，红灰色硅化凝灰岩，B1层，F6探方；b. 可能是尾角凹缺的矛头，遗迹12出土，可能为再沉积；c. 阿尔马格雷矛头，黑色硅化泥岩，遗迹13出土（A层），可能是再沉积的；d. 未完成的雷尔玛（？）矛头，棕灰色蜡状燧石或玉髓，E层，H10探方（长76毫米）。

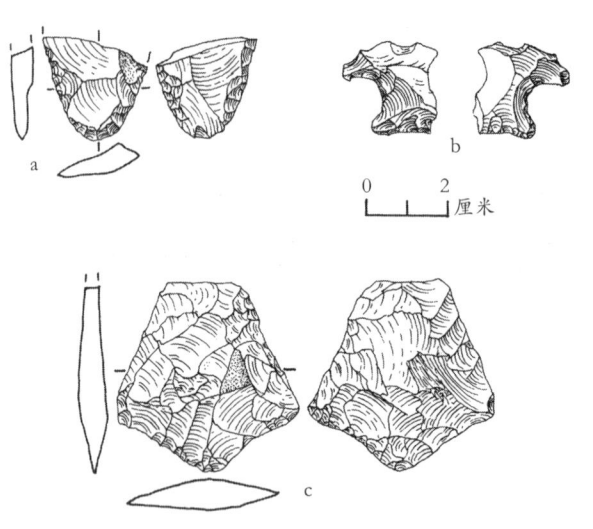

131 图6.28 矛头：a. 可能的特立尼达（？）矛头收缩的尾端，B3层，C11探方；b. 可能是尾角凹缺的矛头，遗迹12出土（A层），可能是来自前陶期层的再沉积；c. 尖端断裂的阿尔马格雷矛头（背面、腹面和两个横截面），遗迹13出土（A层），可能是来自前陶期层的再沉积。

特立尼达（？）矛头

图6.26 b、图6.27 a和图6.28 a。

标本数量：2件（1件B1层出土，可能是尖刃残段；1件可能是铤部残段，B3层出土）。

尺寸：见表6.3。

描述：特立尼达矛头是由宽石叶制成的，带有"相对短宽而收缩、根部外凸的柄。它们的器身比柄稍长，大体呈等腰三角形，两条刃缘稍微外凸。两肩部通常有相当突出的短倒刺"（MacNeish *et al.* 1967：62，图43）。它们相对两缘做两边交互加工。圭拉那魁兹出土的两件不完整标本，更加类似于布兰卡洞穴和瓦哈卡其他遗址出土的特立尼达尖状器，而不像我们样品中的其他矛头，但是由于其残缺的性质，我们的鉴定只是暂时的考虑。B1层的标本是红灰色的硅化凝灰岩。

特立尼达矛头见于特化坎的埃尔列戈、科斯卡特兰和阿贝哈斯等期，并一直可以上溯到公元前7000年。这与我们B层获得的公元前6910—前6670年的年代数据相合。

佩德纳雷斯矛头

图6.29—6.31。

标本数量：B3层C9探方原地发现1件，还有2件

6 打制石器

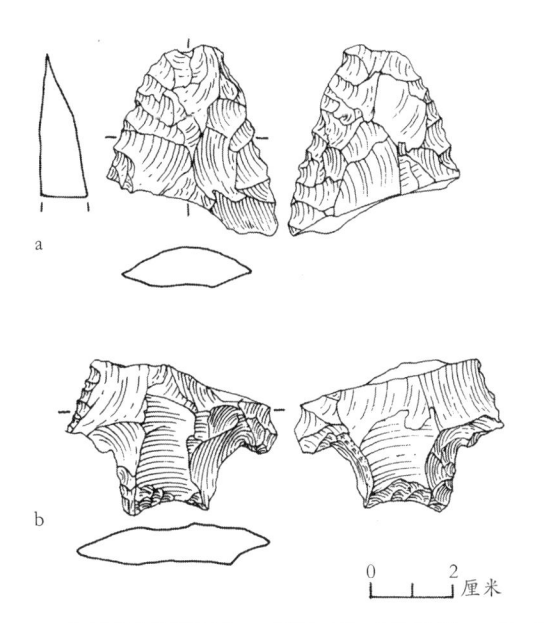

132 图6.29 破碎的佩德纳雷斯矛头：a. 原地出土的一件矛头远端，B3层，C9探方；b. 一件矛头的尾端，是在勘探过程中从洞穴下面的碎石堆中发现的；就两部分的拼合，请见图6.31 b。

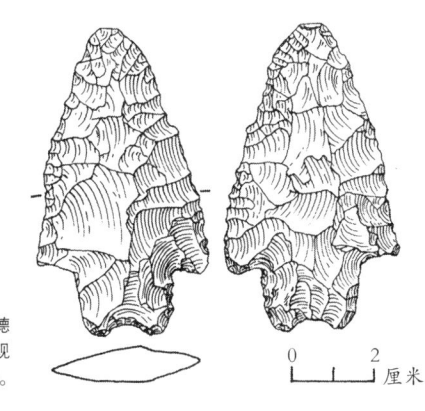

133 图6.30 完整的佩德纳雷斯矛头，发现在洞穴附近的地表。

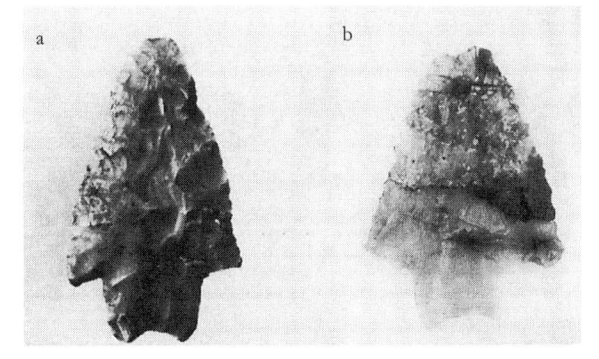

133 图6.31 佩德纳雷斯矛头，玛塔达玛斯玉髓：a. 完整的蜡黄色标本，地表发现（长68毫米）；b. 黄白色蜡状玉髓标本，远端一半发现在B3层，C9探方（有烘烤痕迹），而尾端一半发现在洞穴下面的碎石堆里。

是在洞穴附近的地表发现的。

尺寸：见表6.3。

描述：佩德纳雷斯矛头拥有一个较宽的器身，两缘略微外凸，尾部两肩一般有明显外突的短倒刺。但是，它们最显著的特征是短而直的铤，尾端内凹。瓦哈卡出土的佩德纳雷斯矛头虽然主要通过直接打片，但是沿器缘和铤端的凹口做了仔细的二次加工。有时（就如佩德纳雷斯矛头所见），这种加工是在相对两缘做两边交互加工。这很可能是用经火烤变硬的鹿角尖压制而成的，就如在第12章里介绍的那样。

圭拉那魁兹的所有标本都是用优质的蜡状玉髓制作的，虽然瓦哈卡其他遗址出土的佩德纳雷斯矛头是用硅化凝灰岩制作的。B3层C9探方发现的那件标本的远端是用黄白色蜡状玉髓制作的，它肯定来自圭拉那魁兹西北大约50千米埃特拉河谷的玛塔达玛斯岩棚采石场。这件矛头另一半的尾端被扔出洞外，发现在碎石堆下的地表。它并未被火烘烤，而其留在洞内的头部则被火烤至颜色变得暗浊。也许这件尾端原来可能捆在投矛器的前杆上，因为无用而被丢弃。而矛头的头部仍留在成功捕获的鹿的体内，最终被B3层的先民一起烘烤。

佩德纳雷斯矛头在瓦哈卡晚期遗址如盖欧希十分常见，但是在特化坎河谷十分罕见。特化坎河谷发现的唯一一件佩德纳雷斯矛头，见于埃尔列戈洞穴西侧的3—4层，属科斯卡特兰期的一部分（MacNeish et al. 1967：78，图67）。其年代测定可能在约公元前4000年，但是与圭拉那魁兹出土的这类标本相比，更接近盖欧希遗址出土的佩德纳雷斯矛头。圭拉那魁兹的标本可能是佩德纳雷斯矛头迄今发现的最古老的代表。在由苏姆和杰尔克斯（Suhm and Jelks 1962）所绘制的佩德纳雷斯矛头中，我们的标本很像他们图版119中的那些标本。

泰斯卡尔洞穴仅出土两件佩德纳雷斯矛头，和我们的标本相比，绘图的一件（García Moll 1977, Lám.15）具有更深的底部凹口。

阿尔马格雷矛头

图6.27 c 和图6.28 c。

标本数量：不见于前陶期层，从A区的遗迹13中发现1件，很可能是再次沉积的。

尺寸：见表6.3。

描述：阿尔马格雷矛头"拥有呈三角形的宽

器身，以及很难定义的宽短、外凸的尖柄。在许多情况下，该柄只不过是器尾中部的一个外凸而已"（MacNeish et al. 1967：66）。它们用薄而平的石片制成，两面都有片疤，沿刃缘有细致的二次剥片。阿尔马格雷矛头在特化坎并不特别常见，而从塔毛利帕斯山（MacNeish 1958）出土的一系列绘制标本，实际上要比特化坎的有限标本（MacNeish et al. 1967：50）或从圣玛塔出土的标本（MacNeish and Peterson 1962），更为典型。

圭拉那魁兹出土的唯一一件阿尔马格雷矛头，其柄部只不过是一个小的外凸。它用燧石质原料制成，看似一种黑色的硅化砂泥岩。因为我们从未在其他地方的蒙特阿尔班IIIb—IV层背景中发现阿尔马格雷矛头，因此我们推测这件标本来自前陶期层位中的再次沉积。此类型已知分布在公元前7000年之前的恰帕斯和墨西哥西部（MacNeish et al. 1967：66），所以它出现在圭拉那魁兹期，在年代学上没有什么麻烦。

尾角凹缺的尖状器残段

图6.27 b和图6.28 b。

标本数量：不见于前陶期层，从A层的遗迹12中发现1件，很可能是再次沉积的。

尺寸：见表6.3。

描述：这件残段很像一件尾角凹缺的大型矛头的尾端，有仔细修理的宽尾。因为我们从未在其他地方的蒙特阿尔班IIIb—IV层背景中发现这类尖状器，所以我们怀疑这件标本来自前陶期层位的再次沉积。然而，由于其过于破碎，我们不想指定其类型。

在瓦哈卡的其他前陶期遗址有一些尾部凹缺的大型矛头，它们很像苏姆和杰尔克斯（Suhm and Jelks 1962, Pl.105）所谓的"马科斯"（Marcos）类型，其他的则像帕尔米拉斯（Palmillas）尖状器的放大（更早）版本（Suhm and Jelks 1962, Pl.115）。这些标本将在未来的报告中进行讨论。

两面器

两面器是椭圆形或杏仁形的大型石片，两面都进行了加工。它们呈现了从打片非常仔细的薄型标本到刃缘凹凸不平、大而重的粗糙标本的系列特点。这些工具的功能很可能随着重量和粗糙程度的变化，从主要是切割到砍斫的变化。有些两面器可能是制作矛头的半成品（preforms），虽然有许多并非如此。但是，鉴于瓦哈卡的前陶期有许多种类的工具，所以很难在这些类型之间划分出绝对的界线。因此，我将这些两面器分为三个变体，而圭拉那魁兹仅见其中两种。

变体A两面器

标本数量：0。

描述：圭拉那魁兹不见这种两面器变体，但是见于该地区前陶期晚期的遗址中。这是我们所见最精致的两面器，在平平的表面上用两面加工修薄。刃缘平而直。这些工具在后面的报告中将做进一步介绍。

与我们变体A相似的两面器见于普埃布拉的泰斯卡尔洞穴（García Moll 1977：Lám. II）。

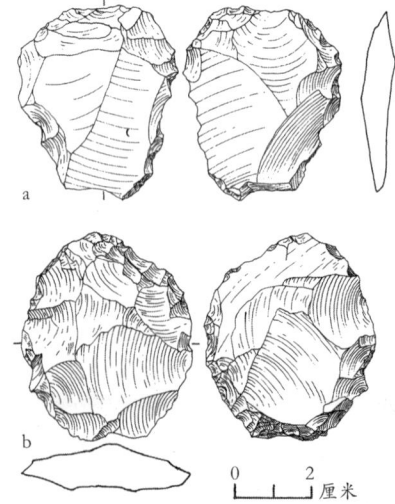

图6.32 变体B两面器：a. B1层，F5探方（两面及横截面）；b. A层，有可能是来自前陶期层位的再沉积（两面及横截面）。

变体B两面器

图6.32和图6.33。

标本数量：1件。

图6.33 变体B两面器：a. 硅化凝灰岩标本，B1层，F5探方；b. 燧石标本，A层，有可能是再沉积（尺寸73×63毫米）。

尺寸：长7厘米；宽6厘米；最厚处10毫米。

描述：这类标本做了很好的两面加工，主要集中在刃缘，使得石片相对较厚（除非石片从石核上打下来时就较薄）。如存在底部，则一般不做加工，或为破裂面或台面。其轮廓倾向为拱尖形（ogival），有时两端修钝。有几件标本显示有敲砸过的边缘。因为从B1层原地仅出土1件标本（图6.32 a），因此无从了解变体B两面器的变化范围。我们绘制了另一件从A层出土的标本（图6.32 b）。尽管这件标本发现在蒙特阿尔班IIIb—IV层中，但是我们推测它来自前陶期地层的再次沉积，因为我们对蒙特阿尔班IIIb—IV层中的这类两面器一无所知。

变体C两面器

图6.34—6.36。

标本数量：5件。

尺寸：长6—10厘米；宽4.5—8厘米；厚12—30毫米。

描述：从加工来看这是最粗糙的一类变体，在圭拉那魁兹也是最常见的一类变体。它们是用厚石片沿一缘或两缘两面粗糙加工而成。石片并不修薄。该类两面器的轮廓倾向于圆形或椭圆形，但存在很大的变异范围。由于打片十分粗糙，所以刃缘凹凸不平；其刃缘也未见二次加工。其尾端也很少做二次加工。少数标本仅在局部刃缘做两面加工。虽然其质量远不能与变体A两面器相比，但是打制刃缘的性质是相同的，两类变体很可能都用于相同目的。

我们的变体C两面器在表明上类似麦克尼什等从特化坎河谷发现的"大型两面盘状器"（MacNeish *et al.* 1967：91，图77），其中有一件见于埃尔列戈期的沉积中。

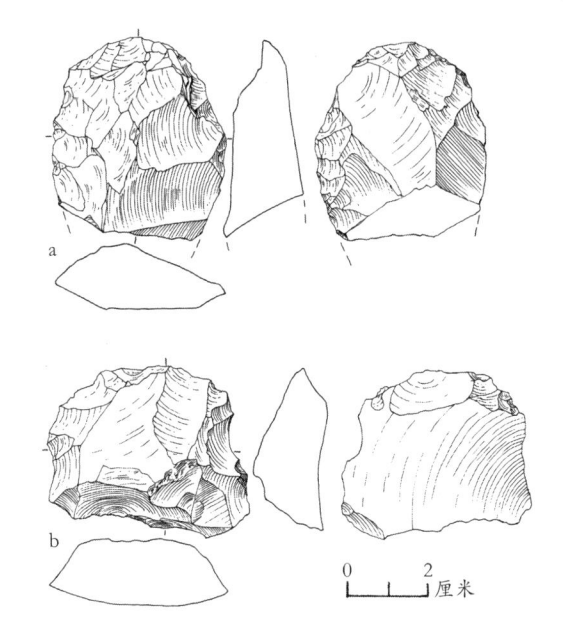

图6.34 变体C两面器：a. D层，E5探方（两面及两个横截面）；b. D层，C7探方（两面及两个横截面）。

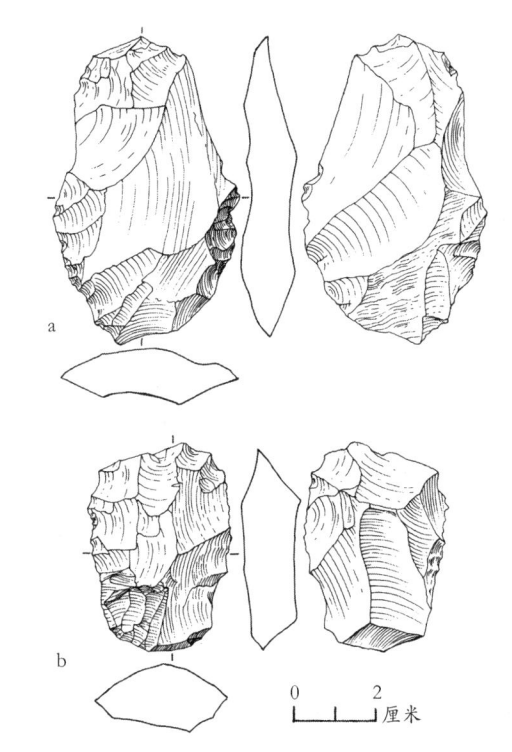

图6.35 变体C两面器：a. B2+3层，E6探方（两面及两个横截面）；b. B2层，C11探方（两面及两个横截面）。

图6.36 变体C两面器：a. D层，E5探方；b. B2+3层，E6探方（最大长92毫米）；c. B2层，C11探方；d. D层，C7探方（a和b为硅化凝灰岩，c和d为燧石）。

有柄手镐（？）

这件东西发现时已破碎，看似一件带柄的两面器。其背面完全打片，而其腹面主要沿边缘加工。显然，该工具的刃约4厘米宽，柄部3厘米宽，约3厘米长。

其厚度及不对称使得这件东西不像是一件矛头。在其他地区，包括旧大陆的某些地方，这类东西被解释为带有某种柄的手镐。例如，它有可能被用来挖掘烘烤龙石兰的窖穴或洞穴碎石堆和台地上的其他遗迹。然而，在此对其用途只是尝试性的解释。

在特化坎报告中未见有与这件工具相似的东西。

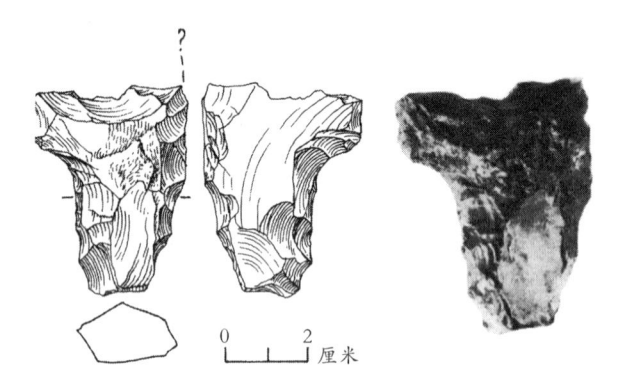

图6.37 可能的有柄手镐，B2+3层，F5探方。

图6.38 可能的有柄手镐（燧石），B2+3层，F5探方。

未加工制品

废片

标本数量：1 564件。

描述：这一类包括所有打制石制品的残片，不见任何加工痕迹（无论是刻意加工或使用），而它们也无法被看作是石核的一部分。当然，不见加工未必意味着没有使用过。除非通过显微观察，某些具有锋利刃缘的自然石片也可能被用来切割较软的纤维（比如鹿肉）而看不出磨损。

还有某些石片很可能用来切割植物材料，但是时间如此短暂，以至于无法积累可见的使用痕迹或显示光泽。其中的一个例子，我们能够指认一件大石片，是在我们清理C8探方的剖面时发现的，其深度可以将其放在B或C层（图6.39）。这件石片显然使用过，因为有一根龙石兰纤维仍然附在它上面，抑或它应该被归为一件未修整石片。因此，我们设想有相当多数量的未加工石片以某种方式被使用过，我们没有根据对它们进行分类。

图6.39 未加工石片（燧石），其左刃缘仍有一根龙石兰纤维附着在上面（尺寸65×55毫米），在清理B或C层，C8探方的剖面时发现的。

小 结

从前陶期出土的整个打制石器组合共1 716件制品，其中1 564件没有刻意加工或使用产生的痕迹（表6.4）。后者为方便起见可称为"废片"，虽然有许多废片锋利的自然刃缘可能被利用。废片是打制石器中唯一被认为其数量多得足以在第26、27和28章里用作共生分析的种类。

本组合中第二个数量最多的种类是凹缺石片，共有40件，但是每个居住面从未超过16件。就像使用石片，其数量为21件（每层从未超过5件），凹缺石片很可能用途广泛，用于男女的各种工作。凹缺石片看似随着时间的推移而逐渐增加。

每层都见有锯齿状陡刃刮削器，总数为13件。这些工具很可能用来处理植物、加工木头，或将龙石兰和仙人掌等多纤维植物切碎或捣烂。烘烤龙石兰芯很可能是

表6.4 圭拉那魁兹前陶期所有层位中出土的打制石器类型

类　　型	地　　　　层							总　计
	E	D	C	B3	B2+3	B2	B1	
砍砸器/石刀						1	1	2
锯齿状陡刃刮削器	1	2	2	3	1	1	3	13
边刮器/石刀			1			2	1	4
端刮器			1					1
雕刻器		3					1	4
石钻		1						1
尖状器		1						1
粗糙石叶	1	1	1	1	1	1	4	10
凹缺石片	3	6	10	3	1	1	16	40
带光泽石片		2	1	1		2		6
使用石片	2	2	4	4		4	5	21
矛头	1			3			1	4
变体B两面器							1	1
变体C两面器	1	2			1	1		5
有柄手镐					1			1
石锤	2	2	1		2		1	8
小　　计	11	22	20	15	7	13	34	122
石核			2	2		2	5	11
石核工作面		4		1			5	10
石核缘脊		2	2			4	1	9
废片	60	280	375	69	113	201	466	1564
总　　计	71	308	399	87	120	220	511	1716

圭拉那魁兹的重要活动之一，有两类工具很可能用于这类工作：一是可能性较大的手镐（用来挖掘烘烤窖穴或其他设施）和6件带光泽的石片（很可能是因处理坚硬、多纤维和带泥土的龙石兰芯所产生）。遗憾的是，这些工具不多，难以根据其分布来与龙石兰叶子做比较。

至于狩猎活动，它们可以从原地出土的4件矛头以及地表和再沉积背景中发现的3件矛头来推测。虽然有些刮削器、石刀和其他器物很可能用于屠宰和皮革加工，但是这些工具的数量不是特别多。两面器（这类是瓦哈卡前陶期最有趣和最独特的工具之一）是否用于屠宰不得而知。

D层出土了3件雕刻器、1件石钻和1件尖状器。尽管它们的特点用途不明，但是它们很可能用作取火钻、在木杆上开槽、切割其他木器和骨器或在上面钻孔，就如在第10和第12章里介绍的那样。

几乎每个居住面都有生产石片的证据，以石核和石核残块的形式为证，只有E层没有石核的证据。（它们在B2+3层的缺如被认为并不重要，因为它们均见于B2与B3层。）原料来自50千米半径范围以内，其中相当数量很可能来自离洞穴几千米范围内的地方。少量（10件）看似从石核上剥离的粗糙石叶，大多数情况看来是偶然。

B—E层的打制石器组合在表6.5—6.11中提供了详细的罗列。

表6.5 圭拉那魁兹E层出土的打制石器

类　　型	C10	C11	D5	D9	D10	D11	E10	E11	E12	F9	F10	F11	G4	G5	H10	总计
砍斫器/石刀																
锯齿状陡刃刮削器	1															1
边刮器/石刀																
端刮器																
雕刻器																
石钻																
尖状器																
粗糙石叶								1								1
凹缺石片		1									1		1			3
带光泽石片																
使用石片							1						1			2
矛头														1		1
变体B两面器																
变体C两面器									1							1
有柄手镐																
石锤		1											1			2
小　　计	1	2				1	1	1	1		1		2	1		11
石核																
石核工作面																
石核缘脊																
废片	3	23	2	4	1	6	3	4		1	1	3	9			60
总　　计	4	25	2	4	1	6	4	5	1	1	2	3	10	2	1	71

表 6.6　圭拉那魁兹 D 层出土的打制石器

类型	B9	C7	C8	C9	C10	D5	D7	D8	D9	D10	E5	E6	E7	E8	F4	F5	F6	F8	G5	G6	G7	G3	总计
砍砸器/石刀																							2
锯齿状侠刃刮削器									1									1					2
边刮器/石刀																							
端刮器																							
雕刻器										1											2		3
石钻								1															1
尖状器		1																					1
粗糙石叶														1									1
凹缺石片							1	1	1							1	1	2					6
带光泽石片			1																				2
使用石片													1										2
矛头																							
变体B两面器																							2
变体C两面器		1									1												2
有柄手镐																							
石锤	1																						2
小　计	1	2	1				1	2	2	1	1	2	1		1	2	1	3			1		22
石核																	1	1		1			4
石核工作面	1																						2
废片	3	18	4	5	1	9	67	17	28	9	2	3	10	19	5	10	18	9	3	20	17	5	280
总　计	4	21	5	5	1	9	68	19	30	10	2	3	11	19	6	13	20	13	3	21	20	5	308

表 6.7 圭拉那魁兹 C 层出土的打制石器

1×1 平方米探方

类 型	B9	B10	C8	C9	C10	D8	D10	D11	E5	E6	E7	E8	E9	E10	F5	F6	F9	F10	G9	总计
砍砸器/石刀																				
锯齿状陡刃刮削器							2													2
边刮器/石刀																	1			1
端刮器																				
雕刻器																				
石钻																				
尖状器											1									1
粗糙石叶	1		1	1	1			1			1			1				2	1	10
凹缺石片								1												1
带光泽石片				2							1						1			4
使用石片																				
牙头							1													
变体 B 两面器																				
变体 C 两面器																				
有柄手镐																				
石锥	1		1	3	1			5			3			1			2	2	1	20
小 计															1					1
石核	1																1			2
石核工作面													1	1						
石核 残 芥	11	7	5	24	16	28	15	38	10	19	37	8	41	23	2	16	43	27	5	375
废片																				
总 计	13	7	6	27	17	28	15	43	10	19	40	8	42	25	2	16	46	29	6	399

表6.8 圭拉那魁兹B3层出土的打制石器

类　型	1×1平方米探方											总计
	C6	C7	C9	C11	D5	D6	D8	D9	E5	E7	E8	
砍斫器/石刀												
锯齿状陡刃刮削器			1		1		1					3
边刮器/石刀												
端刮器								1				1
雕刻器												
石钻												
尖状器												
粗糙石叶									1			1
凹缺石片			1						1	1		3
带光泽石片						1						1
使用石片						1			1	1	1	4
矛头			1	1								2
变体B两面器												
变体C两面器												
有柄手镐												
石锤												
小　计			3	1	1	2	1	1	3	2	1	15
石核			1		1							2
石核工作面						1						1
石核缘脊												
废片	8	2	15		8	8	6	5	7	8	2	69
总　计	8	2	19	1	11	10	7	6	10	10	3	87

表6.9　圭拉那魁兹B2＋3层出土的打制石器

类　型	1×1平方米探方							总　计
	C8	C10	D10	E6	E7	F4	F5	
砍砸器/石刀								
锯齿状陡刃刮削器					1			1
边刮器/石刀								
端刮器								
雕刻器								
石钻								
尖状器								
粗糙石叶				1				1
凹缺石片	1							1
带光泽石片								
使用石片								
矛头								
变体B两面器								
变体C两面器				1				1
有柄手镐							1	1
石锤	1	1						2
小　计	2	1		2	1		1	7
石核								
石核工作面								
石核缘脊								
废片	16	11	30	38		9	11	113
总　计	18	12	30	38	1	9	12	120

表6.10 圭拉那魁兹B2层出土的打制石器

类 型	1×1平方米探方													总计
	C6	C7	C9	C11	D5	D8	D9	D11	E5	E6	E9	E10	E11	
砍斫器/石刀								1						1
锯齿状陡刃刮削器	1													1
边刮器/石刀											2			2
端刮器														
雕刻器														
石钻														
尖状器														
粗糙石叶		1												1
凹缺石片	1													1
带光泽石片										1	1			2
使用石片	1			1	1		1							4
矛头														
变体B两面器														
变体C两面器				1										1
有柄手镐														
石锤														
小 计	3	1		2	1		1	1		1	3			
石核	1										1			
石核工作面														
石核缘脊			2				1	1						4
废片	33	2	19	32	12	31	25	12	5		21	7	2	201
总 计	37	3	21	34	13	31	27	14	5	1	25	7	2	220

表 6.11 圭拉那魁兹 B1 层出土的打制石器

1×1 平方米探方

类型	B9	B10	B11	C7	C8	C9	C10	C11	C12	D5	D6	D7	D8	D10	D11	E5	E6	E7	E9	E10	E11	F4	F5	F6	F7	G4	G5	总计
砍斫器/石刀																												1
锯齿状状刃刮削器				1																			1		1			3
边刮器/石刀																					1							1
端刮器											1																	1
雕刻器																												
石钻																												1
尖状器	1							2			1						1											4
粗锤石叶						1		1		1	3		3		1						2		1		2			16
凹缺石片																								1				
带光泽石片							1									1	1		1		1		1					5
使用石片																												1
牙头																		1										1
变体B两面器																												
变体C两面器																												
有柄手镐																		1								1		1
石锤	1			1		2	1	3		1	3	1	3		1	1	2		2		4		3	1	3	1		34
小计								2													1		2	1				5
石核																												
石核工作面								1								1		1					1			1		5
石核残片								1																				1
废片	37	3	12	2	8	2	3		30	11	17	28	37	10	5	17	30	35	19	10	26	10	60	13	11	26	6	466
总计	38	3	12	3	8	2	5	7	30	12	20	29	40	10	6	19	32	36	22	10	30	10	65	14	14	28	6	511

7 圭拉那魁兹打制石器的原料产地

迈克尔·惠伦 撰　陈虹 译

正如霍尔在第6章里提到，在圭拉那魁兹附近几千米内，有大量可获得的打制石器原料，使得这些先民不是特别在乎石料的质量。如果他们在乎质量，那么至少在50千米之外才有质地较好的石料，往返一次可能需要两天以上。在本章里，我将从与洞穴遗址距离的增加，来考虑可获得的打制石器石料的来源（表7.1）。讨论主要以我1971年在瓦哈卡的燧石产地调查为基础（Whalen 待刊），同时结合霍姆斯（Holmes 1897）、威廉姆斯和海泽（Williams and Heizer 1965）以及迈克尔·柯克比在1960年代未发表的地质学研究。

表7.1　瓦哈卡河谷北部和东部的打制石器原料产地[a]

石料产地	石料属性	与圭拉那魁兹的距离（km）	石料产地	石料属性	与圭拉那魁兹的距离（km）
当地小溪	硅化凝灰岩	1—2（东）	罗哈德瓜特莫克和相关产地	质量差的燧石	25（西北）
米特拉堡	硅化凝灰岩	3.5（东南）	洛马德尔特拉皮切	燧石、玉髓	47（西北）
加巴吉多·布兰科	硅化凝灰岩	3.5（西）	玛塔达玛斯	燧石、玉髓	50（西北）
洛玛·拉尔加	硅化凝灰岩	4（南）	兰乔阿莱曼	燧石	55（西北）
特拉科卢拉	硅化凝灰岩	6（西）	圣拉扎罗·埃特拉	燧石	55（西北）
迪亚斯·欧达兹	硅化凝灰岩	7（北）			

[a] 材料来自惠伦（待刊）。

方圆10千米以内

和米特拉所有洞穴一样，圭拉那魁兹周围有大范围的第三纪火山岩，主要是凝灰岩（图7.1）。尽管这些原料中的大多数不适合打片，但是在地层中仍有局部硅化的坚硬石料。因为含有硅化凝灰岩的坚硬层位，要比较软的火山凝灰岩风化得慢，所以这类石料经常见于河床上的卵石或岩崖表面及基岩露头上的岩脉。圭拉那魁兹先民很可能在遗址几千米内的河床上都能捡到一些硅化石料。

这个区域还有更大的打制石器原料产地，最引人注意的是在圭拉那魁兹东南1.5千米的米特拉堡（图7.2）。霍姆斯19世纪的研究显示，这座岩石山主要在前古典期被作为打制石器的采石场（Holmes 1897：287）。威廉姆斯和海泽（Williams and Heizer 1965：47）这样描述这座要塞：它由一系列巨大的、构成悬崖的火山凝灰岩组成，下面是绿色受侵蚀的熔灰岩，各层间嵌有许多较厚的、明显的白色凝灰岩层和凝灰质泥岩及裂隙。几千年中，富含硅的地下水渗过整个熔灰岩，导致更深层的凝灰岩沉积物发生硅化。

这些颗粒非常细、经由空气和水流搬运的沉积物已经普遍硅化，而且在很多地方已经形成矿脉，并被玉髓取代。在该山体西部脚下的小溪旁，有少量渗入很深并垂直的玉髓矿脉，约有30厘米厚，切入薄层状凝灰岩；离玉髓透镜体不远，也是这片凝灰岩基岩层……这片与古堡山（Fortified Hill）相连的平缓起伏斜坡上，散布着厚厚的燧石玉髓的带棱角碎块。霍姆斯注意到，在这条溪流的东面，燧石几乎变成了深灰色；然而西面，燧石颜色则十分丰富，有黄、棕和橘黄色（Williams and Heizer 1965：47）。

因此，米特拉洞穴的先民在这条重要的本地溪流的两侧都可以获得丰富的燧石资源，米特拉堡也并非只有硅化凝灰岩的优质石料。1971年，我在米特拉西北部几个其他原料产地做了采样，发现它们和米特拉堡所见的燧石颜色相同，以浅棕色、深棕色、白色、黑色和灰色为特点，尽管所有基岩的主要颜色为中棕色到深棕色。圭拉那魁兹出土的大量打制石器，看来就是来自米特拉当地的这些原料产地。

硅化凝灰岩在加巴吉多·布兰科（洞穴以西3.5千米处）、洛玛·拉尔加（洞穴以南4千米处）、特拉科卢拉（洞穴以西6千米处）和迪亚兹·欧达兹（洞穴以北7千米处）等地都可以获得。加巴吉多·布兰科产地的位置很好找，然而石料数量不多。此处石料的颜色有黑色、黄褐色、琥珀色和灰白色等，而以暗红色为主，偶见掺杂黄色或黄褐色的斑点。

洛玛·拉尔加石料最主要的特点是褐色、破碎严重并含有杂质，虽然偶尔能发现小块优质原料。其他颜色包括深棕色、深灰色、棕灰色、黄褐色，以及带有不透明斑点的黄褐色、浅棕色、琥珀色和白色。

特拉科卢拉的硅化石料通常为深棕色。这类石料资源尤其分散、贫乏，而且很难概括其特点。迪亚

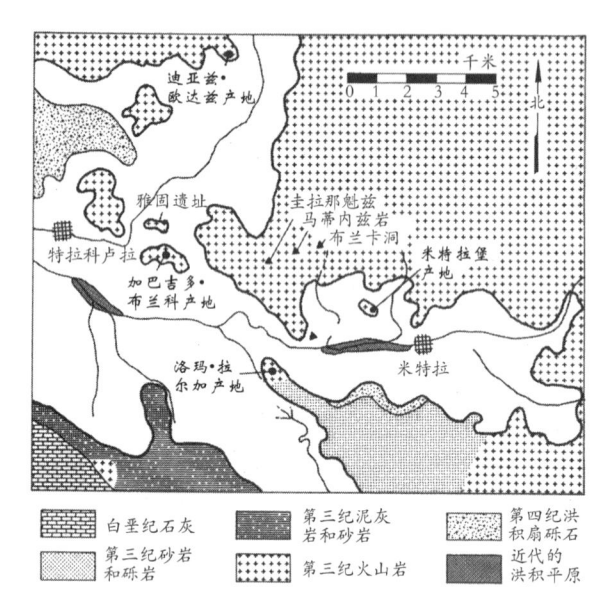

图7.1 特拉科卢拉支谷的打制石器原料产地（据迈克尔·柯克比的地质资料）。

图7.2 米特拉堡是一处重要的硅化凝灰岩产地。

兹·欧达兹是一处含燧石的重要露头，几乎全是黑色、深灰或带有黑色条纹的灰色石料。其中大多数破碎严重并含有杂质，虽然偶尔可以找到少量优质石料。

总之，圭拉那魁兹方圆10千米以内可获得的石料主要是硅化凝灰岩、流纹岩，或者以棕色、黑色和灰色为主的凝灰岩沉积物。每处产地的颜色非常多样，以至于除了指认属于米特拉地区的第三纪火山岩外，无法确定某件打制石器的具体来源。依照逻辑，鉴于距离很近，米特拉堡很可能是圭拉那魁兹主要石料产地之一。

距离25千米外

从圭拉那魁兹西行，我们最终离开了凝灰岩山崖区，进入一片散布有白垩纪石灰岩的第三纪火山岩区。瓦哈卡河谷的中心区域有比较中档的燧石和燧石资源，大部分在石灰岩中。其中一处产地位于罗哈德瓜特莫克，约在圭拉那魁兹西北25千米处，其他产地在特利科卢拉河谷西北的北面山麓的石灰岩构造中。在此中心区域，还可以获得劣质的粉砂岩。

罗哈德瓜特莫克石料产地的燧石以棕白色为主，偶尔夹杂有深色条纹，常常破碎严重，很少用来制作工具。但是就其位置而言，大约离米特拉洞穴一天来回的距离，它肯定会被圭拉那魁兹先民作为一处潜在石料产地而被考虑。

距离45—55千米外

随着继续西行，进入瓦哈卡河谷的埃特拉地区，我们便到达了一片被当地白垩纪石灰岩覆盖的前寒武纪变质岩区域（图7.3）。这些石灰岩含有古代石器工匠可获得的迄今质量最佳的燧石和玉髓，它们在前哥伦布时期被广泛利用。最佳产地分布在阿托雅克河以西，从圣拉扎罗·埃特拉至圣洛伦佐·卡卡欧德佩克（San Lorenzo Cacaotepec）的南北一线，尤其是在该石灰岩与前寒武纪片麻岩相邻的交界处。

这些产地中最大且最重要的一处，位于玛塔达玛斯办事处（the *agencia* of Matadamas）和瓜达卢普伊达尔戈（Guadalupe Hidalgo）之间，在索莱达埃特拉（Soledad Etla）南部，绵延1千米以上。其叫法不同，或叫玛塔达玛斯岩棚（La Peña de Matadamas），或叫"洛马索莱达"（Loma Soledad），其背景是构成岩崖下面的一系列石灰岩体西面的一条长脊（图7.4）。穿透这些石灰岩块的是蜡状的优质玉髓矿脉（图7.5）。再往下，该山脊东坡上散布着十几公顷的燧石和玉髓卵石（图7.6）。这些石料的颜色从白色、蓝白、灰白到棕白色各异，有时呈杂色。在洛马德尔特拉皮切（Loma del Trapiche）以南1千米处，有一处相关的石料产地，估计是同一基本地质构造的组成部分。

玛塔达玛斯山脊可能是整个瓦哈卡河谷中最大和最好的燧石/玉髓产地，而且在米特拉洞穴先民需要优质原料时被加以利用。例如，圭拉那魁兹出土的佩德纳雷斯矛头，就是使用玛塔达玛斯的黄白色玉髓制成的。从圭拉那魁兹到这处产地的距离大约为50千米。

其他两处打制石器的石料产地，位于米特拉洞穴以北55千米处的石灰岩层中。其中一处产地从圣拉萨罗埃特拉穿过阿托雅克河，近石灰岩西部边缘。另一处阿莱曼农场（Rancho Alemán）产地，靠近片麻岩和石灰岩西部边缘的衔接处。阿莱曼农场的石料主要由黑色和厚重的深棕色燧石组成，沿着石灰岩边缘的几千千米都有暴露。虽然圣拉萨罗石料产地较小，但是燧石和玉髓泛白的颜色和品质，与玛塔达玛斯的石料更接近。

总而言之，瓦哈卡河谷中品质最好的可获得原料，应该是来自埃特拉支谷玛塔达玛斯山脊的白色和灰白色玉髓和燧石。虽然它们没能成为圭拉那魁兹先民的主要石料，但是此地确实存在非常优质的燧石，尤其适合制作像矛头这样的两面器。这些燧石是直接开采的（使用距离遗址50千米的石料），还是从埃特拉支谷附近的狩猎采集群获得，我们无从知道。

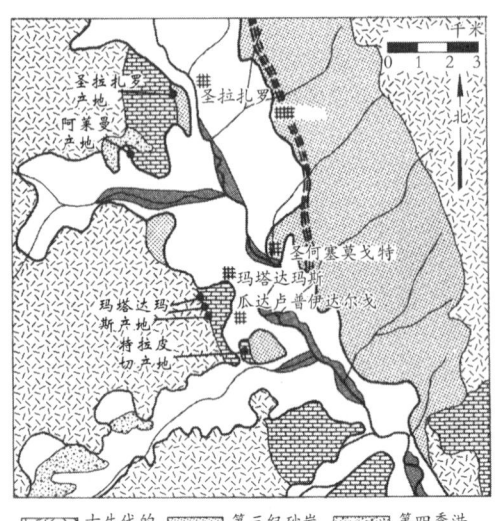

图7.4 玛塔达玛斯岩棚燧石和玉髓产地的山脊西面，石灰岩体形成的低矮悬崖。

古生代的变质岩	第三纪砂岩和砾岩	第四季洪积扇砾石
白垩纪石灰岩	夹层的第三纪火山岩	近代的河漫滩冲积层

图7.3 埃特拉支谷的打制石器原料产地（据迈克尔·柯克比的地质资料）。

图7.5 玛塔达玛斯产地表面的蜡状蓝白色玉髓块。

图7.6 玛塔达玛斯岩棚斜坡东部，大量的燧石卵石填满干涸的河床。

最后，这个关于打制石器石料来源的简短讨论，无论如何都不能成为定论，它只涉及一些最有名的石料产地，而且只能被看作是一篇"初步说明"。关于瓦哈卡河谷更详细的地质调查，仍有待开展。

8 磨制石器

肯特·弗兰纳利 撰，陈虹 译

圭拉那魁兹的B—E层出土了21件磨制石器，包括可能用于加工食物、制作工具和研磨颜料的石器。在本章中，我要感谢马库斯·温特（Marcus C. Winter）和苏珊·里斯（Susan H. Lees）帮助我在瓦哈卡实验室对这批标本做了测量和初步分类。还要感谢迈克尔·柯克比对标本石料的鉴定。在将我们这批石器标本与特化坎洞穴的磨制石器进行比较后（MacNeish et al. 1967），我对初步分类做了修改。

初步讨论

中美洲磨制石器技术的有趣方面之一，是其出现的最早时间。例如，特化坎河谷的阿惠雷亚多期晚段的先民在使用石臼、石杵、磨棒或碾磨器时，"古印第安期"的矛头仍在使用。在圭拉那魁兹公元前9000—前7000年间的多个层位中也有各种石臼、石磨棒和磨盘。

但是，应该指出的第二点是，这些早期磨制石器过于一般，并反映了对当地可获原料的强烈依赖，所以在分类上需要谨慎对待。就如下面的类型描述明确可见，我们的材料从一般类型的层次上往往很像特化坎的材料，但在特殊类型方面常常不是很像。一方面，圭拉那魁兹先民可获得的石料与科斯卡特兰或埃尔列戈洞穴附近的可获得石料有些不同；另一方面，磨制石器的形状受到使用时间长短的严重影响。一件作为磨盘的大砾石，在使用一天后会出现浅浅的凹面。在使用更长时间之后，会变成"槽状"。在整个季节使用之后，它可能被磨蚀成一个"盆"。因此，考古学家采用的任何形态术语，会受到一件磨盘废弃时所处使用周期的时间点的严重影响。考古学家想出类型范畴来区分"转动"或"来回碾磨"这两类动作是一回事（见下），而他们想用类型范畴来反映研磨工具实际使用的时间长短则是另一回事。鉴于所有这些原因，以及我们的标本数量很小，我们要让自己的分类尽量简单。

圭拉那魁兹出土的大部分磨制石器是用凝灰岩或火山凝灰岩[1]制成的，它们来自瓦哈卡河谷东部的中新世火山岩基岩。看来，该洞穴的先民从米特拉地区的河床上捡拾凝灰岩卵石用作单手磨石。他们还搬来凝灰岩石板用作磨盘，而把较大的砾石或小的巨砾用作石臼。有时他们从25—50千米外搬回的石灰岩或石英岩等石料，很可能来自河谷的中段或埃特拉区。部分这些"非本地"石料被用来碾磨红色颜料。

根据相同层位出土的植物判断，圭拉那魁兹遗址的磨盘和石臼很可能用于碾磨或捣碎诸如橡子、松子、麻风树果和牧豆等植物。

---

[1] 显然，火山凝灰岩也是特化坎地区制作磨制石器偏好的石料，虽然麦克尼什等在通篇报告中用了"volcanic tufa"一词（MacNeish et al. 1967：101—121）。我们相信作者是指"tuff"，因为"tufa"是指石化的溪流沉积物。

单手磨石[1]

圭拉那魁兹最常见的碾磨工具在美国西南部被称为"单手磨石"（one-hand manos）。多数情况下，这种粗糙和现成的工具是用河床上捡来的凝灰岩卵石制作而成的，其形状受到水流作用以及使用的影响。从洞穴开始被栖居，它们就可能被捡来，而且无论男女都可以方便地用单手操作，并到栖居期末就被丢弃，他们知道很容易找到替代品。

这些都是很一般的工具，我们认为在分类时对它们不必过分特殊对待。有几件是碎块，而大部分完整器表明了以下几种用途：滚动碾磨、来回碾磨以及用脊锤捣。我们的分类基本上是形态学的，而且我们需要提醒自己，即有些形态只不过是器物长时间使用的结果。

由于有较多的标本，麦克尼什等十分准确地讨论了碾磨棒、磨石或石杵。"磨石（Manos）是在磨盘上进行来回碾磨的石头，而碾磨棒（mullers）是在碾磨石上进行滚动的石头"；而石杵（pestles）是"长形石器，一头因滚动研磨或反复敲琢而变平，刻意为之或使用所致兼有可能"（MacNeish et al. 1967：101）。他们正确地指出，碾磨的方式同时影响手持卵石和被碾磨石头的形状。因此，滚动会同时造成卵形的碾磨棒和盆状的碾磨石，而来回运动则造成椭圆形的磨石和槽状的磨盘。但是他们也承认，"常常很难区分"滚动与来回的动作（MacNeish et al. 1967：101）；而且，在与我们最为相似的特化坎类型中，他们声称"卵形磨石与卵形碾磨棒在尺寸与式样上极为相似"（MacNeish et al. 1967：108）。

由于圭拉那魁兹出土的工具样品数量较少，所以我们决定最实际的做法，就是将这些使用过的卵石都指称为"单手磨石"，并按以下依据分类：（1）整体形状；（2）研磨面的数量和形态。两种整体形态是"盘形"和"似长方形"。盘形范畴包括三个类型：单凸碾磨面的卵石；双凸碾磨面的卵石；还有碾磨面一面凹一面凸的卵石。这是我们认为能够连贯做出区分的特点。我们并不认为能够对碾磨棒和磨石做出明确的区分，尤其是因为有些卵石看来在一面以滚动方式使用，而另一面以来往方式使用。而且并非所有考古学家都同意，滚动碾磨就不能将一件标本称为磨石。

盘形单手磨石，单凸碾磨面

图 8.1 a，b。
标本数量：2件。
尺寸：直径6.5厘米和11.2厘米；厚3.9厘米和5.1厘米。
原料：凝灰岩（D层）或石灰岩（B2层）。

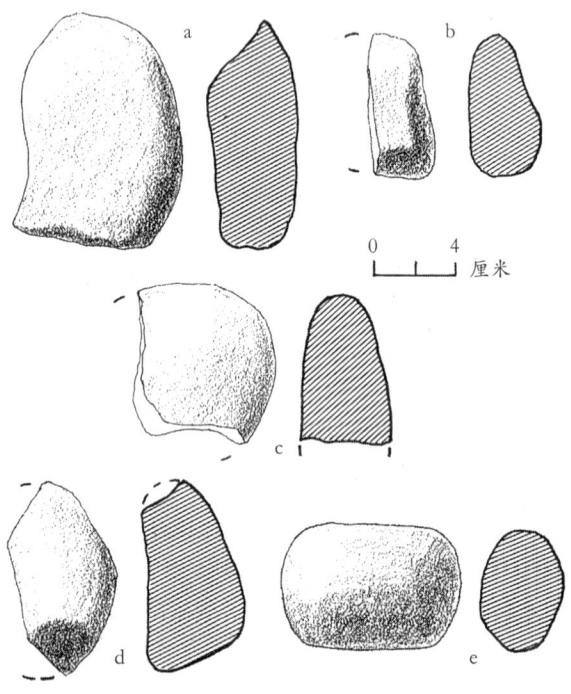

图8.1　单手磨石：a. 单凸碾磨面盘形磨石，石灰岩，B2层，C9探方；b. 单凸碾磨面盘形磨石碎块，凝灰岩，D层，G6探方；c. 双凸碾磨面盘形磨石碎块，凝灰岩，遗迹2（D层）；d. 一个凸碾磨面和一个凹碾磨面的盘形磨石碎块，凝灰岩，D层，D6探方；e. 双凸碾磨面似四边形磨石，脉石英岩（?），C层，F9探方。

---

1 一只手抓握操作的磨棒，美洲考古学中一般用"Metate"和"Mano"表示槽状磨盘（包括有足和无足）以及配套的磨棒（包括双手和单手抓握两种）。——译注。

描述：这些盘形河卵石的一面因碾磨而磨光。这个磨光面是凸出的；未使用的一面不规则。一件标本的一端略有破损，似乎偶作捣棍或石杵。根据特化坎类型学，这些标本很可能像麦克尼什等人的"卵形碾磨棒"（ovoid mullers）（MacNeish et al. 1967：106）。

盘形单手磨石，双凸碾磨面

图 8.1 c。
标本数量：4 件。
尺寸：直径 9.3 厘米（仅一件完整标本）；厚 9.3、4.7、4.6 和 4.1 厘米。
原料：凝灰岩。
描述：这些盘形河卵石各面被刻意敲琢和碾磨，得到了一个较为规整的形状。上下两面因碾磨使用而变成外凸且光滑。其断面为似长方形。两个凸面上都有使用的擦痕。它们大部分可能以滚动方式使用，但也不排除有些情况是来回运动的。因为它们是敲琢和磨制成形的，所以这些制品可能更像是特化坎洞穴的"卵形磨棒"（MacNeish et al. 1967：108）。

盘形单手磨石，一个凸出碾磨面，一个下凹碾磨面

图 8.1 d。
标本数量：1 件。
尺寸：直径 9.3 厘米；厚 4.0—5.7 厘米。
原料：凝灰岩。
描述：这块河卵石轮廓大致为椭圆形，横截面一面凹一面凸。最初的碾磨面是凸面，经过碾磨使用后十分光滑，显示有一些平行擦痕。其中一端因锤捣而破损，好像偶尔用作捣具和石杵。这件石制品说明这样的事实，单手磨石可能被用于多个目的和多种碾磨运动。

似四边形单手磨石，双凸碾磨面

图 8.1 e 和 8.2 a。
标本数量：1 件。
尺寸：长 9.6 厘米；宽 6.9 厘米；厚 4.5 厘米。
原料：脉石英（？）。
描述：这是一件罕见的成型并对称的标本，也许

图 8.2　碾磨石器：a. 双凸碾磨面似四边形单手磨石，脉石英岩（？），C 层，F9 探方；b. 有红色颜料的调色板残块，凝灰岩，B1 层，F6 探方；c. 石臼残块，凝灰岩，B2+3 层，C10 探方。

是由于优质原料促成并允许较好的工艺技术。如果它是用河卵石制成的话，那么它并非来自米特拉附近的任何溪流。它的两面被设计和使用所磨光，而横截面呈透镜状。两端都磨过，显示有加工或锤捣的琢痕。实际上，这件标本很可能被兼用作石杵和来回碾磨的磨棒。

在沿一碾磨面边缘一条 1.5 厘米宽的条带上见有红色颜料。尽管我们相信这件工具最初用途是食物加工，但很明显它偶尔被用来研磨赤铁矿或赭石。它很可能要比粗糙的凝灰岩磨棒更适合做此事。

就特化坎石制品而言，这件磨石类似于两个碾磨面和两端敲琢的"椭圆形磨石"（MacNeish et al. 1967：图 90 下）和"柱形石杵"（MacNeish et al. 1967：105 和图 84，右下）。如上所述，它很可能具备两种功能。

其他磨石碎块

标本数量：2 件。
尺寸：无法测量。
原料：凝灰岩。
描述：有证据表明，这些河卵石碎块至少有一个凸面因使用而磨光。它们可能是破碎的单手磨石残片，但是无法确定它们有一个还是两个碾磨面。

磨 盘

磨盘碎块明显少于磨石碎块，而且未发现完整标本。我们假定这些磨盘是和上面提到的单手磨石一起使用的。根据特化坎洞穴的材料，我们可望找到麦克尼什等所说的与"卵形碾磨棒"一起使用的"大砾石碾磨盘"（MacNeish et al. 1967：118，图98），或与"单手磨石"一起使用的"盆状磨盘"（MacNeish et al. 1967：120，图99）。

但是，我们的材料和特化坎的材料存在一定差异。在特化坎，麦克尼什等发现美国西南部对板状或块状磨盘的区分对他们没什么帮助，因为"只有14件出土标本看来是用石板或洞内落石制作的，而且其中4件超过5.08厘米（2英寸）厚，不在美国西南部的板状类型之内"（MacNeish et al. 1967：118）。另一方面，圭拉那魁兹有四分之三的磨盘是用不到5.08厘米（2英寸）的石板制作的，所以我们发现该分类可用。这加大了我们的疑虑，即当地可获原料在决定存在哪些"类型"上，要比形制的偏好作用更大。

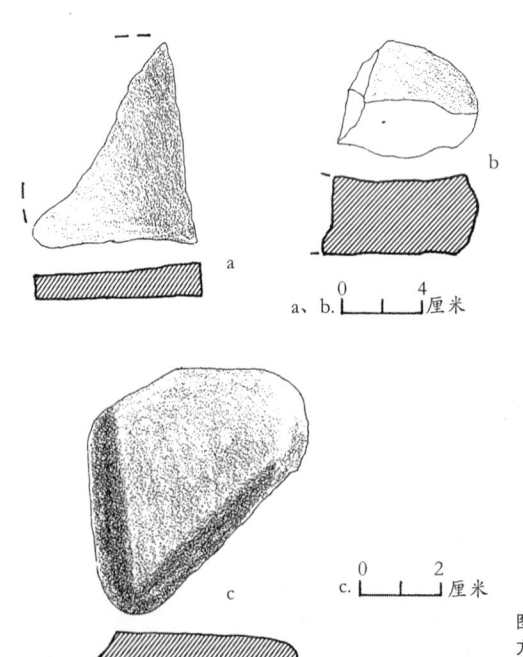

板状磨盘残块

图8.3 a。
标本数量：3件。
尺寸：分别厚1.8、3.6和1.9—2.3厘米。
原料：凝灰岩。
描述：这些初具形状的火山凝灰岩薄板有一个平坦略凹的碾磨面。石板的底部经过敲琢形成了一个略有高低但基本平坦的表面。这3件残块都没有显示边缘刻意加工的证据。所有标本在碾磨面上有平行擦痕。由于残块尺寸很小，所以无法给出这些磨盘的完整尺寸。

这些磨盘多数可能是用附近岩崖剥落的石板或碎石制成的。它们可能是该地区最古老的磨盘类型，一件残块发现于E层。

盆状磨盘碎块

图8.3 b。
标本数量：1件。
尺寸：厚4.8厘米。
原料：凝灰岩。
描述：这件大砾石有个因碾磨而形成的上凹面。其下面经过敲琢，形成一个较为平坦和规则的底部，而在另一处地方还有块平坦而光滑的小面，可能是第二处碾磨面。无法给出这件碎磨盘的整体尺寸。

我们这些小碎块无法与特化坎任何特定类型相比；它们表面上类似麦克尼什等的"大砾石碾磨盘"、"大砾石有槽磨盘"和"盆状磨盘"（MacNeish et al. 1967：118—121，图98和99）。因为"大砾石碾磨盘"并未"显示刻意修理的证据"，所以我们的材料大概不属于此类。

图8.3 磨盘残块：a. 磨盘残块，凝灰岩，B1层，D6探方；b. 盆状磨盘碎块，凝灰岩，B2层，C9探方；c. 再被用作石锤的磨盘碎块，凝灰岩，B2层，C6探方。

石 臼

石臼在特化坎序列中是最古老的磨制石器之一，最早出现在阿惠雷亚多晚期（MacNeish *et al.* 1967：表15）。圭拉那魁兹只有3件石臼残块；但是根据我们的放射性碳断代数据，它们大体和阿惠雷亚多晚期标本同时。我们最早的石臼碎块出现在C层，该层也出土了一件似四边形单手磨石，其经过敲琢的底部表明它可能曾被用作石杵（表8.1）。

石臼残块

图8.2和图8.4。
标本数量：3件。
尺寸：边缘厚2.0厘米（1件标本）；底分别厚3.0、3.3和3.3厘米。
原料：凝灰岩。
描述：这些都是火山凝灰岩大卵石或多面加工的石块，其研磨面特别光滑。该研磨面类似一个深凹的

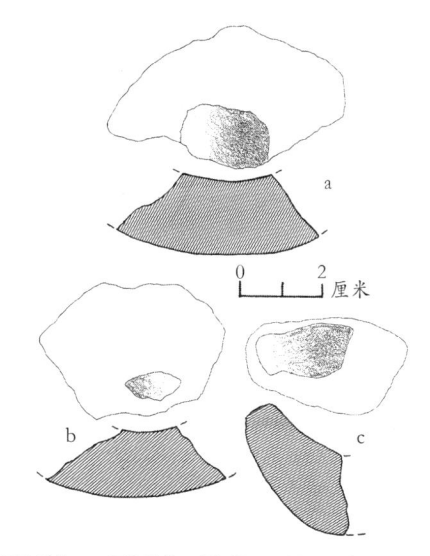

图8.4 石臼残块：a. 石臼残块，凝灰岩，B1层，C11探方；b. 石臼残块，C层，F6探方；c. 石臼边缘残块，凝灰岩，B2+3层，C10探方。

表8.1 圭拉那魁兹洞穴出土的磨制石器[a]

工具类型		地层					
		E	D	C	B2+3	B2	B1
单手磨石	圆盘形，单凸碾磨面		1（G6）			1（C9）	
	圆盘形，双凸碾磨面		2（D6，遗迹2）	1（F9）			1（C9）
	圆盘形，单凸碾磨面，单凹碾磨面		1（G6）				
	近矩形，双凸碾磨面			1（F9）			
	其他磨石碎块				2（D6）		
磨盘	磨盘残块	1（H9）					2（D6）
	盆状磨盘碎块					1（C9）	
石臼	石臼残块			1（F6）	1（C10）		1（C11）
其他类型	磨盘作为石锤被再利用					1（C6）	
	平凸形研磨器					1（C6）	
	调色板残块						1（F6）
	颜料研磨卵石			1（F9）			

[a] 工具出土的探方在括号里标出。

碗，横截面呈半球形，这个特点使我们可以将石臼和磨盘区分开来，尽管它们是碎块。在所有情况下，我们磨盘的碾磨面较平较宽。就特化坎序列而言，圭拉那魁兹的石臼可能很像麦克尼什等带有简单直缘的"半球状石臼"（MacNeish *et al.* 1967：116，图96，右上）。

我们的石臼可能与敲琢和端部圆钝的杵形单手磨石一起使用，但它们也有可能与圭拉那魁兹出土的有些卵石石锤一起使用。因为这些石锤一般用燧石或硅化凝灰岩制成，它们被归在打制石器里（第6章），但也不排除偶尔和石臼一起使用的可能。

至于圭拉那魁兹的石臼用来干什么，首先想到的就是锤捣橡子。但是，我们发现的这些石臼碎块都出土于较晚的地层里（C和B），那时橡子的数量逐渐减少，而其他植物如牧豆等开始增多。因此，我们推测它们用于加工多种植物。

杂类

板状磨盘碎块，再用作石锤

图8.3 c。
标本数量：1件。
尺寸：长8.5厘米；宽5.6厘米；最大厚3.1厘米。
原料：凝灰岩。
描述：这件厚度一致的板状磨盘的一角被刻意作两面修整，并有一个平坦光滑的研磨面。其底部总体较平，但似乎未用于研磨。在这件磨盘破碎后，从其角上碎裂的三角形碎块被作为石锤继续使用；三条边显示有锤击的痕迹，其中两条边有锤击的敲痕。尽管在特化坎采集品中没有完全一样的器物，但是"卵石石锤"自阿惠雷亚多晚期之后就十分常见（MacNeish *et al.* 1967：126—127）。

平凸形研磨器

图8.5 a。
标本数量：1件。
尺寸：长6.8厘米；宽5.6厘米；最大厚3.1厘米。
原料：凝灰岩。
描述：这是一件薄长石块的中段，两面和一边被使用过。其横截面为平凸形。两个面都很平滑，其平面显示有平行于原器物长轴的细长划痕。平面和凸面以及一条窄缘看来曾被用于打磨其他工具，很可能是木器或者骨器。它从B2层出土，该层居住面还出土了几件木器（第10章）。

这件石器让人想起特化坎洞穴出土的许多"研磨

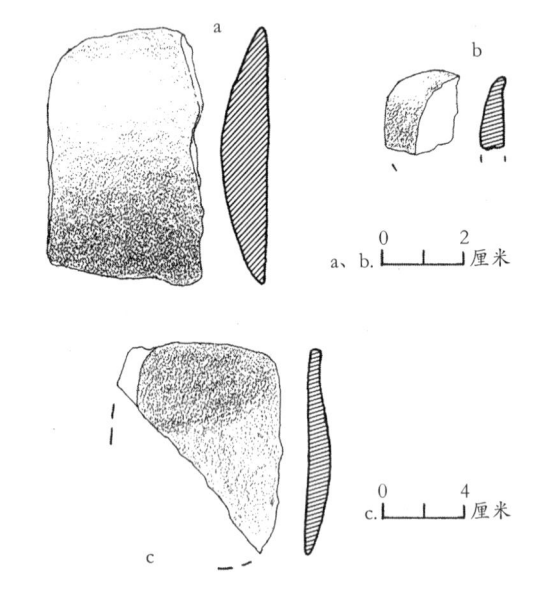

图8.5 其他磨制石器类型：a. 平凸研磨器，凝灰岩，B2层，C6探方；b. 研磨颜料的卵石碎块，C层，F9探方；c. 有红色颜料的调色板残块，凝灰岩，B1层，F6探方。

锯（abrader saws）"（MacNeish *et al.* 1967：125—126，图105），但两者又不尽相同。该"研磨锯"明显仅用其狭窄的刃缘，而我们的研磨器则在两面和边缘都被使用。

调色板残块

图8.2 b和图8.5 c。
标本数量：1件。
尺寸：厚1.3—1.6厘米。
原料：凝灰岩（？）。

描述：这件残块是一块薄板状磨盘的残片，平整光滑的碾磨面上附有红色颜料。因为该残块边缘破损，且不规整，所以我们无法估计该磨盘原来的大小，或确定其边缘是否经过敲琢和修整。它的底部不平，但总体上与研磨面平行。

调色板在特化坎洞穴中经常出现，被用于研磨赤铁矿（MacNeish et al. 1967：125，图104）。

颜料研磨石

图8.5 b。
标本数量：1件。

尺寸：未测量（标本破损）。
原料：石灰岩。
描述：这是一件破损的河卵石，残留部分的石皮光滑发亮，表面有红色颜料痕迹。这件卵石明显用于研磨红色颜料，也许是在一块调色板上操作的；光泽可能来自研磨，也可能是因其他研磨或抛光工作而形成的。重要的是，米特拉附近的河床里没有石灰岩卵石，因此这件标本很可能是从距洞穴25—50千米外的溪流处采办的（见图7.6）。

特化坎洞穴前陶期地层中也出土了表面有红色颜料的"磨光卵石"（MacNeish et al. 1967：124，图102）。

各居住面小结

在对出土磨制石器每个居住面进行小结之前，可以先做一个一般性的观察：存在一种明显的趋势是，研磨活动（或废弃磨制石器）随时间发生在洞穴内大致相同的区域。这个证据就是，无论哪个居住面，大部分磨制石器似乎都出自少数探方。例如，在所有21件器物中，3件出土于D6探方（还有2件在附近C6探方），3件出土于C9探方（还有2件在C10—C11探方），3件出土于F9探方，还有4件出土于F6—G6探方。这表明，洞穴地表的某些地方被认为比其他地方更适合进行研磨活动，或者更适合储藏和废弃磨制石器。

尽管我们不想预测雷诺兹多维测量结果（第28章），但是应该注意到，根据他的重建，我们的磨制石器分布在男性和女性的工作区。这增强了我们的猜测，即男性使用单手磨石干他们的工作和女性一样容易。有趣的是，正如雷诺兹的重建，B1层出土的调色板发现在男性工作区内。当然，我们知道并非所有石器都被废弃在最后使用的地方，但是它们出现在某些探方的倾向耐人寻味。

E层

该层只发现1件磨盘残块，出土于H9探方的悬顶附近（表8.2）。橡子是该区需要碾磨的最常见食物之一。

D层

该层在被栖居期间，两件单手磨石被废弃在洞穴中心附近，位于遗迹2和D2探方。遗迹2看来是个橡子储藏坑。还有两件单手磨石被废弃在较远靠近洞口的地方，在G6探方。洞穴中部附近发现的两件单手磨石很相似（双凸碾磨面），很可能被同一个人以同样方式使用。

C层

发现于该居住面的所有4件磨制石器都废弃在洞穴入口处附近的诸F探方中。有两件是单手磨棒，其中一件是似四边形的石英岩标本，明显用作石杵。近四边形磨石和附近的石灰岩碾磨卵石上都有红色颜料的痕迹。

我们在几米外的地方发现了一件石臼残块，它可能与前面提到的那件一端类似杵的磨石一起使用。

B层下

B3层栖居时间很短，未见任何磨制石器。B2+3层中发现一件石臼边缘残块。另一方面，B2层出土了6件器物，集中在3个探方中。

与C层不同，B2层是一个居住面，大部分碾磨工具被遗弃在洞穴后部。其中包括C9探方出土的一件单手磨石和一块盆状磨盘残块，C6探方的一件研磨器和作为石锤被再利用的磨盘残块，以及D6探方中两件单手磨石残块。橡子、麻风树果和牧豆等都出土在洞穴这部分，它们很可能属于碾磨或锤捣的食物。

B层上

在B1层的沉积过程中，先民们废弃了4件磨制石器。在靠近洞穴的后部，我们发现了一件单手磨石和一件石臼残块。在靠近洞穴前部的另一个工作区，遗留着一件黏附着红色颜料的调色板。还有两件磨盘残块出土在D6探方。同样，这些碾磨或锤捣的共出食物包括橡子、麻风树果和牧豆。

表8.2 圭拉那魁兹洞穴B—E层出土的磨制石器组合

地　层	探　方	工　具　类　型	原　料
B1	C9	单手磨石残块，圆盘形，双凸碾磨面	凝灰岩（？）
B1	C11	石臼残块	凝灰岩
B1	D6	2件磨盘残块	凝灰岩
B1	F6	调色板残块（有红色颜料）	凝灰岩
B2	C6	磨盘残块，再用作石锤	凝灰岩
B2	C6	平凸形碾磨器	凝灰岩
B2	C9	单手磨石残块，圆盘形，单凸碾磨面	石灰岩
B2	C9	盆状磨盘残块	凝灰岩
B2	D6	2件单手磨石残块	凝灰岩（？）
B2+3	C10	石臼残块	凝灰岩
C	F6	石臼残块	凝灰岩
C	F9	单手磨石残块，圆盘形，双凸碾磨面	凝灰岩（？）
C	F9	单手磨石，矩形，双凸磨面（有颜料）	石英岩（？）
C	F9	颜料碾磨卵石残块（有红色颜料）	石灰岩
D	遗迹2	单手磨石残块，圆盘形，双凸碾磨面	凝灰岩
D	D6	单手磨石残块，圆盘形，双凸碾磨面	凝灰岩（？）
D	G6	单手磨石残块，圆盘形，单凸碾磨面	凝灰岩
D	G6	单手磨石残块，圆盘形，1个凸碾磨面，1个凹碾磨面	凝灰岩
E	H9	磨盘残块	凝灰岩（？）

9 圭拉那魁兹前陶期的绳索与篮子

玛丽·伊丽莎白·金 撰，陈虹 译

引 言

圭拉那魁兹前陶期地层中出土的编织物不多。最大的两件标本分别是一段打结的网和一小块盘绕编织的篮子。此外还发现了12件绳索样品，长度从不到1厘米到25厘米不等。因为样品量过小，所以不能代表当地的全部技术。

圭拉那魁兹出土的所有编织物也见于特化坎的埃尔列戈期（MacNeish et al. 1967）。埃尔列戈期见有较多种类的编织花样，但是如果瓦哈卡洞穴出土的样品再多些的话，应该也会有所发现。除绳索、结网和联锁（interlocked）编织的篮子外，埃尔列戈期的编织物还包括双纬线缠绕（weft-twining）和经面平织（warp-faced plain weave）的两种套口（looping），以及两种盘绕的篮子，一种是不联锁（noninterlocked），一种是成对编织（twined stitches）。

尽管技术种类不多，但圭拉那魁兹的样品含有中美洲碳十四断代最古老的绳索和篮子。C、D、E诸层出土的绳索残段均早于公元前7000年。结网和篮子出自年代约为公元前6910—前6670年的B层。特化坎最早的埃尔列戈期样品编织花样很多，出自科斯卡特兰洞穴的XIV和XV层，年代可能接近公元前5050—前4787年（Johnson and MacNeish 1972）。在中美洲北部，出自塔毛利帕斯山因菲耶尼约期（Infiernillo）的一些样品，年代与圭拉那魁兹重叠，为公元前7000—前5000年（MacNeish 1958）。其编织花样有一些区别：样品中未见结网，但有圈网（looped nets）。

因为圭拉那魁兹前陶期出土的样品很少，我简单将其分为三种基本类别：结网、绳索和篮子。

结 网

圭拉那魁兹前陶期地层中出土的唯一编织物是一件5.5×5厘米大小的结网残片（图9.1）。除了一个特殊绳结外，所有绳结均为双合结（cow hitch）或雀头结（lark's head knot）（图9.2），该网编织有序，所以绳结的同一面总是位于织物的同一边（常见的是，该绳结面会与相邻几排的绳结面相反）。有一个绳结是丁香结，可能是失误。每个网眼边长0.5厘米，网眼面积2.5平方厘米。

这件网所用的绳子无法鉴定，是非棉植物纤维与一根直径略小于1毫米的纱线紧密作S方向捻转（spun），并以Z方向绞合（plied）。

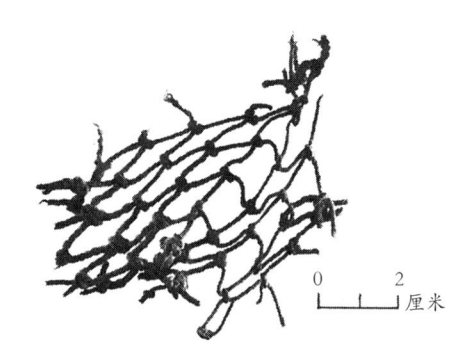

图9.1 结网残片，B3层，E7探方（标本60）。

特化坎出土的一些埃尔列戈期结网样品在各方面都几乎相同，甚至包括网眼大小；其他采用反手结（overhand knot）和对缠与对绞（Johnson 1967：196）。虽然约翰逊没有介绍网的一边是相同的绳结面，但她的图示（Johnson 1967：图157）显示了这个特征。

特化坎一些网状物中发现的边结，在圭拉那魁兹都以单个结的形式被发现，并见于一段结绳残片上（标本71），它肯定来自一个网，虽然它要比正规的结网在所打的结上要随便许多（图9.3）。

图9.2　采用雀头结结网的示意图，相邻排列显示结的同一面。

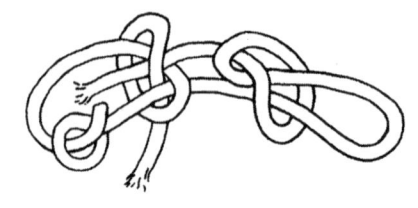

图9.3　标本71图示，这是从E层、E9探方出土的结绳残段。

绳索

圭拉那魁兹的绳索在表9.1做了很好的概括，它们在构造和质地上都相对一致。

麦克尼什等指出："特化坎先民看来不在乎绳索是顺时针还是逆时针缠绕的。"（MacNeish et al. 1967：173—174）他们埃尔列戈期的绳索样品要比我们多得多，共58件，都是二股或四股编织的。他们的材料（MacNeish et al. 1967：172，表30）显示，75%的绳索有一个Z方向的最后捻转（绞合），而25%为S方向的最后捻转。我们较少的11件绳索样品中，显示82%有一个Z方向的最后捻转，18%为S方向的最后捻转。尽管我们的样品要比麦克尼什等的标本显示出对Z方向捻转稍高的偏好，但是考虑到样品的数量，这个数据也差异不大。

麦克尼什等觉得："与美国西南部不同，在那里这些因素表现出明确的时间趋势，并与是用右手还是左手及一种上下移动，还有放在右腿或左腿上旋转有关。"麦克尼什等的评述特别提到马丁等（Martin et al. 1952：206—210）在图拉罗萨洞穴（Tularosa Cave）的发现，以及与其他遗址的对比。虽然部分其他遗址的材料不足以显示历时变迁，但是美国西南部[1]的常见图像是，棉花开始是以Z方向捻转，以S方向绞合的，而非棉植物纤维开始以S方向捻转，以Z方向绞合。该图像被一种倾向所模糊，即部分学者只注意最后的缠绕，看它是否是一个缠绕（spin）、一个绞合（ply）还是一个再绞合（re-ply），也许是因为某些植物纤维绳索开始几乎不见缠绕。当然正常情况下并非总是如此，缠绕的每个后续阶段会与前一阶段反复。关注开始的缠绕很有必要；从传统而言，这里的区别可能归于缠绕方法的不同，甚至有时是利手原因（尽管现代左撇子提供的信息表明，他们旋转所偏好的方向似乎与正常人没有区别）。后来的绞合方向也应该注意。

为了说明它的重要性，圭拉那魁兹绳索两个再绞合的例子是S方向缠绕、S方向绞合（与通常习惯相反）和一个Z方向再绞合（标本62和65）。这是仅有的再绞合样品，而这看来表明开始和最后都用缠绕，或者至少试图坚守传统习惯，因为大多数绳索都是S方向缠绕和Z方向绞合。

两个样品（都出自C层）分别是Z方向缠绕和S方向绞合，但是不做纤维分析就无从知晓是不同的纤维用不同方法编织所致，还是利手、训练或习惯偏好的原因。

有一点看来很清楚，不管缠绕和绞合偏好哪个方向，我知道，时空上的例子表明，不存在只偏好一种方向的纱线缠绕（或绞合）。

---

[1] 在秘鲁，绕线方式在某种程度上随地理分布不同而存在差异。

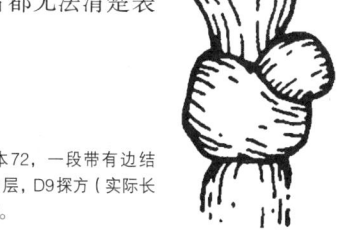

9 圭拉那魁兹前陶期的绳索与篮子

表9.1 圭拉那魁兹洞穴B—E层出土的绳索残片

样品[a]	纤维	颜 色	缠绕	绞合	直径（毫米）	长度（厘米）	紧度[b]（最后缠绕）	结
62	（?）	深棕	S	S—Z	3	5	M	—
63	龙舌兰（?）	深棕	S	Z	4	14.5	M	—
64	龙舌兰（?）	黄褐	S	Z	1.5—2.5+	11	M—T	—
65	龙舌兰（?）	黑褐	S	S—Z	2.5	8	M—T	—
66	龙舌兰（?）	深棕	S	Z	4	4	M	—
67	龙舌兰（?）	黄褐	Z	S	2—4	25	M	—
68a	龙舌兰（?）	深棕	S	Z	6	7	L—M	—
68b	龙舌兰（?）	深棕	S	Z	3	2.5	M	—
69	（?）	深棕	S	Z	3—4	0.8—0.9	M	（?）
70	（?）	红棕	Z	S	4	4	L	—
71	（?）	棕	S	Z	—	—	M	半结
72	（?）	黄褐	S	—	7	1.7	（?）	锁缝

[a] 样品63和样品66可能属于同一绳索。
[b] L，松；M，中等；T，紧。

圭拉那魁兹标本的缠绕和绞合总体来说是松紧适中、比较均匀的。颜色范围限于黄褐色和棕色之间，表明这些纱线未经染色。

纱线直径表明这些纱线被用来制作绳索，而非用来编织。例如，其中没有一件像结网残片所用的纱线那么纤细，只有少数标本接近那种纤细程度。当然，粗线可以织网也能织布，所以这点不能肯定。一根纱线（标本72）有个边结（图9.4），而另一段弯曲的小绳索（样品69）可能源自一个绳结；但这两者都无法清楚表明其功能。

图9.4 标本72，一段带有边结的绳索，B2层，D9探方（实际长度1.7厘米）。

纤 维

圭拉那魁兹前陶期地层中出土纤维的分析尚未完成。不过，没有发现棉花。绳索和网很有可能是用丝兰、龙舌兰或类似植物制作而成的。

篮子

前陶期地层中出土的唯一篮子标本是一件直径5.5厘米、厚约3厘米的小篮筐。它有一捆扎而成的底部，每厘米2—3排。联锁编缀（图9.6），向左倾斜，宽约1—3.5厘米，有点空开。虽然从中部开始起编处是平的，但形状呈椭圆形；边缘也是平的。一个个简单通过将新的编织纤维捻接在前面做好的编缀之下即成。

该篮子所用材料尚未鉴定，但编织是用一种红棕色、表面相对较硬的材料，可能是丝兰或龙舌兰叶的细条，可能用草茎打底。

虽然特化坎埃尔列戈期晚段报道有底部捆扎和连锁编织而盘绕成的篮子（还有一些其他编织类型），但没有小篮子。

盘绕、底部捆扎的篮子在墨西哥很常见，麦克尼什认为它源自中美洲，然后向北扩散（MacNeish et al. 1967: 164）。

小篮子就像其他小型人工制品，有几种可能的功能：如小孩的玩具、试验品、仪式用品或其他特殊目的。另外，圭拉那魁兹发现的一种筐状物品，很可能用作小口容器的盖子。前陶期地层曾出土了瓢葫芦（第19章），其中一些可能用作小口容器。

图9.5 小篮筐，B2层，D11探方（标本74）。

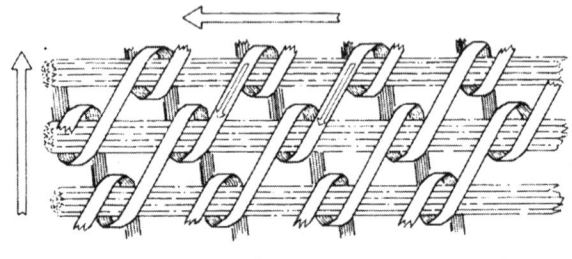

图9.6 一个捆扎而成、底部作连锁编织的、缠绕而成的篮子示意图。

各居住面小结

在本书的后面章节，雷诺兹（第28章）根据每个探方碎屑R型和Q型因子分析，重建了男女工作区和移动路径。当我们将绳索和篮子标本放在他设定的各种活动区时，一个有趣的现象出现了。14件标本中的4件位于雷诺兹设定的食物加工或女性工作区。其他3件标本位于他重建的移动过道上。在他设定的男子工作区中，没有发现绳索或篮子标本（表9.2）。

E层

标本71，一个S—Z方向绳索的半结，废弃在E9探方。这位于雷诺兹的Ⅱ区（Area Ⅱ），被说成是E层中的主要移动过道。标本62，一段5厘米长的S—S/Z方向绳索，出自F11探方。这个探方是雷诺兹Ⅰ区（Area Ⅰ）的一部分，设定为女性工作区。

D层

样品68a和68b分别是总长9.5厘米的S—Z方向绳索的两段。它们都发现于E8探方，是雷诺兹Ⅱ区（Area Ⅱ）的一部分，设定为食物加工区。

C层

十分有趣的是，该居住面出土的绳索残段都是Z方向缠绕和S方向绞合的，洞穴前陶期地层中只有这件绳索。标本70，一段4厘米长Z—S方向缠绕的绳索，发现于E10探方，该探方归于雷诺兹的Ⅱ区（Area Ⅱ），一个植物加工区。标本67，是一段相当长（25厘米）Z—S方向缠绕的绳索，废弃在F9探方。它位于雷诺兹的Ⅴ区，设定为进入洞穴的主要过道。

B层下部

因为B3—B2层的范围较小，没有包含在雷诺兹的分析之中。B3层发现了一件结网残片，或许是一个网兜的一部分，用来采集植物，它被废弃在E7探方。在B2+3层中，标本63和66（总长18.5厘米的S—Z方向绳索）见于E6探方。标本69，一件很小的S—Z方向绳索的残段，废弃在C10探方。

在B2层，一小块盘绕编织的篮匾，可能用作某种容器的盖子，丢弃在D11探方中。不远处的D9探方中，发现一个S方向缠绕的绳索，上面有一个边结（标本72）。因此，B层下部的大部分标本分布在洞穴的中部或西北部。

B层上部

B1层被雷诺兹设定为存在大量活动的一个居住面。标本64是一段11厘米S—Z方向的绳索，发现在火塘附近（遗迹11）。标本65是一段8厘米的S—S/Z方向的绳索，废弃在F7探方，这个探方位于雷诺兹的Ⅴ区，被认定为进入洞穴的主要过道。

表9.2 圭拉那魁兹洞穴的绳索和篮子

地层	探方（1×1米）	标本	种类	
B1	E9	64	11厘米S—Z方向绳索	
B1	F7	65	8厘米S—S/Z方向绳索	
B2	D9	72	S方向缠绕的绳索，有边结	
B2	D11	74	小型篮匾	
B2+3	C10	69	0.8—0.9厘米S—Z方向绳索	
B2+3	E6	63	14.5厘米S—Z方向绳索	同一件（？）
B2+3	E6	66	4厘米S—Z方向绳索	
B3	E7	60	结网残片	
C	E10	70	4厘米Z—S方向绳索	
C	F9	67	25厘米Z—S方向绳索	
D	E8	68a	7厘米S—Z方向绳索	
D	E8	68b	2.5厘米S—Z方向绳索	
E	E9	71	S—Z方向绳索的半个结	
E	F11	62	5厘米S—S/Z方向绳索	

小 结

显然，从居住面上分布绳索标本得出的任何结论都是基于这些设想：（1）标本被丢弃在它们被发现的地方；（2）雷诺兹正确地解释了活动区与过道的性质。如果这些设想正确，那么就有理由认为，那魁兹期绳索的主要用途之一是捆扎植物，以便将它们搬进洞穴。然后，绳结和绳索残段的位置表明，在进入洞穴后，一些捆束在过道上断裂或松开了。而其他一些捆束是在雷诺兹的植物加工区或食物准备区内，也即在居住面西北部断裂和散开的（第28章）。

10
木制品与相关材料

肯特·弗兰纳利[1] 撰，陈虹 译

圭拉那魁兹前陶期地层出土了19件木头、芦苇、藤条、仙人掌果嫩茎或仙人掌果胶制作的人工制品或加工残片。取火、工具装柄、仙人掌果烘烤或其他用途的材料也包括其中。由于标本量较小，而有些物品的功能不明，所以我们对于工具类别的介绍只是了解这些材料可能是什么的第一步。

取火装置

每个童子军都知道印第安人通过"一起摩擦两根木条"来取火。至少在中美洲，这种传统智慧是相当准确的。一种最常见的取火方式是通过摩擦两根木条，一根称为"钻火棍"，另一根称为"钻火板"。钻火板通常由较软且易燃的木材制成，上有凹槽以放置钻火棍。放入凹槽中的钻火棍通常由较硬的木材制成，由一个手拿钻杆的人用手掌来回旋转与摩擦钻火板。

在瓦哈卡北部米斯特克（Mixtec）古抄本中，有大量关于用这种钻木取火方式的描述（图10.1）。特化坎河谷的干燥洞穴中至少出土了3件钻火棍和3件钻火板残片。根据麦克尼什等1967年的研究，这些钻火棍是直径1厘米、长25厘米以上的木棍，"一头因燃烧和抛光或磨损严重而变钝"。钻火板则是些较软的木材，一面平，上面有几个直径约1.5厘米的"焦洞"（MacNeish et al. 1967：155，图131）。特化坎古典期和后古典期出土的这些标本与我们圭拉那魁兹前陶期地层出土的取火装置十分相似，显示了这类物质文化9 000多年的连续性。

一种很好的钻火板原料是龙舌兰的花序，这是一种大量生长在荆棘林A和B坡地和冲沟上的小型龙舌兰。干花序松软易燃。取火的钻火棍用较坚硬的材料，但尚未鉴定，可能包含了不同龙舌兰和丝兰种类的花序。

图10.1 用一根木棍和带有许多钻孔的钻火板取火（根据《药典》18-1重绘）。

钻火板

图10.2。
标本数量：1。
尺寸：直径1.3厘米；长20.5厘米。
原料：小龙舌兰花序（？）。
描述：这是一段花序，也许属于龙舌兰，纵向劈

---

[1] 我要向苏珊娜·菲什（Suzanna K. Fish）所提供的帮助致谢，她帮助测量了我们瓦卡哈实验室中的木制、芦苇制、藤条制的人工制品。

图 10.2 带有许多钻孔的钻木板，B1层，D9探方（长20.5厘米）。

开以便使其一面弯曲、一面平坦。平坦一面进一步抛光，也许用类似B2层出土的碾磨石（第8章）打磨。平面上钻了三个孔，间距1.5—4厘米。每个孔直径约为1厘米，光滑、较浅、略焦黑。

钻火棍

图10.3。
标本数量：3。
尺寸：见下。
原料：木棍，物种不明，可能含龙舌兰花序。
描述：我们的第一件标本，C层出土，长18.7厘米，直径1厘米（图10.3c）。一端烧残，另一端被切削和磨成一尖，围绕着尖端显示有磨损的圈痕，显然是尖端在小圆孔中旋转所致，恰如钻火板上的孔。从该尖头往后约3.8厘米处有一个小切口，可能是在切削尖

图10.3 钻火棍残件：a. 可能为钻火棍，左端有烧焦痕迹，右端有切削和修整痕迹，B2层，E9探方；b. 破碎的钻火棍尖端，B3层，D9探方；c. 钻火棍，左端烧焦，右端切削和修整，C层，D11探方（长18.7厘米）。

端时形成的。我们将其解释为一根钻火棍，在一头烧完后，就转用另一头，这头可能没用几下。

第二件标本，出自B3层，由不知总长的几件断片组成（图10.3b）。但是，其中一件确实显示有大多数钻火棍具有的磨损严重、圆钝、末端烧焦的特点。

第3件可能是钻火棍残段，出自B2层，长9.8厘米，直径1厘米（图10.3a）。两端都有燃烧痕迹，这大大缩短了这件残段的长度。其中一端附近有着一系列很细的切痕，以及至少一个很浅的刻槽，也许是想去除烧过的末端，并修出新的端部。但是，这件标本过于破碎，以至于我们无法排除有其他的解释。

矛头装柄设备（？）

我们从米特拉洞穴出土的矛头所知，该地区的早期狩猎者使用梭镖或标枪。在塔毛利帕斯山中，麦克尼什（MacNeish 1958）发现了大量矛头柄杆、柄杆前端和装柄材料的残片。特化坎洞穴这类材料出土不多（MacNeish et al. 1967：表27），而圭拉那魁兹只出土了少量疑似装柄材料的样品。

芦苇或藤条的残段

图10.4 a、b。
标本数量：5，均出自C9探方，B3层。
尺寸：见下。
描述：在B3层的C9探方中，我们发现了5件芦苇或藤条残段，至少有些经过切削。几件保存较好的标本长度为6.5、6.4和4.3厘米。尽管它们的实际用途不清，但是暂且认为这些残段是从较大藤茎制品上修剪下来的，其本身不是器物。一种可能性是，它们是从芦苇或藤茎主杆上修剪下来的废弃物，

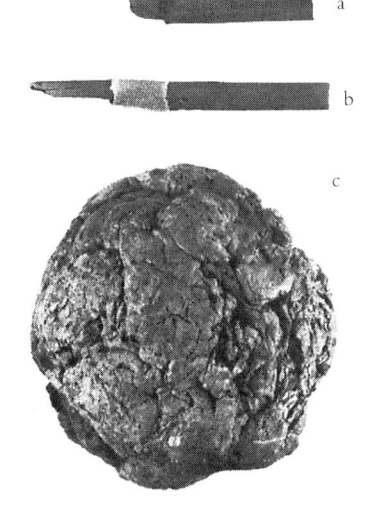

图10.4 矛头装柄装备（？）：a、b. 芦苇或藤条残段（可能是从矛头柄杆上修剪下来的），B3层，C9探方；c. 群戟柱胶球，B1层，C9探方（直径7厘米）。

或被用来插入矛头的前杆（见McNeish et al. 1967：160—161）。

群戟柱胶球

图 10.4 c。
标本数量：1。
尺寸：直径 7 厘米。
描述：这件球状、保存良好的胶球来自大型群戟柱仙人掌，西班牙语称之为 tunillo，米特拉萨波特克语叫 *bitsz lats* 或 *bidz lats*（Smith 1978; Messer 1978）[1]。有人显然从当地柱状仙人掌中大量采集树胶，并小心地搓成球状，然后在 B1 层的栖居时期保存在洞穴之中。我们认为树胶的一种用途很可能是用来给工具装柄，很可能包括将矛头与前杆粘到一起，以及将前杆与主柄粘合起来。例如，在特化坎河谷，麦克尼什等发现"树胶和绳子纤维"黏附在藤制矛头主杆切出的两侧。

仙人掌烘烤装备

在圭拉那魁兹，一种常见的食用植物便是仙人掌果（*Opuntia* spp.）。其柔软的嫩茎叫做 nopales，至今在瓦哈卡地区仍是一种重要的蔬菜。如今它们煮熟后才能食用，但是在前陶期的圭拉那魁兹，先民尚无容器，无法炊煮任何东西。显然，烘烤是煮熟仙人掌果的一种选项。为此，仙人掌果的柔软嫩茎显然被串在细木条上，然后放在火塘或土灶上烘烤。烤过的木条、烧过的茎部，甚至串在木条上的仙人掌果在圭拉那魁兹都有出土。

木条上的仙人掌果嫩茎

图 10.5。
标本数量：1。
描述：这个仙人掌果嫩茎（段），被串在一根木条上。烘烤前，把所有的刺剔除，洞穴中所有仙人掌果都是如此。这件标本发现在朝向洞口的 C 层 F9 探方。

烧过的木条

图 10.6。
标本数量：3。

尺寸：长度分别为 8.5、12 和 23 厘米。
描述：这 3 件细木条严重烧焦，与串在木条上的仙人掌果嫩茎一起发现在 C 层的 F9 探方。从表面看，这些残段是由于串烤仙人掌果嫩茎而焚烧并最终废弃的。当然，也有其他的可能，而我们解释受到了这些烧过木条与串在上面的仙人掌果嫩茎共出的影响（表 10.1）。

图 10.5　仙人掌果嫩茎被串在木条上烘烤，C 层，F9 探方（茎段，12.5×13.5 厘米）。

图 10.6　烧过的木条（可能用于串烤仙人掌），C 层，F9 探方（最长标本长 23 厘米）。

1　根据 C.E. 史密斯 1978 年的研究，群戟柱属的 *treleasei* 是米特拉荆棘林里的常见植物。

表 10.1　圭拉那魁兹洞穴出土的木头及相关材料制品[a]

种　　类		D	C	B3	B2	B1
取火装备	钻火板，长 20.5 厘米					1（D9）
	钻火棍，长 18.7 厘米		1（D11）			
	钻火棍残件			1（D9）		
	可能的钻火棍，长 9.8 厘米				1（E9）	
矛头装柄装备（?）	芦苇或藤条段			5（C9）		
	群戟柱胶球					1（C9）
仙人掌烘烤装备	木条上的仙人掌果嫩茎		1（F9）			
	烧焦的木条		3（F9）			
	碳化的仙人掌果嫩茎残块	2（F6）				
杂　项	两端都经过切削的木棍，长 1 厘米					1（D10）
	木片，用途未知				1（D6）	
	烧过的木板，用途未知	1（F8）				

[a] 发现人工制品的探方标注在括号内。

碳化的仙人掌残片

标本数量：2。
描述：这两件仙人掌已经严重碳化，可能是由于上面所描述的烘烤所致。它们过于破碎，以至于无法下结论，证明它们曾像 C 层出土的标本一样被串起来过。

杂　类

两端切削的木棍

图 10.7 a。
标本数量：1。
尺寸：长 1 厘米；直径 1 厘米。
描述：这一小段木棍的两端都做了切削或加工。用途不明，事实上，它可能只是生产某件较大制品的废弃物。

木头残片，用途不明

图 10.7 b。
标本数量：1。
尺寸：长 3 厘米；宽 1.8 厘米。
描述：这件木头残片明显加工过，但是用途不明。它两面都很光滑，并成一个直角。整个残片上有许多切痕。显然，它可能是某件较大制品的残片。

烧过的木板，用途不明

图 10.7 c。
标本数量：1。
规格：长 12 厘米；宽 1.9 厘米。
描述：这是一件烧过的窄长木板残片，下部表面很平坦。部分显示有人工打磨或塑形的痕迹。从表面看，形状很像原始的投矛板（atlatl board），但由于损坏太严重而无法得出任何功能性的解释。不管最初的用途是什么，最后它还是成了燃料。

图 10.7 杂类木制品：a. 两端切削过的木条，B1 层，D10 探方；b. 木片，用途未知，B2 层，D6 探方；c. 烧过的木板，用途未知，D 层，F8 探方（长 12 厘米）。

各居住面小结

在讨论圭拉那魁兹各居住面之前（表 10.2），可以得到一些综合的观察。首先，我们感叹于这样的事实：所有推断的取火装备，不论地层如何，都倾向于被丢弃在洞穴内大致相同的部位。两件残片出自 D9 探方，一件出自 E9 探方，还有一件出自 D11 探方。这可能表明，洞穴里有个特定的部位，因为位于中部，或与气流走向的关系，被考虑作为火塘的合适位置。

其次，所有我们指认为烘烤仙人掌的东西都出自 F6 或 F9 探方。这或许说明，烘烤仙人掌通常在靠近洞口的位置进行，而非靠后墙处。另外，它很可能在一个位置居中的火塘进行，但是产生的垃圾被废弃在洞口。

E 层

这层没有获得证据。

D 层

两件碳化仙人掌果嫩茎残片表明，烘烤仙人掌是这个地层的活动之一。

表 10.2　圭拉那魁兹洞穴 B—E 地层的木质及相关材质的人工制品

地 层	探 方	种 类	地 层	探 方	种 类
B1	C9	群戟柱胶球	B3	D9	破损的钻火棍
B1	D9	钻木板，长 20.5 厘米	C	D11	钻火棍，长 18.7 厘米
B1	D10	两端都被切削过的木条，长 1 厘米	C	F9	串在木条上的仙人掌果嫩茎
B2	D6	木片，用途未知	C	F9	3 件烧过的木条
B2	E9	可能为钻火棍，长 9.8 厘米	D	F6	2 件碳化仙人掌果嫩茎
B3	C9	5 段芦苇或藤条	D	F8	1 件烧过的木板，用途未知

C层

当C层堆积时，某个先民在D9探方取火（见第5章），把钻火棍废弃在了D11探方附近。在靠近洞口处，有人扔掉烘烤仙人掌产生的焦片，包括一件仍串在木条上的仙人掌果嫩茎。

B层下部

在B3层栖居时期，先民们很可能在某处取火，将钻火棍废弃在D9探方。离D9探方不远处，有人修剪了一系列芦苇和藤条的末端。在B2层栖居时期，明显又取过一次火，最后把钻火棍废弃在E9探方里（离废弃在B3层的那件不到一米）。一件用途不明的木器也是在这时制造的。

B层上部

在B1层堆积时，先民们曾取过几次火（包括E9探方的遗迹11），并将木头钻火板废弃在D9探方。他们还在附近废弃了一件功能不明、两端都经过切削的木棍。一个柱状仙人掌的胶球，可能用于工具装柄，在这个居住面被废弃时，被遗留在洞穴的后部。

11
作为燃料的木头

肯特·弗兰纳利[1] 撰，陈虹 译

圭拉那魁兹前陶期的废弃物中零星分布着碎木炭，从这些碎屑可获得两类样品：（1）用来进行放射性碳测年的样品；（2）用来判定穴居者偏好的柴火。从良好保存环境和数量而言，首先是挑选放射性碳测年的样品；但是有些探方木炭多得足以满足两个目的（表11.1）。

这些穴居者使用的柴火是有选择的：松树、橡树、黑胡桃、豆科灌木、金合欢以及其他豆树都被用作燃料，因此常见一片炭屑中包括了2—5类树种。大部分炭屑很小（1厘米以下），表明这些前陶期觅食者只需随便捡拾掉落在洞穴周围的树枝就行。虽然可以想见狩猎采集者这样的行为，但是它与瓦哈卡河谷形成期居民明显不同，后者表现出对预制松木炭的绝对偏好。对松木的选择性依赖一直延续到了殖民时期和现代，这也许有助于我们解释米特拉周边山上矮松最终消失的原因（参见第19章）。

由于中美洲印第安人利用本地树种一直是学术研究的一个课题（例如见Metzger and Wiliams 1966），所以值得注意民族植物学中这一可能的变化。在公元前8000—前6000年间，瓦哈卡河谷的印第安人明显将各种树木作为可用的木柴。大约公元前1000年，他们把松木作为最中意的烹饪燃料。回过头来看，这个变化导致了严重的环境后果。那魁兹期碎屑中含有的5种树木，其中4种至今仍生长在洞穴附近，只有松树已经消失。提及这点，能为那些至今仍认为本地民族植物学分类对人类生态学没有启发的考古学家提供一些帮助。

在所有前陶期的居住面地层中，D层提供的材料最为丰富。F6探方所见一系列炭屑，我们怀疑是某营火散布的碎屑。其中包括橡树、金合欢、胡桃、针叶树（可能是松树），可能还有豆科灌木（牧豆）。D10探方被雷诺兹解释为食物加工区（第28章），出土了一件松木样品，大得足以做放射性碳测年。我们怀疑，如果其他居住面出土的样品也比较大，那么它们也应该大体属于相同的树种范围。

表11.1 圭拉那魁兹洞穴木炭鉴定[a]

样品	地层	探方	是否用作^{14}C测年	样品性质	木 种 鉴 定
1	C	D10	是（M-2097）	火塘残余（？）	未确定，可能是豆树
2	D	F6	否	分散的碎屑	橡树、金合欢
3	D	F6	否	营火残留碎屑	橡树、金合欢、胡桃、牧豆树（？）、针叶树、可能是豆树（未定）
4	D	D10	是（M-2098）	分散的碎屑	松树
5	E	F8	是（M-2101）	火塘残留碎屑（？）	橡树、金合欢

[a] 样品1、5由美国农业部森林产品实验室的罗伯特·科彭（R. C. Koeppen）鉴定；样品2、3由密歇根大学民族植物学实验室的威尔玛·维特斯特罗姆（Wilma Wetterstrom）鉴定；样品4由密歇根大学民族植物学实验室的苏珊娜·哈里斯（Suzanne Harris）鉴定。

1　这些信息由弗兰纳利根据罗伯特·科彭、威尔玛·维特斯特罗姆和苏珊娜·哈里斯的鉴定而编写。

12 鹿角器

肯特·弗兰纳利 撰，陈虹 译

在清理圭拉那魁兹前陶期白尾鹿遗骸的过程中，我们发现了5件带有人为刻意加工的鹿角残段。大部分破损严重，很难判断该制品的原来大小，但是其最长可能一度有7—10厘米。由于样品较少，我们大致将这些标本分为一般性的两类。

人工制品类型

可能的鹿角尖压片工具[1]

图12.1 a。

标本数量：1件。

描述：这是一件鹿角尖残段，在角尖端下有几块约10—25毫米左右的碎疤，可能是对诸如燧石、硅质凝灰岩等坚硬材料压制剥片所致。这种破损可望发现在该工具被用来对一件矛头或边刮器进行二次加工当中。鹿角尖压片工具早见于特化坎序列中的埃尔列戈期（MacNeish *et al.* 1967：142，图119）。

火烤硬化和刮制的鹿角尖

图12.1 b—d。

标本数量：4件。

描述：(1) 鹿角尖残段显示出刻意火烤使之硬化的特征；(2) 被刮制后用作工具；(3) 两种特征皆有。

鉴于圭拉那魁兹的许多鹿角尖残段很可能是在废弃后被偶然烧黑的，所以不是总能将这些鹿角尖与刻意火烤的区分开来。但是，至少有3件标本显示是故

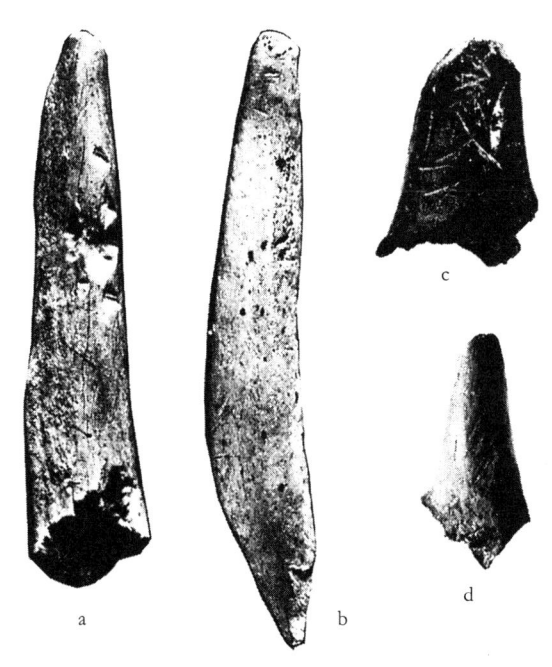

图12.1 圭拉那魁兹出土的加工鹿角尖：a. 可能的鹿角尖压片工具，B1层，D7探方；b. 刮制和加工过的鹿角尖（最大长60毫米），E层，C10探方；c. 火烤硬化和刮制的鹿角尖，C层，C9探方；d. 火烤硬化和刮制的鹿角尖，D层，E8探方。

---

1 用于压制和修理打制石器（如矛头）的工具。——译注。

意用火烤使之硬化的（表12.1）。其中一件（出自B3层）只在尖端被火烤过，而其他标本被火烤的范围比较大。麦克尼什等（MacNeish et al. 1967：142）的报告中指出，他们的4件鹿角尖压片工具"在尖端附近被火烤焦，可能是为了加强它们的硬度"。这表明，我们的一些标本很可能打算用作压片工具，但是在产生类似B1层标本的使用痕迹之前就被废弃。

在我们的3件标本的尖端附近发现了许多擦痕，估计是作为工具使用所致。肯定的是，雄鹿经常会在树上摩擦鹿角以蹭掉最后的"绒状物"，有时会与其他雄鹿角斗而损坏鹿角。尽管这种原因导致的有些蹭刮很难被排除，但是这些擦痕看上去更像是人为修理而非自然刮擦或角斗造成的。但是，鹿角器用来压制什么东西，并不是很清楚。同样令人产生联想的是，特化坎洞穴发现的"切开或裂开鹿角尖"的情况（MacNeish et al. 1967：144—145，图119）。

表12.1　圭拉那魁兹出土的加工鹿角尖

地层	探方	描述
B1	D7	可能的压片工具
B3	C6	火烤变硬的鹿角尖
C	C9	火烤变硬且刮制的鹿角尖
D	E8	火烤变硬且刮制的鹿角尖
E	C10	刮制和加工过的鹿角尖

各居住面小结

圭拉那魁兹每个主要居住面至少见有一件鹿角器。也许最有意思的是E层发现的一件加工过的鹿角尖，该地层的鹿角都有加工痕迹，但没有确凿证据表明在栖居期间曾杀过雄鹿（见第22章）。因此，这件加工过的鹿角尖残段很可能是被作为人工制品带入洞穴中的。其他所有地层中都曾有屠宰鹿的证据，而其中鹿角器很可能是在现场制作的。

D层、C层和B3层中出土了火烤硬化的鹿角碎片。在B1层中，一件明显磨损严重的鹿角压片工具被废弃在居住面的中部。

13
粪化石和动物皮毛

埃里克·卡伦 撰，陈虹 译

编者注：埃里克·卡伦在阿亚库乔（Ayacucho）不幸早逝，秘鲁方面不让他对本章进行校对或最终修订。本文本根据卡伦的原始报告以及他与弗兰纳利的来往信件整理而成。

在圭拉那魁兹发现的24件粪化石中，只有6件（1、4、8、9a、9b和10号粪化石）出自前陶期地层中（表13.1），它们全部被鉴定为动物而非人类的排泄物。其中大部分可能是由土狼或灰狐在人类离开后到洞穴里搜寻食物留下的，特别是墨西哥灰狐，它们吃的许多动植物与人类相似。

洞中许多粪化石不是人类的，这一印象随时间而增强。我们在启动特化坎项目时，期望这些粪化石大多是人类的。当我们发现越来越多的粪化石含有大的骨头碎片、很多毛发、昆虫残骸、甲虫幼体等这类东西时，我们开始意识到家犬、土狼、灰狐甚至臭鼬都可能是洞穴中这批样品的提供者（Callen 1967a）。在开始分析圭拉那魁兹粪化石时，我们认为，实际上许多干燥洞穴中的动物粪便要比人类粪便多。我们认为，根据考虑的这种可能性，有许多较早的洞穴样品也许值得做重新分析。

在做详细的磷酸盐分析前，我们对这6件圭拉那魁兹前陶期的粪化石做了观察。其中两件外表比较光滑，质地重而坚硬，而且带有一种油灰状肮脏外表，有一件含有毛发和骨头，另一件仅见毛发。这表明它们是食肉类留下的"肉粪化石"。其他4件标本无论从形状、尺寸、重量还是外表，都无法肯定其来源。

这6件粪化石都在磷酸三钠中浸泡了一个星期（Callen 1967a），并做了全面的分析。其中被认为是食肉类留下的两件粪化石中的一件（1号粪化石，D层），主要含肉和毛发的残留，但也有一些仙人掌纤维和某些草类的残留。不见骨头，说明猎物是比老鼠或兔子大的动物，但肯定不是鹿或者领西猊，因为后两者有特别的毛发，很容易分辨。在粪化石中的毛发被鉴定之前，无法肯定它们来自猎物还是该食肉类本身的毛发梳理。

另一件可疑的食肉类粪化石（8号粪化石，D层）中没有任何植物残留，但有很多肉、鼠类毛发、下颌骨和牙齿、椎骨、肋骨、碎骨和爪子。这件粪化石的尺寸和包含物说明，它可能来自土狼。这些食肉类粪化石中都没有发现胆汁，浸泡的磷酸三钠溶液呈透明的白黄色，甚至在浸泡一周后依然如此。人类和许多哺乳动物的粪化石含有胆汁，在沾上磷酸三钠后会呈浅棕到深棕的渐变，甚至一种琥珀/黑色。后者主要见于人的粪化石，尽管实际上在某种病理条件下（如胆管堵塞），这类粪化石会呈现一种浅白的象牙色。这两种粪化石肯定来自哺乳动物。

D层出土的另一件粪化石，两头的质地和颜色不同。像8号粪化石，它出自探方F6，分成两块后编号分别为9a和9b。9a号粪化石含肉的残留、骨头和疑似肩胛骨的小碎片，但是没有毛发。还见有叶脉、草类纤维和昆虫口器残骸，所有这些都表明它们来自动物。9b号粪化石含肉类蛋白遗存、骨头和嚼过的毛发（一种不常见的情况），还有草类组织，可能是豆荚组织，以及仙人掌皮。虽然有许多无法明确鉴定的焦片，但是看来是烘烤过的仙人掌皮残迹。这都说明一个动物在人类居所附近觅食，因为磷酸三钠溶液的颜色，加上存在骨头，都明确表明这些粪化石来自动物。

有件标本（10号粪化石）发现于E层，主要含骨头、肉和昆虫残骸，还有一些草和龙舌兰纤维，以及少量烘烤过的龙舌兰表皮。这里的所有证据，包括磷酸三钠溶液的颜色，都表明它来自动物，实际上是食肉动物。

表13.1　圭拉那魁兹出土的粪化石和动物皮毛

3	B2层
粪化石4号	（B2层C7探方）主要为带小脊椎骨的肉粪化石，还有单叶植物纤维（草？）和一粒种子。鉴定结果：源自动物
	D层
粪化石1号	（D层E7探方）尽管存在少量仙人掌和草类遗存，但这块粪化石主要还是肉粪化石。鉴定结果：源自动物，食肉类
粪化石8号	（D层F6探方）无植物。鼠类毛发、骨头、牙齿、肋骨和爪子，加上肉的残留，表明其为肉粪化石。鉴定结果：源自动物，食肉类，可能为土狼
粪化石9a和9b	（D层F6探方） a）含碎骨和残块、昆虫口器残骸、叶脉和草类纤维 b）含毛发和碎骨，也有草类组织，可能是豆荚组织，还有仙人掌皮 鉴定结果：源自动物
兔子毛皮	（D层E8探方）确认为棉尾兔，由于十分破碎，无法鉴定到种
	E层
粪化石10号	（E层F9探方）少量草类纤维，有些龙舌兰纤维和烘烤过的（？）龙舌兰皮，但被骨头、昆虫残骸和肉的碎屑而掩盖。鉴定结果：源自动物

最后一件前陶期的粪化石来自B2层。这件样品主要也是肉粪化石，里面含有许多小的脊椎骨（可能为鼠类），也有一些疑似草叶纤维和一粒无法鉴定的小种子。磷酸三钠溶液颜色和其他所有证据都指示该粪化石也源自动物。

存在仙人掌和烘烤过的龙舌兰皮很有意思。在普埃布拉南部特化坎洞穴的前陶期地层中，无论是生的还是烘烤过的，这两种植物都是当地先民食谱中的重要组成部分。圭拉那魁兹也见有烘烤过的这两种植物，因此食腐动物攫取人类丢弃在居址周围的这些烘烤过的（或甚至烧焦的）植物残余是合乎逻辑的。因此，我们也能够间接了解圭拉那魁兹穴居者食谱的某些信息。

最后，D层也出土了毛皮样品，经鉴定肯定属于棉尾兔。在同一探方（E8探方）中还分别发现了东部和墨西哥棉尾兔的骨骼（弗兰纳利和惠勒，见第22章），所以这件毛皮样品也许说明，洞穴内曾进行过剥皮的活动。

14
放射性碳断代

肯特·弗兰纳利 撰，陈虹 译

圭拉那魁兹前陶期地层出土的十个木炭样品被送去做放射性碳断代。这些样品极为小心地选自那些保存很好、看来没有被侵入的灰坑或未被打洞啮齿类扰动的地方。其他许多炭屑样品被放弃，因为它们靠近那些地层不是很清楚的较晚遗迹或位置。为了减少分析者之间方法差异的影响，这些样品被送往三个不同的实验室：地质年代学实验室、史密森研究院和密歇根大学。

十个样品的放射性碳断代数据参见表14.1。根据《放射性碳》（*Radiocarbon*）杂志的规定，我们从公元1950年起计算我们的断代数据，并采用老的5 570年半衰期，不将其转换为新的半衰期或根据狐尾松曲线来校正这些年代数据。在我们看来，目前"校正"某些年代数据的实践只会增加出现新错误的风险，并且使不同遗址年代数据的可比性降低。

无论你多么小心选择放射性碳样品，在任何十个一组的样品中，几乎肯定会有看上去异常的数据，我们的样品也不例外。其中6个数据内在一致，年龄随地层序列往下而增加，共出的人工制品可以和特化坎遗址得出的年代相匹配。如果这可以作为它们可靠性的依据，那么其余4个年代数据就太年轻了。

从前陶期的上部居住面开始，B2层和B2+3层的年代数据相互印证。由史密森研究院测定的B2层的数据为公元前6670年；由地质年代学实验室测定的

表14.1 圭拉那魁兹洞穴出土的放射性碳样品

地 层	探 方	实验室编号[a]	数据[b]（公元前）	样 品 性 质	评 估
B2	D8	SI-515	6670±160	炭屑，不可辨	可接受
B2+3	E6	GX-0784	6910±180	炭屑，不可辨	可接受
C	F6	GX-0873	7280±120	木炭，不可辨	可接受
C	D10	M-2097	7450±300	炭屑，牧豆树	可接受
C	F9	M-2100	4030±220	炭屑，太小无法辨认	太年轻
D	F5	GX-0783	7840±240	木炭，不可辨	可接受
D	E5	M-2099	8750±350	炭屑，不可辨	可接受
D	D10	M-2098	2350±180	炭，松树	太年轻
E	D10	GX-0872	5545±90	炭屑，太小无法辨认	太年轻
E	F8	M-2101	4350±220	炭屑，橡树和金合欢	太年轻

[a] 样品被送往三个不同的实验室：地质年代学实验室、史密森研究院和密歇根大学。
[b] 所有测年的计算都从1950年开始，采用5 570年的半衰期。

B2+3层数据为公元前6910年，两个年代相差240年，小于两个标准偏差。我们可以将该差别对分，给B层下部一个公元前6790年的平均值。

在C层的3个数据中，有两个是一致的，而另一个看来太过年轻。地质年代学实验室公元前7280年的数据和密歇根大学公元前7450年的数据，就所有实际目标而言，彼此都在一个标准偏差内。我们能够将该差异对分，把C层的年代定在公元前7365年。据此，密歇根大学公元前4030年的数据可能有错。

同样，D层的3个年代中有两个数据相当一致，而一个则过于年轻。此外，地质年代学实验室的公元前7840年与C层的两个年代是一致的。尽管密歇根大学测得的公元前8750年从绝对年代看来过早，但有了一个这么大的标准偏差范围，它也没有超出地质年代学实验室所测数据的两个标准偏差。我们能将这个差别折中，给出D层一个公元前8295年的平均年代。据此，密歇根大学公元前2350年的测定看来显然是不对的。

根据B—D层6个数据内在一致的情况来看，E层的两个数据看来都难以让人认可。对于E层所有可以说的，就是它至少应和D层一样早，或许还略早些。

尽管我们非常小心地选择标本，不知为什么其中还会有4个样品的年代过于年轻。我们注意到3个异常年代都出自密歇根大学实验室，并且其中两个为连续样品（M-2100和M-2101）。我们还注意到这些异常数据中的两个来自同一探方D10，而另两个数据来自相连的两个探方（F8和F9探方）。但是没有证据表明，这个现象和异常数据与其他可接受的6个数据之间的分歧有关。

与特化坎的比较

圭拉那魁兹遗址的6个连续的放射性碳测年数据表明，那魁兹期大概处于公元前8750年至前6670年之间，它往前或往后可能延伸多少时间并不清楚。依据特化坎的序列，这个时期相当于阿惠雷亚多期的最后2000年（Johnson and MacNeish 1972）。

从仅6个居住面和4处地表采集品来看，特化坎河谷的阿惠雷亚多期看来经历的时间很长，而且可以分为早晚两段。在该期的早段，特化坎环境包括一些特别的动物群，例如叉角羚、美洲马、德克萨斯地鼠龟，它们都不见于今天的普埃布拉。在该时段后期，这些奇特的动物消失了，而动物群遗存只见今天仍然存在于特化坎河谷的动物种类（Flannery 1967）。阿惠雷亚多期晚段的狩猎和诱捕方式，很像公元前6500年的埃尔列戈早期的狩猎方式。尽管阿惠雷亚多期早段的许多打制石器类型在晚段继续使用，但是一些磨制石器如圆柱形石杵、特科马特形石臼（*tecomate*-shaped mortars）、磨棒或磨石碎块在阿惠雷亚多期晚段开始出现（MacNeish *et al.* 1967：表15—17）。因此，从总体而言，阿惠雷亚多期晚段可以视为古印第安期向古代期初生活方式的过渡阶段。

那魁兹期可能也处于或接近于该过渡期。圭拉那魁兹的E层出土了一件看起来未完成的雷尔玛矛头，这是联系古印第安期和古代期的工具类型之一。从该居住面上发现的唯一一件磨制石器是一块碾磨石板的碎块。洞穴后期地层出土了与特化坎发现相似的单手磨石和石臼碎块。它们出土了两种矛头，即阿尔马格雷和特立尼达类型，这两种矛头已知存在于公元前7000年前墨西哥的其他地方。显然，特化坎河谷的前陶期相当长，它们的许多典型器物类型已经相当普遍；然而我们在那魁兹期组合中没有发现不能定在公元前8750—前6670年这一时段的东西。

第四编

古今环境的比较

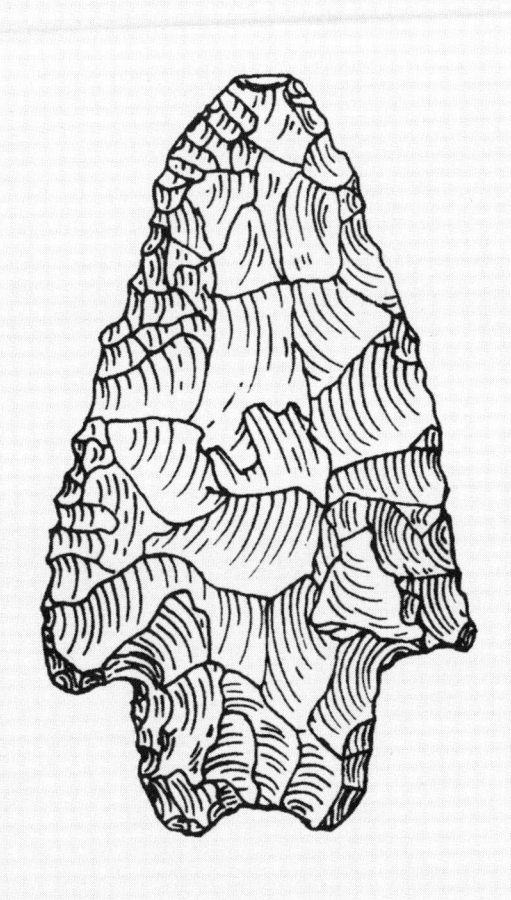

15 瓦哈卡地区古代期的花粉分析
　　项目介绍
　　现代花粉雨
　　河谷的植物生态
　　地表花粉记录
　　化石花粉记录

16 前陶期与现代的小型动物比较
　　引言
　　现代啮齿动物样品
　　前陶期啮齿动物样品
　　比较古今样品
　　鸣禽
　　小型蜥蜴
　　软体动物
　　概括与小结

在本书第3章里，我们讨论了小厄尔·史密斯1978年对瓦哈卡河谷全新世"原始"初级植被的重建。他的三个区：橡一松树林、荆棘一灌木一仙人掌林和牧豆树林也特别适用于圭拉那魁兹地区的史前期。

在第4章里，我们比较详细地观察了今天圭拉那魁兹地区的植被：荆棘林A和B，以及牧豆树草地A和B，它们都是史密斯"原始"植被在几个世纪放牧和农耕之后的孑遗。但是，在这些地区里呈斑块状分布的植被，是在庄园系统被废除后几十年里撂荒的结果，并恢复到了史密斯能够重建古代植被的那种状态。

在第18章里，我们提供了一份七年的普查，花了十年时间（1966—1976）。其中，我们对这些残留植被斑块里的可食植物，从可食部分的千克、蛋白质克数和每公顷卡路里，按照湿润、干旱和平均年份做了数量统计。这些数据在第14章里被用来重建圭拉那魁兹觅食者9到11月的食谱，以及食物供应和人口之间的关系。在第31章里，它们还被雷诺兹用来为那魁兹期的觅食策略建模。

显然，如果今天的植被与那魁兹期的植被差异太大，以至于无法为前陶期的植被提供参照，那么这种重建和建模都是徒劳的。因此，我们需要确定，在圭拉那魁兹洞穴被栖居的时候，环境究竟有何不同。我们知道，除了松树之外（它们很可能被烧炭者有选择性地砍光了）洞穴里出土的各种动植物都是本地区今天固有的。但是，我们还需要其他的证据来与这批"大化石"材料相匹配。这些证据由花粉和小动物群所提供。

第四编提供了后面部分标本的分析。在第15章里，詹姆斯·舍恩韦特和L. D. 史密斯提供了根据瓦哈卡河谷今天花粉雨对古代期花粉序列的阐释，不仅采用了圭拉那魁兹，而且也利用了附近一些遗址如布兰卡洞穴和马蒂内兹岩棚的材料。舍恩韦特和L. D. 史密斯的全面分析可以作为一篇独立的论文看待，而我们能够将其包括在内而感到非常高兴。在第16章里，简·惠勒和我提供了一份古代期小动物群与今天这类动物群的简单比较。

对于所有这些"小化石"材料，实际上有两个问题，一个要比另一个容易回答。较容易的问题"今天的植被与过去相同吗？"可以很快回答："不。"另一个"瓦哈卡植被很少扰动的斑块是过去真实的写照吗？"的问题比较难回答，但是根据第四编，我们相信可以这样回答："是的，如果明智地加以采用。"正如舍恩韦特在对瓦哈卡花粉的初步研究中所说，公元前8000—前6000年圭拉那魁兹附近的环境很可能要比今天来得凉爽和干燥，但是仍然"既不像今天河谷里在极端高度所见的那么脆弱，也不像今天河谷干旱部分所见的那样干燥。植物间生态关系的特点并未有显著的差异，对于引入的植物类型从孢粉学上也不足以显示与今天有别"（Schoenwetter 1974：298）。换言之，尽管圭拉那魁兹的环境记录存在波动，但是它基本上处于瓦哈卡生态系统较大尺度的参数之内。这很可能就是我们能够合理期盼好运的理由所在，因为这意味着第18章、24章和31章的研究是值得做的。

让我们假设一个例子，今天瓦哈卡河谷进入了一个较为湿润的世纪。在这样的条件下，橡树林地会向下坡大大扩张，占领荆棘林A的地盘；但是荆棘林A的物产仍然可获，然而离圭拉那魁兹要走更远的距离。如果换成一个世纪的干旱条件，荆棘林会向上坡扩张，占领橡树林的地盘，但是后一区域的物产仍然可获，然而离圭拉那魁兹要走更远的路。换言之，尽管有明显的波动，我们所研究的圭拉那魁兹穴居者主要依赖的11类植物物种应该仍然可以利用。而且，第31章雷诺兹的模拟被设计来对较湿润或较干旱的影响建模，不无可能在古代期的花粉记录中可以见到这样的波动。

那魁兹期许多经济上十分重要的植物都见于舍恩韦特和L. D.史密斯的花粉记录和小厄尔·史密斯的大植物遗存之中。比如，可以完全想见有松树、橡树、朴树、龙舌兰和牧豆树的花粉，在洞穴里留下了许多橡子、松果、朴树果、龙舌兰咀嚼渣和牧豆籽。在那魁兹期，瓢葫芦和西葫芦都被栽培，在圭拉那魁兹和布兰卡洞穴偶尔见有西葫芦的花粉。但是，花粉图谱也记录了大遗存阙如的植物，最有趣的就是玉蜀黍族的成员。特里帕萨库姆类蜀黍（Tripasacum）和墨西哥类蜀黍是遍布墨西哥南部（Wilkes 1972）包括瓦哈卡州的玉米野生近亲。当然，玉米本身的大植物遗存（Zea mays）在公元前5050年之前仍一无所知（Mangelsdorf et al. 1967）。但是，如果显示玉米是墨西哥类蜀黍的一种驯化形式，那么就如比德尔（Beadle 1977）和伊尔蒂斯（Iltis 1983）以及其他人所认为的那样，在公元前5050年之前应该有很长的利用墨西哥类蜀黍的阶段。因为在我们的那魁兹期的沉积中并没有玉蜀黍的大植物遗存，所以考古材料无法弄清该地区生长的是类蜀黍族的哪个成员。就这种情况，我自己倾向于采取一种最保守的立场：尽管有些玉米组（Zea-Tripasacum）的草类分布在那魁兹期的环境里，但是我不想确定它们被利用或如何被利用。

15
瓦哈卡地区古代期的花粉分析

詹姆斯·舍恩韦特、兰登·道格拉斯·史密斯　撰，董惟妙　译

项目介绍

瓦哈卡地区前陶期的孢粉学研究旨在讨论三个特定问题：（1）该时期现有考古记录之间的相对年代关系；（2）瓦哈卡河谷在这一时期里可能发生过的生态条件变化的特点；（3）这一时期的植物资源特点、可获性及分布所表现的花粉证据的性质。以上问题均未曾被仔细考虑和观察，甚至未曾通过孢粉学证据设想是否足以解决这些问题。花粉证据被视为证据链中的一环，通过对大植物化石、古生物遗存的研究，结合对河谷的植物学、地形学、沉积学、考古学以及民族志等研究，可以为分析过去人类活动，和与周边生物自然环境的各种关系，提供假设和建模的基础。花粉分析并不是用来论证那些根据其他证据无法证明的，有关先前文化形态、生态条件和年代关系的事实。它们被认为是一种以独特方式开发支撑性证据的手段，以表达相同或相近的事实。

这里采用的方法是可资比较的，并且要求数理统计控制。就本质而言，该方法利用现代已知生态条件下的花粉值，通过比较得出显然代表过去的状况。它们两者之间的相似，作为形态上的共性，不可能是偶然的结果，我们倾向于接受相同的设想，认为这种花粉的相似性应归于同样的环境或文化原因。在此，我们采用的统计程序是多样的，并有别于传统的花粉分析方法。之所以不用传统的办法，是基于对具体花粉产出的背景及出现的特殊问题的考虑，做出的决定。

正常而言，孢粉专家处理的应是沉积层中未受扰动，或较少受到人为扰动的花粉样品，在这种情况下，孢粉专家可认定花粉记录的变化反映了自然环境的变化，除非有明确的反证。然而我们所调查的花粉样品几乎无一例外与人类文化活动的证据密切相伴，在某些情况里，产出样品的沉积物本身就是人为的，如灰烬透镜体和垃圾堆。除非有明确的反证，我们在此认为，所获得的花粉记录是人类干预其自然散布、沉积和保存的反映（Schoenwetter 1981）。

为了确定某化石花粉记录代表了人为干预还是自然状况，我们将其与现代花粉雨数据做比较，从季节性考虑其所可能代表的特定生态条件。如果它明显符合某一种统计标准，那么我们设法用一种二次标准的手段进行重复检验。只有当用两种标准分类的花粉记录都与某可定义的生态形态相对应，我们才认可它代表了该生态自然环境，并进而对古环境做出解释。

这一方法要求我们对现代瓦哈卡河谷花粉雨的变化有仔细的研究。而事实上，就我们所知，目前仅在一处相似地理规模的区域，对现代花粉雨做过广泛采样或透彻的研究（West 1978）。这也要求我们对之前很少用于花粉分析的数理统计程序进行探索。为解释和证明这一偏离传统方式的实践，在这个报告中，我们必须把大量篇幅放在与讨论研究目的仅间接相关的一些问题上。我们很清楚，大多数读者并不关心考古学花粉分析的方法论和理论细节，但是它们对于我们得出结论至关重要，它们对于我们环境重建的评估也不容忽视。

这些研究始于1966年，当时考古学花粉分析的有些方法论和理论问题远较现在为大，当时也尚未很好领会花粉采样策略的许多方面。前一种情况鼓励我们注意控制，而后一种情况引发了一种趋势，对我们认为代表了特定时空条件的个别样品的依赖。

报告所介绍的化石花粉样品是在1966年和1967年的考古发掘中采集的。舍恩韦特和苏珊·菲什（S. K. Fish）于1966—1968年对样品所含的花粉进行了提取和计数。与此同时，对从瓦哈卡河谷代表了形成期、古典期以及后古典期整个栖居阶段考古学背景中采集的大量样品，还对25份现代地表花粉雨样品进行了相

同的工作。在1969年的发掘季，菲什在该地区进行了广泛的现代表土采样。她在对这些样品所做的后续工作中得到了174个花粉计数，反映了河谷主要自然环境在现代条件下发生的花粉频率的多样性。

就像其博士论文，菲什最初计划对表土花粉雨做多元回归分析，以分辨其价值，并作为对化石花粉记录进行解释的参考。但是，这个课题在1971年搁浅。1972年，舍恩韦特尝试利用电脑辅助分析对现代花粉雨用方差齐性卡方计算（homogeneity chi-square calculations）的方法，以分辨这些材料组中的形态关系。这一程序被证明不可行，因为它需要添加无理的假设。但这一努力也并非毫无可取之处，它提供了一些指示，即表土花粉雨数据库中存在统计分析能够有效识别的形态。后来舍恩韦特从另外的视角解决了这一问题，即采用基于置信区间统计的一种分析，来分辨圭拉那魁兹出土样品记录中明显的古代环境状况（Schoenwetter 1974）。

1974年，史密斯从较广泛的统计学背景出发，基于多变量统计技术，开始分析地表花粉雨。他的初步结果证实，利用一种方差分析鉴定一套花粉类型，这对判断现在生态条件特别有用。特别是，他能显示出采自特别生态条件下的某些花粉类型组样品会有系统性的变化，而其他花粉类型组则不然。对于某种生境，最佳指标未必来自花粉整体比例的变化，而是某些特殊花粉类型彼此比例上的数学关系。而这些相互关系可以多种方式表示（比如因子、相关性或主成分）。

史密斯利用判别函数继续他的研究（Smith 1975），因这一方法所需的对于花粉记录可能代表的"真实世界"性质的设想最少。判别函数基本上是用来鉴别不同花粉记录集合或组合之间区别的数学公式。在确定了表示现代花粉雨所代表的诸如沙漠、荆棘林和松树林生态之间区别的公式之后，我们就能根据现代花粉群记录与化石花粉记录的相似度，来对化石花粉记录进行分类。

沿这条路径，在前陶期花粉记录之间建立无可争议的年代序列方面，史密斯的研究尤其成功。这也鼓舞了舍恩韦特和L.D.史密斯于1977年进行进一步的重复检验，以期解决古环境重建的问题。

这份孢粉学研究报告代表了三位研究者整合与协作的成果，他们分别提供了技能、知识和方向，三者缺一不可。这是一份运用比先前考古花粉分析更加深入的方法论和技术分析的研究结果。我们相信，它提供了比我们开始研究时所能想到的更为翔实可靠的古代生态条件的一次重建[1]。

现代花粉雨

植物和植物群落的繁殖和生命周期，受大量遗传学、气候、土壤、生物学因素以及它们的相互关系，也即植物所在地理空间的总体生态条件的制约。某地生态最明显的影响见于某些植物的存活而其他植物的缺失现象中：是在该地特定生物自然条件下，对某生物成功繁衍的遗传潜质利弊选择的结果。但是，研究植物群落的有无，并非区分各地生态条件唯一或最有效的手段。在某地，由生物自然特点施加于生物体基因组的选择压力无处不在，且以大量难以察觉的方式表现出来。例如很明显的是，某物种（种群）内生物体形态和生理适应的多样性，通过它们的密度和社会性（如渐变群），或通过减少竞争性互动的繁殖，或通过生命周期时间和有效质量，来表现某种生物与其他生物关系的适应差异。

从理论上讲，没有生物可以存活到繁殖成熟期，除非由其遗传特点决定的生理耐受性适于其所栖居的独特地理环境。于是，通过分析栖居其中之生物的差异，即可识别和评估各地点的生态差异，但是，分析

---

[1] 然而，这一研究亦可被认为是时代的产物。除本段和另外三段外，本章其他部分均写于1979年。此后，有大量重要基础材料发表，为我们未曾说明的花粉雨与生态之间关系提供了详细的证据和讨论，它们可资参考（如：Birks and Birks 1981：156, 283; Bryant and Halloway 1983）。而且，判别功能分析（discriminant functions analysis）在考古研究中的应用更加常见，并有一篇判别功能分析用于考古学花粉记录文章得到发表（Rankin 1980）。花粉分析中多变量方法的应用也变得更进步和更复杂（如：Turner and Hodgson 1979, 1983; Delcourt et al. 1984）。我们更新本章内容是经深思熟虑的，但我们无法评估和预判这一修订对于全书信息整合的影响。无论它在出版之后产生何种作用，我们选择允许这份报告如期出版。

异同必然是个程度的问题。我们会评价两处地块生态相同，是因为它们都发育着一群归入"森林"组合的植物，或我们会评价同样两处地块生态不同，因一处发育针叶林而另一处发育橡树林。于是，对一处地点的生态环境的判断，与该地点的特定生物自然特点关系不是很大。不论大小如何，地球上每个地理区域的生物自然特点，从各个方面而言都是独一无二的，这就可能对其生物群起到一种选择作用。问题的关键在于，我们用来界定某地生物自然特点程度或水平异同的分类系统。所有地点都是独一无二的，问题在于哪种地点的生物自然特点，与我们所要评估的相近。

在任何地点保存的花粉雨均受这些植物所在区域生态特点的影响。需要记住的是，每个花粉粒都含有多个从雄性生殖器官散发出来的活体细胞，以完成该物种生命周期的重要作用。而且一旦成功散播，这种作用就以相对独立的方式进行。为实现这一功能，花粉首先需要落在同一物种植物的柱头上，还需要萌发出花粉管，花粉管穿过花柱，进入雌性受体的子房，与胚珠结合，完成有效受精。在整个复杂过程中，花粉粒及其包含的活体组织暴露在母体和受体植株同时生活的环境中。尽管暴露的时间通常不长，但传播花粉的遗传特点决定，这个过程必须能够在生理上耐受该地的生物自然环境中发生，并能在活体细胞死亡之前完成。

花粉粒的产出和散播也受制于雄性植株所在地的生态条件。这些条件一方面影响雄性个体产出一定数量的健康精子，并将其成功从封闭的花粉细胞壁中释放出来的能力；另一方面，生态条件也会影响这些花粉在不被干扰、破坏或死亡的情况下散布的方向和距离。

某花粉极不可能按天意飘到合适受体的柱头上。为克服这一困境，植物会生产数量巨大、远远多于卵子的花粉，且许多物种还发展出非常复杂的适应机制，以确保至少某些花粉最终落在合适的柱头上。但是产生和扩散至环境中的花粉仅有极少最终完成了遗传设计的繁殖使命。它们最终落到了离其产地或近或远的安身之处，这取决于花粉特定的形态特征，以及其散播和旅行过程中变化莫测的情况。这些产出并散播但未完成繁殖使命的花粉，即构成了我们所说的花粉雨。

于是，生态条件制约着代表性类群、生物类群的比例以及花粉雨的散播，它还制约着被保存和采集用来供科学分析的花粉雨的特征。只有极少花粉会落在表土而被捕获并用于分析，绝大多数虫媒花粉会黏附于可助其散布的昆虫及其他动物媒介，早在仪器从大气中采集花粉粒，或花粉在不断落到地表过程中被截获之前即已被食用或破坏。根据观察判断，大部分花粉在空气中扩散的距离相对很短。尽管时常见有花粉离产地成百上千英里[1]，但是这些所占花粉雨的比例微乎其微。大多数散布的花粉离其母体的运动距离不过几十米，它们落在周围植被的叶片或茎秆上。而它们大多数成为栖居在所有生态位中的各种草食和腐生生物的易得食物。甚至掉落或被冲刷到地表的比例相对较少的花粉雨也几乎会完全被食用或被破坏，并多数会在其最终沉积环境里经受化学和物理的侵蚀。

因此，孢粉学家所观察到的花粉雨仅占某特定地点种子植物所产花粉的一小部分，是有偏颇的样品。该区域内的生态环境直接或间接地影响到花粉的产出、扩散和保存。它们还影响到花粉雨每天的不同时间、该季节的不同日子、一年中的不同季节以及每年的变化。

基于这种情况，几乎难以想象，孢粉学家对留存的花粉雨的采样会有一致的特点。如果我们观察的每一份很小和带有偏颇的样品完全是独一无二的，与我们采集到的任何其他样品都不相同，这就不难理解了。但是，得益于大自然巨量花粉的肆意产出，实际情况就有所不同。由于花粉散播量巨大，随机定律有效发挥作用，使不同类型植物花粉所占比例以近乎线性消减。如果将不同地理位置的花粉雨样品看作许多种群，那么每个样品就不再独一无二，也非无序组合。它们的态势会显示出与该位置所在生态条件整体相对应的复杂性。具有相似生态条件的地方倾向于保存相似的花粉雨，就像具有影响植物生长和成熟的相似生态条件的地方，倾向于产生相似的植物组合。

一般认为，制约某地花粉雨特点的起主导作用的生态因素，就是影响花粉产出的因素。因此，普遍认为：若某地分布的某植物群落有较多的植物，那么保存的花粉雨中会发现较多这些植物群落的花粉。不管是否为专门的花粉研究者，这一基本设想都很流行；这种共识的适用性对于解释花粉雨记录极为重要。毫无疑问，该设想在许多情况下是有效的，但经验性证据和对生态系统关系真实性的评估表明，这并不是一

---

1 此处改用"千米"易对阅读造成困扰，故保留"英里"，不作换算。1英里≈1.6千米。——译注。

个可靠的设想。显然，由于某地点大部分花粉雨来自该地的母本植物，所以产自这些母本的花粉在这个地方，比较远植物的花粉更有可能被保留下来。但是，某地最常见的植物未必是最高产的花粉生产者，或它们可能在该环境中并未广泛散播花粉，或它们散播的花粉不易被花粉雨研究所采用的捕获器捕获，或它们散播的花粉很容易在特定的采样沉积环境中遭受破坏。因此，有大量生态因素限制了保存下来的花粉雨样品的特点。在某些情况下，当地母本植物的数量是一个主要因素，而在其他情况下，则不然。只有经验观察能当场作为一种可靠手段，来鉴定不同生态条件下的孢粉学表现。孢粉学家对于不同生态因素不同程度地影响现代和化石花粉雨的方式有多种理论认识，而有些学者会在他们的分析和解释中采用这些理论。但是，我们一直惊讶于这些理论与经验观察结果之间的矛盾。

于是，为了提出代表某花粉雨性质的有意义陈述，我们必须考虑两个与植物群生产花粉性质无关的问题。首先我们需要认识到，所观察的花粉样品要来自统计学群体，而这必须根据其统计学特征加以定义和鉴定。然后在花粉雨中，为定义和特征化之目的，用统计学而非根据经验，建立某种花粉类型的存在、缺失或比例。比如，某份100粒花粉的样品中见有1粒橡树花粉，另一份样品中有3粒橡树花粉，而第三份样品中没有橡树花粉，这些样品在经验观察上是有区别的。但是，就每份样品的大小而言，橡树花粉的比例在统计学上的差别不大，所见的这种差别可能由偶然操作中观察了相同统计群体中100粒不同的样品而产生。同样，如果在同样三个样品中观察到草本花粉的比例分别为35%、38%和29%，如果我们采用草本植物花粉的频率作为一种特征变量，那么我们可评判这三个样品为同一种群中的不同成员。我们做此判断可以不考虑这些样品产地分布的植物群性质。一个样品可能来自沙漠，另一个来自松树林，而第三个来自橡树林，而这都没有什么区别。如果以草本花粉频率为特征变量，那么这三个样品证明了它们是相同控制参数的表现，因为它们从统计学上来说来自同一种群。假定生态因素制约着花粉雨的特点，那么有关草本花粉的参考频率是某种生物自然现象的表现。显然，草本植物的花粉频率反映了某种或某组环境条件，这些条件会对三个地点草本花粉的产出、散播和保存产生相同影响，但是影响的植物群却不相同。

我们的观点有两方面：首先，承认花粉雨是统计学意义上的种群，这意味着为了利用地表花粉记录作为参考来解释古代或其他条件，我们必须采用合适的统计分析公式。但是，承认花粉雨是统计学意义的种群，意味着它们兼有操纵有意义和无意义统计结果的潜能。某花粉雨的一些统计学比例会与我们的分析目标无关；我们不能认为，某给定的花粉雨统计数据就反映了常识所理解的生态参数（如某植物类群很高的频率值）。因此至关重要的是，通过我们材料的任何特定统计特征，我们努力论证，实际上有可能辨认该采样地点分布的特定生物自然条件。

其次，我们必须承认，分辨某地点的生态条件基本上是一个分类问题，因为某个地点会在某些方面与其他所有地点相似，而在另一些方面却绝对独一无二。分类框架具有一种经验性的基础，它们只是尽量接近真实。它们可以是图案、方法（甚至人工制品，如果我们愿意），通过它们，我们为某种研究目的，分辨自然现象连续性中可以区分的诸多方面。于是，一种分类框架的意义和价值大体取决于它被采用的研究目的，就像它取决于其接近于真相的真实性一样。

为了将花粉雨与生态因素相联系，有必要将这些因素归组，以建立花粉雨样品采集区一种或几种生态学分类。这样的分类未必与其他人为其他目的（如果我们可以为它们分辨不同的目的）采用的分类一样，也没有必要将自己局限在我们用来确定花粉雨与生态条件关系的分类指标上。例如，我们可采用生物自然条件的一种分类，作为识别花粉雨与年降水变化关系的手段，而用另一种分类作为识别花粉雨与年气温变化关系的手段，而用第三种分类作为识别花粉雨与植物群变化关系的手段。

从基本上说，这一颇为冗长的陈述是为了让我们的读者了解，我们对瓦哈卡河谷做现代花粉雨研究时，所涉及的某种复杂性和各种问题。我们研究的目的是要鉴定与环境条件变化直接相关的花粉雨变量。由于我们了解花粉雨的产出、散播和保存取决于采集地点的生态，我们推断不同地点花粉雨的异同反映了这些地点的生态异同。但是我们发现，不同地点花粉雨的经验比较，对于鉴定和代表不同生态条件而言，并非一种恰当的方法。我们局限于花粉雨样品的观察，我们承认只能如此进行处理。因此，我们为比较目的采用它们的统计学特征，而非它们的经验性特征。这样做有一个特别的缺陷，即我们必须时刻考虑：分辨和确认的某花粉雨的统计学特征，有可能未必与我们了解和关注的生态条件相关。因此，就我们的目的而言，简单从统计学上确认不同地点花粉雨的有效变化，并不令人满意，因为我们无法推定这些变化反映了任何特定的生态学因素。我们必须从花粉雨中分辨直接因生态条件已知特质差别而产生的那些有效统计学变化。

这令我们直面另一个问题。我们通过生态条件对某地生物群的影响来了解和证明它们，我们通过我们所观察到的异同，并将自然界的连续性按单位分类，来分析这些影响。我们依观察到的特征确定分类框架之目的。于是，已知的生态条件的异同来自我们对自然界做出的评估或判断。它们本身未必是自然的，而是我们简化自然界整合的复杂性以便了解它们的方法。从逻辑上讲，只要我们觉得有用和符合我们的目的，我们可以随意采用任何方法。因此，我们可以依照多种标准和参数，分辨那些"已知"生态条件的异同。我们可以用来分辨"已知"生态条件的分类方法，实际上是无限的，但仅有有限几个分类方案能够发挥作用来实现我们特定的目的。

需要重申，我们的研究目的在于识别直接与生态条件相关的花粉雨变化。我们必须确定与花粉雨诸多方面相关的生态条件，因为花粉雨的统计特性并不能提供它们与某个或多个生态因素相关的证据。但是我们发现，我们只能通过分类方案来判断生态条件，而且分类方案的种类和数量最终取决于我们自己而不是大自然。

至此，许多读者可能会问，上述内容和我们对瓦哈卡河谷现代花粉雨研究有什么联系呢？简单来讲，当我们提出程序设计的问题，以便能够完成我们对生物自然调查整个项目的目的时，需要充分重视这些复杂问题，其中部分是哲学问题。有一件事，它们要求

我们注意现代花粉采样方案统计学恰当性的问题。显然，如果所观察的花粉雨样品和数量不足以分析这些花粉雨的统计学特征，那么我们无法指望将其作为参考来解释和评估化石花粉记录。而且，这些问题需要我们关注当今瓦哈卡河谷多种生态条件的表现方式，并考虑能够实现我们主要研究目的的各种分类方案。显然，如果我们不能确定某采样点的生态特点，那么我们就无法断定该地区花粉雨与生态之间是否存在明确的关系。

于是，我们对现代花粉雨的研究，令我们更加深入关注瓦哈卡河谷植物生态特殊性的研究，而这项工作对于我们作为孢粉学家和考古学家的专攻来说，是不太合适的。我们从事的这项研究并不采用生态学家那种精致的量化程序。但是，我们并非无视这些程序，而是因为我们不足以采用和解释它们，我们漠视它们是因为认为没有必要。我们需要的分类方案是那些能够令我们评估生物对主要生态变量的反应和植被不同形态之间的区别的分类方案。采用前者，我们能够汇总地表花粉雨信息，为用化石花粉记录重建古生态差异提供参考。为此目的，我们并不需要详细的信息。因为我们意识到，我们以量化方式所作的任何古生态重建都可能导致具体的错误。我们还意识到，希望用作参考以重建过去植被形态的细节，其意义和价值比较有限。我们想要从孢粉学证明的重建种类应该能与根据动植物大遗存、地貌和沉积学证据分析的重建相匹配。超出我们期望的对现代植被的形态更加详细的分析，对于我们重建古代的形态是得不偿失的。

河谷的植物生态

1966年至1969年间，有许多科学家带着不同的目的，同时从不同视角合作研究瓦哈卡河谷的生态环境。史密森研究院已故的华莱士·厄恩斯特（Wallace Ernst）就格外关注该地区植物的多样性。迈克尔·柯克比进行了自然地理学调查，借此关注气候、地形、沉积学、地貌和水文对生物群的影响。安妮·怀特（Anne Whyte）调查了文化地理，尤其注意季节性和收获潜力这样的变量与现代农业和采集活动的相互关系。C. E. 史密斯（C. E. Smith）从事的研究提供了有关不同植物共生特点的信息，尤其那些被认为是对人群来说是重要食物来源的植物，以及影响它们分布的温度和湿度参数。

而我们的研究主要是分辨植物的共生，这一方面可能为不依赖农业的史前人群提供潜在的重要食物资源，而另一方面它们很容易从花粉雨中体现出来。

由于瓦哈卡河谷米特拉段植被较少受到扰动，因此我们最先在这个地区开展生态学研究。1966年，舍恩韦特进行了南北走向和东西走向的交叉分析，以分辨这类植物组合。结果分辨出16组不同的共生植物，不包括耕种和明显抛荒的土地。但是，许多这类组合看来是在先前耕作和休耕地块上连续分布的植物群，而有的则是放牧造成的人为结果。在这项交叉研究过程中采集了19份表土花粉样品，代表了所分辨组合中的12种。

在评估这些样品的花粉值后（Schoenwetter et al. 1967），很明显的是，分辨出来的每组共生植物不易用孢粉学来代表。根据花粉的频率值，这些样品可分为6组，某些共生植物组显然可以与它们的孢粉学单位相契合。这些结果证实了两个结论：（1）在瓦哈卡河谷的现代花粉雨中确实存在差异；（2）这些差异明显与控制植物多样性的生态学变量有关，而非与植物本身有关。也就是说，采样点的花粉雨特点无法从生长在那里的成年植物的观察来进行预判。但是，该地点的生态学因素可以从花粉来判定（比如相对有效湿度值）（Flannery and Schoenwetter 1970：146）。

这一结果至关重要，它表明我们想要重建过去的生态学参数，可以从某采样地点的花粉雨反映出来，即使那里生长的植被已经受到人类活动的剧烈扰动。如果这一结论无误，那么地表采样可以不必限于植被受到较少扰动的地区；某地表采样计划可以获得重要的参考数据，甚至扩展至农耕区，以及河谷中经历了数百年放牧和数千年人类频繁栖居而显著改变了原有自然植被形态的地区。

但是，在开始扩大采样范围之前，我们必须建立一种生态因素性质的清晰概念，使得该采样项目能通过花粉分析来进行分辨。1967年，经与柯克比、怀特、弗兰纳利和史密斯磋商，汇总和评估了关于瓦哈卡河谷生态的一系列观察。我们的共识是，目前瓦哈卡河谷生态多样性的范围用三个分类方案加以分辨最为方便。其中最一般的就是史密斯（Smith 1978）建立的植物地理学分类。该方案用以分辨生物主要应对的那些重要环境变量，比如地下水位，由海拔变化和雨影（rain shadow）效应造成的年降雨量变化，以及随海拔高度变化造成的年均气温值。舍恩韦特采用的分类方案最为特殊，它反映了底层设计差异及连续和人类扰动影响的额外生态变量，它还以较为特别的方式提供了评估地形和海拔差异的影响。但是，采用舍恩韦特分类方案并不能分辨所有的生态学因素。因此，为了对化石花粉记录做参考性的解释和评估，这种分类方案要比我们所需要的方案更详细，也要比能够证明可行的方案更详细。

柯克比和怀特开发了一套分类方案，涉及九个单位，除了史密斯分辨的单位以外，还反映了底层（substratc strate）地球物理、农业潜能和植物群落等方面的生态差异。综合考虑三个方案，我们能够分辨目前河谷里可分辨的这些植被形态，而它们所反映的生态因素可以较容易地从花粉中体现出来。舍恩韦特、柯克比和怀特建立了瓦哈卡河谷米特拉段的植被区、植物群落和植物组合（在重要的地方）的分类方案。这被确立为采集和评估地表花粉样品的基本指导方案，并被设计来反映特定生态条件，如随海拔高度变化的年均气温、生理上影响植物生长和成熟的有效湿度，而这是由底层特点、地形位置、冠层特点以及优势植物所决定的（见表15.1）。

表15.1 瓦哈卡河谷米特拉段的植被单位

植物区	植物群落	植物组合	植 物 地 理 学 特 点
松树林	A		松树或阔叶橡树主导；无窄叶橡树
	B		橡树主导，兼有松树和窄叶橡树；石兰科常绿灌木和其他杜鹃花科植物也较常见
橡树林			没有松树；窄叶橡树占优势，或与阔叶橡树同占优势
荆棘林	A		以冠层延展的低矮树木为特点；见有橡树，或银合欢较为常见；橡树从不占优势；龙舌兰常见；柱形仙人掌常见
	B		不见橡树；决明属和龙舌兰属不常见；柱形仙人掌常见；见有裂榄属
牧豆树草地	A	①	麻风树或坡柳属常见；不见裂榄属
		②	麻风树少；不见坡柳属；见有牧豆树属；柱状仙人掌常见
	B	①	不见麻风树和坡柳属；见有牧豆树属；草本植物主导
		②	牧豆树属占优势

1968年，在史密斯的协助下，菲什进行了进一步的生态学研究。菲什历时三周踏遍河谷，她和史密斯观察植被，并采集他们认为能够代表现代各种生态条件的地表沉积样品，并详细记录了采样点的地貌、地下水位深度、土壤类型、植被形态、海拔，在耕作区还记录了作物类型和灌溉活动（见附表15.1）。菲什在河谷里辨认出六种植被形态，这是舍恩韦特、柯克比和怀特对河谷米特拉段的研究中所未发现的：

1. 松树和橡树共同占主导的一种植物组合；
2. 围涎树属（*Pithecolobium*［huamuchil］）占优势的植被组合；
3. 以牧豆树、金合欢或番薯植物（如牵牛树）占优势，围涎树属次之或常见的植被组合；
4. 以金合欢属占优势，番薯属植物次之或常见的植物组合；
5. 牧豆树属和金合欢属共同占优势的组合；
6. 一种仅沿阿托亚克河和米特拉河沿岸分布的植物组合。

上面组合1可以被列为与松树林B分开的一类组合，反映了瓦哈卡河谷米特拉段两片松树林区群落之间的过渡生态状态。组合2代表了一种独特的植被区：中生林地。它可以被认为是该地区的植物群落A，反映了高度有效的湿度，地下水位1—3米，且有茂密的树冠。

组合3、4、5可以被列为豆科林残留和改变的组合。史密斯（Smith 1978）曾指出，受伐木、放牧和毁林开荒的影响，该植被区被剧烈地改变，仅留下了耐受性最强的种属，如仙人掌果和辉萨克金合欢（huizache），而它们起初很可能并非数量最多的植物。由于大家认为它们的现代特点是人类活动而非生物自然条件造成的结果，因此这三种组合可以归为同一类植物群落。该生物群落因其低海拔位置和较低地下水位（3—6米），反映了河谷最低的有效湿度值。组合6可以被列为中生性林地植物区的第二种植物群落。它反映了今天河谷拥有的最大有效湿度条件，但是较高的年均气温和年降水量不超其他中生性林地群落和牧豆林区。

表15.2总结了为孢粉学分析目的而建立的针对植被形态和生态条件的分类方案。

表15.2　瓦哈卡河谷的植被形态和生态条件

植物区	植物群落	植物组合	植物地理学特点	年均气温	年降水量	有效湿度	树 冠
松树林	A		松树或阔叶橡树均占优势	低	高	高	
	B	①	松树和橡树均占优势				郁闭，高
		②	橡树占优势；见有松树				
橡树林			窄叶橡树占优势，或与阔叶橡树共占优势；不见松树	中低	中高	中高	稀疏，低
荆棘林	A		见有橡树，或决明属常见			中低	分层点缀的灌丛
	B		以豆树为特点；见有裂榄属；柱形仙人掌常见		中等		
牧豆树草地	A	①	不见裂榄属；常见麻风树或坡柳属	中等			无
		②	常见柱状仙人掌；不见坡柳属；见有牧豆树			低	
	B	①	不见麻风树和坡柳属；见有牧豆树		中低		
		②	牧豆树占优势				开阔疏林草地
牧豆树林			金合欢属或牧豆树属各自为优势种，或同为优势种；围涎树属或番薯属可能为亚优势种	高	低	极低	低—原来茂密，现已改变
中生林	A		围涎树属或落羽松属为优势种			高	高，分层—原来茂密，现已彻底改变
	B		柳属主导或与桤木属共同主导			极高	

地表花粉记录

频率变化分析

地表花粉雨样品采集点分布见图15.1。现代地表样品的采集遵照赫弗利（Hevly 1968）的建议，在平均约100平方米的地块内以散点方式收集。我们采用地表沉积样品，而非用花粉捕获设备，以便从一种沉积环境中采集花粉雨记录，这样很接近考古背景中采集的化石花粉。在采集到的191份样品中，有183份样品见有足够的花粉，以便满足统计分析所需的花粉数量。附录15.1提供了这些样品的观察，包括采样点的野外观察以及植被形态分类。图15.1—15.4展示的地表花粉频谱是排除玉米和葫芦花粉之后的花粉总数。

耕作区 从植物学角度来看，该花粉记录主要可分为两组：采集自耕作区和非耕作区。但是，即使是采集自非耕作区，也不能认为其完全是自然植被条件。几乎所有采自中生性林地和牧豆树林的这类样品，都来自栅篱地块或放牧小径；而河谷里放牧、砍

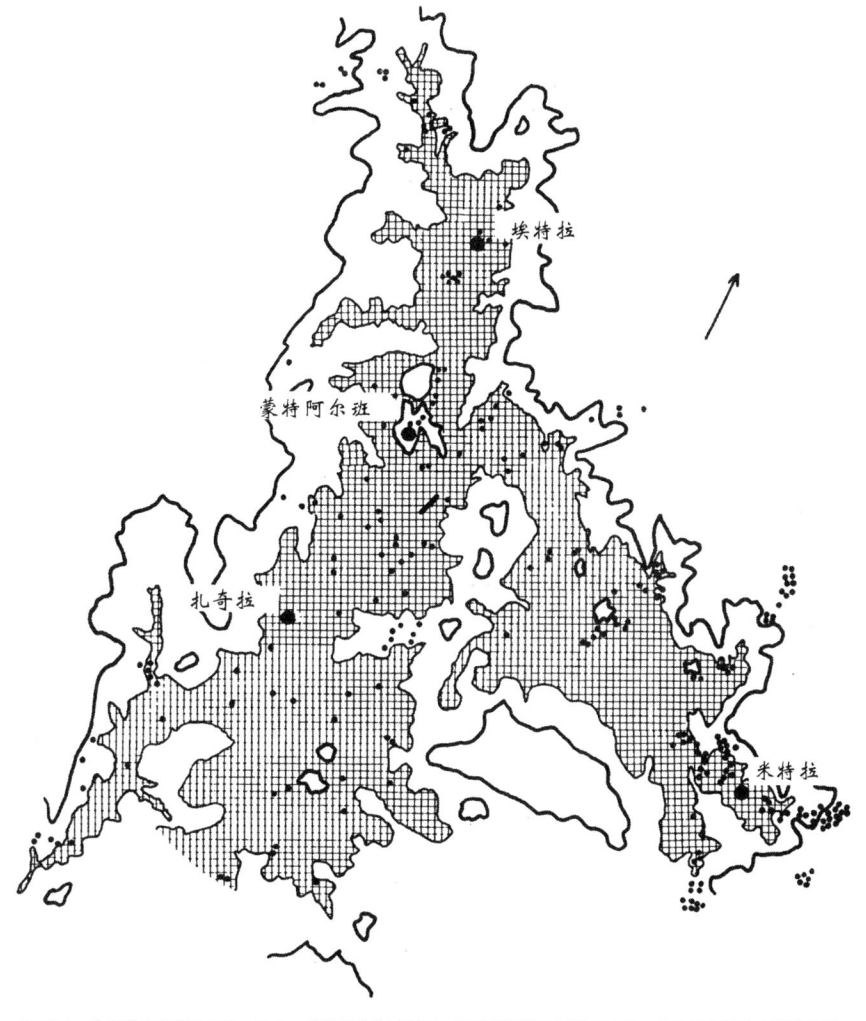

图15.1 地表样品采集的分布。其中，阴影部分为冲积区，轮廓线划定了河谷的边缘，大致是山脉和山麓的分界。

伐以及在所有植被区引入现代植物群物种的影响十分巨大。两组花粉频率之间的主要区别在于栽培植物花粉的比例。采自非耕作区的93份样品中见有56粒玉米和西葫芦花粉（图15.2和15.3），而采自耕地的81份样品中见有198粒这类花粉（图15.2和15.4）。但是，若以出现的稳定性和普遍性评判的话，两者差异更加明显。非耕作区样品中得到的玉米和西葫芦花粉样品只占总数的26.9%，而耕作地块样品中这一比例达到76.5%。

即使一份样品中存在一定比例栽培种花粉，也不能像常识所以为的那样表明这个采样点存在栽培活动。如果我们采用置信区间检测（a confidence interval test）来鉴定那些样品，其中栽培物种花粉的真实比例在统计学上大于零（置信度为0.95），这表明采自耕作区的样品中，仅有56.8%含有大于随机样品的栽培植物花粉。因此我们的结论是，如果一个样品中栽培作物花粉的频率在统计学上大于零，那么能估计这个样品来自这样的种群，其样品反映了适宜进行耕种地区的生态条件，与非耕种区有别。但是，有三分之一强来自耕地的花粉样品，并未以这种孢粉学方式反映由耕种所制约的生态条件。因此，某样品没有得到一个统计学意义的栽培作物花粉频率，就无法评判它来自耕作区还是非耕作区。然而，在一系列样品中普遍存在栽培作物花粉，则是耕作区生态条件的最佳指标。材料表明，如果我们从相同种群得到一组样品，如果该种群代表了耕作区，那么样品所含任何栽培作物花粉的比例会相当高；如果该种群代表了非耕作区，那么其比例就会很低。令我们印象深刻的是，后一个论断在瓦哈卡河谷被清楚证实，因为大多数非耕作区样品证明是来自被耕作区包围的围篱和放牧区。我们将其作为最好的证据，判断一组古代或现代花粉样品是否来自耕作区，一种保守的依据就是栽培作物花粉要有在统计学上有意义的稳定性。

松树林区 图15.2展示了松树林、橡树林和荆棘林区内耕种区和非耕种区花粉频率的分布差异。在松树林区的非耕种区，松树为优势种或与其他树种同为优势种，松树花粉频率值≥40%，而橡树花粉频率≤13%。当然，在松树林区的耕种区，植物以栽培作物为主，耕作地块里松树花粉的频率明显较低。甚至在松树包围着耕地周围的情况下也是如此。花粉频谱中松树比例≥40%，而橡树比例≤13%，那么看来存在这样的生态条件，它养育维持着一种以松树为主或

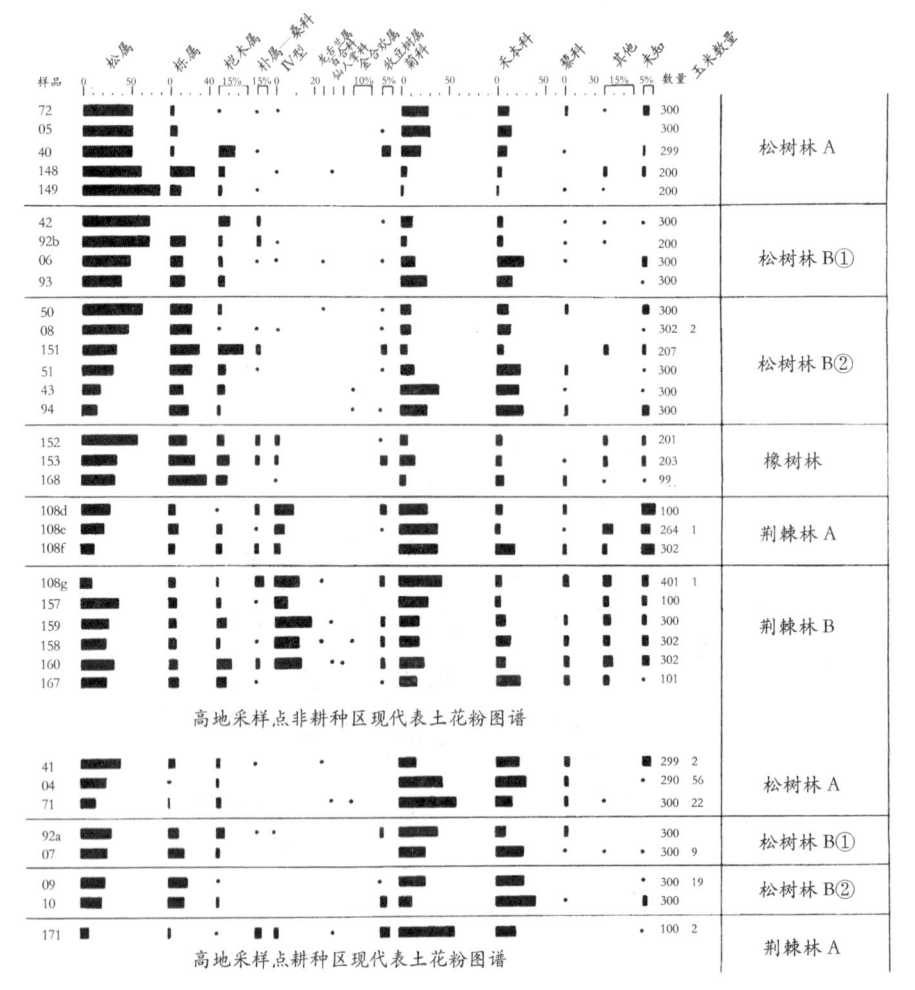

图15.2 河谷高地采样点除栽培种以外的现代花粉雨频谱。

15 瓦哈卡地区古代期的花粉分析

与其他树种共同主导的一种树林。然而，看来很明显的是，该控制变量在松树作为当地林冠结构（的植被区）中未必占主导。估计，在一片非人工而是自然形成的松树林主导区采样，松树花粉的频率也会低于40%。因此，相对未受扰动的A型和B①型松树林（松树花粉≥40%，橡树花粉≤13%），其花粉频谱特点反映的是林冠结构的生态条件。特别是，这种花粉频率并不能指示今天瓦哈卡河谷的温度、降水和有效湿度值。我们也没有理由认为，化石花粉可以反映这些情况。

在橡树为优势种的非耕种区样品中，橡树花粉的比例超过13%。在橡树作为优势种围绕在耕田周围的情况下，也是如此。如果橡树是该地区植被的优势种，那么不管在松树林还是橡树林，橡树花粉都会表现出这样的频率值。于是，橡树的频率值不能被合理地解释为反映了制约当地林冠结构的生态因素。由于这类频率值都见于松树林和橡树林区，它们也不能作为年均气温、年降水量或有效湿度值的反映。显然，它指示了一种允许橡树成为区域植被优势种的生态条件。看来真实的情况是，橡树在采样地点实际上是否是优势种无甚关系，因为在橡树不占优势的耕种区也能获得超过13%的橡树花粉频率值。这种生态条件的确

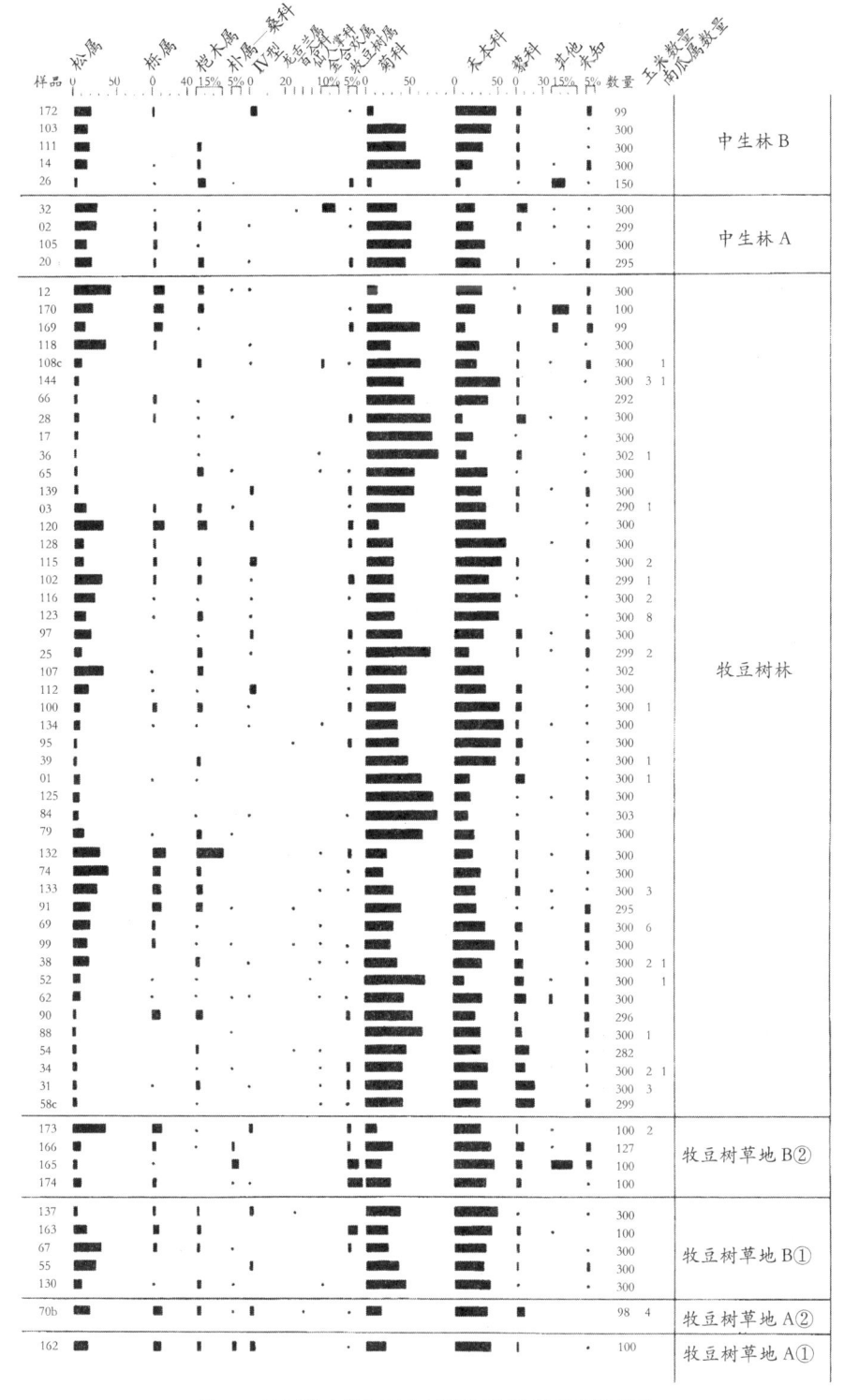

图15.3 河谷低地非耕种区采样点除栽培种以外的现代花粉雨频谱。

切性质我们还不甚了解。但是，知道它们也无助于我们的研究，因为评估和解释化石花粉样品并不需要它们的知识。

有趣的是，我们注意到在松树为次优势种的采样区（B②型松树林），松树花粉频率值的变化远大于松树单独或与其他树种共为优势种的采样区。还有，在松树为次优势种地区采集的某些样品中，松树花粉的频率明显低于某些不见松树的橡树林采样区。这加深了我们对于在花粉雨采样区或附近，松树花粉的频率并非一种可靠参数的认识。而这是采样区存在生态互动的一种参数。这一发现并非仅见于瓦哈卡，马丁（Martin 1963）和梅林杰（Mehringer 1967）证明，在亚利桑那奇瓦瓦（Chihuahuan）沙漠草地区和内华达莫哈维（Mohave）沙漠区见有较高频率的松树花粉来自遥远的松树花粉产地。在这种情况下，生态的控制变量明显是影响采样区植被花粉产出和散播的变量。马丁发现，寸草不生又远离松树林的干盐湖区，见有较高频率的松树花粉。梅林杰在远离松树林的沙漠灌丛区样品中获得了较高的松树花粉频率，那里的优势及次优植物通过虫媒授粉，并不像松树那样散播花粉。

看起来至少在干旱和半干旱区，评估和解释花粉雨中松树花粉频率需要格外谨慎。认为花粉记录中有较高频率的松树花粉即代表有较多的松树存在，是非常可疑的（即Ohngemach 1973）。瓦哈卡地区的数据表明，如果我们着手的一组样品来自同一个种群，那

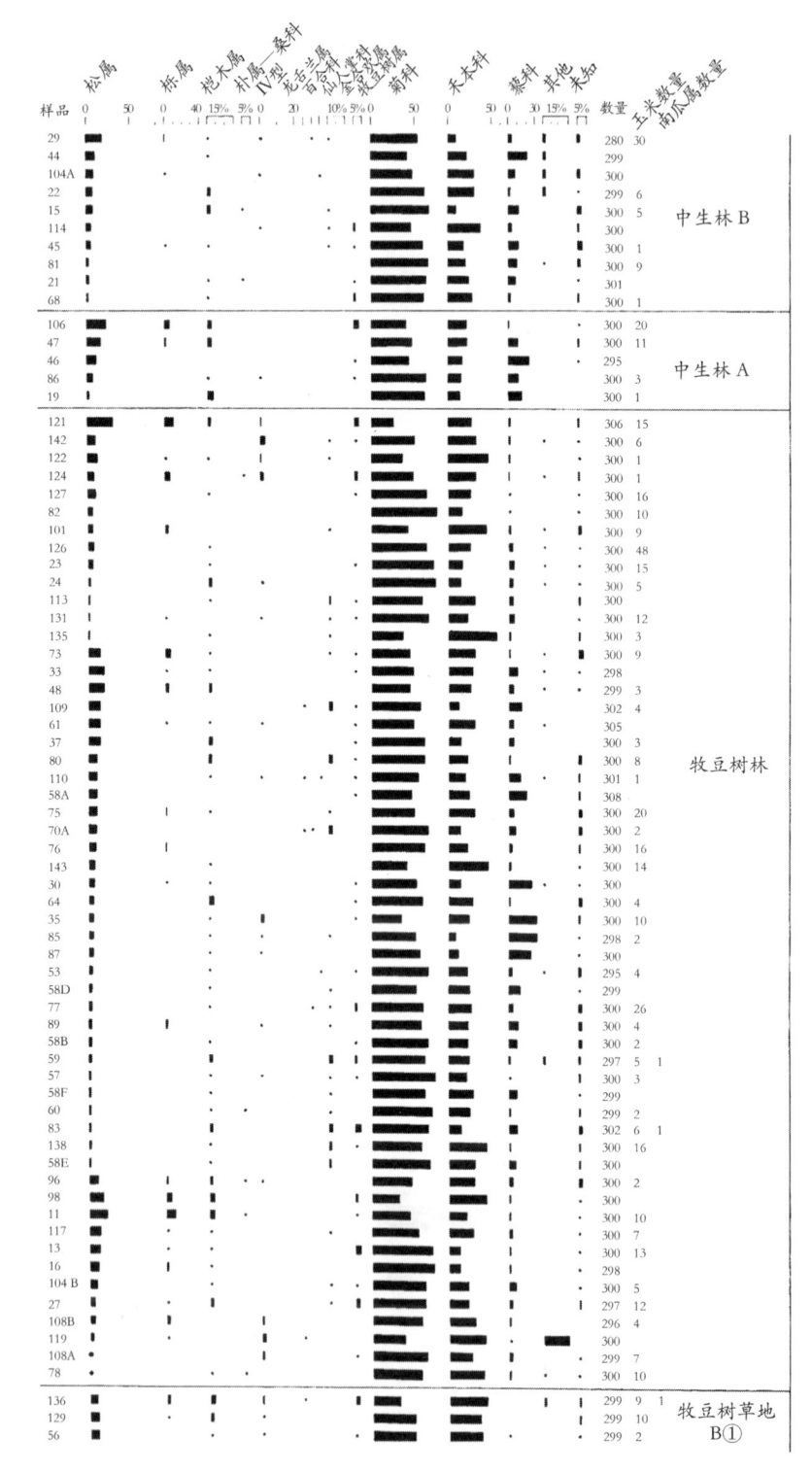

图15.4 河谷低地耕种区采样点除栽培种以外的现代花粉雨频谱。

么有其他的数理统计办法来分析松树花粉在花粉雨中的频率变化。很明显，如果样品中松树单独或与其他种属共为优势种，那么这一组表土花粉样品中松树花粉出现的频率变化不大，且在95%置信度下，均超过40%。吉什（Gish 1976）发表的威斯康星表土花粉记录证明，这一论断可能同样适用于北美洲温带地区。

荆棘林区 瓦哈卡河谷荆棘林采样点的植物群差异很大，有人可能会认为它们的花粉雨有同样的差异。但是该预判并未被荆棘林区采集的样品花粉的频率值所证实。荆棘林区花粉雨样品作为一个组合看，它们获得的花粉类型多样性要远大于其他区域，但是从统计学上而言，该花粉样品类型的多样性，在任何一个荆棘林区样品中，并不比整个河谷地随机采样的样品来得大。还有，我们可以分辨一组独特花粉频率，它只能评估和解释采自同一群落的样品组；存在或多或少的花粉类型频率无法判定可作为反映荆棘林区的生态特点的任何特定样品。

瓦哈卡河谷花粉雨中，花粉类型之一以三孔径、近长球形、有完好覆膜包裹并有细条刻纹为特点。我们将河谷环境中生长的463种植物花粉，以及已经发表的大量花粉描述，与此花粉类型进行比较，但仍然没找到与其相关的植物种属。与这种花粉形态最接近的当属漆树科（Anacardiaceae）（腰果属）的花粉，该科在我们现代花粉参考采集样品中，以荆棘林区最普通的成员（*Rhus standleyi*; R. Mollis, HBK）为代表，但是看来不是产生这种花粉类型的树种，我们只能将其鉴定为Ⅳ型花粉。舍恩韦特（Schenwetter 1972）在索诺拉（Sonora）的荆棘林和矮树林区的表土样品中也发现过这种花粉。但菲什（Fish 1977, 1978）、塚田松雄和迪维（Tsukada and Deevey 1967）无论在伯利兹还是在危地马拉的热带丛林中均未发现这种花粉。

尽管我们并不知晓产出这种Ⅳ型花粉的是何种植物，但我们却清楚瓦哈卡河谷出现一定数量这种花粉的花粉雨所代表的生态环境。只是在荆棘林区采集的样品中Ⅳ型花粉的频率值通常≥5%（95%的置信度）。橡树林区采样点的样品中，Ⅳ型花粉的这种频率值是不规则的，但在这些案例中，无论Ⅳ型花粉的频率值如何，橡树花粉的频率总大于13%。因为这仅在橡树为优势种的采样区如此，因此这种花粉雨不会被误判为来自荆棘林区。

根据我们对瓦哈卡河谷生态条件的分类（表15.2），含Ⅳ型花粉大于5%的样品反映了中低有效湿度值、发育一种零散分层林冠的状况。看来这类样品（不像那些橡树花粉频率超过13%的样品）反映的是采样点就地而非其周围的生态参数。就Ⅳ型花粉的频率而言，从荆棘林区内某耕地获得的单一样品不同于非耕作区的样品。

低海拔区 牧豆树草地、牧豆树林和中生林区均分布在河谷较低海拔的位置。与较高海拔地区的植被形成鲜明的反差，它们的分布并不严格受控于温度和湿度。由于受现代盛行风向的影响，牧豆树草地限于瓦哈卡河谷米特拉段的南部，雨影效应影响最大。因为史密斯（Smith 1978）态度特别保守，他并未重建牧豆树草地的原始分布，而是将其归入牧豆树林。如果温度和降水的季节变化与现在相同，但是盛行风向由目前的东南风变为东北风或南风，那么瓦哈卡河谷很可能就不会有牧豆树草地的植被区存在。取而代之的是，以牧豆树草地为特点的共生植被会以分散的位置遍布河谷的牧豆林区和荆棘林之中，在那里，雨影效应结合局部的地形学和沉积学特点，造就能使这种共生存活的特定生态条件。

牧豆树林和中生林植被区的分布，受控于发展和维持所需的底层条件分布：冲积层。虽然在这些区域十分常见的单一树种，甚至是常见的共生组合，可以存在于底层条件并非冲积层的区域，但是除非土壤深厚，否则不会有这种区域的植被形态。由于河谷的区域地质和盆地沉积的地形，在瓦哈卡河谷里只有冲积区才有这样的土壤。再者，不管温度和降水如何，松树林、橡树林和荆棘林等区域也不能生长在如此广阔的深厚土壤上。如果这种气候框架发生剧烈变化，比如说温度降低，那么牧豆树林和中生林就会死亡，它们也不会被松树林、橡树林或荆棘林等植物群落或我们目前所见的植被组合所取代。因为冲积底层还在那里，它们只能被适应于这种底层条件的其他区域植被形态所取代。

对瓦哈卡河谷古生态条件的重建，必须考虑这些情况。无论过去的古气温和古降水条件如何，只要没有冲积底层，牧豆树林和中生林就不会出现在这种地理位置。同样，除非某地区在季风生成季节有强劲的雨影效应，否则牧豆树草地就不会以一种区域植物形态出现。

瓦哈卡河谷共有4个考古遗址，其中采集到的花粉雨样品可归于前陶期。其中有3个位于今天的荆棘林植被带，靠近其海拔的上缘的一片破碎地形区。这些遗址在栖居期间均不可能发育中生林、牧豆树林和牧豆树草地的区域植被形态。第4个考古遗址位于瓦哈卡河谷米特拉段的冲积底层区。今天该遗址区为耕作区，所以它所支持的植被形态必须从其土壤、地形和水文等条件，而非所见的植物群来重建。由于该遗址处于冲积底层的位置，那里的水位深9米以下，并在强大的雨影效应区内，因此被划归牧豆树草地植被区的耕作区，可能是B②型植被组合的一种。如果过去这个地区的年降水和温度基本与现今无异，而地下水位稍高，那么这个遗址或可能发育A型中生林植被形态。而如果过去季风季节的盛行风向不同，但降水、温度和地下水位基本与今天相似，那么该遗址很可能会发育一种牧豆树林区的植被形态。但是，在其他的生态条件组合下，该遗址可能只发育：（1）就像今天所见的同类植被形态，虽然没有耕种；（2）一种瓦哈卡河谷今天根本不存在的植被形态。

于是，为了得到瓦哈卡河谷前陶期花粉记录的参照，我们只需要确定少数——十分特殊的——牧豆树草地、牧豆树林和中生林植被区的现代花粉雨特点。我们只需要分析这些花粉雨，因为它们可作为评估和解释考古遗址中化石花粉雨的潜在参考。在这些遗址，我们只需要参考少数的可能性，因为该位置排除了许多化石花粉雨与现代花粉雨记录之间有关的可能性。比如，该遗址位置不可能发育我们如今所见的B型中生林植被群落。

我们认为共有三个重要的可能性需要我们作为参考：（1）史前期该遗址有可能存在像今天牧豆树草地区那样的生态条件；（2）该遗址被栖居期间，其生态条件有可能像现在那样与A型中生林植被群落共生；（3）今天牧豆树林繁盛的生态条件，过去可能也存在于该遗址。为了评估这些可能性，我们必须设法鉴定这些花粉雨的特点，以分别确定无林冠覆盖、有效湿度较高以及低而稠密的林冠覆盖。表15.2的分类框架，就是区分今天这些地点生态条件的依据。

我们要提醒各位读者，瓦哈卡河谷获取的可能反映这些生态条件的所有现代花粉样品，均采自受人类活动影响强烈的地方。中生林、牧豆树林以及牧豆树草地等地区经历了至少2 500年的广泛耕作和砍伐，而且技术多样。在过去500年里，它们又是家畜的主要放牧区。这些活动对我们采样点的花粉雨没有影响，甚至只有轻微的影响，对此我们无法否认，但我们还是有理由认为，就耕种区与非耕种区而言，这种花粉雨的影响对前者更为直接。事实上，我们推测，这些地区非耕种区的花粉雨，提供了可与生态参数变化相对应的展望。但是，由于受到人类的直接干预变化，耕种区的生态则做不到这点。于是，出于便于参照的目的，我们不考虑中生林、牧豆树林和牧豆树草地

植被区耕地的花粉雨记录，并在频率分析时将其去除（表15.4）。

图15.3显示了低海拔地区非耕种区（如围篱、未耕种的公共区、土墩表面或残留的土堆）的花粉频率值。可以很明显地注意到，这些地区某些样品的花粉频率，与高海拔地块的花粉特点无异。其中3个样品含有大于40%的松树花粉和不足13%的橡树花粉，有4个样品中的橡树花粉超过13%。但是，作为参照，不排除利用些样品系列。图15.3的所有样品均采自冲积底层和地形完整的区域。即使低海拔地区的某样品得出这种花粉记录，我们也不会将此记录评估和解释为反映了目前松树林和橡树林区所见的生态条件。除非是非沉积底层和破碎地形地区，这样的条件不可能存在，也不会以这样的花粉方式表现出来。虽然生态学参数的组合会导致某种低海拔区的花粉雨很像高海拔地块的花粉特点，我们认为它不可能是相同的组合，因为类似低海拔地块的花粉雨是如此罕见，这些相应的生态学参数看来是高度局地的。

但是，出于相似花粉雨的存在，以及它们来自很可能受到人类活动影响的地块这个事实，我们需要采取一种谨慎态度。我们还注意到了采自同一植被形态类型不同样品里花粉频率的差异度。在我们看来，除了群落分析外，考虑对这类样品作严格的分析并不值得。

采自牧豆树草地区的样品如此之少，以至于我们在任何情况下只能将其作为单一种群来对待。作为一组植被，它们反映了林冠覆盖极少的生态条件，所以如果观察从一处低海拔遗址中获得的一种化石花粉记录，这类种群样品特有的孢粉学特点就会指示这样的生态。从花粉频率来看，这类样品种群具有的独特之处，就是存在朴属—桑科花粉的频率。

朴属（朴树）的花粉可以从形态学上根据其沟痕，与桑属（桑树）或其他桑科花粉进行区分。然而当桑科和朴属的花粉保存不佳时，其表面纹路的细节很容易因腐蚀、侵蚀或花粉粒的扭曲和折叠而变得模糊。由于我们从瓦哈卡河谷观察到的大多数现代和古代花粉，保存得都比参照标本要差，因此在进行分析时，有必要把某些形态相似的种属归到一起。朴属—桑科花粉的类别即代表这样的合并。在瓦哈卡河谷，桑科的分布比朴属有限。朴树分布在沿水道的所有植被区，原来它很可能在中生林和牧豆树草地植被区最为常见。今天桑树最常见于荆棘林和牧豆树草地A植被区，原来它们很可能在中生林也较为普遍。于是，朴属—桑科花粉有望分布在河谷的任何植被带内。朴

属或桑科植物都处于所有采样点合理的距离以内，而这些植物产生的大量花粉，是由空气自由散播的，而非由昆虫或动物传播的。

然而事实证明，现代花粉雨中并不总能发现朴属—桑科花粉。它在78%的牧豆树林和89%的中生林样品中缺失，但见于64%的牧豆树草地的样品中。我们不知道为什么会出现这种比例，它们肯定无法通过我们对这些植被区里植物群特征的了解来预判。但是，它们发生的事实令我们认识到，牧豆树草地样品的朴属—桑科值作为一组数据，能与牧豆树林和中生林的样品分开。如果一群化石花粉雨样品中存在高频率的朴属—桑科花粉，那么我们可以可靠地认为，它指示了该地缺乏林冠覆盖度，很可能是一种雨影效应的结果。

根据花粉频率，A型中生林区植物群落高效的湿度条件可根据菊科和禾本科花粉频率的比值予以分辨。从这一植被群落获得的样品中，菊科花粉的频率为44%±2 p_L（置信度为0.95），而禾本科为28%±2 p_L；其比率大约为1.6∶1。在牧豆树林样品中，菊科花粉的频率为45%±2 p_L，而禾本科为35%±2 p_L，比例约为1∶1。尽管菊科花粉的比例在两种类型中并无明显差异，但其中一类明显较多的禾本科花粉频率，反映了低而稀疏的林冠覆盖。因此，低海拔花粉雨中明显较高的菊科和禾本科频率反映了较高的有效湿度条件。

小结　总体而言，某些花粉频率可以用来指示当今特定的生态参数，并可以被用来分辨前陶期地层中化石花粉雨中这类参数的存在。如果一组采自高海拔地区遗址的花粉样品存在不少于40%的松树花粉和不多于13%的橡树花粉，那么就反映了高大而封闭的林冠的存在。不少于5%的Ⅳ型花粉则反映了中低有效湿度和分层及分散的林冠的存在。如果一组化石花粉样品采集自低海拔的遗址，这些样品中见有高比例的朴属—桑科花粉，表明缺乏树木或灌木的林冠；而比例为35%±2 p_L的禾本科花粉，表明有低矮而浓密的林冠；菊科和禾本科花粉比率不低于1.6∶1，反映了较高的有效湿度。

某些花粉频率也能反映植被条件。如果一组花粉雨样品中总是含有栽培作物的花粉，这就表明该组样品受到耕作区特定生态条件的影响。如果一组样品中松树花粉有较高的标准偏差，这反映了松树在该植被中并非优势种，虽然其林冠可能高而封闭。如果一组样品中橡树花粉的频率超过13%，这反映了该样品来自橡树为优势种的植被带。

多元判别函数分析

之前分析中遇到的主要难题很明显：我们能在瓦哈卡河谷分辨一些生态条件，并希望有助于前陶期的重建，但这些条件无法从花粉频率的差异中体现出来。比如我们观察到，花粉频率的变化与河谷中年均气温或年降水的变化没有直接关系。当然一些假设的提出有助于更好的解释。比如我们可以假定，橡树显然是植被中的优势种，反映了仅见于当今橡树林植被区的生态条件。这种设想如果用于现代花粉雨时就不成立，因为今天橡树在松树林区中可以是优势种——B②型植被组合。但这也可以这样认为，今天橡树在松树林中成为优势种是由于现代的砍伐活动。因为这种活动不大可能发生在前陶期，因此将这一设想用于化石花粉雨还是成立的。采用这一设想，一组化石花粉雨中含有频率高于13%的橡树花粉，可以反映存在中低度的年均气温、中等的有效湿度条件，以及低矮、封闭度中等的林冠条件。

但是，为了区分我们感兴趣的那些主要生态条件，这种方法要把一个无法验证的设想建立在另一个无法验证的设想之上。这样不牢靠的计划没有什么价值，也违反了我们研究现代花粉雨的初衷。如果我们满足于接受这样的设想，那么就根本没有研究现代花粉雨的必要。前文冗长而费力的分析则是一种徒劳。

我们转而利用判别函数分析，以便分辨作为不同生态条件参考的花粉样品组之间的孢粉学差异。

判别函数分析是用来研究花粉频率值与气候、植被和生态形态之间关系的许多多元统计技术花粉分析方法之一（Bernabo and Webb 1977; Birks et al. 1975; Burton 1973a, 1973b; Smith 1974, 1975; Webb 1974a, 1974b; Webb and Bryson 1972; Webb and McAndrews 1976; West 1978）。所有的工作均基于有关现代或古环境条件与均以花粉频率表示的生物学记录的相同基本设想，且采用这种模式相同的基本数学公式之上（见Webb and Clark 1977：95—98）。所使用的不同统计技术，如多元回归分析、主成分分析和典型相关分析等无一例外，均提供独特的方法以建立现代环境条件和生物记录关系的校准，而后者普遍反映了特定环境形态。最适当的分析方法的选择，取决于能代表采样环境条件和研究目的的材料类型。

大多数供多元分析的现代花粉样品都采自湖泊或沼泽的表层沉积。不像瓦哈卡采集的陆地表面花粉记录，它们普遍代表了沉积盆地的花粉雨，因此反映了植物组合的镶嵌。尽管陆地表面花粉记录中包含了远程搬运至采样点的花粉，但大部分相关的花粉被认为是代表采样点本地的植被和生态条件。对这种陆地现代花粉记录采样点植被、土壤、地形和地貌条件的观察构成一个信息体，这对于评估现代花粉记录意义重大。每个样品都能明确置于用于评估研究区生态的分类方案中的某特定位置。置于相同位置的每套样品都与其他组明显不同。

当这种特点的数据可获时，判别函数分析是观察现代花粉雨频率与生态条件之间关系的最佳办法，因为该技术明确被设计用来观察某选定因变量（dependent variables）在决定小组成员中的关系（Cooley and Lohnes 1971：13, 243ff.; Klecka 1975：434ff; Sokol and Rohlf 1969：488ff; Van de Geer 1971：242ff.; Veldman 1967：268—280）。这里，我们将花粉频率用作因变量，生态学分类方案的单位包含了花粉记录所归属的那些小组（表15.2）。在非常一般的意义上，判别函数分析是较熟悉的聚类分析的对照。在聚类分析中，某数据体中的相似性被分开以便形成组。在判别函数分析中，已知对应不同组的数据差别被分开，所以每个组都尽可能有其自己的独特性。

判别分析的一般方法分两步。第一步，对一批初始数据进行详细的观察，以确定一套数学陈述，最大限度地将归组的数据值分开。这些陈述即为判别函数，它们表达了各组数据经得起统计评估的最大可辨差异。特别是，假定数据是一种多元正态分布，那么F检验揭示了这样的可能性，即某判别函数可能是随机生成的。判别函数允许识别可用于每个因变量（在此是花粉频率）的加权值（weighting value），以得到能最大程度分隔不同分类组的陈述。由此，展现的一个模型能用作一种手段，根据初始数据集的分组来对新数据（在此指化石花粉）进行分组。

分析的第二步对第一步得出的模型强度进行检验。在此，为该模型建立的判别权重被用于初始数据集，并将得到的特定生态组的分配结果与原始分类进行比较。应用该模型得到的"正确"分类比例被用作反映模型有效性或强度的一种指标。

某组花粉记录可以被用来产生多个不同模型，其中有些可能会比另外一些更加有效。这可以通过两个途径来实现：（1）合并（拆解）两个或更多个花粉种属的频率值；（2）在考虑频率值的计算时去除某些花粉种属。拆解或去除的决定由数据集的性质或分析的目的来判定。例如，一系列植物种属可以这样的花粉记录为代表，它们被认为是相同生态形态的参考。在瓦哈卡河谷，桤木属、桦木属和柳属均限于河岸的栖息地。由于它们都可以被视为河岸生态的参照，我们可以正当地把这三种花粉频率值合并为单一的因变量，以达到将河岸栖息地花粉与其他栖息地花粉做出最大判别的分析目的。或者也可以考虑去除某些花粉种属；其效果将改动其余花粉种属的频率值。在瓦哈卡可以证明的是，玉米和西葫芦花粉的存在而非其频率，反映了与农业活动特别相关的生态参数。如果研究之目的是要建立未受农业活动影响的一个花粉雨/生态关系的模型，那么这些花粉种属频率应该从计算中去除，因为它们与研究目的无关。

于是，我们在瓦哈卡河谷进行现代花粉雨判别函数分析的问题是分辨其花粉和，以便为表15.2中所识别的每个分类方案建立一个有效的数学模型。判别函数分析程序的第一分析阶段即针对这一目的。

根据频率分析的结果，我们起初设想，某些花粉值会代表并区别河谷耕作区的花粉雨。判别函数分析确认了这点（表15.3）。分析的第一步证实，三种花粉在区别耕作区和非耕作区花粉记录中发挥了重要作用，它们是玉米、西葫芦和菊科。

表15.3 耕作区和非耕作区地块样品的判别函数分析，标准和[a]

实　际　组	样品量	预测组成分	
		耕种区	非耕种区
耕种区样品	99	67	32
		67.7%	32.3%
非耕种区样品	81	16	65
		19.8%	80.2%

[a] 正确分类归组数据的百分比为73.33%。

为了为每个分类方案建立适用于生成一个数学模型的花粉和，在去除玉米、西葫芦和菊科花粉的值后，花粉的粗计数转化为百分比形式。然后该百分比值用来对所有现代地表花粉记录进行判别函数分析。这些模型是根据去除上述三种花粉后的花粉计数建立的，因此根据一种调整后的花粉和，应该能对未受农业活动影响的生态条件进行分类。

调整后的判别函数分析

有效湿度组 在生态分类中有效湿度共分6类，但是它们又分为2个无等级的类别：低地有效湿度（细分为高、中、低及极低的有效湿度）和高地有效湿度（细分为高、中和低有效湿度）。这两个类别并无等级，因为底层深度的决定变量已将河谷中的树林分为适应低地和高地条件两种形式。高地组的中低有效湿度与低地组的低有效湿度并无可比性。为求精确，有必要为每组分别建立数学模型。

表15.4展示了适用于河谷低地有效湿度类别的模型强度，该模型的分类强度要比我们想的结果要逊色。但是，我们仍认为它是整体模型强度一种合理而准确的表现。大概有30%的明显不当分类趋势，将属于高有效湿度组的花粉记录错误归入很低的有效湿度组，反之亦然。这表明，该模型作为低有效湿度组的准确解释还是有用的参照，但对其他则不大可靠。

表15.4 河谷低地样品有效湿度类别的判别函数分析，调整和[a]

实际组	样品量	预测组成分		
		高	低	极低
高有效湿度	24	16	1	7
		66.7%	4.2%	29.2%
低有效湿度	14	1	10	3
		7.1%	71.4%	21.4%
极低有效湿度	103	27	14	62
		26.2%	13.6%	60.2%

[a] 正确分类归组数据的百分比为62.41%。

河谷高地有效湿度模型较强（表15.5），但是这也可能有人为因素，因为每组的比较样品较少。这一模型在对中高有效湿度组的花粉记录分类时有可能出错，但对中低有效湿度组的花粉记录分类时特别可靠。作为准确解释的参考，它对此目的最为有用。

年降水量组 年降水量组可以按级别分类，但由于在该分类方案中只有5组，因此该模型的信息内容低于将两组有效湿度模型合在一起考虑。年降水量模型的整体分类强度（表15.6）高于两个有效湿度分类模型。由于数量范畴之间的差别通常非常明显，因此年降水量模型作为解释花粉记录的参考比较有用。此模型的主要缺陷在于区分中等和中高年降水量组之间的区域。

表15.5 河谷高地样品有效湿度类别的判别函数分析，调整和[a]

实际组	样品量	预测组成分		
		高	中等	中低
高有效湿度	22	14	8	0
		63.6%	36.4%	0
中等有效湿度	3	1	2	0
		33.3%	66.7%	0
中低有效湿度	10	0	1	9
		0	10%	90%

[a] 正确分类归组数据的百分比为71.43%。

表15.6 年降水量类别的判别函数分析，调整和[a]

实际组	样品量	预测组成分				
		低	中低	中等	中高	高
低年降水量	127	97	18	0	0	12
		76.4%	14.2%	0	0	9.4%
中低年降水量	13	4	8	0	0	1
		30.8%	61.5%	0	0	7.7%
中等年降水量	8	0	0	5	2	1
		0	0	62.5%	25%	12.5%
中高年降水量	6	0	0	2	3	1
		0	0	33.3%	50%	16.7%
高年降水量	22	2	0	0	1	19
		9.1%	0	0	4.5%	86.4%

[a] 正确分类归组数据的百分比为75.00%。

年均气温组 年均气温分类仅包含4组等级，因此在我们所有生态分类中信息量最少。事实上，由于该模型基本上是由海拔所决定的，因此它对于解释考古记录的参考意义不大。考古遗址点的高程信息应该可以作为此模型从孢粉学数据提供的相关古气温参数。

该模型的整体强度相当高（见表15.7）。但是它明显有将中等组的样品错误归入高年均气温组的倾向。这可能以这样的事实来解释，即高年均气温组含牧豆树林样品，而中等年均气温组含牧豆树草地样品。在这两种植被形态中金合欢和牧豆树均是代表性种属，这很可能对孢粉学所见的花粉分布形态的相似和造成的重叠产生影响。

这些结果令人鼓舞，但并不完全令人满意。首先，通过排除菊科花粉以得到花粉的调和令我们关注以下问题：（1）先前采用的频率分析（Flannery and Schoenwetter 1970; Schoenwetter 1974）表明，该花粉在古环境解释中有重要作用；（2）菊科花粉在有些化石花粉记录中的频率要远高于现代花粉记录中的频率；（3）原书194页的频率分析表明，菊科/禾本科在解释有效湿度上是可行的。其次，虽然在此模型中玉米和西葫芦的花粉频率值对于区分耕种区和非耕种区很有意义，但它们远不及菊科花粉的频率值。再次，我们预判，该模型应该比此项分析结果所示的强度更大。

为了改善这一情况，有必要更加详细地观察不受花粉和调整后所构建的模型中每个花粉种属的特定分布。因此，我们用同一批材料做了第二次判别函数分析，但不再区分耕种区和非耕种区花粉记录之间的差异。这些即所谓构建立足于一种花粉标准和之上的模型。

标准花粉总数判别函数分析

有效湿度组 表15.8和表15.9展示了用花粉标准和建立一个数学模型以区分有效湿度生态组的优势。尤其是表15.8的结果，显示这一模型在解释本书所关注的高地采样点化石花粉记录的强大能力。这一模型在解释低地化石采样点的化石花粉时也非常有效，但不及高

表15.7 年均气温类别的判别函数分析，调整和[a]

实际组	样品量	预测组成分			
		低	中低	中等	高
低年均气温	22	17	3	0	2
		77.3%	13.6%	0	9.1%
中低年均气温	3	0	3	0	0
		0	100%	0	0
中等年均气温	24	1	0	13	10
		4.2%	0	54.2%	41.7%
高年均气温	127	12	0	1	114
		9.4%	0	0.8%	89.8%

[a] 正确分类归组数据的百分比为73.52%。

表15.8 河谷高地样品有效湿度类别的判别函数分析，标准和[a]

实际组	样品量	预测组成分		
		高	中等	中低
高有效湿度	22	20	2	0
		90.0%	9.1%	0
中等有效湿度	3	0	3	0
		0	100%	0
中低有效湿度	10	1	0	9
		10%	0	90%

[a] 正确分类归组数据的百分比为91.43%。

表15.9 河谷低地样品有效湿度类别的判别函数分析，标准和[a]

实际组	样品量	预测组成分		
		高	低	极低
高有效湿度	24	16	1	7
		66.7%	4.2%	29.2%
低有效湿度	14	1	10	3
		7.1%	71.4%	21.4%
极低有效湿度	103	25	7	71
		24.3%	6.8%	68.9%

[a] 正确分类归组数据的百分比为68.79%。

地（表15.9），困难仍然在于这一模型会将大约1/4来自牧豆树林的样品划归河岸栖息地的中生林。我们认为，在某种程度上，这可以被解释为中生林消失变成了农田的结果。而这是在牧豆树林区形成堵塞和注入区域小分支径流的一种结果（基本上是河谷谷底高处的冲积区），不然就成了河岸栖息地。在采集现代表土尤其是已经变为农田的田地样品时，可能采集了许多如果不是人为干涉可能变成河岸生境的牧豆树林样品。从孢粉学上说，这些样品可望获得当地高有效湿度值的证据。

年降水量组 这一模型的分类强度（表15.10）要比采用花粉调和模型更高；但是，整体而言，该模型在作为解释化石花粉记录的参考上，仍不尽如人意。就其本身来说，该模型的分类强度在对高、中高和中等年降水量组来说，与调和模型相同。它在对低年降水量花粉记录的正确分类中要比调和模型要强，但对中低年降水量记录的正确分类中则较弱。但是就当前目的而言，这些特定的强弱对于我们评估化石花粉记录至关重要。采用这一模型，当某花粉样品被归入中低年降水量组时，采用调和模型可能出现的错误分类不一定也会发生。如果发生的话，也只是低年降水量组最有可能出现其他的分类。但是在调和模型中并不具备这个模型拥有的分类强度。因此，如果采用

表15.10 年降水量类别的判别函数分析，标准和[a]

实际组	样品量	预 测 组 成 分				
		低	中低	中等	中高	高
低年降水量	127	106	13	0	0	8
		83.5%	10.2%	0	0	6.3%
中低年降水量	13	5	7	0	0	1
		38.5%	53.8%	0	0	7.7%
中等年降水量	8	0	0	5	3	0
		0	0	62.5%	37.5%	0
中高年降水量	6	0	0	2	3	1
		0	0	33.3%	50%	16.7%
高年降水量	22	2	0	0	2	18
		9.1%	0	0	9.1%	81.8%

[a] 正确分类归组数据的百分比为78.98%。

标准和模型，我们实际上不大会误判两难的选择。

年均气温组 该模型的总体分类强度（表15.11）不会高于调和模型，虽然它看似较强。该模型的最大优势在于对中等年均气温组花粉记录的正确分类有较高的可能性。但是，在对低年均气温组花粉记录的正确分类中，它的表现要比调和模型弱。

表15.11 年均气温类别的判别函数分析，标准和[a]

实际组	样品量	预 测 组 成 分			
		低	中低	中等	高
低年均气温	22	16	4	0	2
		72.7%	18.2%	0	9.1%
中低年均气温	3	0	3	0	0
		0	100%	0	0
中等年均气温	24	1	0	15	8
		4.2%	0	62.5%	33.3%
高年均气温	127	10	0	3	114
		7.9%	0	2.4%	89.8%

[a] 正确分类归组数据的百分比为84.09%。

当我们开始比较基于两种花粉和的模型分析强度时，我们期望能够了解哪些总数能得到一批较好的分类模型。如果做不到这点，我们希望通过对两套模型不同自变量的数学适用性的评估，能分辨和挑选这些自变量，来构建基于"最佳"花粉和的一批模型。但是，比较结果显示，这并非明智的策略（表15.12）。显然，就这些模型各组样品数量的分布而言，最明智的只是认识到，任何花粉和都能用来构建一批模型，其中分类的强度对某些组来说很好，而对其他组则很差。即使我们能够选择某单一花粉和，能够提供一批模型，具有比迄今评估的两种模型具有更高的总体分类强度，但是在作为化石花粉记录解释的参考上，我们未必能发现这些模型会比现有的两种模型更有用。我们对此的关注不在于数学上的精致或简单。为了建立一批较精致（总体上较强）的模型，我们设想要对自变量进行整合，并适当地从分析中排除某些变量。这样做要有坚实的理论依据，坦率地说，我们对此心存疑虑。根据其他花粉总数建立

表15.12　标准和模型与调和模型分类有效度对比

	花粉调和	花粉标准和
河谷高地有效湿度	71.43	91.43
河谷低地有效湿度	62.41	68.79
年降水量	75.00	78.98
年均气温	83.52	84.09

的一套独立模型，可以分辨一套用于解释的比较简单的参考信息，但是在此当口，我们并不认为这种简化特别有利。简化可能有助于我们设法解释许多空间上散乱分布的化石花粉记录，但是我们面对的并非这个问题。

于是，我们决定对瓦哈卡河谷前陶期化石花粉解释的参考，基于判别函数分析所提供建立的两套模型。整体而言，花粉标准和模型在有效湿度分类上比较强（表15.12），所以用作解释目的的第一个近似值。但是，在这套模型的分类强度不及花粉调和模型的地方，我们会认真考虑后一套模型得出的分类结果。解释也会参考一些频率分析的方法。

只要可行，我们会视两套模型或频率分析为改善目前可获化石花粉记录解释精确性的手段。但是读者可能会关心所能获得的准确率还不够，因此得到的结论还不足信。那么，我们对解释的可靠性如何加以评估呢？

当时我们用来建立解释的最弱模型对控制数据进行了63%的正确分类。从统计学而言，发生Ⅰ型错误的不准确分类概率大约是0.27。以较熟悉的事情为例，这大致相当于我们认可的在一个标准误差范围内的放射性碳年龄的准确性。大多数情况下，我们模型对控制数据的正确分类都小于Ⅰ型误差的概率。因此，我们对自己阐释评估的准确性至少等于、一般情况下优于考古学家习惯的根据放射性碳估算古物年龄的解释。

但是平心而论，我们必须再次强调，我们对结论有效性的信心有赖于我们相信，现代花粉雨记录的参考数据符合我们现在的目的。也就是说，现代花粉雨与化石花粉雨之间的相似性是有形态可循的，不大可能是偶然的结果，它们是对相同环境或文化原因的孢粉学反映。如果我们的结论在未来更多数据分析时被证明不确，那将是由于应用均变论原理设想不当的结

果。我们认识到，这种设想在如今研究中备受挑战，可以有理地声称，这些考古遗址中提取的化石花粉记录由于人类活动的结果会出现如此偏颇，以至于它们与现代参考样品的相似性是偶然的。我们将这个挑战留给那些可能质疑我们据此做出解释的准确性的人，由他们尽其所能来解释这些结果中的形态特性。

有些读者可能会顾虑这些解释不可信，因为这些模型中某些组的参考样品量过少（如3、6、8），或在某些化石花粉样品中某些花粉所见过少。我们理解这些顾虑，但是对于前一种情况，这些模型本身的特点已经可以化解，而参考数据提供了一种参数，我们可以根据它们来评估后一种情况导致真正麻烦的可能性。判别函数分析的第一步，是在对某组样品数量的考虑下，在环境条件和花粉记录种群之间建立校正。显然，当某个种群的花粉记录可获得的样品数量较大时，估算的校准精度就较高。但精度和准确性并非同义词。尽管我们偏好每组有较多提高我们分类精度的参考花粉记录的情况，但是我们不会过分关注它的缺陷。这些模型的分类强度是按每组的样品数得出的准确性预估。尽管某些判别函数有些公认的不准确特点，但即使是我们有效性最差的模型，对于解释目的也是完全胜任的。

适当的样品大小在很大程度上取决于种群内表现的多样性数量。我们用来计算合适样品大小的方法如下：

$$n = \frac{t^2 s^2}{E^2},$$

公式中 n 指样品大小，t 为选定的置信区间，s 是采样总体的标准偏差，E 指允许错误量。当我们设定允许错误量为5%，t 值为1.96，那么我们为瓦哈卡河谷现代地表样品计算的花粉总量为 n。结果（$n=35$）说明总量的标准偏差小，且证明我们地表样品计算的100—400花粉粒在所需大小的3到12倍之间。鉴于这一分析，十分清楚的是，虽然化石花粉样品计数常常不到100粒，但化石花粉与现代花粉记录形态之间的相似性，不大可能是样品量过少而出现的偶然情况。由于我们的阐释依据的是这种相似性，因此较小的样品量不太会对我们的结论产生不利影响。

我们的分析存在一个统计学的缺陷，即我们只是在写完本书后知道如何纠正，但在出版之前无法做到。判别函数分析需要这样的设想，即分析数据具有一种多元正态分布（Klecka 1980：10）。由于每颗花粉粒只能被鉴定为一个种属，因此原始花粉数据（见

附录15.1中的表15.24）呈二项式分布。随着观察样品数量的增多，某花粉样品的百分比数据会趋于正态分布（如图15.2）。但是，百分比数据是受限的，因为所有频率值的累加为100%，因此百分比数据不能产生一种多元正态分布。我们在进行这项分析时并没有意识到变换算法能够去除百分比的局限（见 Winer 1962 和 Neter and Waserman 1974 的讨论），我们选择设想，该百分比数据尽量接近多元正态分布，以证明判别函数分类解释的合理性。我们意识到了这个设想的问题，但还是没有做出变通，因为我们还是偏好这样做。但是，我们发现，曾被认为是唯一的选项的做法，即将化石花粉记录的解释完全建立在频率变异分析的基础之上，其实更糟糕。如果我们提出的设想是错的，那么变换数据分析的结果将会是判别函数模型会有不同的分类强度（很可能更低），而某些化石花粉记录将会与我们下面所鉴定的分类不同。

当然，这个结果也意味着下面提出的某些年代学和古环境解释的准确性，可能低于尚不清楚的选项。这也意味着，我们提出的某些年代学和古环境解释的准确度，可能低于判别函数分析实际允许的范围。我们认为后者才是比较重要的问题。

就像本书前面项目陈述部分已清楚介绍的，本项研究依托的原始花粉数据要在1970年之后才能获得。我们的问题从来不是利用花粉数据来解释年代学和古环境，出版的滞后也不是担心花粉数据的不当。在1977年之前，我们的问题在于找到一种分析方法，能为评估某特定遗址的数据恰当代表考古学解释时空单位的程度提供客观的基础。在我们看来，判别函数分析能够满足这一需求，并且比目前我们所知的任何其他单变量和多变量分析方法都要高明。最近意识到我们并未将这一分析方法的潜力用到极致，这令我们感到沮丧。更令我们自责的是，出现这种情况的原因，是我们没有充分研究各种可行的手段，以去除我们对该分析提出的一个主要设想。

化石花粉记录

如前所述，与前陶期地层及相关证据相伴的化石花粉记录并非我们抱粉学研究的唯一关注。在1966—1969年间，我们同样关注与形成期、古典期和后古典期地层考古材料相伴的花粉记录。为此，我们的策略是要分辨可信的数据，并指向一批数百种潜在的化石花粉记录，而不是在此报道的有限系列，还有大量采集的表土花粉记录。而且，在制定策略之时，我们设想到1970或1971年能够完成所有的信息分析，并至少以初步形式发表研究报告。

1967年，舍恩韦特入职亚利桑那州立大学，菲什成了全日制的研究生，于是在这些年里他们无法投入过多时间和精力在这项工作之中。因此决定，对于每粒化石花粉的计数，可以设法鉴定和列出100粒花粉。对相同样品重复计数的相加，可以增加花粉总数，而在某些情况下超过这个标准，但是并未采用广泛认可的200粒花粉的计数标准（Barkly 1934）。

我们采取这一策略的根据并非完全与逻辑相符。我们也清醒地认识到，我们还是偏好以种群数来处理我们的数据，因此认识到我们具有从相同种群提取较大样品数的优势。由于我们的研究时间有限，100粒花粉总数的策略使得我们能够观察更多的样品，从而潜在能记录某古代花粉雨种群的更多变化。正如费格里和艾弗森（Faegri and Iverson 1975：187—190）所欣赏的那样，我们认识到，某样品合适的数量取决于我们所设想的该种群诸多变量真正分布的性质（正态分布、二项式分布、超几何分布等），样品统计值与真实值之间对应关系的准确度，以及我们来自实践的经验能够指出从材料中需要多少花粉颗粒，以便获得的形态规律不至于被采样误差所掩盖。就现状而言，花粉总数大于50，即能满足我们的要求。

在分辨化石花粉记录中，我们并没有难以解决的问题，但是我们认识到，我们这种看法可能带有以前一些非同寻常经验的偏颇。作为考古学家，我们习惯于这样的情况，即我们解释所凭借的那些材料明显不够充分，性质存在争议。考古学家传统上认可这样的要求，即在最坏的情况下尽量做得最好。而在自然科学如地质学和植物学受训的抱粉学家，则倾向于谨慎行事，并在研究中尽可能排除不必要的干扰变量。基本而言，自然科学的研究传统是基于实验的方法。不论好坏，行为科学的研究传统则是基于比较的方法。

于是，当我们发现所见的花粉保存状况比通常在湖相和诸如泥炭类有机沉积中的花粉要差时，并不会感到特别意外或沮丧。我们对那些残破、受到侵蚀和腐蚀以及极度扭曲，以至于其他孢粉学家可能认为无法辨认的花粉颗粒，进行了生物学鉴定。我们对那些花粉含量极少的样品与花粉含量较多的样品一视同仁，这是其他孢粉学家在处理考古背景时所拒绝采纳的（如 Bryant 1975; King et al. 1975）。我们不想申辩自己的做法正确而别人的错误，虽然赖特（Wright 1974：14）对来自考古背景材料的孢粉学古生态重建的可靠性提出了挑战，我们的一位同仁（Schoenwetter 1981）接受了对方的考验。我们想强调的是，采用比较研究方法，在任何考古研究中都是完全合理的，而我们就是这样一种考古学研究。我们处理的是花粉粒而非人工制品，但我们这样做是将其作为一种手段以达到行为解释的目的。我们对年代学和古生态重建的关注，与地质学家和植物学家并无不同，但这并不能要求我们放弃采用一种可行的研究方法，仅因为它在传统上不为植物学家或地质学家所用。坦率地讲，我们认为，争论哪种方法可以得到更好的数据是不科学和反智的。就我们的判断，检验一种科学方法不在于它所得到的数据特点，而是得到的数据对于可感知世界所提供的洞见之质量。当然，科学方法必须是理性的、站得住脚的、可重复的和（应该）可改善的。但是，他们无须囿于任何学科的传统。我们希望有一天能够出现真正跨学科的科学方法论，而学科传统可以作为一种相关变量，在方法论的评估中被全部消除。

背景

根据相伴关系和地层学位置，共有4个考古遗址和2个古生物化石地点获得了明确属于前陶期（距今4 000年前）的花粉样品。就花粉采样和研究而言，经历了最彻底调查的地点当属圭拉那魁兹洞穴。但就年代学和古生态信息的意义和收获而言，圭拉那魁兹的记录与其他地点相比，并不占优势。

阿罗约·德·洛斯瓜希洛特斯（Arroyo de los Cuajilotes）和圣巴尔塔扎尔·圭拉米拉（San Baltazar Guelavila）两个古生物化石地点，为沉积样品与乳齿象遗骸直接相伴的发现提供了机会。但是，获得的4个样品都没有得到足够的花粉以供分析，而且提取物提供了强烈化学变化的证据。实际上所有的有机质遗存（花粉、孢子、植物组织碎片等）都荡然无存，而该沉积矿化程度很高，但尚未硬化。因发现时乳齿象遗骸比较完整，造成沉积物的化学变质看来可能是大规模古环境变迁的结果，如气候变化。如果这一解释正确，那么可以这样说，这些古生物记录的古老性可能不晚于末次盛冰期（约距今25 000年前），甚至可能更早。

获得的前陶期花粉记录的采样点有3个位于瓦哈卡河谷米特拉地区的凝灰岩洞穴或岩棚。在马蒂内兹岩棚（图15.5），沉积样品以单一地层作柱状采集，穿透洞穴

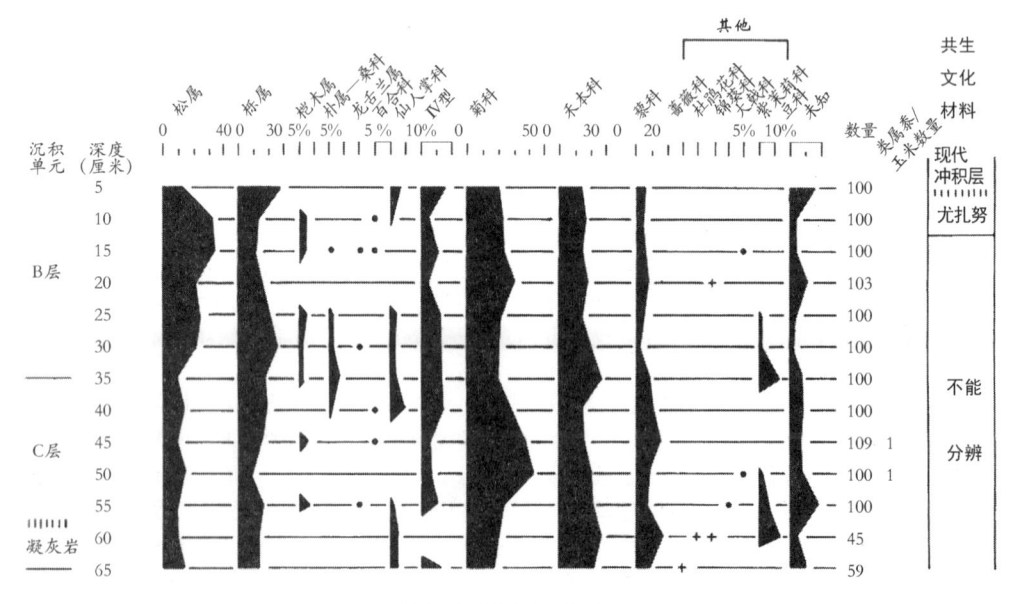

图15.5 马蒂内兹岩棚的花粉序列。

15 瓦哈卡地区古代期的花粉分析 161

的各个地层,直达分解的凝灰岩洞底。该采样是紧跟在马蒂内兹岩棚主要的考古发掘之后,从该沉积边缘的一处已经做过深入的考古学研究的标准剖面着手。

在圭拉那魁兹(图15.6),从考古发掘过程中暴露出来的剖面上进行沉积物的采样。这些样品并非按地层的柱状序列采集,而是来自独立的地层,或随发掘进行所暴露出来的层位。这些样品与该遗址所分析的考古、动物、大植物遗存直接共生。但是,这些样品相对较少,且他们的地层学的相互关系不如从地层柱获得的样品那样直接。

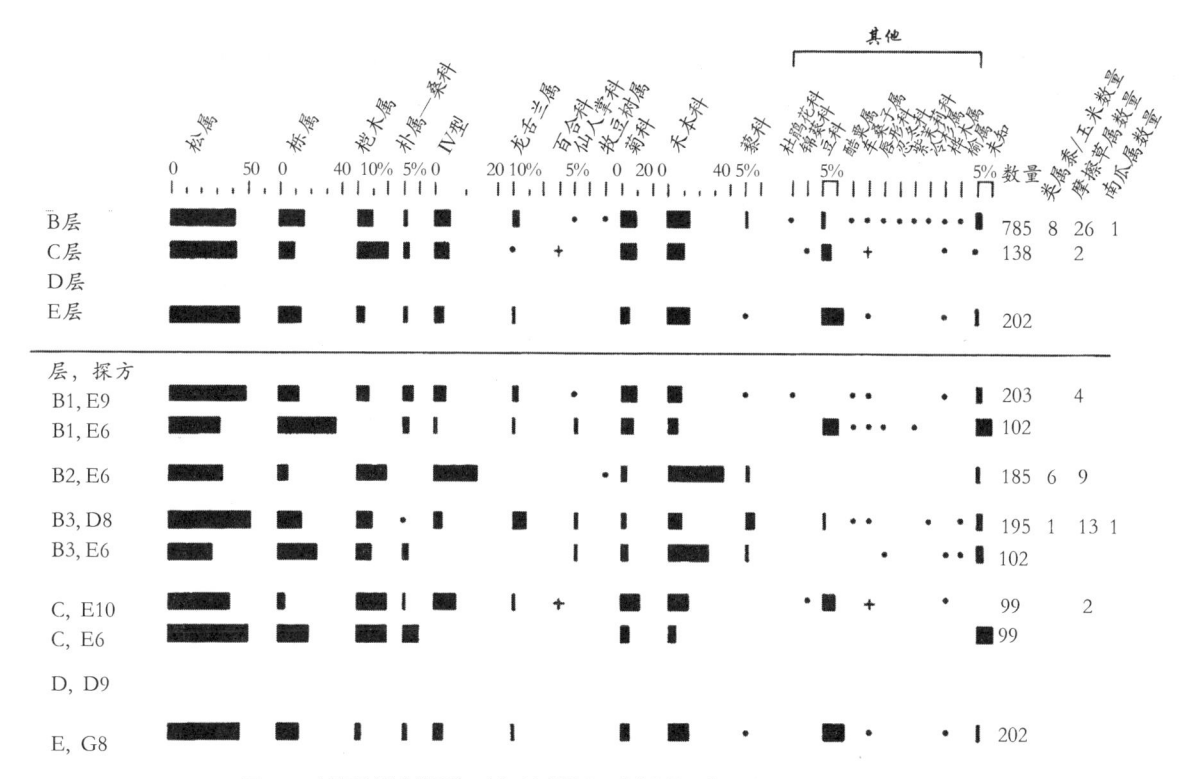

图15.6 圭拉那魁兹花粉图谱。上部为根据地层区分的花粉图谱,下部为个别样品的花粉图谱。

在布兰卡洞穴遗址(图15.7),在发掘的过程中采集了一系列样品,它们与考古记录密切共生,同时还在边缘沉积采集了系列的地层柱样品。但是前者样品系列没有获得足够的花粉分析样品,而后者通过确认一系列边缘位置,大部分样品来自考古材料贫乏、古代风化的凝灰岩洞穴沉积。

第4个考古地点是盖欧希遗址。由于没有原地保存的史前炭屑或大化石有机材料,因此这个露天遗址还没有成功地做放射性碳断代。三个花粉样品由菲什采集,毫无疑问直接与前陶期的考古遗存共生(图15.8)。相伴的典型器物表明,其年代稍晚于圭拉那魁兹。

于是,采样的结果显示如下:

1. 一套样品的层位系列,代表了布兰卡洞穴古老的前文化期的凝灰岩风化沉积(F层)。从一个上覆地层获得的多个放射性碳数据表明,这些样品的年龄早于距今11 000 ± 400年[1]。该沉积中见有更新世动物群,包括那些绝灭种。

2. 在布兰卡洞穴最早文化层(E层)中采集到的一个样品,与现生动物群共生,放射性碳的年龄为距今11 000 ± 400—10 050 ± 350年。

3. 在马蒂内兹岩棚采集的层位系列样品代表了一个序列,底部风化的凝灰岩上叠压了两套前陶期文化

---

[1] 所有放射性年代为根据利比半衰期给出的年代,而非恒星年。

图 15.7 布兰卡洞穴花粉图谱。上部为根据地层区分的花粉图谱，下部为个别样品的花粉图谱。

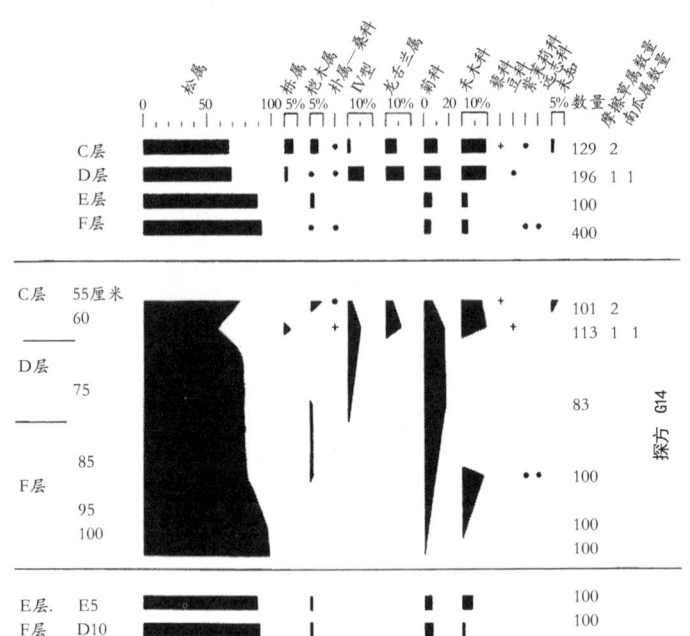

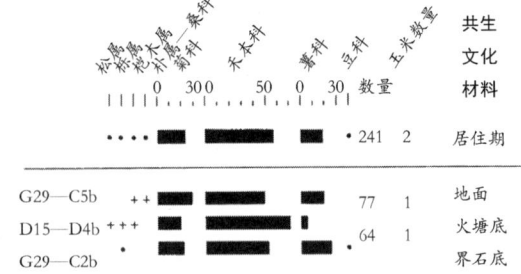

图 15.8 盖欧希花粉图谱。上部为根据地层区分的花粉图谱，下部为单一样品的花粉图谱。

层，而上层（A层）基本属前陶期晚期，但最上面的5厘米混有后古典期的材料。尽管下层显然属于前陶期，但是因为缺少时间指示意义的人工制品（如矛头），它们很难归入某个时段。因为没有炭屑，而且沉积物的有机侵染看起来像是现代植物根系腐烂的结果，因此未做放射性碳测年。

4. 圭拉那魁兹洞穴的样品中，7个花粉含量丰富的样品代表了前陶期四个地层中的3个（B、C和E层）。在人类穴居期间，沉积物中留下了丰富的考古材料，但是这些人类活动记录表明，很小的群体在此进行季节性扎营。我们认可的放射性碳年代数据显示，上部三个前陶期地层为距今 10 700 ± 350—8 620 ± 160年。最古老的栖居层（E层）应该更早一些。

5. 布兰卡洞穴地层柱两个花粉含量丰富的样品，分别采自C层和D层的边缘堆积。D层可接受的测年数据为距今 4 245 ± 105 和 5 245 ± 190 年。

6. 盖欧希的三个样品明显但不能肯定属于距今7 000—6 000年时段。这些样品没有地层序列，因此没有与洞穴遗址的年代进行比较的潜能。

年代学

这些洞穴遗址花粉样品的绝对年代是根据相伴的人工制品和放射性碳断代而得知的（表15.13）。布兰

表 15.13 根据相伴关系建立的前陶期地层时间参数

马蒂内兹岩棚	布兰卡洞穴	圭拉那魁兹
A层		蒙特阿尔班V期/前陶期混合
	C层	距今 5 200—4 200 年
	D层	
	B层	距今 10 000—8 500 年
	C层	
E层	E层	距今 11 500—10 000 年
F层		更新世

卡洞穴的F层归于晚更新世。布兰卡洞穴的E层和圭拉那魁兹的E至B层被归于那魁兹期，而盖欧希是希卡拉斯期的典型遗址。布兰卡洞穴的C层和D层属于布兰卡期，马蒂内兹岩棚的下A层暂时归为马蒂内兹期（见第3章）。

但是，用它们的相伴年代将花粉记录安排成序列以形成一个花粉年代学，可以比真实的年代学更为明

显。花粉记录的序列变化可衡量自然环境历时的条件变迁。由于环境条件各异，它们会更直接地影响局地生态系统中植物适应的相互关系，来左右花粉的产出、散播和保存。但是，其他因素也会影响花粉雨。产生花粉的植物可能会由于前后形态、虫害、或生态系统中新的生物或种群变化的结果，而相互之间产生不同的种间适应关系。由生物因素改变造成的生态改变对植物相互适应的影响，就如自然环境改变如气候变化的影响一样重要。而且，人类的活动，不管是否受到文化制约，都会影响有人类参与的生态系统中各种生物的相互适应关系。所以人类行为会像食草动物的行为、病菌或气候变化那样，以同样的方式导致花粉记录的差异。人类也有一种直接影响花粉扩散和保存机制的潜力，尽管是无意识的。这种潜力在人类操纵植物和植物组成时会被放大。

也就是说，虽然花粉雨在功能上反映了任何时段生态系统状态的相应参数，但花粉记录本身并不提供该生态系统某个或某些成分的标志。这就是说，某特定样品中所见的花粉可能会因许多原因，有别于其他样品中的花粉。我们可能认为，生态系统中的特定成分如气候，与其特点有关，并能从气候来解释这种差异。但是没有一个花粉记录本身能够支持这种想法。同样，也没有一个花粉记录的频率能够为该地理区域提供信息。比如，所代表的该生态系统变量也许是气象条件。但是，采样点50米半径内的气象条件也许不能代表1千米半径内或整个区域的气象条件。正常情况下，某样品花粉记录所代表的地理条件范围是通过比较来评估的。不同地点同一时期的花粉记录在区域内外作比较。如果这些记录非常相似，我们一般认为它们应对的是广域性的条件。如果它们各不相同，则认为是窄域性的条件。这种方法论基本上与考古学家通过比较器物组合来确定某考古学文化的地理范围类似，但它也有一些相同的难点。与某花粉记录主要特点相关的一个或多个可能因素（自然的、文化的或生物的），通常是根据对样品沉积背景的评估而得出的。

如果我们用如表15.13所列的洞穴遗址花粉记录构建时间的参照序列，我们就能分辨出前陶期大多数时段的孢粉学变化。虽然存在4 000—5 000年的缺失，但没有太大的麻烦。主要问题在于花粉序列本身并不能提供判断所见变化是否代表高度局地性条件的信息。我们希望评估其他遗址（马蒂内兹岩棚和盖欧希的花粉记录与布兰卡洞穴和圭拉那魁兹花粉记录）的年代学关系。为了做到这点，我们必须评估布兰卡洞穴和圭拉那魁兹花粉记录的潜力，以便提供代表广域性生态条件的信息。如果我们所拥有的这些花粉记录差异代表了其洞口的生境条件变化，那么得到的信息就于我们所要解决的问题并无帮助。

我们从表土样品分析开发的数学模型，可用于表15.13中精确代表年代学单位的花粉记录，因为它们的范围是区域性的。年降水量和年均气温模型能够指示最广阔的地理范围。强度最大的年降水量和年均气温模型基于标准花粉总数的模型。这两个模型是相互独立的，因为它们并不能衡量密切相关的生态条件。因此，如果将一种模型用于化石花粉材料的结果与采用第二种模型一致，则很可能需要作重复检验。

如果一个模型如我们设想的那样有效，同样古老的两个化石花粉记录（如圭拉那魁兹洞穴B层和C层的花粉记录）会被该模型归为同一组。而且，如果将该模型用于未归时段的一系列花粉记录（如马蒂内兹岩棚下层的记录），那么这些记录的分类应做比较评估，用来与生物地层相对应。表15.14中我们列出了将年均气温模型用于布兰卡洞穴、圭拉那魁兹和马蒂内兹岩棚花粉记录的结果。但是，在对这个结果进行评估之前，我们首先需要介绍一下马蒂内兹岩棚的某些地层学信息。

马蒂内兹岩棚花粉分析的采样剖面明显可见三层。其中最上层（A层）无法进行细分，但发掘过程中发现，它的下部属前陶期晚期，而上部则含有蒙特阿尔班V期的材料（约1300年），并混有次生堆积的前陶期工具。采样深度为5和10厘米。第二层（B层）沉积特征与上面的地层无异，但几乎没有年代学意义的典型器物。在深度15至30厘米之间，以5厘米间隔采样。在35厘米深处有一侵蚀面将第三层分开，也做了采样。第三层（C层）含不同的人工制品，且颜色比第一和第二层都要浅。虽然它们也几乎没有具有年代学意义的器物，但是C层的器物内容与圭拉那魁兹洞穴出土的组合有较大的可比性，而B层的材料更像布兰卡洞穴出土的组合（Flannery 1970）。但是，这种相似性尚不足以详细地将其对应起来。第四层是不含人工制品的无色风化凝灰岩，在65厘米深处采了样。它向上朝第三层渐变，因此在60厘米深度采集的样品同样也可以归为第三层。最下层在沉积学上与布兰卡洞穴的F层对应。

从表15.14中可见，应用年均气温模型得到了我们预期的结果。根据考古学相似性归为同一时段的样品（如布兰卡洞穴的C层和D层），被该模型同样归为相同的生态组。表15.14还显示了一种潜力，将马蒂内兹岩棚出土的记录与其他洞穴出土的记录做生物地层

表15.14　化石花粉记录的年均气温分类

距今年代	布兰卡洞穴	圭拉那魁兹	马蒂内兹岩棚	
700			5厘米	低	A层
±4 000			10厘米	高	
±5 200—4 200	高（C层）		15厘米	高	B层
	高（D层）				
			20厘米	低	
			25厘米	低	
			30厘米	低	
±9 500—8 500		中等（B层）	35厘米	中等	C层
		中等（C层）	40厘米	中等	
			45厘米	高	
11 500—10 000			50厘米	高	
			55厘米	高	
	高（E层）	低（E层）	60厘米	高	
>12 000	低（F层）		65厘米	低（熔结凝灰岩）	

学的对应。分类的比较表明，马蒂内兹岩棚15厘米处层位的年代相当于布兰卡洞穴栖居的C层和D层，而40和35厘米处层位（侵蚀面）相当于圭拉那魁兹栖居的B层和C层。

这一结果大大鼓舞了我们，做重复检验是值得的。如果马蒂内兹岩棚与其他两个遗址的生物地层真地能够对应，那么我们可以认为，它们也能够通过评估，来识别多个广域性生态系统的条件。它们看来是通过年均气温分类的相似性来反映的。我们进而用标准和模型，从年降水量来检验它们的分类（表15.15）。

这一检验结果与前一检验提供的结果不相符。布兰卡洞穴文化层花粉记录的分类彼此相似，但与马蒂内兹岩棚所有地层的记录都不同。同样状况还见于其他三个潜在生物地层对应中的两个。这个检验的有趣之处在于，在与先前检验的比较中，有如此多的潜在对应点得到了否定结果。对此，一个可能的解释是，年降水模型的分类方案作为一种参照，在数据值上过于局地化。这些不同洞穴处于大致相同的海拔，所以它们的年降水值同样受到绝热递减率（adiabatic lapse rate）的影响。但它们的朝向各不相同，因此或多或少会受到高度局地性雨影效应的影响。问题在于，花粉记录能如此精确反映局地的年降水量条件，以至于受地理微小变量控制的差异会影响其结果。

遵循这一思路，我们将第三种模型用于这些数据。我们对于用这个模型来进行生物地层的对应把握不是很大，因为它的分类结果仅涉及河谷高地三种有效湿度组。因此，相较年降水量模型分出五组，该模型的信息潜能较低。第二个问题是，河谷高地有效湿度模型涉及的是一片较小地理区域的生态条件。最后，因为它建立在较少的样品基础之上，因此它不如其他模型那样精确。但是，用这一模型得到的结果（表15.16）与第一项检验几乎相同。

我们考虑的事实是，第一和第三项检验结果表明，生物地层对应的相同点是非常重要的。特别有意义的是，当我们认识到这两个模型的整体分类强度无可比性，且在采用年均气温模型时，某些样品正确分类的概率有时远高于其他样品。我们相信，第一和第三项检验结果的可比性极不可能是数学安排数据的人

表15.15 化石花粉记录的年降水量分类

距今年代	布兰卡洞穴	圭拉那魁兹	马蒂内兹岩棚	
700			5厘米	中低	A层
±4 000			10厘米	中低	
±5 200—4 200	低（B层）		15厘米	中低	B层
	低（C层）		20厘米	中低	
			25厘米	中低	
			30厘米	高	
			35厘米	中等	
±9 500—8 500		中低（B层）	40厘米	中低	C层
			45厘米	中低	
		中低（C层）	50厘米	中低	
			55厘米	中低	
11 500—10 000	高（E层）	高（E层）	60厘米	低	
>12 000	高（F层）		65厘米	中低（熔结凝灰岩）	

表15.16 化石花粉记录的河谷高地有效湿度分类

距今年代	布兰卡洞穴	圭拉那魁兹	马蒂内兹岩棚	
700			5厘米	低	A层
±4 000			10厘米	高	
±5 200—4 200	高（C层）		15厘米	高	B层
	高（D层）		20厘米	高	
			25厘米	高	
			30厘米	高	
±9 500—8 500		中低（B层）	35厘米	中低	
		中低（C层）			
11 500—10 000			40厘米	高	C层
			45厘米	高	
			50厘米	高	
			55厘米	高	
	高（E层）	高（E层）	60厘米	高	
>12 000	高		65厘米	高（熔结凝灰岩）	

为结果。我们还认为重要的是,采用年降水量模型得到的结果与其他两个模型无可比性,是在四个潜在对应点中的三个。在我们看来,这并非偶然。有可能的是,在生态条件的孢粉学表现上,年降水量模型与其他两种有根本上的区别。

由表15.14和表15.16所列的生物地层对应关系,表明了三个洞穴遗址有一整合的年代学,跨越距今12 000到4 000年的时期,中间无明显间断。根据人类活动记录比较所提供的证据,盖欧希遗址的年代为距今7 000—6 000年。不像其他洞穴遗址那样分布在山脚,盖欧希位于谷底的上部冲积区。盖欧希花粉记录与这些洞穴的花粉记录进行的生物地层比较所归入的合适时段,可以独立核对盖欧希的绝对年代数据。

如果盖欧希做了准确的测年,那么它得到的花粉记录应该被归入高年均气温组。布兰卡洞穴距今5 200—4 200年的样品就是这样分类的,马蒂内兹岩棚B层15厘米层位出土的样品也是如此。从盖欧希、布兰卡洞穴和马蒂内兹岩棚采集的、时间大致相同的样品之间的有效湿度,在分类上应该会有相似的概率。因为盖欧希是个低地遗址,有必要采用低地有效湿度模型来得到准确的分类。但是,我们有可能事先将这些可能属于同时期的花粉记录归入高有效湿度组。

采用根据标准和建立的年均气温模型和有效湿度模型对盖欧希花粉记录进行分类,证实了这一预判(附表15.3)。基于这些理由,盖欧希的花粉数据与布兰卡洞穴和马蒂内兹岩棚B层上部的花粉记录的地层学对应,可以为该遗址基于考古证据评估的绝对年代提供独立的支持。然而值得指出的是,在盖欧希被栖居时期,在布兰卡洞穴,有效湿度条件明显跨越整个前陶期,一直延续到后续的考古学时段。生物地层的对应,支持盖欧希距今7 000—6 000年的断代,但并不能否定将盖欧希年代定在距今7 000—4 000年之间的其他假设。

总之,这四个前陶期遗址之间生物地层对应的孢粉学证据,为基于放射性碳测年和不同遗址器物组合时间估算的年代学关系提供了可靠和独立的支持(表15.17)。生物地层的对应经由反映生态条件的孢粉学数学模型确立,并通过分析现代花粉记录的差异加以参照。因此,这种对应并非根据标准化石或具有时代典型意义的花粉类型组合而建立。它们是根据特定时间段内总体花粉雨所反映的生态条件得出的。由于这种形式的生物地层证据不如那些建立在标准化石类型或组合类型基础上的证据令人信服,因此我们又采用了两种独立的数学模型,对它进行了重复检验。一个结果确认了原始检验,而另一个则没有。我们认为,这个情况中无法确认,因为这三种检验在识别生态条件的准确性上难以比较。基本上说,能够分辨年降水量参数的数学模型,对于雨影效应施与的差异过于敏感。而分辨有效湿度和年均气温参数则不大准确,不便对某区域内的特定时段建立对应关系。

根据可获孢粉学记录分辨的最早时段,布兰卡洞穴和马蒂内兹岩棚洞壁凝灰岩垮塌看来形成了布兰卡洞穴的F层和马蒂内兹65厘米地层。这一层的肇始早于人类在瓦哈卡河谷最早的栖居证据,根据地层学和测年结果的关系判断,其年代早于距今12 000年。但是,布兰卡洞穴该层存在更新世动物群的烧骨和碎骨,表明在这一阶段结束前,该地区已有人类活动。

接下来的时段以圭拉那魁兹的E层、布兰卡洞穴

表15.17 生物地层学定义的洞穴沉积年表

层 位	距今年代	有 证 据 的 遗 址
7	6 500—4 000	马蒂内兹岩棚(10和15厘米)、布兰卡洞穴(C和D层)
6	8 000—6 500	马蒂内兹岩棚(20—30厘米)
5	8 500—7 500	马蒂内兹岩棚侵蚀面
4		马蒂内兹岩棚沉积层
3	9 500—8 500	马蒂内兹岩棚(35厘米)、圭拉那魁兹(C和B层)
2	12 000—9 500	马蒂内兹岩棚(40—60厘米)、圭拉那魁兹(E层)、布兰卡洞穴(E层)
1	>12 000	布兰卡洞穴(F层)、马蒂内兹岩棚(65厘米)

的E层和马蒂内兹岩棚40至60厘米沉积中与文化遗产共出的花粉记录为代表。圭拉那魁兹D层的沉积也可归于这时段，但花粉粒数量满足不了分析的需要。布兰卡洞穴E层的放射性年代为距今11 000±400—10 050±350年。根据器物相似性的判断，这些年代数据代表了该时段里早于圭拉那魁兹D层和E层所代表时段的较早阶段。这也被圭拉那魁兹E层的碳十四年代所证实，其范围为距今10 700±350—9 790±240年。我们认为该时段的花粉记录表明高年均气温和高有效湿度，基本落入距今12 000—9 500年的时段内。

马蒂内兹岩棚40厘米处采集的样品证实，在此阶段结束之前年均气温已经降低，虽然有效湿度仍保持在我们目前所测的参数以内。但是，由单一花粉样品提供的证据通常不足以分辨具有独特生态的时间段。所以，该样品的花粉记录并没有作为一个独特时间单位的代表被独立出来。

孢粉学所代表的序列第三时段，以马蒂内兹岩棚35厘米处和圭拉那魁兹C层和B层采集的样品为代表。与后者相伴的放射性碳数据确立了该层的古老性为大约距今9 500—8 500年。很明显，这一时期为中等的年均气温和中低的有效湿度条件，虽然前者是上一时段末期年均气温条件的一种延续。

马蒂内兹岩棚35厘米处层位明显的不整合，表明有一个侵蚀间断。在圭拉那魁兹，在B层形成之后，沉积基本中断了数千年。在布兰卡洞穴，沉积在距今约10 000年的E层和约5 000年的D层之间被打断。我们认为，这些地貌事件相互关联，同时表明在距今8 500年至5 000年间发生了不止一次古环境事件。我们相信，其中最早的事件造成了马蒂内兹岩棚的沉积，之后该沉积遭到侵蚀破坏，于是无法做花粉分析。在此侵蚀间隔之后，马蒂内兹岩棚20—30厘米层位的沉积开始堆积。

然后，我们年表的第四阶段被认定为马蒂内兹岩棚被剥蚀掉的那个沉积间断，而第五个时段则被认定为侵蚀时段本身。这些年代学单位以沉积学而非孢粉学为证，所以也不能提供生态条件的生物学证据。虽然断代有些模糊，但是看来这两个时段在绝对年代上发生较大程度重叠的可能不大。马蒂内兹岩棚序列15厘米层位估计的年代在距今7 000—6 000年，根据是其花粉记录与盖欧希相对应，还因为马蒂内兹岩棚15厘米处的沉积发生在该侵蚀间断之后而早于估算的距今7 000年，看来很可能的是，年表第四和第五阶段总共延续的时间不超过1 000年，介于距今8 500—7 500年之间。

马蒂内兹岩棚30至20厘米处的花粉记录代表了年表的第六阶段。它作为一个特别年代学单位的主要证据是，这些记录归于低年均气温的一致分类，以及这些记录与同一序列中35厘米处样品记录之间明显的有效湿度区别。对这一阶段断代唯一可获得的信息，是它根据盖欧希花粉证据所示的年代（距今7 000—6 000年），与发生在距今8 500—7 500年侵蚀的第五阶段年代之间的相对位置。

年表的第七阶段以马蒂内兹岩棚15厘米处样品、盖欧希花粉记录以及布兰卡洞穴C层和D层的花粉为代表。可鉴定的花粉记录采自马蒂内兹岩棚10厘米和5厘米处的样品，如果根据类型学对马蒂内兹岩棚前陶期晚期的证据与尤扎努（Yuzanú）进行的交叉断代结果可靠（见第3章），那么这一阶段延续时间相对较长。该阶段证明了高有效湿度和高年均气温，看来年代在距今6 500—4 000年。

古环境重建

本研究最重要的环境重建主要集中在整个前陶期洞穴栖居区发生的植被变化问题上。这个关注非常特别，因为它为瓦哈卡项目基于古代期其他形式材料的古环境重建比较提供了极好的前景。但是，瓦哈卡河谷这一时期普遍发生的古环境变迁问题的重要价值在于，它反映了中美洲高地大部分地区同时发生的古环境变化。若基于这种解释的古环境重建可行，就可系统分析中美洲的文化适应。

就这些调查结果的花粉数据特点和能用的分析方法而言，微观和宏观的古环境重建必须分开进行评估。而且，前者的总结不能为后者提供结论，或用后者的一般性模型来解决前者的特定问题。因为我们想见有些考古学家忍不住会这样做，在此有必要说明为什么做这样的限制。

由于我们拥有的化石花粉记录都来自陆相沉积，因此它们很可能反映的是一个非常有限沉积点半径内的生态条件。所选的现代表土花粉样品尽量接近这种条件，是为了进行有效的参照。因此，用来解释生态条件的花粉表现数学模型，是局地条件的模型，它无法在较大区域作一般化推广，否则会失去可信度。但是我们知道，这类重建所表达的许多生态条件受控于气候现象，而气候不大可能仅影响洞穴附近的环境，而不对瓦哈卡河谷乃至中美洲高地大部分地区产生影响。目前该洞穴地区记录重建中所见的古生态变迁，表明了这样一种大范围的情况，它们可以被概括，来分辨较为一般的古环境形态以及变迁的时段。

因为需要一些特有因素来重建较大地理范围的古环境，因此这样的概括不能根据局地花粉记录差异的特点来加以总结。比如，局地层面的重建可能分辨出，洞穴区有从低年均气温伴以高有效湿度向高年均气温伴以高有效湿度的变化。我们无法直接做这样的总结，即这样的古环境变迁可能遍布整个瓦哈卡河谷或墨西哥高地。为了做到这样的古环境重建，首先必须用气候—植被的控制模型来表达。然后，我们必须利用这种信息表达作为推断局地气象系统类型的基础，以便得到这类参数。最后，我们也许考虑将一个河谷特定的气象学重建加以扩展，接着考虑这样一种气象学系统如何来表示北半球主要气旋和反气旋系统的年均变化过程。

这种古环境重建能够从本研究得到的化石花粉记录来做到。事实上，本书的初稿介绍了河谷专门的古环境重建和根据上述办法所做的压力传感器位移（pressure cell displacement）的古气候重建。但是根据他人建议，出于多种原因，它们已经从本报告中删除。首先，也是最重要的是，它们用在这里并不合适，因为它们无法被瓦哈卡采集的其他证据证实或证伪。因此，它们的陈述会违背瓦哈卡项目结合河谷史前人类生态学研究所确立的研究设计方法论的一个主要初衷。

其次，认可这些重建需要接受这样的前提，即距今12 000—4 000年间所有时段实际上都能以这些少数洞穴的化石花粉记录来代表。虽然我们认为生物地层证据支持这一结论，但审阅人表达了他们的疑虑，即认为我们的年表巧妙胜于可信。事实上马蒂内兹岩棚既无放射性碳测年数据，又没有年代典型器物能够支持基于生物地层学的判断。有鉴于此，且我们也认识到，大多数读者可能并不熟悉用生物地层学证据论证的理论方法问题，因此我们暂不发表这一观点是明智的。

第三，本书稿中呈现的古气象和古环境重建特点，在通常被认为是中美洲考古学信条的问题上引来了攻击。比如，该重建表明，在整个距今12 000—4 000年期间，仅有距今9 500—8 000年期间发生了季节性干旱。当前对墨西哥前陶期人类行为的考古学重建（如MacNeish 1978; Niederberger 1979），不仅认为墨西哥现代季风降水模式在整个全新世都是如此，而且还认为这种环境参数对早期农业的发展和前陶期栖居形态的构建，均发挥了重要的制约作用。鉴于瓦哈卡没有独立的支撑证据，以及有可能读者会认为瓦哈卡孢粉学记录中前陶期的记录不完整，有必要结合其他地点，谨慎汇总和提供能够支持这种重建的一种充分和整合的形态。这项努力超出了本报告的范围，它会改变其方法论的重点，并偏离其初衷。

在这个版本的报告中，我们的重建仅针对古代植被模式。我们利用作为参考的孢粉记录来解释洞穴遗址中的化石孢粉数据，从而获知该洞穴周边的生态条件。由于我们掌握了现代植被参数，因此就有了鉴定瓦哈卡河谷不同时段洞穴遗址周边古代植被状况的基础。我们所理解的现存植被模式如森林、种群、植被组合与水文地理、基质以及地形变化的相互作用关系，构成了我们重建河谷景观中其他地区植被模式特点和分布的基础。这种对洞穴本身记录的植被模式的推广，采用了近似均变论的方法。

但是，我们考虑有必要提醒读者，我们只将那些与古气象和古环境重建相一致的古植被重建列入本书。如果有人采用花粉图谱解释的传统方法，也可以做其他古植被重建。而且，如果对古生态条件对植被组成的关系采取不同的评估，采用此方法，也能做出其他的重建。所以，本报告中提供的古植被重建与古气象和古气候重建关系密切，虽然后两者并未在报告中呈现。

我们相信这三者是相辅相成的，因为它们的影响都通过花粉雨种群记录的生态学表现得到印证。采用传统的花粉分析方法，研究者会持这样的观点，认为气候和气象引发的生态关系变化是植被变化的原因。于是，植被的变化自然可以从古气候和古气象角度来解释。这种分析方法提供了一种生态条件变化的直接重建，无需评估这种变化的起因。这种变化可以用植被重建，或气候季节性变化的重建，或气候系统的重建，或结合其他适当而又独立的与此问题相关的办法来解释。但我们并不是说，气象和气候变迁不是导致植被变化的原因。事实上，我们非常确信它们是重要原因。然而我们想说的是，我们采用从气象和气候角度来解释这些花粉记录的方法，并不依赖这种因果关系的评估。因此，当我们提出一项我们感到最可信的特定植被重建时，我们认为有必要重视古气象和古环境重建的意义。

古环境：距今12 000年以前 该时段以布兰卡洞穴F层和马蒂内兹岩棚65厘米层位的洞穴花粉记录为代表。如表15.18所示，两个模型为这一时段提供了相同的有效湿度条件重建，但是，这两个模型重建年均气温的结果不同。详察表15.7和表15.11，虽然两个模型对这一时段中低年均气温的划分准确度为100%，但基于标准和的模型，在误判低年均气温上的概率大于调和模型。因此，由标准和模型提供的重建，其出错概率大于基于调和模型的重建。因此，中低年均气温是比较可取的重建。

表15.18 距今12 000年前的古生态重建

样　品	模型	河谷高地有效湿度	年均气温	年降水量
布兰卡洞穴（F层）	调和	高	中低	高
	标准和	高	低	高
马蒂内兹岩棚（65厘米）	调和	高	中低	中高
	标准和	高	低	中低

这两个模型在布兰卡洞穴和马蒂内兹岩棚的年降水量上，也提供了不同的重建。调和模型在正确划分中低年降水量花粉记录上的强度，要高于基于标准和模型在正确划分中高年降水量花粉雨记录的强度。因此，中低年降水量条件是马蒂内兹岩棚这一时期较为可靠的重建。但是，这个重建的可信度也只有60%，而布兰卡洞穴大致同时期样品高年降水量条件重建的可信度超过80%。因此我们偏向于这一重建。

然后，我们对这一时段洞穴地区的古生态重建，是一种高年降水量、高有效湿度和中低年均气温的重建。年降水量和有效湿度水平很可能表现在对现代松树林植被带的制约上，而年均气温水平很可能表现在影响现代橡树林区的植被上。花粉频率分析可以推断，洞穴地区曾经存在以松树为优势种的高大密闭林冠。

这一海拔中低年均气温的证据，表明了相较现在松树林发育区更加温暖的条件。这进而表明，河谷谷底的冬季气温尽管显著低于现代，但很可能高得足以在某些受保护的生境里发育中生林，虽然在中高冲积区，一般的植被形态很可能是较耐霜冻的荆棘林、牧豆树林及橡树林的混合。橡树林可能覆盖了较低的山麓和山脉低坡，在峡谷里有松树林共生。高海拔的山上可能发育有共生的雾林。

古环境：距今12 000—9 500年 如表15.19所示，两个模型为这一时段显示的古环境条件有些特别。调和模型比标准和模型的重建条件更加多样，而某些参数的差异程度也各不相同。一个问题可能来自这样的事实，即采自马蒂内兹岩棚的样品序列跨越了较长的时段，而圭拉那魁兹和布兰卡洞穴该时段均为单个样品，只能针对一段时间。

表15.19 距今12 000—9 500年前的古生态重建

样　品	模型	有效湿度	年均气温	年降水量
布兰卡洞穴（E层）	调和	高	中低	高
	标准和	高	高	高
圭拉那魁兹（E层）	调和	高	中低	中高
	标准和	高	低	中高
马蒂内兹岩棚（40厘米）	调和	中等	中低	中等
	标准和	高	中等	中低
马蒂内兹岩棚（45厘米）	调和	中等	低	高
	标准和	高	高	中低
马蒂内兹岩棚（50厘米）	调和	中等	低	中低
	标准和	高	高	中低
马蒂内兹岩棚（55厘米）	调和	高	中低	中高
	标准和	高	高	中低
马蒂内兹岩棚（60厘米）	调和	高	低	高
	标准和	高	高	低

如果我们考虑整体有效分类强度较差的调和模型，显然在整个时期可能表现为高有效湿度，在该时期的早段可能年均气温普遍很高，但后来到了布兰卡洞穴E层和圭拉那魁兹被栖居时期，年均气温降至中低或中等水平。看来有理由认为，在圭拉那魁兹的D层栖居时期，古生态条件与此相类似。这一时期的早段看起来最有可能有很高的年降水量，后来到了年均气温波动时期，年降水量降至中低水平。

当人类在这些洞穴栖居之初，当地植被为松树林类型，但是可能受到强烈的高年均气温的影响，矮松和橡树趋向成为优势种。洞穴周边生境的多样性，可能也为耐霜冻的荆棘林混杂橡树林的生长创造了条件。橡树林可能覆盖了洞穴下面的坡地，但与荆棘林共生的混杂程度，可能产生了一种不同于任何现今所见的橡树林景观。中生林可能是较高和较低冲积区的优势种，而牧豆树林和荆棘林很可能在山麓低处混杂在复杂的镶嵌共生之中。

古环境：距今9 500—8 000年　至圭拉那魁兹C层栖居期，有效湿度已从高降至中低水平，年均气温保持中等水平不变，同时年降水量由高降至中等水平（表15.20）。根据Ⅳ型花粉的频率判断，荆棘林在洞穴周边扎根。橡树和松树的混合林可能在洞穴上面的山坡上，和洞穴附近有冷空气流经的山谷生境发育。植被形态很可能在上部冲积区和山麓下坡有最为显著的改变，因为先前发育的中生林让位给了牧豆树林和牧豆树草地的形态。

表15.20　距今9 500—8 000年前的古生态重建

样　品	模型	有效湿度	年均气温	年降水量
马蒂内兹岩棚（35厘米）	调和	中低	中等	中等
	标准和	中低	中等	中等
圭拉那魁兹（B层）	调和	中低	中等	低
	标准和	中低	中等	中高
圭拉那魁兹（C层）	调和	中低	中等	中等
	标准和	中低	中等	中高

古环境：距今8 000—6 500年　表15.21最可能的评估，考虑到两种不同模型对相关对象进行分类的强度和弱点，相对于距今9 500—8 000年间而言，这一时段洞穴周边的有效湿度和年降水量均有显著提高，而年均气温显著降低。年降水量和有效湿度水平接近于现在适宜发育松树林的地区，而年均气温水平与今天橡树林区相近。花粉图谱的分析表明，林冠既不高也不密又无分层，而橡树为当时洞穴周边的优势植被。

洞穴附近橡树林植被取代荆棘林，可以看作与发生在山麓坡地和上部冲积区，先前的牧豆树草地和牧豆树林植被类型，被荆棘林和中生林形态广泛取代的变化相对应。洞穴上面的坡地很可能失去了大量早先发育的松树和橡树混交林的特点，而变成了松树区植被的混交林。频率分析显示，现代B型共生松树林区以布兰卡洞穴D层最古老的花粉记录为代表。这种类型的植被很可能就直接生长在该山谷坡地的洞口处。

并无直接的考古证据表明，圭拉那魁兹或布兰卡洞穴在这一时期有人类栖居。马蒂内兹岩棚有人类栖居的证据，但是没有文化期的典型器物。但是，圭拉那魁兹B1层的花粉记录，与马蒂内兹岩棚该层位中的花粉记录，具有判别功能上的相似性。在布兰卡洞穴G14探方75厘米处（D层是该遗址最古老的记录）的花粉记录，和采自马蒂内兹距今8 000—6 500年地层的花粉记录之间也有一种相似性。有意思的是，虽然布兰卡洞穴D层这个花粉记录和圭拉那魁兹B1层的花粉记录彼此相似，但是前者不同于布兰卡洞穴D层和C层的其他花粉记录，而后者与圭拉那魁兹B2层的花粉记录不同。

这些数据的启示之一是，圭拉那魁兹前陶期最晚栖居的某些部分至少在E6和E9探方的B1层得到证实，其所在的古环境条件与B层和C层其他栖居期间的条件不同。因此，该遗址B层的考古记录中会表现出不止一种的环境开拓形式。另一启示是B2层部分沉积年代和总的B层沉积年代，可能正好落入马蒂内兹岩棚侵蚀不整合、沉积物被地貌过程所破坏的这一时段。这进而意味着，这些洞穴中在前陶期不同阶段沉积速度大体较快（沉积取决于侵蚀，如果局地条件使得侵蚀过程与一种较缓的沉积速率同步时），但是沉积在500年期间从未完全中断。

表15.21　距今8 000—6 500年前的古生态重建

样　品	模型	有效湿度	年均气温	年降水量
马蒂内兹岩棚（20厘米）	调和	高	中低	高
	标准和	高	低	中低
马蒂内兹岩棚（25厘米）	调和	高	中低	中高
	标准和	高	低	中低
马蒂内兹岩棚（30厘米）	调和	高	中低	中高
	标准和	高	低	高
布兰卡洞穴G14探方（85厘米）	调和	高	中低	高
	标准和	高	高	高
布兰卡洞穴G14探方（95厘米）	调和	高	中低	高
	标准和	高	低	高
布兰卡洞穴G14探方（100厘米）	调和	高	中低	高
	标准和	高	低	高

古环境：距今6 500—4 000年 虽然该时期是由单一生物地层学指标定义的，但它可以区分为早晚两种古环境形态，早期表现在盖欧希和布兰卡洞穴栖居的C层和D层，晚期体现在马蒂内兹岩棚10—15厘米处（表15.22）。在较早阶段，年降水量低而年均气温高，但有效湿度也高。河谷里的主要植被形态和植被区分布大体延续了之前一千年的情况直至距今5 000年前，除了橡树林和松树林B很可能侵占了松树共生林A的地盘而且拓展到了高海拔的地区之外。有限的牧豆树林很可能在上部沉积区较干旱的生境中发育起来。但是低年降水量可能对河谷底部池塘和沼泽生境的分布、深度和数量，以及上部沉积区和山麓坡地下面的河岸共生特点有显著的影响。地表水流可能远不及距今8 000—6 500年这个时段丰富。于是，尽管在生长季节年降水量高得足以比今天这种条件对植被更加有利，但是总体降水量的减少很可能影响了水文系统。

表15.22 距今6 500—4 000年前的古生态重建

样　品	模型	有效湿度	年均气温	年降水量
马蒂内兹岩棚（10厘米）	调和	高	中低	高
	标准和	高	高	中低
马蒂内兹岩棚（15厘米）	调和	高	中低	中高
	标准和	高	高	中低
布兰卡洞穴（C层）	调和	高	中低	高
	标准和	高	高	低
布兰卡洞穴（D层）	调和	高	中低	高
	标准和	高	高	低
盖欧希	调和	低	高	低
	标准和	高	高	低

采自盖欧希的花粉样品频率表明，当地植被形态并非牧豆树草地（朴属—桑科的花粉仅见于一个样品中），但菊科与禾本科平均1∶2.5的比率说明，这里是林冠十分开放的牧豆树林。我们的感觉是，这个遗址位于上部冲积区上缘两条河道之间，在人类活动时期是一种不典型的植被。由于基质厚度极浅，低年降水量对该地点的影响更为显著，导致产生一种比较干旱的生境，使得牧豆树林在这里要比中生林更加适应，而在上部冲积区占据优势。夏季从山麓（彼时覆盖着荆棘林）下来的径流在一定程度上会缓解这种干旱，使得遗址周围在夏季有水流过。这些细流在这个季节甚至会溢出堤岸。夏末之际，盖欧希很可能成为牧豆荚、草和草籽的采集地。作为少有的低海拔开阔地带之一，这里很可能也是一处宜人的躲避害虫的夏末—冬季营地。

与布兰卡洞穴C层和D层相伴的花粉频率表明，当时山谷和遗址面前的斜坡上即有松树林植被（报道亦见Lindsay 1968）。看来有可能的是因为冷空气流动，在如此低海拔的地区保持了一种松树林植被组合，这种罕见的生境条件使得这一遗址十分宜人。它提供了一个吸引人的，与盖欧希这样的夏末大游群驻地距离相对较近的秋季营地。

在这些洞穴所处的海拔高度，距今5 000—4 000年间，显然发育了共生的荆棘林和橡树林，而荆棘林覆盖了山麓较低处，并侵入了上部冲积区较干旱的地方。牧豆树草地和牧豆树林作为植被类型可能不复存在，虽然它们代表性物种的组合见于它们所适应的中生林和荆棘林中。河谷底部的湖泊和沼泽很可能得到恢复，甚至可能比距今8 000—6 500年阶段还有所扩张。早些时候，相对较低的年均气温很可能减缓了来自高海拔地区冬季降水的径流（那里降水最多）。由于距今5 000—4 000年间较高的年均气温，来自高海拔地区的冬季径流很可能直接汇入低地的湿地。在这些洞穴所处位置以上，橡树林植被很可能几乎扩展到了河谷最高边缘的山脊上。河谷里松树林资源数量和范围的锐减，很可能跟过去4 000—5 000年里人群狩猎—采集适应策略有明显及极大的关系。

小结 河谷诸多洞穴区域前陶栖居时期植被明显变化的序列如下：

1. 距今12 000年以前，这些洞穴所在区域为高大密闭林冠的松树林，与雾林衔接或距离很近，布兰卡洞穴栖居的F层就是这一时期的证明。

2. 距今12 000—10 000年间，高海拔山地森林混合较低处发育的开阔林地镶嵌有橡树、矮松，以及橡树林和荆棘林的组合在此蔓延。马蒂内兹岩棚C层的栖居属于这一时期。

3. 距今10 000—9 500年，植被与之前类似，但当地植被中矮松和高海拔橡树种占优势，荆棘林较少。这种植被形态见于布兰卡洞穴E层和圭拉那魁兹E层和D层的栖居阶段。

4. 距今9 500—9 000年，回到了距今12 000—10 000年所介绍的情况。马蒂内兹岩棚C层的最上部，

5. 距今 9 000—8 000 年，荆棘林植被形态牢固确立，在冷空气控制的山谷生境有橡树林和松树林的共生。牧豆树草地见于最干旱的地方。局地出现作物（Schoenwetter 1974）。这种植被形态与圭拉那魁兹 C 层和 B 层的栖居相伴。

6. 距今 8 000—6 000 年，橡树林植被形态牢固确立，B 型松树林分布在寒冷的峡谷生境。圭拉那魁兹在这一时期的早段很可能已有人类活动（B1 层），但具有早期栖居的马蒂内兹岩棚 B 层是该地区唯一确知的栖居点。布兰卡洞穴底部的 D 层堆积也属于这一时期。

7. 距今 6 500—5 000 年，植被形态与之前相似，但松柏共生林所在的谷底更多受到潮气而非寒流的影响。提供花粉材料的布兰卡洞穴 D 层和 C 层的栖居就属于这一时期。圭拉那魁兹和马蒂内兹岩棚这一时期无沉积证据。山麓下部和上部冲积区过渡带的盖欧希遗址植被形态为空旷的牧豆树林。局地有栽培。

8. 距今 5 000—4 000 年，低海拔山区遍布一种混合的荆棘林和橡树林共生植被。高海拔橡树林组合占据了山谷底部的生境，荆棘林组合生长在最干旱的生境中。马蒂内兹岩棚的上层被前陶期居民所栖居。这一阶段某些下部冲积区的位置可能有农业村落。虽然这样的村落并无花粉或考古证据，但是很可能他们居住在有很多热带植物的中生林组合的沼泽或池塘的边缘。

植物资源

圭拉那魁兹洞穴和盖欧希的花粉记录证实，在距今 9 500—8 000 和距今 6 500—6 000 年时段，可能利用过栽培的食物资源。其他的栽培食物资源和其相关野生近亲的花粉证据有见于马蒂内兹岩棚 45 厘米处的墨西哥玉米（估算年代为距今 10 000—9 500 年；见附表 15.2 中的表 15.25），和在布兰卡洞穴 D 层和 C 层（距今 6 500—5 000 年，见附表 15.2 中表 15.27）所见的摩擦草和西葫芦花粉。我们对玉蜀黍族（如：玉米、摩擦草或大刍草）的鉴定是可信的（讨论见 Schoenwetter 1974）；这些花粉记录可能来自不同物种，或所有这些花粉都来自单一物种。产生这些花粉的植物很可能是野生的、栽培的，但是遗传上还未受到人类选择、驯化或两者共同的影响。西葫芦属花粉可能来自一个以上野生、栽培或驯化的物种。

有两条证据链说明，相关植物是否是遗传上驯化的或是栽培种。首先，有证据能够分辨在这段时间，生态条件不宜这些植物的生长，无法与当地物种竞争。

舍恩韦特（Schoenwetter 1974）根据圭拉那魁兹的玉蜀黍花粉对此说法做了探讨，而在此案例中，有相伴的栽培种大化石支持这一看法。而在马蒂内兹岩棚和布兰卡洞穴的花粉记录中，玉蜀黍和西葫芦的花粉被视为当地植物群的一部分则明显更不合适。考虑到这些花粉记录与文化遗存共出，在我们看来，它们是人类栽培、储藏和消费行为的结果，而非花粉的自然散播和保存的结果。

其次，通过对化石花粉和参考的现代表土花粉进行比较亦提供了证据。在现代表土花粉记录中，最主要的存在栽培行为的线索是耕种区花粉雨样品中存在的栽培作物花粉的稳定性。而在化石花粉中，玉蜀黍和西葫芦花粉就表现为这样的形态。圭拉那魁兹、盖欧希和布兰卡洞穴均是人类的栖居遗址，马蒂内兹岩棚是一个专门的活动遗址。在前三个遗址中，距今 9 500—5 000 年期间的 16 个花粉样品中的 10 个见有玉蜀黍花粉。因此，玉蜀黍花粉与前陶期人群栖居稳定相伴的证据，超过了在受现代农业活动、放牧和干扰影响的瓦哈卡河谷中与非耕种地块相伴的证据。

总之，我们找到了两个独立但趋同的孢粉学可信证据链。因此，花粉记录的分析令我们认为，至少自距今 10 000 年起，瓦哈卡河谷已有一个以上属于玉蜀黍的草籽类植物成为栽培种，西葫芦属的一些成员至少自距今 8 500 年前起已成为栽培种。在位于松树林区可能被用作秋冬营地的布兰卡洞穴发现了这些花粉类型，表明在距今 5 200 年前，对这些栽培植物已经有了有效的储藏和运输技术。

在距今 12 000—9 500 年时段的记录中，发现了龙舌兰、杜鹃花科（Ericaeae）、百合科（Liliaceae）和仙人掌科的花粉；在距今 9 500—8 000 年时段，发现了龙舌兰属、杜鹃花科、仙人掌科和酷栗属（Ribes）花粉；在距今 8 000—6 500 年时段，发现了龙舌兰属和仙人掌科花粉；在距今 6 500—5 000 年时段，发现了龙舌兰属花粉；在距今 5 000—4 000 年地层中，发现了龙舌兰属和百合科花粉，说明了对植物资源的利用。龙舌兰属花粉见于所有遗址的各地层中，可以作为这种资源重要性的一个参数。无法鉴定到属的仙人掌花粉，在距今 6 500 年以前，在马蒂内兹岩棚和圭拉那魁兹的记录中有很多，但此后从序列中消失。但是这些不是仙人掌果的花粉，它可能是火龙果（pitahayo）或摩天柱仙人掌（Órgano cactus）的花粉。可能是石兰科（manzatita）和黑酷栗（currant）的杜鹃花科和酷栗属花粉，在栖居序列的早期共出，但在距今 8 000 年之后的序列中消失，可能反映了应对气候变化野生食物采集策略的变化。可能代表丝兰果收获的百合科花粉呈双峰分布；它仅出现在序列的很早和很晚，且仅见于马蒂内兹岩棚，这很特别，我们认为这是人为干预的结果。

在我们看来，显见的栽培种花粉与可能的野生食物资源花粉记录多样性和形态的反差特别相关。虽然存在很多种野生食物资源的花粉类型，但是仅有两个栽培种的花粉类型。它们在遗址的整个前陶期始终存在。而只有一种野生食物资源花粉（龙舌兰）在整个前陶期始终存在，但其存在的稳定性比栽培种高。其他野生食物资源的花粉类型在某些时期稳定出现，而在前陶期的其他时段则并不如此。

应该需要了解的是，此地对野生食物资源花粉记录的鉴定必然是基于最少数量。可看作其他潜在野生食物资源的花粉并未考虑在内，如牧豆、橡树、矮松、薄荷、仙人掌果嫩茎、决明属、朴树果、针叶樱桃以及各种草类植物，因为这些花粉在化石记录中并不比表土参照样品中更多。但有可能的是，所有这些野生食物资源在可获得的情况下都曾被利用过，而且这种行为在孢粉学中都有某种程度的体现。我们只是无法知道何种程度，因此不能将其分离出来。

孢粉学记录提供的总体印象，反映了在前陶期，人类应对玉蜀黍、西葫芦和龙舌兰属植物花粉分布不同于应对其他食物资源分布的行为方式。我们猜想，它与储藏和运输技术的关系超过了与其他因素的关系，并且这种技术对于这三种植物而言在整个前陶期非常稳定。换言之，行为的改变看来与其他植物性食物资源的采集、加工和储藏策略直接相关。而这种差异看来与环境变化的关系比想象的要小。很有可能的是，所见的差异间接反映了与花粉频谱相伴的考古记录所代表的工作小组和营地人群性质上的结构变化。

对于植物资源可获性和分布的孢粉学证据有两种形式。一方面，提供能够重建古代期任何时段植被区特点和分布的证据。如果我们设定某特定半径的采集区，并知道某栖居点的位置与时间，以及栖居的可能季节，这样的重建就能使我们推导某数量人群可获得野生食物资源的质量和数量，对重建水文形态的孢粉学证据同样有用。在那些地下水位高的时段（如距今8 000—6 500和距今5 000—4 000年间），沼泽、池塘和溪流边的植物资源（如莎草和香蒲）和动物资源（如河蟹、龟、青蛙和迁徙的水鸟）很可能十分丰富。

另一方面，提供气象条件和植被分布形态重建的孢粉学证据，能够帮助确定某遗址或某区域在古代期不同阶段农业发生的潜能。农业最可能发生在冲积区，

那里自然植被的开放林冠减少了清理土地劳力投入的需求。在需要清理土地的地区，旱季的发生能大大促进这一过程，因为这时候可以烧荒，否则可能需要搬运。能有较长生长季的气候条件增加了农业的潜能，除非年降水量很低。部分正确的是，因为这种条件允许海拔最低地区在一个日历年里能够种植一种以上的作物并成熟。同样正确的是，因为在较高海拔地区，允许选择早种或晚种某种作物，以避开每年杂草类竞争植物的疯长期。

在这些洞穴所在的海拔位置，可耕地仅限于谷底的冲积区。除了距今10 000—8 000年这个阶段，这些生态位里的生态条件有利于密闭林冠的发育。此前洞穴所在位置并无栽培的证据，前陶期这一地区较晚的作物花粉记录，最好被看作是作为储藏或运输的食物而引入的。

在上部冲积区，农业潜能最高的时期为距今8 000—6 500年。在此时期，该地区的林冠很可能是开放的，而年均降水量高于今天。距今6 500—5 000年间，由于林冠封闭和降水的变化，该地区的农业潜能有所降低。但是在干旱地区如盖欧希，林冠仍然开放。由于年均气温较高，年降水量较多，盖欧希很可能在8月下旬种植作物，在11月下旬至12月中旬收获。这也可以减少与每年的杂草竞争。如果采用陶罐灌溉，产出会更多，但是在距今3 000年以前，尚无考古证据表明这种技术的存在。

现在，部分由于土地清理，部分由于季风降水形态的发生，下部冲积区变成了农业潜能最高的地区。但在前陶期并非如此。在距今12 000—4 000年期间，这一区域很可能森林茂密，或很可能被地表水淹没。在距今9 500—8 000年间，情况有所好转，很可能发育有中生林斑块区，这些地区在夏天的旱季很适合刀耕火种的旱地农业。但是，这一地区的农业潜能从来没有像前陶期那样高，因为前陶期具有能够提供像亚热带和半水生资源那样高的潜能。

瓦哈卡前陶期的栖居历史表面上止于距今4 500—3 000年。估计是农业人口进入这一地区，或是原来的狩猎采集人口开始发展农业，并在下部冲积区的村落里定居或半定居下来。至少瓦哈卡河谷形成期的早期村落就发现于此，年代被认为在距今3 900—3 300年前。

前陶期结束和形成期初栖居时，这一地区存在何种生态条件呢？

由于没有分析属于这一时期的沉积样品，尚无直接的花粉证据。但是根据我们的认识，即现代气候条件的形成不早于距今3 500年，我们也许能够提出一种假设。至少，根据北半球其他地区的花粉证据，一致

将这种转变放在距今 3 500—2 000 年前，而不是之前（Bryson and Wendland 1970）。

这意味着，瓦哈卡河谷前陶期末—形成期初居址的建立，很可能早于现代季风气候的确立。如果在距今 5 000—3 500 年前的下部冲积区已有村落的话，那么它们很可能存在于被沼泽和池塘隔开的茂密副热带和亚热带森林的地区。这种环境里的农业产量只有当人口足够多，且能有效组织和指挥劳力进行土地清理时才有可能很高，沼泽边缘经常被淹没的地区除外。尼德伯格（Niederberger 1976, 1979）形容墨西哥河谷佐哈皮勒科期的栖居就反映了对后一种情况的定居适应。高地下水位的存在取决于所利用的建筑类型，它会限制定居村落的安置。高于谷底的小山和山脊很可能适于安置房屋，也正是在这些地点发现了瓦哈卡最早的艾斯比利迪翁期（Espiridion）村落遗迹。

鸣谢

如前面提到的，苏珊·菲什在样品采集和生态学、孢粉学资料处理中发挥了主要的作用。没有她的努力，本报告就无从谈起。特别要向罗伯特·伯顿（R. J. Burton）道谢，正是与他耐心和持续的讨论，解决了我们最初止步于多元分析的迷茫。同样感谢肯特·莱特福特（Kent Lightfoot）、卡罗尔·莱加德（Carol Legard）以及理查德·罗梅洛（Richard Romero）为报告制作了精美的地图和插图。隆巴蒂（R. M. Rombardi）和拉林—哈特（M. Raring-Hart）为本报告两份主要的草稿打字。在此过程中，他们学会了拼写"孢粉学"、"古生态"和"多元"，甚至比我们做得更好。

附录 15.1　表土样品观察　　　表 15.23　生态学观察

样品编号	河谷分支	植被	地形位置	海拔（米）	底层土	耕作地	灌溉	农作物类型
1	埃特拉	牧豆树林	山麓	1 577	沙土			
2	埃特拉	中生林 A	上冲积层	1 562	沙土			
3	埃特拉	牧豆树林	下冲积层	1 559	沙土			
4	埃特拉	松树林 A	山地	2 239	沙土	x		玉米混作
5	埃特拉	松树林 A	山地	2 239	沙土			
6	埃特拉	松树林 B①	山地	2 057	沙土			
7	埃特拉	松树林 B①	山地	2 057	沙土	x		玉米
8	埃特拉	松树林 B②	山地	1 894	沙土			
9	埃特拉	松树林 B②	山地	1 894	沙土	x		玉米混作
10	埃特拉	松树林 B②	山地	1 894	沙土	x		豆子混作
11	埃特拉	牧豆树林	山麓	1 711	沙土	x		玉米混作
12	埃特拉	牧豆树林	山麓	1 711	沙土			
13	埃特拉	牧豆树林	上冲积层	1 701	沙土	x		玉米混作
14	埃特拉	中生林 B	下冲积层	1 693	沙土			
15	埃特拉	中生林 B	上冲积层	1 701	沙土	x		玉米混作
16	埃特拉	牧豆树林	山麓	1 708	黏土	x		玉米混作
17	埃特拉	牧豆树林	山麓	1 708	黏土			

续表

样品编号	河谷分支	植被	地形位置	海拔（米）	底层土	耕作地	灌溉	农作物类型
19	埃特拉	中生林A	山麓	1 767	黏土	x	沟渠	玉米混作
20	埃特拉	中生林A	山麓	1 739	黏土			
21	埃特拉	中生林B	上冲积层	1 601	黏土	x		玉米混作
22	埃特拉	中生林B	下冲积层	1 602	黏土	x		玉米
23	埃特拉	牧豆树林	上冲积层	1 605	黏土	x		玉米混作
24	埃特拉	牧豆树林	山麓	1 609	黏土	x		玉米
25	埃特拉	牧豆树林	山麓	1 609	黏土			
26	埃特拉	中生林B	上冲积层	1 674	沙土			
27	埃特拉	牧豆树林	山麓	1 591	沙土	x		玉米
28	埃特拉	牧豆树林	山麓	1 591	沙土			
29	埃特拉	中生林B	上冲积层	1 620	沙土	x		玉米
30	埃特拉	牧豆树林	上冲积层	1 630	沙土	x		玉米
31	中部	牧豆树林	山麓	1 529	沙土			
32	中部	中生林A	上冲积层	1 559	沙土			
33	中部	牧豆树林	上冲积层	1 580	沙土	x		玉米
34	中部	牧豆树林	上冲积层	1 527	黏土			
35	中部	牧豆树林	上冲积层	1 525	黏土	x		玉米
36	中部	牧豆树林	上冲积层	1 540	黏土			
37	中部	牧豆树林	山麓	1 703	沙土	x	沟渠	玉米
38	中部	牧豆树林	山麓	1 661	沙土			
39	中部	牧豆树林	山麓	1 567	沙土			
40	中部	松树林A	山地	2 632	沙土			
41	中部	松树林A	山地	2 167	沙土	x		玉米
42	中部	松树林B①	山地	2 167	沙土			
43	中部	松树林B②	山麓	1 724	沙土			
44	扎奇拉	中生林B	上冲积层	1 530	淤土	x		其他
45	扎奇拉	中生林B	上冲积层	1 530	淤土	x		玉米混作

续　表

样品编号	河谷分支	植　被	地形位置	海拔（米）	底层土	耕作地	灌溉	农作物类型
46	扎奇拉	中生林A	上冲积层	1 529	黏土	x	水塘？	玉米混作
47	扎奇拉	中生林A	山麓	1 580	黏土	x		其他
48	扎奇拉	牧豆树林	山麓	1 650	沙土	x		玉米
49	扎奇拉	牧豆树林	山麓	1 650	沙土			
50	扎奇拉	松树林B②	山地	1 800	沙土			
51	扎奇拉	松树林B②	山地	1 800	沙土			
52	扎奇拉	牧豆树林	上冲积层	1 520	黏土			
53	扎奇拉	牧豆树林	上冲积层	1 520	黏土	x		玉米混作
54	扎奇拉	牧豆树林	上冲积层	1 505	淤土			
55	扎奇拉	牧豆树草地B①	山地	1 600	黏土			
56	扎奇拉	牧豆树草地B①	山地	1 600	黏土	x		玉米混作
57	扎奇拉	牧豆树林	山麓	1 528	黏土	x		玉米混作
58A	扎奇拉	牧豆树林	上冲积层	1 485	淤土	x	水塘？	其他
58B	扎奇拉	牧豆树林	上冲积层	1 485	淤土	x	水塘？	玉米
58C	扎奇拉	牧豆树林	上冲积层	1 485	淤土		水塘？	
58D	扎奇拉	牧豆树林	上冲积层	1 485	淤土	x	水塘？	豆子
58E	扎奇拉	牧豆树林	上冲积层	1 485	淤土	x	水塘？	其他
58F	扎奇拉	牧豆树林	上冲积层	1 485	淤土	x	水塘？	其他
59	扎奇拉	牧豆树林	上冲积层	1 470	沙土	x		玉米混作
60	扎奇拉	牧豆树林	上冲积层	1 470	沙土	x		玉米
61	扎奇拉	牧豆树林	上冲积层	1 495	沙土	x		玉米混作
62	扎奇拉	牧豆树林	山麓	1 499	沙土			
63	扎奇拉	牧豆树林	上冲积层	1 492	淤土			
64	扎奇拉	牧豆树林	上冲积层	1 596	沙土	x		玉米混作
65	扎奇拉	牧豆树林	山麓	1 500	沙土			
66	中部	牧豆树林	山地	1 900	黏土			
67	中部	牧豆树草地B①	山地	1 775	沙土			
68	扎奇拉	中生林B	上冲积层	1 503	沙土	x		玉米混作

续表

样品编号	河谷分支	植被	地形位置	海拔（米）	底层土	耕作地	灌溉	农作物类型
69	扎奇拉	牧豆树林	山麓	1 520	黏土			
70A	扎奇拉	牧豆树林	山麓	1 481	沙土	x		玉米混作
70B	扎奇拉	牧豆树草地A②	山麓	1 480	未知			
71	扎奇拉	松树林A	山地	1 800	黏土	x		玉米
72	扎奇拉	松树林A	山地	1 800	黏土			
73	扎奇拉	牧豆树林	山麓	1 590	沙土	x		玉米
74	扎奇拉	牧豆树林	山麓	1 590	沙土			
75	扎奇拉	牧豆树林	上冲积层	1 420	黏土	x		玉米
76	扎奇拉	牧豆树林	上冲积层	1 460	黏土	x		玉米
77	扎奇拉	牧豆树林	下冲积层	1 495	黏土	x		玉米
78	中部	牧豆树林	山麓	1 590	黏土	x		玉米
79	中部	牧豆树林	山麓	1 590	黏土			
80	中部	牧豆树林	山麓	1 590	沙土	x		玉米
81	中部	中生林B	上冲积层	1 548	黏土	x		玉米混作
82	扎奇拉	牧豆树林	山麓	1 501	黏土	x		玉米混作
83	扎奇拉	牧豆树林	上冲积层	1 550	黏土	x		玉米混作
84	扎奇拉	牧豆树林	山麓	1 525	黏土			
85	扎奇拉	牧豆树林	上冲积层	1 500	黏土	x	沟渠	玉米混作
86	扎奇拉	中生林A	上冲积层	1 487	黏土	x		玉米混作
87	扎奇拉	牧豆树林	山麓	1 501	黏土	x		玉米混作
88	中部	牧豆树林	下冲积层	1 562	黏土			
89	米特拉	牧豆树林	山地	1 800	沙土	x		玉米混作
90	米特拉	牧豆树林	山地	1 800	沙土			
91	米特拉	牧豆树林	山地	1 913	沙土			
92A	米特拉	松树林B①	山地	2 096	黏土	x		玉米混作
92B	米特拉	松树林B①	山地	2 100	未知			
93	米特拉	松树林B①	山地	2 096	黏土			
94	米特拉	松树林B②	山地	2 000	沙土			

续表

样品编号	河谷分支	植被	地形位置	海拔（米）	底层土	耕作地	灌溉	农作物类型
95	米特拉	牧豆树林	山麓	1 709	沙土			
96	米特拉	牧豆树林	山麓	1 709	沙土	x		玉米
97	米特拉	牧豆树林	上冲积层	1 660	黏土			
98	米特拉	牧豆树林	山麓	1 555	黏土	x		龙舌兰
99	米特拉	牧豆树林	山麓	1 555	黏土			
100	米特拉	牧豆树林	山麓	1 800	黏土			
101	米特拉	牧豆树林	山麓	1 800	黏土	x		玉米混作
102	米特拉	牧豆树林	山麓	1 710	黏土			
103	米特拉	中生林B	下冲积层	1 646	黏土			
104A	米特拉	中生林B	下冲积层	1 646	黏土	x		玉米混作
104B	米特拉	牧豆树林	山麓	1 680	黏土	x		玉米混作
105	米特拉	中生林A	山麓	1 720	黏土			
106	米特拉	中生林A	山麓	1 720	黏土	x		玉米
107	扎奇拉	牧豆树林	山麓	1 515	黏土			
108A	伊厄韦	牧豆树林	山地	1 700	黏土	x		玉米混作
108B	伊厄韦	牧豆树林	山地	1 700	黏土	x		玉米混作
108C	伊厄韦	牧豆树林	山地	1 700	黏土			
108D	伊厄韦	荆棘林A	山地	1 700	未知			
108E	伊厄韦	荆棘林A	山地	1 700	未知			
108F	伊厄韦	荆棘林A	山地	1 700	未知			
108G	伊厄韦	荆棘林B	山地	1 700	未知			
109	扎奇拉	牧豆树林	上冲积层	1 507	沙土	x		玉米
110	扎奇拉	牧豆树林	上冲积层	1 510	沙土	x		玉米
111	扎奇拉	中生林B	下冲积层	1 500	沙土			
112	扎奇拉	牧豆树林	上冲积层	1 527	黏土			
113	扎奇拉	牧豆树林	上冲积层	1 527	黏土	x		玉米
114	米特拉	中生林B	上冲积层	1 577	淤土	x		玉米

续表

样品编号	河谷分支	植 被	地形位置	海拔（米）	底层土	耕作地	灌溉	农作物类型
115	米特拉	牧豆树林	山 麓	1 630	沙土			
116	米特拉	牧豆树林	山 麓	1 604	沙土			
117	米特拉	牧豆树林	上冲积层	1 645	黏土	x	沟渠	玉米混作
118	米特拉	牧豆树林	山 麓	1 700	黏土			
119	米特拉	牧豆树林	山 麓	1 700	黏土	x		玉米
120	米特拉	牧豆树林	山 麓	1 720	黏土			
121	米特拉	牧豆树林	山 麓	1 720	黏土	x		龙舌兰
122	米特拉	牧豆树林	山 麓	1 620	黏土	x		龙舌兰
123	米特拉	牧豆树林	山 麓	1 620	黏土			玉米
124	扎奇拉	牧豆树林	山 麓	1 527	沙土	x		玉米
125	扎奇拉	牧豆树林	山 麓	1 527	沙土			
126	扎奇拉	牧豆树林	山 麓	1 545	沙土	x		玉米混作
127	扎奇拉	牧豆树林	山 麓	1 575	沙土	x		玉米混作
128	扎奇拉	牧豆树林	山 麓	1 575	沙土			
129	扎奇拉	牧豆树草地B①	山 麓	1 550	黏土	x		玉米
130	扎奇拉	牧豆树草地B①	山 麓	1 550	黏土			
131	扎奇拉	牧豆树林	山 麓	1 560	沙土	x		玉米
132	米特拉	牧豆树林	山 麓	1 773	淤土			
133	米特拉	牧豆树林	山 麓	1 773	淤土			
134	米特拉	牧豆树林	山 麓	1 595	黏土			
135	米特拉	牧豆树林	山 麓	1 595	黏土	x		
136	米特拉	牧豆树草地B①	山 麓	1 610	黏土	x		玉米混作
137	米特拉	牧豆树草地B①	山 麓	1 610	黏土			
138	米特拉	牧豆树林	上冲积层	1 632	黏土	x		玉米
139	米特拉	牧豆树林	山 麓	1 624	黏土			
141	米特拉	家居房屋地面	上冲积层	1 650	黏土			

续表

样品编号	河谷分支	植被	地形位置	海拔（米）	底层土	耕作地	灌溉	农作物类型
142	米特拉	牧豆树林	山麓	1 600	沙土	x		玉米
143	米特拉	牧豆树林	上冲积层	1 600	黏土	x		玉米
144	米特拉	牧豆树林	下冲积层	1 600	黏土			
145	米特拉	家居房屋地面	山麓	1 700	黏土			
146	米特拉	家居房屋地面	山麓	1 700	黏土			
147	米特拉	家居房屋地面	山麓	1 700	黏土			
148	米特拉	松树林A	山地	3 000	未知			
149	米特拉	松树林A	山地	2 750	未知			
151	米特拉	松树林B②	山地	2 400	未知			
152	米特拉	橡树林	山地	2 000	未知			
153	米特拉	橡树林	山地	1 900	未知			
157	伊厄韦	荆棘林B	山地	1 700	未知			
158	米特拉	荆棘林B	山地	1 750	未知			
159	米特拉	荆棘林B	山地	1 775	未知			
160	米特拉	荆棘林B	山地	1 800	未知			
162	米特拉	牧豆树草地A①	山麓	1 680	未知	x		
163	米特拉	牧豆树草地B①	山地	1 795	未知			
165	米特拉	牧豆树草地B②	山麓	1 450	未知			
166	米特拉	牧豆树草地B②	上冲积层	1 650	未知			
167	米特拉	荆棘林B	山地	1 500	未知			
168	米特拉	橡树林	山地	2 200	未知			
169	埃特拉	牧豆树林	上冲积层	1 600	未知			
170	扎奇拉	牧豆树林	上冲积层	1 500	未知			
171	米特拉	荆棘林B	上冲积层	1 660	未知	x		龙舌兰
172	米特拉	中生林B	下冲积层	1 640	未知			
173	米特拉	牧豆树草地B②	上冲积层	1 650	未知			
174	埃特拉	牧豆树草地B②	下冲积层	1 675	未知			

15 瓦哈卡地区古代期的花粉分析

附录 15.1 表土样品观察

表 15.24 孢粉学观察

样品编号	云杉属	松属	栎属	桤木属	桦木属	朴属-桑科	豆科	牧豆树属	金合欢属	蔷薇科	IV型	VII型	车桑子属	龙舌兰属	仙人掌科	百合科	菊科	艾属	禾本科	藜科	参属	鼠尾草属	藜藜科	紫茉莉科	玉蜀黍属	南瓜属	其他	未知	总数
1		16	3	1		0	0	0	0	0	0	0	0	0	0	0	190		59	29	0	0	0	0	2	0	0	1	301
2		64	6	5		0	3	0	0	0	1	0	0	0	0	0	148		57	13	0	0	0	0	1	0	0	1	300
3		39	5	6		1	2	0	0	0	0	0	0	0	0	0	125		103	7	0	0	0	0	1	0	0	2	291
4		77	1	4		0	0	0	0	0	0	0	0	0	0	0	132		62	13	0	0	0	0	58	0	0	1	348
5		152	17	0		0	3	0	0	0	0	0	0	0	0	0	86		42	0	0	0	0	0	0	0	0	0	300
6		147	37	5		3	3	0	0	0	0	3	0	0	0	0	42		50	3	0	0	0	0	0	0	0	6	300
7		80	47	4		0	0	0	0	0	0	0	0	0	0	0	81		82	3	0	0	0	0	9	0	1	2	309
8		148	66	3		1	1	0	0	0	0	1	0	0	0	0	27		53	0	0	0	0	0	2	0	0	2	304
9		75	56	1		0	1	0	0	0	0	0	0	0	0	0	82		83	2	0	0	0	0	19	0	0	2	319
10		67	48	4		0	10	0	0	0	0	0	0	0	0	0	40		124	6	0	0	0	0	0	0	0	5	300
11		55	32	8		1	2	0	0	0	0	2	0	0	0	0	134		60	3	0	0	0	0	10	0	0	2	310
12		123	37	10		1	0	0	0	0	0	0	0	0	0	0	33		86	7	0	0	0	0	2	0	0	5	302
13		34	2	3		0	8	0	0	0	2	0	0	0	0	0	207		38	6	0	0	0	0	13	0	0	1	313
14		43	1	5		0	0	0	0	0	0	0	0	0	0	0	180		57	33	0	0	0	0	3	0	0	6	303
15		23	0	6		0	0	0	0	0	0	0	0	0	0	0	200		28	6	0	0	0	0	5	0	0	8	305
16		26	6	3		0	1	0	0	0	0	0	0	0	0	0	216		39	3	0	0	0	0	0	0	0	1	298
17		11	0	3		0	3	2	0	0	0	0	0	0	0	0	223		59	47	0	0	0	0	0	0	0	0	300
19		8	0	11		0	1	0	0	0	0	0	0	0	0	0	190		44	5	1	0	0	0	0	0	0	4	301
20		55	4	9		0	2	0	0	0	0	0	0	0	0	0	128		83	27	0	7	0	0	0	0	0	2	295
21		8	0	1		0	1	0	0	0	0	0	0	0	0	0	190		71	5	0	0	0	0	6	0	0	3	301
22		24	0	10		0	2	0	0	0	0	1	0	0	0	0	187		61	19	0	0	0	0	0	0	0	2	305
23		14	0	1		0	2	0	0	0	0	0	0	0	0	0	213		48	16	0	0	0	0	15	0	1	2	315
24		8	0	6		0	0	0	0	0	0	1	0	0	0	0	221		44	16	0	0	0	0	5	0	1	3	305

续表

样品编号	云杉属	松属	栎属	桦木属	榛木属	松属—桑科	豆科	牧豆树属	金合欢属	蔷薇科	IV型	VII型	车桑子属	龙舌兰属	仙人掌科	百合科	菊科	艾属	禾本科	藜科	蓼属	鼠尾草属	蒺藜科	茉莉科	玉蜀黍属	南瓜属	其他	未知	总数
25		20	0	6		1	1	2	0	0	0	0	0	0	0	0	213		45	4	0	0	0	0	2	0	3	4	301
26		11	2	78		0	2	5	0	0	0	0	0	0	0	0	14		12	0	0	0	0	0	0	0	25	1	150
27		16	2	4		0	6	0	1	0	0	0	0	0	0	0	187		66	11	0	0	0	0	12	0	0	4	309
28		15	5	1		1	2	2	0	0	0	0	0	0	0	0	212		25	33	0	0	0	0	0	0	1	3	300
29		57	4	1		0	3	0	1	0	1	0	0	0	0	1	162		31	13	0	0	0	0	30	0	0	5	310
30		20	1	1		0	1	0	0	0	0	0	1	0	0	0	155		39	80	0	0	0	0	0	0	0	2	300
31		14	1	7		0	1	0	1	1	0	0	0	0	0	0	127		78	66	0	0	0	0	0	0	1	3	303
32		75	2	3		0	2	0	21	0	0	0	0	0	0	0	99		62	32	0	0	0	0	3	0	0	3	303
33		55	0	2		0	1	0	0	0	0	0	0	1	0	0	145		57	32	0	0	0	0	3	0	0	3	298
34		16	0	3		0	4	0	0	0	0	4	0	0	0	0	127		109	33	0	0	0	0	0	1	0	6	303
35		15	0	2		0	1	0	1	0	0	0	0	0	0	0	103		72	99	0	0	0	0	2	0	0	4	310
36		6	0	2		0	0	0	0	0	0	0	0	0	0	0	240		36	14	0	0	0	0	10	0	0	3	303
37		40	0	6		0	2	0	1	0	0	1	0	0	0	0	186		44	22	0	0	0	0	1	0	0	0	303
38		53	0	7		0	2	0	0	0	0	0	0	0	0	0	118		91	24	0	0	0	0	3	1	0	3	303
39		5	0	4		1	0	0	0	0	0	0	0	0	0	0	141		139	9	0	0	0	0	2	0	0	2	303
40		151	19	24		1	11	0	0	0	0	0	0	0	0	0	59		26	4	0	0	0	0	1	0	0	4	301
41		122	28	10		4	0	0	0	0	0	0	0	0	0	0	40		72	14	0	0	0	0	0	0	0	11	301
42		206	13	18		0	4	0	1	0	0	0	0	0	0	0	35		17	1	0	0	0	0	2	0	0	2	300
43		55	41	10		0	0	0	0	0	0	0	0	0	0	0	121		70	1	0	0	0	0	0	0	0	1	300
44		31	0	1		0	1	0	1	0	0	0	0	0	0	0	129		63	68	0	0	0	0	0	0	0	6	299
45		17	1	1		0	2	0	0	0	0	0	0	0	0	0	180		55	33	0	0	0	0	1	0	0	9	301
46		35	0	0		0	4	0	0	0	0	0	0	0	0	0	131		51	72	0	0	0	0	0	0	0	2	295
47		47	5	7		0	0	0	0	0	0	0	0	0	0	0	141		64	32	0	0	0	0	11	0	0	4	311

15 瓦哈卡地区古代期的花粉分析

续表

样品编号	云杉属	松属	栎属	桤木属	桦木属	朴属—桑科	豆科	牧豆树属	金合欢属	蔷薇科	Ⅳ型	Ⅶ型	车桑子属	龙舌兰属	仙人掌科	百合科	菊科	艾属	禾本科	藜科	蓼属	鼠尾草属	蒺藜科	紫茉莉科	玉蜀黍属	南瓜属	其他	未知	总数
48		54	8	5		0	0	0	0	0	0	0	0	0	0	0	131		78	19	0	0	0	1	3	0	0	3	302
49		154	29	11		0	2	0	0	0	0	0	0	0	0	0	22		71	7	0	0	0	0	0	0	0	4	300
50		183	33	5		0	1	0	0	0	0	0	0	1	0	0	29		34	7	0	0	0	0	0	0	0	7	300
51		93	69	11		1	2	0	0	0	0	0	0	0	0	0	41		74	6	0	0	0	0	0	0	0	3	300
52		20	1	2		0	0	0	0	0	0	1	0	0	3	0	203		36	29	0	0	0	0	0	1	0	4	301
53		12	0	2		0	1	0	0	2	3	0	0	0	1	0	199		63	11	0	0	0	1	4	0	0	5	299
54		12	0	4		0	0	0	0	2	3	0	0	0	0	0	130		84	47	0	0	0	0	0	0	0	1	282
55		7	0	2		0	1	0	0	0	5	0	0	2	0	0	109		101	5	0	0	0	0	0	0	0	5	301
56		29	0	1		0	3	0	0	0	0	0	0	0	0	0	147		114	1	0	0	0	0	2	0	0	1	301
57		75	0	0		0	0	0	0	0	0	0	0	0	0	0	220		56	3	0	0	0	0	3	0	0	4	303
58A		26	0	0		0	1	0	0	0	0	0	0	0	0	0	142		72	63	0	0	0	0	0	0	0	4	308
58B		9	0	1		0	2	0	0	1	0	0	0	0	0	0	199		66	26	0	0	0	0	2	0	0	7	312
58C		13	0	2		0	1	0	0	1	0	0	0	0	0	0	125		86	64	0	0	0	0	0	0	0	7	299
58D		10	0	2		0	0	0	0	4	0	0	0	0	0	0	155		86	43	0	0	0	0	0	0	0	2	299
58E		5	0	1		0	0	0	0	1	0	0	0	0	0	0	170		88	28	0	0	0	0	0	0	0	4	300
58F		7	0	1		0	0	0	0	5	0	0	4	0	0	0	183		82	23	0	0	0	0	0	0	0	2	299
59		9	0	4		1	4	0	0	1	1	0	0	0	0	0	187		75	5	0	0	0	0	5	1	0	4	303
60		6	1	3		0	0	0	0	0	0	0	1	0	0	0	208		72	4	0	0	0	0	2	0	0	5	301
61		36	2	2		2	2	3	0	1	0	0	0	0	0	0	146		94	16	0	0	0	0	0	0	3	4	305
62		20	0	1		2	0	2	0	0	1	0	0	0	0	0	130		93	40	0	0	0	0	0	0	1	5	300
63		1	0	2		1	2	0	0	0	0	0	0	0	0	0	123		148	12	0	0	0	0	5	0	0	4	304
64		16	0	7		0	2	0	0	0	0	0	0	0	0	0	177		85	6	1	0	0	0	4	0	0	5	304
65		8	0	10		0	0	3	0	2	0	0	0	0	0	0	164		107	2	0	0	0	0	0	0	0	3	300

续表

样品编号	云杉属	松属	栎属	桦木属	榆属	朴属—桑科	豆科	牧豆树属	金合欢属	蔷薇科	IV型	VII型	车前子属	龙舌兰属	仙人掌科	百合科	菊科	艾属	禾本科	藜科	参属	鼠尾草属	蕨藻科	紫菜莉科	玉蜀黍属	南瓜属	其他	未知	总数
66		10	10		1	0	0	0	0	0	0	0	0	1	0	0	157		107	6	0	0	0	0	0	0	0	0	292
67		93	10		4	3	4	0	0	0	0	0	0	0	0	0	74		105	4	0	0	0	0	0	1	0	1	301
68		6	12		3	0	4	0	0	0	0	0	0	0	0	1	184		86	12	0	0	0	0	1	0	0	4	301
69		54	0		3	0	0	4	0	0	0	0	0	0	0	0	96		106	24	0	0	0	0	6	0	0	7	306
70A		23	6		0	1	0	4	0	0	0	2	0	0	0	3	199		39	24	0	0	0	0	2	0	0	7	302
70B		18	0		2	0	0	0	1	0	1	0	0	0	0	1	17		37	9	0	0	0	0	4	0	0	0	102
71		46	10		6	0	0	1	0	0	1	0	0	0	0	1	173		48	10	0	0	0	0	22	0	0	10	322
72		154	4		1	0	1	0	0	0	0	0	0	0	0	0	84		34	6	1	0	0	0	0	0	0	9	300
73		39	10		2	0	0	0	1	0	1	0	0	0	0	0	126		94	7	0	0	0	0	9	0	0	11	309
74		118	15		6	0	1	0	0	0	0	0	0	0	0	0	56		88	6	0	0	0	0	0	0	0	3	300
75		26	22		3	1	0	0	0	3	0	0	0	0	0	0	148		92	18	0	0	0	0	20	0	0	6	320
76		22	4		0	0	0	0	0	0	0	0	0	0	0	0	187		70	12	0	0	0	0	16	0	0	5	316
77		10	4		2	0	0	0	0	2	0	0	0	0	0	1	181		78	16	0	0	0	0	26	0	0	6	326
78		2	0		2	1	0	0	0	0	0	0	0	0	0	0	171		116	4	1	0	0	0	10	0	0	3	310
79		32	2		6	2	0	0	0	0	0	0	0	0	0	0	189		62	4	0	0	0	0	0	0	0	3	300
80		28	0		4	0	0	0	1	0	1	0	0	0	0	0	184		66	6	0	0	0	1	8	0	0	7	308
81		9	0		0	0	0	0	0	0	0	0	0	0	0	0	194		59	30	0	0	0	0	9	0	0	7	309
82		22	0		0	0	0	0	0	0	0	2	0	0	0	0	226		48	2	0	0	0	0	10	0	0	2	310
83		6	4		4	0	0	0	0	6	0	0	0	0	0	0	198		42	30	0	0	0	0	6	1	0	6	309
84		12	2		2	0	0	0	2	0	0	1	0	0	0	0	238		43	2	0	0	0	0	3	0	0	0	303
85		16	2		2	0	8	0	0	0	0	0	0	0	0	0	153		20	103	0	0	0	0	2	0	0	2	300
86		21	0		3	0	1	0	0	1	0	1	0	0	0	0	195		45	33	0	0	0	0	3	0	0	0	303
87		14	0		2	0	2	0	0	0	0	1	0	0	0	0	168		32	82	0	0	0	0	0	0	0	1	300

续表

15 瓦哈卡地区古代期的花粉分析

样品编号	云杉属	松属	栎属	桤木属	桦木属	朴属—榆科	豆科	牧豆树属	金合欢属	蔷薇科	Ⅳ型	Ⅶ型	车桑子属	龙舌兰属	仙人掌科	百合科	菊科	艾属	禾本科	藜科	蓼属	鼠尾草属	苋藜科	紫茉莉科	玉蜀黍属	南瓜属	其他	未知	总数
88		10	0	0		1	0	0	0	0	0	0	0	0	0	0	174		90	20	0	0	0	0	1	0	0	5	301
89		10	8	0		0	0	0	1	0	2	0	0	0	0	0	170		68	34	0	0	0	0	4	0	0	7	304
90		10	24	10		0	4	0	0	0	0	0	0	0	0	0	162		72	8	0	0	0	0	0	0	0	6	296
91		54	30	1	1	1	0	0	0	0	0	0	0	2	0	0	118		70	2	0	0	0	0	0	0	1	7	295
92A		94	30	12	1	3	4	0	0	0	2	0	0	0	0	0	118		28	8	0	0	0	0	0	0	0	0	300
92B	1	137	31	2	1	3	0	0	0	0	2	0	0	0	0	0	10		12	1	0	1	0	0	0	0	0	0	200
93		120	42	9		0	0	0	1	0	0	0	0	0	0	0	81		45	0	0	0	0	0	0	0	0	3	300
94		46	60	4		1	2	1	0	0	0	0	0	0	0	0	86		84	8	0	0	0	0	0	0	0	9	300
95		7	3	2		0	3	0	1	0	1	0	0	2	0	0	107		154	20	0	0	0	0	0	0	0	1	300
96		34	8	5		1	0	6	0	0	8	0	0	0	0	0	140		88	18	0	0	0	0	2	0	0	5	302
97		55	0	2		0	0	8	0	0	0	0	0	0	0	0	120		95	8	0	0	0	0	0	0	0	5	300
98		44	16	12		0	0	0	0	0	2	0	0	0	0	0	64		144	8	0	0	0	0	0	0	0	4	300
99		47	10	2		2	2	4	1	0	1	0	0	0	0	0	83		138	6	0	0	1	0	0	0	0	6	300
100		18	12	7		0	0	10	0	1	2	0	0	0	0	0	99		150	8	2	0	0	0	1	0	0	1	301
101		21	8	0		0	0	2	1	0	1	0	0	0	0	0	123		135	6	0	0	0	1	9	0	0	5	309
102		62	8	7		0	0	2	0	0	2	0	0	0	0	1	90		114	2	0	0	0	0	0	1	0	4	300
103		45	0	0		0	0	0	0	0	0	0	0	0	0	0	126		120	6	2	0	0	0	0	0	0	3	300
104A		28	2	1		0	2	2	1	1	0	0	0	0	0	0	144		90	22	0	0	0	0	0	0	0	6	300
104B		20	0	2		0	0	0	0	0	0	0	0	0	0	0	183		66	24	0	0	0	0	5	0	0	2	305
105		40	10	8		0	0	2	0	0	0	0	0	0	0	0	146		98	0	0	0	0	0	0	0	0	4	300
106		70	18	0		0	6	4	0	0	0	0	0	0	0	0	122		66	4	0	0	0	0	20	0	0	2	320
107		64	2	0		0	4	0	0	0	0	0	0	0	0	0	132		98	0	0	0	0	0	0	0	0	2	302
108A	3	0	0		0	0	0	3	0	0	6	0	0	0	0	0	191		81	12	0	0	0	0	7	0	0	3	306

续表

样品编号	云杉属	松属	栎属	桦木属	桦木属	朴属-桑科	豆科	牧豆树属	金合欢属	蔷薇科	IV型	VII型	车桑子属	龙舌兰属	仙人掌科	百合科	菊科	艾属	禾本科	藜科	蓼属	鼠尾草属	蒺藜科	紫菜科	玉蜀黍属	南瓜属	其他	未知	总数
108B		14	4	0		0	0	0	0	0	6	0	0	0	0	0	176		92	4	0	0	0	0	0	0	0	4	300
108C		23	0	5		0	2	0	4	1	3	0	0	0	0	0	181		70	4	0	0	0	0	1	1	0	6	301
108D		31	7	1		2	1	2	0	0	10	0	0	0	0	0	28	2	7	2	0	0	0	0	0	0	0	7	100
108E	1	69	33	8	1	3	2	0	0	0	14	3	0	0	0	0	115		11	2	0	2	0	0	1	0	9	12	285
108F		41	22	9		6	0	0	0	0	8	4	0	0	0	0	125		59	6	0	2	0	0	0	0	0	20	202
108G	1	46	29	5		16	7	0	6	4	53	3	0	1	1	0	180		23	13	1	4	0	0	1	0	5	11	402
109		40	0	0		0	2	0	0	0	0	0	0	0	2	0	171		44	38	0	0	0	0	4	0	0	0	306
110		28	0	2		0	1	0	0	0	1	1	0	1	0	0	158		58	44	0	0	0	0	1	0	0	4	302
111		50	0	6		0	0	2	0	0	0	0	0	2	2	0	132		94	12	0	0	0	0	2	0	0	2	302
112		45	1	2		0	1	0	0	0	0	1	0	0	0	0	133		102	15	0	0	0	0	0	0	0	1	300
113		6	0	0		0	0	0	4	0	0	0	0	0	0	0	178		90	14	4	0	0	0	0	0	0	4	300
114		21	0	2		0	1	2	3	0	0	0	0	0	0	0	135		114	15	0	0	0	0	0	0	0	2	300
115		26	8	0		0	2	0	0	0	2	0	0	0	0	0	86		160	4	0	0	0	0	0	0	0	5	301
116		70	3	4		0	5	0	0	0	10	0	0	0	0	0	62		156	1	0	0	0	0	0	0	0	2	302
117		37	2	3		1	0	0	2	0	1	0	0	0	0	0	158		83	14	0	0	0	0	2	0	0	2	307
118		104	8	1		0	0	0	0	0	0	0	0	0	0	0	89		88	6	0	0	0	0	7	0	0	2	300
119		8	2	0	1	0	0	0	2	0	2	0	0	1	0	0	112		128	2	0	0	0	1	0	0	39	3	300
120		98	34	0		0	6	0	0	0	6	0	0	0	0	0	40		102	0	0	0	0	0	0	0	0	1	300
121		94	26	14		0	8	0	2	0	4	0	0	0	0	0	76		82	8	0	0	0	0	15	0	0	4	321
122		36	2	4		0	0	0	0	0	4	0	0	0	0	0	104		142	6	0	0	0	0	1	0	0	2	301
123		38	2	2		2	0	0	2	0	2	0	0	0	0	0	95		154	0	0	0	0	0	8	0	0	1	308
124		24	14	8		2	4	2	0	0	6	0	0	0	0	0	146		92	4	2	0	0	0	1	0	0	4	301
125		18	0	0		0	0	0	0	0	0	0	0	0	0	0	222		52	2	1	0	0	1	0	0	0	4	300

15 瓦哈卡地区古代期的花粉分析

续表

样品编号	126	127	128	129	130	131	132	133	134	135	136	137	138	139	141	142	143	144	145	146	147	148	149
云杉属																							
松属	20	28	30	26	26	6	86	82	18	6	24	11	6	12	45	26	22	14	15	21	15	121	160
栎属	0	0	4	2	2	2	42	26	0	0	12	10	0	0	4	0	0	0	5	7	6	51	22
桤木属	1	1	0	4	6	0	56	10	0	2	8	4	2	0	5	0	2	0	6	6	8	6	6
桦木属														1									
朴属-桑科	0	0	0	0	2	0	0	0	0	0	0	0	0	8	0	0	0	0	4	2	0	0	1
豆科	0	1	4	0	0	2	4	1	0	0	0	1	0	20	2	0	0	0	3	6	9	0	0
牧豆树属	0	0	0	0	0	0	0	0	0	0	0	4	28	0	0	0	0	7	10	6	0	0	0
金合欢属	0	0	0	0	2	2	2	1	2	2	0	0	4	2	1	0	0	2	0	0	0	0	0
蔷薇科	0	0	0	0	0	0	1	1	0	0	0	0	3	0	0	0	0	0	0	0	0	0	0
IV型	0	0	0	1	0	2	0	0	2	0	6	6	0	4	0	10	0	0	1	7	2	1	1
VII型	0	0	0	0	0	0	0	0	0	0	0	0	0	0	0	0	0	0	0	0	0	0	0
车桑子属	0	0	0	0	0	0	0	0	0	0	0	0	0	0	0	0	0	0	0	0	0	0	0
龙舌兰属	0	0	0	0	0	0	0	0	4	2	0	0	0	0	0	0	0	0	0	0	0	0	0
仙人掌科	0	0	0	0	0	0	0	0	0	0	0	0	0	0	0	0	0	0	0	0	0	0	0
百合科	0	0	0	0	0	0	0	0	0	0	0	0	0	0	0	0	0	0	0	1	0	1	0
菊科	188	188	86	151	136	198	41	94	105	108	96	115	145	173	124	150	122	123	136	138	135	11	5
艾属																							
禾本科	76	78	170	111	122	64	60	70	164	171	136	148	132	94	24	97	142	153	66	58	65	3	3
藜科	12	2	0	0	2	22	4	12	6	6	0	2	6	8	32	10	10	8	53	40	44	0	1
蓼属	0	0	0	0	0	0	0	0	0	3	0	0	1	1	0	0	0	0	0	0	0	0	0
鼠尾草属	0	0	0	0	0	0	0	0	0	0	0	0	0	0	0	0	0	0	0	0	3	0	0
苋藜科	0	0	0	0	0	0	0	0	0	0	0	0	0	0	2	0	0	0	0	1	0	0	0
紫茉莉科	1	0	2	0	0	0	1	1	0	0	1	0	0	0	0	2	0	0	0	1	0	0	0
玉蜀黍属	48	16	0	10	0	12	0	3	0	3	9	0	16	0	6	6	14	3	27	30	18	0	0
南瓜属	0	0	0	0	0	0	0	0	0	1	0	0	0	0	1	0	0	1	0	0	0	0	0
其他	0	0	0	0	0	0	0	0	0	0	0	0	0	0	1	0	0	0	0	0	0	0	1
未知	2	2	4	4	2	2	4	2	2	5	4	2	4	4	10	2	2	2	6	0	7	3	0
总数	348	316	300	309	300	312	300	303	300	303	309	300	316	300	317	306	314	304	327	330	318	200	200

续表

样品编号	云杉属	松属	栎属	栲木属	桦木属	朴属-桑科	豆科	牧豆树属	金合欢属	蔷薇科	Ⅳ型	Ⅵ型	车桑子属	龙舌兰属	仙人掌科	百合科	菊科	艾属	禾本科	藜科	蓼属	鼠尾草属	蒺藜科	紫茉莉科	玉蜀黍属	南瓜属	其他	未知	总数
151		73	64	27		4	5	0	0	0	0	0	0	0	0	0	15		12	0	0	4	0	0	0	0	0	3	207
152		114	36	6	1	4	2	0	0	0	4	0	0	0	0	0	15		12	0	0	4	0	0	0	0	0	3	201
153	1	108	81	16	2	5	10	0	0	0	6	0	0	0	0	0	48	1	14	1	0	6	0	0	0	0	1	4	303
157		39	8	2		1	0	0	0	0	7	0	0	0	0	0	30		5	3	0	3	0	0	0	0	0	2	100
158	1	76	23	6	1	3	2	2	0	1	40	0	0	1	0	0	64		44	12	2	8	0	1	0	0	4	8	302
159	1	84	23	12	1	0	4	1	0	0	59	5	0	0	0	1	62		31	8	0	2	0	1	0	0	1	5	300
160	1	66	25	18	3	6	4	0	0	0	51	5	0	0	1	3	75		26	11	1	5	0	0	0	0	3	9	302
162		16	9	1	1	2	1	0	0	0	3	0	0	0	0	0	22		41	3	0	0	0	0	0	0	0	1	100
163		15	7	1		0	5	0	0	0	0	0	0	0	0	0	24		42	4	0	1	0	0	0	0	0	0	100
165		4	1	0		0	6	0	0	0	4	0	0	0	0	0	18		45	7	0	2	0	0	0	0	10	3	100
166		11	5	1	2	2	2	0	0	0	0	1	0	0	0	0	38		52	12	0	1	0	0	0	0	0	3	127
167		26	10	8		1	1	0	0	4	0	0	0	0	0	0	18		25	4	0	0	0	0	0	0	0	1	101
168		35	39	5		0	0	0	0	0	1	0	0	0	0	0	7		8	2	0	0	0	0	0	0	0	1	99
169		12	9	1		0	2	0	0	1	0	0	0	0	0	0	59		10	4	1	0	0	0	0	0	0	1	99
170		21	11	3		0	1	0	0	5	0	0	0	1	0	0	28		22	0	0	4	0	0	3	0	2	3	104
171		9	2	1		3	5	0	0	0	2	0	0	0	0	0	57		19	4	0	0	0	0	2	0	0	2	102
172		18	2	0		0	1	2	0	0	3	0	0	0	0	0	21		46	2	0	3	0	0	0	0	1	1	100
173		38	11	1		0	0	2	0	0	2	0	0	0	0	0	13		30	2	0	0	1	0	2	0	0	0	102
174		9	4	0	1	1	0	8	0	0	9	0	0	0	0	0	28		35	5	0	0	0	0	0	0	0	1	100

附录15.2 化石样品观察   表15.25 马蒂内兹岩棚样品的孢粉学观察[a]

孢粉型	混合A层 5厘米	A层 10厘米	A层 15厘米	B层 20厘米	B层 25厘米	B层 30厘米	B—C层 35厘米	C层 40厘米	C层 45厘米	C层 50厘米	C层 55厘米	风化凝灰岩 60厘米	风化凝灰岩 65厘米
榆属	—	—	—	—	—	—	—	—	—	—	—	—	—
云杉属	—	—	—	—	—	—	—	—	—	—	—	—	—
冷杉属	—	—	—	—	—	—	—	—	—	—	—	—	—
松属	12	32	33	21	24	20	7	13	9	13	9	4	8
栎属	29	13	11	15	20	25	17	18	16	9	16	6	14
桤木属	—	2	2	—	2	1	1	—	3	—	3	—	—
桦木属	—	—	—	—	—	—	—	—	—	—	—	—	—
朴属—桑科	—	—	1	—	1	1	3	1	—	—	—	—	—
豆科	—	—	—	—	1	1	6	—	—	1	3	3	—
牧豆树属	—	—	—	—	—	—	—	—	—	—	—	—	—
蔷薇科	—	—	—	—	—	—	—	—	—	—	—	—	1
Ⅳ型	8	2	5	2	6	6	6	7	3	3	5	—	4
Ⅷ型	—	—	—	—	—	—	—	—	—	—	—	—	—
车桑子属	—	—	—	—	—	—	—	—	—	—	—	—	—
龙舌兰属	—	—	1	—	—	—	1	—	—	—	1	—	—
三齿仙人掌科	3	—	—	—	2	1	—	3	—	—	1	1	1
金舞掌属	1	1	—	—	—	—	—	1	—	—	—	—	—
百合科	1	1	1	—	—	—	—	1	1	—	1	—	—
杜鹃花科	—	—	—	—	—	—	—	—	—	—	—	1	—
酷栗属	—	—	—	—	—	—	—	—	—	—	—	—	—
菊科	20	22	23	31	22	19	19	27	40	41	23	9	10
禾本科	14	17	15	18	15	20	27	14	16	20	22	12	13
藜科	6	4	5	8	5	3	9	11	17	8	7	8	5
疑似鼠尾草属	—	—	—	—	—	—	—	—	—	—	—	—	—
紫茉莉科	—	2	1	—	—	—	—	—	—	1	—	—	—
柳叶菜科	—	—	—	—	—	—	—	—	—	—	—	—	—
疑似麻风树属	—	—	—	—	—	—	—	—	—	—	1	—	—
远志科	—	—	—	—	—	—	—	—	—	—	—	—	—

续 表

孢粉型	混合A层	A 层		B 层			B—C层	C 层				风化凝灰岩	
	5厘米	10厘米	15厘米	20厘米	25厘米	30厘米	35厘米	40厘米	45厘米	50厘米	55厘米	60厘米	65厘米
疑似球葵属	—	—	—	1	—	—	—	—	—	—	—	—	—
疑似棯葵属	—	—	—	1	—	—	—	—	—	—	—	—	—
疑似玉米	—	—	—	—	—	—	—	—	1	—	—	—	—
疑似类蜀黍	—	—	—	—	—	—	—	—	1	—	—	—	—
疑似摩擦草属	—	—	—	—	—	—	—	—	—	—	—	—	—
南瓜属	—	—	—	—	—	—	—	—	—	—	—	—	—
未 知	7	4	2	6	2	2	4	4	3	4	8	1	3
疣状孢子总数	101	100	100	103	100	100	100	100	109 P	101	100	46	59

[a] P，出现。

附录15.2　化石样品观察　　　　　表15.26　圭拉那魁兹样品的孢粉学观察[a]

孢粉型	B1 层			B2 层			B3 层		C 层		E 层	
	探方E9，1967年	探方E9，1977年	探方E6，1967年	探方E6，1967年计数	探方E6，1977年新计数	探方D8，1967年	探方D8，1977年	(？)，1977年	探方E10，1967年	探方E6，1977年	探方G8，1967年	探方G8，1977年
榆 属	—	—	—	P	—	1	—	1	P	—	—	—
云杉属	—	—	—	—	—	—	—	—	—	—	—	—
冷杉属	—	—	—	—	—	—	1	—	P	—	—	—
松 属	46	54	33	31	34	49	54	29	39	20	48	44
栎 属	10	16	37	4	7	8	20	26	5	8	6	23
桤木属	2	6	—	9	9	4	6	5	10	4	8	2
桦木属	1	—	—	—	—	—	—	1	1	—	1	1
朴属—桑科	5	1	2	—	—	—	1	2	2	2	—	3
豆科	—	—	5	2	—	2	—	—	4	—	14	—
牧豆树属	—	—	—	—	1	—	—	—	—	—	—	—
蔷薇科	—	—	—	—	—	—	—	—	—	—	—	—
IV 型	5	3	1	26	—	2	2	—	7	—	5	1

续 表

孢粉型	B1 层 探方 E9, 1967年	B1 层 探方 E9, 1977年	B1 层 探方 E6, 1967年	B2 层 探方 E6, 1967年 计数	B2 层 探方 E6, 1977年 新计数	B2 层 探方 D8, 1967年	B3 层 探方 D8, 1977年	B3 层 (?), 1977年	C 层 探方 E10, 1967年	C 层 探方 E6, 1977年	E 层 探方 G8, 1967年	E 层 探方 G8, 1977年
Ⅷ 型	—	—	—	—	—	—	—	—	3	—	—	—
车桑子属	—	1	1	—	—	—	1	—	—	—	—	1
龙舌兰属	1	3	1	—	—	1	2	2	1	—	1	1
三齿仙人掌科	—	1	1	—	—	3	—	3	P	—	—	—
金舞掌属	—	—	—	—	—	—	—	—	—	—	—	—
百合科	—	—	—	—	—	—	—	—	2	—	—	—
杜鹃花科	1	—	—	—	—	—	—	—	—	—	—	—
酷栗属	1	—	1	—	—	—	1	—	P	—	—	—
菊科	14	6	8	5	2	4	2	4	12	2	5	7
禾本科	11	8	5	20	30	9	8	27	13	2	11	17
藜科	—	1	—	—	2	3	3	1	—	—	—	1
疑似鼠尾草属	—	—	1	—	—	—	—	1	—	—	—	—
紫茉莉科	—	—	1	—	—	—	—	—	—	—	—	—
忍冬科	—	1	—	—	—	—	—	—	—	—	—	—
柳叶菜科	—	—	—	—	—	—	—	—	—	—	—	—
疑似麻风树属	—	—	—	—	—	—	—	—	—	—	—	—
远志科	—	—	—	—	—	—	—	—	—	—	—	—
疑似球葵属	—	—	—	—	—	—	—	—	1	—	—	—
参见楉葵属	—	—	—	—	—	—	—	—	—	—	—	—
疑似玉米	1	—	—	—	1	—	—	—	—	—	—	—
疑似类蜀黍	—	—	—	2	4	1	—	—	P	—	—	—
疑似摩擦草属	3	1	—	P	9	13	—	—	2	—	—	—
南瓜属	—	—	—	—	—	1	—	—	—	—	—	—
未 知	2	2	5	1	2	1	2	2	—	1	2	—
疣状孢子总数	103	104 P	102 P	100	101 P	102	103	104	102	39	101	101 P

ª P，出现。

附录15.2 化石样品观察

表15.27 布兰卡洞穴样品的孢粉学观察[a]

孢粉型	C层 探方G14 45厘米 1977年	C层 探方G14 55厘米 1967年	D层 探方G14 60厘米 1967年	D层 探方G14 75厘米 1967年	D层 探方G14 85厘米 1968年	E层 探方E5 100—110厘米 1968年	F层 探方G14 95厘米 1968年	F层 探方G14 100厘米 1968年	F层 探方D10 110厘米 1968年
榆 属	—	—	—	—	—	—	—	—	—
云杉属	—	—	—	—	—	—	—	P	—
冷杉属	—	—	—	—	—	—	—	P	—
松 属	9	76	58	65	81	89	97	99	91
栎 属	4	—	2	—	—	P	—	P	—
桤木属	—	4	P	1	1	1	—	P	1
桦木属	—	—	—	—	—	—	—	—	—
朴属—桑科	—	1	2	—	—	—	—	—	—
豆 科	—	P	2	—	—	—	—	—	—
牧豆树属	—	—	—	—	—	P	—	—	—
蔷薇科	—	—	—	—	—	—	—	—	—
Ⅳ 型	—	1	10	1	—	P	—	—	—
Ⅷ 型	—	—	—	—	—	—	—	—	—
车桑子属	—	—	—	—	—	—	—	—	—
龙舌兰属	2	—	1	—	—	P	—	—	—
三齿仙人掌科	—	P	—	—	—	—	—	—	—
金舞掌属	—	P	—	—	—	—	—	—	—
百合科	—	—	—	—	—	—	—	—	—
杜鹃花科	—	—	—	—	—	—	—	—	—
酷栗属	—	—	—	—	—	—	—	—	—
菊 科	7	6	16	9	8	6	2	1	7
禾本科	3	6	8	7	8	4	1	—	1
藜 科	—	2	—	—	—	—	—	—	—
疑似鼠尾草属	—	—	—	—	—	—	—	—	—
紫茉莉科	1	—	—	—	1	—	—	—	—
忍冬科	—	—	—	—	—	—	—	—	—
柳叶菜科	—	—	—	—	—	—	P	—	—
疑似麻风树属	—	—	—	—	—	—	—	—	—
远志科	—	—	—	—	—	1	—	—	—
疑似球葵属	—	—	—	—	—	—	—	—	—

续表

孢粉型	C 层 探方G14 45厘米 1977年	C 层 探方G14 55厘米 1967年	D 层 探方G14 60厘米 1967年	D 层 探方G14 75厘米 1967年	D 层 探方G14 85厘米 1968年	E 层 探方E5 100—110厘米 1968年	F 层 探方G14 95厘米 1968年	F 层 探方G14 100厘米 1968年	F 层 探方D10 110厘米 1968年
疑似桧葵属	—	—	—	—	—	—	—	—	—
疑似玉米	—	—	—	—	—	—	—	—	—
疑似类蜀黍	—	—	—	—	—	—	—	—	—
疑似摩擦草属	—	2	1	—	—	—	—	—	—
南瓜属	—	—	—	—	—	—	—	—	—
未 知	—	2	—	—	—	—	—	—	—
总 数	26	100	100	83	100	100	100	100	100

a P, 出现。

附录15.2 化石样品观察

表15.28 1967年盖欧希样品的孢粉学观察

孢粉型	探方G29 c5b 地面	探方D15 d4b 火塘地面	探方G29 c2b 界石下方	孢粉型	探方G29 c5b 地面	探方D15 d4b 火塘地面	探方G29 c2b 界石下方
榆属	—	—	—	杜鹃花科	—	—	—
云杉属	—	—	—	酷栗属	—	—	—
冷杉属	—	—	—	菊科	22	12	21
松 属	—	1	—	禾本科	38	45	52
栎属	—	1	1	藜科	15	3	25
桤木属	1	1	—	疑似鼠尾草属	—	—	—
桦木属	—	—	—	紫茉莉科	—	—	—
朴属—桑科	—	—	—	柳叶菜科	—	—	—
豆 科	1	—	1	疑似麻风树属	—	—	—
牧豆树属	—	—	—	远志科	—	—	—
蔷薇科	—	—	—	疑似球葵属	—	—	—
Ⅳ 型	—	—	—	疑似桧葵属	—	—	—
Ⅷ 型	—	—	—	疑似玉米	1	1	—
车桑子属	—	—	—	疑似类蜀黍	—	—	—
龙舌兰属	—	—	—	疑似摩擦草属	—	—	—
三齿仙人掌科	—	—	—	南瓜属	—	—	—
金舞掌属	—	—	—	未 知	—	—	—
百合科	—	—	—	总 数	78	64	100

附录15.3　化石花粉频谱的判别函数分析

表15.29　所有种群花粉标准和

样　品		低地有效湿度	高地有效湿度	年均气温	年降水量
圭拉那魁兹	B层		中低	中等	中高
	C层		中低	中等	中高
	E层		高	低	高
马蒂内兹岩棚	地面+65厘米		高	低	中低
	地面+60厘米		高	高	中低
	地面+55厘米		高	高	中低
	地面+50厘米		高	低	中低
	地面+45厘米		高	低	中低
	地面+40厘米		高	低	高
	地面+35厘米		中低	中等	中等
	地面+30厘米		高	中等	中低
	地面+25厘米		高	高	中低
	地面+20厘米		高	高	中低
	地面+15厘米		高	高	中低
	地面+10厘米		高	高	低
	地面+5厘米		高	低	中低
布兰卡洞穴	55厘米		高	高	低
	65厘米		高	高	低
	75厘米		高	高	高
	85厘米		高	高	高
	95厘米		高	低	高
	100厘米		高	低	高
	E层 100—110厘米		高	高	高
	F层 100—110厘米		高	低	高
盖欧希	B层	高		高	低

表15.30　所有种群花粉调和

样　品		低地有效湿度	高地有效湿度	年均气温	年降水量
圭拉那魁兹	B层		中低	中等	低
	C层		中低	中等	中等
	E层		高	中低	中高
马蒂内兹岩棚	地面+65厘米		高	中低	中高
	地面+60厘米		高	中低	高
	地面+55厘米		高	中低	中高
	地面+50厘米		高	中低	高
	地面+45厘米		高	中低	中高
	地面+40厘米		高	中低	中高
	地面+35厘米		中等	中等	中等
	地面+30厘米		中等	中低	中等
	地面+25厘米		中等	低	高
	地面+20厘米		中等	低	中低
	地面+15厘米		高	中低	中高
	地面+10厘米		高	低	高
	地面+5厘米		高	中低	中高
布兰卡洞穴	55厘米		高	中低	高
	65厘米		高	中低	高
	75厘米		高	中低	高
	85厘米		高	中低	高
	95厘米		高	中低	高
	100厘米		高	中低	高
	E层 100—110厘米		高	中低	高
	F层 100—110厘米		高	中低	高
盖欧希	B层	低		高	低

附录15.3 化石花粉频谱的判别函数分类

表15.31 布兰卡洞穴花粉样品标准和

OC-30样品		低地有效湿度	高地有效湿度	年均气温	年降水量
C层	探方G14, 55厘米		高	高	低
D层	探方G14, 60厘米		高	高	低
	探方G14, 75厘米		高	高	高
	探方G14, 85厘米		高	高	高
E层	探方E5, 100—110厘米		高	高	高
F层	探方G14, 95厘米		高	低	高
	探方G14, 100厘米		高	低	高
	探方G14, 100—110厘米		高	低	高

表15.33 圭拉那魁兹花粉样品标准和

OC-30样品		低地有效湿度	高地有效湿度	年均气温	年降水量
B层	探方E9		高	低	高
	探方E9, 重复处理		高	低	高
	探方E6		高	低	低
B2层	探方E6		中低	中等	中等
	探方E6, 重新计数		高	高	低
B3层	探方D8		高	高	低
	探方D8, 重复处理		高	低	高
	B3层		高	低	高
	C层		中低	中等	中高
E层	探方G8		高	低	中低
	探方G8, 重复处理		高	低	高

表15.32 布兰卡洞穴花粉样品调和

OC-30样品		低地有效湿度	高地有效湿度	年均气温	年降水量
C层	探方G14, 55厘米		高	中低	高
D层	探方G14, 60厘米		高	中低	中高
	探方G14, 75厘米		高	中低	高
	探方G14, 85厘米		高	中低	高
E层	探方E5, 100—110厘米		高	中低	高
F层	探方G14, 95厘米		高	中低	高
	探方G14, 100厘米		高	中低	高
	探方G14, 100—110厘米		高	中低	高

表15.34 圭拉那魁兹花粉样品调和

OC-30样品		低地有效湿度	高地有效湿度	年均气温	年降水量
B1层	探方E9		高	低	低
	探方E9, 重复处理		高	中低	中高
	探方E6		高	中低	中高
B2层	探方E6		中等	中等	中等
	探方E6, 重新计数		高	低	高
B3层	探方D8		高	中低	高
	探方D8, 重复处理		高	中低	中高
	B3层		高	中低	中高
	C层		中低	中等	中等
E层	探方G8		高	中低	中高
	探方G8, 重复处理		高	中低	中高

附录15.3　化石花粉频谱的判别函数分类

表15.35　盖欧希花粉样品标准和

OS-70样品	低地有效湿度	高地有效湿度	年均气温	年降水量
探方 D15, d4b	高		高	低
探方 G29, c2b	高		高	低
探方 G29, c5b	高		高	中低

表15.36　盖欧希花粉样品调和

OS-70样品	低地有效湿度	高地有效湿度	年均气温	年降水量
探方 D15, d4b	极低		高	低
探方 G29, c2b	极低		高	低
探方 G29, c5b	低		中等	中低

16

前陶期与现代的小型动物比较

肯特·弗兰纳利、简·惠勒 撰，董宁宁 译

引 言

通过比较古代和现代的小动物群来建立以今论古的相关性，是解释古环境的另一途径。比如，相较于白尾鹿和棉尾兔等分布较广的物种，小型啮齿类动物一般被认为对栖息生境有所偏好，是更敏感的环境标志。此外，某些小型鸟类、爬行动物和陆地蜗牛也被认为有助于古环境的重建。

即使被人带入了遗址内，小型动物遗骸仍然是有价值的环境标志。但是，如果一个小动物群样品能够直接反映环境中物种的组成，没有受到人类的干扰，那就更有用了。比如，猫头鹰唾余中含有的小型动物遗骸就是其中一例。仓鸮是一种分布极广的猫头鹰，常在洞穴中筑巢。它们在晨昏时外出捕食小型啮齿动物，觅食范围一般不超过直径2—3千米的区域，从空中直接捕猎。仓鸮将猎物整个生吞，回到洞穴的巢里，再慢慢消化，形成由毛发裹住的完整但已解体骨架的球状消化残余。这些球状消化残余最终被吐出来，使当地啮齿类种群的大量样品能够免受人类挑选的干扰，堆积在洞穴中。

正是在黎凡特考古洞穴遗址中存在这类由猫头鹰唾余分解的啮齿类遗骸，使得切诺夫（Trchernov 1968）能够从事他的经典研究"以色列晚更新世啮齿动物群的更替"。靠近瓦哈卡，麦克尼什对特化坎洞穴建立的啮齿类序列使得我们能够认定，阿惠雷亚多早期的晚更新世环境和全新世的环境差别很大（Flannery 1967）。而更晚各时期的环境也能显示很接近今天的环境，除了由人类造成的一些现代变迁之外。这是通过采用一种显示百分比差异的检验，以衡量更新世和全新世物种组成的差异而做到的。

在圭拉那魁兹的案例中，只有四种小动物群种类可供评估前陶期的环境：小型啮齿动物、鸣禽、小型蜥蜴和蜗牛。它们都在本章里讨论，而小啮齿类提供了数量最多的样品。

现代啮齿动物样品

我们的第一步是获取一批数量很大的现代野生啮齿类种群样品作为对照。我们有幸找到一个大型洞穴，它与圭拉那魁兹同处一个岩崖，仅在西北方向数百米处，1966年被仓鸮栖息。这个洞穴的地面在我们的调查中编号为OC-45，被我们的米特拉民工起了个绰号叫"洛斯阿弗利基多斯洞穴"，它实际上铺满了仓鸮唾余。我们在一小时里竟采集到了近500个唾余，并用一天的其余时间对它们进行清理以提取其中的骨骼。为了鉴定到种，洛斯阿弗利基多斯洞穴的样品中含有466个完整的啮齿类头骨以及300多件下颌骨。

接下来是鉴定遗骸的工作，这点我们又十分庆幸，因为来自密歇根大学动物学博物馆的同事艾曼特·胡伯（Emmet T. Hopper）已经花了数个季度在瓦哈卡诱捕小啮齿类，采集到极佳的对比材料。在动物博物馆专家的协助下，鉴定出10个啮齿类物种（表16.1）。其中之一，是常见的黑鼠（*Rattus rattus*），以3个头骨和3个下颌骨为代表，这是一种旧大陆物种，

图16.1 OC-45洞穴遗址，又称"洛斯阿弗利基多斯洞穴"，在此采集到近500个仓鸮唾余。

最常见的野生物种之一是墨西哥棘小囊鼠，占全部样品的31.1%。它们是异鼠科（Heteromyidae）下唯一适合在墨西哥干旱或半干旱环境中生存的物种，以种子和嫩草维生。它们夜间活动，将种子、树叶、野草和纤维放入很大的颊囊（cheek pouche）中带回巢穴。这种啮齿类偶见在圭拉那魁兹附近筑巢；在发掘D层F6探方中，我们就发现了一只完整的棘小囊鼠干尸蜷曲在它的巢穴里。

其他8种啮齿动物属于仓鼠科（Cricetidae）。库氏稻鼠（Oryzomys couesi）（有时和稻大鼠Oryzomys palustris归为一类），占样品的6.3%。库氏稻鼠是以嫩草、沙草、种子、水果和无脊椎动物为食的一种非常敏捷的群居啮齿类。在环境湿润的地区，它们会成为作物的虫害。它在我们样品中出现频率较低，可能反映了这样的事实，即瓦哈卡河谷东部的湿润地区极少。

是在西班牙征服时期引入的。因为这类共栖物种在前哥伦布时期不可能存在，因此出于统计学考虑而将其忽略，集中在讨论9种本地的野生啮齿类上。

表16.1 OC-45洛斯阿弗利基多斯洞穴现代仓鸮唾余中鉴定出的啮齿类[a]

科	学 名	头骨	下颌骨（左）	下颌骨（右）	当地野生啮齿动物比例
异鼠科	墨西哥棘小囊鼠	144	21	37	31.1
仓鼠科	库氏稻鼠	29	15	14	6.3
	西部大耳禾鼠	5	2	2	1.1
	棕禾鼠	2	—	—	0.4
	北美棕鹿鼠	47	11	10	10.2
	高原鹿鼠	5	—	—	1.1
	南方侏儒鼠	9	—	2	1.9
	哈利斯科棉鼠	207	78	91	44.7
	墨西哥地峡林鼠	15	7	9	3.2
鼠科	黑鼠	3	2	1	
总 计		466	136	166	

[a] 是在1966年采集的。

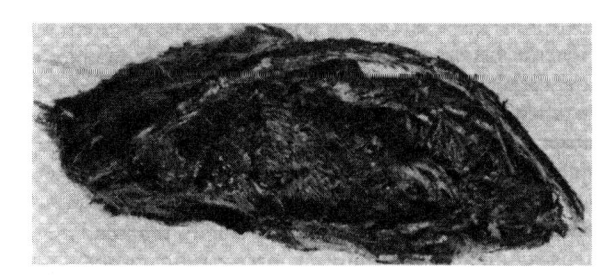

图16.2　D层F6探方出土的棘小囊鼠干尸（标本长8.5厘米）。

见有两种禾鼠（harvest mouse），但数量极少。西部大耳禾鼠[1]（*Reithrodontomys megalotis alticolus*）仅占我们样品的1.1%，而棕禾鼠（*Reuthrodontomys fulvescens helvolus*）只有0.4%。这两种啮齿类都栖息于矮小的草丛中，以种子和绿芽为食。它们对耕地没有兴趣，很可能面对瓦哈卡的农田清理而退避三舍。

我们的样品中还有两种禾鼠（white-footed mouse），其中有一种比较常见。棕鹿鼠（*Peromyscus maniculatus fulvus*）达10.2%。而高原鹿鼠（*Peromyscus melanophrys melanophrys*）——一种体形相对较大、尾巴较长的物种，喜欢栖息在墨西哥南部比较干燥的岩石地带——仅占我们样品的1.1%。这两个物种实际上都是杂食动物，吃种子、坚果、浆果、水果、昆虫和腐肉。据悉在南美，鹿鼠常会啃食鹿的腐尸。有可能的是，圭拉那魁兹骨上见有的啃噬痕迹就是鹿鼠在人类放弃各居住面后所为。

南方侏儒鼠（*Baiomys musculus musculus*）占洛斯阿弗利基多斯洞穴样品的1.9%。这种体形小巧的鼠类生活在浓密的草丛中，以绿色植物为食，偶尔也在圭拉那魁兹筑巢。在B2层D9探方中发现了一具保存在洞里的侏儒鼠干尸。

刚毛棉鼠（*Sigmodon hispidus mascotensis*）是当地最多的野生啮齿类，占44.7%。这并不令人意外，因为"只要哪里有棉鼠，它们通常就是最多的哺乳动物"（Hall and Kelson 1959：671）。这些杂食、繁殖力极强的鼠类——偏好杂草很高的栖息地——吃植物、昆虫、粗心的鸣禽、小型哺乳动物、鹌鹑蛋和各种其他食物。棉鼠对耕地和休耕地也非常适应，它们的数量常常会在清理农田后增加。

最后，我们要介绍墨西哥地峡林鼠，它们在我们的样品中占3.2%。这类物种喜欢多岩的峡谷和柱状仙人掌与仙人掌果地区，从多肉植物中获取水分。胡伯在雅固和加巴吉多·布兰科附近的火山凝灰岩台地上诱捕林鼠，那里在圭拉那魁兹西面仅数千米，看来是林鼠理想的栖息地：茂密的仙人掌荆棘灌木丛为林鼠提供了植物根茎、叶子、种子、仙人掌果和无脊椎动物等食物。

关于林鼠属的栖息地还要补充一句。在北美西部，有些被称为"打包鼠"（pack rat）的常驻物种生活在洞穴中，建筑巨大的巢穴，有时会扰动考古堆积（Heizer 1960：136）。迄今为止，我们还未见到受到墨西哥地峡林鼠扰动的洞穴，这里的林鼠属于另一批物种，即墨西哥群（the *mexicana* group）。虽然在我们和麦克尼什的洞穴中偶见有孤立的啮齿类巢穴，但是在瓦哈卡和特化坎都没有发现像在加利福尼亚和内华达州所见的那种"打包鼠"巨大巢穴。不清楚这是否是由于不同生活方式，或较低的种群密度，或出于两者皆有的原因。可以肯定的是，今天林鼠在墨西哥南部高地并非优势种[2]，我们在圭拉那魁兹也未发现林鼠的大巢穴。但是，我们的确发现一些证据表明，史前居民偶尔会食用林鼠。就像今天瓦哈卡河谷东部特拉科卢拉和圣胡安·盖拉维亚的偏远地区，人们仍食用林鼠。随着野生老鼠的消失，林鼠体形渐渐变大，超过了其他物种，并被认为是其栖息地中的"清道夫"，因此萨波特克人吃得比较多。

前陶期啮齿动物样品

下一步的分析是鉴定圭拉那魁兹B到E层出土的小啮齿类。幸好有我们采集的大量对比标本，这项工作相对比较轻松。但是，鉴于用来鉴定物种标准的性质，我们主要依靠头骨和下颌骨，且并不像处理现代材料那样，将标本鉴定至亚种的层次。表16.2提供了B层和E层所有鉴定遗骸的分布。

1　一种美洲特有的禾鼠种别，可能是美洲大耳禾鼠的地域亚种。
2　在晚更新世又另当别论，林鼠属动物在瓦哈卡和特化坎都很普遍（Flannery 1967 及未出版资料）。

表 16.2　圭拉那魁兹洞穴出土的啮齿类遗存

地层	墨西哥棘小囊鼠[a] 头骨	墨西哥棘小囊鼠[a] 下颌骨 左	墨西哥棘小囊鼠[a] 下颌骨 右	库氏稻鼠 头骨	库氏稻鼠 下颌骨 左	库氏稻鼠 下颌骨 右	西部大耳禾鼠 头骨	西部大耳禾鼠 下颌骨 左	西部大耳禾鼠 下颌骨 右	棕禾鼠 头骨	棕禾鼠 下颌骨 左	棕禾鼠 下颌骨 右	北美棕鹿鼠 头骨	北美棕鹿鼠 下颌骨 左	北美棕鹿鼠 下颌骨 右	高原鹿鼠 头骨	高原鹿鼠 下颌骨 左	高原鹿鼠 下颌骨 右	南方侏儒鼠[b] 头骨	南方侏儒鼠[b] 下颌骨 左	南方侏儒鼠[b] 下颌骨 右	哈利斯科棉鼠 头骨	哈利斯科棉鼠 下颌骨 左	哈利斯科棉鼠 下颌骨 右	墨西哥地峡林鼠 头骨	墨西哥地峡林鼠 下颌骨 左	墨西哥地峡林鼠 下颌骨 右
B1	—	—	—	—	—	—	—	—	—	—	—	—	—	—	—	—	—	1	—	—	—	2	1	3	—	1	—
B2	—	—	—	—	—	—	—	—	—	—	—	—	—	—	—	—	—	—	1	1	1	—	1	2	—	—	—
B2+3	—	—	—	—	—	1	—	—	—	—	—	—	—	—	1	—	—	—	—	—	—	1	—	—	—	—	—
B3	—	—	—	—	—	—	—	1	—	—	—	—	—	—	—	—	—	1	—	—	—	—	—	1	—	1	—
C	—	2	1	—	—	—	—	—	—	—	—	—	—	—	—	—	—	1	—	1	—	1	5	1	—	3	1
D	1	2	1	—	—	—	—	—	—	—	—	—	1	—	—	—	—	2	—	—	—	—	9	4	1	—	1
E	—	1	2	—	—	—	—	—	—	—	—	—	—	—	—	—	—	—	—	—	—	3	4	2	1	—	1
总计	1	5	4	0	0	1	0	1	0	0	0	0	1	0	1	0	0	4	1	1	1	7	21	13	2	7	4

[a] D 层 F6 探方包括一具完整的棘小囊鼠干尸。
[b] B2 层 D9 探方包括一具完整的侏儒鼠干尸。

从大部分小啮齿类遗骸的背景来看，它们可能是在洞穴无人居住期间，以仓鸮的唾余形式堆积的。在这种背景里，发现的是基本完整的小啮齿类骨架（但完全散架），有时还发现带有典型仓鸮唾余特征的厚层毛发。但是，我们还至少发现了2具鼠的干尸，看来死在了它们的巢穴中（表16.2）。此外，有5件被烧过的小啮齿类下颌骨；其中3件下颌骨属于林鼠（D层，B9探方；C层，C10探方；B2+3层，C8探方），和1件棉鼠下颌骨（B3层，D9探方）；还有1件棘小囊鼠下颌骨（E层，D11探方）。这些下颌骨很可能在被仓鸮吐出后偶然被焚烧，也有可能它们来自被人烹饪和食用的啮齿类。我们注意到，尽管林鼠在前陶期啮齿类样品中的百分比仅占16.3%，但是它们占我们烧骨很小样品的60%。这表明，至少有部分林鼠可能是食用的。根据今天一些河谷中的萨波特克人仍食用林鼠的事实来看，这种推断不无道理。

除了D层可能例外，洞穴所有居住面出土的样品都无显著差异。因此，我们将B到E层的所有小型啮齿类遗骸放到一起，得到了那魁兹期共计49个最小个体数的单一样品（表16.3）。在这批样品中，棉鼠数量最多（53.1%），林鼠其次（16.3%），棘小囊鼠再次（12.2%），高原鹿鼠8.2%。数量较少的啮齿类有棕鹿鼠（4%）、稻鼠（2%）和侏儒鼠（2%），没有发现棕禾鼠。重要的是，那魁兹期层位样品中的所有物种，至今依然生活在米特拉地区；而且，现代仓鸮唾余中能够找到的9种本地野生啮齿类中，有8种也见于前陶期层位中。

表16.3 圭拉那魁兹洞穴B层到E层出土的啮齿类

种	学 名	最小个体数（MNI）	占总数百分比（%）
异鼠科	墨西哥棘小囊鼠	6	12.2
仓鼠科	库氏稻鼠	1	2.0
	西部大耳禾鼠	1	2.0
	棕禾鼠	0	0.0
	北美棕鹿鼠	2	4.0
	高原鹿鼠	4	8.2
	南方侏儒鼠	1	2.0
	哈利斯科棉鼠	26	53.1
	墨西哥地峡林鼠	8	16.3
总 计		49	

比较古今样品

为了确定圭拉那魁兹前陶期和现代洛斯阿弗利基多斯洞穴啮齿类样品有何差异，我们对材料做了双样品检测（two-sample test）（Dixon and Massey 1969：249），以了解不同物种之间的比例差别。该检测由罗伯特·雷诺兹进行，并提供了以下的介绍。利用公式，该检测得到了指数Z：

$$Z = \frac{\bar{X}_1 - \bar{X}_2}{\sqrt{\bar{p}(1-\bar{p})\left(\frac{1}{N_1} + \frac{1}{N_2}\right)}}$$

其中

$$\bar{p} = \frac{(N_1\bar{X}_1 + N_2\bar{X}_2)}{(N_1 + N_2)}$$

N_1是OC-45洞穴样品的仓鸮唾余个数，N_2是圭拉那魁兹B—E层样品的仓鸮唾余个数，$\bar{X}_1$是OC-45洞穴的物种百分比，而$\bar{X}_2$则是圭拉那魁兹的物种百分比。

提出的设想是：这两组样品均从同一个目标种群中随机挑选。如果这样，那么Z值会呈一种正态分布。下面我们再回到这个设想。

表16.4列出了双样品检测的结果。从中可见，在现代和前陶期样品中，涉及的6种啮齿类差异在很不明显的0.1水平。但是，有3种啮齿类的百分比显示出统计学上的重要性。棘小囊鼠在前陶期样品中仅占12.2%，而在现代样品中占31.1%。高原鹿鼠在前陶期样品中占8.2%，但在现代样品中仅占1.1%。最后，前陶期样品中数量居第二位的林鼠（16.3%）在现代样品中仅占3.2%。

这些差异是否意味着当地的环境在那魁兹期与今日迥然不同呢？基于各种理由，我们认为不是。首先，

表 16.4　双样品统计检测结果，以检测各类啮齿类比例在现代样品（洛斯阿弗利基多斯洞穴）和古代样品（圭拉那魁兹洞穴）之间的差异

学　名	占野生啮齿类百分比 前陶期	占野生啮齿类百分比 现　代	Z值	显著性水平 0.01时的差异
墨西哥棘小囊鼠	12.2	31.1	2.76	显著
库氏稻鼠	2.0	6.3	1.22	不显著
西部大耳禾鼠	2.0	1.1	−0.55	不显著
棕禾鼠	0.0	0.4	0.44	不显著
北美棕鹿鼠	4.0	10.2	1.40	不显著
高原鹿鼠	8.2	1.1	−3.57	显著
南方侏儒鼠	2.0	1.9	−0.05	不显著
哈利斯科棉鼠	53.1	44.7	−1.12	不显著
墨西哥地峡林鼠	16.3	3.2	−4.23	显著

前陶期样品量仅为现代样品的十分之一。而据我们所知，一些小啮齿类物种有种群密度阶段性的波动，这会影响古代仓鸮唾余的构成。第二，我们知道瓦哈卡河谷东部的现代环境已因人类的活动发生了巨大的变化。数千年为农耕清理土地，加上400年的山羊放牧，无疑改变了某些啮齿类物种对当地环境的适应。例如，巨囊鼠，在形成期村落的垃圾中极为普遍，但它们已经从瓦哈卡河谷完全消失。很有可能的是，棘小囊鼠的增加和高原鹿鼠的减少都和人类对景观的改造有关。

最后，让我们回到先前的设想，即前陶期的样品组是随机的。尽管大部分前陶期的啮齿类遗骸来自仓鸮唾余，但是至少有2件啮齿动物遗骸（包括一只棘小囊鼠）被发现死在它们的巢穴里。而且，如上所述，在多达3件的林鼠遗骸上发现了焚烧的痕迹，因此它们很有可能是被人类诱捕并食用的。如果穴居者确实捕食林鼠，那么我们对样品随机形成的设想便不能成立，而该设想有助于解释墨西哥地峡林鼠在前陶期较高的出现频率。

综上所述，我们觉得，人类干扰和采样误差都有可能，所以我们不能将这两套啮齿类样品归因于洞穴附近栖息地的自然改变。我们认为，圭拉那魁兹的小型啮齿类强化了我们从舍恩韦特和L. D. 史密斯的花粉研究得到的结论（第15章）：除了人类活动造成的影响外，那魁兹期的环境**总体来说**和今天十分相似。

鸣禽

除了小啮齿类骨骼，洛斯阿弗利基多斯洞穴的仓鸮唾余中还含有少数小鸟遗骸。显然，仓鸮捕猎的时间恰好也是鸣禽活跃的时段。尽管很难从躯干骨分辨鸣禽，但是在史密森研究院的理查德·苏西（Richard Zusi）的帮助下，我们从样品中初步鉴定出了16件头骨，它们列在表16.5中。

16件头骨中有10个属于蓝蜡嘴雀，明显是斑翅蓝彩鸦（Guiraca caerulea）。该物种还包括一类仅生活在瓦哈卡地区的当地亚种（G. caerulea eurhyncha）。并不清楚蓝蜡嘴雀为何是仓鸮偏好的猎物，这很可能是由于它们的活动时间一致。

其余头骨可分为4个科。其中2个是黄鹂属（Icterus），该属有数个物种都是瓦哈卡本地的。2个头骨属于无法具体鉴定的雀型目。1个头骨是某种捕食昆虫的鸟类，可能属于纹霸鹟属（Empidonax），在瓦哈卡地区

表 16.5　洛斯阿弗利基多斯洞穴 OC-45 中仓鸮唾余所含小型鸟类

科	学　名	俗　称	头骨数量
霸鹟科	疑似纹霸鹟	捕蝇鸟	1
黄鹂科	黄鹂属	黄鹂（2种）	2
唐纳雀科	疑似唐加拉雀	唐加拉雀	1
鸦	斑翅蓝彩鸦	蓝蜡嘴雀	10
燕雀科	种属不明	雀	2

有好几个种。另一是唐加拉雀，可能属于唐加拉雀（Tangara sp.）或者某个相近的属。

在圭拉那魁兹前陶期的地层中，根据沉积背景，

只有3种鸣禽可能与古代仓鸮的唾余有关。一种显然是斑翅蓝彩鸦（C层E7探方）；另外两种则因太破碎而无法鉴定（D层C9探方；B2层C9探方）。还有其他5件无法鉴定的鸣禽遗骸发现在B到E层，但从其背景来看，它们很可能是由人类而不是仓鸮带入洞穴的。所有这些鸣禽和其他鸟类遗骸一起在第22章列出。

总之，因为仓鸮唾余中的鸣禽遗骸数量不多，不足以推翻那魁兹期的环境和现在环境差异不大的总体看法。

小型蜥蜴

尽管有多种蜥蜴为瓦哈卡河谷本地所有，但是有两个物种在圭拉那魁兹地区特别常见：一种是鞭尾蜥科下的墨西哥鞭尾蜥（*Cnemidophorus mexicanus*），还有就是美洲鬣蜥科（Iguanidae）下的德克萨斯刺蜥（或称橄榄强棱蜥*Sceloporus olivaceus*）。圣地亚哥州立学院的理查德·埃瑟里奇（Richard Etheridge）帮助我们鉴定了蜥蜴的种属；1967年，史蒂文（Steven）和罗伯特·霍尔（Robert Hole）捕猎了适当数量的现代标本。

显然，这些蜥蜴偶尔会自己进入圭拉那魁兹洞穴之中；例如，我们在A层I5探方就发现了一具完整的鞭尾蜥干尸（图16.3）。但是，特化坎洞穴居民有时会食用一种较大的鞭尾蜥（Flannery 1967），因此我们不能排除我们的样品中有些是人为带入的。2件鞭尾蜥（*Cnemidophorus*）的下颌骨在B1层C10探方出土，而孤立的几件刺蜥（*Sceloporus*）下颌骨则在D层E8探方和B1层C10探方出土（图16.4）。B1层C10探方集中发现的3个蜥蜴有可能作为一组被食用和丢弃的。详细情况可见表16.6。

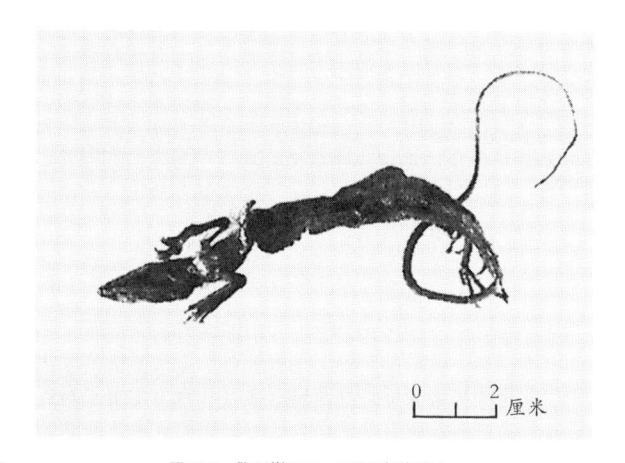

图16.3 鞭尾蜥干尸，A层I5探方出土。

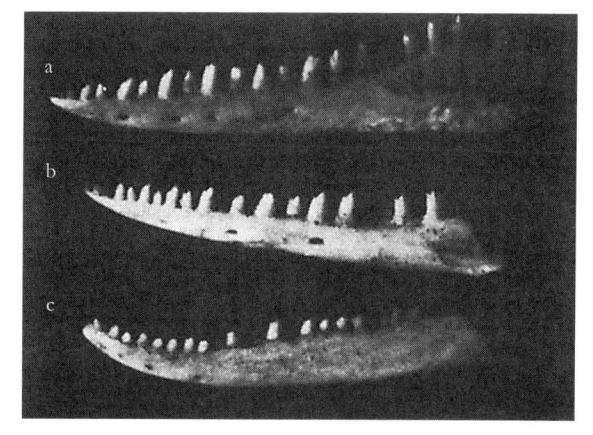

图16.4 圭拉那魁兹出土的蜥蜴下颌骨：a. 鞭尾蜥（长12厘米）；b. 鞭尾蜥；c. 刺蜥（长10.5厘米）。

表16.6 圭拉那魁兹洞穴出土的爬行类遗骸（括号中为出土探方单位）

遗　存	地　层				
	E	D	C	B2+3	B1
（墨西哥）鞭尾蜥下颌骨	—	—	—	—	2（C10）
刺蜥下颌骨	—	1（E8）	—	—	1（C10）
种属不明爬行类上颌骨碎片	—	1（E8）	—	—	—
爬行类脊椎	2（D11、F11）	3（E6、E7、G6）	4（C10、D11、E5、F10）	1（D10）	—

软体动物

虽然软体动物在古环境的重建中常被证明十分有用，但是圭拉那魁兹出土的样品委实太少，以至于只能做些评述。该地有两种大型本地蜗牛，分别属于橡子螺属（*Euglandina*）和 *Oxystyla* 属[1]。它们都不像美国常见的花园蜗牛（学名小灰蜗牛）。尤其是橡子螺蜗牛，它们个体很大、外形少见，常被粗心的发掘者误认为是海螺（图16.5）。更容易混淆的一个原因是，橡子螺蜗牛喜欢腐肉，因此会在墓穴中筑巢，最后死在那里，给人以贝壳随葬的印象。在我们的发掘中，我们并未发现食用蜗牛的迹象，而我们发现的大部分橡子螺蜗牛看来是进入遗址寻找腐肉的。所有软体动物都分布在圭拉那魁兹的B3层（C9探方）和B2+3层（C8探方）。

此外，在C9探方的C层中，发现了两个种属不明的小型淡水蜗牛（表16.7）。它们很像圭拉那魁兹下面岩石旱谷小池塘里发现的淡水种，在米特拉河的旱谷亦有发现。因为没有证据表明这些蜗牛曾被食用或用作装饰品，因此有可能的是，它们是在人们从米特拉河，或其支流旱谷，或溪流中，用容器汲水时带入洞穴的。这种饮用水很可能被灌入瓢葫芦或鹿皮袋中运输。C9探方中存在这两种蜗牛，表明C层的这个地方很可能是把容器里水倒空的地方。

图16.5 橡子螺属陆地蜗牛，采自米特拉地区。

表16.7 圭拉那魁兹洞穴软体动物遗存（括号中为出土探方单位）

遗　　存	地　　　层		
	C	B3	B2+3
橡子螺属蜗牛	—	1（C9）	1（C8）
种属不明淡水蜗牛	2（C9）	—	—

概括与小结

对圭拉那魁兹B—E层出土的小型啮齿类、鸣禽、蜥蜴和软体动物的观察，并不表明那魁兹期的穴居者（不管是人类还是动物）所见和所开拓的生境与今天该地区的情况不同。相反，它支持了这样的看法，共生植物像荆棘林A和B、牧豆树草地A和B，在洞穴附近分布，除了人类所引起的明显退化之外，那魁兹期的环境与今天并无不同。这进而加强了我们的结论，即今天的景观对于解释前陶期的环境是合适的。

1　可能为"Orthalicus"之误。——译注。

第五编

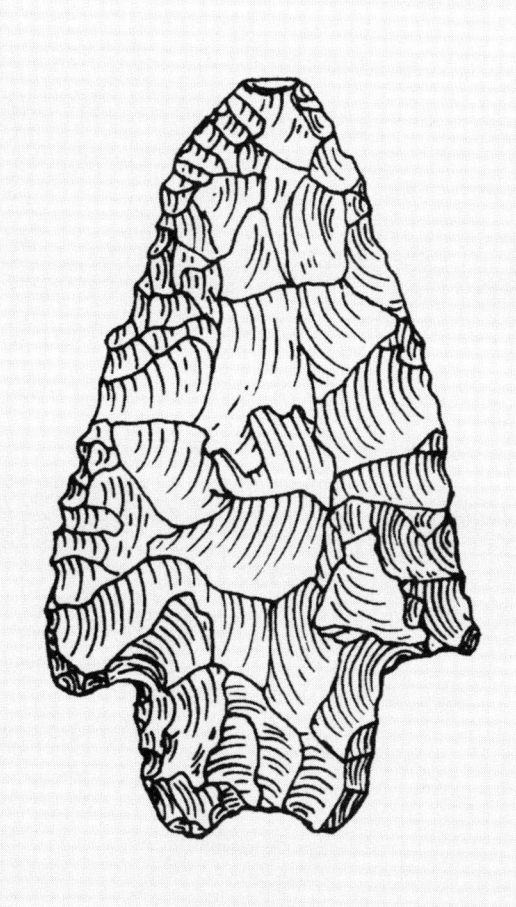

生计形态分析

17 生计材料的量化分析：第五编的介绍

  引言
  圭拉那魁兹食物残存的性质
  第五编的格式

18 米特拉洞穴的野生食物资源：生产力、
   季节性和年际变化

  1966—1976年间的植物普查
  季节性波动
  年际差异
  肉食的生产力估算
  将原始生产力换算成卡路里和蛋白质

19 圭拉那魁兹前陶期的植物遗存

  植物遗存的类别
  植物遗存的阐释
  前陶期的农业
  圭拉那魁兹的植被史
  小结

20 圭拉那魁兹前陶期地层中的西葫芦

21 圭拉那魁兹的前陶期菜豆

  引言
  圭拉那魁兹1型豆介绍
  圭拉那魁兹的本地野豆
  圭拉那魁兹1型豆遗传上对驯化种可能的影响

22 圭拉那魁兹前陶期动物食物遗存

  引言
  狩猎或诱捕的动物
  哺乳类和爬行类
  鸟类
  各居住面小结

23 圭拉那魁兹食物遗存的营养意义

  引言
  讨论
  圭拉那魁兹每天摄入的假设

24 圭拉那魁兹食物采办区与前陶期食谱

  食物种类与每一百克份量的关系
  植食
  肉食
  洞穴遗存所代表的采获面积
  居住面小结
  圭拉那魁兹人口的维持面积
  圭拉那魁兹每天的植食消耗
  计算维持区
  食谱的历时变化

17

生计材料的量化分析：第五编的介绍

肯特·弗兰纳利 撰，董惟妙 译

引 言

这一部分的所有章节都是涉及圭拉那魁兹生计的某些方面。从洞穴中出土的动植物残骸所提供的信息是我们的起点。这些残骸是用细筛从各居住面每平方米探方中收集的，每平方米探方残骸的统计数据构成了我们的原材料。我们还进行了一项连续七年的植物普查，来告诉我们圭拉那魁兹野生植物分布的频率，因而我们能够评估穴居者的生计策略。

为了进一步操作，我们对相关动植物材料以多种方式加以量化。这些量化取决于一套设想，这就是本引言的主题。我们认为这些设想是合理的，但是考古学家常常未能从书面上加以讨论。

因为这些问题往往心照不宣，于是近年来越来越多的年轻考古学家开始相信，他们是考虑这些问题的第一代人。他们错了。二十多年前，海泽（Heizer 1960）发表过一篇题为《居住残留物的物理分析》（Physical Analysis of Habitation Residues）的文章。文中他总结了半个世纪来解释动植物遗骸的努力。海泽的文章清楚地说明，长久以来考古学家都关心遗址形成的过程、动植物进入沉积的方式，并考虑食物遗存量化分析的有效性。动物的扰动、自然降解的各种速率以及废弃物的采样问题等，都在他的考虑之内。这也是一些早已讨论过但并未完全解决的问题，它们变得心照不宣，后来又被下一代考古学家"再发现"的例子。

圭拉那魁兹食物残存的性质

首先需要解决的问题是，难道洞穴中所有动植物都是被人带入的吗？在圭拉那魁兹，就像在我所知道的所有洞穴遗址中，都有啮齿类活动的重要证据。许多矮松果有啃咬的痕迹（图17.1），许多麻风树果的种皮被咬开，许多鹿骨的裂片也被啮齿类啃过。显然我们需要确定：1. 是否某些植物实际上是被啮齿类带进洞内的？2. 抑或是穴居者离开洞穴后被啮齿类啃咬的？

圭拉那魁兹的居住面很清

图17.1 圭拉那魁兹的矮松果壳，显示了啮齿类啃咬的痕迹（样品实际长16毫米）。

楚，因此很容易分辨啮齿类的巢穴（见图5.17）。所有这些巢穴都被分离出来，留在原地，切出剖面，然后观察它们的包含物。有趣的是，没有一个巢穴见有我们常见的被啃过的橡子、麻风树果等植物。更多藏有很小的草籽，如黄茅属（heteropogon），或者偶见有后古典期的干玉米粒，明显是在挖巢穴时从洞穴上层带进去的。换言之，我们所发掘的这些巢穴并未提供啮齿类将前陶期人类常用的植物带入洞内的证据。但它们确实表明，在挖巢穴的过程中，啮齿类会将小东西，如玉米粒或豆子，从上层搬到下层。

两个巢穴见有真的啮齿类干尸：F6探方见有一只棘小囊鼠，D9探方见有一只侏儒鼠（详情见第16章）。因为我们知道棘小囊鼠会用它们的颊囊将种子带回巢穴，因此许多草籽的储藏应该是它们所为。我们没有发现较大的墨西哥地峡林鼠的巢穴，它们是北美洞穴发掘者的死敌。

第二条证据链是居住面本身各种植物物种的分布（见第26章）。这种植物分布呈现一种大块丢弃区的形态，就像人类处理食物产生的结果，而非像啮齿类储藏巢穴那样，以一系列小的口袋状分布在居住面上。

第三条证据链是啮齿类对鹿骨裂片的啃咬。禾鼠在圭拉那魁兹地区十分常见，众所周知，喜欢啃咬新弃的尸体和骨头，以摄取其中的脂肪和盐分。但是很显然，它们不可能杀死鹿并将它们带进洞穴！根据这种情况，最好的解释就是，在穴居者离开后，那里的啮齿类在骨片上留下了啃咬的痕迹。

另外，有些植物也显示了人类加工食物的证据，而排除了动物的携入。龙舌兰就是一个这样的例子，它必须在地下烘烤数天。就啮齿类很小的家庭活动范围来看，它们不大可能从3千米外的小树林中将朴树果和牧豆荚带回洞穴。

总之，根据我们从啮齿类巢穴、居住面上的动植物分布、食物加工的迹象中可获得的所有证据以及其他考虑，我们没有找到当地啮齿类在圭拉那魁兹洞穴携入任何比草籽更大东西的证据。但是，这些啮齿类确实在人类不在时进入过洞穴，啃咬丢弃的橡子、麻风树果、鹿骨碎片等东西。这会影响它们所啃咬的个别物体的位置，且我们怀疑它会明显影响我们残骸轮廓图（debris contour maps）所反映的整体分布（第26章）。只因动植物遗存数量太大，活动区域很清楚，所以啮齿类偶然的活动不至于对我们所见的证据产生很大的影响。

有些啮齿类确实在洞穴中筑巢，而且它们在挖巢时，偶尔会将很小的植物遗存从上层移到下层。我们觉得这种被搬运植物的数量不会很大。但是基于这种扰动，我们觉得在解释前陶期层位中发现的小型植物遗存时，还是应当小心为上。例如，如果在那魁兹期发现了一颗驯化的豆子，不应不假思索地将其看作早期栽培的证据，尤其当那粒豆子在上面后古典期层位中恰好很多时（见第21章）。只有当证据相当充分，并来自未受啮齿类巢穴影响的探方，或含有人类加工的证据时，才可被接受。早期驯化的西葫芦就是这种情况，它的外皮数量很多，而且其种子经常被烘烤（见第20章）。

在确定洞穴中这么多食物遗存是由人类携入之后，接下来我们必须直面这些问题：这些遗存的代表性如何？洞穴中最常见的物种是否是最普通的食物？植物遗存中占15%的物种，是否也代表了食谱中占15%的植物？

这些问题很难回答，即使所有植物遗存的残留都能进行比较。不幸的是，它们无法进行完全的比较：有些物种是以未食用的标本所代表，其他则由已食用标本的残渣为代表，还有一些是由它们的不可食部分所代表。海泽（Heizer 1960：111）预见到了这个问题，他说："仅仅鉴定古代用作食物的动植物物种，无论体量多大，都只能告诉我们吃了些什么……我们必须能够在量化的基础上处理这些信息，并应该设法懂得如何肯定它们是食物。"

图17.2提供了圭拉那魁兹植物作为食物进行常规处理和加工的例子。麻风树果和矮松果有相似的程序。可能在它们收获的时候，有些在现场就被去壳吃掉了，这类标本在洞穴中就不会表现出来，而且没有量化它们的办法；另一些很可能被带回洞穴，可能储藏一段时间，然后再去壳吃掉。我们发掘出土的就是麻风树果和矮松果被丢弃的不可食外壳。

野洋葱被连根拔起，有些可能当场就被吃掉。另一些被带回洞穴，也许被用作口味很淡的食物，如仙人掌果嫩茎的调料。其叶子和球茎外皮被剥掉，吃它的球茎而未留下痕迹。显然，考古发现的球茎都是吃剩的；较常见的是剥下来的球茎外皮。

龙舌兰这种植物的收获和加工过程，会产生好几种不同的考古遗存。我们已经见到，龙舌兰的花梗或花向上抽发时可以利用，而花梗可以反复收割。花梗有时会被带回洞里，而洞里的垃圾中见有花的残片和种壳。植物芯被挖出，去除叶子，有时被用来提取纤维。洞里见有叶子碎片（包括叶脊）和真正的龙舌兰纤维绳索。因为龙舌兰不能生吃，所以它不能像有些植物那样当场吃掉。它被带回洞穴，那里备有一个火塘，烘烤龙舌兰24—72个小时后，食用无纤维的芯，因而不会留下考古学痕迹（见第24章）。接下来吃的是叶基，这会留下咀嚼的残渣。如果这些咀嚼残渣被吐在洞里，我们可以在垃圾中找到它们（图17.2）；如果在远离洞穴的路上"咀嚼"龙舌兰，那就不会发现这种残渣。

橡子呈现出略有不同的问题。因为它们不能生吃，所以收获之后必须带回洞穴，有可能储存在篮子里或像D层发现的那种窖穴中。我们推测，许多橡子被放在磨盘上，用单手石杵和磨板碾磨成粉；这种粉无法用我们的考古学方法提取。只有那些没有吃完的多余橡子才会留下，并留在垃圾中。有人会说，橡子之所以在洞穴中很多，是因为它们都必须带回来加工。但也有可能的是，如果有这么多被留下来，那么收获的数量应该更多。

橡瘿（oak gall）代表了另一种情况，考古只能发现未食用的残留标本。

朴树果和针叶樱桃都是可以生吃的果子，收获时很多可能在现场就被吃掉了；有人可能会说，它们在洞穴中积累的代表性不够。那些被带回来并在洞穴中被吃掉的果子，要么留下极难降解的白色种子（如朴树果的情况），要么是脆性但容易识别的棕色种子（如针叶樱桃的情况）。

银合欢的种子可以生吃，所以它们可能经常就地被吃掉了，因此在洞穴中不具有代表性。发现的废弃物主要是剥去种子的豆荚，所以很明显，一些银合欢被带回了洞穴。

野豆不能生吃。看来采集它们的豆荚并将它们带回洞穴，在洞穴中，种子要么捣烂成粉，要么用某种我们所不知的方法软化（浸泡在水里或煮）。在大多数情况下，豆子以剥开和丢弃的豆荚瓣为代表，但偶尔在垃圾中也见有未被食用的种子。有些当地野豆也有可食的根，但是只有那些未被食用的块根可以在考古学中残存下来。

有几种采办和处理的程序可以将牧豆带入洞穴。虽然十分新鲜的牧豆荚可以咀嚼（产生咀嚼残渣），但它们是否以这种方式当场被食用则有点可疑。大部分可能被带回洞穴并储存；一些多余的豆荚很可能未被吃掉而留在垃圾中。然而大部分豆荚可能被煮成可食的浆汁（或蜜），今天仍为一些萨波特克村民所偏爱，而这种豆荚在考古学上不会残存下来。

金合欢豆荚也像牧豆那样被加工，但是该植物不怎么可口，在洞穴垃圾中较少见；残留物主要由未食用的豆荚组成。

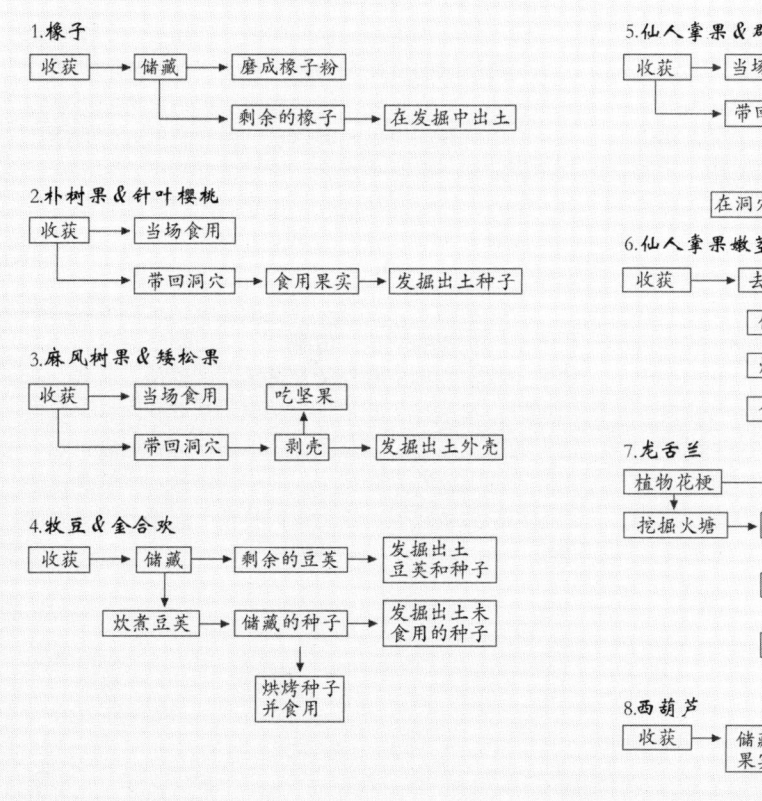

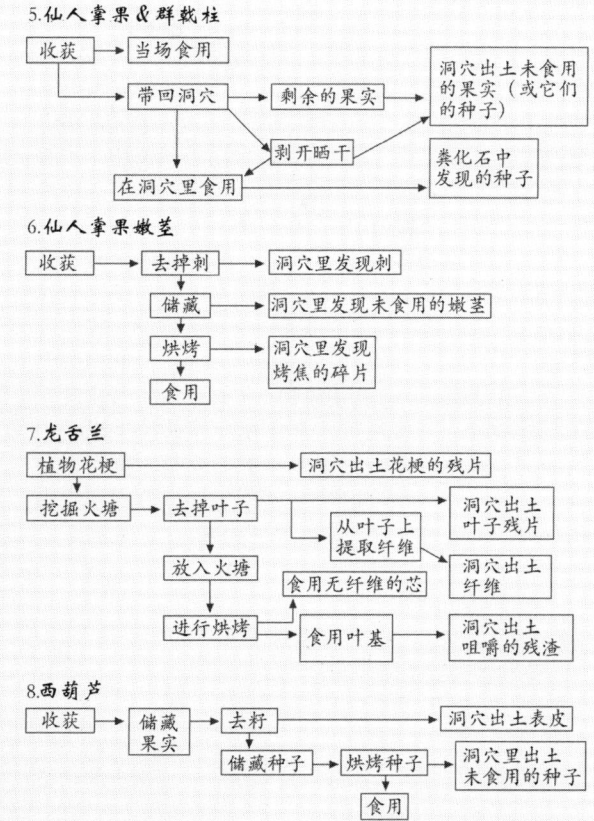

图 17.2　圭拉那魁兹主要植物采办和处理的程序。

群戟柱和仙人掌果可能程序相似。也许许多在当场就被吃掉——撕开并剥去柔韧的外皮，露出下面多汁的果肉。带回洞穴的群戟柱和仙人掌果则会被放在火塘上除刺。偶尔在洞穴残留物中会有一个未食用的干果，但大部分未食用果实都明显腐烂了，只留下种子。通过打开果实并让它晒干，可以使仙人掌果的供应延续数周（Pennington 1963：117—118），但这些水果最终会腐烂。只有坚硬和难以消化的种子才能在考古学中残留下来，而圭拉那魁兹发现的一些种子甚至是人类粪便中未分解的结果。但是，最可能的是来自未食用或部分食用的果子。

像龙舌兰一样，仙人掌果的茎可以在加工程序的多个环节进入洞穴。因为它们不能就地食用，其大部分加工可能在洞穴中或附近进行。柔软而新鲜的仙人掌果嫩茎被去刺（有些见于垃圾中），而且很可能至少必须暂时储存（一些未被食用的会变干并残留下来）。最明显的是炊煮，一个常见的办法就是穿插在木条上用火烤。洞穴中见有烤过的仙人掌果嫩茎和木条残片（见第10章）。

最后，西葫芦有另一种加工程序。我们没有理由相信，野生西葫芦或早期栽培种有可食用的果实，所以可能它们收获后都被带回洞穴。在洞穴中取出可食的种子，而在垃圾中见有破碎的果皮。种子可以在烘烤前后被储藏；显然，只有未被食用的残留物，才能在考古学上保留至今。圭拉那魁兹出土的许多西葫芦种子都有明显的烘烤迹象（第20章）。

上面考虑的各种采办和加工程序清楚说明，我们可能过分自信地认为，圭拉那魁兹的植物遗存为我们提供了每种植物组成的准确食谱比例。对此我们可以做什么？如何才能将吃剩的植物残存（如麻风树果壳）与其他剩余的未食用植物（如橡子）进行比较？这些植物中，哪些很可能常常在野外就被生吃？它们如何与那些必须带回洞穴并加工数天的植物如龙舌兰进行比较？我们能推定，总共有一半朴树果被当场吃掉，并通过将洞穴中的种子数乘以2，来补上吃掉的那一部分吗？我们能推定，总共收获的橡子中有10%未被食用，从而通过乘以10来算出实际的收获量吗？

我认为所有问题的答案是"不能"。在我看来，我们没有可靠的根据来"调整"任何植物遗存的数据。采办和加工方式差别太大，而且涉及太多附加假设，以至于不允许篡改数据。几乎可以肯定，我们带来的错误将会和数据本身已有的误差一样大。无论多么不完美，洞穴出土的原始材料至少反映了史前穴居者的活动，而不是考古学家的幻想。

因此，在接下来的章节中，我们采用的是洞穴中出土植物遗存的实际数字。这些数字并不神圣，但它们是我们仅有的。利用它们并不意味着在洞穴垃圾中的橡子和针叶樱桃的比例就代表了它们在食谱中的实际比例。它反映了一个较为简单的设想：即洞穴遗存给了我们有关人类偏好和利用的想法。不管植物如何采办和加工，如果在洞里见有许多橡子，就是因为它们收获很多；如果极少金合欢豆荚，就是因为它们几乎不被采获。

除了植物种类的可比性问题外，还有一个植物碎片和动物残骸的可比性问题。不管遗存的提取和统计多么仔细，我们并无评估食谱中动植物比例的可靠方法。粪化石最能提供此类信息，因为它们有时候能让我们确定某一餐吃了什么，比如说40%肉食和60%植食。但是，即使这种情况，在我们能观察某有限季节的总体形态之前，我们需要来自许多不同个体和许多不同餐食的大量粪化石。

一位动物学家发现一件鹿的肱骨，至少可以得出猎杀了一头鹿的结论。但是，一位植物学家找到六颗橡子，就不能得出整棵树都被采获的结论。诚然，我们可以根据肱骨（而不是整头鹿）估算其肉量，我们能做的仅此而已；但是我们仍不能保证穴居者每吃一根肱骨的肉就吃六颗橡子。我们所能做的，就是设法为它们的关系建模，这是我们将在下面第五编要做的事情。

第五编的格式

第五编处理了两部分原始材料：发掘出土的动植物，以及在圭拉那魁兹附近进行七年的植物普查结果。

植物遗存由史密斯（第19章）处理，他把豆子送给劳伦斯·卡普兰（第21章），将西葫芦送给托马斯·惠特克和休·卡特勒（第20章）。动物骨骼由肯特·弗兰纳利和简·惠勒研究（第22章）。这些给了我们能够进一步研究的量化数据。

植物普查（第18章）给了我们有关圭拉那魁兹环境里各类物种的密度，以及它们季节和年际变动的数据。它们还提供了动植物考古遗骸与100克可食部分之间的关系（第24章）。

营养学家罗布森和伊莱亚斯（第23章）从卡路里、蛋白质、碳水化合物、脂肪及其他元素的角度，分析了圭拉那魁兹的食物，并为几个居住面提出了几个假设的食谱。然后，他们的数据与植物普查的数据结合起来，估算圭拉那魁兹环境的产量（第18和24章）。

最后，将上面研究的所有内容结合起来，重建穴居者的平均食谱，估计那里所见个人维持生存所需的公顷数，并讨论环境对他们前陶期生活方式的制约（第24章）。

还有一组我们想做但没有做的附加研究：一项投入—产出分析，即将采办圭拉那魁兹食物所消耗的卡路里和蛋白质，与从这些食物中获取的卡路里和蛋白质进行比较。这有助于我们构建穴居者的狩猎采集策略。不幸的是，我们觉得我们没有可靠的办法来计算穴居者，在诸如狩猎前哥伦比亚鹿（precolumbian deer）、采集橡子和烘烤龙舌兰等活动中的能量消耗。我们决定采用的替代方法是，假设在采获面积和能量消耗之间存在一种关系；这样使得我们能依据收获的平方米来计算"所花的力气"（见第7编）。

18
米特拉洞穴的野生食物资源：生产力、季节性和年际变化

肯特·弗兰纳利　撰，董宁宁　译

在任何狩猎采集社会的研究中，某些最基本的问题都是关于人口与野生食物资源之间的关系问题。C. E. 史密斯（Smith 1978）的植物研究给了我们瓦哈卡河谷东部原始植被的一些认识。柯克比、怀特和弗兰纳利（第4章）将米特拉洞穴区的现代植被划分为4个理想化的群丛。舍恩韦特和 L. D. 史密斯在第15章中建立了用来解释过去的现代植被参照。圭拉那魁兹出土的动植物遗存则表明了穴居者选择利用的野生资源。

但是，这些材料并不能回答许多重要的问题。比如，米特拉地区当地植被的生产力如何？这些植被能维持多少人和多久？居住在圭拉那魁兹的四五个人究竟怎样才会几近耗竭当地可获得的野生资源？降雨量的年际波动又对这些野生资源有什么影响？资源可获性的季节波动又有什么影响？我们将在本章中回答这些问题。

1966—1976 年间的植物普查

瓦哈卡项目进行的十年中，我们用了七年时间调查了米特拉洞穴周边地区可用的野生植物。我们的目的是想为柯克比、怀特和弗兰纳利定义的四类群丛每公顷土地上可用植物的数量提供估算。

史密斯（Smith 1987）介绍了几个世纪以来，农耕、放牧、烧炭根本改变了瓦哈卡河谷的原始植被。尽管河谷里没有什么区域能免受人类活动的影响，但幸运的是，米特拉洞穴地区属于受影响较小的地区。正如史密斯总结：“只有该河谷在米特拉洞穴通往圭拉那魁兹洞穴那段，过去的一些植被被保存了下来。但即使在这里，荆棘灌木丛仍显然遭到了扰乱，只在不久之前才稍有恢复。”毋庸置疑，使得该地原始植被得以恢复的主要因素之一，是富埃德农场变成了大体荒芜的公共土地。

我们决定将普查地点选在受人类干扰最少的自然植被带，根据史密斯的建议做出选择。一旦选定地点，柯克比和怀特便建立起第4章定义的四个植被群丛的一系列采样条带。每个条带宽3米，长至少300米，位置随机选取，但其长轴一般参考有地表特征的当地标志予以记录（如突出的基岩露头），以便之后能反复找到这些地点。这样一来，我们可以比较某条带在雨季和旱季的生产力。这些条带取决于野外季节的长短和人手的多少，在每年不同的季节进行采样。

采样过程包括缓慢走过每个条带，一人负责记录每种植物的数量，另一人负责记录每棵植物上的果实数量或可食部分。后一数据是通过一群萨波特克民工收获每棵植物得到的。这项工作的难度相差很大：用手采摘一小丛麻风树果只要几分钟，但从一棵橡树上采摘所有的橡子可能需要几个小时。

虽然普查目标主要是植被，但是我们同时也会记录棉尾兔的分布密度。棉尾兔的活动范围很小（通常直径不超过100米），它们用留下的小堆粪球来标识领地。通过清点粪堆的数量，我们可以确定该条带中棉尾兔的活动范围。

尽管史密斯、科比、怀特和舍恩韦特主导这项植物普查，事实上瓦哈卡项目的每个成员每年都有参与。我要在此感谢米特拉民工在这项炎热而艰巨工作中的表现；我尤其要感谢苏珊·里斯承担了清点兔子粪球

18 米特拉洞穴的野生食物资源：生产力、季节性和年际变化

的工作。总之，条带区覆盖的植被情况如下：

荆棘林A	940平方米
荆棘林B	1 000平方米
牧豆树草地A	1 200平方米
牧豆树草地B	1 000平方米
总面积	5 340平方米

尽管做出这样一种计算比较困难，但我估计我们的条带能覆盖圭拉那魁兹和大米特拉河之间5%左右干扰最少的本地植被区。

表18.1根据动植物种类的密度，比较了米特拉洞穴区四个植被群丛。注意，这第一张表中的数字反映了每100平方米中植物（如橡树）而非可食部分（如橡子）的数量。数字范围代表了每群丛中各条带间的

表18.1 瓦哈卡河谷东部四个植被群丛动植物密度的比较，1966—1976年

植物名称	每100平方米密度			
	荆棘林A	荆棘林B	牧豆树草地A	牧豆树草地B
橡 树	0.11—0.43	—	—	—
番泻决明	0.43—2.45	—	—	—
银合欢	0.00—3.94	—	—	—
针叶樱桃	0.16—0.21	0.00—0.10	—	—
菜 豆	0.05—0.15	0.00—0.10	—	—
麻风树果	7.23—7.55	0.60—9.50	0.00—0.42	—
棱叶龙舌兰	4.57—8.72	0.00—0.40	0.00—0.08	—
多纹龙舌兰	0.32—2.66	0.00—0.30	0.00—0.08	—
猫爪金合欢	2.87—2.98	0.00—2.00	0.25—0.42	—
龙神柱仙人掌	0.21—2.77	0.20—5.90	0.33—4.08	—
群戟柱仙人掌	0.40—27.0	0.15—0.80	0.08—3.50	—
强刺球仙人掌	0.00—1.28	0.40—19.9	0.08—2.33	—
仙人掌果	0.32—40.0	0.20—2.60	0.75—6.00	0.90—2.50
辉萨克金合欢	0.00—0.06	0.00—0.40	0.00—0.60	0.40—1.50
结节仙人掌	2.13—52.6	3.30—18.8	2.92—7.83	0.50—4.10
鸡冠仙人掌	0.11—2.13	8.40—21.8	10.7—53.4	0.00—0.10
野洋葱	—	0.00—0.002	0.00—0.002	—
野西葫芦	—	0.00—0.01	0.00—0.02	—
牧 豆	—	0.00—0.10	0.75—4.42	3.70—10.5
朴树果	—	—	0.00—0.02	0.00—0.04
棉尾兔	0.032	0.015	0.01	0.01

差异。表格也清楚指出四个群丛间资源的不同。如果你想要橡子、银合欢或番泻决明,你最好到荆棘林A去找。如果要寻找牧豆荚和朴树果,那你最好去牧豆树草地B。少数植物,如仙人掌果,在所有群丛中都有,但数量不一。

在表18.2到表18.5中,我们把每个植被群丛每100平方米中植物的平均数(第2栏),乘以每棵植物每年产生可食部分数量(第3栏),得出每100平方米中可食植物部分的数量(第4栏);这一数字在第5栏中再被转换成每公顷中的可食部分。所有的平

表18.2 荆棘林A中每年每公顷可食植物的数量估算,据1966—1976年植物普查数据

植物名称	每100平方米的植物数量	每年每株植物可食部分数量		每100平方米可食部分数量	每公顷可食部分数量
橡 树	0.22	橡子:	1 401.2	308.2	30 820
		树瘿:	1.3	0.29	29
番泻决明	1.7	豆荚:	1 730.00	2 941.0	294 100
		种子:	13 840	23 528	2 352 800
银合欢	1.4	豆荚:	142.2	199.1	19 910
		种子:	1 422.0	1 991.0	199 100
猫爪金合欢	2.9	豆荚:	20.0	58.0	5 800
辉萨克金合欢	0.03	豆荚:	35.0	1.05	105
麻风树果	7.4	坚果:	51.0	377.4	37 740
棱叶龙舌兰	7.2	成熟的:	17%	1.22	122
多纹龙舌兰	1.2	成熟的:	24%	0.29	29
针叶樱桃	0.2	果实:	18.0	3.6	360
仙人掌果	11.8	嫩茎:	19.0	224.2	22 420
		果实:	16.5	194.7	19 470
结节仙人掌	14.9	果实:	6.7	99.8	9 980
龙神柱仙人掌	0.8	果实:	934.4	747.5	74 750
群戟柱仙人掌	9.4	果实:	15.8	148.5	14 850
强刺球仙人掌	0.7	果实:	1.0	0.7	70
乳突球仙人掌	1.1	果实:	3.0	3.3	330
野 豆	0.1	豆荚:	7.0	0.7	70
		种子:	35.0	3.5	350
		茎块:	1.0	0.1	10

均数值代表了一个植物群丛内所有采样条带所有年份里的平均数。

表18.2到表18.5不仅详细记录了四个植物群丛间资源的不同，同时也提供了可供我们后续演算的基础。例如，第5栏中的数据可以换算成卡路里和蛋白质，有助于我们估算每个植物群丛大致可以养活多少人口（第24章）。

另外，除了表明平均年份每公顷土地可以产出多少野生植食外，表18.2到表18.5还表明，圭拉那魁兹居民的采集并不以野生植物相同的分布频率来利用它们。例如，番泻决明是荆棘林A中最多的可食植物（2 000 000粒/公顷），然而在洞穴中，它们相对较少。更重要的植物是每公顷30 820颗的橡子和每公顷37 740个的麻风树果。某些植物，比如棱叶龙舌兰出现频率很低（122/公顷），然而它也十分重要，因为每棵龙舌兰便可以提供大量的食物。再有一些植物，比如龙神柱仙人掌果实（74 750/公顷）并未在洞穴中出现，可能由于它们的成熟季节不同（见下文）。

表18.3 荆棘林B每年每公顷可食植物的数量估算，据1966—1976年植物普查数据

植物名称	每100平方米的植物数量	每年每株植物可食部分数量		每100平方米可食部分数量	每公顷可食部分数量
猫爪金合欢	1.0	豆荚：	20.0	20.0	2 000
辉萨克金合欢	0.2	豆荚：	35.0	7.0	700
麻风树果	5.1	坚果：	45.0	229.5	22 950
棱叶龙舌兰	0.2	成熟的：	20%	0.04	4
多纹龙舌兰	0.15	成熟的：	20%	0.03	3
针叶樱桃	0.05	果实：	10.0	0.5	50
仙人掌果	1.4	嫩茎	19.0	26.6	2 660
		果实：	11.0	15.4	1 540
结节仙人掌	10.3	果实：	4.4	45.3	4 530
龙神柱仙人掌	2.2	果实	59.9	131.7	13 170
群戟柱仙人掌	0.4	果实：	8.5	3.4	340
强刺球仙人掌	7.3	果实：	4.4	32.1	3 210
乳突球仙人掌	15.1	果实：	0.7	10.6	1 060
野豆	0.05	豆荚	7.0	0.35	35
		种子	35.0	1.75	175
		茎块	1.0	0.05	5
野洋葱	0.02	球茎：	1.0	0.02	2
牧豆	0.05	豆荚：	32.0	1.6	160
野西葫芦	0.005	种子：	75.0	0.38	38

表18.4 牧豆树草地A中每年每公顷可食植物的数量估算，根据1966—1976年植物普查数据

植物名称	每100平方米的植物数量	每年每株植物可食部分数量	每100平方米可食部分数量	每公顷可食部分数量
猫爪金合欢	0.3	豆荚： 20.0	6.0	600
辉萨克金合欢	0.3	豆荚： 35.0	10.5	1 050
麻风树果	0.02	坚果： 40.0	0.8	80
棱叶龙舌兰	0.04	成熟的： 20%	0.008	0.8
多纹龙舌兰	0.04	成熟的： 20%	0.008	0.8
仙人掌果	3.6	嫩茎： 19.0	68.4	6 840
仙人掌果	3.6	果实： 24.6	88.6	8 860
结节仙人掌	5.6	果实： 5.9	33.0	3 300
龙神柱仙人掌	1.5	果实： 504.8	757.2	75 720
群戟柱仙人掌	1.2	果实： 16.7	20.0	2 000
强刺球仙人掌	1.0	果实： 5.4	5.4	540
乳突球仙人掌	31.6	果实： 0.34	10.7	1 070
野洋葱	0.05	球茎： 1.0	0.05	5
牧豆	2.2	豆荚： 80.0	176.0	17 600
野西葫芦	0.04	种子： 75.0	3.0	300
朴树果	0.01	果实： 2 522	25.52	2 552

表18.5 牧豆树草地B每年每公顷可食植物的数量估算，根据1966—1976年植物普查数据

植物名称	每100平方米的植物数量	每年每株植物可食部分数量	每100平方米可食部分数量	每公顷可食部分数量
辉萨克金合欢	1.0	豆荚： 35.0	35.0	3 500
仙人掌果	1.6	嫩茎： 21.0	33.6	3 360
仙人掌果	1.6	果实： 42.0	67.2	6 720
结节仙人掌	2.3	果实： 5.9	13.6	1 360
乳突球仙人掌	0.05	果实： 1.4	0.07	7
牧豆	8.33	豆荚： 132.0	1 099.6	109 960
朴树果	0.02	果实： 3 004	60.08	6 008

季节性波动

瓦哈卡环境的特点之一是食物资源可获性的大幅度波动。一些植物随着雨季开始就能收获，另一些要到雨季结束时才成熟；而还有一些要等到旱季当中。

图18.1按瓦哈卡河谷东部的全年季度，从4月份起始。这是旱季的尾声，除了龙舌兰芯和仙人掌果嫩茎外，可获得的植食十分有限。假定雨季准时从5月开始，到了6月，可获植物资源大大增加。在牧豆树草地B，朴树果和牧豆荚出现了；在其他地方，春雨使得野豆、西葫芦以及野洋葱等植物开花。虽然后面三种植物在此阶段还无法食用，但开花是一个重要事件，它提供了觅食者以后采摘它们的位置。

6月常常是下雨最多的月份之一。6、7、8月是牧豆树草地资源的旺季。在荆棘林中，针叶樱桃、群戟柱和仙人掌果、金合欢豆荚开始出现，而成熟的龙舌兰开始长出花序。

9月常常又是多雨的月份，将雨季植物带入它们周期的尾声，并为秋季植物提供成熟所需的水分。在9、10和11月份，荆棘林的资源开始超过牧豆树草地的资源。现在，植物采集者可以回到他们先前看到的野洋葱、野豆和西葫芦开花的地方，去收获这些植物的可食用部分。现在他们可以挖出龙舌兰芯或收割它的花序，而将整株植物留给下一季。仙人掌果和嫩茎、山黄皮果（Randia）和合明属（Aeschynomene）已经成熟。到11月份时（某些年份或许更早点），生长在山麓上部的大量坚果资源——橡子、矮松果、麻风树果——已经成熟，等待采摘，还有一部分橡树也结了可食的树瘿。

秋天，雨季结束、荆棘林A资源极为丰富，这看来是圭拉那魁兹洞穴的主要居住时期。从洞内收集到的植物遗存判断，居民们在朴树果和牧豆荚可获得的8、9月份（？）到达，一直居住到橡子和矮松果收获的12月和1月份（？）。显然，该时间的长短和具体时间可能会按每年降雨量的变化而有所不同（见下文）。

圭拉那魁兹地区生产力的季节性差异十分显著，如表18.6和表18.7所示。表18.6显示了荆棘林A 11月和3月份之间收获的区别。橡子、银合欢籽以及麻风树果一般在秋天很丰盛，到春天才被全部吃完；只有仙人掌果在两季都有。3月份能获得的食物之一是柱状仙人掌上结的红色小果实，被萨波特克人称为 bids-zob（龙神柱科），每株植物上能长900粒果实。该果实没有在圭拉那魁兹洞穴里找到，有力表明洞穴在2、3月份已经无人居住。可以肯定的是，龙神柱仙人掌

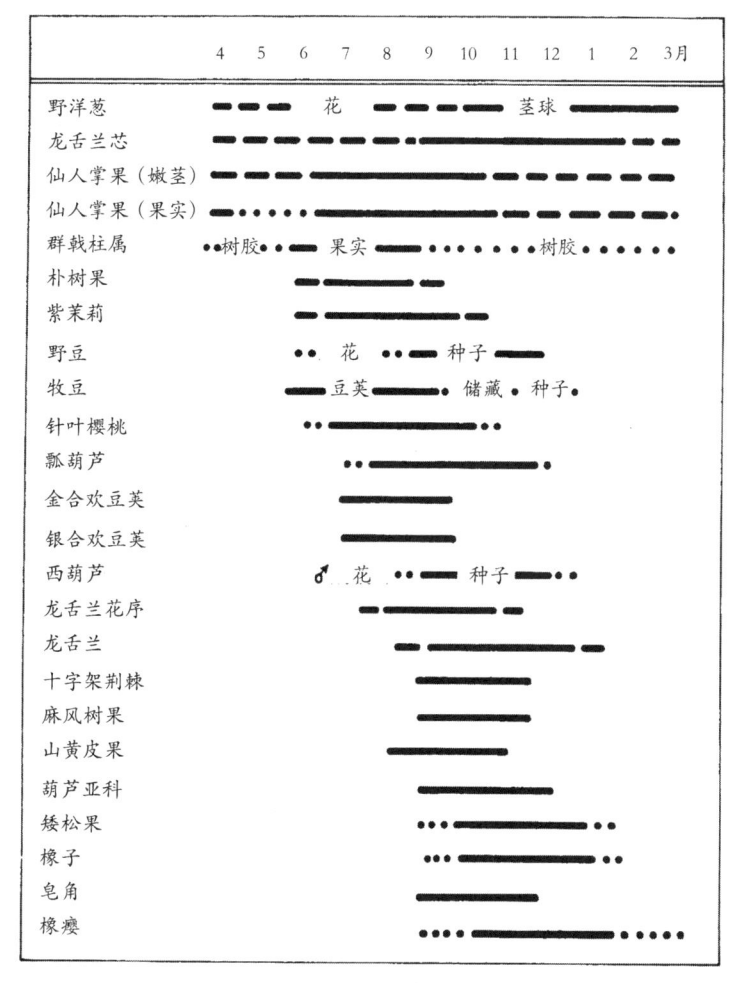

图18.1 圭拉那魁兹地区各种植物季节性的可获性。实线表示高峰利用期，虚线表示间歇利用期。

(bids-zob)的果实是就地被采摘食用的,而非从外带回洞穴的。朴树果也有这种情况,尽管它们分布更远,但在洞穴中还是很多的。

表 18.6 荆棘林 A 生产力的季节性变化[a]

植物名称	秋天（11月）	初春（3月）
橡 树	1 401.2	—
番泻决明	1 730.0	—
银合欢	142.2	—
麻风树果	51.0	—
猫爪金合欢	20.0	—
辉萨克金合欢	35.0	—
仙人掌果	10.5	22.5
龙神柱仙人掌	—	934.4

[a] 以上数据是每棵植物上坚果、豆荚或果实的平均数,根据 1966—1976 年植物普查。

如表 18.7 所示,朴树果大多来自牧豆树草地 B。显然,8 月份是牧豆和朴树果很多的月份,而 2 月则略显贫瘠。仙人掌果在这两个月份都可获。而类似萝藦科(binya'a)的乳草属(milkweed)豆荚会残存到 2 月,虽然那时大部分豆荚已相当干瘪了。

总而言之,6 到 8 月的雨季是牧豆树草地的丰收季节,9 到 12 月的秋季则是荆棘林的收获时间。而在 1 到 4 月,在圭拉那魁兹很少有植物可食。

表 18.7 牧豆树草地 B 生产力的季节性变化[a]

植物名称	夏天（8月）	冬天（2月）
牧 豆	132	—
朴树果	3 004	—
仙人掌果	34	50
萝 藦	—	10

[a] 以上数据是每棵植物上豆荚或果实的平均数,根据 1966—1976 年植物普查。

年际差异

季节性差异只是瓦哈卡河谷东部资源波动的一个方面。也存在年降雨量差异导致的生产力差异。在特拉科卢拉地区,每四年中只有两年,其年降水量可以达到 500—600 毫米的"平均"数。每四年中有一年的年降水量低于平均值（有时低于 400 毫米）,有一年比平均值湿润（有时高于 800 毫米）（见 Kirkby 1973; Smith 1978:9）。

幸运的是,我们的植物普查不仅包括了平均年份,而且也涵盖了特别干旱（1967年）和特别湿润（1968年）的年份。这使得我们有机会观察由年际差异所导致的各调查条带生产力的不同,这些信息列在了表 18.8 中。

1967 年的 12 月是继一干旱年份后的旱月,在我们荆棘林 A 的条带里,一棵橡树上只有 1 279 粒橡子,每棵仙人掌果上也只有 8 个果实。而 1969 年的 2 月是一个湿润年份后的旱季,每棵橡树上的果实数量翻了一倍（2 688 个）,而仙人掌果上结了之前三倍的果实。

1967 年的 9 月是干旱年份中雨季即将结束的时候,每棵番泻决明树上只有 1 386 个豆荚,每丛麻风树上只有 11 个果实。而 1968 年的 8 月是个湿润年份的雨季,番泻决明大约增长了 50%（2 074 个）,每丛麻风树果甚至是 1967 年 9 月的 9 倍（91 个）。就野生针叶樱桃而言,差异还包括成熟时间的不同:1967 年 9 月还没有成熟的针叶樱桃树,在 1968 年 8 月每株已经有 30 个果子。年际如此之大的差异告诫我们,不要过分刻板地确定圭拉那魁兹栖居月份的生产力（见上文）。

像表 18.8 中的数据不仅说明了一种半干旱环境里年际降雨差异的重要性,还为我们提供了用于以后分析的数据,比如雷诺兹对瓦哈卡河谷东部前陶期适应情况的模拟（第 31 章）。它们还强调了这样一点,即圭拉那魁兹先民并非适应于一成不变、可预测的一批资源,而是适应于一种环境,其中的资源沿着两条轴线波动:一条是季节间的可预测性,另一条是年际间的不可预测性。

表18.8 瓦哈卡米特拉附近地区荆棘林A平均干旱年份和平均湿润年份之间的生产力差异[a]

植物名称	干旱年份的雨季		干旱年份后的旱季	湿润年份的雨季	湿润年份后的旱季
	1967年7月	1967年9月	1967年12月	1968年8月	1969年2月
橡 树	未成熟	未成熟	1 278.7	未成熟	2 687.5
番泻决明	<50	1 386.2	<100	2 073.9	<100
银合欢	<10	113.1	<10	171.2	<10
针叶樱桃	花期[b]	未成熟	<10	30.0	未剩下
麻风树果	未成熟	11.0	<2	91.0	<5
仙人掌果	花期	6.1	8.1	20.0	27.0

[a] 以上数据是每棵植物上坚果、豆荚或果实的平均数。
[b] 圣巴布罗惠特佐（San Pablo Huitzo）附近河谷谷底种植的针叶樱桃在1967年的7月就已成熟。

肉食的生产力估算

正如表18.1所示，我们可以通过棉尾兔用粪球标记的领地范围，来估测圭拉那魁兹地区的棉尾兔密度。根据各植被群丛，我们估计棉尾兔密度在每公顷1.0到3.2只。

不幸的是，我们的普查无法告诉我们洞穴先民最重要的猎物——白尾鹿的信息。在瓦哈卡河谷周围的山区仍然能找到鹿，但它们的数量由于几个世纪的环境破坏和无度的火枪狩猎已经大幅减少。因此，我们只能借用墨西哥其他地区相似环境中的野生动物研究来估算鹿的密度。

雷帕德（Leopold 1959：508）估计，在过度狩猎、林地清理、过度放牧和伐木之前，墨西哥高地茂密林区的白尾鹿密度可达到每平方英里30到40头。在本研究中，我们选用了这两个数据中较低的那个（30只/平方英里），并将它换算成按千米计算的单位（12只/平方千米），用来估算前陶期未受干扰的瓦哈卡荆棘林鹿群的密度。需要指出的是，这个估计比起北美某些地区的密度，属于相当保守的。

雷帕德（Leopold 1959：508）指出："是热带茂密的矮橡树、石兰（manzanita）、牧豆、金合欢和次生蒙特灌木而非森林本身构成了鹿群的城堡。"用这种说法形容荆棘林A十分合适，这是瓦哈卡河谷东部鹿的理想栖息地。尽管假设鹿群在雨季以吃绿草为主，但是它们全年在所有季节主要以草、树和灌木的浆果以及嫩枝为主。在雷帕德（Leopold 1959：508—509）列出的鹿群喜好草类中，许多植物都是圭拉那魁兹地区本地资源，例如，牵牛花树、浆果鹃、石兰浆果和橡子。出于上述原因，我们认为我们对前陶期的鹿群估算比较合理。这很幸运，因为鹿的现代种群已大量减少，无法为我们提供任何有意义的数据。

我们也邀请了雷帕德为我们估算圭拉那魁兹地区山齿鹑的密度。数据很难做到精准，因为山齿鹑群会因季节和草地质量的不同时聚时散。冬天的鸟群"通常8到20只，平均12只一群。每个鸟群都有自己的栖息范围，其半径一般不超过0.4千米"（Leopold 1959：247）。这相当于一个鸟群占有0.2平方英里的空间，或者每平方英里有60只山齿鹑。把这些数据换算成公制，并结合我们自己在荆棘林A观察到的鸟类情况，我们得出每4公顷1只山齿鹑的估算数据。

对于其他动物，我们不幸只能做粗略的估算。根据我们在荆棘林A所见的野鸽和鸽子，我们姑且推断这两种鸽子至少在每公顷各有1只。在圭拉那魁兹地区，泥龟在泥穴和溪流水塘中十分常见。但由于我们的普查条带里并没有遇到这类水塘，我们缺少估算泥龟密度的必要数据。

将原始生产力换算成卡路里和蛋白质

在这一章前面部分,我们已经根据季节和年际波动各种条件,从每公顷食物生产力的角度考虑了圭拉那魁兹周围不同植被群丛。在本段,我们将用罗布森和伊莱亚斯在第23章中提供的营养数据,将生产力换算成卡路里和蛋白质。

表18.9列出了每公顷荆棘林A中可食资源的千克重量、估算的卡路里数和蛋白质克数,以表示该环境的生产力。其中有三个例外。第一,第二栏中的数值是根据我们1966—1976年的植物普查。第二,关于鹿和山齿鹑的数据是根据雷帕德的研究(Leopold 1959)。第三,因为没有矮松果的密度数据,我们只能假设荆棘林A中矮松果和橡子的比例与圭拉那魁兹洞穴中矮松果和橡子的比例相近。由于矮松果在垃圾堆中相对较少,因此由这一假设造成的误算应该不甚严重。

该表清晰显示,仙人掌果、仙人掌果嫩茎、龙舌兰芯提供了荆棘林里大部分的食物千克数。但是,洞穴垃圾并未显示它们是在圭拉那魁兹栖居期间被利用最多的植物(见第19章)。对此可能有几种解释。一种可能是,这些植物并非先民偏好的食物,因此,当有其他资源时,这些植物被利用不多。想象一下即使佐以野洋葱调味,要食用589公斤的仙人掌果嫩茎,听起来可不那么愉快。也许最有可能的是,仙人掌果嫩茎和龙舌兰芯是其他资源匮乏季节里仍然可依赖的食物。

另一种可能是,像仙人掌果这类食物在"垃圾堆"

表18.9 荆棘林A每公顷生产力估算[a]

遗　　存	每公顷所见数量	可食部分千克数	估算总千卡数	估算总蛋白质数(克)
矮松果[*]	1 340	0.2	1.270	26
橡　子	30 820	98.6	283 968	2 396
银合欢籽	199 100	24.9	17 928	2 017
麻风树果	37 740	18.9	112 077	3 326
龙舌兰芯 棱叶龙舌兰	122	341.0	429 660	1 057
龙舌兰芯 多纹龙舌兰	29	377.0	475 020	1 169
针叶樱桃	360	1.3	897	22
仙人掌果 嫩　茎	22 420	588.50	70 620	11 358
仙人掌果 果　实	19 470	973.50	350 460	10 806
野　豆	350	0.04	52	3
鹿[*]	0.12	2.40	3 024	504
棉尾兔	3.2	1.90	2 565	399
山齿鹑[*]	0.25	0.02	35	5.2

[a] 在1966—1976年植物普查基础上并结合已出版资料估算的,营养数据来自本书第23和24章,带*数值根据1966—1976年植物普查之外的瓦哈卡河谷东部地区数据。

中的数量被低估了，因为它们往往在采摘现场就被食用，并不带回洞穴。这个可能适用于所有的新鲜水果（仙人掌果、针叶樱桃、朴树果），但可能并不适用于仙人掌果嫩茎和龙舌兰芯这类需要处理后才能食用的植物。

再回到表18.9中的卡路里那一栏，另外两种植物，橡子和麻风树果的卡路里比单凭它们每公顷净重的估算更能突显它们的重要性。这两种植物及银合欢在蛋白质一栏中也很突出。尽管橡子需要处理，这个事实有助于说明有那么多的橡子被带回洞里；而银合欢籽和麻风树果可以生食。这意味着，正如上面谈及的水果，因它们可以在采摘时就地食用，所以导致在洞穴堆积中并不显著。

有趣的是，荆棘林A的动物因棉尾兔的密度，就其每公顷的数量、卡路里和蛋白质而言，并不比鹿逊色。我们怀疑，那魁兹期的猎人尽管愿意长途跋涉去猎鹿，而且很高兴能猎到一头，但从长期来看，他们可能更经常食用兔子。

表18.10 显示，荆棘林B的资源在组成上和荆棘林A相似，但不是很丰富。牧豆树草地A（表18.11）是真正的过渡带，那里有一些荆棘林中的资源（比如麻风树果和龙舌兰芯），牧豆树草地A的资源相当不错，它拥有所有植被群丛中密度最高的西葫芦。

最后，我们要谈谈牧豆树草地B（表18.12），这是一个资源丰富，但如前文所言较荆棘林成熟更早的区域。和其他区域一样，仙人掌果仍然提供每公顷土地重量最大的可食资源；但要计算卡路里时，牧豆是无可匹敌的。每公顷100 000个以上的牧豆荚能产出500 000千卡的能量和10 000克以上的蛋白质，这使牧豆当之无愧地成为该植被群丛中的关键物种。朴树果也很多，比洞穴里出土的多得多的果子很可能在采摘时就被吃掉了；但是它们对维生素的贡献要比蛋白质和卡路里更大。

表18.10 荆棘林B每公顷生产力估算[a]

遗　　存		每公顷所见数量	可食部分千克数	估算总千卡数	估算总蛋白质数（克）
麻风树果		22 950	11.5	68 195	2 024
龙舌兰芯	棱叶龙舌兰	4	11.2	14 112	35
	多纹龙舌兰	3	39.0	49 140	121
针叶樱桃		50	0.18	124	3
仙人掌果	嫩　茎	2 660	69.8	8 376	1 347
	果　实	1 540	77.0	27 720	855
野　豆		175	0.02	24	2
野洋葱		2	0.02	8	<1
牧豆荚		160	0.27	802	15
野西葫芦籽		38	0.006	26	2
鹿[*]		0.12	2.4	3 024	504
棉尾兔		1.5	0.9	1 200	187
山齿鹑[*]		0.25	0.02	35	5.2

[a] 在1966—1976年植物普查基础上并结合已出版资料估算，营养数据来自本书第23和24章，带*的数值根据1966—1976年植物普查之外的瓦哈卡河谷东部地区的数据。

表18.11　牧豆树草地A每公顷生产力估算[a]

遗存		每公顷所见数量	可食部分千克数	估算总千卡数	估算总蛋白质数（克）
麻风树果		80	0.04	237	7
龙舌兰芯	棱叶龙舌兰	0.8	2.2	2 772	7
	多纹龙舌兰	0.8	10.4	13 104	32
仙人掌果	嫩茎	6 840	179.6	21 552	3 466
	果实	8 860	443.0	159 480	4 917
野洋葱		5	0.06	23	1
牧豆荚		17 600	29.4	87 318	1 676
野西葫芦籽		300	0.05	214	17
朴树果		2 552	0.46	152	2
鹿[*]		0.12	2.4	3 024	504
棉尾兔		1.0	0.6	810	126
山齿鹑[*]		0.25	0.02	35	5.2

[a] 在1966—1976年植物普查基础上并结合已出版资料估算的，营养数据来自本书第23和24章，带*数值根据1966—1976年植物普查之外的瓦哈卡河谷东部地区数据。

表18.12　牧豆树草地B每公顷生产力估算[a]

遗存		每公顷所见数量	可食部分千克数	估算总千卡数	估算总蛋白质数（克）
仙人掌果	嫩茎	3 360	88.2	10 584	1 702
	果实	6 720	336.0	120 960	3 730
牧豆荚		109 960	183.6	545 292	10 465
朴树果		6 008	1.1	363	4
鹿[*]		0.12	2.4	3 024	504
棉尾兔		1.0	0.6	810	126
山齿鹑[*]		0.25	0.02	35	5.2

[a] 在1966—1976年植物普查基础上并结合已出版资料估算的，营养数据来自本书第23和24章，带*数值根据1966—1976年植物普查之外的瓦哈卡河谷东部地区数据。

19

圭拉那魁兹前陶期的植物遗存

厄尔·史密斯 撰，董惟妙 译

圭拉那魁兹前陶期层位中出土了大约 21 705 件可鉴定植物遗存，未计算草木的数量（表19.1）。这些植物遗存中数量最多的是橡子（8 424），其次是牧豆（4 603）、朴树果籽（3 112）和仙人掌果种子（1 819）。实际上，还有十几种其他植物，虽然数量较少。

所有居住面上提取的植物遗存被分类鉴定，并与当地现生植物物种进行比较。鉴于本章的目的，所有前陶期层位中的材料报道，采用恩格勒和普兰特尔分类系统（Engler and Prantl system of classification）的安排加以鉴定归组。就我之前研究的所有其他方法而言，根据用途分类是有风险的，因为我们不知道许多植物遗存的用途。而且，有些植物很容易根据几种用途范畴进行分类。因此，植物学方案是处理鉴定结果最实用的方法。但在某些情况下，我也会指出某些特定植物的用途。

表19.1 圭拉那魁兹出土的植物遗存（不含草木）

植物	E	D	C	B3	B2+3	B2	B1	合计
矮松果	155	94	80	4	—	2	31	366
香蒲	—	—	—	—	—	2	—	2
沙漠凤梨	—	—	—	—	—	5	6	11
铁兰	3	1	2	—	—	4	8	18
洋葱球茎皮	—	2	—	—	—	—	1	3
龙舌兰咀嚼渣	6	49	196	18	8	45	46	368
龙舌兰叶	2	4	20	1	—	3	10	40
龙舌兰籽荚	1	8	—	—	—	1	—	10
龙舌兰花序	—	—	1	—	—	—	—	2
龙舌兰其他部位	—	1	—	—	—	—	1	2
橡子	1 846	3 182	1 570	421	95	418	892	8 424
橡瘿	1	—	—	—	—	—	—	1
朴树果籽	1 166	416	969	65	149	107	240	3 112
紫茉莉属	—	1	—	—	—	—	—	1

续 表

植 物	地 层							合计
	E	D	C	B3	B2+3	B2	B1	
鳄梨籽	—	—	—	—	—	2（?）	—	2（?）
金合欢豆荚	1	1	—	1	—	—	—	3
合明属	17	4	11	—	—	—	—	32
银合欢豆荚	—	11	247	5	6	43	105	417
豆荚瓣	161	17	43	26	9	104	111	471
豆 子	—	—	—	—	2	—	15	17
牧豆荚	—	3	7	2	3	—	16	31
牧豆籽	32	59	554	236	276	1 613	1 833	4 603
十字架荆棘豆荚	812	21	—	—	—	—	—	833
针叶樱桃籽	6	49	196	18	8	45	46	368
麻风树果外衣	98	237	68	15	3	12	22	455
倒地铃属	—	10	—	—	3	—	—	13
棉花籽	—	—	—	—	1（?）	—	—	1（?）
群戟柱仙人掌	—	—	—	—	—	—	1	1
仙人掌果嫩茎	3	28	49	—	2	31	45	158
仙人掌果	2	—	2	—	1	1	4	10
仙人掌果籽	135	348	751	—	360	82	143	1 819
夹竹桃籽	—	—	—	—	—	—	1	1
乳草属茎	—	—	1	—	—	—	—	1
红椒茎	—	—	—	—	—	—	2（?）	2（?）
山黄皮属果实	—	1	3	—	1	—	—	5
西葫芦碎皮	—	4	35	—	3	5	8	55
西葫芦籽	—	1	5	1	—	2	8	17
西葫芦其他器官	—	1	10	—	—	4	5	20
葫芦亚科	—	1	1	—	—	—	2	4
瓢葫芦	—	—	3	—	1	1	2	7
	4 447	4 554	4 824	814	927	2 535	3 604	21 705

植物遗存的类别

松科（Pinacee [Pine Family]）

松树（*Pinus* sp.）（图19.1）：有短粗球果的短针松种子，被称为矮松果，成熟后含丰富的油和蛋白质。矮松果除B2+3层外，见于所有前陶期层位中，它们在最古老的层位中数量最多，然后往上逐渐减少：E层（155）、D层（94）、C层（80）、B3层（4）、B2层（2）、B1层（31）。

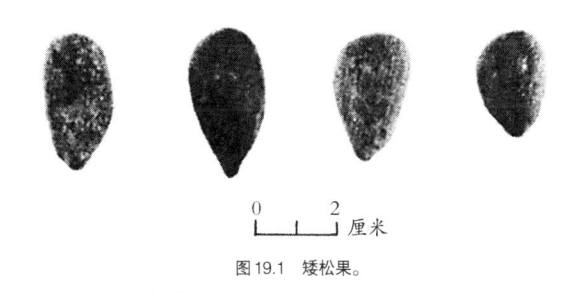

图19.1 矮松果。

香蒲科（Typhaceae [Cattail Family]）

香蒲（*Typha* sp.）：B1层发现了两片香蒲花碎片。几乎可以肯定，它们是与这种植物的部分叶子一起带回洞穴的，用来制作席垫。有时候花粉也会被收集作为食物（产量丰富），根茎也可以吃。当这些碎片被带入的时候，很可能它们附近有蓄水，不过它们更可能是从河谷下部的河边拿上来的。

禾本科（Graminae [Grass Family]）

无数草被带到洞里来铺床，这些材料很难鉴定。为了鉴定草的种类，需要接近成熟的花。前陶期唯一能鉴定到属的标本是出自B2和B3层的某些黄茅属（*Heteropogon* sp.）样品。

尽管从填充物中搜寻过颖果，但发现的数量不多，我只能推断，禾本科植物并未为圭拉那魁兹穴居者提供任何重要数量的食物。

凤梨科（Brinekuaceae [Pineapple Family]）

凤梨科植物在瓦哈卡河谷被当作叶子纤维的一种原料。

沙漠凤梨（*Hechtia* sp.）：叶子碎片见于B1层（6）和B2层（5）。

松萝凤梨（*Tillandsia usneoides* L.）（图19.2）：松萝（Spanish moss）碎片很可能具有某种仪式意义，因为它现在被用于特殊祭祀的装饰。它们很可能在较高的山坡上采集，要么专门为了这个目的派人前去采集，或是在寻找其他物产时采集，因为它们并不生长在洞穴所处的海拔位置。松萝凤梨需要比今天洞穴地区更高的降水和更湿润的空气。碎片见于B1层（1）、B2层（1）、C层（1）和D层（1）。

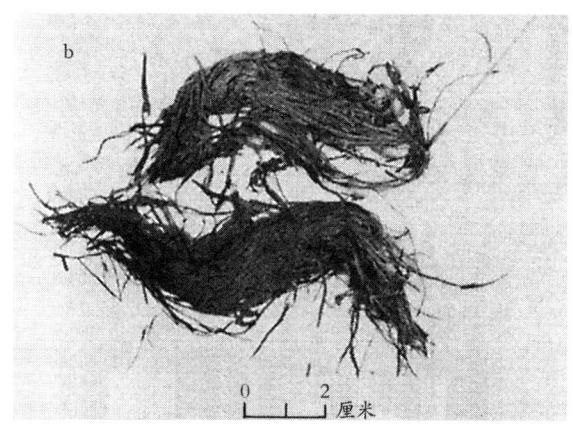

图19.2 铁兰（*Tillandsia usneoides*）：a. 可能从带回洞里用来提取纤维的植物上掉下来的种荚；b. B1层出土的松萝垫子，它很可能像树叶那样被用来铺床（比例尺为厘米）。

铁兰（*Tillandsia* sp.）：很可能利用阔叶铁兰叶子的纤维。叶子碎片见于B1层（7）、C层（1）和E层（3）；种荚见于B2层（3）。

百合科（Liliaceae [Lily Family]）

野洋葱（*Allium* sp.）（图19.3）：前陶期B1层（1）和D层（2）见有野洋葱的球茎外皮，但数量不多。

图19.3　从球茎上剥下来的野洋葱皮。

龙舌兰（Amaryllidaceae [Amaryllis Family]）

龙舌兰（*Agave* spp.）（图19.4）：龙舌兰一直在墨西哥人的家庭经济中扮演重要的角色。在前陶期，它们是食物供应的组成部分，并且一直被用来提取结实的叶纤维。出土的龙舌兰遗存有：B1层，咀嚼渣（46）、叶片（10）、纤维条（1）；B2层，咀嚼渣（45）、叶片（3）、籽荚或籽荚瓣（1）；B2+3层，咀嚼渣（8）；B3层，咀嚼渣（18）、叶片（1）、花碎片（1）；C层，咀嚼渣（1）、刺（1）、叶片（20）、籽荚碎片（8）；E层，咀嚼渣（6）、叶片（2）、籽荚碎片（1）。

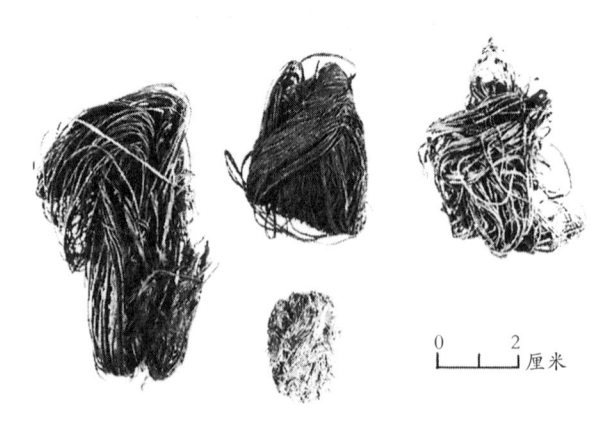

图19.4　龙舌兰咀嚼渣在各层很多。

橡树（Fagaceae [Oak Family]）

橡子（*Quercus* sp.）（图19.5）：从出土的材料数量看，橡子很可能是圭拉那魁兹穴居者主要的食物来源。虽然它们只能在秋天获得，但是它们容易储藏，很可能为一年中的旱季提供食物。出土橡树遗存情况如下：B1层，橡子（892）、叶片（10）；B2层，橡子（418）；B2+3层，橡子（95）；B3层，橡子（421）；C层，橡子（1 570）、叶片（10）；D层，橡子（3 182）；E层，橡子（1 846）。

橡瘿：瘿蜂科的某些黄蜂会刺穿橡树的树皮或叶子，并在伤口处产卵。这种刺激导致树皮或叶片肥大或增大，黄蜂幼虫以之为食。圭拉那魁兹的E层见有一个瘿，推测是在把橡子带入洞穴时被携入洞里的。穴居者是否利用这种瘿还未可知（鞣酸含量非常高）。

图19.5　橡子。这些标本至少代表了两个物种。

榆树（Ulmaceae [Elm Family]）

朴树（*Celtis* sp.）（图19.6）：朴树果是当地品种的果实，显然长期被利用，是圭拉那魁兹第三大常见植物：B1层（240）、B2层（107）、B2+3层（149）、B3层（65）、C层（969）、D层（416）、E层（1 166）。

19 圭拉那魁兹前陶期的植物遗存

图19.6 朴树果籽。

图19.7 合明属的种子。

紫茉莉科（Nyctaginaceae [Four-O'clock Family]）

紫茉莉（*Mirabilis* sp.）：D层发现一颗紫茉莉种子。因为该地区有这类野生植物，所以并不奇怪。但不清楚为何存在这颗种子，因为从不知道它们被利用过。

樟树（Lauraeae [Laurel Family]）

鳄梨（*Persea americana* Mill.）：仅在洞穴下层发现了鳄梨的两片子叶（B2层，子叶2）。虽然它们与上部层位发现的大多数子叶形状不同，但是这孤立的发现应该谨慎处置，因为我们不能保证，这些标本不是从后古典期层位中混入的（Smith 1969）。

豆子（Leguminosae [Pea Family]）

金合欢（*Acacia* sp.）：这类植物的豆荚对圭拉那魁兹洞穴的早期居民不像对后人那样有吸引力。仅在三个地层中各见1件豆荚片：B3层、D层和E层。

合明（*Aeschynomene* sp.）（图19.7）：这种灌木的节荚见于：C层（11）、D层（4）、E层（17）。虽然它们可能被用作食物，但是我们目前没有利用这种植物的记录。

银合欢（*Leucaena* sp.）（图19.8）：从出土的荚片数量来看，我们可以推定银合欢是该区域常用的一种食物资源。豆荚片发现如下：B1层（105）、B2层（43）、B2+3层（6）、B3层（5）、C层（247）、

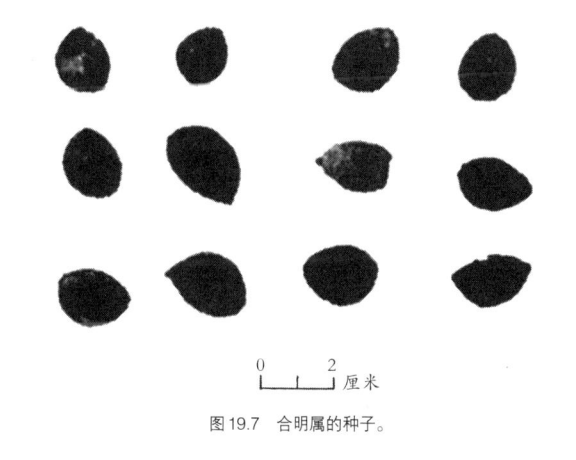

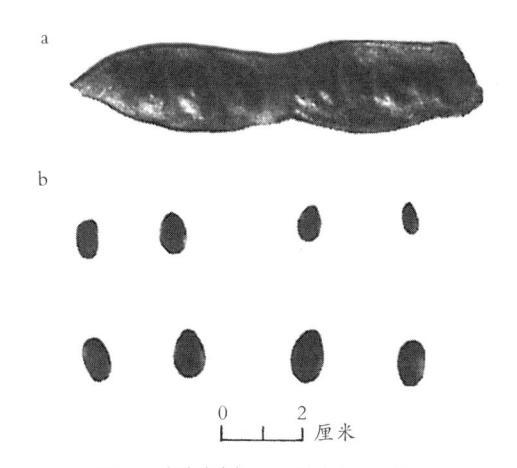

图19.8 银合欢遗存：a.豆荚碎片；b.种子。

D层（11）。

菜豆（*Phaseolus* sp.）：劳伦斯·卡普兰已经研究了圭拉那魁兹前陶期层位中的豆子遗存（第21章）。他发现这些层位中含有的豆荚瓣和种子，是属于一种野生藤蔓地下萌发的菜豆，它们无法鉴定到种，因此被指认为圭拉那魁兹1型（图19.9）。关于这种菜豆，卡普兰（Kaplan 1981：248）最近写道："米特拉野豆被标为一种菜豆，是根据它的一般形态和豆荚表皮上勾着的毛状体，但它的胚芽结构将其排除在普通菜豆（*P. Vulgaris*）之外。"B1—E层出土了471件豆荚瓣，其中有168件被鉴定为圭拉那魁兹1型：B1层，种子（15）；B2+3层，种子（2）。普通菜豆中的4件标本应谨慎对待，因为它们所在的背景不能排除其是从后古典期层位混入的可能。

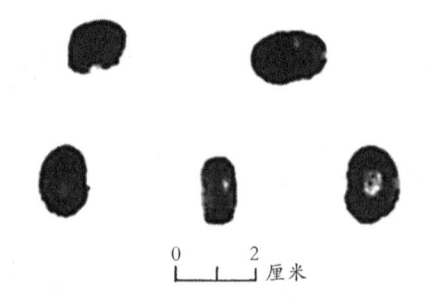

图19.9 野生黑色红花菜豆（参见卡普兰，第21章）。

牧豆树（*Prosopis juliflora* [Sw.] DC.）（图19.10）：采集牧豆的豆荚显然很早就是雨季初的一项传统活动。在后来的栖居时期，这种活动肯定提供了大量的食物资源。其发现如下：B1层，种子（1 833）、豆荚（16）；B2层，种子（1 613）；B2+3层，种子（276）、豆荚（3）；B3层，种子（236）、豆荚（2）；C层，种子（554）、豆荚（7）；D层，种子（59）、豆荚（3）；E层，种子（32）。

十字架荆棘（*Dalea* sp.）（图19.11）：这种植物豆荚小，但其斑点和形状使得鉴定无疑。就我目前所知，现在并不利用这类果实，它们可能对采集者有一定的医药用途。D层（21）和E层（812）发现了豆荚。

金虎尾科（Malpighiaceae [Malpighia Family]）

金虎尾属（*Malpighia* sp.）（图19.12）：这组灌木和树木的果实就是针叶樱桃，甚至今天它们上市时也是一种流行水果。以下地层出土了种子：B1层（46）、B2层（45）、B2+3层（8）、B3层（18）、C层（196）、D层（49）和E层（6）。

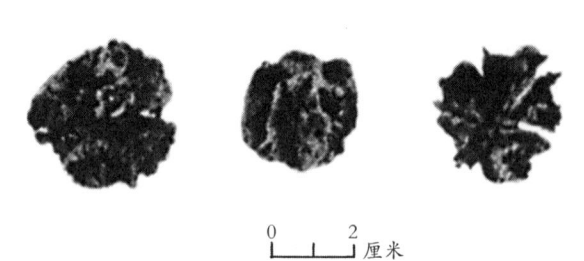

图19.12 针叶樱桃籽（金虎尾属）。

大戟科（Euphorbiaceae [Spurge Family]）

麻风树（*Jatropha neodioica*）（图19.13）：在洞穴出土的遗存中，麻风树的种子很突出。今天萨波特克牧童普遍都吃这种种子。其营养分析（第23章）显示，它是前陶期穴居者可获蛋白质最多的植物资源之一。出土种子的地层如下：B1层（22）、B2层（12）、B2+3层（3）、B3层（15）、C层（68）、D层（237）、E层（98）。

图19.10 牧豆（上、中、右下）和豆荚片（左下）。

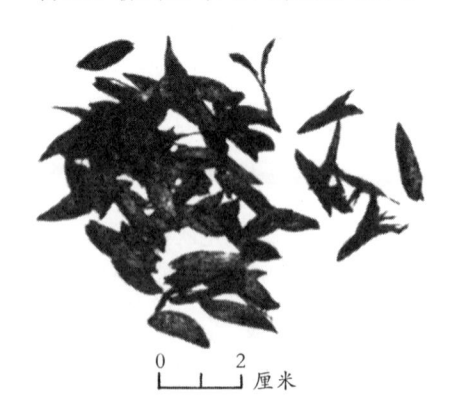

图19.11 十字架荆棘（一种豆科植物）的大量豆荚，E层出土。它们很可能被食用，或可能被认为有药用功能（以厘米为单位）。

图19.13 去籽的麻风树果壳。

19 圭拉那魁兹前陶期的植物遗存

无患子科（Sapindaceae [Soapberry Family]）

倒地铃（*Cardiospermum* sp.）：B层（3）和D层（20）发现了倒地铃（Balloon vine）种子。因这种植物就生长在这一区域，这些种子很可能是无意带入的，或者它们具有一些目前我所不知的用途。

锦葵科（Malvaceae [Mallow Family]）

棉属（*Gossypium* sp.）：B2层发现了一颗棉花种子。这一时期缺少其他棉花的证据，我必须推定这颗种子是从后古典期层混入的。

仙人掌科（Cactaceae [Cactus Family]）

群戟柱（*Lema-ireocereus* sp.）：B1层发现了一个植物胶球，可能是从这种植物上提取的。碎片燃烧没有松香味，这种气味通常与柯巴脂或针叶树胶和松香相伴。它很可能用于箭头装柄的黏合剂，或有可能作为药用，或祭祀用途。但是这类材料没有关于任何用途的直接证据。

仙人掌果（*Opuntia* sp.）（图19.14）：如果我们可以从目前出土的考古遗存推断，这类植物的嫩茎和果实一直受墨西哥居民的欢迎。我可以肯定，它们构成了圭拉那魁兹穴居者食谱的重要部分。出土的碎片如下：B1层，嫩茎（45）、种子（143）、果（4）；B2层，茎（31）、种子（82）、果（1）；B2+3层，嫩茎（2）、种子（360）、果（1）；C层，嫩茎（49）、种子（751）、果（2）；D层，茎（28）、种子（348）、E层，茎（3）、种子（135）、果（2）。

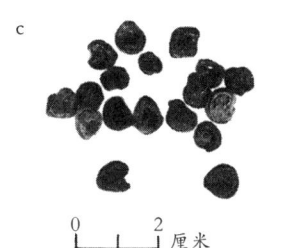

图19.14 仙人掌果遗存：a.B1层的小嫩茎；b.干果皮；c.果实掉落的种子（比例尺不同）。

夹竹桃科（Apocynaceae [Dogbane family]）

黄花夹竹桃（*Thevetia* sp.）：B1层发现了一颗黄花夹竹桃种子，这可能没有意义，但是知道这种植物有毒。

萝藦科（Asclepiadaceae [milkweed family]）

C层发现的一个茎碎片可能代表了这个家系。因为萝藦科的茎的内皮纤维可用来捆绑或提取来纺织。

茄科（Solanaceae [Potato family]）

甜椒（*Capsicum annuum* L.）：只在B1层发现了红椒的2个茎碎片，它们明显是从直接位于其上的后古典期层位混入的。应该谨慎对待，不能视其为当时驯化的证据。

茜草科（Rubiaceae [Madder Familiy]）

山黄皮（*Randia* sp.）（图19.15）：当地山黄皮果实叫作莫拉（mora），它们摘下后立即被吃掉。显然，这种水果的利用有很长的历史，下面这些地层发现了其碎片：B2+3层（1）、C层（3）、D层（1）。

图19.15 莫拉（山黄皮属）的干果。

西葫芦科（Cucurbitaceae [Squash Family]）

西葫芦（*Cucurbita pepo* L.）：洞穴的前陶期层位中，栽培的西葫芦或类似南瓜很少，但是出土的一些碎片经惠特克和卡特勒鉴定属于该物种（第20章）。以前一直认为，西葫芦起源于北方，远在墨西哥的东北部，那里仍有它的近亲野生西葫芦（*C. Texana*）（Cutler and Whitaker 1961）。但是，B层出土了9颗西葫芦种子（图19.16 d）和茎，C层出土了4颗种子和茎，D2层出土了1颗种子。这明确说明，这类植物在瓦哈卡前陶期被栽培时间惊人得早。这进而导致惠特克和卡特勒（第20章）呼吁重新思考其北方起源的假说。

葫芦亚科（*Apodanthera* sp.）（图19.16 c）：这种野生植物的种子出土于下列地层：B1层（2）、C层（1）、D层（1）。它们可能被采获用作食物，因为很多这类野生西葫芦看来在前陶期已被利用。但是，米特拉的萨波特克人已不再吃它。

其他西葫芦：B层和C层发现了大量西葫芦皮碎片（图19.16 a），但它们无法鉴定到种。它们很可能来自本地的野果，为了它们可食的种子或用作肥皂的干瘪果肉。

瓢葫芦（*Lagenaria siceraria* [Mol.] stadl.）：瓢葫芦被中美洲前陶期狩猎采集者广泛用作容器，而且很可能是那里最早驯化的植物之一。圭拉那魁兹前陶期出土了7件碎片：B1层（2）、B2层（1）、B2+3层（1）和C层（3）。

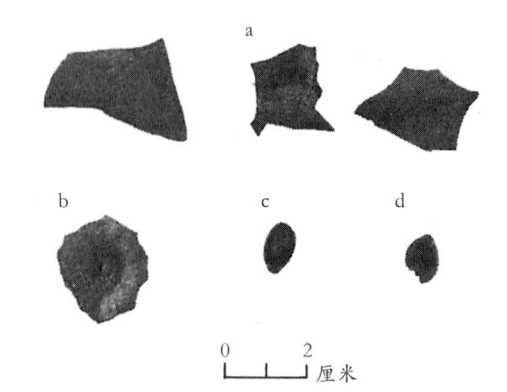

图19.16 D层的西葫芦遗存：a. 外皮碎片；b. 花梗；c. 葫芦亚科种子；d. 西葫芦种子。

植物遗存的阐释

为了更好地了解穴居者与他们生计及环境之间的关系，我们必须仔细考虑应对的时期。如果我们有可能从碳十四年代来做最后的阐释，那么我们可以说，我们所应对的时期是公元前8000—前7000年。在北美的这段时间里，还没有发现植物利用的证据。在这片大陆的温带区，犹他州的丹格洞（Danger cave）也许最接近这点（Jennings 1957）。在墨西哥，特化坎河谷的科斯卡特兰洞穴下层代表了这个时期。此外，我们有关这些早期人类的生活方式，必须从他们留下的比较耐久的人工制品来重建。

目前对大量遗存的一项观察，首先，就是此地所讨论的时代，与圭拉那魁兹附近几处洞穴所代表的晚得多的后古典期层位之间，所利用东西的直接反差。从这些后期地层中鉴定出来的共51种可获物种中，前陶期人群只利用了23种（其中有一两种可疑，因为它们仅见一小块碎片）。部分原因是，少数物种对他们来说并非当地可获。这些物种从其他地区引入后，对后来人群来说就在当地可获。然而，我们发现，这些人群并没有完全利用他们身边环境里的资源。以仙人掌为例，它们有许多在附近明显始终可获，但是，树形仙人掌（Arboreal cacti）的利用相对很少，除非这类材料在收获活动中就地消费了，它们肯定就不会出现在洞穴沉积中。同样，后来发现数量较多的豆荚，在洞穴早期层位中明显不见。甚至各种草类，通常以为是食谱中淀粉的组成部分，也不见于早期地层出土的遗存中。因为大多数禾本植物需要碾磨或用其他方式加工，如果它们被大量利用的话，那么它们几乎肯定要被带回洞穴掩蔽处的。

就如洞穴遗存所显示的那样，这批人群的食谱相当简单。在植物遗存中几乎不见淀粉成分。而这由橡子遗存所表现，实际上橡子数量在洞穴沉积中越向下层越多。这些从洞穴附近或较高处（约1 900米）当地橡树上采集的果实，很可能被储藏起来，在一年中大部分不可获得的时间里用作食物。

然而碳水化合物摄入量并无不足，因为5月基本可获得的牧豆荚中就有糖分，而通常在夏末和秋天收获的龙舌兰芯可以提供大量的碳水化合物。野果中也有糖分，可利用的还有朴树果、针叶樱桃以及仙人掌果等。

圭拉那魁兹人群食谱中所代表的植物蛋白质体现在几种植物上。银合欢豆荚见于所有层位中，虽然数量一直不多。麻风树果是很好的蛋白质来源，它们在早期地层中明显利用很多。而龙舌兰显然是一种非常重要的植物，其种子含有丰富的蛋白质。而且，这些人群采集了数量很多的种子，所有层位的垃圾里都见有数量可观的瓣壳。

微量营养元素主要来自新鲜的银合欢豆荚、仙人掌果嫩茎，还可能有其他绿叶植物。这些人群还可能对许多当地植物随便进行利用，当他们外出从事其他活动时采集和食用之。这些植物不会出现在洞穴的遗存中，也不会是居民的主要食物来源。

植物油在他们食物中大体缺乏。显然，居民对矮松果的利用非常节约，虽然它们在早期层位中比较丰富，但并非采集食物中主要的组成部分。B1层2个鳄梨子叶可能是由动物活动而混入的。即使不是，利用它们的证据也非常微弱，没有实际意义。

前陶期的农业

利用栽培的主要支撑证据，确凿见于B、C和D层的西葫芦遗存和B、C层的瓢葫芦遗存。这也增强了特化坎河谷发现同一物种早期遗存的意义，那里的证据还不够令人信服（Culter and Whitaker 1967）。我推测当时已有几种植物处于原始栽培状态，虽然无法收集证据来支持这种想法，这要花很长时间注意树上果实发生的显著变化。现在我们已有充分的证据来明确声明，在D层开始沉积的时候，即大约公元前8000年，瓦哈卡河谷开始了栽培实践。这也非常符合一批以狩猎采集为生的人群逐渐意识到农业价值所需的时间长度。社会秩序的充分发展使得人们聚集成村落，并拥有一种充分依赖栽培作物的经济，这不可能在短时期里做到，这种发展需要很多条件。

虽然新大陆这么古老的农业证据出现在特化坎河谷的报告中，但是该地区没有植物遗存来肯定确认这点（Smith 1967）。较大尺寸的鳄梨、山榄科（cosahuicos）、高大曲果树（chupandills）在选择上所表明的生物学事实，肯定了人们公元前5000年前已经认识到植物对栽培的反应。在南美洲，吉他雷洛（Guitarrero）洞穴早期层位中出土的栽培菜豆和辣椒（Capsicum chinense）支持了墨西哥证据（Smith，见Lynch, 1980）。在墨西哥南部河谷，植物对栽培反应的这种认识，伴随着在较长旱季（11—5月）对水的需要的深刻了解。远离可获得的水源或没有人工浇水，多年生植物根本不可能在该地区生长。人类对选择作用的认识，现在被约公元前8000年圭拉那魁兹洞穴中发现的栽培植物遗存所充分证实。

最重要的不是从测年来看栽培植物的时代。从生物学而言，自然选择的影响在任何条件下都在发挥作用。在日常活动中，人类发现他们能够通过明智选择种子进行栽种，就可以影响自然选择。即使在最好的情况下（如一种具有无限遗传多样性潜质的作物），遗传效应复杂的相互关系往往意味着，仅改变一个特征（比如味道）的设想和尝试，也会对整个特征板块产生影响。为了通过人工选择来有效筛选这些复杂性，大量的时间和许多代植物是必需的。因此，圭拉那魁兹洞穴中存在一件公元前8000年和两件公元前7000年栽培植物所表明的最重要事实是，人类在筛选出这些能够被鉴定为栽培作物的特点之前，需要一段非常长的时间。

因为圭拉那魁兹显然只被一小群人（可能不超过4—5人）所利用，也许一年里只不过一季，所以我们不知道他们对植物相对保守的利用是否能代表整个地区。在前陶期层位中，只有培养的西葫芦被添加到当地所利用的野生植物之中。我们发现，利用的百分比有轻微的变化，因为橡子、朴树果和麻风树果在最早的层位中显然更重要。在这一时期，仙人掌果嫩茎和龙舌兰的利用相对稳定，而牧豆的利用逐渐增加，菜豆也是如此。我们不可能将这些变化归于植被形态的变化，因为我们在分布的植被中未见这样的证据。

圭拉那魁兹的植被史

瓦哈卡米特拉附近洞穴中出土的植物遗存，再次为我们提供了一段相当长时间的植被史。这进而使得我们能够核对气候形态可能的重要变化和土地使用的某种估算。

舍恩韦特和L. D. 史密斯（第15章）觉得，圭拉那魁兹的花粉数据表明了前陶期栖居期间气候的重大波动。但是，这种波动明显没有大到足以将该地区所见的植被群丛移到该洞穴居民步行距离之外。结果，从洞穴的最下层到最上层，植物遗存在物种内涵上一直保持不变。当然，这不包括作为栽培作物引入该地区的那些物种。本地植物种类一直是穴居者生计的重要组成部分。在洞穴的整个沉积史中，本地植物看来一直受到青睐。

与寿命较短的物种相比，树木对环境的变化不是很敏感。但是，许多树种有自己的需要，所以在洞穴的沉积时期里，气候的重大变化很可能会引起本地植物群的变化。墨西哥这一地区的许多物种对年平均气温的变化特别敏感。一段维持时间稍长的较冷气候很可能会使山坡的霜冻线下移，结果导致植物群物种成分的变化。同样，整个年降水量的任何显著变化很可能影响到本地植被的物种成分。

我们可以肯定的是，并未发生如此重大的气候形态变化，因为洞穴沉积中出现的本地植被种类并没有发生变化。这也进一步得到了位于北部和东部的特化坎河谷所见本地植被形态的支持（Smith 1967）。在特化坎河谷，其植被史跨越了相似的阶段，从大约公元前8000年到公元1500年，其物种成分没有发生重大的变化。

小 结

圭拉那魁兹洞穴前陶期的植物遗存表明，虽然本土植被中有较多种类的可获资源能被穴居者利用，但是他们还是以一批经过相对选择的物种为生。显然，草籽并未被用作食物，因为我们未见采集大量草籽的证据，或以这种方式利用其他植物的种子。食谱中的淀粉似乎大部分是由橡子提供的，很可能在秋季采集后被储存起来以供全年利用。

在这些人群的食谱中，总体缺乏植物油和脂肪。矮松果很可能是主要来源，但发现的数量很少。

植物蛋白可从许多豆科植物中获得，如牧豆、银合欢、麻风树果、野生红花菜豆等，被广泛利用。微量元素可以从很多植物残片如仙人掌果嫩茎或仙人掌果中得到说明。

宏观的植物遗存表明，虽然花粉数据显示有重大的阶段性波动，但自公元前8000年以来的这段时间里，该地区并未经历重大的气候变化。洞穴早期层位中所见的所有物种（矮松果除外）依然在这里生长，虽然为种植进行土地清理的持续扰动，很可能造成了某些物种相对丰度的变化。这种形态也得到了特化坎河谷同时段类似证据的支持。

圭拉那魁兹洞穴D层西葫芦种子提供的证据，得到了B层和C层更多遗存的支持，这表明一个结论，即在公元前8700—前7800年间的某个时段，穴居者实践过某种形式的农业。尽管新大陆农业（起源）这么早的时间很有意思，但其意义在于这样一个生物学事实，即得到这种西葫芦的栽培品种需要很长时间和很多人工选择。

20

圭拉那魁兹前陶期地层中的西葫芦

托马斯·惠特克、休·卡特勒 撰，董惟妙 译

圭拉那魁兹洞穴前陶期层位中出土了103件西葫芦标本，这些标本多半是外皮、茎、花或果柄的碎片，它们只能被鉴定到西葫芦属（Cucurbita sp.）（图20.1a—d、20.2、20.3b）。这些材料大多数属于生长在该地区的野生西葫芦品种，可能是为了可食用的种子而采集的（图20.4）。但有9颗种子和6件果柄被鉴定为西葫芦，即一种栽培的夏季西葫芦（图20.1e、20.3a、20.5、20.6a）。7件标本被鉴定为小葫芦（Lagenana siceraria），即瓢葫芦，也是栽培种。还发现了4颗野生葫芦亚科（Apodanthera）籽（图20.1f、20.6b）。多数西葫芦材料都是碳化的（Whitaker and Cutler 1967）。除了我们观察的大遗存，孢粉专家詹姆斯·舍恩韦特（私人交流 1980）说，洞穴B3层见有一颗类似南瓜（Cucurbita cf. moschata）的花粉粒。

圭拉那魁兹出土的西葫芦标本不如墨西哥其他考古遗址来得丰富多样，如普埃布拉的科斯卡特兰洞穴（Culter and Whitaker 1967）和塔毛利帕斯山奥坎波洞穴（Whitaker et al. 1957）。圭拉那魁兹西葫芦数量少且种类不多是有道理的。据弗兰纳利说（私人交流 1980），该洞穴很小，只能供一小群人作为季节性营地使用。还有，洞穴附近地区土壤贫瘠，并长期受干旱气候困扰。如果我们推测有一个以上这类条件，那么可以想见洞穴地层中会缺乏西葫芦植物群。

尽管先天不足，圭拉那魁兹洞穴中的西葫芦采集物提供了几项重要特点，以支持先前对这些物种的生态学以及驯化后物种发生变化的研究。洞穴地层中瓠葫芦相对较少，也值得一提。

西葫芦（表20.2）是洞穴中发现的主导栽培种。几乎没有其他栽培种的痕迹，除了前面提到的B3层发现的类似南瓜的花粉粒，以及我们在A层（洞穴后古典期层）发现的一颗黑子南瓜（C. ficifolia）种子。在这一纬度的前陶期层发现西葫芦的证据并不意外，因为西葫芦是墨西哥中部和危地马拉大部高海拔地区主要的南瓜品种。但奇怪的是，在公元前8750—前7840年的地层中发现该物种的一颗种子，这使它成为有记录的最古老栽培西葫芦的考古标本。在鉴定圭拉那魁兹出土的西葫芦标本之前，一般认为西葫芦起源并驯化于墨西哥北部和美国南部，这个观点主要的考古学支撑，是奥坎波洞穴丰富的早期西葫芦遗存，大量证据证明它是西南部地区最早的西葫芦。在德克萨斯州中南部一些溪流的河道边，见有一种野生西葫芦。它支持了西葫芦北部起源和驯化的观点，因为野生西葫芦显然与葫芦状的西葫芦有关。有人推测它可能是原始的西葫芦，或这一品种的祖先。圭拉那魁兹考古遗存中西葫芦的鉴定和古老性表明，西葫芦的北部起源说可能需要修改和论证。

图20.1 D层出土的西葫芦遗存：a—c. 碎皮；d. 果柄；e. 公元前7840年的西葫芦籽；f. 葫芦亚科种子。

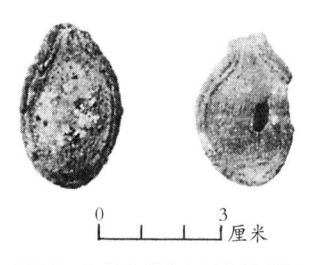

图20.2 B1层C9探方出土的西葫芦籽。

图20.3　B1层E5探方出土的西葫芦遗存：a. 西葫芦籽；b. 碎皮。

图20.5　C层出土的西葫芦籽。

图20.6　B1层E7探方出土的西葫芦籽：a. 西葫芦；b. 葫芦亚种。

西葫芦在圭拉那魁兹的驯化最好从西葫芦栽培种特有的生态学偏好来解释。人们通常可以想见在该洞穴的纬度（北纬16°57′）发现栽培的西葫芦。但是，该洞穴位于海拔约1 926米（6 319英尺）的干旱地带（年降水500—700毫米），白天特别暖和，夜晚寒冷，湿度为植物生长的最低值。这种条件很适合西葫芦栽培种。另一方面，大部分西葫芦的栽培种一般都生长在这一纬度，在高温湿润的条件下生长茂盛，但是它们不耐低温。

我们对西葫芦种子（图20.1）大小的测量显示，也许存在一个大体上无意识的选择趋势，即早期栽培者会挑选大的种子，以期大的果实。通过增大尺寸，也许栽培种随农业日趋娴熟而提高质量，这是原始栽培的特点。

表20.1　圭拉那魁兹出土西葫芦籽的尺寸

地 层	探 方	尺寸（毫米）
B1	C11	12×7、10×7、11×7[a]
B1	E5	11×6
B1	E7	17×8.5
C	F9	12×8、11×8、11×8
D	F5	10×7

[a] 这个探方里的3粒种子很可能均未成熟。

图20.4　野生西葫芦果柄，C层。左侧标本出自E8探方。

很有可能的是，洞穴植物遗存中缺乏瓢葫芦（表20.2）也是由于生态学偏好的原因。瓢葫芦较适应湿热的条件，而非干冷的环境。其他的解释有：（1）瓢葫芦主要处于未成熟状态，因此不能预期发现其遗存；（2）该洞穴只是季节性营地，人们将其作为住处的时间不够长，没有打碎他们的瓢葫芦容器。但是很显然，瓢葫芦还没有以一种重要的方式进入这些穴居者的经济之中，无论是为了烹饪、家用还是储藏的目的。

特化坎河谷的埃尔列戈洞穴（Cutler and Whitaker 1967）与圭拉那魁兹相似，极少瓢葫芦。而且，与特化坎河谷其他遗址相比，埃尔列戈有较多的野生西葫芦品种和西葫芦。

还有一点值得一提：有一大片由外皮、种子和果柄等碎片组成的材料。这些材料毫无疑问是西葫芦品种，并在表格中列出。它们看来就是生长在该地区的野生西葫芦品种，可能主要为了它们可食用的种子而采集的。栽培和非栽培西葫芦的外皮碎片无法区分；因此表中列出的外皮可能同时包含栽培和非栽培品种的材料。

只发现了4颗瓢葫芦的种子（表20.2）。尚不能确定这小量标本是人类作为食物带进洞内的，还是可能是由啮齿类带入的。但是，弗兰纳利（私人交流 1980）说，洞穴里啮齿类巢穴中没有发现任何西葫芦种子。而且值得注意的是，墨西哥大部分考古洞穴中都见有葫芦亚科籽，不管它是否生长在附近（Whitaker and Cutler 1971：124）。

前陶期西葫芦的全部样品都按地层列在了表20.2中。另外，表20.3至表20.8提供了每件西葫芦标本在洞穴每一个居住面上1平方米探方中的确切位置。一般认为，应该为此提供较为详细的信息，因为圭拉那魁兹出土了所有考古遗址中最古老的一些栽培西葫芦遗存。

表20.2 圭拉那魁兹西葫芦遗存的分布

遗存	地层 D	C	B3	B2+3	B2	B1	合计
西葫芦籽	1	3	—	—	—	5	9
西葫芦梗	—	2	—	—	—	4	6
西葫芦碎皮	4	35	—	3	5	8	55
西葫芦籽	—	2	1	—	2	3	8
西葫芦果柄	1	4	—	—	—	—	5
西葫芦茎和花蒂	—	4	—	—	4	1	9
瓠葫芦碎皮	—	3	—	1	1	2	7
葫芦亚科籽	1	1	—	—	—	2	4
	7	54	1	4	12	25	103

表20.3 圭拉那魁兹D层西葫芦遗存的分布

遗存	1平方米探方 E7	F5	F8	G8	合计
西葫芦籽	—	1[a]	—	—	1
西葫芦碎皮	1	—	1	2	4
西葫芦果柄	—	—	—	1	1
葫芦亚科籽	—	1	—	—	1

[a] 这粒西葫芦籽紧邻放射性碳样品GX-0783（前7840±240年）。

表20.4 圭拉那魁兹C层西葫芦遗存的分布

遗存	1平方米探方 E7	E8	E9	E10	F5	F6	F9	F10	G9	合计
西葫芦籽	—	—	—	—	—	—	3	—	—	3
西葫芦梗	—	—	2	—	—	—	—	—	—	2
西葫芦碎皮	1	1	2	1	1	1	25	2	1	35
西葫芦籽	1	—	—	—	—	—	1	—	—	2
西葫芦果柄	—	1	—	1	—	—	2	—	—	4

续表

遗存	1平方米探方									合计
	E7	E8	E9	E10	F5	F6	F9	F10	G9	
西葫芦茎和花蒂	—	—	—	—	—	—	4	—	—	4
瓢葫芦碎皮	—	—	—	—	—	—	2	1	—	3
葫芦亚科籽	—	—	—	—	—	—	—	1	—	1

表20.5 圭拉那魁兹B3层西葫芦遗存的分布

遗存	1平方米探方	合计
	E7	
西葫芦籽	1	1

表20.6 圭拉那魁兹B2+3层西葫芦遗存的分布

遗存	1平方米探方			合计
	C10	E6	F5	
西葫芦碎皮	1	1	1	3
瓢葫芦碎皮	1	—	—	1

表20.7 圭拉那魁兹B2层西葫芦遗存的分布

遗存	1平方米探方						合计
	C6	C11	D8	D9	E9	E10	
西葫芦碎皮	1	1	—	1	1	1	5
西葫芦籽	—	1	1	—	—	—	2
西葫芦茎和花蒂	—	1	—	—	3	—	4
瓢葫芦碎皮	—	—	—	—	1	—	1

表20.8 圭拉那魁兹B1层西葫芦遗存的分布

遗存	1平方米探方								合计
	B9	C8	C9	C11	D5	E5	E7	E11	
西葫芦籽	—	—	—	3	—	1	1	—	5
西葫芦梗	2	—	—	2	—	—	—	—	4
西葫芦碎皮	1	1	1	2	1	1	—	1	8
西葫芦籽	—	—	2	—	—	—	—	1	3
西葫芦茎和花蒂	1	—	—	—	—	—	—	—	1
瓢葫芦碎皮	—	—	—	—	1	—	1	—	2
葫芦亚科籽	—	—	—	1	—	—	1	—	2

21
圭拉那魁兹的前陶期菜豆

劳伦斯·卡普兰 撰，董惟妙 译

引 言

圭拉那魁兹前陶期层位中的豆类遗存丰富，B1至E层一共出土了菜豆科471件豆荚瓣和17颗种子，这无疑反映了前陶期穴居者对豆子的利用。471件豆荚瓣中168件可以鉴定为一种野生的地下发芽菜豆，但无法鉴定到种，故将其指称为圭拉那魁兹1型豆（Kaplan 1981）。前陶期层位出土的约17颗种子也属于这一类。圭拉那魁兹1型豆的发芽方式更像红花菜豆而非普通豆子，它是那魁兹期穴居者利用的主要（可能唯一）菜豆。

对洞穴前陶期层位的细筛，采集到4颗很小的普通菜豆标本。但这些标本都出自靠近后来人类或动物扰动的区域，所以不能排除混入的可能性。有鉴于此（也考虑到它们与圭拉那魁兹1型豆没啥关系），看来最合理的态度是谨慎对待这些菜豆标本。根据如此稀少且可能混入的材料，宣称普通菜豆这么早的驯化时间肯定是不明智的。

圭拉那魁兹的所有菜豆遗存由干燥和未碳化的豆荚和种子组成（表21.1）。

表21.1 圭拉那魁兹洞穴整个下部地层中的菜豆遗存分布

地 层	豆荚瓣数	明确鉴定为圭拉那魁兹1型豆的豆荚瓣	圭拉那魁兹1型豆种子	其他类型的碎片[a]
B1	111		15	X
B2	104		—	
B2+3	9	58	2	
B3	26			
C	43	几个		
D	17	11		X
E	161	99		X
总 计	471	168+	17	

[a] 所有这些标本都分布在不排除混入可能的背景里。

圭拉那魁兹1型豆介绍

圭拉那魁兹1型豆是一种野生菜豆，目前还不能鉴定到种；但是，分生组织胚芽形态学显示，该类型不是普通菜豆的祖先或近亲。

休眠分生组织胚芽是种子的一部分，它由胚根、茎、上胚轴和营养叶构成，其整体结构显示了萌发形态（图21.1）。菜豆的发芽，其子叶可能长出地面。它的野生近亲，菜豆及许多其他品种都是由子叶出土萌发的；也就是说，子叶会长出地面。其所知的近亲荷包豆，及许多其他品种被称为留土型，因为它们的子叶留在表土下面。

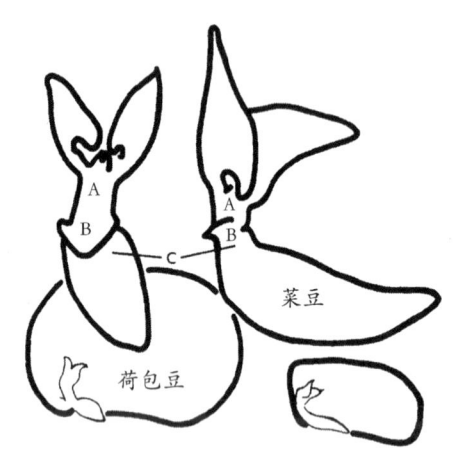

图21.1 菜豆的萌发结构：A. 上胚轴；B. 子叶附着点；C. 胚轴。当菜豆萌发时，菜豆的胚轴伸长，而荷包豆没有。

因为约有100种美洲菜豆，但仅有2种萌发模式，所以很明显，2类拥有相同萌发模式的物种未必是近亲。圭拉那魁兹1型豆的胚芽结构属于子叶留土型，所有常见驯化菜豆品种都是出土型，而荷包豆（如栽培红花菜豆和墨西哥多花菜豆 [*ayecote* 和 *botil*]）除外。

种子颜色是深红棕色和中红棕色的比例为1.6:1，没有中间色。这种颜色强度差异最有可能是由于单一基因差异引起的，这可能见于单一栽培种，或在本例中，见于某野生种的当地种群里。种子外皮上不见色斑或色型。一种当地野生的地下萌发菜豆（*Phaseolus obvallatus* Schlecht.）有带斑的种子，它与荷包豆相近。

但是，圭拉那魁兹1型豆的无斑外皮值得注意。驯化菜豆和荷包豆的种皮可能是带斑或本色的。但是，这两个品种（以及棉豆 [*P. Lunatus*]、利马豆和雪豆）的大部分野生近亲的种皮几乎都有密集斑点或以此为标记。这种带隐藏色或带斑点的种皮可能在保护种子不被鸟吃掉上有优势。野生豆荚通常也带有紫色斑点，很难看出来。一旦人类开始收获和种植，把种子埋在土里，隐藏色的优势就停止了。驯化过程达到这点，会有一种独特优势偏好种子，较易被人看到，因为野生型种皮在以土壤为背景时很难看出来，因而常常在播种时不埋土。

其豆荚显示出相当高的扭曲度，这是种子的散播机制。随机选择20个豆荚瓣样品，结果显示，这些平均展开长度为4.58厘米的荚瓣，平均每个荚瓣转3.8次（表21.2）。栽培种的豆荚要么完全不扭曲，要么扭得比较松。圭拉那魁兹1型豆的扭曲度是野生种的典型特点。它不会让豆荚在完全成熟后还挂在植株上。很小的种子会让单个豆荚剥壳很不经济，比采集整个豆荚到洞中脱粒或储藏更麻烦。以这种方式采集豆荚，似乎是与其蔓生习性一致，而不像整株连根拔起的灌木型。

表21.2 圭拉那魁兹1型豆测量数据

豆荚	平均长（厘米）	4.58
	平均宽（厘米）	0.89
	荚瓣数[a]	660
种子	平均长（厘米）	0.52
	平均宽（厘米）	0.43
	平均厚（厘米）	0.27
	种子数[a]	68

[a] 测量不仅针对前陶期层位中的168件荚瓣和17颗种子，而且也针对后古典期层位中圭拉那魁兹1型豆的492件荚瓣和51颗种子。

假定圭拉那魁兹1型豆被用作食物，我推断，该无法鉴定的菜豆不是栽培种，但是它是蔓生的，采集时从植物上剥下豆荚来。圭拉那魁兹这种野豆记录

21　圭拉那魁兹的前陶期菜豆

有两方面非常独特。考古遗存报道仅见有野豆一例，是在塔毛利帕斯山奥坎波洞穴（Kaplan and Whitaker 1960）。在那些洞穴里，野生红花菜豆见于早期地层中，在驯化豆出现后就消失了。圭拉那魁兹的野豆在驯化豆出现后，很长时间里还被继续采集，A层就有很多。

圭拉那魁兹的本地野豆

1968年，我在圭拉那魁兹、伊尔维·艾拉瓜（Hierve el Agua），以及瓦哈卡河谷上部的其他地点野外采样时，发现了两种菜豆：*P. anisotrichos* Schlect. 和 *P. heterophyllus* Willd[1]。这两种菜豆都不见于考古材料。菜豆（*P. anisotrichos*）是蔓生种，广泛分布在墨西哥，并且在任何意义上都不是一种经济作物。菜豆（*P. heterophyllus*）是倒伏或匍匐种，也分布广泛，而且据萨波特克线人埃里西奥·马蒂内兹说，它根部多肉可食，偶尔会被利用。当地西班牙语称其为 *jicamita*（据Messer 1978：58，其萨波特克名为 *gužehl*）。马蒂内兹先生提供的信息让人满意，因为很久以来我就认为，这种植物即使实际上不是食物，但也肯定是一种潜在的食物资源。它的根部多肉，大小如菜园萝卜，不难吃。

这些植物在当地路边和扰动开放区很丰富。在这些地方，只要用一根削尖的木棒或其他简单挖掘工具，就可以很快采集到可观的数量。它们很可能一直生长在碎石坡和其他扰动区，被用作一种食物资源。可惜没有早期利用的直接考古学证据。

应该指出，圭拉那魁兹附近找到的野豆种类看来年年都很丰富。1968年，我在洞穴附近能找到的唯一品种是菜豆（*P. anisotrichos* Schlect.）。1971—1973年，梅瑟（Messer 1978）在圭拉那魁兹附近找到了野生菜豆（*P. heterophyllus*）和菜豆（*P. atropurpureus* DC.）[2]（由密歇根大学标本馆罗杰斯·麦克沃[Rogers McVaugh]鉴定）。

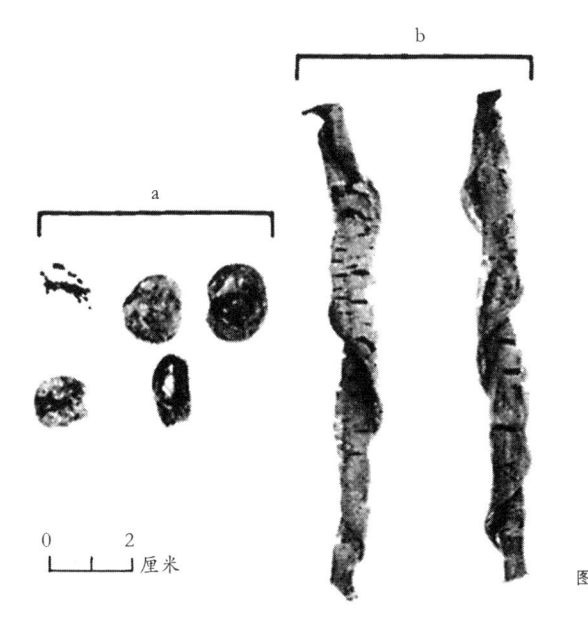

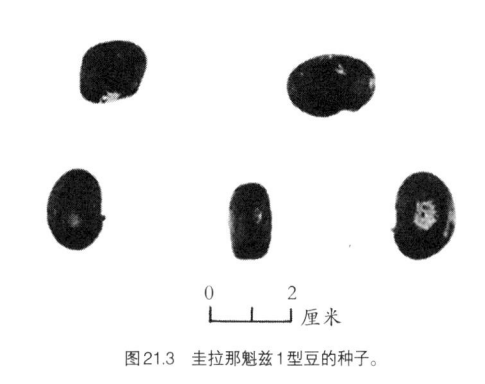

图21.2　圭拉那魁兹1型菜豆：a. 种子；b. 显示扭曲特点的豆荚。

图21.3　圭拉那魁兹1型豆的种子。

1　*Macroptilium heterophyllum* (Willd.) Marechal & Baudet.
2　*Macroptillium atropurpureum* (DC.) Urb.

圭拉那魁兹1型豆遗传上对驯化种可能的影响

由于圭拉那魁兹1型豆是留土型，因此它不可能是菜豆栽培种的直接祖先。前美国农业部霍华德·斯科特·金特里（Howard Scott Gentry）采集的所有菜豆栽培种和推定的所有野生菜豆都是出土型。圭拉那魁兹1型豆与荷包豆的萌发模式一致，但没有足够的证据将其看作是该物种栽培种的可能祖先。采集的野生荷包豆及其近亲如菜豆（*P. obvallatus*）和菜豆（*P. formosus* H. B. K.）（Piper 1926），绝大部分都来自比圭拉那魁兹更湿冷的地区。

兰普雷克特（Lamprecht 1968）坚称，菜豆×荷包豆杂交能成功，但是反过来则不行。因为花粉父本荷包豆有足够大的花粉，细胞核能够携带足够多的细胞质，使异质性的留土/出土基因型发挥作用。兰普雷克特和其他人（Yarnell 1965）在种间杂交方面观察的相关性是，菜豆可能是种子母本，而花粉父本是留土型的。因为圭拉那魁兹1型豆出现在一个有长期文化背景的地区，这里野生菜豆一直被采集，所有现有的野生品种都是留土型，它们的种子和豆荚，和圭拉那魁兹1型的种子和豆荚有相似之处，而它的花粉至少要和荷包豆一样大（50微米或更大），才能作为像菜豆这种出土型品种的可能变异来源而加以研究。

22
圭拉那魁兹前陶期动物食物遗存

肯特·弗兰纳利、简·惠勒 撰，董宁宁 译

引 言

圭拉那魁兹B层和E层出土的360件以上可鉴定动物骨骼碎片，属于作为食物被猎取或诱捕的动物。正如第16章所说，许多小型啮齿类和小型蜥蜴中的一些标本，常常很难确定是否是因为人为因素还是其他原因进入洞穴的，因此，无法给出确切的数字。

在方法论上，我们对这批动物遗存的分析类似于对特化坎洞穴动物群的研究（Flannery 1967: 157）。所有可鉴定碎片都和以下一个以上采集品进行了对比：（1）弗兰纳利在特化坎河谷以及弗兰纳利和惠勒在瓦哈卡河谷采集的动物骨骼；（2）墨西哥国立自治大学生物研究所采集的骨骼材料；（3）密歇根大学动物学博物馆馆藏墨西哥动物骨骼；（4）史密森研究院美国国家博物馆馆藏的墨西哥动物骨骼。我们对协助鉴定现代和古代动物群的以下几位专家表示感谢；他们是密歇根大学的艾曼特·胡伯（Emmet T. Hooper）（啮齿类和兔类）、史密森研究院的理查德·祖西（鸟类），以及圣迭戈州立学院的理查德·埃瑟里奇（蜥蜴）。

考古动物群研究者目前就什么是报告动物遗存的最好途径并未达成一致意见：是骨骼的原始数量、最小个体数、动物骨骼的净重量，还是参考每个物种骨骼数目计算的最小个体数，抑或是上述这些内容的结合？为了使瓦哈卡的材料与特化坎的材料能够进行比较，我们同时用原始数量和最小个体数来表现。我们最小个体数的统计沿用了怀特（White 1953）的方法，并进而核对骨骼的右半是否与左半相匹配（具体请参见Flannery 1967: 157）。

基本而言，提到的这两种方法目的不同。按探方统计的骨骼原始数量告诉我们见有动物身体的哪个部分、处于居住面的哪个位置。在我们能够估算各居住面的肉食消耗量，或解释各居住面骨骼所需的狩猎范围之前，必须先计算动物的最小个体数（第24章）。虽然还有更复杂和更完善的方法来表述这批材料，但说实话，我们并不认为它们会比原始数量更好。我们认为动物群分析，以较为严谨的方式确定每块骨头如何进入遗址，要比以更复杂的方法统计每个物种所占的百分比更好。

狩猎或诱捕的动物

圭拉那魁兹被猎杀或诱捕的所有动物，都是今天该地区常见的物种，或在用枪导致捕猎过度而锐减之前很可能十分常见的物种。前陶期地层中未见灭绝或稀有的物种。作为食物的动物如下所列：

大型哺乳类：白尾鹿（Odocoileus virginianus）、领西猯（Dicotyles tajacu）。

小型哺乳类：墨西哥棉尾兔（Sylvilagus cunicularius）、东部棉尾兔（Sylvilagus floridanus connectens）、浣熊（Procyon lotor），以及一些可能是野生的啮齿动物如林鼠（见第16章）。

爬行类：墨西哥泥龟（Kinostemon integrum），以及一些可能是鞭尾蜥（Cnemidophorus）或刺蜥（Sceloporus）的蜥蜴（详见第16章）。

鸟类：山齿鹑（Colinus virginianus）、斑尾鸽（Columba

fasciata)、哀鸽（Zenaidura macroura）、地鸽（Columbigallina cf. passerina）、红尾鵟（Buteo jamaicensis）、仓鸮（Tyto alba），以及一些可能是鸣禽的鸟类（详见下述鸟类部分）。

显然有许多可食的动物种类并没有出现在表格中。负鼠（Didelphis marsupialis）、灰狐、三个属的臭鼬、墨西哥兔、巨囊鼠、白翅哀鸽、彩鹑（Cyrtonyx montezumae）以及墨西哥小冠雉（Ortalis poliocephala）在该地区都十分常见，并在瓦哈卡和特化坎地区的其他洞穴中都有发现。我们压根就不认为这些食物资源就被圭拉那魁兹穴居者所漠视。但是，它们的遗骸确实不见于我们数量一般的样品中，毕竟我们发掘的是一个很小的洞穴。

在所有这些动物中，看来对圭拉那魁兹先民而言，最重要的四种动物分别是白尾鹿、两种棉尾兔及泥龟。因此，我们将这几种动物在洞穴各居住面上的分布另立表格表示（表22.1—22.7）。

表22.1 圭拉那魁兹洞穴 E 层的鹿、棉尾兔和泥龟骨骼总数

动物		1平方米探方中的分布													
		C8	C10	C11	D9	D10	D11	E10	E11	E12	F9	F10	F11	G4	G5	H10
白尾鹿，最小个体数2[a]	牙齿	—	—	—	—	—	—	—	—	—	—	1	—	—	—	—
	下颌骨	—	—	—	—	—	—	1	—	—	—	—	—	—	—	—
	肱骨	—	—	—	—	—	—	—	—	1	—	—	—	—	—	—
	桡骨	—	—	1	—	—	—	—	—	—	—	—	—	—	—	—
	尺骨	—	—	—	—	—	—	—	—	—	—	—	—	1	—	—
	股骨	—	—	—	—	—	—	—	1	—	—	—	—	—	—	—
	掌骨	—	—	1	—	1	—	—	—	—	—	1	—	—	—	—
	指/趾骨	—	—	—	—	—	—	—	—	—	—	1	—	—	—	—
	脊椎	1	—	—	—	—	1	1	—	—	—	—	—	—	—	—
	肋骨	—	1	—	—	—	—	—	—	—	—	1	—	—	—	—
	其他	—	—	1	—	1	—	—	—	—	—	—	—	—	—	—
东部棉尾兔，最小个体数2	上颌骨	—	—	—	—	—	1	—	—	—	—	—	—	—	—	—
	下颌骨	—	—	2	—	—	1	—	—	—	—	—	—	—	—	—
	肱骨	—	—	—	—	—	—	—	1	—	—	—	1	—	—	—
	肩胛骨	—	—	—	—	—	1	—	—	—	—	—	—	—	—	—
	盆骨	—	1	1	—	—	1	—	—	—	—	—	—	—	—	—
	股骨	—	—	2	—	—	—	—	—	—	—	—	—	—	—	—
	胫骨	—	—	—	—	—	—	—	—	1	—	—	—	—	—	—
	跟骨	—	—	—	—	—	1	1	—	—	—	1	—	—	—	—
	掌骨	—	—	—	—	—	1	—	—	—	—	—	—	—	—	—
墨西哥棉尾兔，最小个体数1	股骨	—	—	—	—	—	1	—	—	—	—	—	—	—	—	—
棉尾兔属，2幼年	各部位骨骼	—	1	—	—	1	5	—	2	—	—	—	—	2	—	—

续表

动物		1平方米探方中的分布												
		C8	C10	C11	D9	D10	D11	E10	E11	E12	F9	F10	F11	G4	G5	H10
泥龟，最小个体数1	棱鳞	—	—	3	—	—	—	—	1	—	—	1	—	—	—	—
	肢骨	—	—	—	—	1	—	—	1	—	—	—	—	1	—	—

a 磨损的臼齿和愈合的骨骼表明是成年个体；未愈合骨骼和未萌出的牙齿表明是幼体。没有鹿角可能表明是雌性个体和它被猎杀的幼崽。

表22.2 圭拉那魁兹洞穴D层的鹿、棉尾兔和泥龟骨骼总数

动物		1平方米探方中的分布													
		B9	C7	C9	C10	D5	D7	D9	D10	E6	E7	E8	F4	F5	F6	F8	G5	G6
白尾鹿，最小个体数2[a]	鹿角	—	—	(?)	1	1	—	—	3	—	1	—	—	—	—	—	—	—
	牙齿	—	—	—	—	—	—	—	—	—	—	—	—	1	—	—	2	—
	下颌	—	—	—	—	—	—	—	—	—	—	—	—	1	—	—	—	—
	股骨	—	—	—	1	—	—	—	—	—	—	—	—	—	—	—	—	—
	跟骨	—	—	—	—	—	—	—	—	1	—	—	—	—	—	—	—	—
	掌骨	—	—	—	—	—	1	1	—	—	—	—	—	1	—	—	—	—
	脊椎	—	—	1	—	—	—	—	—	—	1	—	—	1	—	—	—	—
	肋骨	—	—	—	—	—	—	—	—	—	—	—	—	1	1	—	—	—
	其他	—	—	—	—	—	—	—	3	—	—	—	—	3	—	—	—	1
东部棉尾兔，最小个体数3	上颌骨	—	—	—	—	—	—	—	—	1	—	—	—	—	—	—	—	—
	下颌骨	—	—	—	—	—	1	—	1	—	—	—	—	—	—	—	—	—
	肱骨	—	—	—	—	—	—	—	2	—	—	—	—	—	—	—	—	—
	肩胛骨	—	—	—	—	—	—	1	—	—	—	—	—	—	—	—	—	—
	尺骨	—	—	1	—	—	—	—	—	—	—	—	—	—	—	—	—	—
	盆骨	—	—	—	—	—	1	—	—	—	—	—	—	1	—	—	—	—
	股骨	—	—	—	—	—	—	1	—	—	—	—	—	—	—	—	—	—
	跟骨	—	—	—	—	—	—	1	1	—	—	2	—	—	—	—	—	—
墨西哥棉尾兔，最小个体数1	下颌	—	—	—	—	—	—	—	—	—	—	1	—	—	—	—	—	—
	跟骨	—	—	—	—	—	—	—	—	—	—	—	—	—	—	—	—	1
棉尾兔属，1幼年	各部位骨骼	—	—	—	—	—	2	—	1	1	—	—	—	1	—	—	—	—
泥龟，最小个体数1	棱鳞	—	—	—	—	—	3	—	—	—	—	—	—	—	—	—	—	—

a 磨损的臼齿和愈合的骨骼表明是成年个体；未愈合骨骼和未萌出的牙齿表明是幼体。没有鹿角可能表明是雌性个体和它被猎杀的幼崽。

表22.3　圭拉那魁兹洞穴C层中鹿、棉尾兔和泥龟骨骼的总数

动物		1平方米探方中的骨骼分布															
		B9	B10	C8	C9	C10	D8	D10	D11	E5	E6	E7	E9	E10	F9上	F9下	F10	G9
白尾鹿，最小个体数2[a]	鹿角碎片	—	—	—	—	1	—	1	—	—	—	—	1	—	—	1	1	—
	牙齿	—	—	—	—	1	—	—	—	—	—	—	—	—	—	—	—	—
	肩胛骨	—	—	—	1	—	—	—	—	—	—	—	—	—	—	—	—	—
	肱骨	1	—	—	—	—	—	—	—	—	—	—	—	—	—	—	—	—
	股骨	—	—	—	—	—	—	—	—	—	—	—	—	—	—	—	—	—
	舟状骨	—	—	—	—	—	—	—	—	—	—	—	1	—	—	—	—	—
	掌骨	1	—	—	—	—	—	1	—	—	1	1	—	—	—	—	—	—
	指/趾骨	—	—	—	—	—	1	—	—	1	—	—	—	—	—	—	—	—
	脊椎	—	—	—	—	1	—	—	—	—	—	—	—	—	—	—	—	—
	肋骨	—	1	—	—	1	—	—	—	—	—	—	1	—	—	1	—	—
	其他	1	1	—	—	2	—	3	1	1	2	—	—	1	1	—	1	1
东部棉尾兔，最小个体数3	上颌骨	1	—	—	—	—	—	—	—	—	—	—	—	—	—	—	—	—
	下颌骨	2	—	—	—	—	—	—	1	—	—	—	—	—	—	—	—	—
	肱骨	—	1	1	—	—	—	—	1	—	—	—	1	—	—	—	—	—
	肩胛骨	—	—	1	—	—	—	—	—	—	1	—	—	—	—	—	—	—
	盆骨	—	—	—	—	—	—	—	—	2	—	—	—	1	—	—	—	—
	胫骨	1	—	—	1	—	—	—	—	—	—	—	—	—	—	—	—	—
	跟骨	—	1	—	—	—	—	—	—	—	—	—	1	—	—	—	—	—
	掌骨	1	—	—	—	—	—	—	3	—	—	—	—	—	—	—	—	—
墨西哥棉尾兔，最小个体数2	上颌骨	—	—	—	—	—	1	—	—	—	—	—	—	2	—	—	—	—
	下颌骨	—	—	—	—	1	—	—	—	—	—	—	—	—	—	—	—	—
棉尾兔属，1幼年	各部位骨骼	—	—	—	—	—	—	1	—	—	—	—	—	—	—	—	—	1
泥龟	棱鳞	—	1	—	—	—	—	2	—	—	—	—	—	—	—	—	—	—
	肢骨	—	—	1	—	—	—	—	—	—	—	—	—	1	—	—	—	—

[a] 成熟鹿角和1块愈合掌骨代表一个成年个体；未愈合的掌骨和指/趾骨代表一个幼年个体。

表22.4 圭拉那魁兹洞穴B3层的鹿、棉尾兔和泥龟总数

动物		1平方米探方中的骨骼分布				
		C6	C7	C9	D9	E5
白尾鹿，最小个体数1	鹿角	1	—	—	—	—
	腕骨	2	—	—	—	—
	掌骨	—	—	—	—	1
	肋骨	1	—	—	—	—
	其他	1	—	—	2	—
东部棉尾兔，最小个体数3	肩胛骨	—	—	—	—	1
	肱骨	—	—	—	2	1
	胫骨	—	—	—	1	—
棉尾兔属	各部位骨骼	—	—	2	—	—
泥龟，最小个体数1	棱鳞	—	—	—	1	—

表22.5 圭拉那魁兹洞穴B2+3层的鹿、棉尾兔和泥龟总数

动物		1平方米探方中的骨骼分布					
		C8	C10	D10	E6	F4	F5
白尾鹿，最小个体数1	鹿角	—	—	1	—	—	—
	下颌骨	1	—	—	—	—	—
	桡骨	—	—	—	—	—	1
白尾鹿，最小个体数1	指/趾骨	1	—	—	—	—	—
	其他	1	—	—	1	—	1
东部棉尾兔，最小个体数2	上颌骨	—	—	1	—	—	—
	下颌骨	1	—	—	—	1	—
	盆骨	—	2	—	—	—	—
墨西哥棉尾兔，最小个体数1	上颌骨	1	—	—	—	—	—

续表

动物		1平方米探方中的骨骼分布				
		C8	C10	D10	E6	F4	F5
棉尾兔属	各部位骨骼	—	1	—	1	—	—
泥龟，最小个体数1	棱鳞	1	1	1	—	—	—

表22.6 圭拉那魁兹洞穴B2+3层的鹿、棉尾兔和泥龟总数

动物		1平方米探方中的骨骼分布					
		C6	C9	C11	D5	D8	D9上层	D9下层
白尾鹿，最小个体数1	肱骨	—	1	—	—	—	—	—
	胫骨	—	—	—	—	1	—	—
	舟状骨	—	—	—	—	—	—	—
	脊椎骨	—	1	—	—	—	—	—
	肋骨	1	—	—	—	—	—	2
	其他	1	—	—	—	5	—	—
东部棉尾兔，最小个体数2	下颌骨	—	—	—	—	—	—	1
墨西哥棉尾兔，最小个体数2	下颌骨	—	—	—	—	2	—	—
	肩胛骨	—	—	—	—	2	—	—
棉尾兔属	各部位骨骼	—	—	—	1	—	—	—
泥龟，最小个体数1	棱鳞	—	4	7	—	3	—	3

表 22.7 圭拉那魁兹洞穴 B1 层中鹿、棉尾兔和泥龟骨骼的总数

1平方米探方中的骨骸分布

动物		B9	B10	C8	C9	C10	C11	C12	D5	D6	D7	D8	D10	E6	E7	E10	E11	F4	F5	F6	F7	G4
	鹿角碎片	—	—	—	—	—	—	—	—	—	—	—	—	—	1	—	1	—	1	—	—	—
	肩胛骨	—	—	—	—	—	—	—	—	—	—	—	—	—	—	—	—	—	1	—	—	—
	桡骨	—	—	—	—	—	1	—	—	—	—	—	—	—	—	—	—	1	—	—	—	—
	股骨	—	—	—	—	—	1	1	—	—	—	—	—	—	—	—	—	—	1	—	—	—
	胫骨	—	—	—	—	—	1	—	—	—	—	—	—	—	—	—	—	—	—	1	—	—
白尾鹿, 最小个体数2[a]	距骨	—	—	—	—	—	—	1	—	—	—	—	—	—	—	—	—	—	—	—	—	—
	舟状骨	—	—	—	1	—	1	1	—	1	—	—	—	—	—	—	—	—	—	—	—	—
	掌骨	—	—	—	—	1	—	1	—	—	—	—	—	—	—	—	—	—	—	—	—	—
	脊柱骨	—	—	—	—	—	—	—	—	—	—	—	—	—	—	—	2	—	—	1	—	—
	肋骨	—	—	—	—	—	—	—	4	—	2	—	1	—	—	—	2	1	—	—	—	—
	其他	—	—	—	—	—	1	1	—	—	—	—	2	—	—	—	—	—	—	—	—	—
	胎儿碎片	—	—	—	—	—	—	—	—	—	—	—	—	—	—	—	—	—	—	—	—	—
	下颌骨	—	—	—	—	—	—	1	—	—	—	—	—	—	—	—	1	—	—	—	—	—
东部棉尾兔, 最小个体数3	肱骨	1	1	—	—	—	—	1	—	—	—	—	—	—	1	—	1	—	—	—	—	—
	盆骨	—	—	—	—	—	—	1	—	—	1	—	—	—	—	—	—	—	—	—	—	—
	股骨	—	—	—	—	—	1	—	—	—	—	—	—	—	—	—	—	—	—	—	—	—
	胫骨	—	—	—	—	—	—	1	—	—	—	—	—	—	—	—	—	—	—	—	—	—
	掌骨	—	—	1	—	—	—	2	—	—	—	—	—	—	—	—	—	—	—	—	—	—
墨西哥棉尾兔, 1幼年	下颌骨	—	—	—	—	—	—	1	—	—	—	—	—	—	—	—	—	—	—	—	—	—
	肱骨	—	—	—	—	—	—	1	—	—	1	—	—	—	—	—	—	—	—	—	1	—
棉尾兔, 1幼年	各部位骨骼	—	—	—	—	—	—	1	—	—	—	—	1	—	—	1	—	—	—	—	—	—
泥龟, 最小个体数2	棱鳞[b]	—	—	2	2	1	—	—	—	1	14*	1	—	10*	—	—	—	—	—	—	—	2
	肢骨	—	—	—	—	—	—	—	—	—	—	—	—	—	1	—	—	—	—	—	—	—

[a] 成熟鹿角和一块愈合掌骨代表一个成年个体；未愈合的掌骨和指/趾骨代表一个幼年个体。
[b] 带*号探方中各有一只烤过的几乎完整的乌龟。

哺乳类和爬行类

白尾鹿的骨骼见于圭拉那魁兹的各个居住面，可能是那魁兹期的主要肉食来源（图22.1a、b）。我们已讨论白尾鹿原来在荆棘林A中的密度大约是每平方千米12头（见第18章），洞穴每次栖居期间看来会有2头以上的鹿被捕杀。狩猎可能是用了长矛或装有雷尔玛、阿尔马格雷或佩德纳雷斯矛头的梭镖。在狩猎季节，我们按照雷帕德（Leopold 1959）和维拉（Villa 1954）提供的以及弗兰纳利（Flannery 1967：157）在特化坎动物群研究中采用的相同标准。

维拉对墨西哥各地鹿的研究表明，"第一批鹿角脱落的雄鹿往往来自瓦哈卡南部和格雷罗，那里的繁殖季节来得较早"（Leopold 1959：513）。瓦哈卡的雄鹿在二三月脱落鹿角（偶尔在4月上旬），在四五月开始长出新角。在雨季（5到9月），它们的角被鹿茸覆盖，在考古沉积中也会显得尚未成熟的软绵绵。一直要到10月底，它们的鹿角才剥离鹿茸，完全长成，鹿角的末端也完全骨化（Villa 1954：459）。这类完全硬化的鹿角在圭拉那魁兹前陶期的D层、C层、B2层、B2+3层和B1层共发现5个。堆积中没有发现鹿茸碎片以及带角盘完整脱落的鹿角。因此，圭拉那魁兹的大多数雄鹿很可能是在10月到来年2月间被猎杀的。

雷帕德（Leopold 1959：510—511）提供的证据表明，鹿的繁殖期通常在6到8月期间（很少会晚到9月），以便充分利用雨季植被哺育幼崽。因此，鹿的晚期胎儿（见于瓦哈卡和特化坎洞穴）可以被推定为5到8月间出生。圭拉那魁兹B层发现了一个鹿的胎儿遗骸，可以断定那时的栖居很可能早在7月或8月开始。此外，没有其他鹿的遗骸能改变我们（基于植物遗存）的结论，即前陶期的居住面主要是在8月下旬到12月这段时间形成的。

两种棉尾兔也是穴居者的重要肉食来源（图22.1c—e）。确实，棉尾兔并不能提供和鹿一样多的肉，但由于它们在洞穴附近的环境中数量很多，因此很可能更经常被利用。前文（第18章）我们已经估算了在荆棘林A每平方千米的棉尾兔数量可多达320只。圭拉那魁兹的材料显示，在许多情况下，会有2—4只棉尾兔被同时屠宰和丢弃。这意味着，人们会定期花很大力气去捕捉或诱捕棉尾兔，以致每次都能捕到好几只兔子，这种捕捉并非效率较低的持续行为，如每天敷设陷阱。例如，B1层的C11—C12探方中见有3件棉尾兔左肱骨，B2层的D9探方见有4个下颌骨，C层的B9—C10探方中见有3个右下颌。也许还有其他7例，至少来自2只兔子的重复部位骨骼见于同一探方或相邻探方中，这增强了我们认为很可能同时捕获和加工几只兔子的想法。

泥龟在前陶期的特化坎也被利用，在圭拉那魁兹是第四种最常见的食用物种（图22.1f）。这种小龟没有多少肉，它数量较多可能是极易捕捉的缘故，甚至小孩也能做到。洞穴中的大部分（约80%）龟甲碎片都已碳化，而在B1层的D7和E6两个探方中，背甲有故意焚烧的明显痕迹。这有力表明，泥龟被翻转身体，龟甲被放在火炭上烘烤。在恰帕斯，今天仍有这种习惯来烹饪河龟，那里"存在这种残忍的做法，把整只乌龟扔在火上活烤，然后挑出可食的部分"

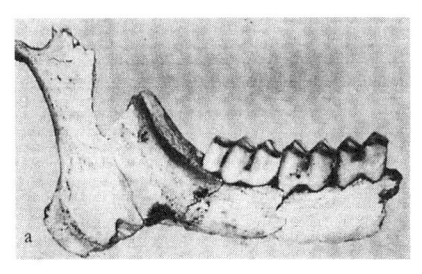

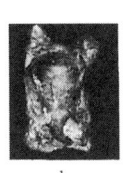

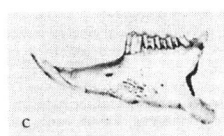

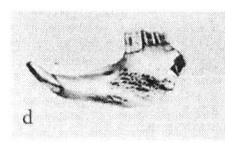

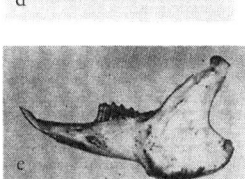

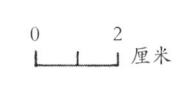

图22.1 圭拉那魁兹前陶期的动物遗存：a. 白尾鹿下颌骨碎片，D层，F5探方；b. 白尾鹿距骨，B1层，C12探方；c. 墨西哥棉尾兔下颌骨碎片，B1层，F7探方；d. 墨西哥棉尾兔下颌骨，D层，E8探方；e. 东部棉尾兔下颌骨，C层，D11探方；f. 泥龟背甲，B1层，E10探方。

(Alvarez del Toro 1952：89)。

表22.8罗列了圭拉那魁兹前陶期的其他动物（啮齿类除外）。领西猫有3块骨骼见于D层，2块见于C层。大部分骨骼都是肢骨的末端，上面不会有很多肉，因此大部分尸骨很可能被扔在了洞穴外面。领西猫很可能一度在瓦哈卡很常见，不过在今天人类聚落附近已难觅踪影。C层出土的1件浣熊股骨显示，这种今天沿米特拉河仍十分常见的动物只是偶尔被那魁兹期的猎人利用。

就如我们在第16章提到的，D层、C层和B2+3层出土的3件林鼠下颌表明，有时也食用林鼠。但是，我们无法确定有多少林鼠是被人类带进洞穴和烹饪的，而有多少林鼠是被仓鸮带入洞穴并意外被火焚烧的。

B1层发现了1件人骨（左手中指）。鉴于圭拉那魁兹没有发现墓葬，我们只能推测，该居住面上的居民扰动了山坡上或更远处的一处墓葬。

在第16章，我们也讨论了解释圭拉那魁兹蜥蜴遗存的问题。没有一只鞭尾蜥和刺蜥碎片被烧过，但这些小蜥蜴被食用的可能性仍然不能被排除，尤其在B1层的情况。

表22.8　圭拉那魁兹其余哺乳类骨骼分布[a]

动物	地层		
	D	C	B1
领西猫	1右侧下颌骨（F8），1腕/跗骨（E8），1右侧跟骨（E7）	2掌骨（C9,D10）	—
浣熊	—	1右股骨（F9）	—
智人	—	—	左第三掌骨（E10）

[a] 标本出土探方标注在圆括号内。

鸟类

前陶期居民食用鸟类的多样性远比鸟类骨骼的绝对数量惊人；这两个数据体现在表22.9中。这给人的印象是，先民们并非系统地猎捕任何一种或几种鸟类，而是在洞穴附近见什么抓什么。有三种情况显示，他们似乎很可能吃了一只当他们抵达洞穴时住在那里的仓鸮。至少，其破碎的骨骼不太像是洞穴中自然死亡的。

就像在特化坎一样，鹌鹑、鸽子和野鸽受到偏爱。E层和B2+3层发现的斑尾鸽，经常在旱季以10—100只一群，寻找橡子和灌木浆果（Leopold 1959：293），因此在秋季的荆棘林A中，它们的数量应该很多。哀鸽，或huilota，全年以小群出没，但在瓦哈卡的9月到来年3月数量极多，因为那时从北向墨西哥大群迁徙。第18章中，我们估计荆棘林A原来的密度是每4公顷1只鹌鹑。圭拉那魁兹穴居者偶然还射杀了一只鹰。

无法鉴定的鸣禽骨骼碎片见于三个地层（E、D和B2+3）。我们推测这些鸟也被食用，但不能排除它们是仓鸮的唾余，偶尔在洞里被踢来踢去，最后止于某处的次生堆积中。3件肯定出自仓鸮唾余的鸟类遗骸见于D层、C层和B2层，并在表22.9中列出。

表22.9　圭拉那魁兹鸟类骨骼分布[a]

名称	地层					
	E	D	C	B2+3	B2	B1
山齿鹑	—	—	—	—	1肱骨（D9）	—
斑尾鸽	1胫骨（D10）	—	—	1肱骨（C8）		
哀鸽	1肱骨（D10)					

续表

名 称	地 层					
	E	D	C	B2+3	B2	B1
地 鸽	—	—	—	—	—	1肱骨（C12）
红尾鵟	—	—	—	—	—	1股骨（B9）
仓 鸮	1碎片（C8）	—	1指/趾骨（D10）	—	—	2骨头（F5）
唾余中的鸣禽	—	1（C9）	喙（E7）	—	1（C9）	—
其他鸣禽	2（E10, F9）	2（E6, F6）	—	1（C8）	—	—

a 标本出土探方标注在圆括号内。

各居住面小结

E层

在E层的堆积过程中，穴居者至少猎杀并屠宰了2头鹿（以17件可鉴定碎骨为代表）。存在磨损臼齿和完全愈合的肢骨，表明至少有1头鹿是成年个体；有些未愈合骨骼及未萌出的牙齿则表明，至少有1头幼鹿。该居住面不见鹿角，可能说明这两个最小个体很可能是一头雌鹿和它的幼崽。

E层的居民还猎杀了至少5只棉尾兔：2只东方棉尾兔、1只墨西哥棉尾兔和2只无法鉴定到种的幼崽。总共有31块骨骼属于棉尾兔属。2块左股骨见于C10探方，说明2只东部棉尾兔很可能被同时屠宰。一堆东部棉尾兔骨骼（17块）见于相邻的C10和D11探方。

图22.2 1996年在圭拉那魁兹附近猎杀的东部棉尾兔。

至少有1只泥龟，以8块碎片为代表（其中3块在探方C11），在该层被烘烤和食用。这些居民也至少吃了1只斑尾鸽、1只哀鸽、2只鸣禽和1只仓鸮（可能是之前栖居在洞穴里的）。

E层出土的1块棘小囊鼠下颌骨被烧过，但我们不能肯定它是食物还是来自偶然被烧的仓鸮唾余中的啮齿类。同一居住面上还有2件种属不明的小爬行类脊椎骨。

D层

在D层堆积期间，穴居者至少捕杀和屠宰了2头鹿，以29—30块可鉴定碎骨为代表。该层散布的许多成年鹿角碎片表明，至少有1头成年雄鹿。并且，这头雄鹿很可能是在10月至次年2月之间捕获的，当时它的鹿角已完全硬化。几件未完全愈合的骨骼以及未萌出的牙齿表明，至少有一头幼鹿，而且估计这头幼鹿很可能早在那年的八九月份被杀。1块骨片可能是鹿的掌骨，上面有一系列或许是屠宰所致的切痕（图22.3b）。

D层的居民看来也至少吃了5只兔子：3只东方棉尾兔（15块骨骼）、1只墨西哥棉尾兔（2块骨骼）以及1只无法鉴定到种的幼年棉尾兔（5块骨骼）。见于D9探方的2块右股骨和附近E8探方中的2块右跟骨表明，几只兔子很可能是由同一人同时屠宰的。

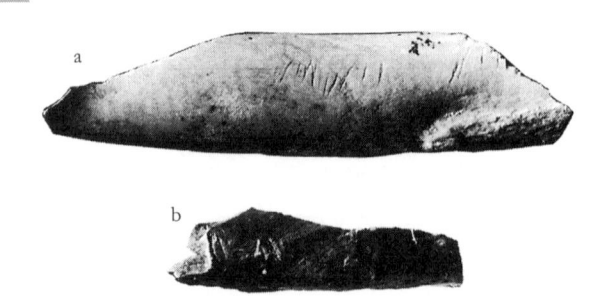

图22.3 表面疑有屠宰痕迹的鹿骨碎片，来自圭拉那魁兹前陶期：a. B3层，C6探方（实际长6.8厘米）；b. 来自D层，F8探方。

该栖居层的遗骸中还有3件中领西猯的骨片，至少代表1个个体。D层居民也至少烘烤了1只泥龟，它的3块棱鳞见于D7探方。2件鸣禽骨骼见于D层，但因为该居住层也见有含鸣禽碎骨的仓鸮唾余，所以我们不敢妄下断言。

D层见有1件烧过的林鼠下颌，要么是被其他动物吃掉的，要么来自仓鸮唾余，意外被焚烧。这层也见有1只刺蜥和4件种属不明的小型爬行类碎骨（见第16章表16.6）。

C层

C层堆积期间，以36块可鉴定碎骨为代表，穴居者至少猎杀和屠宰了2头鹿。其中最小个体数可能比较保守，而实际猎杀的鹿的数量可能更多。至少有1头是幼鹿，它的掌骨和指/趾骨近端没有愈合。见有1件愈合的掌骨，表明至少有1头成年鹿，而一系列鹿角碎片表明，1头鹿是在10月到来年2月期间被猎杀的雄鹿。D8探方出土的指骨第一节外侧近端留有和骨管垂直的切痕，也许反映了将不可食用的蹄和掌骨或距骨切开的努力。

以28件可鉴定碎骨为代表，这些先民还至少猎杀或诱捕了6只棉尾兔。其中至少有3只东部棉尾兔、2只墨西哥棉尾兔和1只种属不确定的幼兔。E5探方的2件左侧盆骨表明，这2只东方棉尾兔可能是同时被屠宰的。B9和C10两个相邻探方的证据也同样指向这点。我们在B9探方中发现了2件东方棉尾兔的右下颌骨，在C10探方中发现了1件墨西哥棉尾兔的右下颌骨；如果它们都来自同一次屠宰过程，那么两个不同物种的3只兔子是被同时处理的。

同在C层的栖居时期，猎杀和屠宰了1只领西猯。它所留下的只见于相邻两个探方的2件掌骨，表明考古学家如何能从几乎缺如的证据中发现一只贡献了14千克肉的动物。C层的居民还吃了1只浣熊，被F9探方中的一件股骨所体现。至少吃了1只泥龟，以5件骨片为代表，它们也被烧过。仓鸮的1节指骨可能代表了洞穴以前的一只仓鸮居民，在C层的小游群到来之后被吃掉了。

我们还在该层发现了1件烧过的林鼠下颌骨，它要么是被其他动物所食，要么来自仓鸮唾余，不意遭到焚烧。最后，4件爬行类脊椎骨散布在C层中，我们尽了最大努力去鉴定它们。

B层下部

正如在第5章所解释的，B3和B2层看来是真正的居住面，而B2+3层则是一个小的单元，由于两个居住面在沉积后的时段内被压缩，以至于无法分开。这意味着，尽管我们能为每一层提供骨骼总数，但是我们实际上无法估计B2+3层的最小个体数；可能该层的骨骼来自B3或B2层，或两者兼而有之。

至少1头鹿在B3层栖居期间被猎杀；以8件骨骼为代表，它们大部分集中在C6探方中。1件鹿角端表明，这只雄鹿很可能是在10月到来年2月的旱季被猎杀的。B3层至少有3只东部棉尾兔被屠宰（5—7件骨片，包括D9探方的3件肱骨）。泥龟以1块棱鳞为代表（要么它是从B2层混入的），估计只有1只。

B3层中不见鸟类或爬行类的骨骼，但有1件烧过的棉尾兔的下颌骨，可能是食用残余。

在B2层栖居期间，至少猎杀了1头鹿（以15件骨骼为代表）。大部分碎骨集中在C9—D9探方中。事实上，D9探方的堆积如此之厚，以至于可分上下两部分：就鹿骨而言，下部堆积含2件肋骨，而上部堆积含若干胫骨碎片。C9探方含前肢和后肢的骨骼。我们还不清楚，这种形态是否反映了鹿肢体各部分屠宰和食用的顺序，或只是反映了它们被废弃的顺序。该层没有发现鹿角或其他能指示狩猎季节的材料。

同样在B2层，至少有2只墨西哥棉尾兔（以D9探方的4件骨骼为代表）可能在一次捕猎和屠宰后被丢弃。在D9探方的下部还见有1件东部棉尾兔的骨骼，但考虑到B3层的这一探方也见有东部棉尾兔，我们不能完全排除再次堆积的可能性。尽管B3层的东部棉尾兔很可能来自荆棘林A或B，但是B2层的墨西哥棉尾兔（有点偏爱开阔的郊外）较可能来自牧豆树草地A。无论如何，B3和B2层的棉尾兔分布增强了我们的看法，即这些动物是在周期性狩猎或诱捕活动中集中捕捉的。

代表至少1个个体的17件烤过的泥龟棱鳞，见于B2层。其中10件在相邻的C9、D9下部和D8探方中。我们推测，泥龟很可能在这个地方附近被放在热炭上烘烤，从它们出现在探方D9下部判断，烘烤应发生在栖居初期。

B2层也见有1件山齿鹑的遗存。

B2+3层仅见6件鹿的骨骸，可能来自同一个体。然而，我们也有可能处理的是B3和B2层发现的同一头鹿。例如，在B2+3层D10探方发现的1件鹿角碎片，可能来自B3层被吃掉的同一头雄鹿。

B2+3层也见有8件兔子骨骸，代表了至少2只东部棉尾兔和1只墨西哥棉尾兔。但是，由于这些骨骸和B3或B2层中的所有骨骼部位并不重复，它们可能是同一个体的不同部分。B2+3层中的泥龟棱鳞可能也是这种情况，（根据细节的证据）它可能是B2层同一泥龟的身体部分。

斑尾鸽和一只无法鉴定的鸣禽遗骸，一起见于C8探方的B2+3层，增加了鸣禽是由猎人而非仓鸮带入洞穴的可能性。一件烧过的林鼠下颌骨也见于该层，也有可能是食物残余。迄今无法鉴定的一件单独的小型爬行类脊椎，也见于B2+3层的动物群中。

B1层

在B1层的堆积过程中，穴居者至少猎杀了2头鹿（以37块可鉴定骨骼碎片为代表）。这层的鹿角残段表明，至少有一头雄鹿在它鹿角完全硬化的季节（10月到来年2月）被猎杀。但是，我们也发现了部分鹿胎的骨骼以及一头成年雌鹿无角的额骨。这表明，至少有一头怀孕的雌鹿被猎杀，估计是在6—8月，那时才会有晚期的胎儿。

由于涉及季节性差异，这些动物不太可能是同时被猎杀的。从B1层植物的季节性来判断（第18章），我们推测那头怀孕雌鹿很可能在七八月收获牧豆的季节先被猎杀，而雄鹿被猎杀的时间稍晚，在10到12月，是橡子和麻风树果成熟的季节。实际上，这两头鹿屠宰后的身体部分在空间上是分开的，鹿胎在C11—C12探方，而鹿角残片在E7、E11和F5探方。值得一提的是，七八月份猎鹿的证据与B1层发现的大量牧豆种子（第19章）非常吻合，因为七八月份也正是牧豆收获的旺季。

B1层的居民还捕杀了至少6只兔子，以25件可鉴定骨骸为代表。其中至少有2只东部棉尾兔、3只墨西哥棉尾兔和1只无法鉴定到种的幼兔。不清楚这些骨骸代表了多少次狩猎活动，但仍有线索显示，每次屠宰了1只以上的兔子（C12有2件下颌骨、2件肱骨，E7—F7有2件肱骨）。如果这些发现意味着每次猎杀几只兔子，那么B1层的狩猎（和早期地层中的不同）捕捉到了两种当地的兔子。

B1层利用泥龟的证据比早期地层更为清晰。共发现了约34件骨片（大部分是碳化的龟甲），代表了至少2只泥龟。其中14件集中在D7探方，那里明显烘烤过一只泥龟。有十几件集中在E6探方，那里明显烘烤过第二只泥龟。这些遗骸不一般的集中分布，意味着烘烤这2只泥龟是在居住面弃置前不久发生的。这很可能使得碳化的龟壳免于居住者来回走动而散开和碎裂。

在B1层的堆积期间，至少捕猎到3只鸟类。2件骨骸属于仓鸮，可能之前居住在洞里，在人类居住初期被宰杀了。另外2件骨骸属于鹰和小型地鸽。我们推测，所有这些鸟都可能被用作食物，但鹰和猫头鹰也可能为了它们的羽毛而猎杀的。

B1层是少有的几个层位中拥有比较肯定的穴居者利用小蜥蜴的证据。两件墨西哥鞭尾蜥和一件刺蜥的下颌骨在D10探方中堆在一起，表明这些是废弃的食物残余。但是，说实在话，这些蜥蜴提供的实际肉量可能很少（见第16章表16.6）。

23
圭拉那魁兹食物遗存的营养意义

罗布森、伊莱亚斯　撰，董宁宁　译

引　言

作为圭拉那魁兹及米特拉地区洞穴调查项目的一部分，我们进行了十年以上的植物普查（见第 18 章）。在普查过程中，洞穴区域可食用的野生植物经冷冻，被运回密歇根大学本土植物实验室（the Indigenous Foods Laboratory）。其中包括橡子、烤过的龙舌兰芯、朴树果、银合欢籽、牧豆荚、针叶樱桃、仙人掌果、仙人掌果嫩茎、西葫芦籽和麻风树果。本土植物实验室的罗布森和康兰德（J. E. Konlande）鉴定了所有这些食物的营养成分。

不幸的是，我们无法采集某些史前居民利用的食物，要么因为有的植物已经消失（如矮松果），要么因为运冷冻植物回美国时有的还未成熟（如野洋葱）。对于这部分植物，我们采纳了美洲其他地区已发表的资料（表 23.1）。在本章中，我们试图评估圭拉那魁兹前陶期食物遗存的营养学意义。

表 23.1　圭拉那魁兹利用各种野生植物的营养成分，以每 100 克计

植物名称	湿度（%）	脂肪（克）	蛋白质（克）	碳水化合物（克）	纤维（克）	灰（克）	千　卡
矮松果[a]	3.1	60.50	13.00	20.5	1.10	2.90	635
野洋葱[a]	89.1	0.10	1.50	8.7	0.60	0.60	38
龙舌兰芯	64.0	0.04	0.31	31.5	2.98	1.20	126
橡　子	37.4	9.33	2.43	43.3	6.32	1.21	288
朴树果	89.3	0.46	0.33	7.5	0.33	2.10	33
银合欢籽	81.6	1.00	8.10	8.3	0.50	0.50	72
豆　子[a]	69.0	0.60	7.80	21.2	1.50	1.40	118
牧豆荚	13.4	1.00	5.70	45.7	31.60	2.64	297
针叶樱桃	73.0	0.06	1.69	17.6	4.13	3.48	69
麻风树果	4.0	52.50	17.60	3.3	19.30	3.29	593
仙人掌果嫩茎	92.2	0.34	1.93	0.5	0.59	4.50	12
仙人掌果	90.2	0.53	1.11	6.3	1.42	0.43	36
仙人掌果籽	6.31	18.60	33.50	37.1	0.90	3.63	427

[a] 营养值来自 Watt and Merrill 1963。所有其他值均由密歇根大学本土植物实验室根据圭拉那魁兹 5 千米内采集到的标本确定。

讨 论

现代人口中营养状态的评估取决于多种数据的采集。这种流行病学的方法（World Health Organization [WHO] 1963），尤其要考虑至关重要的人体测量统计、营养不良的临床症状、人体组织中营养水平的测量，以及食物可获取性和饮食摄入的评价。这一方法十分必要，因为采集的某内容单独数据都有自身的弱点。这些弱点包括近期饮食对血液营养水平的影响、膳食摄入报告的不准确性、摄入食物称重的问题，以及摄入食物营养价值知识的缺乏。流行病学的方法是从各种信息渠道收集数据。每项内容的数据都有助于支持（或否定）其他信息。例如，一项食谱调查显示，没有食用含维生素C的食物（或不可获）本身并不能说明什么；但是，存在牙龈酸痛，尽管该现象本身无法诊断坏血病，却是支持生物化学和食谱数据的重要发现。同样，大规模寄生虫感染的证据，也需要对某人口营养需求做重新评估（Berlin and Markell 1977）。

但是在考古学科中，利用流行病学方法的机会明显很少，而对圭拉那魁兹各层出土的干燥、未经处理的食物遗存进行阐释，也有许多特别棘手的困难。乍看之下，要对这些食物进行科学、准确的营养价值评估，似乎不太可能，但是，这些材料的发现对判断它们的营养意义仍然极其重要。

需要克服的两个主要问题是：第一，洞穴出土食物营养的可获性；第二，当时圭拉那魁兹先民的营养需求。这种营养需求受到构成该群体成员的体格、活动和健康状况的影响。可用于这种状况的最佳模型来自那些主要以狩猎采集为生的当代原住民人群。

就如罗布森在其他地方总结的（Robson and Yen 1976），对巴布亚人（Bailey 1963; Hipsley and Kirk 1965; Oomen 1961）、澳大利亚原住民（McArthur 1960）和菲律宾人（Robson and Yen 1976; Schlegel and Guthrie 1973）的研究表明，其营养可以通过远低于世界卫生组织（WHO 1973）制定的需求估计而得到满足。目前还不清楚，这是否反映了生理上的适应、对营养和能量需求的过高估计，以及对饮食摄入的漏报。

但是根据这些报告，以及瓦哈卡河谷史前和历史时期墓葬中，人群身材相对较小的证据[1]，我们推断，圭拉那魁兹先民的平均营养和能量摄入基本与当代原住民持平。较小的身材意味着较低的基础代谢和体质活动需求。这就表明，圭拉那魁兹史前人群的营养需求要比现代美国人群报告的需求来得低。

要对该地史前食谱做准确评估很难，因为我们缺乏有关穴居者饮食行为的知识。知识不足的一个例子，就是我们不知道出土的食材是否代表了洞穴各居住期间开拓的所有食物资源。全世界有关狩猎采集群生计实践的民族志证据表明，有许多食物很可能会在洞穴之外被吃掉。而且，有些带回洞穴的食物也不一定会保存下来被考古所发现。我们无法回答上面这两个问题。

即使洞穴里的食物不仅完整地保存了下来，而且这些出土的食材真实代表了遗址内食用的全部食物，但在对这些食物的营养价值做适当评估之前，我们仍需要更多的信息。例如，众所周知，储存时间和保鲜技术会严重影响食物消费时的营养价值（Caldwell 1972; Konlande and Robson 1972; Somogyi and Schiebe 1966; Walker et al. 1975）。因此，有必要了解食物在食用前储存了多久、采用了何种加工方法。膳食成分的组成也值得考虑，因为每种食物所含营养的相互作用，会显著增加或降低整套餐饮的营养价值。植酸和草酸会特别影响钙的摄入，而植酸还会影响身体对锌的吸收（Reinhold 1972; Reinhold et al. 1973; Walker 1951）。另外，身体在消化和吸收过程中对铁的吸收，也会极大地受到食谱中其他成分的影响（Jacobs 1969）。

食物制备的方法也值得思考，它们同样会影响食物的营养价值（Konlande and Robson 1972）。其他加工手段也同样重要。比如，在玉米碾磨之前浸泡在加碱的水中（Katz et al. 1974），或在食物中加灰（Calloway et al. 1974; Kuhnlein and Calloway 1979; Townsend et al. 1973），都会增加食物中的矿物质成分。在玉米的例子中，碱化会增加玉米的生物学潜能，因为这能产生更多的烟酸和各类基本的氨基酸供身体吸

---

1 理查德·维辛森（Richard G. willcinson）未发表的研究表明，形成期人群的平均身高在4′10″—5′4″。

收和利用（Bressani and Scrimshaw 1958）。阿瓜鲁纳人（Aguaruna）将磨碎的木薯根沸煮、发酵酿成啤酒，将淀粉转换成单糖和酒精，以便人体较快的吸收（Berlin and Markell 1977）。

就目前所知，还没有令人满意的调节因素可用于这些食谱材料，使得结论在科学上较为可信。在这种情况下所能做的最好办法，就是推定发生了某种必然但尚不清楚的营养流失，减少了身体可获得的营养。

评估某食谱营养价值的下一步，必须将营养可获性与营养需求相对应。我们参考了美国人口较高的营养需求以及美国所建议的膳食许可量增长。1974年对美国所做的估算还包括一个安全因素，以涵盖不可预见的需求。它基于美国人口平均需求的当下知识，再加上两个平均的标准差，适用于97.5%的美国人口（National Academy of Sciences［NAS］1974）。就本讨论之目的，我们假设，膳食许可量中膨胀的安全因素（the inflationary safety factor），与圭拉那魁兹居民食物制备和储藏中发生的营养减少和流失可以相互抵消，并且假设营养成分的原始值与美国的膳食许可量相同。

植物证据显示，圭拉那魁兹的季节性栖居是开拓某些当地野生食物资源的区域策略的组成部分。从发掘出土植物的物候学来看，8到12月间有秋季栖居期（见图18.1）。这样一种史前资源开发的安排，不大可能是因为原住民人口想要获取均衡的营养。不过，某种成功的资源开发策略，在其隐含的作用上很可能会有合理的营养，尽管漠视营养丰富的食物而偏好营养差的各种食物，对长期健康没有好处。因此，假设史前人类在搜寻食物时是理智的话，那么我们有理由关注那些数量充足而又营养丰厚、足以维持在圭拉那魁兹生活的那些物种。

组分分析显示，圭拉那魁兹的食谱中有许多具有重要营养的食物，它们很可能被作为食谱的基本主食被利用（表23.1和图23.1）。矮松果和西葫芦籽都是蛋白质、脂肪、碳水化合物和热量的潜在来源。麻风树果虽然碳水化合物不足，但脂肪和蛋白质丰富，具有很高的热量。各种豆子——如菜豆、牧豆、十字架荆棘、银合欢——因其相对较高的蛋白质和碳水化合物，有助于平衡麻风树果中碳水化合物的不足。同样，橡子和龙舌兰，拥有大量的碳水化合物，可以明显提高食谱中的热量成分。

除了上面提到的食物，圭拉那魁兹鉴定出的动物食物（表23.2），也能认为是主食的重要成分。虽然在这批动植物基本种类中各类食物的可获性很可能每年不同，但是看来应该有充分的营养重叠，使得某种食物可以代替另一种食物而不会严重影响整体营养的可获性。

考虑到中美洲人群对乳制品摄入相对有限，矿物质钙看来特别值得一提。我们已经指出，在碾磨前将

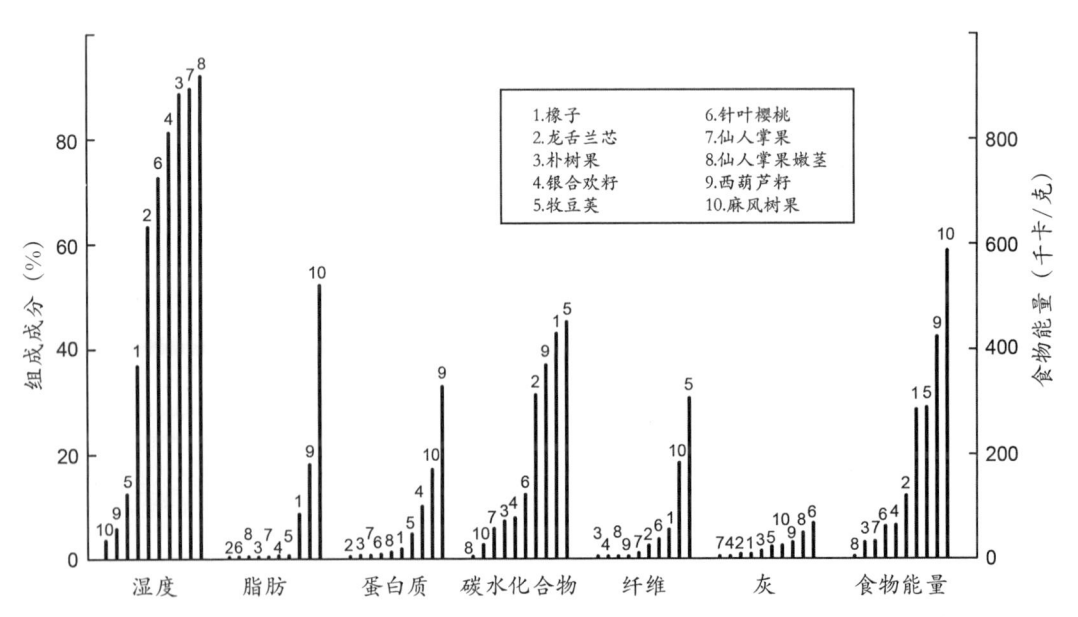

图23.1 部分圭拉那魁兹植物食物的组分分析。

玉米放在石灰水中浸泡，是饮食中提供钙的重要来源（Bressani and Scrimshaw 1958）。但是，有其他蔬菜类食物也是提供这种矿物质的重要来源。仙人掌果嫩茎每100克可食部分发现含有46—105毫克的钙。一种结节仙人掌含有多达281毫克的钙（Calloway et al. 1974; Cravioto et al. 1945; Food and Agriculture Association[FAA] 1972）。圭拉那魁兹见有数量相对较大的仙人掌果嫩茎，表明这类食物很可能是穴居者膳食中钙的重要来源。

总而言之，圭拉那魁兹的考古证据表明，该洞穴的季节性栖居通过开拓当地野生食物资源，以一种成功的地区性策略将营养摄入最大化。在各居住面层位中，主要的植物遗存来源总是包括比例很高的这些物种，可望在营养组分分析的基础上将其看作基本食谱的主食。我们也许能大胆地推测，该河谷内其他生态区当时的栖居能提供一种相同策略的证据，得到的各物种物候学与圭拉那魁兹开拓这些物种的物候学互补。

表23.2 圭拉那魁兹利用野生动物的营养成分，以每100克计算[a]

动 物	湿度（%）	脂肪（克）	蛋白质（克）	碳水化合物（克）	纤维（克）	灰（克）	千 卡
鹿	74.0	4.0	21.0	0	0	1.0	126
浣 熊	54.8	14.5	29.2	0	0	1.5	255
棉尾兔	73.0	5.0	21.0	0	0	1.0	135
鸽 子	58.0	22.1	18.6	0	0	1.5	279
鹌 鹑	65.9	6.8	25.0	0	0	1.6	168
乌 龟	80.0	1.0	16.0	0	0	1.2	79

[a] 数据来自Platt 1962以及Watt and Merrill 1963。

圭拉那魁兹每天摄入的假设

表23.3到表23.5根据的是圭拉那魁兹三个地层中鉴定的植物遗存。它们提供了三种假设的每日摄入，这些摄入符合1974年推荐膳食许可量（RDA）对蛋白质和热量的需求。每餐饮食包括150克肉和1 350克每日食物的总摄入。阿伦斯和布歇（Ahrens and Boucher 1978）发现，根据美国农业部（USDA）家庭饮食消费调查所做的一项美国人模拟膳食，提供每人每天1 583.4克食物，其中包括107.5克蛋白质、136.9克脂肪、298.9克碳水化合物和总共2 858千卡的热量（表23.6）。由蛋白质、脂肪、碳水化合物提供的热量比例分别为15%、43%和42%。表23.3—23.5中显示的假设食谱可与美国人的模拟食谱媲美，因为它们提供了相似的营养比例，并在较少的食物总量上轻松超过美国人的热量水平。后面这项能使圭拉那魁兹先民以较少总量获得充足的营养。本土食物能够轻易提供比当代饮食质量明显较高的营养，说明生活在圭拉那魁兹的季节中的穴居者可能不会感到满足营养需求的困难。

除了对蛋白质和能量的需求外，当然也有对其他营养的需求，尤其是维生素和矿物质。几种水果和蔬菜的混合很容易做到这点，而圭拉那魁兹材料所反映的多样性，看来远远超出了基本需求（见表23.3—23.5）。别处已经提到（Robson 1978），农业起源导致一种较为局地的生活方式，不大有机会开拓数量丰富但分布很散的野生食物资源。从出土食物的多样性来看，我们没有理由认为，圭拉那魁兹的居民会有任何食物受到限制的感觉。

表23.3 基于该层发现的动植物遗存，假设圭拉那魁兹 E层一个居民的每天摄入[a]

E 层	脂肪（克）	蛋白质（克）	碳水化合物（克）
150克鹿或棉尾兔	6.8	31.5	—
150克矮松果	90.8	19.5	30.8
550克橡子	51.3	13.4	238.2
300克豆子	1.8	23.4	63.6
50克麻风树果	26.3	8.8	1.7
100克仙人掌果	0.5	1.1	6.3
50克朴树果	0.2	0.2	3.8
总1 350克	177.7	97.9	344.4
千卡[b]	1 599.3	391.6	1 377.6
热量百分比	47.5	11.6	40.9

[a] 该食谱假设每天摄入1 350克的食物。
[b] 总千卡等于3 368.5。

表23.4 基于该层发现的动植物遗存，假设圭拉那魁兹 C层一个居民的每天膳食摄入[a]

C 层	脂肪（克）	蛋白质（克）	碳水化合物（克）
150克鹿或棉尾兔	6.8	31.5	—
200克矮松果	121.0	26.0	41.0
150克龙舌兰芯	0.1	0.5	47.3
400克橡子	37.3	9.7	173.2
300克牧豆荚	3	17.1	137.1
50克麻风树果	0.5	4.1	4.2
40克针叶樱桃	—	0.7	7.0
50克仙人掌果	0.3	0.6	3.2
10克朴树果	0.1	—	0.8
总1 350克	169.1	90.2	413.8
千卡[b]	1 521.9	360.8	1 655.2
热量百分比	43.0	10.2	46.8

[a] 该食谱假设每天摄入1 350克的食物。
[b] 总千卡等于3 537.9。

表23.5 基于该层发现的动植物遗存，假设圭拉那魁兹 B1层一个居民的每天膳食摄入[a]

B1 层	脂肪（克）	蛋白质（克）	碳水化合物（克）
150克浣熊	21.8	43.8	—
300克牧豆荚	3.0	17.1	137.1
350克橡子	32.7	8.5	151.6
100克银合欢籽	1.0	8.1	8.3
150克豆子	0.9	11.7	31.8
50克龙舌兰芯	—	0.2	15.8
50克针叶樱桃	—	0.8	8.8
200克麻风树果	105.0	35.2	6.6
总1 350克	164.4	125.4	360.0
千卡[b]	1 479.6	501.6	1 440.0
热量百分比	43.2	14.7	42.1

[a] 该食谱假设每天摄入1 350克的食物。
[b] 总千卡等于3 421.2。

表23.6 根据美国农业部家庭饮食调查模拟的美国人饮食，与表23.3-23.5[a]比较

食 物	脂肪（克）	蛋白质（克）	碳水化合物（克）
592.0克乳制品	44.3	27.4	41.7
39.4克脂肪和油	32.6	0.2	0.9
90.9克谷物	1.6	6.6	64.5
150.3克面包	11.9	12.1	79.8
250.8克肉禽鱼	34.0	47.3	0.8
48.6克蛋	5.6	6.3	0.5
411.4克其他	7.7	7.7	110.9
总1 583.4克	136.9	107.5	298.9
千卡[b]	1 232.1	430.0	1 195.6
热量百分比	43.1	15.0	41.8

[a] 数据来自 Ahrens and Boucher 1978。
[b] 总千卡等于2 857.7。

24

圭拉那魁兹食物采办区与前陶期食谱

肯特·弗兰纳利　撰，董惟妙　译

在估计了圭拉那魁兹环境的物产（第18章）和确定了穴居者最常见的食物的营养组成之后（第23章），我们现在可以讨论有关维持前陶期人群生活所需的食物采办区的问题。这一章里，我们会将圭拉那魁兹的食物资源转换为卡路里和蛋白质，借此估算维持当时穴居者在此生活时所需的采获面积，并根据考古遗存重建他们的食谱。

食物种类与每一百克份量的关系

麦克尼什（MacNeish 1967）是第一个尝试将墨西哥干燥洞穴中的食物遗存转化为标准公制计量的人。采用一升的容器（受惠于墨西哥国家石油公司）以及一个标有液体盎司刻度的量杯（1盎司合0.03升），他设法估算特化坎洞穴中植物性食物共有多少升（MacNeish 1967:296）。正是这一简单的操作，得出了麦克尼什文章中最精彩的语句"在每升发臭的、黏乎乎的样品中，平均大约会有30个来自鳄梨、番石榴、仙人掌果以及其他仙人掌果实的果肉"（MacNeish 1967:297）。但是他自己也承认，"这立足于难度很大的计算"（MacNeish 1967:296）。

这些困难不仅是这样的事实，即考古遗存相对于它所对应的原始食材，程度上差异很大。洞穴地表遗留下来的有些植物遗存代表可食部分，如橡子或野洋葱球茎。而其他却是不可食用的废弃部分，如朴树果籽或龙舌兰。计算橡子或洋葱有多少升可能是有意义的；而计算咀嚼渣和不可食的种子则毫无意义。即使对于橡子和洋葱，我们也同样面临一个问题：我们测量的不是他们所吃的标本，而是他们没有吃掉而留下来的那些部分（图17.2）。

麦克尼什（MacNeish 1967:296）说：理想的是，我们本希望将这些数据转化为诸如蛋白质、碳水化合物、脂肪以及矿物质等食物的能量单位。不幸的是，我们没有工具以及营养学专家来完成这项工作，因此我们在第一步之后未能推进。

然而，到了1981年，麦克尼什（私人交流 1981）在特化坎河谷为这种营养学研究开始了奠基性工作。

1969年，我尝试将近东的考古食物遗存换算成蛋白质、碳水化合物、脂肪和矿物质（Flannery 1969：表3）。我发现的第一件事是：营养学专家不希望给他们以升为单位的材料；他们的标准单位是100克可食部分（或多倍于它的千克）。所以，考古学家需要建立的是，可提取食材与100克可食部分之间的关系，而这正是我们在这部分想做的事情。

植食

表24.1提供了圭拉那魁兹收集的考古植物遗存与主要物种每100克可食部分的关系。根据1966年与1967年间一系列研究的结果，这些物种的数据按系统分类顺序列出。

表24.1　圭拉那魁兹各种有用的植物考古出土遗存与100克可食部分的关系

植　　物	植物可食部分	单个可食部分重量（克）	100克可食部分需要的数量	100克可食部分的考古证据
矮松	坚果	0.167	600粒坚果	600粒坚果
野洋葱	球茎	11	9个球茎	9块干茎
棱叶龙舌兰	芯	2 795	100克	6.15个咀嚼渣
多纹龙舌兰	芯	13 000	100克	6.15个咀嚼渣
橡树	橡子	3.2	31个橡子	31个橡子
橡树	瘿	5	20个瘿	20个干瘿
朴树果	果实	0.18	550个果实	550个果实
金合欢	豆荚	1.67	60个豆荚	60个干豆荚
银合欢	籽	0.125	800粒种子	80个干豆荚
野豆	籽	0.125	800粒种子	800粒种子或320个豆荚
牧豆树	豆荚	1.67	59.9个豆荚	809粒种子或59.9个干豆荚
针叶樱桃	果实	3.5	28.6个果实	28.6个果实
麻风树	坚果	0.5	200个坚果	200个果壳
群戟柱仙人掌	果实	50	2个果实	2个干果实
仙人掌果	嫩茎	20（烘烤）	5个嫩茎	4件干仙人掌果嫩茎
仙人掌果	嫩茎	32.5（烹煮）	3个嫩茎	4件干仙人掌果嫩茎
仙人掌果	果实	50	2个果实	2件干果实或100粒种子
野生西葫芦	种子	1.167	600粒种子	24个果实或600粒干种子

我们的矮松果样品（由于现在圭拉那魁兹地区已消失，因此采自墨西哥其他地区）表明，需600颗脱壳的矮松果才能得到100克可食部分。因此平均每颗松子的可食部分重0.167克。100克野洋葱球茎平均需要9个洋葱，表明我们的球茎样品平均重11克。

由于只有经过烹煮才能够食用，因而对龙舌兰芯的估算较为复杂。当地的一家龙舌兰酒厂热心答应帮我们在他们的烤箱中进行烘焙，烘烤后的龙舌兰芯以1千克可食部分分开。烘烤过的龙舌兰芯格外甜，有点像浸在发酵苹果汁中的软糖，然而尽管第一口感觉不错，但过一会儿就让人发腻。每千克龙舌兰芯被分给大约五六个志愿者咀嚼，每次口中不能消化的纤维渣都被保留下来，并被放在罐里。这个特别的实验表明，史前穴居者的食谱中绝对不缺乏粗粮。

一个有趣的发现是，每个龙舌兰芯的中心部分没有纤维，可全部吃掉，不会留下考古学可见的痕迹。中心部分外面是叶基，这才是产生咀嚼渣的东西。如果史前居民仅食用没有纤维的中心部分芯子，那我们就不会有龙舌兰的证据。

棱叶龙舌兰，是史前穴居者偏爱的较小品种，芯平均重5 590克，烘烤会损失大量水分，降至2 795克。其中30%（约838克）不含纤维，不会留下痕迹。其余70%（1 957克）含纤维，每千克平均产生88块咀嚼渣，总共有172块。如果我们将不含纤维的30%的芯子计算在内（我们必须如此，因为它可能是叶基前食用的），这意味着每块咀嚼渣代表大约16.25克可食部分。

多纹龙舌兰，一直是龙舌兰酒生产偏爱的一种较大品种，平均每个芯重26 000克；烘烤后会减到13 000克。其中的30%（3 900克）是不含纤维的，其余的70%（9 100克）平均每千克产生88块咀嚼渣，总计800块。加上不含纤维的30%，我们再一次得出每块咀嚼渣代表了16.25克可食部分。

这些龙舌兰可食部分如此之多，以至于我们在计算圭拉那魁兹每层居住面上的咀嚼渣时，不需要考虑芯的烘烤。我们假设，这些先民遇到一株成熟的龙舌兰，就会在当天收割它的花序。第二天，他们可能挖个火塘，连根将龙舌兰挖出，并开始烘烤。第三天他们可能离开，从事其他的狩猎采集活动，而这些芯还在烘烤。但是在第四天，他们可能有了3—13千克的可食龙舌兰芯，这要看哪个品种而定。的确，一株大型多纹龙舌兰所产的"软糖"超过了一个4—5口家庭一般的食用量，不管口感，可能主要针对稍小的棱叶龙舌兰更实际。

圭拉那魁兹出土的最常见的植物性食物是橡子。根据对当地橡子多次随机采样，100克可食部分平均需要31个橡子，因此每个橡子平均重3.2克。

朴树果极耐久，而不可食种子占每个果实重量的40%，剩余果肉平均重0.18克。这意味着，必须要有约550个果实，才能得到100克可食部分。

洞穴遗存中不常见的是两种野生豆树银合欢和金合欢的豆荚和种子。要60个金合欢豆荚才能得到100克可食部分（新鲜豆荚中像果冻的物质），每个豆荚平均重1.67克。至于银合欢，其种子可食。在荆棘林A中，每个豆荚平均有10颗种子；而由于每颗种子平均重0.125克，因此需要80个豆荚（800粒种子）才能得到100克可食部分。

野豆有个麻烦，因为有些种类采集的是根，有些种类是种子。由于我们没有根的考古学证据，所以我们决定限于黑色的小种子。100克可食部分需800颗种子（0.167克/种子），又因每个豆荚平均有5颗种子，160个豆荚可以得到100克可食部分。在我们的样品中，每株植物平均有7个豆荚。

牧豆树可能是圭拉那魁兹最重要的豆科植物。最可能利用的是它们新鲜豆荚中像果冻一样的物质，虽然也有可能保留种子，经烘烤，留待以后食用。100克可食的果冻需要59.9个豆荚（每个豆荚含1.67可食部分）。但是，圭拉那魁兹大部分证据是由散落的种子构成的。在我们的样品中，每个豆荚平均有13.5颗种子；因此，809颗种子证明有59.9个豆荚，或者100克可食部分。

可食用的新鲜野生针叶樱桃果肉平均重3.5克，所以每28.6个果实有100克可食部分。（应该指出的是，该重量低于栽培樱桃，后者因个体大而被选择栽培。）

洞穴中的麻风树果主要以包裹可食种子的果壳为代表。其种子平均重量仅为0.5克，口味像巴西坚果；它富含蛋白质（第23章）。大约每200粒种子有100克的可食部分。

群戟柱果实在圭拉那魁兹很少。每个果实重约50克（其中大部分是水），所以每2个果实有100克可食部分。

仙人掌果以果实和嫩茎部分为代表。每个果实重50克，每2个果实有100克可食部分。在我们的样品中，果实平均含50粒种子，因此每200粒种子也可用作有100克可食部分的证据。至于嫩茎，主要取决于它们是否被烘烤或炊煮。未经烘烤的嫩茎平均重50克，烘烤下降到40%（20克），而炊煮降至65%（32.5克）。因此，烘烤的考古证据是100克可食部分需要5个仙人掌果嫩茎，炊煮则需要3个。在表24.1中，我们将这两个数字平均为4个嫩茎。但应该指出的是，我们在圭拉那魁兹有仙人掌果嫩茎穿在棍子上烘烤的考古学直接证据（见第10章），但没有存在炊煮的证据。

最后，我们称了一批野生西葫芦籽样品的重量。它们平均重0.167克，100克可食部分大约需600粒种子。由于每个果实平均有25粒种子，大约每24个果实有100克可食部分。

在表24.2中，我们将圭拉那魁兹B至E层发现的主要食品植物相加，并且将其转换成可食部分的克数。在表24.3中，将这些植物按照可食部分各自对食谱贡献的重量排序。这里我们简化了假设：洞穴中某一特定植物的相对丰度反映了它在食谱中的相对丰度。我们已在第17章中讨论过这一假设的缺陷以及这样的事实，即除此以外我们的任何推测都没有根据。

表24.2　圭拉那魁兹B至E层主要发现的植食，转化成可食用部分的克数

植　物	B—C层发现总数	可食部分重量（克）
矮松果	366	61.1
野洋葱	3	33.0
龙舌兰咀嚼渣	368	5 983.7
橡　子	8 424	26 956.8
朴树果	3 112	560.2
金合欢豆荚	3	5.0
银合欢豆荚	417（= 4 170粒种子）	521.3
豆荚瓣	471	1 194.5粒种子
野　豆	17	149.3

续表

植 物	B—C层发现总数		可食部分重量（克）
牧豆荚	31	372个豆荚	621.2
牧豆籽	4 603		
针叶樱桃	368		1 288.0
麻风树果	455		227.5
仙人掌果嫩茎	158		4 147.5
仙人掌果	10	46个果实	2 300.0
仙人掌果籽	1 819		
西葫芦皮	55	±150粒种子	±25.0
西葫芦籽	17		

两个表都显示了橡子作为荆棘林A物产的可观丰度。考古遗存中，橡子的总重量达27千克，占可食部分的62.9%，远超其他植物。烘烤过的龙舌兰芯重量约6千克，虽位居第二位，但差得很远。两种仙人掌果，嫩茎和果实分别位居第三和第四。针叶樱桃果实约为1.3千克，排在第五。这五种植物产出占植物遗存所代表的可食部分重量的95%。

这个列表中位居第六和第七的是牧豆树草地的两个产品，分别是牧豆荚（621克）和朴树果（560克）。银合欢（521克）、麻风树果（228克）和野豆（149克），都是荆棘林的物产，位居第八到第十。其他植物均不足100克。

表24.3清楚指出的一点是，圭拉那魁兹遗留下来的食物遗存仅代表当时居民所采集植物的一小部分。它们总共不到43千克的可食部分，不足以支撑一个4—5口之家一周的需求。

尽管按这些植物净重排序很有意思，但不能反映全貌。当我们用第23章中罗布森和伊莱亚斯的分析，将重量转换成卡路里和蛋白质时，出现了其他因素。

在表24.4中，我们选取了圭拉那魁兹发现的13种最常见植物，按卡路里的贡献量排序。在此，42 880克可食部分共产生了91 828千卡热量，橡子的贡献貌似甚至比单考虑重量更大。橡子以77 636千卡贡献了总热量的84.5%。无论我们对洞穴遗存所反映真实性程度的推测有什么问题，我们可以保险地断言，圭拉那魁兹居民从橡子摄入了大量的能量。

表24.3 圭拉那魁兹B至E层发现的植食，按代表的可食部分排序

植 物	代表的可食部分的克数	占总数的百分比	排序
橡子	26 956.8	62.9	1
龙舌兰	5 983.7	14.0	2
仙人掌果嫩茎	4 147.5	9.7	3
仙人掌果	2 300	5.4	4
针叶樱桃	1 288	3.0	5
牧豆荚	621.2	1.4	6
朴树果	560.2	1.3	7
银合欢籽	521.3	1.2	8
麻风树果	227.5	0.5	9
豆子	149.3	0.3	10
矮松果	61.1	0.1	11
野洋葱	33.0	0.08	12
西葫芦籽	25.0	0.05	13
金合欢豆荚	5.0	0.01	14
	42 879.6		

表24.4 圭拉那魁兹B至E层的植食，按照它们卡路里贡献排序

植 物	贡献的卡路里	总数的百分比	排序
橡子	77 636	84.5	1
龙舌兰	7 539	8.2	2
牧豆荚	1 845	2.0	3
麻风树果	1 349	1.5	4
针叶樱桃	889	0.9	5
仙人掌果	828	0.9	6
仙人掌果嫩茎	498	0.5	7
矮松果	388	0.4	8
银合欢籽	375	0.4	9
朴树果	185	0.2	10
野豆	176	0.2	11

续表

植　物	贡献的卡路里	总数的百分比	排序
西葫芦籽	107	0.1	12
野洋葱	13	0.01	13
	91 828		

烘烤的龙舌兰芯以7 539千卡排在第二，但差距很大，但是它可能是一种季节性波动较小的能量资源。之后的排序出现了一系列有趣的变化：牧豆荚和麻风树果根据可食部分的重量仅排第六和第九，而根据卡路里贡献却排在第三和第四。另一个根据卡路里贡献排名高于净重的植物是矮松果。还有其他植物如仙人掌果嫩茎、仙人掌果和朴树果，其卡路里贡献的排名低于净重。

在表24.5中，我们对这13种植物按蛋白质克数的贡献进行排序。橡子由于其数量丰富，仍然位居第一（在总数948.6克中贡献了655克），尽管百分比贡献（69%）不像卡路里贡献那样突出。在考虑蛋白质时，一些植物的排名上升：仙人掌果嫩茎（8.4%）排名第二，之后是银合欢、麻风树果和牧豆荚。烘烤的龙舌兰芯尽管卡路里丰富，但在蛋白质排名中仅列第八。

需要对两种植物麻风树果和西葫芦籽再说几句，罗布森和伊莱亚斯的研究显示（第23章），它们的蛋白质含量高于当地所有其他植物。麻风树果在荆棘林A中非常丰富，并被广泛利用，它们在表24.4卡路里和表24.5蛋白质贡献中排名第四。但是它们生长在无法被快速和简单驯化的多年生灌丛里。野生西葫芦在该地区的自然状态并不丰富，洞穴遗存中的数量也不多，蛋白质贡献排名第十。但是。由于它们是一年生的草类，在扰动的土壤里长得很好，这使得它们易于共栖和驯化。前陶期穴居者可能没有什么比较容易驯化的植物，因而增加对它们的利用很可能增加了食谱中植物蛋白的水平。

表24.5　圭拉那魁兹B至E层的植食，按它们贡献的蛋白质克数排序

植　物	贡献的蛋白质克数	总数的百分比	排序
橡子	655.0	69.0	1
仙人掌果嫩茎	80.0	8.4	2
银合欢豆荚	42.2	4.4	3
麻风树果	40.0	4.2	4
牧豆荚	35.4	3.7	5
仙人掌果	25.5	2.7	6
针叶樱桃	21.8	2.3	7
龙舌兰	18.5	2.0	8
豆子	11.6	1.2	9
西葫芦籽	8.4	0.9	10
矮松果	7.9	0.8	11
朴树果	1.8	0.2	12
野洋葱	0.5	0.05	13
	948.6		

肉　食

肉食需要另一套计算，我们在表24.6中总结。我们所做的工作是根据瓦哈卡河谷采集的动物群和雷帕德（Leopold 1959）提供的数据，计算圭拉那魁兹发现的主要动物种属成年标本的平均重量。在表24.6中的第三列，我们根据怀特（White 1953）的研究，给出了这些动物可用肉量的百分比。第二列和第三列的数字可用来得出第四列，即各种动物每个成年个体的可用肉量。第五列是每100克可食部分所需的量，其多到6—7个动物不等（就小蜥蜴而言），其少到一个动物的千分之5—7（就鹿和领西猫而言）。

表24.6清楚表明，白尾鹿对于圭拉那魁兹居民是如何的重要，因为每头成年个体足以提供200份100克可食部分。为了更说明问题，如果我们假设能让圭拉那魁兹居民每人每天有230克（四分之一磅）的肉，那么一个4—5口之家通过风干保存鹿肉，能让一头成年鹿至少维持2到3周。而这意味着，如果他们秋天在圭拉那魁兹仅住上4个月，那么他们可能只需在该季节猎杀6到8头鹿，便可满足对肉食的需求。

表24.6　圭拉那魁兹肉食的重量

动物	每个成年个体的平均重量（千克）	可食肉量的百分比	每个成年个体可用肉量（千克）	100克可食部分需要的量	动物	每个成年个体的平均重量（千克）	可食肉量的百分比	每个成年个体可用肉量（千克）	100克可食部分需要的量
鹿	40.0	50	20.00	0.005 头鹿	鸽子	0.3	70	0.20	0.5 只鸽子
领西猯	20.0	70	14.00	0.007 头领西猯	哀鸽	0.15	70	0.10	1 只哀鸽
浣熊	5.0	70	3.50	0.03 只浣熊	鹌鹑	0.15	70	0.10	1 只鹌鹑
棉尾兔	1.2	50	0.60	0.17 只兔子	龟	0.50	40	0.20	0.5 只龟
鹰	1.0	70	0.70	0.14 只鹰	蜥蜴	0.03	50	0.015	6.6 只蜥蜴
猫头鹰	1.0	70	0.70	0.14 只猫头鹰					

洞穴遗存所代表的采获面积

就像其他洞穴一样，圭拉那魁兹的动植物遗存提出了诸多问题。穴居者采集的食物实际上有多大比例能残存至被考古学家发现？为了说明每个居住面发现的动植物遗存，需要多大的采获区？留下的植物，也即那些采集但未被消费即丢弃在洞穴中的植物，代表了多少采获的努力？我们在这一节考虑这些问题。

E层

表24.7和表24.8分别给出了E层最常见的动植物，以及采获这些食物的区域面积。我们立刻就能发现这些采集区面积之间的显著差别。

有些植物如仙人掌果嫩茎和牧豆籽，在它们最丰富的植被群丛里采集，不到10平方米即可获取。其他的比如野生红花菜豆，根据我们1966—1976年的普查，则代表1公顷（10 000平方米）以上的面积。还有另一些如橡子和针叶樱桃地位居中，代表200—600平方米的采获面积。对于这些差异有几种可能的解释。一种可能性已经做过讨论，即洞穴中的植物遗存并不如实反映采集植物的数量。另一种可能性是，穴居者对某些植物，要比其他植物更愿意到较大的区域里去采集。还有一个可能性是年际变化；卡普兰（第21章）断言，野豆的丰富度看来每年会有很大的变

表24.7　E层出土最常见植物所需的采获区面积

植物	洞穴地面发现的数量	代表的收获区域面积（公顷）			
		荆棘林A	荆棘林B	牧豆树草地A	牧豆树草地B
橡子	1 846	0.06	—	—	—
矮松果	155	0.12	—	—	—
针叶樱桃	6	0.02	0.12	—	—
豆荚瓣	161	1.15	2.3	—	—
麻风树果	98	0.003	0.004	1.23	—
龙舌兰咀嚼渣	6	0.000 2	0.006	0.03	
金合欢豆荚	1	0.000 2	0.000 3	0.000 6	0.000 3
仙人掌果嫩茎	3	0.000 1	0.001	0.000 4	0.000 9
仙人掌果	2	0.000 3	0.003	0.000 5	0.000 7
仙人掌果籽	135				
牧豆籽	32	—	0.01	0.000 1	<0.000 1
朴树果	1 166	—	—	0.46	0.19

表24.8 圭拉那魁兹E层居民狩猎的动物

动物	最小个体数	可食部分（千克）	提供的卡路里	提供的蛋白质（克）	采办的平均面积（公顷）
鹿	2	40.0	50 400	8 400	17.2
棉尾兔	5	3.0	4 050	630	1.6
泥龟	1	0.2	158	32	（？）
鸽子	1	0.2	558	37	1.0
哀鸽	1	0.1	279	19	1.0
猫头鹰（？）	1	0.7	1 176	130	（？）
鸣禽	2	0.1	168	19	<1.0
	13	44.3	56 789	9 267	

化，在E层栖居的时段，它们很可能格外丰富。还有一个可能性是，早期驯化的努力很可能使得豆子的密度要比野生状态要高。（但是需要记住的是，在圭拉那魁兹前陶期常见的红花菜豆并没有留下栽培的后代；因此如果有人做过驯化的实验，那么这个实验以失败告终。）

不管情况如何，有趣的是，圭拉那魁兹E层留下来的主食之一橡子，代表了现今荆棘林A中600平方米的产出。换言之，当这些居民离开的时候，他们留下了采获的一整颗橡树的未食橡子。这表明他们无需担心橡子的短缺。

至于E层的动物，它们所代表的捕获区同样差别很大。三个种属（棉尾兔、鸽子和哀鸽）可以在1到1.6公顷的范围内捕获。另一方面，两头白尾鹿平均需要17.2公顷的荆棘林范围。这是解释圭拉那魁兹所有种属所需的最大面积；它近乎E层出土橡子采获面积的287倍。

D层

表24.9和表24.10显示了圭拉那魁兹D层发现的动植物。大体而言，植物反映了较小的采获区。橡子、豆荚瓣和针叶樱桃代表了荆棘林A中1 000—1 400平方米的采获区；其余多数植物代表的采获区不到100平方米。也许西葫芦是采获面积需求最大的，如果是在牧豆树草地A采集，那么需要2 500平方米的面积，如果是在荆棘林B，那么需要2公顷。但是，这个数字仅适用于野生西葫芦。由于我们在D层已有驯化的表型证据，因此这些数据可能只反映了西葫芦在洞穴附近生长，密度高于野生状态所见的西葫芦。

表24.9 D层出土最常见植物所需的采获区面积

植物	洞穴地面发现的数量	荆棘林A	荆棘林B	牧豆树草地A	牧豆树草地B
橡子	3 182	0.10	—	—	—
矮松果	94	0.07	—	—	—
银合欢豆荚	11	0.000 6	—	—	—
针叶樱桃	49	0.14	0.98	—	—
豆荚瓣	17	0.12	0.24	—	—
麻风树果	237	0.006	0.01	2.96	—
龙舌兰咀嚼渣	49	0.002	0.05	0.25	—
金合欢豆荚	1	0.000 2	0.000 4	0.000 6	0.000 3
仙人掌果嫩茎	28	0.001	0.01	0.004	0.008
仙人掌果籽	348	0.000 4	0.005	0.000 8	0.001
野洋葱	2	—	1.0	0.4	—
西葫芦皮	4	—	2.0	0.25	—
牧豆荚	3	—	0.05	0.000 4	<0.000 1
牧豆籽	59				
朴树果	416	—	—	0.16	0.07

表24.10 圭拉那魁兹D层居民狩猎的动物

动物	最小个体数	可食部分（千克）	提供的卡路里	提供的蛋白质（克）	采办的平均面积（公顷）
鹿	2	40.0	50 400	8 400	17.2
领西猯	1	14.0	17 640	2 940	（？）

动物	最小个体数	可食部分（千克）	提供的卡路里	提供的蛋白质（克）	采办的平均面积（公顷）
棉尾兔	5	3.0	4 050	630	1.6
泥龟	1	0.2	158	32	（？）
鸣禽	2	0.1	168	19	<1.0
	11	57.3	72 416	12 021	

D层的动物遗存形态与E层相似。两头白尾鹿代表了17.2公顷范围的捕获区，5只棉尾兔大约是1.6公顷范围。

C层

C层发现的动植物遗存见表24.11和表24.12。在所有植物中，针叶樱桃和豆荚瓣反映了最大的采获面积——3 100—5 400平方米的荆棘林A，而朴树果反映了1 600平方米的牧豆树草地B。其他大多数植物在它们各自最丰富的植被群丛里采获面积不到600平方米。但是就如在D层，西葫芦显示了最大的采获区：牧豆树草地A高达1公顷，在荆棘林B中更是高达4公顷。同样，这是从它们被栽培的角度来解释的最好证据，在洞穴周围生长，高于野生西葫芦所代表的密度。

动物遗存延续E层和D层所见的形态，6只棉尾兔代表1.9公顷的捕获区；2头鹿代表了17.2公顷面积。

表24.11　C层出土最常见植物所需的采获区面积

植物	洞穴地面发现的数量	荆棘林A	荆棘林B	牧豆树草地A	牧豆树草地B
橡子	1 570	0.05	—	—	—
矮松果	80	0.06	—	—	—
银合欢豆荚	247	0.01	—	—	—
针叶樱桃	196	0.54	3.92	—	—
豆荚瓣	43	0.31	0.61	—	—
麻风树果	68	0.002	0.003	0.85	—
龙舌兰咀嚼渣	196	0.007	0.2	1.01	—
仙人掌果嫩茎	49	0.002	0.02	0.007	0.01
仙人掌果	2	0.000 9	0.01	0.002	0.003
仙人掌果籽	751				
西葫芦皮	35	—	2—4	0.5—1.0	—
牧豆荚	7				
牧豆籽	554	—	0.30	0.003	0.000 4
朴树果	969	—	—	0.38	0.16

表24.12　圭拉那魁兹C层居民狩猎的动物

动物	最小个体数	可食部分（千克）	提供的卡路里	提供的蛋白质（克）	采办的平均面积（公顷）
鹿	2	40.0	50 400	8 400	17.2
领西猯	1	14.0	17 640	2 940	（？）
浣熊	1	3.5	8 925	1 022	（？）
棉尾兔	6	3.6	4 860	756	1.9
泥龟	1	0.2	158	32	（？）
仓鸮	1	0.7	1 176	130	（？）
	12	62.0	83 159	13 280	

B层下部

表24.13至表24.18显示了B3层、B2+3层和B2层常见的动植物。显然，由于与B2层和B3层不确定的关系，B2+3层数据我们应该持保留意见。无论如何，B2+3层所见的形态与B2层下部其余部分并无明显区别。

大多数植物表现的数量反映了不超过200平方米的采获面积。例外的是豆荚瓣，它在B2层反映了

7 400平方米以上的采获面积，而在B3层中为1 900平方米的面积。这与我们在E层看到的情况相似，虽然这可能是采样的误差，但这也可以意味着当时居民尝试在洞穴附近种植豆子，使得密度超过一般野外所见。

B层下层居住面提供的证据显示，每层不到1头鹿（8.6公顷的范围）和约3只棉尾兔（0.9公顷）。鸟类遗存反映了约1—4公顷的捕获面积。我们可以认为B层下部的居住面含有与E层、D层和C层相同的动物，只是数量较少。

表24.13 B3层出土最常见植物所需的采获区面积

植物	洞穴地面发现的数量	代表的采获面积（公顷）			
		荆棘林A	荆棘林B	牧豆树草地A	牧豆树草地B
橡子	421	0.01	—	—	—
矮松果	4	0.003			
银合欢豆荚	5	0.000 3			
针叶樱桃	18	0.05	0.36		
豆荚瓣	26	0.19	0.37		
麻风树果	15	0.000 4	0.000 7	0.19	
龙舌兰咀嚼渣	18	0.000 6	0.02	0.09	
金合欢豆荚	1	0.000 2	0.000 4	0.000 6	0.000 3
牧豆荚	2	—	0.12	0.001	0.000 2
牧豆籽	236				
朴树果	65	—	—	0.03	0.01

表24.14 圭拉那魁兹B3层居民狩猎的主要动物

动物	最小个体数	可食部分（千克）	提供的卡路里	提供的蛋白质（克）	采办的平均面积（公顷）
鹿	1	20.0	25 200	4 200	8.6
棉尾兔	3	1.8	2 430	378	0.9
泥龟	1	0.2	158	32	（？）
	5	22	27 788	4 610	

表24.15 B2+3层出土最常见植物所需的采获区面积

植物	洞穴地面发现的数量	代表的采获面积（公顷）			
		荆棘林A	荆棘林B	牧豆树草地A	牧豆树草地B
橡子	95	0.003	—	—	—
银合欢豆荚	6	0.000 3			
针叶樱桃	8	0.02	0.16		
豆荚瓣	9	0.06	0.13		
麻风树果	3	0.000 1	0.000 1	0.04	
龙舌兰咀嚼渣	8	0.000 3	0.008	0.04	
仙人掌果嫩茎	2	0.000 1	0.000 8	0.000 3	0.000 6
仙人掌果	1	0.000 4	0.005	0.000 9	0.001
仙人掌果籽	360				
牧豆荚	3	—	0.15	0.001	0.000 2
牧豆籽	276				
朴树果	149	—	—	0.06	0.02

表24.16 圭拉那魁兹B2+3层居民狩猎的主要动物

动物	最小个体数	可食部分（千克）	提供的卡路里	提供的蛋白质（克）	采办的平均面积（公顷）
鹿	1	20.0	25 200	4 200	8.6
棉尾兔	3	1.8	2 430	378	0.9
泥龟	1	0.2	158	32	（？）
鸽子	1	0.2	558	37	1.0
鸣禽	1	0.05	84	9	<1.0
	7	22.25	28 430	4 656	

表24.17　B2层出土最常见植物所需的采获区面积

植物	洞穴地面发现的数量	代表的采获面积（公顷）			
		荆棘林A	荆棘林B	牧豆树草地A	牧豆树草地B
橡子	418	0.01	—	—	—
矮松果	2	0.001	—	—	—
银合欢豆荚	43	0.002	—	—	—
针叶樱桃	45	0.13	0.90	—	—
豆荚瓣	104	0.74	1.49	—	—
麻风树果	12	0.000 3	0.000 5	0.15	—
龙舌兰咀嚼渣	45	0.002	0.05	0.23	—
仙人掌果嫩茎	31	0.001	0.01	0.005	0.009
仙人掌果	1	0.000 1	0.002	0.000 3	0.000 4
仙人掌果籽	82				
牧豆籽	1 613	—	0.75	0.007	0.001
朴树果	107	—	—	0.04	0.02

表24.18　圭拉那魁兹B2层居民狩猎的主要动物

动物	最小个体数	可食部分（千克）	提供的卡路里	提供的蛋白质（克）	采办的平均面积（公顷）
鹿	1	20.0	25 200	4 200	8.6
棉尾兔	3	1.8	2 430	378	0.9
泥龟	1	0.2	158	32	(？)
鹌鹑	1	0.1	168	25	4.0
	6	22.1	27 956	4 635	

B层上部

表24.19和表24.20显示了B1层出土的动植物的数据。橡子和矮松果反映了荆棘林A中200—300平方米的采获面积，朴树果反映了牧豆树草地B中400平方米的采获面积。大多数植物的采获面积更小，虽然针叶樱桃反映了约1 300平方米的采获面积。B层再次表明，西葫芦和红花菜豆与最大的采获面积相伴。因为B层有驯化西葫芦的遗传学证据，这或许可以解释它们有很多的数量。豆子没有这样的证据，但由于这是第三个频率高于料想的例子，我们有理由对其产生怀疑。

B1层动物的情况延续早期的地层。6只棉尾兔反映了1.9公顷的面积；2头白尾鹿需要17.2公顷的捕获区。

表24.19　B1层出土最常见植物所需的采获区面积

植物	洞穴地面发现的数量	代表的采获面积（公顷）			
		荆棘林A	荆棘林B	牧豆树草地A	牧豆树草地B
橡子	892	0.03	—	—	—
矮松果	31	0.02	—	—	—
银合欢豆荚	105	0.005	—	—	—
针叶樱桃	46	0.13	0.9	—	—
豆荚瓣	111	0.8	1.59	—	—
麻风树果	22	0.000 6	0.001	0.28	—
龙舌兰咀嚼渣	46	0.002	0.05	0.23	—
仙人掌果嫩茎	45	0.002	0.02	0.007	0.01
仙人掌果	4	0.000 4	0.005	0.000 8	0.001
仙人掌果籽	143				

续表

植物	洞穴地面发现的数量	代表的采获面积（公顷）			
		荆棘林A	荆棘林B	牧豆树草地A	牧豆树草地B
野洋葱	1	—	0.5	0.2	—
西葫芦皮	8	—	2.0	0.5	—
牧豆荚	16		0.95	0.009	0.001
牧豆籽	1 833				
朴树果	240	—	—	0.09	0.04

表24.20　圭拉那魁兹B1层居民狩猎的主要动物

动物	最小个体数	可食部分（千克）	提供的卡路里	提供的蛋白质（克）	采办的平均面积（公顷）
鹿	2	40.0	50 400	8 400	17.2
棉尾兔	6	3.6	4 860	756	1.9
泥龟	2	0.4	316	64	（?）
地鸽	1	0.1	279	19	1.0
鹰	1	0.7	1 176	130	（?）
仓鸮	1	0.7	1 176	130	（?）
	13	45.5	58 207	9 499	

居住面小结

尽管圭拉那魁兹没有两个居住面是相同的，但是对表24.7—24.20的观察揭示了许多共性。

1. 留下的植物遗存很少反映1/10公顷（1 000平方米）以上的采获面积；更常见的是，它们反映了几平方米至几百平方米之间的采获面积。

2. 不管我们处理的是吃剩的还是未被食用的植物，情况都是如此。橡子以未被食用标本的形式存在，一般说明了100—1 000平方米的采获面积。麻风树果以吃剩的果壳形式存在，一般说明其采获面积为60平方米或更少。龙舌兰芯以吐出的咀嚼渣形式存在，一般说明不到70平方米的采集面积。朴树果以吃剩果实吐出的种子形式存在，一般说明100—1 900平方米的采获面积。

3. 看待这些留下来植物数量的另一种办法是参考表18.2—18.5，考虑收获的植株数量。比如，已经在名为"洞穴遗存所代表的采获面积"部分有过介绍，像E层残留的未食用橡子等于1棵橡树的产量。D层残留的橡子代表2棵橡树的平均产量。D层居民食用麻风树果留下的果壳等于约5棵灌木的产量。另一方面，甚至D层吐掉的1 166粒朴树果籽，也不到平均半棵树的产量。我们已经指出，没有一层居住面——即使是有196块咀嚼渣的C层——我们推断也只烘烤了一个多龙舌兰芯。不同植物种属每株的产量差别极大，使得从它们采获面积的平方米来推断产量也许比较合理。

4. 从表24.7—24.19看来，在荆棘林A采获山麓种类，在牧豆树草地B采获冲积平原种类，最为实际。这只是这样的情况，在这两种植被群丛里1平方米采获的可食部分，要比在荆棘林B或牧豆树草地A更多。

5. 看来不大可能的是，圭拉那魁兹先民为了采集西葫芦，不惜搜寻10倍于其他植物的面积。因此，就出现的数量，当西葫芦需要采获1—2公顷面积时，我们较有可能遇到了栽培种群，比它们的野生近亲生长更为稠密。早在D层，驯化西葫芦已得到遗传学证据的支持。

6. 红花菜豆的数量有时也反映了1—2公顷的采获面积。它们可能是栽培种的可能性也大为提高，其生长密度大于野生状态。但是，尚无遗传学证据支持这点，圭拉那魁兹前陶期的菜豆是一种从未被成功驯化的物种。但这并不意味着没有在洞穴附近进行种植的尝试；这只意味着，如果有过这样的尝试，这个尝试最终因转而偏好其他豆子品种而被放弃。

7. 每个层位动物的采办面积出奇地一致。部分原因，可能我们计算的是动物的最小个体数，这样就拉平了各居住面之间某些骨骼碎片的差异。

圭拉那魁兹人口的维持面积

有了本章和前面章节的数据之后,我们现在可以考虑有关采办的更有趣问题。圭拉那魁兹居民到底开拓了多大的区域?这片区域可以维持多少人和多久?圭拉那魁兹4—5个居民多大程度上会耗尽当地可获得的野生食物?

第一个问题没有明白的答案,但可以考虑一些可能的参数寻找接近的答案。我们从打制石器知道,圭拉那魁兹居民经常利用约50千米外玛塔达玛斯采石场的燧石。但是他们似乎不大可能为采集食物经常如此长途跋涉。如果圭拉那魁兹的食物资源如此遥远,那里有很多可供选择的其他洞穴或营地遗址。

狩猎采集者远程跋涉狩猎有蹄类动物的意愿,已经很好地确立,但是中纬度地区民族志材料并不认为女性会为了植物经常远程跋涉。比如在卡拉哈里沙漠,根据李(Lee 1968)的报道,尽管小群男子可能会进行远程狩猎之旅,但是女性不大可能离开营地10公里去采集食物。在圭拉那魁兹,我们也许面对的只不过是4—5口之家,更不可能进行远程的植物采集。实际上,洞穴所见几乎所有植物,今天都可以在圭拉那魁兹和米特拉河之间采集到,距离仅为3—4千米。

对供应区建模的方法有多种。一种是维塔-芬齐和希格斯(Vita-Finzi and Higgs 1970)首创的采集区方法,它们先以每个遗址为圆心,画出5千米半径的圆,然后设法决定这个7 900公顷的圆形区内的资源如何维持遗址所见人口的数量。这种模型给出维持区的面积,然后重建所利用的资源。另一种方法是给出所利用的资源,根据动植物遗存,重建维持区的面积(Flannery 1976)。这里采用的是后一种方法。

圭拉那魁兹每天的植食消耗

我以重建圭拉那魁兹一个居民每天的平均植物消耗开始。由于罗布森和伊莱亚斯(第23章)已经做过相似的尝试,我应该明确指出,我的工作与他们有何不同。

罗布森和伊莱亚斯已经给出了圭拉那魁兹E层、C层和B1层居民推测的日均摄入量(表23.3—23.5),估计每天摄入1 350克食物,其中包括15克肉类。他们将推测的摄入量,与美国农业部根据家庭消费调查所做的一项美国居民模拟食谱(表23.6)作比较。美国人是世界上饮食最好的人群,然而罗布森和伊莱亚斯指出,推测的圭拉那魁兹居民的食谱堪比美国人的模拟食谱,他们有相似的营养成分,并且它们很容易以较少的食物总量超过美国人的卡路里水平。

罗布森和伊莱亚斯的目的,是要看看圭拉那魁兹居民所吃的混合食物,是否能与当今营养丰富的人群的食物相提并论,他们的结论是很有可能。我的目的不同:我想知道圭拉那魁兹的环境中,1公顷土地能够养活多少人和多久。而我面对的是必须将孩子与成人平均对待的人群,因此我假设每天的摄入量不到1 350克。尽管营养学家并不普遍同意第三世界人口的"最少日需求量",但经验法则认为,每人每天至少需要2 000卡热量和40克蛋白质。这有点低于美国人模拟食谱的2 858卡热量和108克蛋白质,但正如罗布森和伊莱亚斯在他们章节指出的那样,许多第三世界国家人口摄入的营养标准显著低于世界卫生组织的建议。

我的方案有别于罗布森和伊莱亚斯的另一点在于,他们重建的动植物摄入假设与圭拉那魁兹特定的居住面相合,而我只是将E层至B层加以平均,得出一个那魁兹期居民植物总体摄入的一个模型。这个模型以表24.21表示,我做了两个假设:(1)每人每天最低摄入1千克;(2)他们所吃的各种植物比例与考古发现一致。

正如所料,食谱主要以橡子为主(629克,代表196.5颗的橡子粉)。至于所有人是否能在一天之内吃掉这么多(一磅多)的橡子粉,是值得打问号的。其他植物,比如仙人掌果看来代表性过低(每天1.1个果实),即使我们知道这是一个栖居季节的平均数。因此,我的食谱可能会夸大橡子相对于其他植物的重要性,但我决定不管它,因为我没有可靠的根据去调整任何数值。

表24.21中的另一个特点值得一提：我们每天1千克的植物摄取量产生最少2 000卡的热量，但没有最少40克的蛋白质。实际上，为了得到40克蛋白质，我们要将植物的摄取量翻倍，提高到2千克。这强调了肉类在圭拉那魁兹食谱中的重要作用。如表24.21所示，在植物食谱中仅加入100克鹿肉或兔肉，就能将蛋白质总量提高至43克，把热量提高到2 265卡或更高。虽然圭拉那魁兹居民像很多中纬度地区狩猎采集者那样，主要依赖植食，但不应该低估经常性的哪怕是少量肉食摄入的重要性。

表24.21　圭拉那魁兹B—E层居民日均消费植物的重建[a]

植　　物	消耗的克数	代表的卡路里	蛋白质克数	平均需求	采获区面积（公顷）[b]
橡　子	629	1 812	15.3	196.5粒橡子	0.006
龙舌兰	140	176	0.4	8.6块咀嚼物	0.007
仙人掌果嫩茎	97	12	1.9	3.7个嫩茎	0.004
仙人掌果	54	19	0.6	1.1个果实	<0.001
针叶樱桃	30	21	0.5	8.6块果实	0.024
牧豆荚	14	42	0.8	8.4个豆荚	<0.001
朴树果	13	4	0.04	72.2个浆果	0.012
银合欢籽	12	9	0.9	96粒种子	<0.001
麻风树果	5	30	0.9	10粒坚果	<0.001
豆　子	3	4	0.2	24颗豆子	0.069
矮松果	1	6	0.1	6粒坚果	0.004
野洋葱	1	0	0.02	<1块茎	<0.200
西葫芦籽	1	4	0.3	6粒种子	0.020
	1 000	2 139	22.00		

[a] 数字基于这样的设想：（1）每日摄取量为1千克不同的植物种类；（2）它们食用的比例是根据发掘所见。由于微小的计算误差，各项相加可能不完全等于总数。
[b] 面积是每种植物最大的产出区（见表24.7—24.19）。

计算维持区

这里对表24.21第6列还要说几句，它给出了得到第5列所列植物量所需的采获面积。对于大多数植物，包括明显的主食，其面积看来都不到100平方米。我们已经在上文讨论过，为什么西葫芦和豆子明显较大的采获面积具有欺骗性。野洋葱也有欺骗性，因为它们通常成簇生长在溪流或池塘边，虽然它整体密度较低；知道它们生长地方的人能在不到2 000平方米的范围内大量采获。

如果我们假设，圭拉那魁兹住了5个人，我们可以将第6列的数字乘以5，得到每天所需采集区的面积：橡子300平方米、仙人掌果嫩茎和矮松果200平方米、针叶樱桃或许需要1 200平方米。将这些数字乘以

7，我们得到每周所需采获面积：橡子2 100平方米、仙人掌果嫩茎和矮松果1 400平方米、针叶樱桃8 400平方米。换言之，一个5口之家一周所需植物的采获面积不到1公顷。

将第6列的数字乘以150，我们得到了维持5口之家一个月所需的采集面积：橡子9 000平方米、仙人掌果嫩茎和矮松果6 000平方米、麻风树果1 500平方米、针叶樱桃约3.6公顷。换言之，除了少量植物如针叶樱桃，我们所讨论的采获面积仍然不到1公顷。

现在让我们假定，我们的5口之家在圭拉那魁兹居住了4个月（9—12月），或120天。将第6列的数字乘以600，我们就得到了4个月所需的采获面积：橡子3.6公顷、仙人掌果嫩茎和矮松果2.4公顷、龙舌兰芯4.2公顷、麻风树果6 000平方米、针叶樱桃约14.4公顷。再次，除少量植物如针叶樱桃，我们谈论的是荆棘林A中约2.5公顷的采获面积。至于牧豆树草地B的物产，相应数字分别是牧豆荚6 000平方米、朴树果7.2公顷。

看待这些数字，需要考虑的是，我们为成年白尾鹿设定的捕获密度是8.6公顷1头，因此D层最少有2头鹿，显示了至少17.2公顷的捕获区面积。在这样大小的区域里，我们实际上能够找到维持一个5口之家4个月生活所需的所有植物性食物。

但是，再仔细看看这些数字，考虑下我们像维塔-芬齐和希格斯（Vita-Finzi and Higgs 1970）在他们采集区分析里所推荐的那样，围绕圭拉那魁兹画一个半径5千米的圆圈会发现什么。这样一个圆有7 900公顷面积，其中大约25%为荆棘林A（1 975公顷）。这

样大的荆棘林估计可能有195吨橡子、673吨棱叶龙舌兰芯、1 923吨仙人掌果和4.7吨鹿肉，换言之，超出了一个5口之家一辈子的需求。

不论我们的模型中存在多少错误，我们可以保险地说，圭拉那魁兹居民不大可能耗尽方圆5千米采集区内的资源。首先，这些不同资源在一年里并非一直可获；荆棘林A里的主要植物仅有4个月可获，在这些月份里，一个5口之家甚至很难耗尽方圆1千米的资源。就他们的一些主食而言，如橡子和龙舌兰芯，我们的数字得出两个有趣的可能性：

1. 限制他们采获的最重要因素不是土地面积，而是时间。在圭拉那魁兹居民能采集从洞穴步行可及的所有橡子、麻风树果、针叶樱桃、牧豆荚或朴树果之前，该采获季节早就结束了。
2. 很有可能的是，穴居者在它们耗尽植物资源之前就早已耗尽了鹿的资源。平均猎杀2头鹿，他们就耗尽了17.2公顷土地的鹿肉，但这片土地上仍保留有大量的植物。

我们现在或许可以回答本节最开始的问题。圭拉那魁兹居民开拓了多大的一片区域？对于植物性食物而言，这也许不超过5到15公顷。至于鹿，至少要17.2公顷或更多。对于像燧石这样的原料，至少需要半径50千米的范围。这个范围能够养活多少人和多久？它能维持数倍于我们在圭拉那魁兹所见的人口，它可以这样一直维持至这个收获季节的结束，剩下的野生植物腐烂、风干或被动物吃掉。这些居民怎样才会耗尽周边的野生食物？他们很可能不会，除非他们与许多相邻游群共享这片区域，对此我们并没有考古学证据。

食谱的历时变化

前面几页清楚表明，圭拉那魁兹食物资源的利用有某种稳定性。总的来说，B1层最常见的15种动植物也是E层最常见利用的15种。但也有一些历时的显著变化可能十分重要，我们将在这部分关注这些变化。

当然，最显著变化之一是植物驯化的证据随时间的推进而增加。E层西葫芦几乎不见，到了B1层，表型驯化的西葫芦出现。C层里有玉米花粉的证据，并至少有4个地层发现的数量引人注目的菜豆（尽管表型是野生的）提供了完整的图像。然而，上述没有一

个物种在植物遗存的总量中超过4%。

同样有趣的是5种当地野生植物频率的变化，其中有一些是洞穴中最常见的种属，包括荆棘林的3种物产（橡子、矮松果和麻风树果），以及牧豆树草地的两种物产（牧豆和朴树果）。看来牧豆荚的利用随时间推移有所增长，同时橡子、矮松果、麻风树果和朴树果的利用减少。

表24.7—24.19给出了不同植物在各层波动的原始数据。至少可以总结出两种变化方式：（1）在表24.22中，我们考虑了洞穴中最常见的14种植物遗存，跟踪

每种植物对所有14种植物综合贡献百分比的增减情况；（2）在表24.23中，我们从它们所需要的采办面积考虑了同样14种植物，以便说明每个居住面发现的数量。

E层中橡子占所有遗存（14种植物）的51%，并历经D层（71%）和B3层（52%），始终保持优势。之后，到B2—B1层它们降至17%—25%。从采获面积来说，则意味着从E层的0.06公顷降至B层的0.03公顷。换言之，B1层的居民可以说仅需采集E层居民一半的橡子（相对于其他植物）。矮松果估计来自与橡子相同的环境，表现为从E层的4%降至B1层的1%。麻风树果同样在荆棘林A中很丰富，从E—D层的3%—5%降至B1层的1%。

牧豆树草地B的两种物产有不同的历史。牧豆在E层和D层仅占植物遗存的1%，在C层开始增加，至B2—B1层达到52%—64%。就采获面积而言，这意味着10倍的增长，从E层的不足0.000 1公顷增加至B1层的0.001公顷。另一方面，朴树果从E层的32%降至B1层的7%。这意味着采获面积从E层的0.19公顷降至B1层的0.04公顷。

尽管圭拉那魁兹其他植物的数量也有波动，但没有一种像上述这5种植物那样，显示出一种明显的历时趋势，有些数量较少的植物所占百分比如此之小，以至于很难排除我们采样的误差。

有好几种办法来解释这种频率变化。表面上看，可以说这代表了对荆棘林植被类型利用的减少，和对牧豆树草地植被类型利用的增加。这样的变化很可能

表24.22 圭拉那魁兹14种最常见植物的变化[a]

植物	地层					
	E	D	C	B3	B2	B1
橡子	51	71	33	52	17	25
矮松果	4	2	2	+	+	1
银合欢豆荚	+	+	5	+	2	3
针叶樱桃	+	1	4	2	2	1
豆荚瓣	4	+	1	3	2	3
麻风树果	3	5	1	2	5	1
龙舌兰咀嚼渣	+	1	4	2	2	1
金合欢豆荚	+	+	+	+	+	+
仙人掌果嫩茎	+	1	1	+	1	1
仙人掌果籽	4	8	16	+	3	4
野洋葱	+	+	+	+	+	+
西葫芦皮	+	+	1	+	+	+
牧豆籽	1	+	12	29	64	52
朴树果	32	9	20	8	4	7

[a] 每个地层的数字来自每个种类对14种总个数贡献量的百分比。因为四舍五入，百分比相加可能不是100。+代表百分比低于1.0。

表24.23 圭拉那魁兹6个地层之间14种主要植物所需采获面积对比[a]

植物	地层						植被群丛
	E	D	C	B3	B2	B1	
橡子	0.06	0.10	0.05	0.01	0.01	0.03	
矮松果	0.12	0.07	0.06	0.003	0.001	0.02	
银合欢豆荚	—	0.000 6	0.01	0.000 3	0.002	0.005	
针叶樱桃	0.02	0.14	0.54	0.05	0.13	0.13	荆棘林A
豆荚	1.15	0.12	0.31	0.19	0.74	0.8	
麻风树果	0.003	0.006	0.002	0.000 4	0.000 3	0.000 6	
龙舌兰咀嚼渣	0.000 2	0.002	0.007	0.000 6	0.002	0.002	
金合欢豆荚	0.000 2	0.000 2	—	0.000 2	—		

续表

植物	地层 E	D	C	B3	B2	B1	植被群丛
仙人掌果嫩茎	0.000 1	0.001	0.002	—	0.001	0.002	荆棘林A
仙人掌果	0.000 3	0.000 4	0.000 9	—	0.000 1	0.000 4	
野洋葱	—	0.4	—	—	—	0.2	牧豆树草地A
西葫芦	—	0.25	0.5—1.0	—	—	0.5	
牧豆树	<0.000 1	<0.000 1	0.000 4	0.000 2	0.001	0.001	牧豆树草地B
朴树果	0.19	0.07	0.16	0.01	0.02	0.04	

a 根据植物主要产量得出的植被带，数值代表公顷（见表24.7—24.19）。

有几个原因：（1）环境很可能逐渐发生了变化，荆棘林的可获面积减少；（2）穴居者很可能开始将一年里的大部分时间花在牧豆树草地；（3）该群体很可能开始比往年较早地抵达洞穴（当时牧豆树草地可获得的物产较多），并离开得较早（在荆棘林物产完全成熟之前）。

但是，这种表象解释会引起许多异议。首先是朴树果利用的减少和牧豆荚利用的增加，估计我们面对的并非只是对牧豆树草地利用的增加。其次，我们觉得这群人到圭拉那魁兹后，为何同时仍要强化利用牧豆树草地？这是没有道理的，因为这会增加他们每天跋涉的距离。第三，花粉和小动物的记录并没有证明，牧豆树草地利用的系统性增加是以荆棘林减少为代价的。第四，我们看到的数量变化并非同步发生：牧豆和麻风树果的百分比变化早在C层即已出现，而朴树果的百分比在B3层之前并没有一直很低，而橡子的百分比在B2层之前也没有显著的下降。情况就是这样，植物百分比的不同变化可能至少是彼此独立的。

我们的解释倾向于认为我们所见的这种百分比波动一定与采获策略的历时变化有关。就第18章讨论的瓦哈卡环境的年际变化来看，认为这些狩猎采集者的策略在整个那魁兹期保持一成不变是不现实的。而且我们觉得，随着D层及其后面层位中农业的发展，圭拉那魁兹的居民很可能改变了他们对野生植物种类利用的时间安排，并调整了利用它们的数量（Flannery 1968）。

因此我们把圭拉那魁兹植物遗存的变化序列看作是反映了相互关联的三个进程：（1）某种长时间稳定和保守利用动植物的某种程度，这在狩猎采集者中并不少见；（2）对所利用植物的频率有一系列的长期的逐渐调整，面对年际变化变得更有效率，或加大了对某种植物的依赖程度；（3）后来对所利用的"混合"植物有一系列的改变，并逐渐加大对农业的依赖。在第31章中，雷诺兹为这些进程设计了一个电脑模拟，并将其与圭拉那魁兹出土植物遗存的实际序列进行了比较。

第六编

居住面的空间分析

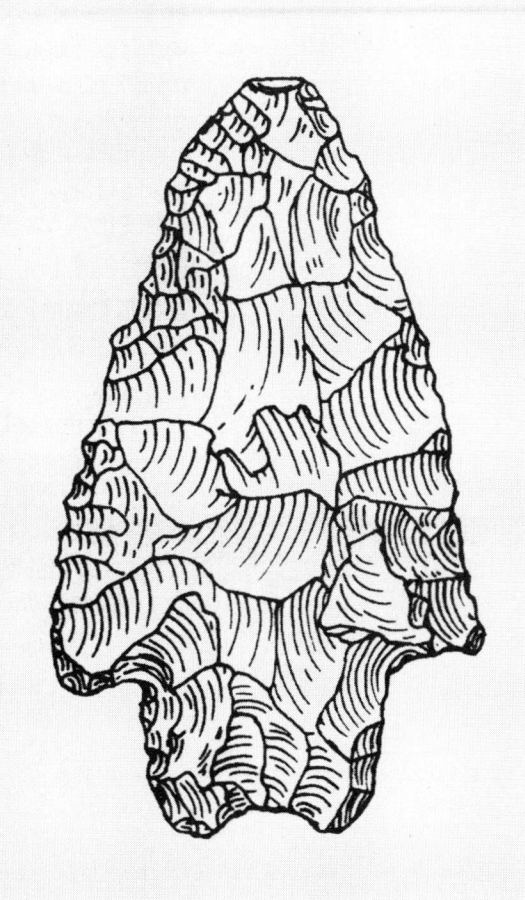

25 圭拉那魁兹居住面的空间分析：第六编介绍

    图像表现技术
    定义活动区
    数据组
    空间共存和分开的原因

26 圭拉那魁兹碎屑的空间差异：一种描述性方法

    引言
    描述性估量
    轮廓线图
    解释轮廓线图
    E层
    D层
    C层
    B3层
    B2层
    B1层
    概括与小结

27 圭拉那魁兹四个居住面的空间分析

    统计方法
    方差三维分析的介绍
    统计技术
    圭拉那魁兹的居住面
    各居住面的分析结果
    小结
    鸣谢

28 圭拉那魁兹四个居住面的多维度分析

    引言
    活动区：空间形态构建的问题
    认知活动区的结构
    划分距离技术
    Q型因子与R型因子分析
    结果与讨论
    历时变化
    概括与小结

29 圭拉那魁兹的片段分析：斯宾塞、惠伦和雷诺兹分析结果的综合

    片段分析
    片段1 E层的堆积
    片段2 D层的堆积
    片段3 C层的堆积
    片段4和5 B3层和B2层的堆积
    片段6 B1层的堆积
    人工制品与活动区

25 圭拉那魁兹居住面的空间分析：第六编介绍

肯特·弗兰纳利 撰，殷敏 译

在第5章中，我们已经讨论了圭拉那魁兹前陶期居住面上所有遗迹和人工制品的位置。在本章中，我们将考虑相同居住面上数量更多的植物遗存、动物骨骼以及燧石废片的分布。我们最终的目标是想看看，洞穴地面是否可以分成不同的活动区，以便为我们提供那魁兹期小游群营地劳力和空间结构更好的洞见。

在墨西哥南部几个前陶期遗址中，已经用过几种不同方法研究过这个问题。在瓦哈卡杨胡特兰（Yanhuitlán）河谷的尤扎努遗址，洛伦佐（Lorenzo 1958：图14）采用笛卡尔坐标系（Cartesian Coordinates）对每件石制品都做了精确定位。在研究普埃布拉瓦塞基尤盆地的泰斯卡尔洞穴时，加西亚·莫尔（García Moll 1977：Láminas 34—57）则用明暗差异方块（differential shading square）标示每平方米探方中工具和动物骨骼的密度。在特化坎河谷的科斯卡特兰洞穴，福勒和麦克尼什（Fowler and MacNeish 1972：图112、115、116以及其他）采用罗伯特·维拉（Robert Vierra）编写的一个程序，使用数控绘图机，将器物、植物和动物骨骼用线性图标标注在每一个居住面的坐标平面图（grid plan）中。在这张坐标平面图中，福勒和麦克尼什进而使用网点式区块，将他们认为代表活动区的多处器物聚集范围标注出来。

一方面，在第26到第28章中，我们借鉴了福勒和麦克尼什及洛伦佐和加西亚·莫尔某些同样的研究方法。另一方面，出于我们下面讨论的原因，我们的方法也添加了一些我们认为能够达到我们目的的几个必要步骤。

图像表现技术

洛伦佐选择的方法就是使用定位技术，将每件石器的确切位置以三维成像标注在居住面中——这种方法被旧大陆的旧石器时代考古学家广泛采用。对于像出土了58件石器数量的尤扎努遗址来说（Lorenzo 1958：28），该方法十分理想。在图5.32—5.38中，我们采用了非常相近的方法展示了我们的人工制品，但是需要指出的是，我们几处居住面中没有一处超过50或60件人工制品。

但是当遗存数量慢慢增加到几百甚至几千件的时候，这种为每件石制品都标注三维定位，就会出现一个逻辑问题。对B1层的466件石制品，我们是否应该全部用三维定位标注？有些旧大陆的史前学家会这么做（而且他们也应为此举获得奖章），但是他们得到的图表通常就是一堆难以识别并互相重叠的黑点。那么将D层的3 182颗橡子做三维定位又如何？想象这张图的样子就令人不寒而栗。正是这个原因，我们决定采用福勒和麦克尼什以及加西亚·莫尔的方法，用方块来记录橡子、牧豆籽以及未修整石片的分布。

当我们试图用三维定位技术来分析材料的随机、聚合或有规律分布的时候，出现了一个相关的逻辑问题（见下文）。当材料是作为一系列定位点采集时，就必须采用最近毗邻分析（nearest-neighbor analysis）的方法（Whallon 1974a）。对洛伦佐58件石器采用最近毗邻分析就十分理想，但是要用此法来分析3 182颗橡子，可能要穷尽你一生的时间。这类材料用网格单元来分析就方便得多。

目前有多种图像方法来表现网格单元材料，但各有其优劣。在看了数控绘图机绘制的居住面的打印图后，麦克尼什和内尔肯-特纳（MacNeish and Nelken-Terner 1972：12）总结道：

> 电脑有自己的一种个性。比如，如果输入电脑的是某件人工制品或生态物的确切位置，那么它就将这件遗存标在那个位置上；但是如果输入的只是该网格的位置，那么它用网格斜线打印。

福勒和麦克尼什（Fowler and MacNeish 1972）的图106，能为读者提供这种斜线标示的经典案例；得益于数控绘图机，这批人工制品形成了一个V字，好像一群东飞的加拿大大雁。在这些斜线内，我们找到了金合欢籽、龙舌兰叶和其他植物的记号，我们认为，这表明这些植物在这些网格中分布最多。不幸的是，此系统无法显示金合欢籽在该居住面上的散布情况，或者在符号所在的网格里它们集中分布的情况。

加西亚·莫尔根据人工制品和动物骨骼密度所显示的网格明暗差异，为读者提供了其分布的一种印象。例如，他的拉米纳38显示了泰斯卡尔Ⅱ时段中发现的大部分石叶、石刀及使用—修理石片（García Moll 1977：71）[1]。但是，甚至这个方法仍有缺点，因为我们1×1米的探方无意中将单一的集中区主观地分成四个单位。而它很难做密度比较，如在泰斯卡尔洞穴的一些图示中，最深的阴影代表每格有8件物品，而在其他情况下每格有16件，等等。

因此，我们想用轮廓线来记录每件物品的实际密度区间。于是，我们需要一个程序，能将我们主观的1×1米的探方数量转化成密度轮廓线，以便为每个居住面实际遗存的分布建模。查尔斯·斯宾塞发现，密歇根大学的地理系就有这样一套电脑程序，在第26章中，我们将这个程序用于圭拉那魁兹前陶期层位中17种数量最多的遗物，尽管这个程序并非完美无瑕，但是我们觉得，跟其他所有我们接触过的程序相比，这个程序确实能将某居住面中某物品的分布用图像最好地表现出来。

定义活动区

加西亚·莫尔的网格明暗法、罗伯特·维拉对福勒和麦克尼什材料的数控绘图、斯宾塞对我们材料的轮廓线制图，都有一个重要的共同点，即它们都是描述而非分析性的。它们都是向我们呈现工具、植物或骨骼的出土位置，它们都无法从数理统计上论证这些东西之间的重要相伴关系。

我们要定义可能的活动区，我们仍必须论证这种共生关系。因为科斯卡特兰洞穴、泰斯卡尔洞穴和圭拉那魁兹是以主观的1平方米为单位发掘的，因此我们无法认为两件东西相伴，只是因为它们出土于同一探方。我们主观的1平方米探方边界，很可能将两件实际相伴的东西分开，或将两件无关的东西放在一起。

通过观察来定义活动区，对我们来说有难以抵抗的诱惑力。考古学家也想推定，设计一件工具的活动就在它出土的地点进行。我们经常会落入宾福德（Binford 1981）所谓的"庞贝假设"陷阱，倾向于推定史前人类会将他们使用的所有东西都留在原地。在评论他的拉米纳38时，它包括了泰斯卡尔Ⅱ时段的Ⅲ—Ⅴ层，加西亚·莫尔（García Moll 1977：87）认为：

> 石刀和石叶最丰富的地方可能代表了肢解当天猎物的位置，而有两类刮削器的地方可能代表了毛皮加工区。

福勒和麦克尼什则比这走得更远。用肉眼观察，不管哪里，看见有一片遗存的明显聚合，就会在那里标上一个重要的网点区，并指认其为一片"活动区"。福勒和麦克尼什所绘制的图116（Fowler and MacNeish 1972）就是一个很好的例子，它为科斯卡特兰洞穴的XIII层标示了五个活动区，用A到E标注，其中包括了各种不同的活动，如"狩猎与陷阱捕捉"、"木头加工"、"植物采集、种植和加工"、"食物与皮

---

[1] 读者需注意，在泰斯卡尔洞穴报告中，每张图表都代表了整个时段，即使某时段跨越好几层。比如，拉米纳38显示泰斯卡尔Ⅱ包括了"Ⅲ、Ⅳ和Ⅴ层"，即便后者是独特的一层（García Moll 1977：19）。因此，只有当居住者在某一时段以相同方式利用某居住面时，这种分布才有意义。

25　圭拉那魁兹居住面的空间分析：第六编介绍

革加工"、"打制石器"和"废弃"。

出于多种原因，我们没有在第26章中的轮廓线图或第5章人工制品分布图中这样做。首先，如上文所述，各种聚集遗存共生关系的意义仍然需要通过适当的统计检验来论证。其次，我们不能真地认为，诸如狩猎、陷阱捕猎或植物采集和种植，就是在科斯卡特兰洞穴里进行的。这些很可能具有诸如矛头、网或挖掘棍等工具的功能，但是当这类制品用完后留在居住面上时，它们就都是垃圾。

甚至鹿骨或兔骨也未必表明发现地点是一个屠宰区；圭拉那魁兹和科斯卡特兰洞穴出土了如此多有烧痕的骨头，以至于它们堆积的地面可能是"进食"的地方。诚然，科斯卡特兰洞穴XIII层的居民猎鹿、用陷阱捕捉兔子、种西葫芦，以及挖掘龙舌兰芯，但是这些活动大多是在洞外进行的。他们在洞里的活动包括炊煮、进食、睡觉、做爱，并将那些生活小垃圾扔在不妨碍他们行事的地方。换言之，我们觉得福勒和麦克尼什正确地推断了XIII层中居民所从事的各种活动，但是我们认为，这些活动只有一小部分是在洞穴居住面上进行的。

第三点，就XIII层的居住面上大量来回走动的需要而言，我们很难想象，这些活动区能像福勒和麦克尼什所绘制的网点区那样各自分开、互不重叠，而且很多区块还有一到两米的间距。第四也是最后一点，在我们看来，XIII层的活动区有些遗存的共生有点奇怪。在"编织活动"的副标题下列出了以下遗存：一件方绳结（a square knot）、一只缠卷的篮子和龙舌兰咀嚼渣。现在我们知道福勒和麦克尼什这里想的是什么：龙舌兰纤维、绳结以及篮子都可被认为是编织活动的组成部分。但是，在洞穴居住面上，龙舌兰咀嚼渣可能是一顿饭食吐出的残渣；而植物纤维做的绳结也可能是磨损的捕兔网残余；丢弃的篮子可能是筛狗尾草籽的破损容器。这愈加使我们相信，某居住面上的活动区不应根据原来加工器物的功能来定义，而应根据这些遗存留在居住面上的后来活动来确定。

我们很乐意看到，惠伦（第27章）及雷诺兹（第28章）在后面章节处理圭拉那魁兹材料的方法时，也能采用对科斯卡特兰洞穴材料的处理办法。惠伦为E层、D层、C层和B1层制作了皮尔逊r矩阵（Pearson's r matrix），显示在四到八个相邻探方的区块中，有些变量确实表现出较强的相伴关系。雷诺兹为同样四个居住面上的那些变量和1平方米的探方作了多维尺度分析（multidimensional scaling），将明显的工作区、垃圾废弃区及活动过道区分开。尽管我们对狩猎采集活动的很多基本设想与福勒、麦克尼什以及加西亚·莫尔的相同，但是从第27章和第28章得出的一个重要结论是：你不大可能仅凭肉眼看出洞穴里大部分活动区和过道。它们常常互相重叠、边界模糊，因而要用统计程序来定义它们，这样即使在经过整个采集季节的走动、工作、睡眠和排泄之后，仍能将它们分辨出来。

数据组

第27和第28章的研究根据共生关系定义了活动区，换言之就是显示，当变量A增加的时候，能很好预见变量B增加，或变量C减少。显然，如果这种共生关系想要有统计上的意义，每种变量都必须拥有相对较大的分布量。由于这个原因，惠伦和雷诺兹的研究限于四个最大的居住面（E、D、C和B1层）。他们也限于这些居住面上数量最多的那些变量，根据居住面，一种变量数量在15至17之间不等。其中包括龙舌兰咀嚼渣、龙舌兰叶、朴树果籽、葫芦科遗存、麻风树果的种皮、银合欢豆荚、针叶樱桃籽、仙人掌果籽和嫩茎、豆荚瓣、矮松子壳、牧豆籽、橡子、龟壳、鹿骨、棉尾兔骨以及一些未加工的石片（废片）。一旦活动区根据这些适当变量，能从统计学上予以定义，那么我们就能看看那些数量不多的变量（比如石核、单手磨石、绳索或钻火棍）在这些定义区是如何分布的（第29章）。

在表25.1—25.7中，我们列出了圭拉那魁兹7个前陶期地层每个探方中数量最多的17种变量的原始数据。斯宾塞采用了其中6个地层，惠伦和雷诺兹采用了4个，略去B2+3层的理由在第5章里做了说明。在这里列出原始数据而非将其埋没在微缩胶片上的理由是，我们意识到，我们并非是唯一能处理这些材料的研究者。斯宾塞、惠伦和雷诺兹的研究相互印证，因为他们以不同方法处理相同的材料，得到了许多相同的结论。但是，我们后面的考古学家肯定会提出其他的方法来处理这些材料，当出现这样的情况时，我们希望他们很容易得到这些数据。

表 25.1 圭拉那魁兹 E 层所有 1×1 平方米探方主要 17 种碎屑类型的分布

1×1 平方米探方内分布

遗存	C8	C10	C11	D5	D9	D10	D11	E6	E7	E8	E9	E10	E11	E12	F7	F8	F9	F10	F11	G4	G5	G8	G10	H6	H9	总数
龙舌兰咀嚼渣	—	—	—	—	—	—	—	—	—	—	—	1	—	—	2	1	—	—	1	1	—	—	—	—	—	6
龙舌兰叶	—	—	—	—	—	—	—	—	—	—	—	—	—	—	—	—	—	—	—	—	—	—	—	—	1	2
朴树果籽	2	218	1	4	2	755	128	2	9	—	—	25	1	—	1	—	—	1	—	4	11	—	1	—	—	1166
西葫芦遗存	—	—	—	—	—	—	—	—	—	—	—	—	—	—	—	—	—	—	—	—	—	—	—	—	—	0
麻凤树果壳	—	—	—	—	—	1	1	—	3	2	—	8	2	—	28	—	7	2	1	35	2	5	1	—	—	98
银合欢豆荚	—	—	—	—	—	—	—	—	—	—	—	—	—	—	—	—	—	—	—	—	—	—	—	—	—	0
针叶樱桃籽	—	—	—	—	—	—	—	—	—	—	—	—	—	—	1	—	—	—	—	4	—	—	1	—	—	6
仙人掌果籽	—	—	—	—	—	1	6	18	—	—	—	14	43	—	—	—	1	—	2	—	52	—	—	—	—	135
仙人掌果嫩茎	—	—	—	—	—	—	—	—	—	—	—	—	—	—	—	—	—	—	—	1	2	—	—	—	—	3
豆荚瓣	—	—	—	—	8	5	1	—	—	—	—	20	2	—	—	—	6	98	2	—	—	—	19	—	—	161
矮松果壳	—	—	2	—	1	5	21	—	—	—	—	17	79	—	—	—	4	1	3	22	2	—	—	—	—	155
牧豆籽	—	—	3	—	1	8	6	4	—	—	—	3	4	—	2	—	1	—	1	1	1	—	—	—	—	32
橡子	1	12	2	—	—	48	54	—	92	—	98	191	58	—	163	10	270	59	40	210	44	12	5	463	14	1846
龟甲	—	—	—	—	—	1	—	—	—	—	—	1	1	—	—	—	—	1	—	1	—	—	—	—	—	8
鹿骨	1	1	3	—	—	2	—	—	—	—	—	2	—	—	—	—	1	3	1	—	—	—	—	—	—	17
棉尾兔骨	—	6	1	—	—	4	11	—	—	—	—	—	3	—	—	—	1	1	1	2	—	—	—	—	—	31
燧石废片	3	3	23	2	4	1	6	4	—	—	—	3	4	—	—	—	1	1	3	9	—	—	—	—	—	60

25 圭拉那魁兹居住面的空间分析：第六编介绍

表25.2 圭拉那魁兹D层所有1×1平方米探方主要17种碎屑类型的分布

1×1平方米探方内分布

遗存	B9	C7	C8	C9	C10	D5	D7	D8	D9	D10	E5	E6	E7	E8	F4	F5	F6	F7	F8	G5	G6	G7	G8	总数
龙舌兰咀嚼渣	—	—	—	—	—	—	—	—	—	—	1	1	1	4	—	4	12	—	11	2	6	1	6	49
龙舌兰叶	—	—	—	—	—	—	—	—	—	—	—	—	—	—	—	3	—	—	—	—	—	1	—	4
朴树果籽	1	—	11	6	31	—	4	—	1	77	6	111	18	22	4	12	47	—	1	27	37	—	1	416
西葫芦遗存	—	—	—	—	—	—	—	—	—	—	—	—	1	—	—	1	—	—	—	—	—	—	3	6
麻风树果壳	—	—	—	—	—	—	2	2	4	—	1	—	32	13	2	50	32	—	51	2	22	—	23	237
银合欢豆荚	—	—	—	—	—	—	—	—	—	—	—	—	—	8	—	—	—	—	1	—	—	—	2	11
针叶樱桃籽	—	—	—	—	—	—	—	—	—	—	—	1	—	33	—	—	—	—	12	—	2	—	1	49
仙人掌果籽	—	—	—	—	—	—	—	—	—	36	—	100	—	—	—	12	90	—	—	90	9	3	—	348
仙人掌果嫩茎	—	—	—	—	—	—	6	1	2	—	2	16	8	11	7	3	—	5	3	—	3	—	—	28
豆荚瓣	—	—	—	—	—	—	1	9	23	11	—	1	—	5	—	—	3	—	1	2	4	2	1	17
核桃果壳	3	4	1	1	—	2	288	183	68	17	6	372	547	261	—	22	23	—	—	2	133	—	48	94
牧豆籽	—	—	—	—	—	1	1	—	—	—	—	10	—	1	1	1	3	—	1	1	—	—	—	59
橡子	—	—	—	—	—	—	—	—	—	—	6	10	—	6	—	302	647	—	111	180	—	—	4	3 182
龟甲	—	—	—	—	—	—	—	—	—	—	—	—	—	—	—	7	1	—	—	—	1	—	—	3
鹿胃	—	—	—	—	2	—	2	—	4	3	—	—	2	2	1	—	—	—	—	2	—	—	—	30
棉尾兔胃	—	—	—	3	—	1	1	—	3	3	4	—	1	4	—	1	—	—	1	—	2	—	—	22
烧石废片	3	18	4	5	1	9	67	17	28	9	1	2	10	19	5	10	18	—	9	3	20	17	5	280

表25.3　圭拉那魁兹C层所有1×1平方米探方主要17种碎屑类型的分布

遗存	B9	B10	C8	C9	C10	C11	D8	D10	D11	E5	E6	E7	E8	E9	E10	F4	F5	F6	F9	F10	G9	总数
龙舌兰咀嚼渣	—	—	—	—	—	—	2	—	—	—	2	6	14	2	3	—	3	6	132	5	21	196
龙舌兰叶	—	—	—	—	—	—	—	—	—	—	—	—	—	1	1	—	—	—	18	—	—	20
朴树果籽	18	27	36	18	29	—	—	7	31	8	10	6	—	662	32	4	5	19	17	40	—	969
西葫芦遗存	—	—	—	—	—	—	—	—	—	—	—	2	—	4	2	2	1	1	35	2	1	50
麻凤树果壳	—	—	—	—	—	—	—	—	—	1	4	8	2	22	5	4	—	5	8	—	8	68
银合欢豆荚	—	—	—	—	—	—	—	2	—	—	3	9	5	5	13	—	—	—	204	4	1	247
针叶樱桃籽	—	—	—	—	—	—	—	3	9	19	16	2	4	47	17	26	3	27	16	35	—	196
仙人掌果籽	—	—	—	—	5	—	—	—	19	1	53	—	5	26	71	—	324	250	—	—	—	751
仙人掌果嫩茎	—	—	—	1	—	—	—	1	1	—	1	—	2	—	1	—	—	—	31	3	11	49
豆荚瓣	—	—	—	—	—	—	2	—	—	—	1	—	—	25	6	—	—	6	—	—	—	43
棱松果壳	—	—	1	—	—	—	—	—	9	19	1	—	—	23	16	2	5	—	5	3	—	80
牧豆籽	1	—	16	3	4	1	14	—	47	1	2	25	12	112	36	—	—	10	205	57	24	554
橡子	—	—	1	—	7	—	5	8	8	86	126	94	41	641	281	12	—	163	59	9	9	1570
龟甲	—	1	—	—	—	—	—	—	2	—	—	—	—	—	1	—	—	—	—	—	—	5
鹿骨	3	2	—	1	—	—	1	5	—	2	3	1	—	3	—	—	—	—	3	2	1	36
棉尾兔骨	5	2	2	1	1	—	—	2	5	2	1	1	—	1	4	—	—	—	—	—	1	28
燧石废片	11	7	5	24	16	—	28	15	38	10	19	37	8	41	23	—	2	16	43	27	5	375

1×1平方米探方内分布

表25.4　圭拉那魁兹B3层所有1×1平方米探方主要17种碎屑类型的分布

遗　存	1×1平方米探方内分布												总数
	C6	C7	C9	C11	D5	D6	D8	D9	E5	E7	E8	F7	
龙舌兰咀嚼渣	—	—	—	—	—	—	—	2	10	6	—	—	18
龙舌兰叶	—	—	—	—	—	—	—	1	—	—	—	—	1
朴树果籽	—	—	22	5	—	—	—	17	16	5	—	—	65
西葫芦遗存	—	—	—	—	—	—	—	—	—	1	—	—	1
麻风树果壳	—	—	1	—	—	—	—	12	—	—	2	—	15
银合欢豆荚	—	—	—	—	—	—	—	1	—	4	—	—	5
针叶樱桃籽	—	—	—	—	—	—	—	18	—	—	—	—	18
仙人掌果籽	—	—	—	—	—	—	—	—	—	—	—	—	0
仙人掌果嫩茎	—	—	—	—	—	—	—	—	—	—	—	—	0
豆荚瓣	—	—	—	—	—	—	—	4	—	22	—	—	26
矮松果壳	—	—	—	—	—	—	—	3	1	—	—	—	4
牧豆籽	—	—	1	1	—	—	—	134	1	99	—	—	236
橡　子	—	—	56	—	—	—	69	248	24	—	7	17	421
龟　甲	—	—	1	—	—	—	—	—	—	—	—	—	1
鹿　骨	5	—	—	—	—	—	—	2	1	—	—	—	8
棉尾兔骨	—	—	2	—	—	—	—	3	2	—	—	—	7
燧石废片	8	2	15	—	8	8	6	5	7	8	2	—	69

表25.5　圭拉那魁兹B2+3层所有1×1平方米探方主要17种碎屑类型的分布

遗　存	1×1平方米探方内分布						总　数
	C8	C10	D10	E6	F4	F5	
龙舌兰咀嚼渣	—	1	—	4	—	3	8
龙舌兰叶	—	—	—	—	—	—	0
朴树果籽	74	23	5	34	—	13	149
西葫芦遗存	—	1	—	1	—	1	3
麻风树果壳	—	2	—	—	1	—	3
银合欢豆荚	—	—	—	1	—	5	6
针叶樱桃籽	4	3	—	1	—	—	8
仙人掌果籽	—	32	—	169	—	159	360

续表

遗 存	1×1平方米探方内分布						总 数
	C8	C10	D10	E6	F4	F5	
仙人掌果嫩茎	—	—	—	—	—	2	2
豆荚瓣	2	1	—	6	—	—	9
矮松果壳	—	—	—	—	—	—	0
牧豆籽	4	33	42	—	3	194	276
橡子	21	41	16	3	9	5	95
龟甲	1	1	1	—	—	—	3
鹿骨	3	—	1	—	—	2	6
棉尾兔骨	2	3	1	1	1	—	8
燧石废片	16	11	30	36	9	11	113

表25.6　圭拉那魁兹B2层所有1×1平方米探方主要17种碎屑类型的分布

遗 存	1×1平方米探方内分布												总数
	C5	C6	C7	C9	C11	D5	D8	D9	D11	E5	E9	E10	E11	
龙舌兰咀嚼渣	1	—	—	2	—	—	7	9	4	1	10	11	—	45
龙舌兰叶	—	—	—	—	—	—	—	1	—	—	1	1	—	3
朴树果籽	—	1	2	18	9	—	6	13	4	19	4	31	—	107
西葫芦遗存	—	1	—	—	3	—	1	1	—	—	4	1	—	11
麻风树果壳	—	—	—	—	—	—	7	5	—	—	—	—	—	12
银合欢豆荚	—	—	—	—	—	—	1	4	6	—	29	3	—	43
针叶樱桃籽	—	—	—	4	2	—	—	29	2	4	4	—	—	45
仙人掌果籽	—	—	—	—	32	—	—	—	48	—	—	2	—	82
仙人掌果嫩茎	—	—	—	—	—	—	—	1	10	—	4	16	—	31
豆荚瓣	—	—	2	4	—	—	—	31	64	—	3	—	—	104
矮松果壳	—	—	—	—	1	—	—	1	—	—	—	—	—	2
牧豆籽	—	2	3	9	63	—	266	216	815	9	89	141	—	1 613
橡子	—	—	—	—	154	6	1	48	105	14	4	59	27	—	418
龟甲	—	—	—	—	4	7	—	3	3	—	—	—	—	17
鹿骨	—	—	2	4	1	—	—	8	—	—	—	—	—	15
棉尾兔骨	—	—	—	—	—	1	—	5	—	—	—	—	—	6
燧石废片	—	33	2	19	32	12	31	25	12	5	21	7	2	201

25 圭拉那魁兹居住面的空间分析：第六编介绍

表 25.7 圭拉那魁兹 B1 层所有 1×1 平方米探方主要 17 种碎屑类型的分布

遗存	B9	B10	B11	C7	C8	C9	C10	C11	C12	D5	D6	D7	D8	D10	D11	E5	E6	E7	E9	E10	E11	F4	F5	F6	F7	G4	G5	总数
龙舌兰咀嚼渣	—	—	—	—	1	1	2	5	—	—	—	3	—	1	1	—	1	—	8	—	10	2	—	9	2	—	—	46
龙舌兰叶	—	—	—	—	—	—	—	—	—	—	—	—	—	—	—	—	—	10	—	—	—	—	—	—	—	—	—	10
朴树果籽	18	15	—	—	35	32	41	13	2	—	—	—	4	22	2	8	3	—	10	—	17	7	3	2	—	—	6	240
西葫芦遗存	4	—	—	—	1	3	—	7	—	1	—	—	—	—	—	2	—	1	—	—	2	—	—	—	—	—	—	21
麻风树果壳	—	1	—	—	2	—	4	—	—	—	1	2	—	2	—	—	—	—	—	—	7	—	—	—	3	—	—	22
银合欢豆荚	—	—	—	—	2	—	—	2	—	—	1	—	—	7	—	—	—	—	61	—	4	1	—	18	9	—	1	105
针叶	—	—	—	—	—	—	—	1	—	—	3	—	10	—	1	10	—	—	5	—	6	—	—	—	—	—	—	46
樱桃籽	—	—	—	—	2	1	18	32	—	—	—	—	—	—	—	—	—	—	—	—	—	—	—	64	—	10	—	143
仙人掌果籽	1	1	—	—	2	3	—	88	—	—	1	—	—	12	—	—	10	—	32	1	4	—	—	6	—	20	5	45
仙人掌嫩茎	5	17	—	—	2	2	—	—	—	—	1	—	—	—	—	—	—	1	2	—	4	—	—	—	—	2	—	111
豆荚瓣	—	—	—	—	2	3	—	—	—	4	—	—	—	—	—	—	—	—	—	—	26	—	—	—	—	3	—	31
矮松果壳	1	1	—	—	68	1	14	116	—	22	—	8	6	42	13	35	12	182	90	140	1 066	51	2	76	—	25	8	1 833
牧豆籽	5	17	—	—	68	225	89	3	4	—	—	14	—	—	2	19	—	—	131	—	115	4	—	9	98	15	14	892
橡子	—	—	—	—	2	2	1	—	—	—	1	2	—	3	—	—	—	1	—	1	—	1	—	—	—	—	—	34
龟甲	—	—	—	—	—	1	1	7	4	—	—	1	—	1	—	—	—	—	—	—	5	2	4	2	—	—	—	37
鹿骨	1	—	—	—	1	1	1	—	9	—	1	—	—	—	—	—	—	2	—	—	3	—	—	—	1	2	—	25
棉尾兔骨	—	—	—	—	—	1	—	—	—	—	—	—	—	—	—	—	—	—	—	—	—	—	—	—	—	—	—	
燧石废片	37	3	12	2	8	—	3	—	30	11	17	28	37	10	5	17	30	35	19	10	26	10	60	13	11	26	6	466

1×1 平方米探方内分布

空间共存和分开的原因

所有考古学家在解释居住面材料的空间形态时，通常是根据古代人群利用空间的各种设想。在本案例中，我们的设想部分基于美洲原住民狩猎采集群的民族志介绍，部分基于瓦哈卡河谷东部环境及当地动植物资源的性质（参见第4章和第17章）。让我们简单考虑一下圭拉那魁兹一片居住面上，我们所分析的这15—17种变量为何共生或为何分开的原因。限于十项观察，我们认为它们都得到了民族志类比或相关动植物性质的支持。

1. 性别分工在狩猎采集社会中十分典型。一些食物由男性采集和加工，另外一些则由女性负责（参见Lee and DeVore 1968的例子）。如果圭拉那魁兹的空间从概念上分为男女工作区的话，那么这些工作区中的废弃物能从考古学上加以分辨。举个例子，女性很可能是加工橡子的主力，而男性则很可能主要进行鹿的屠宰。（但是由于上面提到大量烧骨，因此圭拉那魁兹的大部分骨骼集中处被含糊地指认为"动物加工和食用"的范畴。）

2. 有些植物如橡子和龙舌兰，都需要经过充分加工才能食用；另外一些植物如针叶樱桃和朴树果可以生吃。那些需要较多加工的食物，会在空间上集中在某块地方，并伴有一些显著遗迹。而那些可以生吃的食物，它们的废弃物可能就会依人们在哪里活动，而随意散布在洞穴各处。

3. 根据上面第2点推论，加工某些动植物（比如龙舌兰和鹿）明显会留下很多废弃物，这些废弃物很可能大多会被扔到洞外。另外一些动植物（如朴树果和棉尾兔）的加工可能不会有很多废弃物，因此就有可能被忽略或被扫到角落里。

4. 不同植物在不同季节成熟。八九月间成熟的那些植物可能会在某个地方进行加工，而在10月或11月成熟的那些植物则可能在另外的地方进行加工。但是，如果基于劳动的性别分工很好确立的话，那么这种季节性区别就很难看出来（也就是说，不管什么季节，女性可能都在洞里的某个地方加工各种植物）。

5. 有些植物，如朴树果和麻风树果，可利用的季节性很强。其他植物，如龙舌兰芯或仙人掌果嫩茎，可获得的时间很长，这些植物可能是在不同时间和在不同地方采集加工的。

6. 一些植物来自不同的植被区。那些从荆棘林A跋涉采集回来的植物（如橡子、矮松果或野豆）很可能在某个地方加工，而从牧豆树草地B跋涉采集来的植物（如朴树果或牧豆），则很有可能在其他地方加工。但是，这种植被区的不同也可能因为劳动的性别分工而变得模糊（见第4点）。

7. 根据第4及第6点的推论是，那些在同一天及同一植被区采集回来的植物会在一起加工，除非所需的加工技术完全不同。这样的活动有可能形成一种形态，使得我们能将8月从牧豆树草地采集来的植物与11月从荆棘林采集来的植物区分开来。

8. 未加工石片（废片）可能是为不同工作制作不同工具留下的，包括男性和女性的工作，以及加工动植物的工作。换言之，我们并不认同，制作石器完全是男性的工作的设想（例如见García Moll 1977：87）。除非有一个人能够为所有工作制作所有的工具（我们对此表示怀疑），因此我们可以想见，废片应分布在各种背景之中，而并非仅与某项活动相伴。

9. 就如托马斯（Thomas 1971，1972，1973）提醒我们的那样，许多工作是由男女一起完成的。男女也很可能在洞穴同一个火塘边吃喝，用相同方式废弃食物残渣。这种集体活动也会减少空间分隔的证据，使得这些地方无法通过残留物来推测劳动的性别分工。

10. 即使洞穴被从概念上分为各种工作区，但也不能想当然地认为，人们在整个栖居过程中始终待在那里。只要在洞穴里来回走动一下，如果不小心踢了一脚垃圾——特别是那些没有被扔出洞外的小碎块，男女活动区的界限就会模糊。于是问题就来了，在何种程度上，工作区在如此模糊的情况下仍然能够被分辨出来？我们觉得，斯宾塞的电脑图像技术显示的某些具有不同用途的洞穴居住面，甚至用目测也很明显，而惠伦和雷诺兹的分析还发现了其他一些非常模糊的活动区。

26

圭拉那魁兹碎屑的空间差异：一种描述性方法

查尔斯·斯宾塞、肯特·弗兰纳利　撰，殷敏　译

引言

圭拉那魁兹六个居住面（E—B1层）的发掘为我们提供了大量的植物遗存、动物骨骼以及燧石废片（参见表25.1—25.7）。在发掘过程中就已经能清楚地感受到，这些遗存在这些居住面上的分布并不均匀，但是由于这些遗存的数量巨大，并且具有一定的复杂性，因此仅凭肉眼很难判断其分布模式，或猜测哪些遗存具有统计学上的相伴关系。在本章中，我们将运用一套专门为圭拉那魁兹数据所设计的程序，来整理并简化样品分布的复杂性，从而使这些数据较适于总结关于利用洞穴居住面的假设。在第27和第28章中，惠伦和雷诺兹采用共生估量（measures of association）研究同样的材料，确认了我们的一些结论，同时他们也发现了我们之前靠肉眼观察所没有发现的形态。

对于需要处理大量材料的考古学家来说，我们所面临的第一个问题就是如何通过初步筛选材料，来检验可能与研究问题相关的变异形态。这种初步的筛选应该在还未开始较为复杂的统计程序之前，就对原始材料进行一定的处理。在大多数情况下，简单的描述性估量和肉眼观察，就足以让考古学家对材料有较好的了解，从而指导他们下一步的材料分析。

选择适合的材料筛选程序，需要同时考虑材料的类型和研究问题的性质。在圭拉那魁兹个案中，研究材料包括居住面空间每个探方中不同遗物出现的频率。我们的研究问题也聚焦于这些空间活动的结构。我们想了解这些石片、植物遗存和动物骨骼到底是随机散布在洞中，还是具有一定聚集分布的情况。如果真的有这样的聚集存在，那么我们就想知道这些聚集代表的是哪一类活动，以及这些活动与圭拉那魁兹居民社会与经济结构的关系。当然，要充分回答这个问题需要广泛的量化分析，这在本章的讨论之外；但是我们知道，一种数据筛选程序能为我们提供空间变化种类的一个初步了解，并从深入分析来加以探讨，这也是我们想要在本文中呈现的。

描述性估量

在开始初步分析圭拉那魁兹材料之前，我们先将17种主要遗存碎屑（表25.1—25.7）的分布转换为计算机文档。每个居住面出土的材料都被放在一个单独的文档中，其中这17种碎屑都被视为不同变量，把前陶期栖居的23个探方看作个案（cases），这样我们就可以运用密歇根互动数据分析系统（Michigan Interactive Data Analysis System [MIDAS]），针对每个居住面探方的变量分布来生成一些简单的描述性估量（descriptive measures）（Fox and Guire 1976）。材料筛选程序的第一步就是通过观察这些统计数据，来确认这些变量在空间分布上是否具有聚集性。简化起见，我们不会对每一层的估量都做详细描述，但会将居住面D层作为代表性例子。表26.1包含一系列对该层的描述性估量。

如果我们看下表26.1中最小值那一栏，就会发现对每个变量来说，居住面中都至少有一个探方没有发

现所探讨的这些遗存；而另一方面，若仔细观察最大值一栏，则会发现许多变量至少在一个探方中有很高的频率。这直接表明，我们研究的遗存在居住面上并非平均分布，而倾向于在某些探方中的分布比其他探方要多。

如果这些遗存实际上只集中在少数探方中，那么我们可望发现，每个探方中每种遗存的平均值会有很大差异。表26.1中的平均值计算，是通过每项的总量除以前陶期栖居的探方总数得出的。需要指出的是，虽然并非所有23个发掘探方中都能找到D层的材料，不过我们还是将总数除以23。这是因为整个那魁兹期的居住区在D层时间里（在其他时段也是如此）可以被看作一个整体居住空间，即便D层的碎屑很可能被废弃在洞穴中的某些区域。

关于每种遗物的平均值标准差是用常用方法计算得出的：

$$S = \sqrt{\frac{\sum_{i=1}^{n}(X_i - \bar{X})^2}{n-1}}$$

表26.1中标准差一栏所有变量的数值都很高；在每一个探方中，标准差值都大于平均值。这说明每一个类别中的遗物在洞穴中均呈现不平均分布。

变异系数（coefficient of variation）是分散趋势的

表26.1　D层的描述性估量[a]

变量	n	最小值	最大值	平均值	标准差	变异系数	均方比
龙舌兰咀嚼渣	23	0.0	12.0	2.13	3.52	1.65	5.82
龙舌兰叶	23	0.0	3.0	0.17	0.65	3.74	2.49
朴树果籽	23	0.0	102.0	17.70	26.61	1.50	40.01
西葫芦	23	0.0	3.0	0.26	0.69	2.64	1.83
麻风树果壳	23	0.0	51.0	10.30	16.41	1.59	26.14
银合欢豆荚	23	0.0	8.0	0.48	1.70	3.56	6.02
针叶樱桃籽	23	0.0	33.0	2.13	7.18	3.37	24.20
仙人掌果籽	23	0.0	100.0	15.13	32.04	2.12	67.85
仙人掌果嫩茎	23	0.0	16.0	1.22	3.42	2.81	9.59
豆荚瓣	23	0.0	5.0	0.74	1.39	1.88	2.61
矮松果壳	23	0.0	23.0	4.09	6.71	1.64	11.01
牧豆籽	23	0.0	23.0	2.57	5.32	2.08	11.01
橡子	23	0.0	647.0	138.35	186.05	1.34	250.20
龟甲	23	0.0	3.0	0.13	0.63	4.80	3.05
鹿骨	23	0.0	7.0	1.30	1.72	1.32	2.28
兔骨	23	0.0	4.0	0.96	1.36	1.43	1.93
燧石废片	23	0.0	67.0	12.13	14.19	1.17	16.60

[a] 列表标题如下：

n：探方数；最小值（minimum），任意探方中每个类别数量最少的那一项；最大值（maximum）：任意探方中每个类别数量最多的那一项；平均值：一个探方中每个类别各项的平均值；标准差：用常用方法（见上文）计算得到的分散趋势估量；变异系数：标准差除以平均值所得出的离散趋势相对估量；均方比：方差（标准差的平方）除以均值所得出的聚集趋势相对估量。

另一估量，可以用标准差除以每种遗物的平均值得到。虽然我们不在这里具体操作，但是得出的比值可以乘以100转化成一个百分比（Thomas 1976：83）。该变异系数从特定碎屑的平均值关系来体现该特定碎屑的分散趋势。因此，该变异系数是一种"纯估量"（pure measure）（Thomas 1976：84）；结果用所讨论各种变量的比例而非特定单位（例如：数量或重量）来表示。当然，某标准差的绝对大小，部分取决于计算中采用频率的大小；结果，某组频率差异很大的材料，通常很难评估各种变量的相对分散度。另一方面，通过计算变异系数，我们可以得到一种分散度的相对估量，它可用于比较一组材料（如D层出土材料）的所有变量。

如表26.1所示，所有的变异系数都大于1.0，有些甚至在2.0到4.0区间。对这个系数来说，这些值都很高。托马斯（Thomas 1976：84）认为，当变异系数大于0.1的时候，很可能该潜在分布（underlying distribution）在形态上是多模式的（multimodal）。在我们的案例中，所有的变异系数都远远大于0.1，看来D层的这些遗存在某些探方只有少量分布或完全没有，而在其他一些探方则有大量分布。

因为描述统计表明，所有探方中的这些变量分布很可能呈现多峰态形状，所以我们决定将洞穴中每层的所有变量生成一系列直方图（histograms）。通过目测这些直方图，我们发现，实际上大部分的分布都呈双峰态或是三峰态形状。我们考虑以D层中的橡子为例，来看看该直方图的分布。

该直方图（表26.2）显示，在洞穴探方中的橡子至少有一个双峰态分布，清楚显示橡子在某些探方有大量分布，而在其他一些探方只有少量或完全没有分布。如果更大胆一些，我们甚至会建议这里有一种三峰态分布。第一个峰值是橡子分布密度较低的15个探方，落在两个最低区间，为0.0和92.429颗橡子的中值（midpoint）。第二个峰值包含橡子分布密度中等的6个探方，分布在中值分别为184.86、277.29和369.71颗橡子的三个区间中。第三个峰值包含橡子密度较高的2个探方，两个区间的中值分别为554.57和647.00颗橡子。如果橡子只是随意散落在洞穴地板上的话，我们就不会看到这样的多峰态分布形态。相反，直方图表明D层的橡子分布具有聚集性。

另一种聚集相对估量可以通过均方比（variance-mean ratio）（表26.1）提供。要计算这个比值，只需要将方差（标准差的平方，前文中已经给出公式）除以平均值即可。均方比可与探方材料（比如我们此处的材料）一起使用，来评估非随机分布的趋势。这个方法是基于泊松分布（Poisson distribution）原理，其中方差值等于平均值。因此随机分布的均方比接近1.0，聚集分布的均方比大于1.0，而平均分布的均方比小于1.0（Carr 1984：140; Dacey 1973：321）。表26.1显示，D层所有17个变量的均方比都大于1.0，这表明，这些分布都呈现出非随机的聚集特征。

表26.2　D层的橡子分布直方图[a]

组中值	橡子数量
0.	11 + XXXXXXXXXXX
92.429	4 + XXXX
184.86	2 + XX
277.29	3 + XXX
369.71	1 + X
462.14	0 +
554.57	1 + X
647.00	1 + X
	——
	23

[a] 区间宽度为92.429颗橡子。表中也列出每个区间的中值以及落在那个区间含橡子的探方实际数量。该直方图由计算机绘制生成，采用一系列的X，每个X代表一个探方。

轮廓线图

圭拉那魁兹材料筛选程序的下一步包括使用密歇根终端系统（Michigan Terminal System）（MTS；密歇根大学地理系　1974）中的GEOG：CONTUR程序。这个程序通过输入密度的阵列（a lattice of input densities），生成最适合的轮廓线图。输出的结果被导入一个绘图仪，绘制成高清地图，方便通过目测审视分布形态，因此允许我们对这些形态做初步的总结。

第一次使用GEOG：CONTUR程序可能会让人很

受挫，因为可供参考的文档在形式和内容上都不那么清晰。本文这部分目的旨在介绍成功使用该程序的各个步骤。我们在此讨论的大部分具体指令只与MTS的GEOG：CONTUR程序相关，但我们觉得还是有必要详细过一遍这个程序，让读者感受一下我们所需要做的各种分析决定和简化设想。如果你对轮廓线绘图程序的细节不那么在意，可以直接跳到下一部分。

我们之前已经用D层的橡子分布来说明如何建立描述性估量，我们用相同的分布来说明生成轮廓线图的程序。首先我们先要将发掘探方的各种田野标识（field designations）转化成程序认可的格式。图26.1显示每个探方都有一组坐标，如何与该探方的中值对应（实际上，图26.1中只给出了每组坐标的前三位数，x和y坐标数值之后的两个零都被省略）。于是，每个探方因此都可以用这些坐标来指代，为编码和打孔目的之用。

D层的橡子分布值记录如下。在每张打孔卡片上，前十位数是指所分析探方之中值的x和y坐标；最后三个数字是指某特定变量（这里就是橡子）在该探方中的出现频率，数据来自表25.2。所有这些数据最后会被复制到一个称为"橡子"的MTS线性文档中。

由于D层的材料并非在洞穴的所有探方中都有分布，所以有必要为圭拉那魁兹那些不见有任何D层材料的探方创建一个零密度的文档。除了在10位坐标名称后键入000以外，所有的创建方法都如前文所述。

所有的信息都被复制到一个称为"ZNDUNEX"的线性文档中。

这里也有必要标明洞壁的位置。这就用创建一个称为"ZERODENS"的线性文档的方式来做到，其中包含实际洞壁大约100个点位的x和y坐标轴，之后三位的密度输入值为000。

在运行GEOG：CONTUR程序之前，必须先把以上三个文档串联起来。然后，被串联起来的文档被复制到"橡子"文档中。但是在运行GEOG：CONTUR程序前，还有另外一些准备工作。程序常规之一就是根据输入数据生成插值点阵（interpolated lattice）（它明显不是一个完全对称的点阵）。最后的轮廓线图就是根据这个插值点阵绘制的。因此，在运行GEOG：CONTUR程序接收插值点阵以及输入点阵和插值点阵之间的计算误差之前，必须先创建另外一个线性文档，这个文档被称为"CAVECON"。同时，还必须为GEOG：CONTUR程序所生成的绘图描述创建一个线性文档。以橡子为例，这个绘图文档被称为"ACORNPLTD"。

最后，要使GEOG：CONTUR程序将橡子分布的轮廓线图绘制在圭拉那魁兹洞穴地面的底图上，还需要创建一个包含这片地面坐标的线性文档，但是，这与上文所描述的创建橡子密度的处理方式有所不同。洞穴地面的外缘被分成12个开放式多边形，每个多边形含7个顶点。这些信息都被复制到一个被称为

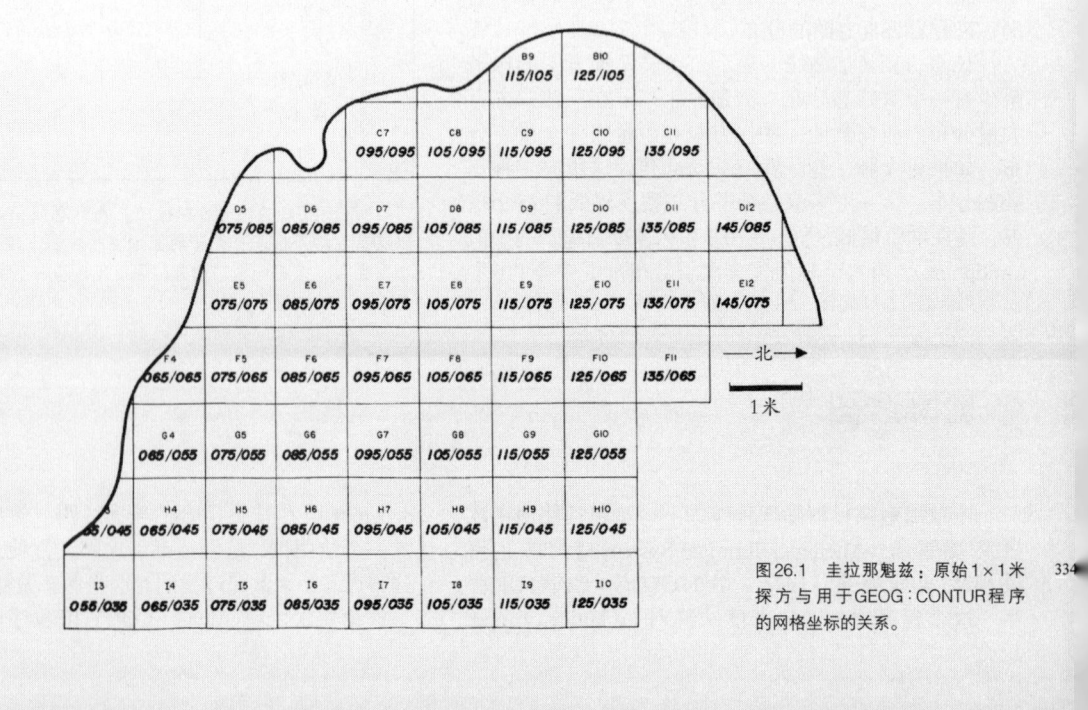

图26.1 圭拉那魁兹：原始1×1米探方与用于GEOG：CONTUR程序的网格坐标的关系。

"CAVEFIR"的文档中。

此时，GEOG：CONTUR程序就可以运行了。这是一个交互式程序，最好在一个有绘图功能的终端上运行。在我们D层橡子分布的例子中，GEOG：CONTUR程序先发出以下MTS指令：

$RUN GEOG：CONTUR 2=*SOURCE* 3=*SINK*
5=ACORNS 6=CAVECON 9=ACORNPLTD

程序首先要求地图的名称，键入"圭拉那魁兹D层橡子"作为回应。以下的要求是，数据是否已经位于点阵中，也就是说，在一个间距相等的矩阵中。对这个要求的适当回应当然是"否"，因此键入"N"。然后会要求数据的格式。此处的格式就是常规的Fortran编程格式：（2F5.3，F3.0）。

然后插值子程序（interpolation subroutine）开始运行，原始数据点的配置转化成长方形的规则间隔阵列。程序在转化后的数据矩阵中给出网格的尺寸以及行数和列数，之后请求一系列的确认。插值点阵以及这个点阵和原始数据矩阵的计算误差则被写进CAVECON文档。

然后，程序就会询问是否需要将该轮廓线图画在底图上（base map）。如果得到肯定的回答，程序就会要求地图中的多边形数量以及每个多边形的平均点数。如上提及，在圭拉那魁兹案例中，这两个数据分别为12和7。之后程序会要求含这些多边形的文档名，回答是"CAVEFIR"。程序进而会要求提供多边形的格式。这就需要提供典型的Fortran编程格式：（I2，14F5.3）。格式中的I2指的就是CAVEFIR文档中每个记录前两列中的两位数整数，也就是记录中的坐标轴数量。

接下来，程序就会提供点阵的最大值和最小值，并询问是否应该把点阵作平滑处理。这是程序中的一个子程序，一种类似趋势面分析的程序，将点阵中局部异常的部分做平滑处理。凸处理（Splining）基本上就是平滑处理的反面，即扩大点阵中的差异性。为了一致性，在运行GEOG：CONTUR程序处理圭拉那魁兹数据时，不会选择使用平滑处理或凸处理。

在这个阶段，插值点阵已经最终成型，生成轮廓线图的程序可以开始运行。程序会首先建议轮廓线图不同参数的值，并询问这些值是否合适。出于美观的考虑和统计的需要，通常需要请求一组与程序建议值不同的参数。这并不会造成轮廓线图准确性或是有效性的变更，因为插值点阵（这些轮廓线图的数据基础）在轮廓间隔无论是1.0还是20.0时，都会保持完全一致。无论选择具体参数的值如何变化，生成的轮廓线图通常是这些插值点阵的最佳呈现。

程序通常会建议最小的轮廓线值为零，我们建议，在运行程序的同时将含有输入密度的列表文档（比如："橡子"文档）放在手边，并将最小轮廓线值修改到文档中的最小值（或是接近最小值）。我们不建议修改程序建议的最大轮廓线值。

程序也会建议一个轮廓线间隔。按照我们过去的经验，程序自动选择的间隔会使轮廓线图产生11或12层。对我们要达到的大多数目的而言，这个数字过多，使生成的轮廓图太过密集，也使之后的解读相当困难。我们觉得那些最终产生4到8层的轮廓线间隔已经足够。例如，我们可以看看D层橡子的轮廓线图（图26.2）。这张图用了7条轮廓线，间隔100个橡子，就不那么密集而且容易解读。

根据我们的数据最终生成了轮廓线图，于是程序就要求将轮廓线图显示在屏幕上。通常来说，展示轮廓线图是个好主意，因为这样可以在将图表描述复制到图表文档之前，先评估一下结果。接下来程序会询问是否应该把轮廓线图复制到绘图文档中（比如：ACORNPLTD）。在得到肯定的回应后，程序会继续询问，线图是否需要包括底图的轮廓，并是否要图标（包括地图名称以及每条轮廓线的符号和相应数值）。

程序运行终止后，生成的轮廓线图以及绘图说明都存储在绘图文档ACORNPLTD中。我们可以随时在具有图像功能的终端上读取文档中的图像，我们也可以将文件导入绘图仪获取图像资料（图26.2）。

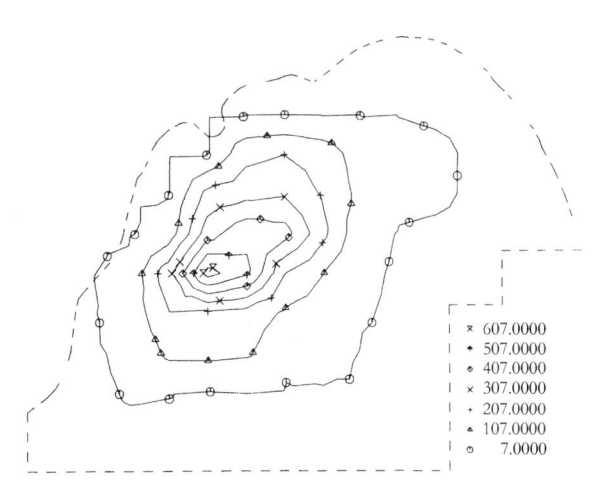

图26.2 用GEOG：CONTUR程序绘制的密度轮廓线图的例子：D层居住面上的橡子分布（对比绘图师的手绘图26.12）。其中数字代表每1×1米探方中橡子的数量。

解释轮廓线图

在下面章节中，我们将详细观察由上述程序生成的圭拉那魁兹E—B1层轮廓线图。这些轮廓线图清楚显示，没有一种变量在居住面上是均匀分布的，所有的变量都呈现为空间的聚集，许多显示多个聚集分布，表明这些都是诸如石片、朴树果籽或龙舌兰咀嚼渣等遗存的垃圾堆。这些聚集进而也能解释那魁兹期男女利用洞穴的情况。

与此同时，我们还请我们的绘图师莉萨·克洛福孔（Lisa Klofkorn）重绘了轮廓线图（图26.3—26.47）。如果将电脑生成的D层橡子分布图26.2和绘图师手绘的图26.12比较，读者就会知道我们为何要请绘图师重绘这些图。第一，绘图师可以将轮廓线值直接标注出来，而无需参考图例；第二，可以将诸如火塘和储藏坑等遗迹添加在图中，有助于我们解释各种变量的分布；第三，我们可以用实线和虚线在一张图上展示两种变量，不仅可以减少必需的图表数量，同时也可以指出具有相似分布的变量。

我们也应当指出，接下来的逐层解释中，我们有时会用原始探方号来指示碎屑密度（如橡子在C9探方中的密度）。我们已经包括了图26.1，读者可以很快将图26.2—26.47的轮廓线数据与圭拉那魁兹编号的探方图对应起来。

关于轮廓线图还有一点要补充：GEOG：CONTUR程序的图与根据表25.1—25.7数据手绘的图看上去应该不太一样。图中峰值可能在两个相邻的高密度探方间，而非集中在密度最高的单一探方中。如果有五类遗存被作为最低轮廓线值挑出，那么仅有一两类遗存的孤立分布不会显示在图中。但是，在每个个案中，电脑会决定最能代表插值点阵的图。

E 层

石器废片主要分布在两处（图26.3）。其中较大的一处（标为13—石片轮廓线）覆盖着洞穴西北象限，而较小的一处（标为4—石片轮廓线）则紧靠南墙。请注意，图5.32中，这两处都见有一个石锤，可能用于打制石片。这可能表明，在居住期间，至少有两个不同的人在两个不同活动区从事打制石片的工作。

橡子散布在整个洞穴之中，不过它们的分布呈现四个峰值（图26.4）。在居住面的西北象限中，我们

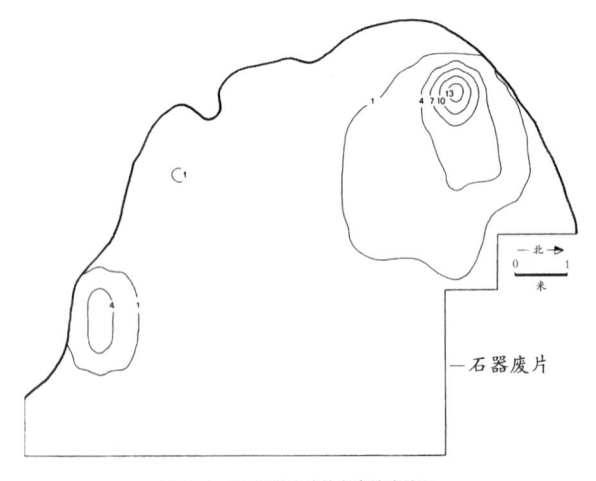

图26.3 E层石器废片的密度轮廓线图。

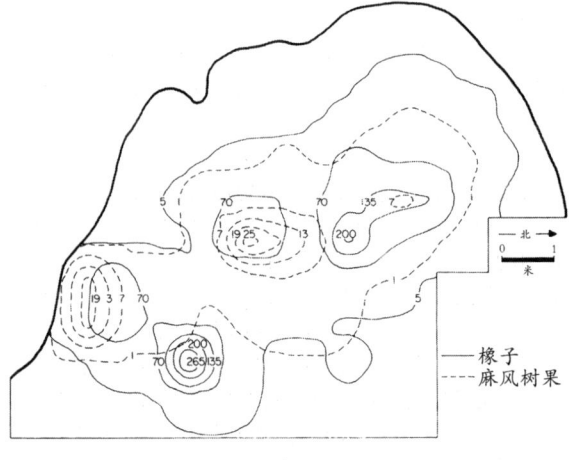

图26.4 E层橡子和麻风树果的密度轮廓线图。

见有两处标为70—橡子轮廓线的聚集,其中一处为高达每平方米200颗橡子的峰值。在居住面的东南象限,我们见有另外两处标为70—橡子轮廓线的聚集,其中一处的峰值超过每平方米265颗橡子。我们暂且认为这些聚集是将用篮筐搬运回来的橡子倒在居住面上的地方。但是,尚且不能肯定,到底有四个不同的篮筐卸载橡子还是只有两个。如果只有两个的话,那么只是200颗橡子轮廓线代表了卸货区,而近70颗橡子则代表了旁边的加工区。

麻风树果壳的分布与橡子相似,因此它们被绘制在同一张图上(图26.4)。虽然麻风树果的数量较少,但是1—麻风树果轮廓线与5—橡子轮廓线基本吻合,两处麻风树果分布最密集的区域(19和25—麻风树果轮廓线)与两处70—橡子轮廓线也部分重叠。由于麻风树果在荆棘林A的橡树群丛中很常见,因此它们很有可能和橡子一同,被采集回来并进行加工。

矮松果壳则和石器废片的分布相似(图26.5):其中较大的一处(标为49—矮松果轮廓线)分布在洞穴的西北象限,而较小的一处(标为13—矮松果轮廓线)则靠近南墙。由于矮松果可以去壳生吃,因此我们这里所见的两堆果壳,有可能是两个人坐在各自的工作区,一边工作一边吃松果留下的。

牧豆数量不多。它们主要分布在洞穴的西北象限,并朝南略微延伸(图26.5)。由于牧豆需要加工,很可能属于女性的工作(基于民族学观察),因此牧豆的分布是我们第一个有力线索,表明洞穴西北边很可能是女性的工作区。

仙人掌果籽散布于洞穴大部分地面,但它们的分布峰值跟矮松果有一定的相似之处(图26.6)。密度最高处(标为36—种子轮廓线)分布在洞穴的东南象限,密度次高处(标为29—种子轮廓线)在西北象限。那些1—种子轮廓线可能只是表明,人们在这两处之间走动时,将种子不小心洒落在地。

仙人掌果通常可以生吃。难道这里是另一个例子,暗示两个人一边在自己的工作区工作,一边吃果子?有可能,但是这里的情况跟一边吃矮松果一边就地废弃果壳不同。没有人会把籽从仙人掌果里抠出来,而是跟果子一起吃下去的(见第17章)。因此,这里仙人掌果籽的分布估计代表了没吃的果实堆在一起慢慢腐烂的地方。也许那些既软又烂的熟透果子压在最下面,没有吃掉,最后被踩烂在居住面上。

朴树果籽主要集中在洞穴的西北象限(图26.7),并在跟牧豆的分布进行比较时很有用(图26.5)。它们都是牧豆树草地的产物,而且它们在居住面上的主

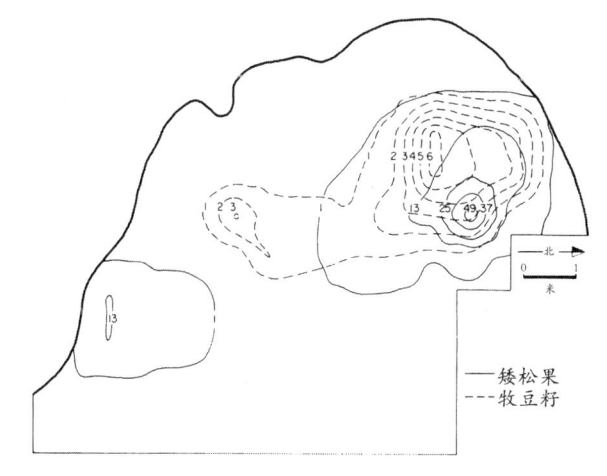

图26.5 E层矮松果和牧豆籽的密度轮廓线图。

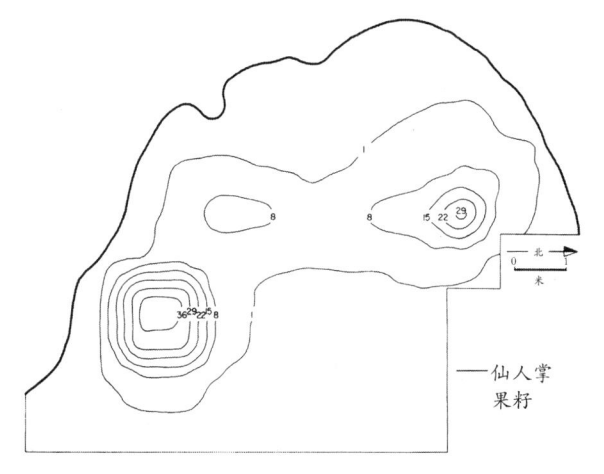

图26.6 E层仙人掌果籽的密度轮廓线图。

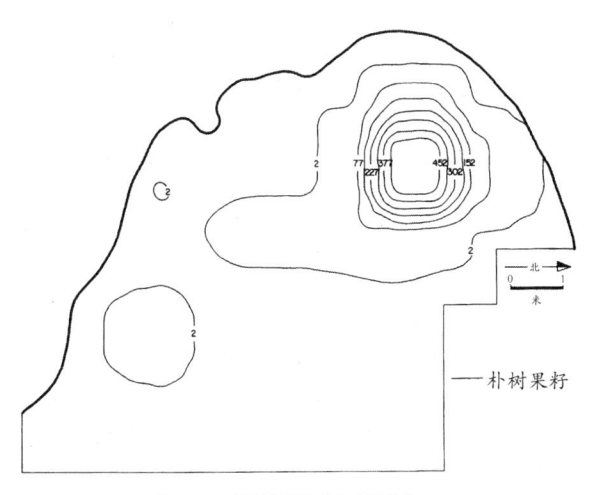

图26.7 E层朴树果籽的密度轮廓线图。

要分布几乎重合。这可能说明，牧豆和朴树果籽是由同一人搬运回来或来自同一次采集之旅。但是，一个重要差异是，朴树果籽可能是吃肉时被吐出来的，而牧豆则是处理其胶质豆荚的副产品。同样清楚的是，如果这是朴树果籽的来源，那么在西北象限工作的人吃了很多的朴树果，但在南墙处废弃了较少的种子。

豆荚瓣膜主要分布在一处，峰值达到每平方米59个（图26.8）。这表明无论人们分多少次采集菜豆，最终都在发掘区最北面附近去壳并废弃菜豆。没有任何其他遗物有类似的分布特点，这说明豆子的去壳很可能和其他植物的处理活动完全不同。

E层中的鹿骨和龟甲数量都不多，两种动物的骨头在一个探方中都不超过三块（图26.9）。最大的聚集分布于居住面的西北象限，尖峰在C11和F10探方。这块分布明显，和石器废片的主要集中区重合（图26.3），表明这是处理动物食物的地方。但是，这块不只是男性工作区域，因为这里也有处理大量不同植物的证据。因此，最好把洞穴西北象限看作是一般的食物处理区。

还有两块骨头出自靠近洞穴南墙的G4和G5探方中（表25.1）。由于GEOG：CONTUR程序的运作方式，这些孤立的骨头没有用轮廓线注明。但是在图26.9中，我们分别用一个黑星（鹿）和一个白星（龟）表示，并指出GEOG：CONTUR程序和雷诺德的Q型统计（第28章）之间的区别。在Q型统计中，G4和G5探方显示的内容非常相似，因此可被认为属于一个小型活动区；虽然这两块骨头没有出现在我们的轮廓线图中，但是却佐证了这两个探方的相似性。我们提出这点，是因为它强调了这样一点，即某居住面上统计学上可探知的共生材料，未必被密度轮廓线所显示，它也无法仅凭对材料的观察予以推断。

虽然无法证明统计学上的相伴关系，但是一些凹缺石片发现在F10探方的三块鹿骨和G5探方的一块鹿骨附近（图5.32）。

棉尾兔骨的分布与石器废片（图26.10）的分布相似。最大的一片（标为7—棉尾兔骨轮廓线）分布在洞穴的西北象限，即我们认为可能的食物加工区。较小的一处聚集（标为1—棉尾兔骨轮廓线）则分布在洞穴南墙附近，那里集中了一些可生吃的植物（麻风树果、矮松果、朴树果和仙人掌果）。后面的这个区域存在石片和动物骨骸，但实际上没有大量加工植物的事实，表明这很可能是一处男性工作区，但证据还不足以下定论。

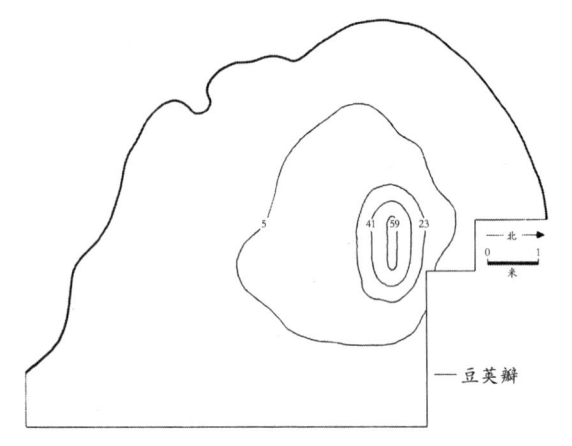

图26.8　E层豆荚瓣的密度轮廓线图。

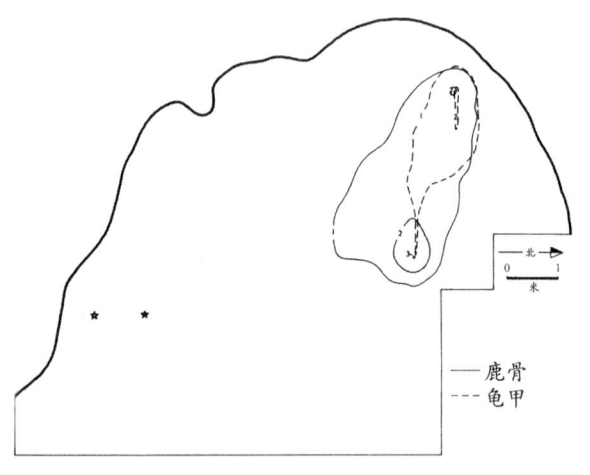

图26.9　E层鹿骨和龟甲的密度轮廓线图。

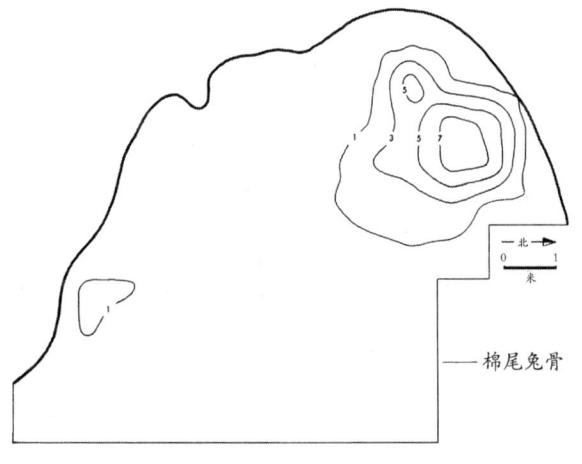

图26.10　E层棉尾兔骨的密度轮廓线图。

D 层

　　石器废片集中在D层居住面的中间，但是有两个不同的峰值（图26.11）。最大峰值（标为44—石片轮廓线）集中在遗迹2和3区域。在该区域中，标为14—石片轮廓线向北延伸到遗迹10，表明这三个遗迹都位于很重要的石器打片区。在东面还有第二处石片区（标为14—石片轮廓线），但不如第一处那么显眼。尽管D层大部分修理的石器工具都在标为4—石片轮廓线范围内，但是遗迹2和3区域的数量并不比其他区域多（图5.33），因此有可能在遗迹2和3区域加工的石器工具被带到了其他地方使用。

　　橡子散布在居住面的大部分地方，但是图26.12显示，在F6探方有一个显著的峰值。这种分布像是在经过一段时间的居住后，一大堆橡子（每平方米500—600颗）慢慢散布到洞穴地面大片地方。由于我们发现的橡子并未食用，因此它们可能代表了一堆曾经很大的橡子堆中未食用的残余。

　　D层有三个坑（遗迹2、3和10）看似曾用来储存橡子。有趣的是，没有一个坑与橡子分布的峰值相一致。因此有可能的是，集中在F6探方的那堆橡子来自某次采集之旅，它们和用来填满遗迹2、3和10的橡子无关。的确，事实上，大量未经食用的橡子也许意味着它们来自D层废弃前的最后一次采集之旅。

　　矮松果壳和橡子的分布非常相似，所以它们都被绘制在图26.12中。它们的峰值密度（标为17—果壳轮廓线）虽然比橡子要低很多，但也集中在F6探方

中。但是在此，这些果壳代表了已被食用的坚果，而非未经食用即被丢弃的坚果。

　　仙人掌果嫩茎则主要见于遗迹2、3和22附近（图26.13）。仙人掌果嫩茎需烧煮（有些串在木棍上烘烤），而它们在遗迹22火塘南边的分布表明，这块地方很可能是用来去刺和剥皮的。

　　龙舌兰咀嚼渣的分布则较为有趣，两个峰值的密度近乎相同（图26.14）。第一个峰值（7—龙舌兰轮廓线）落在遗迹22附近，这是个火塘。第二个峰值

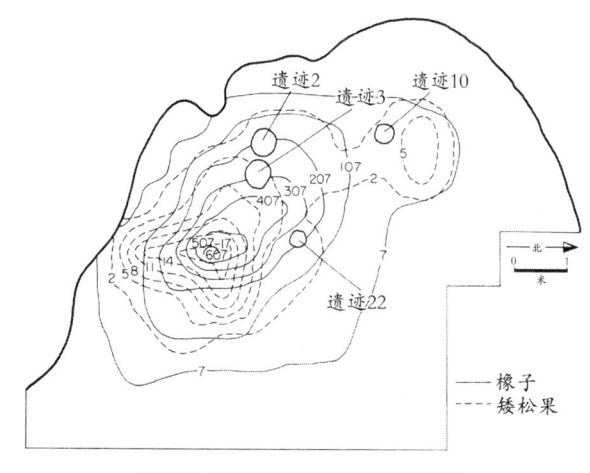

图26.12　D层橡子和矮松果的密度轮廓线图。

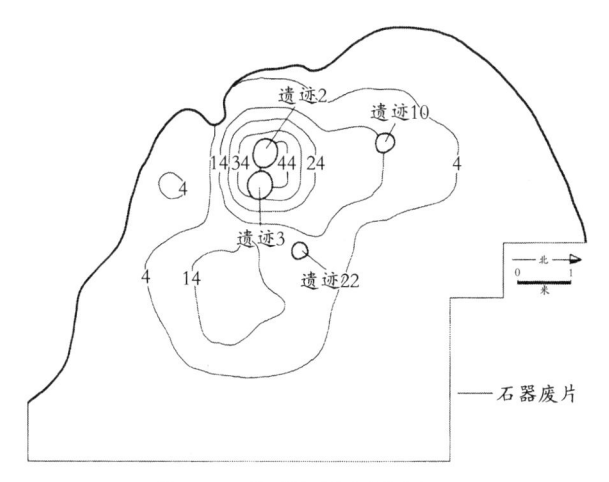

图26.11　D层石器废片的密度轮廓线图。

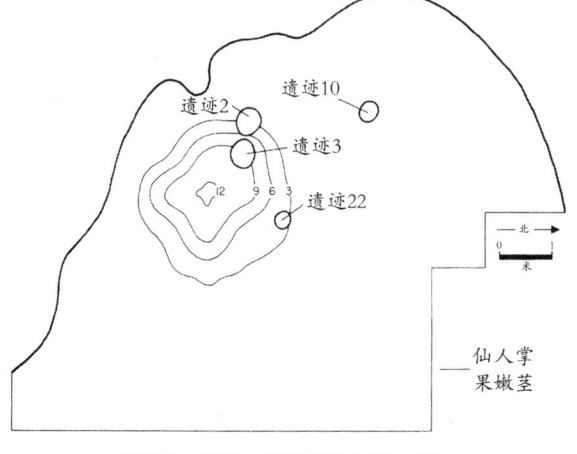

图26.13　D层仙人掌果嫩茎的密度轮廓线图。

图 26.14　D 层麻风树果壳和龙舌兰咀嚼渣的密度轮廓线图。

图 26.15　D 层牧豆籽和棉尾兔骨的密度轮廓线图。

（9—龙舌兰轮廓线）则在往南两米处。那些频率较低的轮廓线可以被看作龙舌兰咀嚼渣从这两个峰值处逐渐向外蔓延的结果。

在较晚的层位如 B1 层中，这种多峰值分布是龙舌兰咀嚼渣的典型特点。我们推测，这些穴居者曾经一边咀嚼龙舌兰一边工作，吐出的龙舌兰咀嚼渣堆积表明，那里是不同人曾经坐过的地方。在 D 层的情况里，这种堆积可能表明，曾有两人相隔两米远，坐在离遗迹 22（火塘）不远的地方。

麻风树果壳因其分布，也被绘制在图 26.14 中，尽管没有两个分开的峰值，但明显与龙舌兰咀嚼渣的分布重合。30—果壳轮廓线与龙舌兰峰值以及麻风树果壳的峰值（超过每平方米 37 个）均重合，且都在靠近遗迹 22 的龙舌兰咀嚼渣堆积之中。因此，也许之前提到的那两个人将吃剩的麻风树果壳和龙舌兰咀嚼渣丢在一起。

牧豆籽的分布主要集中在遗迹 10，这是洞穴西北象限的一个储藏坑（图 26.15）。围绕该遗迹旁每平方米 16 颗种子的最高峰值，牧豆较高的轮廓线逐渐向外递减，向南延伸到另外一个储藏坑遗迹 3 附近，从那里，牧豆籽以较低的频率向各个方向散布。

在发掘过程中，我们在遗迹 10 发现了橡子，在第 5 章中我们将其解释为橡子的储藏坑。尽管这是一个合理的结论，但是图 26.15 表明，这个坑可能在早些时候被用于储藏牧豆。要记住牧豆的收获季大约从 7 到 9 月，而橡子的收获季则从 11 月到来年 1 月，因此遗迹 10 可能在 9 月用来储存牧豆荚，当胶质被提取后，牧豆籽被废弃在附近，而这个储藏坑到 11 月就被用来储

藏橡子了。显然，我们应该考虑圭拉那魁兹的这些储藏坑有多种和前后不同用途的可能性。

朴树果籽有两个分布峰值（图 26.16），特别是根据我们有关牧豆的数据，这两个峰值跟龙舌兰咀嚼渣的分布一样有意思。与牧豆相似，朴树果是牧豆树草地 B 的物产，其中一个分布峰值（标为 49—种子轮廓线）在遗迹 10 附近。另一个峰值（76—种子轮廓线）则在遗迹 3 的东南面。其他朴树果籽都是从这两个峰值区逐渐散布出去的。

由于朴树果可以生吃，因此它们的分布可能反映了两个人坐在洞里工作，一边干活一边把朴树果籽吐出来——这个情况与我们推测的龙舌兰咀嚼渣情况相似。但要注意的是，朴树果的峰值看上去与遗迹 10 和 3 相关，而龙舌兰的峰值则与遗迹 22 相关，在其南面两米的地方（图 26.14）。因此，我们认为这可能涉及两个不同的收获季节。可能在栖居初期，在牧豆树草地 B 收获之后，有人坐在遗迹 10 附近，一边加工牧豆一边吃朴树果；另一个人坐在遗迹 3 附近。在后来的栖居时间里，当荆棘林 A 收获之后，有两个人坐在火塘边（遗迹 22）咀嚼龙舌兰。当然，我们在这里讨论的可能是一年中不同时间里的相同两个人。

西葫芦碎片主要分布在遗迹 22 东面靠近洞口的地方，它们的分布与其他任何植物都不同。其中在 F5 探方中发现的西葫芦籽不见于 GEOG：CONTUR 程序所绘制的图中，因为它是一个孤立标本，但我们在图 26.16 中用一颗黑星标出了它的位置。由于 D 层已有西葫芦驯化的证据（见第 20 章），因此西葫芦独一无二的分布可能表明，它们来自洞穴附近种植区的单独收

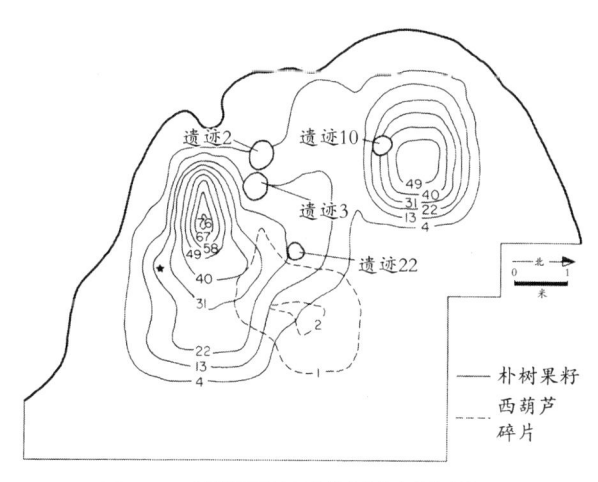

图 26.16　D层朴树果籽和西葫芦碎片的密度轮廓线图。

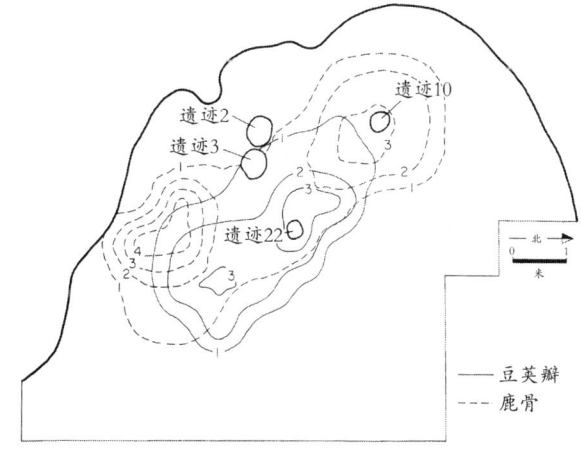

图 26.17　D层豆荚瓣和鹿骨的密度轮廓线图。

获，跟主要的野生植物采集无关。

豆荚瓣在居住面当中有密集的分布（图 26.17）。它们的轮廓线与西葫芦重叠，但是这两片区域的形状则不太相同，表明它们的废弃方式（因此它们的采集和加工）不尽相同。

鹿骨有两个分布峰值（图 26.17）。其中分布密度较高的位于洞穴南墙处，离龙舌兰咀嚼渣堆积不远，这很可能是片动物加工区（如屠宰或食用）。在遗迹 10 周围的分布比较稀疏分散，有可能是片食物加工区，那里似乎也加工牧豆。

需要指出的是，E层里的凹缺石片发现在鹿骨附近。值得一提的是，D层里出土的 4 件凹缺石片中的 3 件也发现在鹿骨附近，虽然还无法从统计学上加以论证。

棉尾兔骨的分布（图 26.15）显示跟鹿骨不同。其中一堆连着遗迹 10 和遗迹 22，其峰值也在这两个遗迹中间。另一片较少的分布位于洞穴南墙附近，与一片鹿骨的分布重合。虽然不能证明明显的关联性，但是在这个区域发现了 C 变体两面器（见图 6.38）。

我们推测这个区域连同洞穴南墙处，很可能主要是男性工作区域，具有动物加工，龙舌兰咀嚼渣，以及肉、生果和坚果的痕迹，但没有需要烦琐加工植物的证据。这说明被遗迹 2、3、10 和 22 包围的区域可能是一片植物储藏和动植物食材预备区，因此主要被女性所用。

C 层

石器废片在 C 层有比较复杂的形态，有多处峰尖和峰谷（图 26.18）。也许最有趣的是 D9 探方中的空白，标为 15—石片轮廓线绕这一片低密度区形成了一片很宽的环绕带。要记得在发掘过程中（第 5 章），我们认为 D9 探方曾是地表火塘的位置点，这也可以说明，在那里为什么工具数量那么少。

废片的三个峰值（每平方米 25 件以上）主要分布在 D11、E7 和 F9 探方。跟其他地层相比，这些探方有相当数量的修理工具，包括：（1）D11 探方中的两件陡刃锯齿状刮削器、一件凹缺石片和一件带有光泽的石片；（2）E7 探方中的一件粗糙石叶、一件凹缺石片和一件使用石片；（3）F9 探方中的一件边刮器/石刀、一件使用石片以及一件石片石核（图 5.34）。D11 探方还有一把石锤，可能是用来打片的。

尽管 C 层的分布形态比较复杂，很难用一句话来解释，但是似乎至少有三个打片/废弃区以半圆形围绕在我们推断的火塘周围，彼此以两米间隔等距分布，离火塘也有两米。

橡子在 C 层分布很广，但其分布有两个清晰的峰值，可能代表了留在居住面上的两堆橡子（图 26.19）。

较大的一堆（标为405—橡子轮廓线）位于洞穴中部靠北，靠近我们推测的火塘部位；而较小的一堆（标为105—橡子轮廓线）则位于洞穴南墙处，围绕着一件磨白碎块（图5.34）。其余各处的橡子很可能是在居住过程中从这两堆橡子中慢慢分散开来的。

矮松果壳的分布和橡子十分相似，因此就一起放在图26.19中。它们主要分布在两个区域，其中一个区域基本上跟较大那堆橡子完全一样，而另外一个区域则与较小一堆橡子有所重叠。它们紧密的相伴关系可能因为，它们都是在相同季节和基本相似的环境中收获的。

龙舌兰咀嚼渣在F9探方中部有一个非常明显的峰值（图26.20），而在此探方外，分布密度就急剧下降。显然表明有人坐在F9探方中或是附近，吐出100多个龙舌兰咀嚼渣，可能与在此区域留下一堆石器废片的是同一个人。

仙人掌果籽也被放在图26.20中，因为它们也有个非常明显的峰值。但在这里，成堆的腐烂仙人掌果就在洞穴南墙附近，其密度高达每平方米200颗籽。洞穴其他地方有少量的分布，但没有一处的密度能与提及的那堆比肩。

朴树果籽为我们提供了整个分布以非常明显的单一峰值为特点的第三个例子（图26.21），E9探方中发

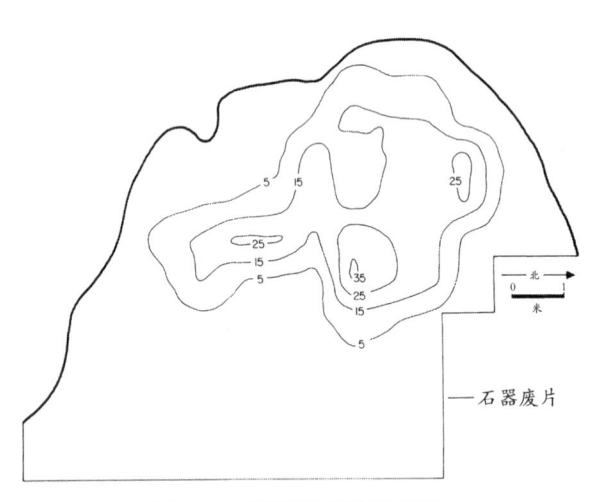

图26.18 C层石器废片的密度轮廓线图。

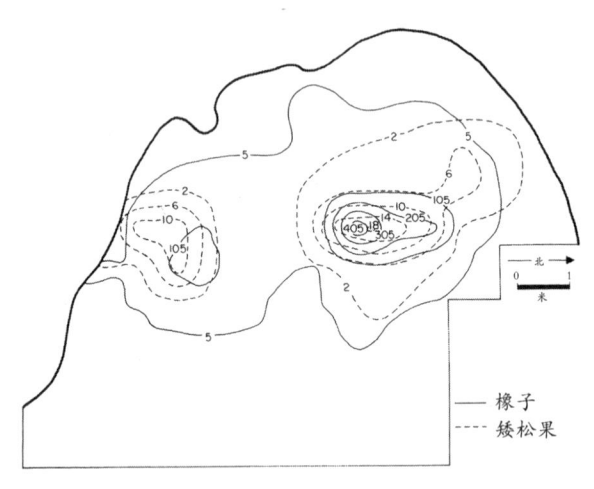

图26.19 C层橡子和矮松果的密度轮廓线图。

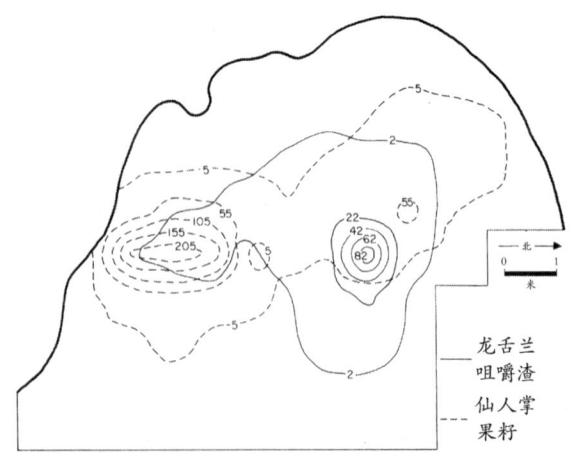

图26.20 C层龙舌兰咀嚼渣和仙人掌果籽的密度轮廓线图。

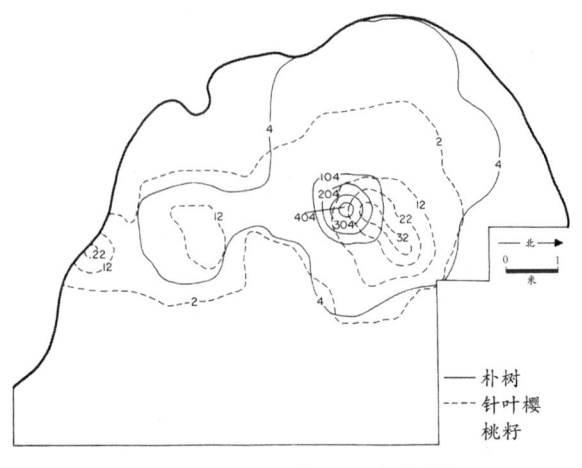

图26.21 C层朴树果和针叶樱桃籽的密度轮廓线图。

现600多颗籽（表25.3），靠近我们推测的火塘，直接毗邻F9探方的石器废片以及龙舌兰咀嚼渣堆。可能是同一人（或数人）在F9探方留下了这些碎屑，还有100多克的朴树果籽。

针叶樱桃和橡子的分布也没有太大的不同（图26.21），在我们认为的火塘东北面的分布密度中等（标为32—种子轮廓线），成为这个区域除已见朴树果籽和龙舌兰咀嚼渣外的第三种果实。一处密度较低（标为22—种子轮廓线）的区域位于洞穴南墙处，那里堆有仙人掌果和矮松果壳。因此，至少有两个人很可能在C层中吃针叶樱桃。

牧豆籽和银合欢豆荚的分布如此相似，以至于我们把它们放在了同一张图中（图26.22）。每种在E9—F9探方中都有单一的峰值，周围向东南西北延伸，密度逐渐降低，其方式与图26.18中石器废片的分布趋势十分相似。

除了在我们推测的地表火塘东面增加了已经比较密集的碎屑堆积外，牧豆籽和银合欢豆荚的分布也为我们研究C层栖居期间洞穴的利用提供了有价值的线索。这两种植物都是牧豆树，但是它们却在不同的植被区生长，银合欢在荆棘林A，牧豆则在牧豆树草地B。而两者的处理方式也不同，银合欢籽可以直接从豆荚中剥出来生吃，而瓦哈卡的牧豆通常被煮成一种可食的浆汁。它们的丰收季节在8月重叠，大概持续一个月。

图26.22表明，两种不同牧豆树的豆荚，长在相隔3—4千米的地方，可能分别是通过不同的收获之旅采集回来的，但实际上在居住面同一处被加工。这有力表明，洞穴中特定区域被认为是加工处理某些植物的合适地方，无论这些植物是从哪里被采集回来的。而且，附近存在的大量的橡子也说明，不管什么季节，这里都被认为是处理植物的理想地点。基于民族志的类比，我们或许可以进一步认为，这块在我们认为是火塘东面的位置是食物准备区，主要由女性使用。在F9探方中发现了两块磨石，似乎证实了这种可能（图5.34）。

豆荚瓣和麻风树果壳也集中出现在上述的植物加工区，并略向南面和东面延伸（图26.23）。麻风树和红花菜豆可以在同一片荆棘林A中找到。作为一种有橡树的环境，它们在采办橡子之旅时一起被采集回来并不让人感到奇怪。

西葫芦和仙人掌果嫩茎的分布在洞穴中只见很小的一片区域，在F9探方中与牧豆、银合欢和龙舌兰咀嚼渣一起，表现了相同的峰值。仙人掌果嫩茎需要除

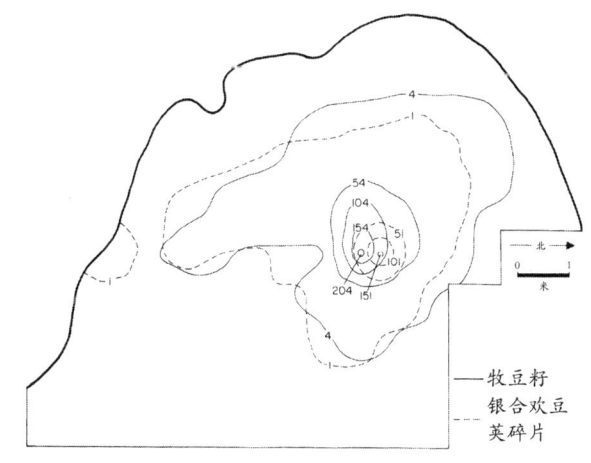

图26.22　C层牧豆籽和银合欢豆荚碎片的密度轮廓线图。

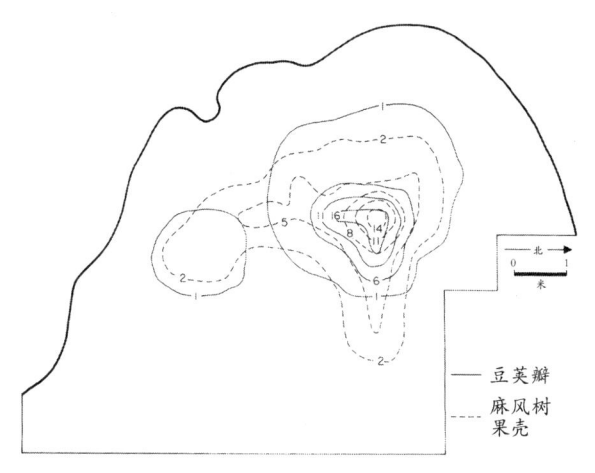

图26.23　C层豆荚瓣和麻风树果壳的密度轮廓线图。

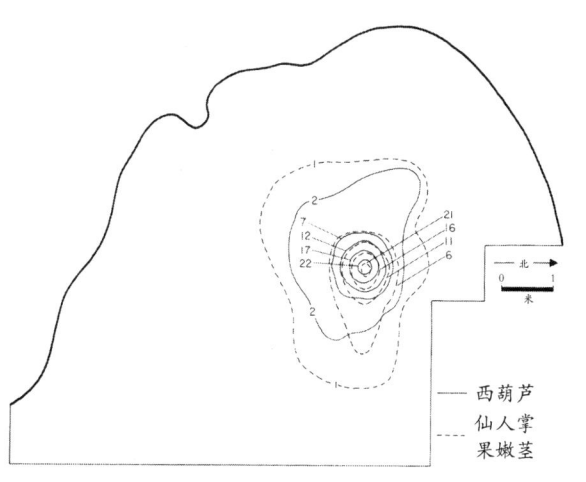

图26.24　C层西葫芦和仙人掌果嫩茎的密度轮廓线图。

刺、去皮和炊煮，因此它们出现在这个植物加工区并不奇怪。我们也不要忘记，这里还发现了串在棍子上的仙人掌果嫩茎，还有另外三根可能是烤焦的仙人掌果嫩茎串棍。切开西葫芦和烘烤西葫芦籽显然是由处理仙人掌果嫩茎的同一人所为（大概是女性）。

到目前为止，比较明显的是，沿洞穴南墙这片区域是另一处碎屑始终集中的地方，从未用于加工植物，因此很有可能这片区域是一片男性工作区。

鹿骨和棉尾兔骨有自己的独特分布，且不连续（图26.25）。较多的堆积主要围绕在火塘四周，鹿骨的峰值实际分布在火塘与洞穴西墙之间。较低的棉尾兔骨峰值看来在：（1）靠近西墙处；（2）火塘和北墙之间。很明显，在D9探方的火塘周围可能有加工动植物食物的区域，尽管大部分植物碎屑留在火塘和洞穴口之间，而很多小动物骨骼则被丢弃在洞穴后墙的地方。

我们第二处含有较少动物骨骼的分布区看来靠近洞穴的南墙，此地我们已经推测可能是一处男性工作区。附近存在的不少石器工具足以增加这种可能性，即动物在拿到食物准备区之前，先做一番处理（图

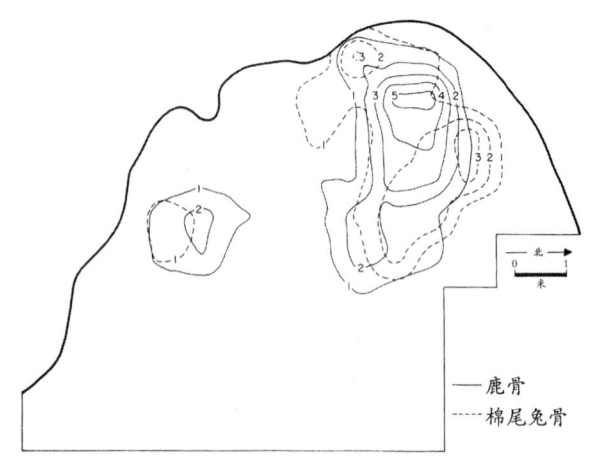

图26.25 C层鹿骨和棉尾兔骨的密度轮廓线图。

5.34），虽然有些骨骼也有可能是饭食的残余。无论谁在这里工作，他们都同时食用和丢弃了数量可观的坚果、坚果和烤过的龙舌兰，但是明显没有参与任何植物加工。

B3 层

石器废片在B3层中呈不连续分布，大概有多达四片较小的集中区（图26.26）。它们大多集中在靠近洞穴后墙的半圆形区，同时伴有一些石核碎片和修理过的工具（图5.36）。

橡子和麻风树果壳的峰值都在D9探方中，因此被放在同一张轮廓线图中（图26.27）。对于橡子来说，在洞穴居住面上，我们处理的可能是洞穴地面上一堆未经处理的几百颗橡子，受周围不同活动的影响，逐渐向外散布，密度也逐渐降低。另外一堆靠近洞穴南墙处的橡子则和图26.26中的一小堆石器重叠。对于麻风树果壳来说，它们的数量较少，但是由于跟橡子同在一个植被片区采集的缘故，因此跟橡子混在一起。

朴树果籽集中在两个分开的区域，可能表明有不同的人在不同的地方生吃朴树果并把籽吐出来（图26.28）。其中一堆位于洞穴南墙处，另外一堆位于C9探方内及附近，这两个区域也分布有石制品和橡子。

龙舌兰咀嚼渣也分布在两处（图26.28）。其中密度较高的一处主要在E5探方靠近洞穴南墙处，与其中一堆朴树果籽分布重叠。另外一处密度较小且较分散，总体上与图26.26中石器废片的半圆形分布相似。E5探方中密度较高的分布说明，同一个人在南墙附近既吃朴树果，又嚼龙舌兰。

牧豆籽的峰值出现在D9和E7探方中，图26.29中的轮廓线使它们变得平缓了些。它们可能代表两处处理牧豆的地方，将它们与银合欢和菜豆的分布进行比较的话，会有一些启发（见下）。

豆荚瓣和银合欢豆荚的分布完全一致（图26.30）。它们的共同峰值位于E7探方，在那里，它们与牧豆分布密度的第二集中区重合。因此B3层呈现了一个与C层相同的现象：三种不同豆子的豆荚，无论它们是从哪个植被区被采集回来的，都在居住面的同一块地方加工或废弃。

在E7探方南侧剖面上发现了一段结网残片，可能是采集网兜的一部分（图5.36）。尽管没有统计学上的关联性，但是这段残片类型估计是用来将牧豆、银合欢豆和菜豆从收获区运到洞穴里的网兜，所以它出现在E7探方中还是很有意思的。

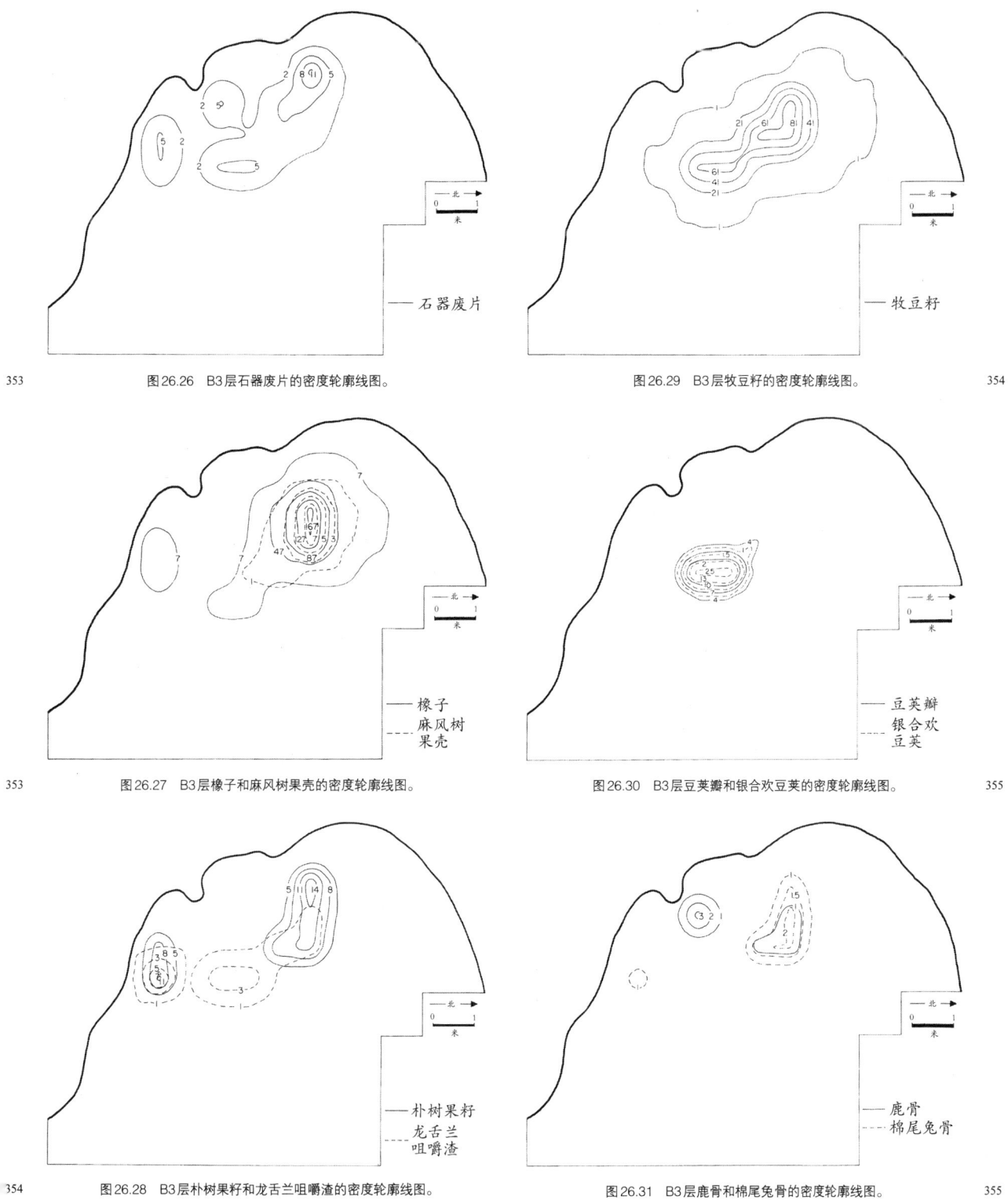

26 圭拉那魁兹碎屑的空间差异：一种描述性方法 299

图26.26 B3层石器废片的密度轮廓线图。

图26.29 B3层牧豆籽的密度轮廓线图。

图26.27 B3层橡子和麻风树果壳的密度轮廓线图。

图26.30 B3层豆荚瓣和银合欢豆荚的密度轮廓线图。

图26.28 B3层朴树果籽和龙舌兰咀嚼渣的密度轮廓线图。

图26.31 B3层鹿骨和棉尾兔骨的密度轮廓线图。

第六编　居住面的空间分析

鹿骨和棉尾兔骨在B3层中的数量并不太多，它们的分布也不连续（图26.31）。其中鹿骨分布最集中的区域是在C6探方，而且跟图26.26中最西南面的石器废片分布重叠。由于在C6探方中没有发现其他遗存，因此该探方可能含有来自一块动物处理（屠宰或食用）区的碎屑。

鹿骨和棉尾兔骨的分布也与洞穴西北象限的石器废片分布重叠，这个区域中也分布有牧豆、朴树果、橡子和麻风树果壳等遗存。与其他居住面相似，这个区域可能就是准备食物或废弃垃圾的地方。

另外，在洞穴的西北面，我们还发现了两件破损的矛头（还有五件可能的梭镖杆残段）（图5.36）。尽管大部分破损的狩猎工具与骨骸和石器分布重叠，但该区域从整体上来说还是一般的废弃点，而非专门为狩猎所设的一片工作区。

B2 层

石器废片主要分布在洞穴西北象限（图26.32）。在标为5—石片轮廓线的椭圆形区域中，在C6、D8和C11探方中有三个非常明显的峰值。在发掘过程中，我们发现C6靠近洞穴后墙处废弃有很多打制石器和碾磨工具（图5.37）。但是，D8和C11附近的峰值区域可能是加工工具的地方。图5.37也显示，在D8和C11的峰值区附近，也见有许多石核和修理工具。在以下段落中，我们也会提供证据，表明这两块废片分布区是由两个人（或同一人在两个地方）留下的。

在洞穴南墙处还有另外一片数量更少的石器废片区，就像我们后面会看到的那样，这堆分布很可能是由另外一个人留下的。

橡子和麻风树果壳都是荆棘林A的物产，它们都集中在洞穴的西北象限（图26.33）。每种都各有一堆，橡子的峰值在C9探方，而麻风树果壳的峰值在D8探方。换言之，麻风树果壳的分布与D8中的石器废片的集中区重叠，很可能就是打片者吃剩留下的。

针叶樱桃籽和龙舌兰咀嚼渣的分布十分相似，因此被一同放在图26.34中。两者都在洞穴的西北象限中有大量分布，在南墙附近数量较少。针叶樱桃籽在D9中达到其峰值（标为18—种子轮廓线），靠近之前提到的石器废片和麻风树果壳分布区。龙舌兰咀嚼渣的分布覆盖了从D8石制品分布区到C11石制品分布边缘的整片区域。

我们认为，在洞穴的西北象限，很可能有两个人曾在那里工作。这些分布情况的存在也说明，他们两人一边工作一边咀嚼龙舌兰，而在D8—D9区工作的那个人很可能也吃针叶樱桃的果实。坐在靠近洞穴南墙处的第三个人，很可能与那里分布的一小片针叶樱

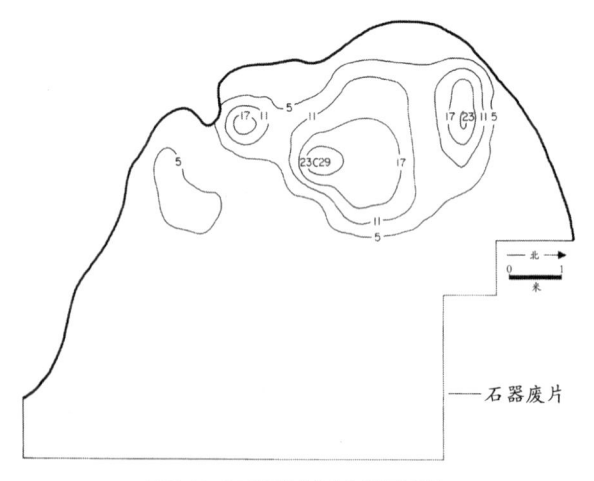

图26.32　B2层石器废片的密度轮廓线图。

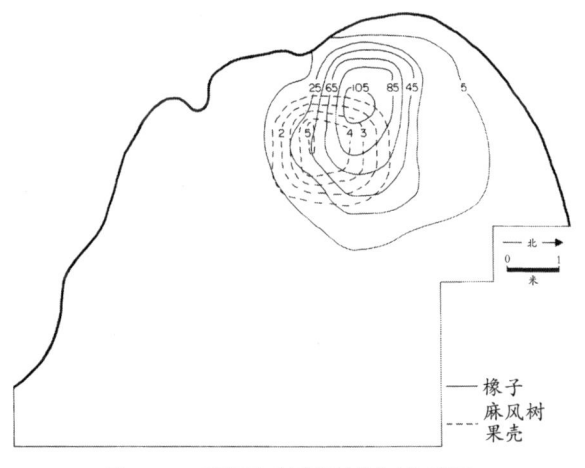

图26.33　B2层橡子和麻风树果壳的密度轮廓线图。

26 圭拉那魁兹碎屑的空间差异：一种描述性方法

桃籽、龙舌兰咀嚼渣及少量石器废片有关。

牧豆籽主要集中在靠近居住面北面的D11探方里（图26.35）。如果我们忽略GEOG：CONTUR程序所绘制的4—种子轮廓线（该图代表了不到1个豆荚），那么看来一堆主要的豆荚是由我们假定的D11探方里的那个人处理的，而数量较少但仍令人印象深刻的那堆则是由D8探方中的那个人处理的。由于牧豆是要加工和炊煮的植物，所以现在我们可以假设这两人都是女性。而靠近南墙处的牧豆籽的数量相对不多，因此可能是从同一堆豆荚散开去的，表明在那里工作的那个人并不参与主要的植物处理工作。因此他可能是个男性？我们没有足够的证据来确认这点。

豆荚瓣和西葫芦集中在洞穴西北象限，它们的分布情况也表明，有两个人大概相距2米而坐（图26.36）。一片西葫芦分布区集中在E9探方中，与分布在D9探方中的豆荚部分重合。另一片西葫芦分布区集中在C11探方中，与分布在D11探方中的豆荚部分重叠。这第二片分布区位于牧豆的峰值分布区，因此我们认为这是一片女性的植物加工区。

B2层是我们序列中的第一个居住面，上面西葫芦和豆子的空间分布如此密切。但是，这种形态也可能具有一定的偶然性，因为豆荚瓣看来在D9和D11探方中也有峰值，这里的牧豆荚极多。因此这些植物在一起分布可能主要由于，它们都是由在洞穴西北象限工作的两个女性（？）处理的。

鹿骨和棉尾兔骨主要分布在D9探方（图26.37），

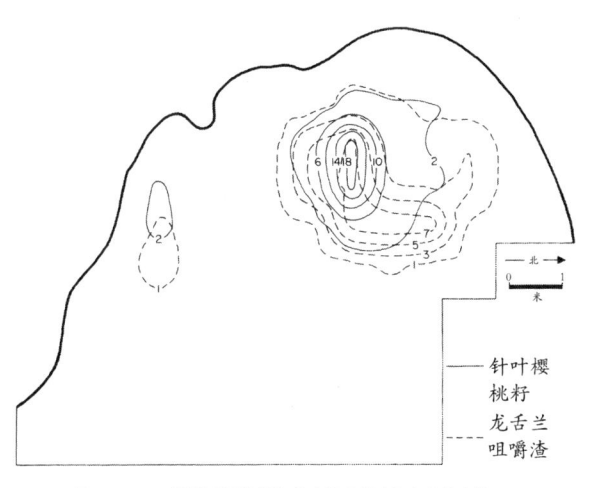

图26.34 B2层针叶樱桃籽和龙舌兰咀嚼渣的密度轮廓线图。

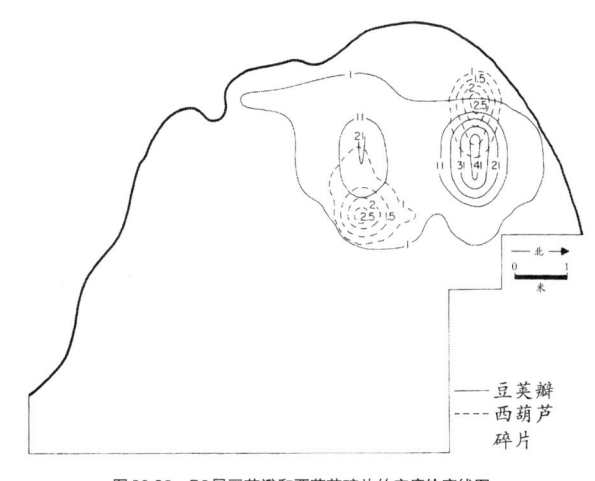

图26.36 B2层豆荚瓣和西葫芦碎片的密度轮廓线图。

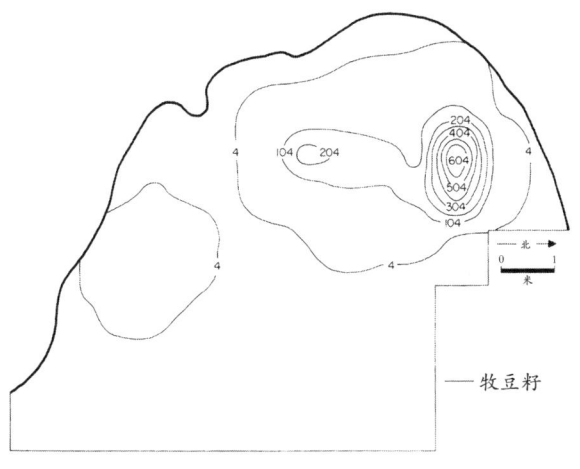

图26.35 B2层牧豆籽的密度轮廓线图。

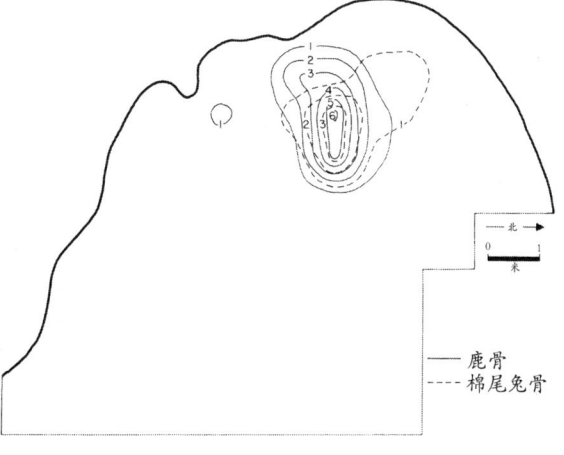

图26.37 B2层鹿骨和棉尾兔骨的密度轮廓线图。

密度中等。产生这堆遗存的人看来也可能进行了一些石器打片工作，处理了些牧豆，咀嚼了龙舌兰，并吃了一些生果和坚果。由于我们已经认为此人可能是一位女性，因此我们现在认为D9探方这片区域可能是用来准备动植物食物的。在C9探方附近发现的一件磨盘、一块磨石，和与一块鹿骨相伴的未加工石片，可进一步证明这点。从鹿和棉尾兔的轮廓线形状我们可以推断，一些碎骨主要废弃在靠近洞穴西边和西北边的墙角处。

龟甲的分布与鹿骨和棉尾兔骨相比，呈现出不连续性（图26.38）。一处密度中等的堆积正好与处理鹿和棉尾兔的区域重叠（探方C9—D9）。第二处堆积的峰值出现在探方C11中，这与我们假定的另一个人坐在洞穴西北象限相关。因此，此人很可能只是处理了一只龟（可能将龟在烤熟后去壳），但是没有处理鹿和棉尾兔。

圭拉那魁兹的居民到底用何种工具来撬开泥龟壳呢？C11—D11探方中发现的C型变体两面器和一砍砸器/石刀是可能的选择（见图5.37）。

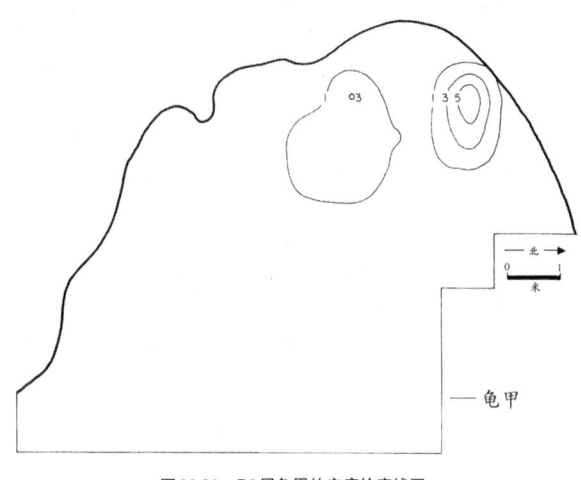

图26.38　B2层龟甲的密度轮廓线图。

B1 层

在圭拉那魁兹的所有居住面中，B1层看来在动植物和人工制品遗存分布上，形态最为复杂。

石器废片数量丰富，遍布洞穴的大片区域，并显示出多峰值分布（图26.39）。密度最集中的区域是位于南墙附近的F5探方，但这只是在一条狭长条带中的一处最高峰值，标为25—石片轮廓线。在这个狭长条带或两边一米之内，发现了无数的石核、一件石锤和经过修理的工具，如锯齿状陡刃刮削器、凹缺石片、一件矛头残段和一件B型两面器（见图5.38）。

在洞穴的西北象限有两处火塘，为遗迹11和14。火塘周围分布着5—石片轮廓线，形成一椭圆形围裙状的石片分布，其对称性被三处很小的石器废片聚集（15件石片以上）所打破。这三处聚集间隔2—3米，包括修理的工具，如凹缺石片（图5.38）。最靠北的一处聚集在C12探方附近，可能代表了被扫到洞壁附近的石器废片，附近C11探方里发现了两件石核和两件石核碎片。最西面的一处聚集在B9探方，可能也是被扫到洞壁附近的石器废片。在西北面的第三处聚集（E11探方）包括4件修理的工具。

这些石片的分布表明，有一人或多人在居住面的最南边从事大量的打片和工具生产。在洞穴的西北象限，也许有两人坐在火塘附近从事中等程度的石器加工，并将产生的垃圾废弃在洞壁附近。

橡子在居住面上分布很广，但是它们的分布至少与四处集中区相关（图26.40）。三处最主要的集中区位于西北象限的火塘附近。在C9探方中部好像集中了一大堆未经处理的橡子，就在遗迹14的南部。C9探方出土了一件可能用于研磨橡子粉的磨石（见图5.38）。两处较小的橡子堆分布在E9和E11探方，位于遗迹11的北面。因此遗迹11和14周围的区域很可能是用于储存和处理橡子的地方（当然还有其他东西）。

离洞穴中部较远处，在F7探方有一小堆橡子。这可能代表了带回洞穴后但从未进行处理的一堆橡子的最后残留。B1层所有其他橡子（如标为4—橡子轮廓线）很可能就是在栖居过程中，从上述的集中区逐渐分散开来的。

矮松果壳只有单一的集中分布，在E11探方中与一堆橡子重叠。这些可能代表有个人坐在遗迹11火塘北面吃坚果并吐壳。

龙舌兰咀嚼渣在B1层中的分布是所有植物中最有意思的：它们的分布一共有五小堆，两堆在居住面的南面，三堆在西北面（图26.41）。再清楚不过的是，

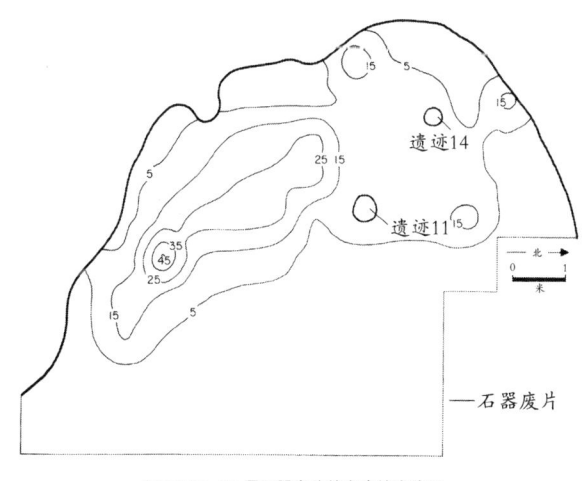

26 圭拉那魁兹碎屑的空间差异：一种描述性方法

图 26.39　B1 层石器废片的密度轮廓线图。

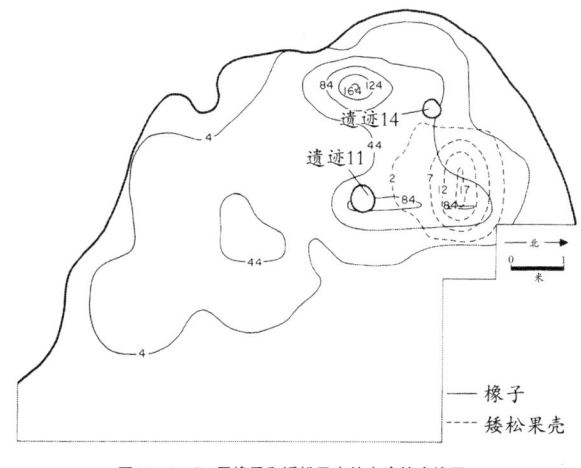

图 26.40　B1 层橡子和矮松果壳的密度轮廓线图。

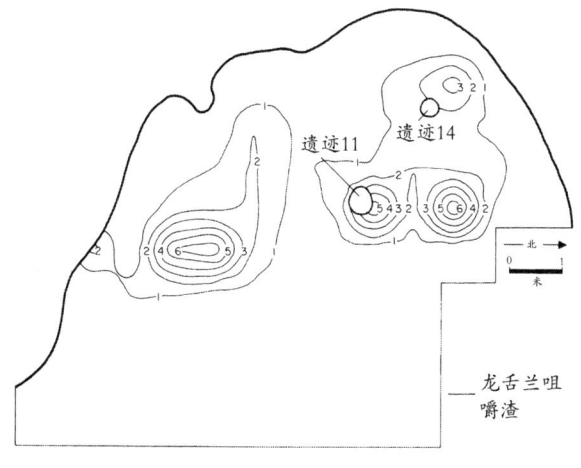

图 26.41　B1 层龙舌兰咀嚼渣的密度轮廓线图。

我们处理的是在洞穴不同地方工作的两到四人咀嚼龙舌兰并吐出的碎渣。实际上，图 26.41 几乎就像是那魁兹期小游群成员选择的一张座位分布图。

至少一人坐在洞穴南面 F6 探方附近，留下了一大堆龙舌兰咀嚼渣，也许还向南和向西有少量散布。另一人很可能坐在遗迹 14 附近，留下的一堆较小。遗迹 11 北面的 E9 和 E11 探方中有集中分布的两堆咀嚼渣，可能是两个人并肩工作留下的，或是一个人在两次不同时间留下的。其中一个人（E11 探方中）好像还吃了矮松果（见上）。

仙人掌果籽的分布不连续（图 26.42）。最大的一堆集中在洞穴地表南部的 F6 探方附近。较小的一堆分布在西北象限遗迹 14 的周围。每个集中点可能代表了未被食用的仙人掌果腐烂的地方。

针叶樱桃籽和龙舌兰咀嚼渣的分布相似：小种子的多块集中分布表明，这里有多达四人在居住过程中坐在那里吃生果（图 26.43）。有两堆分布在南墙附近（在 E5 和 G4 探方中），很可能是两个人留下的，或是一个人两次留下的。第三堆位于遗迹 11 的西南面。第四堆集中在 E11 探方里，与已经讨论过的矮松果壳和龙舌兰咀嚼渣在一起。

牧豆籽是 B1 层发现最多的植物遗存，它们的分布在 E11 探方附近有一个非常明显的峰值（图 26.44）。这可能代表了处理大量牧豆荚后留下的一堆垃圾。但是，看来这堆垃圾废弃后被后续的活动不断扰动，以至于以很低的密度散落在居住面各处（注意 5—牧豆籽轮廓线）。

由于牧豆和橡子都要经过大量处理，因此我们可以认为洞穴的西北象限，尤其是遗迹 11 和 14 附近是被用来处理植物或准备食物的区域。我们也注意到，虽然这两种植物来自不同的植被区，并在每年的不同季节成熟，但是它们在居住面上的同一地点加工。因此我们认为，这进一步证明，劳动性别分工在居住面的概念划分上起着更大的作用（女性在进行大量植物处理时，有她们自己的工作区），而非根据植物的收获季节和产地而定。

朴树果籽显示了与其他生果相同的分布形态（图 26.44）。直接在遗迹 14 南面的 C8 和 C10 探方之间有两个不同的峰值。但是，这只不过是由 9—朴树果籽轮廓线所定义的一处较大分布中的两个最显著峰值，它们也进入了 C11 探方的牧豆集中区。因此，我们可以推断，大约有 1—3 个人在洞穴西北象限工作，吃了 100 多个朴树果。其余的分布（由 2—朴树果籽轮廓线定义的一条不规则条带，向洞穴南壁方向延伸）可以解释为人们

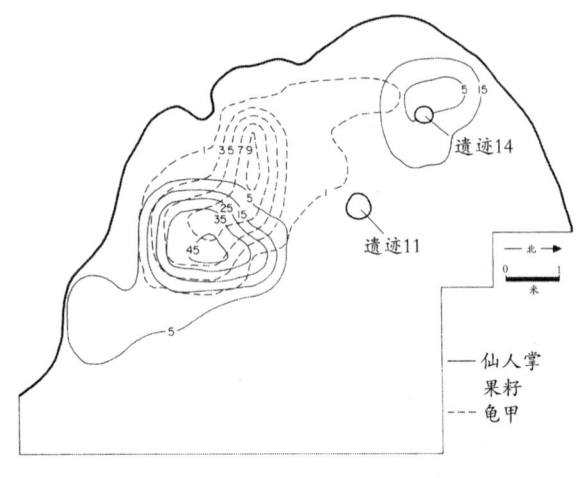

图26.42　B1层仙人掌果籽和龟甲的密度轮廓线图。

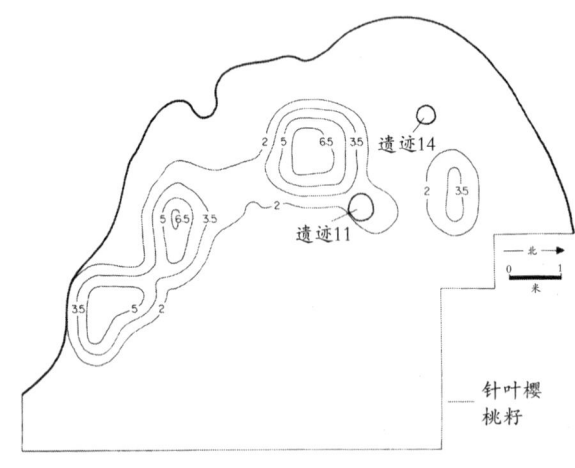

图26.43　B1层针叶樱桃籽的密度轮廓线图。

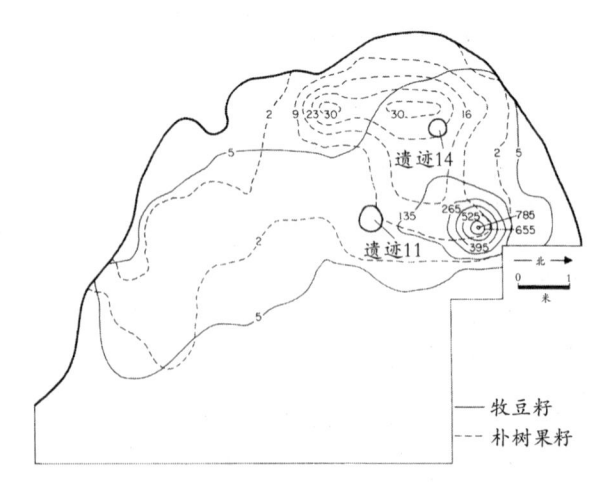

图26.44　B1层牧豆籽和朴树果籽的密度轮廓线图。

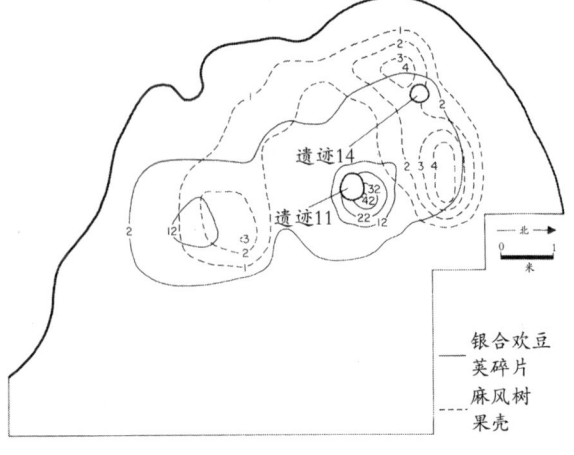

图26.45　B1层银合欢豆荚碎片和麻风树果壳的密度轮廓线图。

在居住面上来回走动，使得朴树果籽散落到各处。

银合欢豆荚碎片的峰值分布主要在遗迹11的周围（图26.45）。就在牧豆荚峰值分布（见上文）南面一米的地方，这也进一步加强了我们在较早层位中所见的一种形态：大部分牧豆树豆荚，不管它们是哪个品种或来自哪个植被区，都会在居住面的同一区域加工。F6探方里的一小块豆荚分布，可能代表了另一加工区，或像附近F7中的橡子分布，只是代表了带回洞中的一大堆豆荚的残余，在加工之前暂时放在F6探方。

麻风树果壳的分布是另一例，表明在洞穴的不同区域有两三个人生吃这些果实（图26.45）。其中一小堆位于遗迹14的西面，另一堆在遗迹11北面的E11探方中，第三堆数量更少，在居住面南面的F7探方中。

豆荚瓣和西葫芦碎片在洞穴最西北角有非常有意思的分布（图26.46）。尽管这两堆遗存的分布不完全一样，但是它们很明显都是加工后的残余，主要被废弃在遗迹14西北的C11探方里。

这个分布的重要性体现在，它再次证明了我们在那魁兹期各层序列中所见的一个趋势。在较早的居住面如E、C和B3层中，红花菜豆通常跟其他的牧豆树植物如牧豆和银合欢豆荚一起被去壳并丢弃，而西葫芦则在其他地方加工并丢弃。自B2层开始，红花菜豆和西葫芦逐渐开始在同一个地点进行加工并丢弃，并在B1层增强。换言之，红花菜豆不是跟其他野生牧豆一起加工的，而是与一种所知的驯化植物一起加工的。

这已不是第一个间接证据，表明这些黑色小菜豆很可能已经栽培。在第24章中，我们讨论过这样的事实，即在圭拉那魁兹的几个居住面上，存在大量的红

26　圭拉那魁兹碎屑的空间差异：一种描述性方法

图26.46　B1层豆荚瓣和西葫芦的密度轮廓线图。

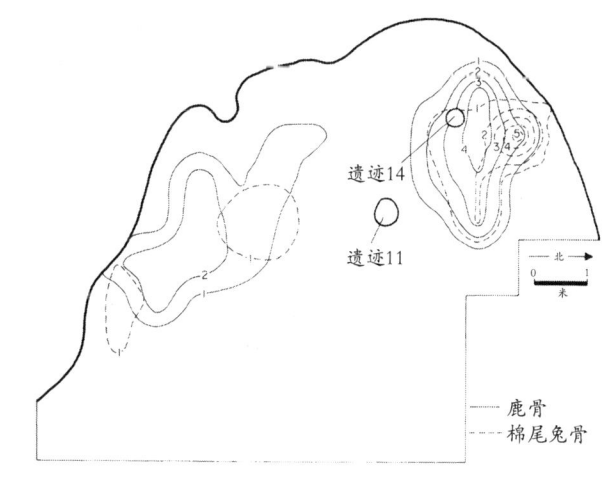

图26.47　B1层鹿骨和棉尾兔骨的密度轮廓线图。

花菜豆，这表明这些先民：（1）大规模采集红花菜豆，超过了任何其他植物；（2）在洞穴附近栽培它们，来人为提高它们的产量。但是需要牢记的是，任何"早期豆子栽培"的证据至多是间接的，不只是因为这些豆子本身没有显示任何遗传变化，而且因为它们仍属于目前没有驯化的这类物种。因此——再次重复我们在第24章的陈述——如果那魁兹确实见证了红花菜豆的人工栽培实验，那么这个实验也因偏好更易培育的豆类品种而被最终放弃。

鹿骨和棉尾兔骨分布在两片不同的区域（图26.47）。主要一片集中位于洞穴西北象限，这些骨骼以一个大椭圆形散落在遗迹14的火塘周围。由于这个区域也有很多植物遗存的分布，我们现在可以推断，这个区域至少部分是用于动植物食物加工的。棉尾兔骨的峰值出现在C12探方中，表明有些骨头被废弃在洞壁附近。

第二堆骨骼密度较低，分布在靠近洞穴南墙处的一大片区域中。有大量证据表明，这片区域曾用于石器加工并食用生果和坚果，但是几乎没有加工大量植物的证据。因此在这里发现的动物骨骼可能来自屠宰或食用，或两者皆有。

根据目前已知的证据，我们认为洞穴的西北象限主要是女性工作区，而洞穴的南部则主要是男性工作区。在这种情况下，业已讨论过的针叶樱桃籽和龙舌兰咀嚼渣堆积可能表明，在B1层堆积的形成过程中，至少有两个男性和两三个女性生活在洞穴之中。

龟甲主要集中在洞穴的西南象限（图26.42）。在第22章中，我们提出在B1层中，至少在炭火上烘烤了两只龟，一只集中在D7探方中，另一只在E6探方中。在D6探方中发现的两块磨石残块，很可能是用来敲开龟壳的工具（见图5.38）。

概括与小结

在简单考察了圭拉那魁兹六个居住面后，我们发现了好几个重复出现的形态，这可能反映了当时洞穴中劳作组织的规则。这些形态可能采用了两种方式：它们可以作为本章的经验总结来介绍，它们也可以作为背景信息，用来帮助惠伦和雷诺兹在第27和第28章里的研究。

1. 我们认为，劳动性别分工是比植物收获季节和采集植被区，在决定居住面的划分上更重要的因素。一旦洞穴中某个区域被设定为加工一些需要大量劳力投入的植物，那么就不管是8月从牧豆树草地B收获牧豆荚，还是12月从荆棘林A收获橡子，它们都会在这里加工。

2. 假定女性从事大部分植物加工，那么她们对洞穴西北面的利用要比其他任何地方都多。这里是洞穴中最可能安置火塘的地方，而且至少有一半的储藏坑。假定那些兼有石器打片和动物屠宰但没有大量植物加工证据的区域是男性工作区，那么相比其他区域，男性似乎对洞穴的最南面利用更多。

3. 但是简单划分男女工作区还不足以解释活动区的复杂性。它们包括少量屠宰、植物生吃、工具制作、食物准备和炊煮（包括肉和蔬菜）以及垃圾丢弃等区域。甚至垃圾还可以细分，那些较大的垃圾经常被废弃在靠近洞口的地方，而较小的垃圾则经常被废弃在洞壁旁边。

4. 在圭拉那魁兹，任何先入为主地认为男性承担了所有打制石器的想法，也证明是过于简单了。确实在某些居住面上，男性承担了大部分打制石器的工作（而且可能主要承担了某些工具类型的制作，比如矛头和两面器），但是女性肯定也制作部分她们所用的工具。她们的加工范围包括石核、重型刮削器以及用于轻微切割工作的各种修理石片，凡是用于食物加工的工具都可能在内。

5. 橡子在居住面上留下了一两个大型堆积（可能是从筐里一起倒出的），或偶尔放在储藏坑里。附近有时发现磨石或磨棒碎块，这些工具很可能是用来研磨橡子粉的。对橡子的利用有点浪费，有数以百计遗留的橡子未被食用。

6. 那些会留下大量处理碎屑的植物，如牧豆、银合欢、仙人掌果嫩茎，总是在女性工作区或附近留下大量堆积。有些植物很可能是拿回来编织网兜的。

7. 根据圭拉那魁兹鹿骨缺失部分推断（见第22章），大量初步屠宰鹿的工作很可能是在洞外完成的，只是将大小合适的含肉部分拿进洞中做进一步处理。对于比较大的植物，如龙舌兰芯和仙人掌来说，可能也是这样。根据洞穴中发现的残留物推断，大量的垃圾应该被丢到了洞外。

8. 尽管男性很可能承担了初步屠宰鹿的体力活，但从食物准备区的碎骨可以明显推断，女性处理和肢解小部分的鹿和兔子。另一方面，龟则带壳放在炭火上烘烤，然后被分解去壳。根据烧骨数量，我们判断洞穴中发现的很多碎骨都是烧煮和食用后丢弃的，并非来自屠宰区的遗存。

9. 可以直接吃的生果（朴树果和针叶樱桃）、坚果（矮松果和麻风树果）和龙舌兰咀嚼渣，并不只局限于洞穴居住面的某些区域。它们的分布形态表明，洞穴中的所有人，无论男女，都不时吃这些植物，每人都产生自己的垃圾堆，如吐出的籽、坚果壳以及嚼过的碎渣。在一些居住面上，这些个别的小垃圾堆表明，在洞里至少有四五个人，但是不会更多。

10. 仙人掌果明显在居住面的不同地方形成了小片堆积，可能与上述某个人留下的小垃圾堆相关。当那些未食用的果实"过了最佳食用期"并开始腐烂的时候，它们就在地面上形成了仙人掌果籽的分布。

11. 西葫芦是洞穴里唯一显示有遗传学驯化证据的植物。它们的遗存在洞穴居住面上一般散布在一片很小的区域，它们的轮廓线很少与其他植物重叠。如果我们假设这些早期西葫芦在洞穴附近的一小块地上种植的话，那么：（1）它们的有限分布可能反映了它们的收获期很短，因此只有一小堆西葫芦可以加工；（2）它们与其他植物分布形态的不同也表明，去种植地采集西葫芦之旅和其他野生植物的采集是分开进行的。

12. 在较早的居住面上，红花菜豆荚倾向于跟其他牧豆树豆荚如牧豆和银合欢一起被废弃。而在后来的居住面上，菜豆倾向于跟西葫芦残片一起分布。这可以作为间接证据，表明西葫芦和菜豆是被一起栽培的，但无法被这些豆子的遗传学变化所确认，它们属于延续至今仍未被驯化后裔的同一类物种。

27

圭拉那魁兹四个居住面的空间分析

罗伯特·惠伦 撰，殷敏 译

圭拉那魁兹的四个居住面——E层、D层、C层和B1层——都面积较大，而且出土了足够数量的动植物和人工制品遗存，可用于这些材料空间分布的统计学分析。很遗憾，B3层、B2+3层以及B2层面积太小，并不适用于此类材料的空间分析。

统计方法

四个居住面的空间分析包括三个基本步骤。首先，对每个居住面中所发现的每种动植物和人工制品材料都进行空间密度趋势分析，在这一步的分析中，会建立起最常见或最主要的空间密度规模。然后，为了评估空间密度的重合程度，或是这些不同材料间的集中程度，原本的探方—平方数据被集中在样方（quadrats）中，大小为每个居住面上最主要材料的集群密度规模，而这些归组的材料被用来计算各组材料之间的关联性（r）。最后，所得出的相关系数矩阵被排列来观察从这种关联性中是否能定义几组彼此相伴的材料。这些被定义的几组材料构成了推断和阐释人类活动的基础，而正是这些人类活动，很可能造成了圭拉那魁兹居住面分析所揭示的空间形态。

空间分析始于一种我称之为方差三维分析的方法（dimentional analysis of variance）。这种统计学方法在圭拉那魁兹C层的初步研究中被引入考古学分析，并发表在1973年《美国古物》（*American Antiquity*）杂志上（Whallon 1973）。由于圭拉那魁兹的发掘以1×1平方米的探方为单位，因此就不可能使用最近邻分析（nearest-neighbor analysis）这种方法，因为它依赖每件遗物确切出处的数据。在我的初步研究中，其他可用于探方材料分布的分析方法，都是将泊松分布（或其他较复杂的统计学分布）套用在每个探方中所见的遗存出现频率。但是，这些技术有一定难度，要么很难评估不同空间规模形态的相对强弱，要么很难定义任何密度极高或是极低遗存空间位置的形态。方差三维分析是从定量植物生态学借鉴而来的，针对以上这些限制，至少提供部分的解决方案，并在考古学应用的空间形态上提供较详细和较有用的信息。鉴于这种方法在我1973年的论文以及其他人的文章中已有详细的介绍和讨论（Riley 1974; Schiffer 1974; Whallon 1974b; Hodder and Orton 1976：33—39; Orton 1980：146—149），我在这里再简单概括几个要点。

方差三维分析的介绍

方差三维分析方法是由定量植物生态学家开发的（Greig-Smith 1952, 1961, 1964：86—93; Kershaw 1957, 1964：104—113; Thompson 1958; Greig-Smith *et al.* 1963; Pielou 1969：104—106），虽然在这个领域里，这种方法被称为"采用连续样品的形态分析"（the analysis of pattern using contiguous quadrats）。这个方法用于探测和定义材料的

空间密度，数据以每探方单位出现的次数来表示。

每个样方中样品的计数频率分布（frequency distributions of counts）可与泊松分布比较，以检验随机性和非随机性。这可以通过检测显著离散联合分布的均方比，或通过检测所见的分布是否符合 x^2 柏松分布来做到（Dacey 1973; Greig-Smith 1964：61—64; Kershaw 1964：101—103）。但是，这个空间分析方法忽略了较大形态尺度（scale）的存在，而这种较大形态想见在很多情况下都会存在。另一方面，方差三维分析可通过检测不同大小区域中遗存的集中趋势，来搜寻不同尺度甚至是多尺度的非随机空间分布。这个方法通过采用矫正的方差和方差/均值比，在一系列尺度递增的样方内，以及在原始探方内，检测从随机分布的重要偏离。

方差三维分析需要一个网格，其边界包含等于2的幂数单元格，要么是正方形的，要么是长方形的；如果是长方形，那么长是宽的两倍。从统计学上说，遗存数量的修正平均方差值按不同的"区块大小"（block size）计算得出，其中超过原来网格单元格大小的每个区块，是通过将下两个较小尺寸的区块合并而出。依次类推，较大的区块因此就可以覆盖下两个较小尺寸区块的两倍面积，包含2、4、8、16、32……等原来的网格。最后和最大的区块构成该网格的整个区域（图27.1）。

这些要求会产生两个问题，这两个问题常被看作是这个方法的缺陷。第一，只有那些在创建样方时，每一步都经过尺寸翻番而得出有特定尺寸的区块，这些区块才被用来检测遗存数量的随机性和非随机性，或空间密集程度。显然，连续区块尺寸之间所覆盖面积的范围，呈几何式增长。于是，在检测空间形态和确定这种形态大小能力的精度或准确性上，逐渐降低。打个比方，这意味着在大小为32的区块中（含32个归组的原来网格单位），探测到的遗存显著空间密度未必代表密度的实际大小，而只不过是16和64大小区块之间比较靠近中间的实际大小（也见Pielou 1969：105）。大小32的区块面积只是最接近于实际密度大小，这可以通过把该特定网格原始单元形成的样方翻番或减半得出。

第二，由于是对之前所描述原始网格的归组和再归组，因此这种最接近值的区块，其形状是正方形或长方形。显然，这些形状有时完全不能代表居住面上的很多密集区。这在很大程度上取决于一开始网格的确切安置位置和方向，还取决于其基本单元格或方块的尺寸，而这些要素通常在发掘或采集之前就已经确定，很难根据之后分析结果的事实进行调整。尤其是长方形区块对空间密度形状的代表性最差，特别是，原本那些空间密度区是长条形，但方向与长方形区块不同时。于是，在正方形网格中，较好的接近值有时要做两次分析才能得到，一次是将正方形区块合并为横向长方形，另一次是将它们合并为纵向长方形。如果合并横向或纵向长方形，能为分析区中材料的长条形空间密度提供较接近的大小和方向，那么很明显，采用这种特定归组模式的分析，可以揭示较有力和较有意义的分布形态。当然，长方形网格分析需要采用跟整个网格方向一致的长方形区块，但是如果觉得另一个方向的长方形归组可以得到更好的结果，那么这些网格常常可以被拆分为两个单独的正方形。

就方差三维分析可探知和定义的空间密度大小以及形状而言，所存在的这些制约，总的来说，可能是这种方法不太重要的内在制约（Hodder and Orton 1976：36—38；也见Riley 1974其他一些讨论；Schiffer 1974; Whallon 1974b），显然必须小心谨慎和有分寸地使用这个方法。这包括在分析结果和原始数据之间经常来回核对。只有这样谨慎和明智地使用，方差三维分析才能成为考古学家一种有用的方法，帮助他们从清楚的居住面材料中发现有意义的空间分布形态。

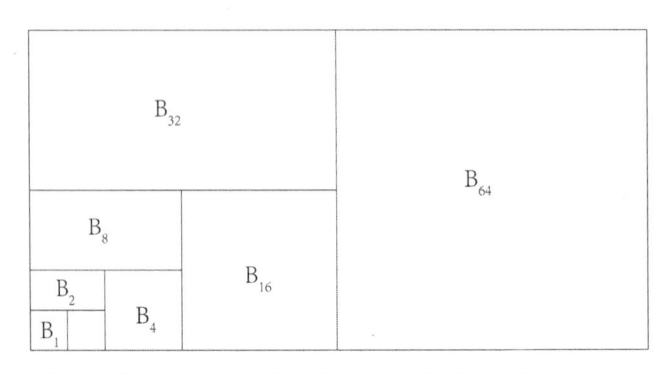

图27.1 方差三维分析法中所采用的网格，一个网格被分为大小和形状不同的区块。

统计技术

对于每种不同的材料（遗存），必须制定一套独立的方差三维分析方法。这个方法只适用于定义单一种类遗存的空间分布，不适用于分析不同材料间的空间关系。不同种类遗存间的空间关系评估，则由分析程序的后续步骤来做，该程序被用于根据先前方差分析结果所组织的数据。

方差三维分析方法始于计算平方和（sums of squares），用 S_1、S_2、S_4、S_8、S_{16}……S_T，来代表每一个区块的面积。平方和可以这样计算：

$$S_j = (1/j) \sum_{i=1}^{T/j} N_{j(i)}^2$$

其中 $N_{j(i)}$ 代表在 j 网格第 i 个区块中的遗存数量，T 代表原来网格中所有区块的总数（Thompson 1958）。在运行区块大小的整个序列中，$j = 1, 2, 4, 8, 16\cdots, T$，同时 $i = 1, 2, 3, 4, 5, \cdots, T/j$。最大的区块大小包括网格所覆盖的整个区域，$N_T$ 代表在整个网格区域中所发现的遗存总数。换言之，要计算每个区块面积的平方和，就要把每个区块中的遗存数量平方一下，然后将这些平方数相加，再除以合并在一起形成该特定大小单个区块的原始网格单元数量。

然后，空间密度的倾向和这些密度分布的尺度，可通过计算每种区块大小中每个区块的计数方差（variance in counts）得出。当区块大小接近任何实际空间密度的时候，那些只在一个或多个区块中出现，而在其他区块中完全没有出现的倾向就会增加（比如：区块间的计数方差值会上升）。当区块大小超过了这个临界点，区块与这种密度的适配度就会减弱，从而区块间的计数方差值也相应降低。

每个区块大小的方差值或均方根（mean square）计算如下：

$$M_j = (S_j - S_{2j}) / D_j$$

其中 D_j 是与区块大小 j 适配自由度（degree of freedom）的数值，定义为 $D_j = T/2j$。

因此，方差三维分析的结果包括一个包含区块大小的表格、自由度、均方根，偶尔也包括这些均方的 F 检验（F-tests，又称为联合假设检验）、修正方差

值比以及这些比例的 Z 分数（Z-scores，又称为标准分数）。通常，为了方便演示及阐述，分析结果通常被绘制成一张图表，横轴和纵轴分别为区块大小和均方根（如图27.2以及图27.3）。这类图表会将在某些区域面积中分布比较密集的部分显示成明显的峰值，这样就将空间密度是否存在以及它们的程度直观地展现出来，同时也清楚展示出在分析中这些密度区域出现最多的区域的规模或大小。

用统计学检测均方根与区块大小坐标图表中所见峰值的显著性差异（significance），相对比较困难，这也历来是讨论的一个话题（Thompson 1958; Greig-

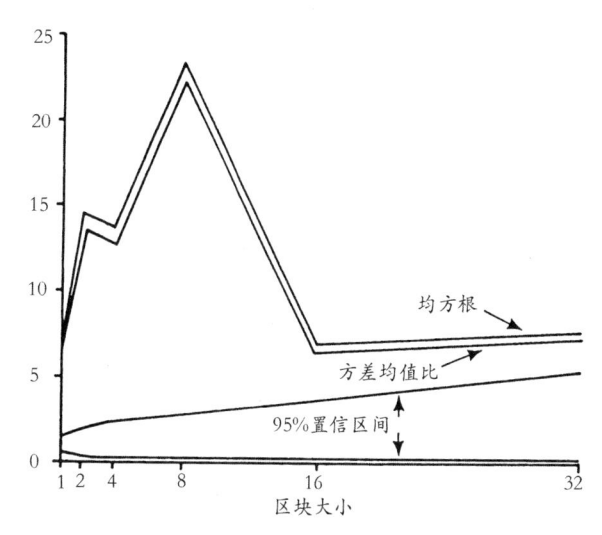

图27.2　圭拉那魁兹C层中麻风树果的方差三维分析。图表显示均方根和修正方差均值比对应区块大小的比例，其中方差均值比为95%置信区间（根据Whallon 1973；图3重绘）。

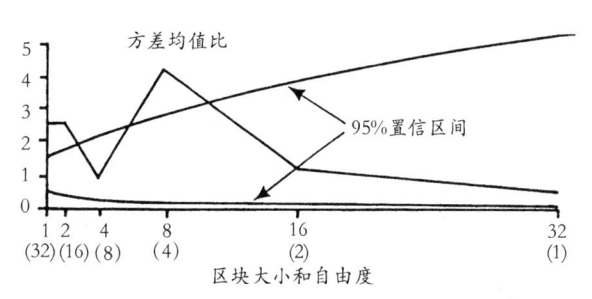

图27.3　圭拉那魁兹C层中针叶樱桃果实的方差三维分析。图表显示方差均值比对应区块大小的比例，其中方差均值比为95%置信区间（根据Whallon 1973；图五重绘）。

Smith 1961, 1964：86—87）。最初的一个建议是，使用F检测（或方差比）来检测比较大区块中的方差差异（均方根）和区块面积1（原始网格单元）的方差之间的比值，但是这个方法已经证实在统计学上并不合理。因为这样做的一个必要前提是网格区块中的数量分布具有统一性和独立性，可是一旦在检测中，分布密度呈现"明显"趋势的时候（例如：非随机性分布），这种统一性和独立性就会被打破（Thompson 1958：326; Greig-Smith 1964：86）。事实上，不同大小区块中的方差不可能具有独立性，因为它们的数量是在不断结合原始网格单元中的数量的基础上得出的，并非来自不同大小空间分布中的独立采样（Pielou 1969：105）。

生态学分析中一个被普遍接受的解决方案，就是采用几个分析样品中比较一致的结果作为显著性的标准。这个方案对考古学来说并不那么理想，因为居住面上的大部分"样品"都是独一无二的，具有可比性的相关数据就算存在，出现的概率也微乎其微。

如果结果不用均方根而是用均方比的形式来表示，那么置信区间就可以直接计算出来。均方比中方差为1，如果分布随机且有单位差异，具有D_j自由度的平方和分布具有D_j自由度的X^2的方差（或均方）分布为X^2/D_j（Thompson 1958; Greig-Smith 1961, 1964：87）。比如，计算95%置信区间的显著性区间，其平方和（U）的上限等于X^2的值，对于$p=0.025$具有D_j自由度。与之相对应的方差上限和下限（L）（在这个个案中，指的是均方比）由U/D_j和L/D_j计算得出。计算这些置信区间的表格可以在格雷格－史密斯的书中找到（Greig-Smith 1961, 1964：230）。每个区块大小的均方比都可以通过每个原始网格单元中物件的平均数值除以同一个区块大小的均方根计算得出（Thompson 1958：327; Greig-Smith 1961：699）。

所有的区块大小都用这个方法计算，包括区块大小1，其原始网格单位的均方比为"修正"后所得出的结果。

使用这些置信区间的一个不利因素就是，当自由度指数下降的时候，置信区间就会急速增大（比如：当区块大小变大，参看图27.2和图27.3）。这使得在比较大的区块大小中均方比的随机波动范围增大。似乎在这些较大的区块尺寸上，经常出现的方差峰值可以通过对均方比的严格应用置信度进行限制来排除。因此，在生态学分析中，结果的一致性通常比置信区间更可取，以此作为确定"显著性"的手段。在考古学分析中也可能经常是这样。简言之，尽管可以应用严格的显著性统计检验，但是在解释方差的维度分析结果时，经常使用判断法（informed judgment）可能也是非常必要的一种手段。

本着对潜在问题慎重和重视的态度，我们可以有效地采用三维方差分析，对在一个居住面内网格单元中收集或出土的考古材料进行初步的空间分析。这种技术将以一定的可靠性和准确性，检测和定义空间密集度及其在这种网格计数数据中出现的尺度。与此同时，这种方法也为原始数据的再归组提供便利，不仅仅适用于不同类别遗存之间空间关系（或关联性）的分析，也代表了后续分析中各个类别遗存之间的空间格局（或密集度）。这样的再归组可以通过将数据重组到每个区块大小的区块计数中，其中大部分类别都显示其峰值方差比（最大均方）或最高均方比。

然后，这些再归组的数据可以被用于进一步的分析。在此，它们被用于简单的关联性分析（correlation analysis），相关系数的有序矩阵排列将相互关联的类别显示成不同的集群。这些集群以及由任何其他有序矩阵揭示的系统关系模式，为描述和解释居住面上考古材料的空间结构分析奠定了基础。

圭拉那魁兹的居住面

如前面介绍，圭拉那魁兹遗址是以1×1平方米探方发掘的。因此，任何依赖确切出处材料的分析都是不可能的。虽然每1×1平方米密度的轮廓线图显示出大部分（如果不是全部）遗存类别空间聚集的清晰倾向，但是这些集群以某种方式重叠，过于模糊，以至于无法通过肉眼来定义有空间关联性的遗存类别集群。因此统计分析非常必要，而我们的分析步骤始于方差维度分析，这对于相关性分析和相关矩阵的排列分析是基本的要求。

真正1×1平方米探方的发掘单位既不是正方形，也不是长方形。它不适用于上面所概括的三维方差分析。探方的中间部分近似于正方形，但是通过添加一些虚构的或"虚拟"的方块（参见 Whallon 1973：268，1974b），可以构建一个边长为8米的正方形网格，可以覆盖居住面的主要部分，并具有适当的分析尺寸（图27.4）。

方差维度分析可用于遗存不多且计数极少的情况。但是，只有当遗存分布在一两个以上的网格单元中时，才有意义。因此，在所分析的四个居住面中，有三个从空间分析中删除了一些遗存，因为它们只集中在或几乎只集中在一个网格单元内。另外，有几类遗存并没有出现在其中的一个居住面中。根据居住面情况，有13—16类遗存的分布数量足以进行有意义的分析。这些包括未加工的石片，2—3种动物和9—12种植物。

方差维度分析的结果十分清楚，并且在每个居住面上都几乎能看出每一类遗存空间分布的显著趋势。均值平方一般很高，方差均值比也很高，都远高于不同区块尺寸下该比值随机值的置信上限。均值平方图和方差均值比图通常显示出醒目的主峰值，如C层中的麻风树果的情况（图27.2）。在其他情况中，比如C层中的针叶樱桃（图27.3），均方差很小，方差均值比较低，这是由于居住面上这类遗存的分布密度非常低。然而，运用95%置信区间表明，这些图中的峰值显示出显著的空间分布形态。

一旦确定了每个居住面最强空间分布形态发生在哪个区块大小中，数据就以这个区块大小为单位再归组，并且在所有类别的遗存之间使用标准皮尔逊积矩相关系数（Pearson's *r*）计算关联性。所得到的相关矩阵随后用 Craytor 的 SERIATE 程序来排序。

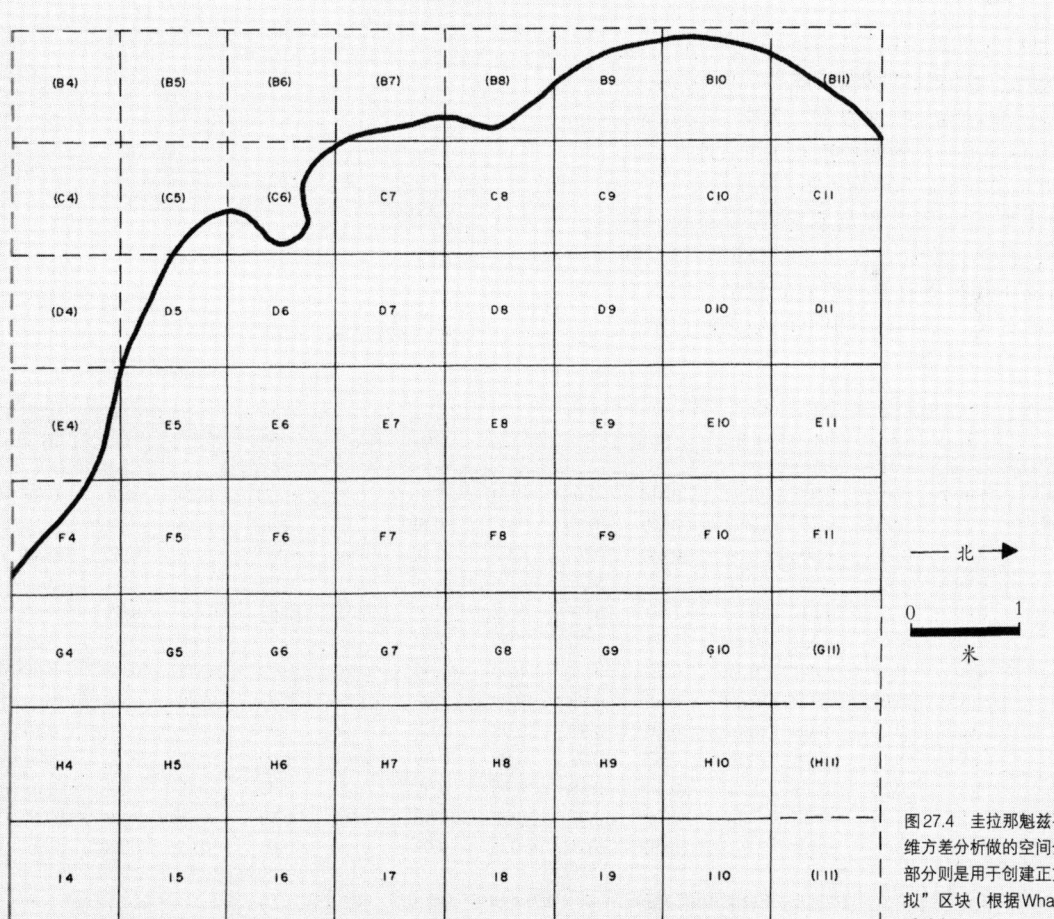

图27.4 圭拉那魁兹平面图显示用三维方差分析做的空间分析网格。虚线部分则是用于创建正方形网格的"虚拟"区块（根据 Whallon 1973：图2 重绘）。

各居住面的分析结果

E层

分析E层居住面上13种材料的空间分布是可行的（表27.1）。在16个区块大小的区域中，也就是在由16个原来大小为1×1平方米方块所组成的区域中，其中材料分布的密度有所差异。这些区块把用于分析的方块分成四部分或四个象限，覆盖洞穴的南北以及前后。

根据E层以大小16区块重组的相关系数，作为这13种材料之间空间关联性指数来计算，并且相关矩阵通过排序，使相互关联的材料组合在一起。在E层材料的有序矩阵中（图27.5），两组具有空间关联的不同材料非常显著。

第一组材料由麻风树果、龙舌兰咀嚼渣、针叶樱桃以及橡子组成。所有这些材料可能是从荆棘林A跋涉采集带回洞穴的植物。根据假设，这种采集过程很有可能是由女性完成的。这四种植物在洞穴地面南北走向的中间和前段分布最为密集（图27.6）。

第二组主要的空间共生材料包括矮松果、燧石片、龟甲、鹿骨、兔骨、牧豆籽和朴树果籽（图27.5）。也许这个分组最有意义的方面包括了所有三种动物以及燧石片。这些材料很可能是男性狩猎和

表27.1 圭拉那魁兹E层中用于空间分析的材料

序号	材料
1	龙舌兰咀嚼渣
2	朴树果籽
3	麻风树果壳
4	针叶樱桃
5	仙人掌果籽
6	豆荚瓣
7	矮松果
8	牧豆籽
9	橡子
10	龟甲
11	鹿骨
12	兔骨
13	燧石片

材料	3	1	4	9	5	7	13	10	8	12	2	11	6
3. 麻风树果壳	1.00	0.87	0.97	0.94	0.49	−0.08	−0.10	−0.13	−0.22	−0.21	−0.24	−0.26	−0.29
1. 龙舌兰咀嚼渣	0.87	1.00	0.75	0.92	0.22	−0.09	−0.12	−0.09	−0.27	−0.17	−0.25	−0.10	−0.19
4. 针叶樱桃	0.97	0.75	1.00	0.90	0.64	0.02	0.00	−0.05	−0.08	−0.11	−0.13	−0.22	−0.48
9. 橡子	0.94	0.92	0.90	1.00	0.58	0.17	0.15	0.14	0.01	0.06	0.00	0.04	−0.11
5. 仙人掌果籽	0.49	0.22	0.64	0.58	1.00	0.73	0.72	0.65	0.68	0.62	0.64	0.45	−0.59
7. 矮松果	−0.08	−0.09	0.02	0.17	0.73	1.00	0.99	0.99	0.98	0.98	0.98	0.92	−0.08
13. 燧石片	−0.10	−0.12	0.00	0.15	0.72	0.99	1.00	0.99	0.98	0.98	0.98	0.92	−0.08
10. 龟甲	−0.13	−0.09	−0.05	0.14	0.65	0.99	0.99	1.00	0.97	0.98	0.98	0.96	0.03
8. 牧豆籽	−0.22	−0.27	−0.08	0.01	0.68	0.98	0.98	0.97	1.00	0.98	0.98	0.90	−0.14
12. 兔骨	−0.21	−0.17	−0.11	0.06	0.62	0.98	0.98	0.98	0.98	1.00	0.99	0.96	0.03
2. 朴树果籽	−0.24	−0.25	−0.13	0.00	0.64	0.98	0.98	0.98	0.98	0.99	1.00	0.93	−0.05
11. 鹿骨	−0.26	−0.10	−0.22	0.04	0.45	0.92	0.92	0.96	0.90	0.96	0.93	1.00	0.28
6. 豆荚瓣	−0.29	0.19	−0.48	−0.11	−0.59	−0.08	−0.08	0.03	−0.14	0.03	−0.05	0.28	1.00

图27.5 圭拉那魁兹遗址E层居住面中13类遗存的相关系数排序矩阵。系数为0.90或更高的已用下划线标注，以便在这个矩阵中使这些相互关联的遗存集群更加清楚地突显出来（下划线的系数范围是任意的，并不表明显著性值——与非显著性值相对）。在这个有序矩阵中显而易见的关联和集群已在文中被描述和讨论。

屠宰活动的遗存，但鉴于它们与众多植物的共生关系，这里可能是处理食物产生的碎屑分布区。此处共生的植物遗存包括那些来自牧豆树草地B的一些当地品种（牧豆树、朴树）以及来自高海拔（可能是荆棘林A）的矮松果。于是，这个居住面上空间共生材料的复杂性表明，它们可能代表了男女活动的遗存，并来自不同的植被区。这组材料整体从空间上看，在洞穴北侧和后侧显示了极为稠密的局部集中（图27.7）。

野豆和仙人掌果籽都具有独立空间分布的形态，同时独自集中在居住面的一些点上（图26.8及图26.6），并与这些位置的其他任何材料无关。

虽然在这个居住面上，有两组主要的不同空间的共生材料至少可以做部分的解释，因此在某种程度上"有点意思"，但是圭拉那魁兹这个居住面并不像其地层那样，显示出一种男女工作区域的明显区分。这个结论也和雷诺兹的结论一致（第28章）。

D层

圭拉那魁兹D层有15种不同种类的材料可用于空间分布形态分析（表27.2）。方差维度分析表明，大部分这些材料在8个大小区块中空间形态最强，以横向归组。这表明，在由8个原本大小为1×1平方米区块组成的区域中，或用于分析的网格八分之一区域中，它们的空间差异分布代表了遗址的南北两侧，要比E层所见的居住面前后维度的划分更为细致。这些材料之间相关系数的有序矩阵，根据在区块大小8中重组的数据计算，揭示了遗存材料互相关联的一个主要群组和三个较小群组，较小群组中各有两种不同的遗存（图27.8）。

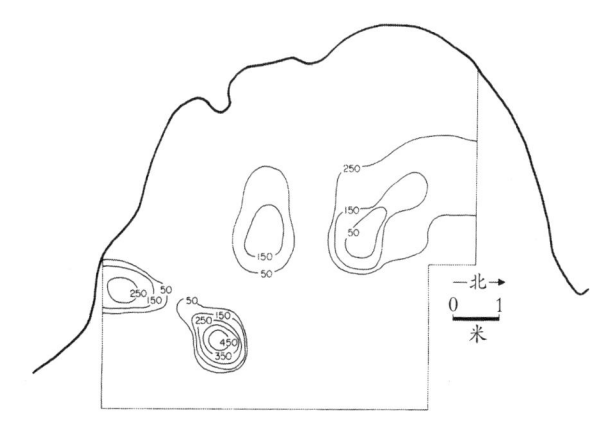

图27.6 圭拉那魁兹遗址E层空间分析，将麻风树果壳、龙舌兰咀嚼渣、针叶樱桃和橡子一起归组后，在该区域中的密度轮廓线。

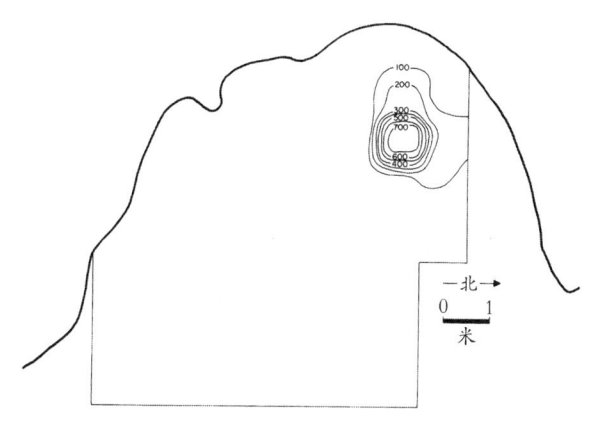

图27.7 圭拉那魁兹E层空间分析，将矮松果、燧石叶、龟甲、牧豆籽、兔骨、朴树果籽和鹿骨一起归组后，在该区域的密度轮廓线。

表27.2 圭拉那魁兹D层中用于空间分析的遗存种类

序 号	材 料
1	龙舌兰咀嚼渣
2	朴树果籽
3	西葫芦遗存
4	麻风树果壳
5	银合欢豆荚
6	针叶樱桃
7	仙人掌果籽
8	仙人掌果嫩茎
9	豆荚瓣
10	矮松果
11	牧豆籽
12	橡子
13	鹿骨
14	兔骨
15	燧石叶

空间共生材料的主要群组包括野豆、鹿骨、燧石片、朴树果、橡子、矮松果和仙人掌果籽。这些归组包括了以荆棘林（野豆、橡子、矮松果）和牧豆树草地（朴树果）为代表的植物材料，以及在这两个植被区中都有的植物。如果这样一组植物材料被发现集中在居住面的某处，如果用行为术语解释的话，那么可以被认为代表了男女兼在荆棘林和牧豆树草地狩猎和采集的遗存。这个群组中材料的总计，在居住面上显示出相对密集和很大的空间聚集，主要集中在该居住面的南侧，但也向北延伸，范围从洞穴的前部到中部（图27.9）。

在这个矩阵中，有三对材料可以被认为是有意义的分组。基于最高计数和最大计数范围的一对，是由麻风树果壳和龙舌兰咀嚼渣组成的。这两种植物材料的综合计数显然集中在居住面的前部和南侧（图27.10）。这些可能是女性前往荆棘林采集回来的植物遗存。

其他几对则基于比较低的计数，而且范围也较为有限。牧豆籽和兔骨在此居住面上常在一起发现，可以被认为代表了牧豆树草地狩猎（也许是设置陷阱诱捕）采集的结果。它们加在一起的分布，显示了略微

材料	5	6	11	14	9	13	15	2	12	10	7	8	4	1	3
5. 银合欢豆荚	1.00	0.99	0.87	0.62	0.33	0.09	0.19	−0.11	−0.11	−0.56	−0.59	−0.84	−0.60	−0.43	−0.22
6. 针叶樱桃	0.99	1.00	0.87	0.63	0.36	0.11	0.23	−0.09	−0.07	−0.54	−0.57	−0.85	−0.58	−0.40	−0.23
11. 牧豆籽	0.87	0.87	1.00	0.90	0.51	0.32	0.56	0.31	0.22	−0.27	−0.30	−0.52	−0.76	−0.65	−0.64
14. 兔骨	0.62	0.63	0.90	1.00	0.58	0.36	0.81	0.62	0.52	0.19	0.18	0.17	−0.28	−0.36	−0.47
9. 豆荚瓣	0.33	0.36	0.51	0.58	1.00	0.85	0.72	0.62	0.63	0.58	0.55	−0.30	0.08	0.17	−0.75
13. 鹿骨	0.09	0.11	0.32	0.36	0.85	1.00	0.64	0.72	0.63	0.67	0.65	0.03	0.24	0.27	−0.65
15. 燧石片	0.19	0.23	0.55	0.81	0.72	0.64	1.00	0.92	0.90	0.76	0.75	0.70	0.32	0.18	−0.22
2. 朴树果籽	−0.11	−0.09	0.31	0.62	0.62	0.72	0.92	1.00	0.89	0.79	0.79	0.62	0.10	0.00	−0.62
12. 橡子	−0.11	−0.07	0.22	0.52	0.63	0.63	0.90	0.89	1.00	0.91	0.92	0.86	0.60	0.46	−0.01
10. 矮松果	−0.56	−0.54	0.27	0.19	0.58	0.67	0.76	0.79	0.91	1.00	0.99	0.50	0.53	0.45	−0.51
7. 仙人掌果籽	−0.59	−0.57	−0.30	0.18	0.55	0.65	0.75	0.79	0.92	0.99	1.00	0.53	0.53	0.45	−0.49
8. 仙人掌果嫩茎	−0.84	−0.85	−0.52	0.17	−0.30	0.03	0.70	0.62	0.86	0.50	0.53	1.00	0.11	−0.08	−0.84
4. 麻风树果壳	−0.60	−0.53	−0.76	−0.28	0.08	0.24	0.32	0.10	0.60	0.53	0.53	0.11	1.00	0.98	0.40
1. 龙舌兰咀嚼渣	−0.43	−0.40	−0.65	−0.36	0.17	0.27	0.18	0.00	0.46	0.45	0.45	−0.08	0.98	1.00	0.40
3. 西葫芦	−0.22	−0.23	−0.64	−0.47	−0.75	−0.65	−0.22	−0.62	−0.01	−0.51	−0.49	−0.84	0.40	0.40	1.00

图27.8　圭拉那魁兹D层居住面中15类遗存的相关系数排序矩阵。系数为0.90或更高的已用下划线标注，以便在这个矩阵中使这些相互关联的遗存集群更加清楚地突显出来（下划线的系数范围是任意的，并不表明显著性值——与非显著性值相对）。在这个有序的矩阵中显而易见的关联和集群已经在文中被描述和讨论。

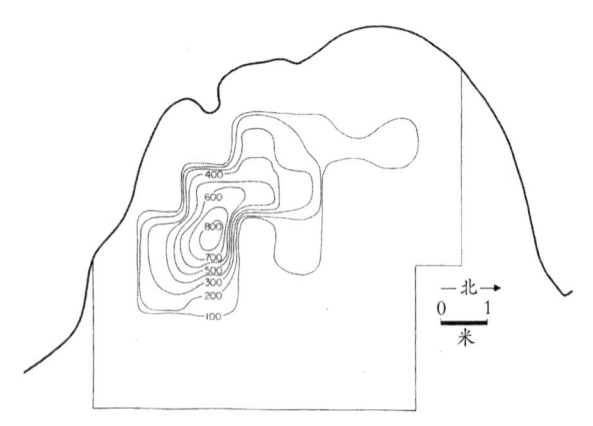

图27.9　圭拉那魁兹遗址D层空间分析，将豆荚瓣、鹿骨、燧石片、朴树果籽、橡子、矮松果和仙人掌果籽一起归组后，在该区域的密度轮廓线。

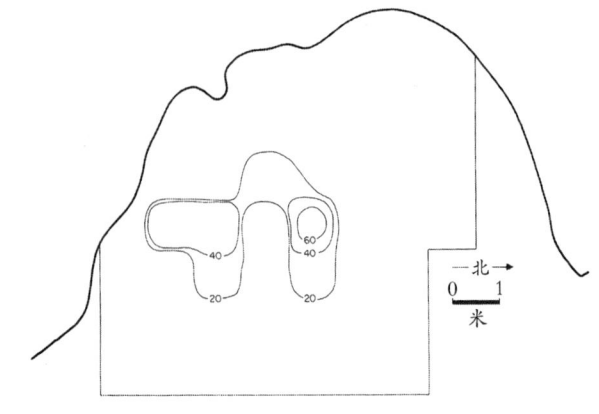

图27.10　圭拉那魁兹遗址D层空间分析，将麻风树果壳和龙舌兰咀嚼渣一起归组后，在该区域的密度轮廓线。

集中于洞穴后部的某种倾向，但是居住面上数量很少的广泛散布，使得从这种共生中得出的任何结论都很不确定（图27.11）。

最后银合欢豆荚和针叶樱桃的归组基于更低的计数，但在居住面上的分布几乎是一个单独的紧密集中（图27.12）。这两者可能是基于在荆棘林中采集（大概是女性的活动）的结果，而且它们较低的出现频率，结合其清晰的空间位置，可能是居住期间这类活动的单一实例。

仙人掌果嫩茎在这个居住面上没有显示出清晰的空间关联。同样，早期驯化的西葫芦也没有发现与其他材料共生。总的来说，仙人掌果嫩茎集中分布在一小片区域中（图26.13）。西葫芦的分布频率极低（图26.16）。就这两种情况，这些数据不足以得出关于空间分布或关联的任何重要的统计学结论。

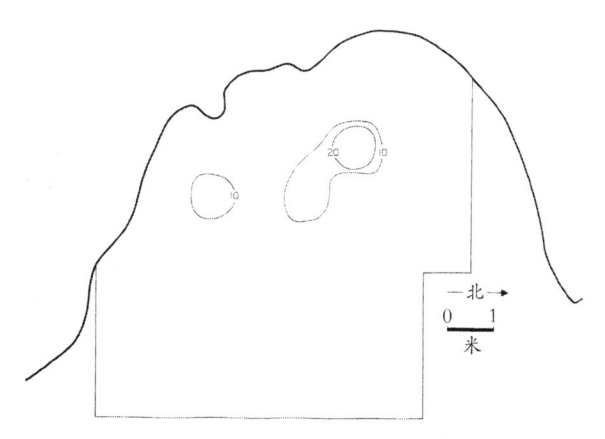

C层

圭拉那魁兹C层的居住面上有17种材料，其数量足够用于空间形态分析（表27.3）。就像分析D层那样，也采用了8个区块的区域，绝大部分显示了最高程度的空间形态。根据8个大小区域重组的数据计算，其相关系数的有序矩阵，显示了空间互相关联遗存的三个主要群组（图27.13）。

其中最小的群组包括鹿骨、龟甲和兔骨。燧石片也和这些动物骨骼有很高的关联性。但是，燧石片也和一个很大植物群组有很高的关联性，并且与动物骨骼不具有离散关联。不过，这种关系形式有力表明，在这个居住面上，所有与动物狩猎和屠宰相关的材料，看来是男性的活动。综合考虑，所有动物骨骼的分布形态呈现出总体较低的分布密度，但在两个区域有清楚的集中形态——主要在洞穴的北侧，在南侧靠近洞穴后部有较少的分布。

图27.11 圭拉那魁兹D层空间分析，将牧豆籽和兔骨一起归组后，在该区域的密度轮廓线。

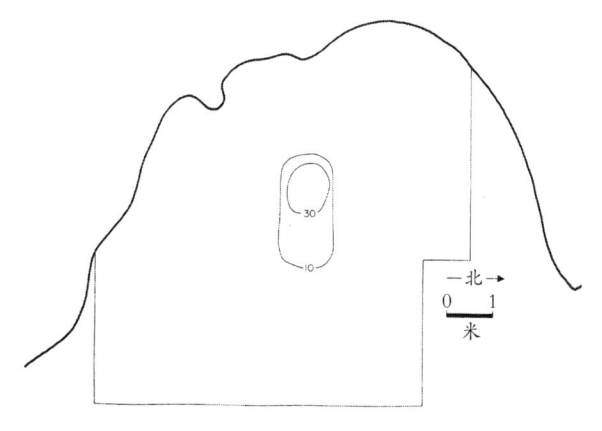

图27.12 圭拉那魁兹D层空间分析，将银合欢豆荚和针叶樱桃一起归组后，在该区域的密度轮廓线。

表27.3 圭拉那魁兹C层中用于空间分析的材料

序号	材料
1	龙舌兰咀嚼渣
2	龙舌兰叶
3	朴树果籽
4	西葫芦遗存
5	麻风树果壳
6	银合欢豆荚
7	针叶樱桃
8	仙人掌果籽
9	仙人掌果嫩茎
10	豆荚瓣
11	矮松果
12	牧豆籽
13	橡子
14	龟甲
15	鹿骨
16	兔骨
17	燧石片

其中一个最大的植物遗存群组包括麻风树果壳、矮松果、橡子、朴树果籽和野豆。针叶樱桃肯定与这个群组共生,但是它们并没有像其他高度相互关联的遗存那么紧密整合在一起。燧石片看来显然也与这组植物遗存明显共生。除了朴树果籽外,所有这些植物都是荆棘林A的物产,这样的归组也许可以被认为反映了女性前往这个植被群丛进行的采集活动。从分布上看,洞穴北面的后部有一个密度相对较低的集中区(图27.15)。

但是,主要的集中区分布沿居住面中部呈南北向扩展,两个聚集峰值中心一个在遗址的北侧,一个在南侧。

未加工燧石片的分布(图26.18)明显与该植物群组的空间集中区重叠,但也明显与动物骨骼的空间集中区重叠。但从印象来看,燧石分布的整体结构看来和该居住面上的动物骨骼分布有更加密切的关系,很有可能的是,在该居住面的网格中,动物骨骼数量总的来说很少,这就明显减弱了燧石片和各种动物骨骼的关联性。

材料	9	6	2	1	4	12	7	5	11	13	3	10	17	15	14	16	8
9.仙人掌果嫩茎	1.00	0.99	0.99	0.99	0.98	0.78	0.40	0.32	0.01	−0.07	−0.04	−0.11	0.27	0.15	−0.16	−0.15	−0.19
6.银合欢豆荚	0.99	1.00	0.99	0.99	0.99	0.80	0.43	0.36	0.06	−0.03	−0.01	−0.08	0.30	0.16	−0.14	−0.13	−0.17
2.龙舌兰叶	0.99	0.99	1.00	0.99	0.99	0.81	0.43	0.35	0.05	−0.03	0.00	−0.07	0.30	0.16	−0.12	−0.12	−0.18
1.龙舌兰咀嚼渣	0.99	0.99	0.99	1.00	0.99	0.81	0.47	0.38	0.07	−0.01	0.01	−0.05	0.32	0.16	−0.13	−0.12	−0.13
4.西葫芦	0.98	0.99	0.99	0.99	1.00	0.86	0.51	0.45	0.15	0.06	0.08	0.02	0.38	0.20	−0.06	−0.07	−0.13
12.牧豆籽	0.78	0.80	0.81	0.81	0.86	1.00	0.74	0.80	0.60	0.53	0.57	0.51	0.73	0.43	0.35	0.29	−0.09
7.针叶樱桃	0.40	0.43	0.43	0.47	0.51	0.74	1.00	0.85	0.66	0.71	0.62	0.70	0.68	0.27	0.36	0.26	0.55
5.麻风树果壳	0.32	0.36	0.35	0.38	0.45	0.80	0.85	1.00	0.93	0.91	0.82	0.83	0.90	0.51	0.56	0.52	0.13
11.矮松果	0.01	0.06	0.05	0.07	0.15	0.60	0.66	0.93	1.00	0.97	0.90	0.90	0.89	0.55	0.69	0.65	0.02
13.橡子	−0.07	−0.03	−0.03	−0.01	0.08	0.53	0.71	0.91	0.97	1.00	0.93	0.95	0.85	0.51	0.72	0.65	0.18
3.朴树果籽	−0.04	−0.01	0.00	0.01	0.08	0.57	0.62	0.82	0.90	0.93	1.00	0.97	0.86	0.62	0.88	0.77	0.04
10.豆荚瓣	−0.11	−0.08	−0.07	−0.05	0.02	0.51	0.70	0.83	0.90	0.95	0.97	1.00	0.78	0.46	0.79	0.65	0.21
17.燧石叶	0.27	0.30	0.30	0.32	0.33	0.73	0.68	0.90	0.89	0.85	0.86	0.78	1.00	0.82	0.78	0.80	−0.03
15.鹿骨	0.15	0.16	0.16	0.16	0.20	0.43	0.27	0.51	0.55	0.51	0.62	0.46	0.82	1.00	0.82	0.93	−0.22
14.龟甲	−0.16	−0.14	−0.12	−0.13	−0.06	0.35	0.36	0.56	0.69	0.72	0.88	0.79	0.78	0.82	1.00	0.95	−0.06
16.兔骨	−0.15	−0.13	−0.12	−0.12	−0.07	0.29	0.26	0.52	0.65	0.65	0.77	0.65	0.80	0.93	0.95	1.00	−0.13
8.仙人掌果籽	−0.19	−0.17	−0.18	−0.13	−0.13	−0.09	0.55	0.13	0.02	0.18	0.04	0.21	−0.03	−0.22	−0.06	−0.13	1.00

图27.13 圭拉那魁兹C层居住面中17类遗存的相关系数排序矩阵。系数为0.90或更高的已用下划线标注,以便在这个矩阵中使得这些相互关联的遗存集群更加清楚地突显出来(下划线的系数范围是任意的,并不表明显著性值——与非显著性值相对)。在这个有序矩阵中显而易见的关联和集群已经在文中被描述和讨论。

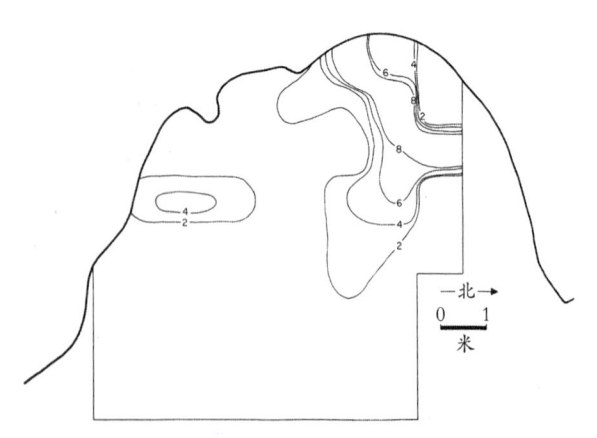

图27.14 圭拉那魁兹C层空间分析,将鹿骨、龟甲和兔骨一起归组后,在该区域的密度轮廓线。

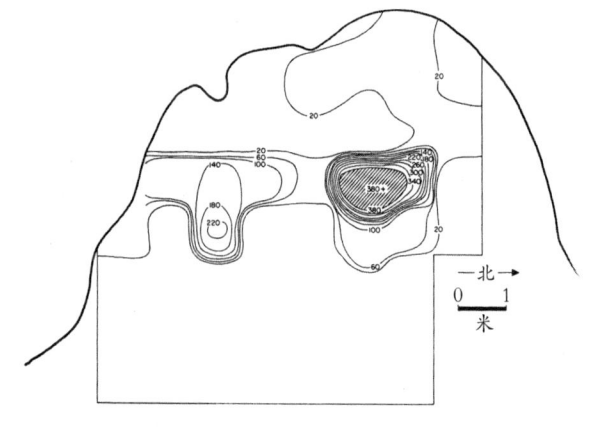

图27.15 圭拉那魁兹C层空间分析,将针叶樱桃、麻风树果壳、矮松果、橡子、朴树果籽和豆荚瓣一起归组后,在该区域的密度轮廓线。

该居住面其他主要植物遗存的群组包括仙人掌果嫩茎、银合欢豆荚、龙舌兰叶和咀嚼渣、西葫芦，还有共生没有那么明显的牧豆籽。

这些植物代表了荆棘林和牧豆树草地物产的混合，以及一种驯化植物。所有这些植物很可能是由女性采集或栽培的，但这个群组代表了产出这些植物的所有不同采获区。综合来看，这些植物遗存的分布形态，在该居住区北侧的中部到前部区域，表现出紧凑密集的空间分布（图27.16）。

仙人掌果籽在圭拉那魁兹的这个地层中颇为丰富，但是它们在空间上的聚集却显得独立于该居住面上的任何其他材料，在遗址北侧的中部略显聚集，在洞穴南侧从中部到前部有密集的分布（图26.20）。

表27.4 圭拉那魁兹B1层中用于空间分析的材料

序 号	材 料
1	龙舌兰咀嚼渣
2	朴树果籽
3	西葫芦遗存
4	麻风树果壳
5	银合欢豆荚
6	针叶樱桃
7	仙人掌果籽
8	仙人掌果嫩茎
9	豆荚瓣
10	矮松果
11	牧豆籽
12	橡 子
13	龟 甲
14	鹿 骨
15	兔 骨
16	燧石片

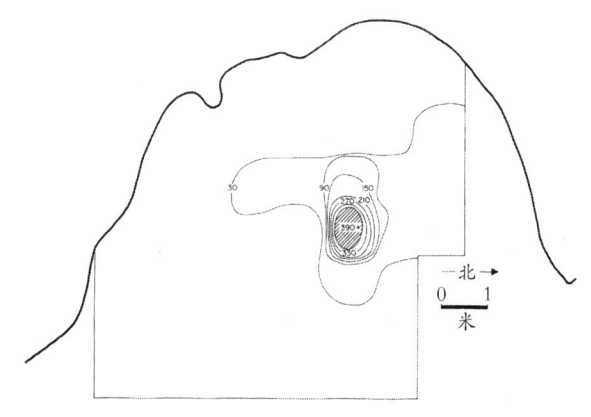

图27.16 圭拉那魁兹C层空间分析，将仙人掌果嫩茎、银合欢豆荚、龙舌兰叶、龙舌兰咀嚼渣、西葫芦遗存和牧豆籽一起归组后，在该区域的密度轮廓线。

B1层

B1层的居住面有16种不同种类材料，其数量足够用于空间分布形态分析（表27.4）。这些材料的空间形态以区块大小为16的区域表现最为理想，也就是说，在由16个原来大小为1×1平方米的区块所组成的区域中，或用于此分析网格的四分之一单元中，进行聚合计数。这跟E层居住面分布形态的比例尺相同。

这些材料相关系数的有序矩阵，基于在16个区块大小的区域中各种遗存的计数，显示了空间共生材料两个明显的聚集（图27.17）。其中较小的一组包括兔骨和鹿骨、燧石片和针叶樱桃。但是针叶樱桃在此居住面上的分布较为分散，离散分布在大小为1×1平方米的特定区块中（图26.43）。相比之下，鹿骨和兔

骨一起，加上燧石片，在洞穴地面上显示出广泛的分布，并具有相当大的集中区域。其中最大和最密集的分布区覆盖了居住面南侧的一大块面积，从洞穴后部延伸到中部。另一处较小和不那么集中的区域位于洞穴中部的北边，并在洞穴北侧的后部，在单个1平方米方块中有几处孤立的集中。由于针叶樱桃与该群组有统计学的关联性，很可能是男性在他们工作地点一边工作，一边将种子吐在周围的结果。南侧较大且十分清晰的遗存组，也许最好被解释为男性处理动物的活动的代表。雷诺兹（第28章）也认为这是一处男性工作区。

这个矩阵中的第二组材料包括了该层大部分其他植物遗存。其中有西葫芦、牧豆籽、麻风树果、朴树果籽、橡子、龙舌兰咀嚼渣、矮松果、仙人掌果嫩茎、野豆及银合欢。这个地区所有植被群丛的代表以及栽培植物，都是这个群组的组成部分。总的来看，这似乎代表了女性采集活动的物产以及她们可能的西葫芦栽培。所有这些材料的空间分布结合在一起，由两个

材 料	7	5	9	8	10	1	12	2	4	11	3	15	14	6	16	13
7. 仙人掌果籽	1.00	0.60	0.27	0.50	0.37	0.68	0.43	0.33	0.36	0.30	0.15	0.69	0.49	0.44	0.48	-0.45
5. 银合欢豆荚	0.60	1.00	0.93	0.99	0.96	0.99	0.97	0.95	0.95	0.93	0.86	0.92	0.88	0.81	0.63	-0.18
9. 豆荚瓣	0.27	0.93	1.00	0.96	0.99	0.90	0.98	0.99	0.98	0.93	0.97	0.79	0.83	0.77	0.52	-0.02
8. 仙人掌果嫩茎	0.50	0.99	0.96	1.00	0.98	0.97	0.99	0.96	0.97	0.96	0.91	0.88	0.88	0.80	0.60	-0.14
10. 矮松果	0.37	0.96	0.99	0.98	1.00	0.94	0.99	0.98	0.98	0.98	0.95	0.83	0.86	0.79	0.56	-0.07
1. 龙舌兰咀嚼渣	0.63	0.99	0.90	0.97	0.94	1.00	0.96	0.93	0.95	0.92	0.85	0.96	0.93	0.87	0.72	-0.10
12. 橡子	0.43	0.97	0.98	0.99	0.99	0.96	1.00	0.99	0.99	0.98	0.94	0.88	0.90	0.83	0.62	-0.05
2. 朴树果籽	0.33	0.95	0.99	0.96	0.98	0.93	0.99	1.00	0.99	0.99	0.97	0.83	0.87	0.81	0.58	-0.01
4. 麻风树果壳	0.36	0.95	0.98	0.97	0.98	0.95	0.99	0.99	1.00	0.99	0.97	0.88	0.93	0.88	0.68	0.07
11. 牧豆籽	0.30	0.93	0.98	0.96	0.98	0.92	0.98	0.99	0.99	1.00	0.98	0.85	0.90	0.85	0.64	0.08
3. 西葫芦	0.15	0.86	0.97	0.91	0.95	0.85	0.94	0.97	0.97	0.98	1.00	0.78	0.87	0.84	0.62	0.20
15. 兔骨	0.69	0.92	0.79	0.88	0.83	0.96	0.88	0.83	0.88	0.85	0.78	1.00	0.96	0.94	0.87	0.06
14. 鹿骨	0.49	0.88	0.83	0.88	0.86	0.93	0.90	0.87	0.93	0.90	0.87	0.96	1.00	0.99	0.90	0.26
6. 针叶樱桃	0.44	0.81	0.77	0.80	0.79	0.87	0.83	0.81	0.88	0.85	0.84	0.94	0.99	1.00	0.94	0.38
16. 燧石叶	0.48	0.63	0.52	0.60	0.56	0.72	0.62	0.58	0.68	0.64	0.62	0.87	0.90	0.94	1.00	0.49
13. 龟甲	-0.45	-0.18	-0.02	-0.14	-0.07	-0.10	-0.05	-0.01	-0.07	0.08	0.20	0.06	0.26	0.38	0.49	1.00

图27.17 圭拉那魁兹B1层居住面中16类材料的相关系数排序矩阵。系数为0.90或更高的已用下划线标注，以便在这个矩阵中使这些相互关联的遗存集群更加清楚地突显出来（下划线的系数范围是任意的，并不表明显著性值——与非显著性值相对）。在这个有序的矩阵中显而易见的关联和集群已经在文中被描述和讨论。

不同的集中区组成（图27.19）。其中一个不那么密集的分布区集中在居住面的南侧，从洞壁向外延伸到遗址中部的聚集中心。但是，这些植物材料的主要分布区位于遗址的北侧，大体在洞穴中部到后部的区域。该区域的密度非常高，偶尔极为密集。

龟甲在居住面上有一处小的集中，并作离散分布，与其他任何材料都没有明显的共生关联（图26.42）。仙人掌果籽也显示一系列局部的小范围聚集，

分布也跟这个居住面上的其他材料分布截然不同（图26.42）。

总的来说，男女活动产生的遗存，可以在居住面空间分析中被清晰地分成两个不同的群组。这两个群组的分布有重叠，但与男性活动有关的材料显然位于洞穴的南侧，而与女性活动有关的遗存大部分集中在北侧。该遗址男女性活动产物的清晰区分，也见于雷诺兹的分析结果之中（第28章）。

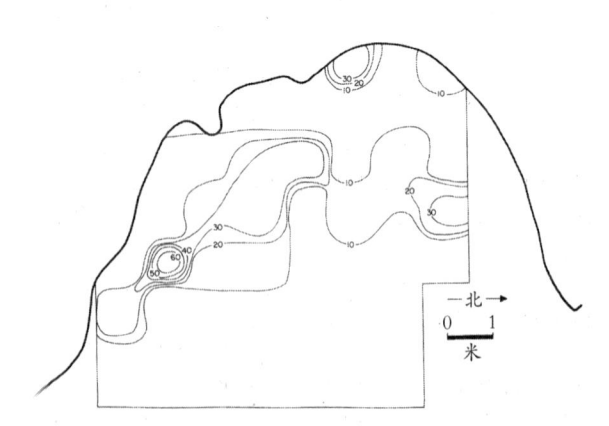

图27.18 圭拉那魁兹B1层空间分析，将兔骨、鹿骨和燧石片一起归组后，在该区域的密度轮廓线。

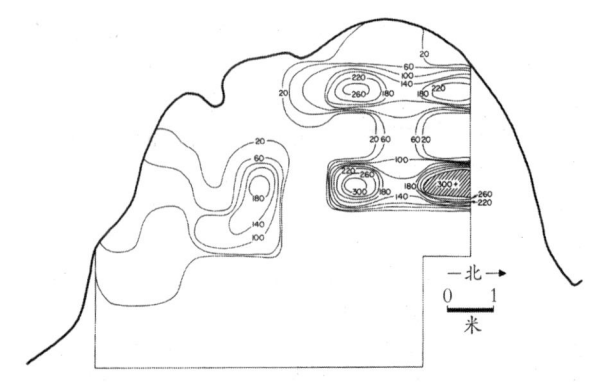

图27.19 圭拉那魁兹B1层空间分析的，将银合欢豆荚、豆荚瓣、仙人掌果嫩茎、矮松果、龙舌兰咀嚼渣、朴树果籽、麻风树果壳、牧豆籽和西葫芦遗存一起归组后，在该区域的密度轮廓线。

小　结

　　本章所采用的空间分析方法只是众多方法中的一种。跟很多迄今开发出来的方法一样，这个方法本身也存在一些问题，使得其产生的结果不太清晰，并不如所预期的那样，可以理想地作明确解释。尽管如此，它在此证明，在对圭拉那魁兹较大居住面的分析中是有用的，它提高了我们观察和解释这些居住面上考古遗存分布形态的可能性。在对四个居住面的分析中，我们解释了这个遗址史前居民生计活动的组织。在所有这些空间分析中，我们可以或多或少地看出这个生计活动组织的两个方面。第一个方面，我们经常可以看到劳动性别分工的存在，偶尔也能看到男女活动的明显区分。第二个方面，我们明显可以看出对圭拉那魁兹附近不同植被群落——荆棘林和牧豆树草地——分别开拓的场景。但是，这个证据与明显的劳动性别分工相比，在分析结果中并不那么有力和有规律。因此，虽然应用相对简单，但肯定不像有些人要求的那样完善，本章采用的空间分析方法看来得到了一系列总体上可靠、有用以及行为上很有意义的结果。

鸣　谢

　　我要特别感谢肯特·弗兰纳利，他不仅允许我使用圭拉那魁兹的材料，并鼓励我将方差维度分析应用于考古材料，同时他也在我撰写本章内容时，给予了实质性的帮助和建议。

28
圭拉那魁兹四个居住面的多维度分析

罗伯特·雷诺兹 撰，殷敏 译

> 她（爱丽丝）一边说着一边将她（红皇后）从桌上抓起来，使尽全力前后摇晃。
> 红皇后完全没有反抗，只是她的脸愈变愈小，她的眼睛愈变愈大，愈变愈绿。爱丽丝继续摇晃，红皇后继续愈变愈矮，愈变愈胖，愈变愈软，愈变愈圆，然后她就真的变成了一只小猫。
> ——路易斯·卡罗《爱丽丝镜中奇遇记》

引言

考古学家就像爱丽丝一样不断地操纵着他们的材料，希望从其人为的表现来发现特定文化系统的潜在性质。这种操纵可以从轻柔的抚摸到不受控制的拍打，其中使用的确切办法取决于需要回答的问题。可是往往这些材料在只需轻柔抚摸之时却遭受猛烈拍打，在这种胁迫下，材料有时会告诉询问者一些不实的信息，他或她进而又将其说成是真相。事实上，这些材料往往永远无法从这些猛烈的拍打中恢复，之后它们就静静地被安葬在纸盒棺材里，没有任何仪式，只有野外笔记提醒着它们过去的存在。

当它们发生时，这些攻击案的证人很少出面作证，要么是出于无知，要么是出于恐惧。那些觉得他们属于这两种类型的读者可能会试着提出以下问题："我要寻找什么？"和"我能做些什么？"任何人如果希望在他或她的分析过程中公正地对待材料，就必须考虑以下三种基本关系：

1. 确保问题的结构与材料的结构一致；
2. 检查所采用的分析技术是否与问题的结构一致；
3. 确保材料的结构符合分析方法提出的设想。

在这三个基本关系的考量中，第三个是最近几篇关于居住面空间分析技术论文的关注焦点，包括方差维度分析（Whallon 1973）、最近邻分析（Whallon 1974a）、聚类分析（Cowgill 1968）、判别分析（Bettinger 1979）和相关分析（Speth and Johnson 1976）。但是，在已发表的文献中，较少被提到的是一个同样重要的问题——将这些技术方法与最初问题的结构联系起来。当分析的结构调整到同时适用于材料和问题时，就需要考古学家作出进一步的分析性洞见。

活动区：空间形态构建的问题

一般认为，如果不了解信息交流在其形成过程中发挥的作用，就不能充分理解考古记录的许多不同方面（Flannery and Marcus 1976; Johnson 1978）。大家也承认，直接处理人类生态系统信息的建模，需要分析技术的帮助（Reynolds 1978; Reynolds and Zeigler 1979）。

虽然大多数学者已经考虑到区域层面的信息交换，但约基姆（Jochim 1976）指出，通过对某单一居住单位内获得的关系建模，我们仍可以了解到很多东西。在这个层面上最常见的分析方式之一就是居住面的空间分析，其"目标……通常要定义'工具组合'或一组人工制品，以及居住面上曾被一起使用过的其他物品"（Whallon 1973：266）。通常，在这类分析中，重点明确放在了材料分布的属性上，仅含糊要求对产生它们的空间做概念上的划分。尽管最近在民族考古学方面的研究试图缓解这一问题（如 Yellen 1977），但是正式将行为的和概念的设想结合用于居住面分析程序的尝试，仍然相对较少。

可以肯定的是，居住面上的材料分布可以用统计学方法来说明，而导致这种分布的概念划分只能予以推断。但是在本章中，我试图用这种概念划分来说明圭拉那魁兹四个最大的居住面，即 E、D、C 和 B1 层。这一尝试将部分立足于民族志的类比，部分立足于斯宾塞和弗兰纳利（第 26 章）和惠伦（第 27 章）对这些居住面的早期分析结果。希望通过这样的分析，我们能比较容易地为从统计学上论证洞穴里的碎屑形态，提供这种概念基础。

我们首先从制定一套设想开始，这套设想被认为代表了不同空间活动区背后的共有概念结构。这套空间共有概念结构的构建，用来产生我们所说的**辨识活动区**。然后，所利用的空间以这种方式被划分成与一系列特定任务相伴的区域。与这些任务相伴的物质材料和废弃物在空间上的分布，可能会反映这种活动区的空间划分。考古学家一般将这种遗存的空间分布指称为"活动区"。在此，后者也许可称为"考古学推断的活动区"，以便将它们与其对应的概念相区分。

居住面分析中所面临的问题，不仅是要复原人工制品在空间上的相伴组合，而且要复原那些最能反映活动区基本概念结构的组合。并非所有的空间相伴关系都能反映这种概念结构。因此，我们想用分析技术，将概念划分得到的相伴关系与其他动力机制产生的相伴关系区分开来。如果分析技术无法对从某居住面上获得的相伴类型进行选择，那么它们所得到的考古学推断的活动区，就有不同于先于它们的辨识活动区的危险，这也就会与它们得以存在的真相不同。

我们的设想规定了这种相伴类型大致是由这种概念划分所产生的，然后我们构建了一套分析技术序列，旨在提取这些特定相伴关系。采用这些方法，我们试图为每个地层推导一个居住面结构（occupational configuration），包括活动区和它们相连的过道。最后，这些活动区的空间结构和之间活动过道的变化，被用来推断穴居者行为相应的历时变化。

认知活动区的结构

从概念上，人们对环境进行建模的基本操作之一，就是根据某些具有共同属性东西的存在和缺失来进行归类分组。当然，我们已经见到狩猎采集者以这种方式对动植物进行归组（参见 Lee 1968）。通过建立这样具有代表性的分组，可以加快决策进度；例如，当需要频繁地重复决策时，很容易与一类特定决策相关联的（归组）类别的存在，看来就很有好处。另外，如果一个人能够通过另一套相似尺度把这些类别联系起来，那么我们就有了一个知识层次等级的框架。这些层次的每一层级，就代表了由先前存在类别聚合所产生的进一步的抽象集合。图 28.1 提供了这种基于等级知识结构的图形。

我们可以推定，根据所见某些变量的异同将这些东西分组的趋势，是圭拉那魁兹居民的典型做法，也与其他狩猎采集者相同。我们特别关注圭拉那魁兹居

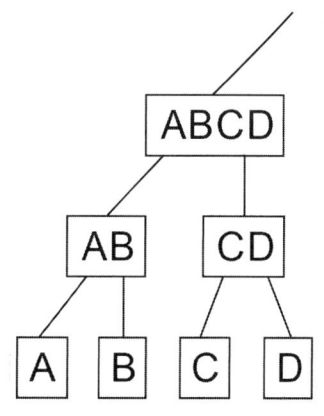

图 28.1　基本聚类操作可以产生的概念类别的原始层次结构。最底层是已经被认知的个体；第二层是通过配对被认为最相似的那些个体创建的更大类别；最上层是一个还要更大的、通过将第二层中看起来最相似的那些配对集合在一起而创建的类别。

民如何将洞穴居住面分成不同的区域,来从事特定的工作。哪些活动可以在一个区同时进行?哪些活动不可以?这些区域在洞穴内的空间上是如何分布的?为了回答这些问题,我们首先需要了解哪些变量可以作为这种划分的依据。

为了做到这点,让我们简要回顾一下第25章中列出的10个可能让空间出现共用或分割的原因。它们分别是:

1. 劳动的性别分工;
2. 不同动植物加工的数量差别;
3. 不同动植物加工所产生的碎屑数量;
4. 植物可获性的季节差异;
5. 季节性植物和全年都能获取的植物之间,在收获和加工上的不同;
6. 可获植物在各植被区中的差异;
7. 每日采集之旅物产的差异;
8. 用于各种工作的打制石器;
9. 男女一同工作的区域;
10. 个人在洞穴内走动所造成的活动界限模糊区。

显然,有好几种方法可以对我们用于圭拉那魁兹分析的变量进行分组。然而,我们的目标是将这些变量尽可能按照接近狩猎采集者制定的类别进行分类。根据民族志类比,首先就是将植物与动物分开。在上面列出的所有要点中,我们认为劳动的性别分工可以是最基本的划分方法之一,也就是女性采集加工植物,男性狩猎和屠宰动物。我们也观察到这种划分在惠伦的矩阵分析中也出现过(第27章)。

同样基于惠伦的矩阵分析,我们认为将植物这样划分是合理的:(1)可获季节受限制的那些植物,并且仅产生适量的加工碎屑(如麻风树果、针叶樱桃和朴树果);(2)季节限制很少的植物,并会产生大量的加工碎屑(如龙舌兰和仙人掌果)。我们也许可以称其中一类为"季节限制性植物",另一类为"仙人掌—龙舌兰组植物"。

在图28.2中,我们根据这些区别创建了一个归组的等级结构。往高层次向上,是植物加工和动物加工之间的区别。往低层次向下,是仙人掌—龙舌兰组植物(无季节限制并有大量加工碎屑)与季节限制性植物之间的第二个区别。显然,我们还可以将这些类别进一步细分,但是我们觉得这需要我们对那魁兹期印第安人的概念分类有更多的了解。因此,我们只用了圭拉那魁兹17个最具代表性的变量作为该等级的最低层次,如图28.2所示。

关于我们预期这些分组将如何帮助我们理解其居住者对洞穴居住面的概念划分,还有几句话要说。首先,我们从先前斯宾塞和弗兰纳利(第26章)、惠伦(第27章)的研究中得知,这17个变量并非平均分布在洞穴中。某些遗存倾向于与其他遗存有很强的关联性或很强的离散性。因此,我们希望通过利用这些归组,能够推断某些遗存被一起(或分开)处理或丢弃的原因。

我们认识到季节性因素可能会起作用——两种植物可能在不同季节进行处理。另一方面,我们也认为洞穴居住面很可能在概念上被划分为适合不同工作的不同区域。因此,负责这些工作的人可能会在整个居住期间,在同一地点从事这些工作,无论季节如何。而且,我们还认为,有些工作很可能在空间上是不相容的。如果两类工作不能在同一个活动区内进行,要么因为负责操作的人员是不同的,要么由于操作人员认为这两项工作是相互干扰的。

我们在第26和第27章已经看到,不同种类的东西不太可能在居住面的同一区域被处理或丢弃。我们期望进行更大类别的分组,来帮助我们回答以下问题:动植物是否在不同区域进行加工?是否仙人掌—龙舌兰组植物由于会产生大量加工碎屑以

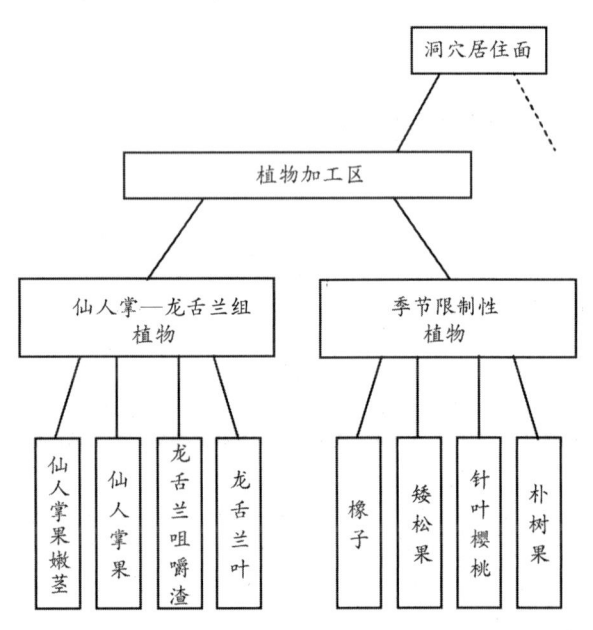

图28.2 圭拉那魁兹洞穴中的植物遗存,用与图28.1相似的方法安排成等级。最底层是具体植物;第二层则将这些植物分成两类——仙人掌—龙舌兰组植物和季节限制性植物;第三层则将这两类都归入植物加工区,而这个加工区进而是洞穴居住面的一个分区(最高层)。

及长期可获，而与季节限制性植物在不同区域加工？对穴居者来说，决定工作区划分的最主要因素有哪些？在我们的设想中，我们甚至期望能够超越这一点，从而能区分洞穴居住面特定区中的特定生产活动。我们看到，我们的这一期望至少部分实现了。

划分距离技术

为了测量洞穴中食物加工和废弃活动空间划分的量，我们首先需要用一种方便测量的方式将出土材料编码的手段。因此，我们为洞穴中发掘的每1×1平方米探方都建立了一个分区。

图5.3已经显示了这些发掘的1×1平方米探方。但是，并非所有发掘探方都含有碎屑，只有那些含碎屑的探方才被用于我们的分析。表28.1列出了每个居住面上用于分析的1×1平方米探方（在本研究中称为"单元"）。如果某给定单元用于某地层，它便按一个整数编号，否则显示为X。

表28.1 指定的1×1平方米探方（根据发掘网格）和单元数量（用于Q因子分析）[a]之间的对应关系

探方	单元数量			
	E层	D层	C层	B1层
B8	X	X	X	1
B9	X	1	1	2
B10	X	X	2	3
B11	X	X	X	4
C7	X	2	X	5
C8	1	3	3	6
C9	X	4	4	7
C10	2	5	5	8
C11	3	X	6	9
C12	X	X	X	10
D5	4	6	X	11
D6	X	X	X	12
D7	X	7	X	13
D8	X	8	7	14
D9	5	9	X	X

续表

探方	单元数量			
	E层	D层	C层	B1层
D10	6	10	8	15
D11	7	X	9	16
D12	X	X	X	X
E5	X	11	10	17
E6	8	12	11	18
E7	9	13	12	19
E8	10	14	13	X
E9	11	X	14	20
E10	12	X	15	21
E11	13	X	X	22
E12	14	X	X	X
F4	X	15	16	23
F5	X	16	17	24
F6	X	17	18	25
F7	15	18	X	26
F8	16	19	X	X
F9	17	X	19	X
F10	18	X	20	X
F11	19	X	X	X
G4	20	X	X	27
G5	21	20	X	28
G6	X	21	X	X
G7	X	22	X	X
G8	22	23	X	X

续表

探 方	单 元 数 量			
	E 层	D 层	C 层	B1 层
G9	X	X	21	X
G10	23	X	X	X
H4	X	X	X	X
H5	X	X	X	X
H6	24	X	X	X
H7	X	X	X	X
H8	X	X	X	X
H9	25	X	X	X
H10	X	X	X	X

a X标注的单元不包括在分析之内，因为它们并不含任何采用的变量。

在每个所用单元中，我们只用那些出现数量足够多，从而具有统计学意义的动植物。根据居住面，它在15到17个变量之间变化。表28.2给出了最常用的17个变量，按照我们在前面讨论过的较大组群中对其成分概念进行归组。

接下来，我们计算每个单元中一起出土（或不是一起出土）的变量组合。这些变量首先被分成四组：（1）季节限制性植物；（2）仙人掌—龙舌兰组植物；（3）动物骨骸；（4）燧石废片（未加工的石片）。不幸的是，燧石废片有一个问题，因为它构成了一个单一变量组，在随后的分析中不能被细分（见下文）[1]。经过一番思考，并注意到惠伦的矩阵分析结果（第27章），我们最终决定，我们可以将燧石废片和我们三种动物骨骸合并，构成一个较大的"动物加石片"组别。尽管我们知道，石片肯定来自为不同工作制作的工具，但事实上，它们却明显表示出与惠伦矩阵中的动物遗骸共生。如果我们：（1）令废片与我们的变量层次分开；（2）在共生群组层次上与动物遗骸合并到一起，从而满足程序对于细分群组的需求，那么我们认为，这将显示我们对材料的处理只是轻柔抚摸而非猛烈拍打。

由于每组现在至少包含四个变量，我们下一步就是将每组再细分为两个亚组。第一亚组代表那些在单元里一起出土的变量；第二亚组代表那些不是一起出土的变量。因此，对于所有1×1平方米探方，至多跟六个变量的亚组共生。在表28.3中，我们给出

表28.2 在多维度缩放程序中最普遍使用的17种变量

变 量	第 一 分 组	较 大 分 组
龙舌兰叶 龙舌兰咀嚼渣 仙人掌果嫩茎 仙人掌果籽	仙人掌—龙舌兰组植物	植 物
橡子 矮松果 麻风树果 银合欢豆荚 针叶樱桃 豆荚瓣 西葫芦碎片 朴树果籽 牧豆籽	季节限制性植物	
燧石废片 鹿骨 棉尾兔骨 龟甲	动物加石片	动物加石片

1 不幸的是，每个居住面均没有加工燧石工具的数量多到足以构成具有统计学意义的群组。如果某工具类型的数量多到足以包括在本研究中，那么结果很可能更有意思。

一个纯粹假设例子，说明某单元里的一种形态是如何形成的。在我们这个假设的例子中，仙人掌果籽和嫩茎（来自仙人掌—龙舌兰组植物）在一个单元中共生；但是同组的另外两种龙舌兰咀嚼渣和龙舌兰叶则不见于这个单元。季节限制性植物也按它们是否在一个单元中共生来进行分组。动物骨骼和石片也以同样的方式分组。通过将我们的变量集划分为共生或不共生，我们就开始对单元的材料编码，好似在处理变量组时挑出可能的互补性和不兼容性，从而达到我们最初陈述的目标，这就是寻找考古碎屑背后的概念分区，并留意将我们的技术与最初问题的结构联系起来。

现在，我们需要测量单元之间变量分区的相似程度。为了这样做，我们必须先看看有哪些可供我们分区使用的距离测量技术。阿拉比和布尔曼（Arabie and Boorman 1972）以及其他一些学者已经研究过不同距离测量的能力，以描述不同东西归组之间的结构差异。为了预备这样的分析，我们现在正式定义了一种划分及这种划分的一些特征。这使得我们能较为准确地描述这种划分距离的测量工作是如何进行的。

首先，某有限集合（S）的一个划分（P），是将这个集合划分成非空的、成对不相交的（不重叠的）子集集合，这些集合包含了 P（穷举 [exhaustive]）中的所有原始元素。分区 P 的基数是其中包含的不同组的数量。例如，给定一套四个元素 $\{1, 2, 3, 4\}$，P 将这些元素划分为两个组 $P = \{\{1, 3\}, \{2, 4\}\}$。子集的数量是两个。为了方便起见，我们对划分 P 中的 n 个子集中的每个进行索引，从 P_1 到 P_n。在上面的例子中，P_1 参照（1, 3），P_2 参照（2, 4）。我们分别用 $|P_1|$ 和 $|P_2|$ 表示每个亚组的大小或基数。所以 $|P_1|$ 在这里的值为2。

给定一个集合 S 的两个划分，分别标记为 P 和 Q，我们定义它们的交点 $P \cap Q$ 如下：S 的两个元素 a 和 b 在 $P \cap Q$ 的同一个亚组，如果而且只是如果它们在 P 的同一单元和 Q 的同一单元中。为了方便说明，如果 $P = \{\{1, 2\}, \{3, 4\}\}$，$Q = \{\{1\}, \{2, 3, 4\}\}$，则 $P \cap Q = \{\{1\}, \{2\}, \{3, 4\}\}$。因此，3和4在 $P \cap Q$ 中一起存在，因为它们在 P_2 和 Q_2 中一起被找到。由于1和2始终没有与其他元素共存，因此每个元素都形成一个单独组。

我们现在有足够的信息来定义一个合适的距离度量。虽然有很多选项可供选择，但我们在这里选择了共生的卡方测量（chi-square measure of association）。卡方测量根据每个划分中同一亚组中共生对象的范围，为两个划分生成一个0到1之间的距离。这正是我们所要寻找的信息，因为洞穴居住面分区之间的相似性，是根据在此从事的活动是否相互包含或者彼此排除。

如果我们回顾一下 $P \cap Q$ 的定义，对于集合 S 的两个划分，我们可以看到 $P \cap Q$ 中包含各组的基数或数量，将随诸元素在各不同亚组共生数量的增加而减少。这是在卡方测量中用来计算划分之间距离的信息类型。如果正式定义的话，卡方测量的公式如下：

$$\text{chi-square} = 1 - \frac{\left(\sum_{i,j} \frac{|Z_{ij}|^2}{|P_i| \times |Q_j|} - 1 \right)}{\min(|P|-1, |Q|-1)},$$

表28.3 一个假设的例子：在某1×1平方米探方中可能会产生的动植物亚组划分的种类

组　　别	变　　　量	有/没有
仙人掌—龙舌兰	仙人掌果籽、仙人掌果嫩茎	有
	龙舌兰咀嚼渣、龙舌兰叶	没有
季节限制性植物	朴树果籽、西葫芦碎片、麻风树果、银合欢豆荚、针叶樱桃籽	有
	豆荚瓣、矮松果、牧豆籽、橡子	没有
动物加燧石	鹿骨、石片	有
	棉尾兔骨、龟甲	没有

然后这个公式

$$\frac{\left(\sum_{i,j} \frac{|Z_{ij}|^2}{|P_i| \times |Q_j|} - 1\right)}{\min(|P|-1, |Q|-1)},$$

测量两个划分 P 和 Q 的相异程度。首先看分子 $\sum_{i,j}$，这告诉我们对于每对亚组，来自 P 的 P_i 和来自 Q 的 Q_j，我们计算 $\frac{|Z_{ij}|^2}{|P_i| \times |Q_j|}$。

然后，将这些值相加。对于两个子组 P_i 和 Q_j，Z_{ij} 代表由 $P_i \cap Q_j$ 产生的划分。通过使用 $|Z_{ij}|$，我们得到了两个划分之间的歧异水平的估计，因为正如我们上面提到的那样，$|P_i \cap Q_j|$ 会随着两组共生因素的减少而增加。在各种情况下，分母 $|P_i| \times |Q_j|$ 代表对当前比较的两组基数 P_i 和 Q_j 所做的调整。

到此，一项计算可能更能说明问题。如果说 $P = \{\{1, 2, 3, 4\}\}$，$Q = \{\{1, 2, 3, 4\}\}$。如出现这种情况，分子只涉及一对亚组的比较。因为 Z_{11} 在这里是 $\{\{1, 2, 3, 4\}\}$ 这两个亚组，因此 $|Z_{11}|$ 等于4。于是分子是

$$\frac{|Z_{11}|^2}{|P_1| \times |Q_1|} = \left(\frac{|4|^2}{|4| \times |4|} - 1\right),$$

其计算结果为0。因此，卡方计算中从1减去的项将为0，且两者之间的相似性将等于1。这正是我们所期望的，因为卡方测量是标准卡方统计量的线性变换。

Q型因子与R型因子分析

我们的划分研究采用了两种方法：Q型因子和R型因子分析。简言之，在此背景中，R型因子分析就是查看单个变量以及它们是如何分布的；Q型因子分析意指我们查看基本的单位或单元（探方）。

我们从Q型因子分析开始。为了计算选来分析的每个居住面的所有相关单元（E、D、C和B1层）划分之间的关联性，我修改了最初由阿拉比和布尔曼（Arabie and Boorman 1972）编写的用来计算这种和其他测量的程序，以便它能用于密歇根大学的Guttman-Lingoes非定量程序系列（Lingoes 1973）。

对于这里研究的四个居住面中的每一个，都要计算所有相关单元对（pairs of cells）之间的卡方划分距离的矩阵。然后该矩阵被输入Guttman-Lingoes程序SSA-I，它以四维的最大值执行对单元的多维测量。多维测量技术在考古学文献中多有介绍（参见Drennan 1976a，1976b；Doran 1970），在此不再赘述。然后，根据它们在四个维度上的积分，采用最邻近聚类分析（Sneath and Sokal 1973：216—222）将单元聚类。之后所得到的聚类单元，则代表了居住面上不同的加工区或废弃区。

作为对此分析的检验，我们还运用了R型因子分析方法来分析该材料。这种方法代表了一种较为传统的活动区调查方法，并被用来评估Q型因子分析中发现的形态。为了进行R型因子分析，需要在变量之间生成皮尔逊积矩相关系数（Pearson's r correlations），并用于每层实际含有碎屑的那些单元。然后，再进行每个矩阵的多维到二维测量。因为我们处理的是那些基本的对比，如季节限制性植物对仙人掌—龙舌兰组植物，以及植物对动物等，因此我们觉得二维（或最多三维）就足以探知Q型因子分析中所见的形态。基于这些维度中的每一个，计算各单元的积分。最后，进行最近邻聚类分析，根据这些维度的相似积分，把单元进而归组为不同的聚类。我们预判，在此定义的活动区应该与根据划分距离用Q型因子方法定义的活动区，有一定的相似性。但是，我们认为Q型因子分析应该提供有关活动区更多的细节，因为这种方法也直接测量不同变量缺乏共存的信息。其实，就像我们将在下一节看到的那样，情况确是如此。

我们的研究设计图（图28.3）提供了一份完整的图像，介绍了Q和R型因子两种分析是如何结合，为研究的总体可靠性作出贡献的。这种问题的双重办法有助于确保结果的一致性，以及评估每种方法论的有效性。如图所示，我们也做了进一步的检验，将我们的结果与惠伦（第27章）的结果进行对比，惠伦采用较大的区块（4×4和8×8平方米），对变量的相关性进行了初步研究。

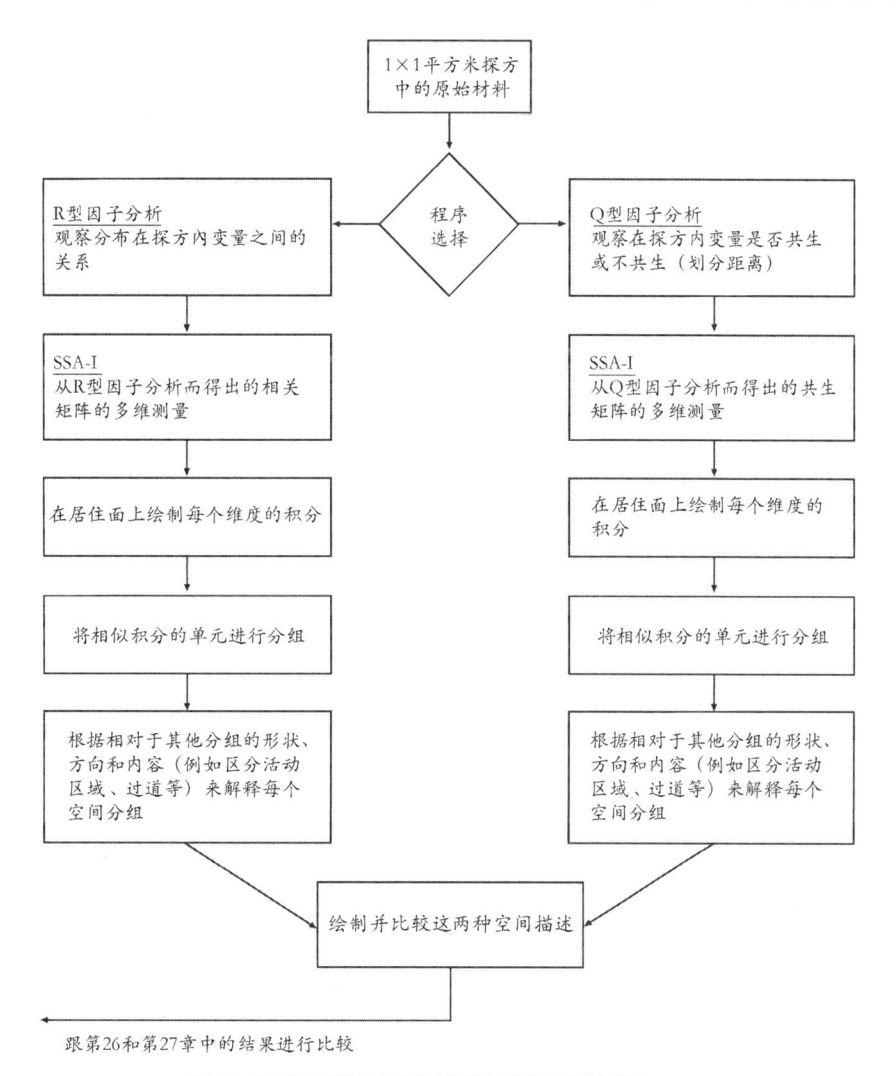

28 圭拉那魁兹四个居住面的多维度分析

```
                    ┌─────────────┐
                    │1×1平方米探方 │
                    │中的原始材料  │
                    └──────┬──────┘
                           │
                    ┌──────▼──────┐
        ┌───────────┤  程序选择   ├───────────┐
        │           └─────────────┘           │
┌───────▼────────┐                    ┌───────▼────────┐
│ R型因子分析    │                    │ Q型因子分析    │
│观察分布在探方内│                    │观察在探方内变量│
│变量之间的关系  │                    │是否共生或不共生│
│                │                    │（划分距离）    │
└───────┬────────┘                    └───────┬────────┘
        │                                     │
┌───────▼────────┐                    ┌───────▼────────┐
│    SSA-I       │                    │    SSA-I       │
│从R型因子分析而 │                    │从Q型因子分析而 │
│得出的相关矩阵  │                    │得出的共生矩阵  │
│的多维测量      │                    │的多维测量      │
└───────┬────────┘                    └───────┬────────┘
        │                                     │
┌───────▼────────┐                    ┌───────▼────────┐
│在居住面上绘制  │                    │在居住面上绘制  │
│每个维度的积分  │                    │每个维度的积分  │
└───────┬────────┘                    └───────┬────────┘
        │                                     │
┌───────▼────────┐                    ┌───────▼────────┐
│将相似积分的    │                    │将相似积分的    │
│单元进行分组    │                    │单元进行分组    │
└───────┬────────┘                    └───────┬────────┘
        │                                     │
┌───────▼────────┐                    ┌───────▼────────┐
│根据相对于其他  │                    │根据相对于其他  │
│分组的形状、方向│                    │分组的形状、方向│
│和内容（例如区分│                    │和内容（例如区分│
│活动区域、过道  │                    │活动区域、过道  │
│等）来解释每个  │                    │等）来解释每个  │
│空间分组        │                    │空间分组        │
└───────┬────────┘                    └───────┬────────┘
        │                                     │
        └──────────────┬──────────────────────┘
                       │
              ┌────────▼────────┐
              │绘制并比较这两种 │
              │空间描述         │
              └────────┬────────┘
                       │
              ┌────────▼────────┐
              │跟第26和第27章中 │
              │的结果进行比较   │
              └─────────────────┘
```

图28.3 该图显示了第28章中描述的多维标度程序的研究设计。

结果与讨论

在本节中，我们介绍并比较四个居住面中每个居住面采用R型和Q型因子分析的结果。我们首先从最早的E层开始。

E层

我们先从R型因子分析开始。图28.4给出了E层中最具代表性的15个变量的皮尔逊积矩相关系数。然后这个矩阵被输入多维测量程序SSA-I中。图28.5显示了由程序提取的两个向量中，每个向量的可变积分图。正如我们预判可能发生的那样，这两个向量足以让我们将与不同活动相伴的不同动植物组区分开来。向量1将季节限制性植物与动物遗存区分开来。向量2则将动物遗存与仙人掌—龙舌兰组区分开来。于是，

原 始 系 数

排=	1	2	3	4	5	6	7	8	9	10	11	12	13	14	15
行=1	0.0														
行=2	−0.13	0.0													
行=3	−0.12	−0.09	0.0												
行=4	0.71	−0.10	−0.10	0.0											
行=5	0.44	−0.08	0.16	0.84	0.0										
行=6	−0.10	−0.11	−0.07	−0.07	−0.11	0.0									
行=7	0.06	−0.08	−0.07	0.30	0.38	0.65	0.0								
行=8	−0.06	0.65	−0.04	−0.04	−0.08	−0.07	−0.09	0.0							
行=9	0.03	−0.10	0.00	0.16	0.17	0.54	0.05	−0.04	0.0						
行=10	0.06	−0.17	0.68	0.06	0.15	0.29	−0.03	−0.07	0.44	0.0					
行=11	0.25	−0.09	−0.07	0.40	0.28	−0.04	0.07	0.01	0.09	0.02	0.0				
行=12	0.02	0.08	0.17	0.12	0.23	0.06	0.01	0.23	0.28	0.17	0.00	0.0			
行=13	−0.16	0.27	0.33	−0.14	−0.10	0.14	0.00	0.54	0.14	0.27	−0.04	0.74	0.0		
行=14	−0.13	−0.08	0.46	−0.03	0.10	0.04	−0.06	−0.04	0.35	0.58	−0.06	0.08	0.27	0.0	
行=15	0.01	−0.12	−0.03	0.12	0.23	−0.05	0.03	−0.07	0.17	0.03	−0.09	0.83	0.46	0.23	0.0

图28.4 E层的R型因子分析，步骤1：使用皮尔逊积矩相关系数计算15个选定变量的相关系数矩阵。矩阵显示了所有可能的变量对之间的线性关联程度：1. 龙舌兰咀嚼渣；2. 龙舌兰叶；3. 朴树果籽；4. 麻风树果；5. 针叶樱桃；6. 仙人掌果籽；7. 仙人掌果嫩茎；8. 豆荚瓣；9. 矮松果；10. 牧豆籽；11. 橡子；12. 龟甲；13. 鹿骨；14. 棉尾兔骨；15. 未加工石片。

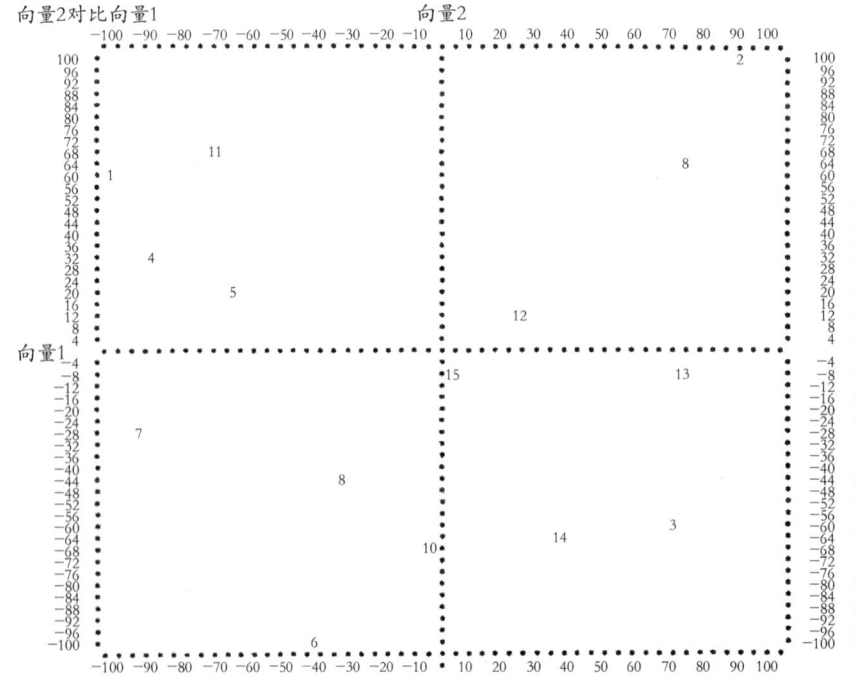

图28.5 E层的R型因子分析，步骤2：绘制向量1对向量2的图，其中一个变量与另一个变量的相近度反映了由步骤1确定的关联度（变量如图28.4所示）。注意向量1将有季节限制性的植物与动物及仙人掌—龙舌兰组区分开来；向量2进而将动物与仙人掌—龙舌兰类组分离开来。石片（变量15）在中心附近，因为它们与所有三类共生。石片、鹿骨、龟甲、兔骨和朴树果之间的联系，可能反映了在一个区域中有某些人（可能是男性）一边屠宰动物一边吃朴树果。麻风树果、针叶樱桃、仙人掌果嫩茎、橡子和龙舌兰的共生关系，可能反映了在一个区域中有些人（可能是女性）一边加工季节限制性植物，一边咀嚼烧过的龙舌兰。请注意，仙人掌—龙舌兰组的植物经常被绘制在接近边缘的地方，表明对季节限制性植物有不同的处理和废弃方式。

石片和动物骨骼在向量1中都显示为正分，在向量2中显示为负分（见图28.6）。

也请注意，在图28.5中，石片位于图表的中心附近，估计可能因为它们与处理许多不同物种的材料相伴。石片、鹿骨、龟甲、兔骨和朴树果在同一处发现，可能反映了当时洞穴中有一些人（可能是男性），在从事某种工作时随便吃着朴树果（可能是屠宰或进食），于是造成动物骨骸和朴树果籽的一起废弃。

这两个向量在二维空间里产生了一个变量的组态（configuration），使得变量之间的距离保持了原始矩阵中各变量之间相关性等级排序的81%（参见图28.6的图例）。因此，这两个向量解释了原始矩阵中变量之间的大量结构关系。这似乎与我们认为这个洞穴可能在概念上被划分成一组不同的工作空间是一致的，这个工作空间即使在废弃过程中被弄得边界模糊，也仍然能通过分析重新界定，这使我们相信，我们进行的方向是对的。

接下来，对E层的材料进行Q型因子分析。根据在R型因子分析中采用的相同15个变量划分，图28.7给出了E层中每对相关的1×1平方米探方之间的卡方划分距离计算的矩阵。这种划分是基于变量的共生和不共生，如前一节所述。

对矩阵进行多维测量，并提取前四个向量。前两个向量上每单元的积分如图28.8所示。如前所述，每单元与其他单元之间的相近度，反映了它们在原始矩阵中的关联强度。但是，不像R型因子分析那样是基于相关性的关联，在Q型因子分析中，它们表示单元之间的变量组合差异。

在向量1上得分高的单元，主要表现在动物骨骸和石片的共生，只有少量植物共存。这个向量可能代表动物加工活动比较集中的那些探方。

在向量2上得分高的那些单元，则显示出较多共生的植物，兼有季节限制性植物和仙人掌—龙舌兰组，而动物遗骸大体上不共生。在其余2个向量分离出的单元中，很少有大的变量组表现出有力的共存（或不共存）关系。有人认为这可能反映了这些单元中的活动缺少结构性，而这些活动所产生的碎屑也比较随机。在这些向量上积分较高的单元，则被认

E层测量
M = 2 的 Guttman-Lingoes 最小空间坐标（半强单调性）

尺寸		1	2
变量	中心指数		
1	112.068	−100.000	58.149
2	138.194	88.299	100.000
3	95.712	71.210	−59.273
4	83.926	−83.102	29.656
5	58.397	−60.143	18.232
6	102.240	−33.399	−100.000
7	86.590	−88.280	−26.304
8	103.323	74.716	63.712
9	47.536	−27.965	−43.471
10	65.064	−0.295	−66.584
11	88.050	−61.283	66.216
12	31.565	24.116	9.847
13	78.312	72.795	−8.085
14	73.857	37.052	−62.247
15	13.249	7.445	−5.479

异化系数=0.220 49/15次迭代
克鲁斯卡尔压力系数=0.190 30

图28.6 E层的R型因子分析：步骤2中采用的两个向量中每个向量的15个变量的得分。得分反映了与图28.5所示图形的纵坐标（向量2）或横坐标（向量1）的距离。注意，石片和动物骨骼显示向量1的正值，而季节限制性植物趋向于具有相同的向量。这个阶段的克鲁斯卡尔压力系数是0.19，这意味着变量对之间相对等级排序关联性的81%被图28.5所示的配置所保留。

第六编　居住面的空间分析

原始系数

排=	1	2	3	4	5	6	7	8	9	10	11	12	13	14	15	16	17	18	19	20	21	22	23	24	25	26
行=1	0.0																									
行=2	0.22	0.0																								
行=3	0.0	0.0	0.0																							
行=4	0.36	0.36	0.19	0.0																						
行=5	0.47	0.47	0.33	0.21	0.0																					
行=6	0.31	0.31	0.31	0.32	0.28	0.0																				
行=7	0.45	0.22	0.30	0.46	0.40	0.14	0.0																			
行=8	0.30	0.30	0.33	0.0	0.0	0.33	0.30	0.0																		
行=9	0.32	0.32	0.32	0.25	0.29	0.30	0.27	0.33	0.0																	
行=10	0.14	0.14	0.14	0.25	0.33	0.30	0.27	0.33	0.33	0.0																
行=11	0.32	0.32	0.32	0.33	0.31	0.32	0.32	0.33	0.32	0.25	0.0															
行=12	0.19	0.19	0.19	0.33	0.31	0.32	0.32	0.33	0.30	0.25	0.33	0.0														
行=13	0.45	0.45	0.30	0.46	0.14	0.22	0.30	0.27	0.27	0.32	0.32	0.0	0.0													
行=14	0.30	0.30	0.30	0.32	0.24	0.14	0.33	0.27	0.27	0.32	0.32	0.0	0.0	0.0												
行=15	0.22	0.22	0.33	0.22	0.22	0.33	0.22	0.22	0.33	0.33	0.33	0.33	0.22	0.33	0.0											
行=16	0.44	0.44	0.25	0.47	0.50	0.25	0.49	0.33	0.32	0.19	0.30	0.30	0.24	0.32	0.33	0.0										
行=17	0.39	0.39	0.19	0.50	0.48	0.32	0.49	0.33	0.25	0.33	0.0	0.24	0.32	0.33	0.22	0.0										
行=18	0.41	0.41	0.33	0.38	0.40	0.21	0.26	0.22	0.33	0.33	0.31	0.31	0.26	0.12	0.0	0.50	0.48	0.0								
行=19	0.44	0.44	0.25	0.47	0.46	0.25	0.29	0.33	0.0	0.19	0.30	0.30	0.33	0.19	0.33	0.43	0.41	0.46	0.0							
行=20	0.38	0.38	0.28	0.40	0.31	0.21	0.25	0.24	0.31	0.31	0.20	0.12	0.33	0.21	0.23	0.41	0.27	0.0	0.0							
行=21	0.21	0.43	0.28	0.45	0.46	0.21	0.44	0.30	0.33	0.33	0.31	0.31	0.50	0.29	0.22	0.27	0.42	0.41	0.21	0.42	0.0					
行=22	0.21	0.43	0.28	0.45	0.46	0.21	0.31	0.30	0.24	0.24	0.31	0.31	0.40	0.12	0.22	0.40	0.42	0.33	0.40	0.42	0.28	0.0				
行=23	0.29	0.29	0.29	0.32	0.28	0.31	0.30	0.33	0.30	0.14	0.19	0.19	0.30	0.30	0.33	0.25	0.19	0.28	0.25	0.28	0.28	0.28	0.0			
行=24	0.21	0.21	0.21	0.28	0.32	0.28	0.24	0.33	0.33	0.12	0.28	0.28	0.24	0.24	0.33	0.28	0.28	0.31	0.11	0.19	0.31	0.31	0.21	0.0		
行=25	0.19	0.19	0.19	0.33	0.31	0.32	0.32	0.25	0.33	0.0	0.32	0.33	0.33	0.0	0.31	0.30	0.31	0.31	0.31	0.19	0.28	0.0	0.0			
行=26	0.39	0.39	0.19	0.50	0.48	0.32	0.49	0.33	0.25	0.33	0.0	0.43	0.32	0.33	0.41	0.19	0.48	0.22	0.42	0.23	0.42	0.19	0.28	0.0	0.0	

395　图28.7　E层的Q型因子分析。步骤1：对R型因子分析已经使用过的相同15个变量，计算它们相对共出的单元对（1×1平方米探方）之间的卡方划分距离矩阵（参见图28.4的图例）。

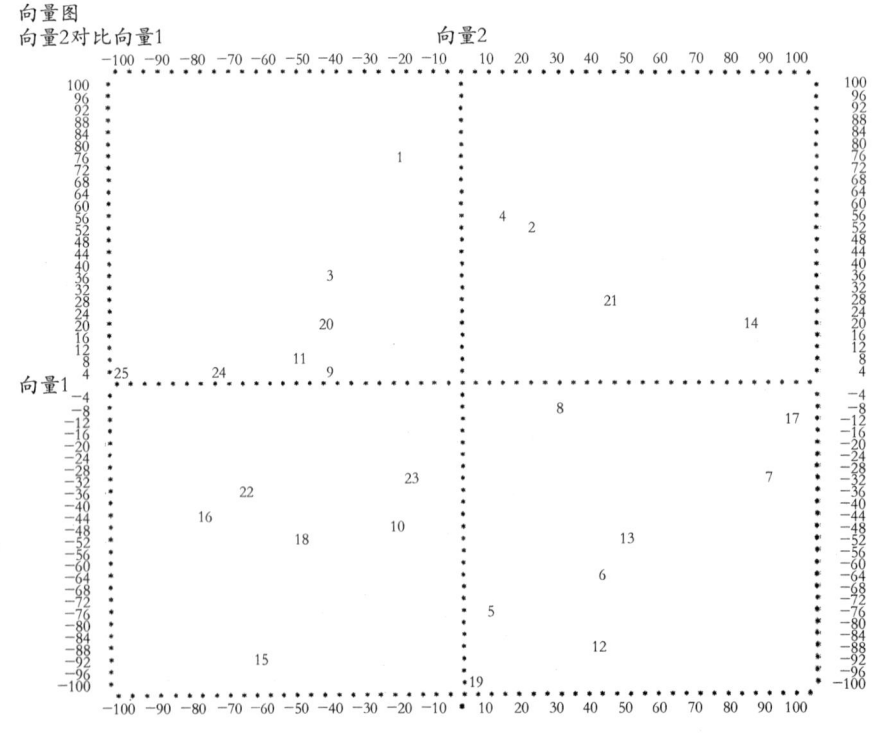

向量图
向量2对比向量1　　　　　向量2

```
           -100 -90 -80 -70 -60 -50 -40 -30 -20 -10   10 20 30 40 50 60 70 80 90 100
       100 .................................... ....................................  100
        96 .                                  . .                                  .   96
        92 .                                  . .                                  .   92
        88 .                                  . .                                  .   88
        84 .                                  . .                                  .   84
        80 .                                  . .                                  .   80
        76 .                                  . .                                  .   76
        72 .                                  . .                                  .   72
        68 .                  1               . .                                  .   68
        64 .                                  . .                                  .   64
        60 .                                  . .            4    2                .   60
        56 .                                  . .                                  .   56
        52 .                                  . .                                  .   52
        48 .                                  . .                                  .   48
        44 .                                  . .                                  .   44
        40 .                                  . .                                  .   40
        36 .                    3             . .                                  .   36
        32 .                                  . .                                  .   32
        28 .                                  . .                 21               .   28
        24 .                                  . .                                  .   24
        20 .                    20            . .                      14          .   20
        16 .                                  . .                                  .   16
        12 .                                  . .                                  .   12
   向量1   8 .                  11             . .                                  .    8
         4 .  25       24                     . .                                  .    4
        -4 ..................................... ....................................  -4
        -8 .                                  . .      8                 17        .   -8
       -12 .                                  . .                                  .  -12
       -16 .                                  . .                                  .  -16
       -20 .                                  . .                                  .  -20
       -24 .                                  . .            23                    .  -24
       -28 .                                  . .                         7        .  -28
       -32 .           22                     . .                                  .  -32
       -36 .                                  . .                                  .  -36
       -40 .      16                          . .                                  .  -40
       -44 .                                  . .                                  .  -44
       -48 .              18       10         . .              13                  .  -48
       -52 .                                  . .                                  .  -52
       -56 .                                  . .                                  .  -56
       -60 .                                  . .        6                         .  -60
       -64 .                                  . .                                  .  -64
       -68 .                                  . .                                  .  -68
       -72 .                                  . .                                  .  -72
       -76 .                                  . .    5                             .  -76
       -80 .                                  . .                                  .  -80
       -84 .                                  . .                                  .  -84
       -88 .                                  . .             12                   .  -88
       -92 .         15                       . .                                  .  -92
       -96 .                                  . .                                  .  -96
      -100 .................................... .................................... -100
                                                    19
           -100 -90 -80 -70 -60 -50 -40 -30 -20 -10   10 20 30 40 50 60 70 80 90 100
```

图28.8　E层的Q型因子分析，步骤2：绘制向量1对向量2的图，其中一个编号单元（1×1平方米探方）到另一编号单元的邻近度反映了由步骤1得出的所有可能的单元对之间的关联度（编号单元1—25如表28.1所示）。这里显示的相关单元的集群为图28.10中重建活动区和过道打下基础。向量1将可能的男性工作区与可能的女性工作区区分开来，而向量2将洞穴内其他地方的一系列周边单元区分开来。向量3和4（未显示）将一系列周边单元分成三个不同的部分。

28 圭拉那魁兹四个居住面的多维度分析

为构成了主要工作区的边缘区。

图28.9给出了四个向量的每单元积分。这四个向量的克鲁斯卡尔压力系数（Kruskal's Stress）为0.15。这意味着，诸单元之间的距离（每个都绘制为四维空间中的一个点），只有15%不能反映它们在原始矩阵中相对等级排序的关联性。（或反过来说，有85%的距离确实反映了它们原来的等级顺序。）

完成我们的Q型和R型因子分析后，我们现在可以利用分析结果来绘制E层的居住面构造，并推断居住者对居住面的概念划分。要做到这一点，我们必须回到1×1平方米的探方网格中（在我们的分析中称为"单元"），洞穴居住面就是被这样的网格划分的。采用这个网格，我们在具有相似碎片分布模式的单元组周围绘制粗线（图28.10）。我们把这些单元组称为"区域"。我们使用植物、动物或器物碎屑，来描述每个区域的独特之处。

但是，正如我们所说，我们认为这些区域代表了洞穴居住面在概念上被划分成不同种类工作空间的有形表现。因此，我们给每个区域两个名称：一个罗马数字，只是代表其有形表现和具体描述，反映了我们对它所代表的概念划分解释。因此，在最"中立"的层面上，我们指称为Ⅰ、Ⅱ、Ⅲ区等等。在解释层面上，我们指称为洞穴内的"男性工作区"、"女性工作区"和"过道"。

E层卡方划分距离测量
M=4的Guttman-Lingoes最小空间坐标（半强单调性）

尺寸		1	2	3	4
变量	中心指数				
1	93.503	−13.812	73.664	−25.527	−22.580
2	90.488	21.841	51.461	−79.857	−10.409
3	65.606	−33.105	33.735	−51.262	4.411
4	87.882	15.111	53.464	−27.095	44.411
5	93.977	8.022	−76.318	8.791	58.611
6	80.528	43.501	−61.837	21.090	−19.574
7	91.242	88.600	−30.369	−27.122	−5.011
8	102.059	30.102	−6.440	9.077	84.784
9	55.094	−33.566	3.369	−30.150	−44.559
10	103.003	−13.984	−48.627	−5.621	−100.000
11	86.907	−42.441	4.080	−100.000	−5.830
12	88.931	41.717	−85.595	−55.640	17.567
13	66.326	50.010	−52.417	−6.428	5.147
14	105.961	86.853	19.245	−60.615	−34.335
15	105.881	−53.119	−91.394	−74.933	−31.619
16	100.246	−70.376	−42.445	−80.864	36.667
17	109.534	100.000	−11.404	−66.142	−10.403
18	95.511	−44.713	−50.756	51.006	−18.327
19	86.392	5.529	−100.000	−49.535	1.286
20	99.673	−35.577	19.625	48.099	−48.303
21	98.062	46.972	27.377	45.393	−15.327
22	62.364	−59.702	−36.233	−27.575	−17.759
23	55.743	−11.641	−29.158	−52.337	−51.654
24	83.834	−67.473	3.476	−9.707	39.800
25	104.467	−100.000	0.432	−10.695	21.454

异化系数=0.166 30/71次迭代
克鲁斯卡尔压力系数=0.145 99

图28.9　E层的Q型因子分析：四个向量的25个编号单元（1×1平方米探方）的得分，包括图28.8中所示的两个单元。得分反映了单元在所有四个轴上的相对位置。这个阶段的克鲁斯卡尔压力系数是0.15，这意味着编号单元对之间相对等级排序关联性的85%被这四个向量的配置保留。

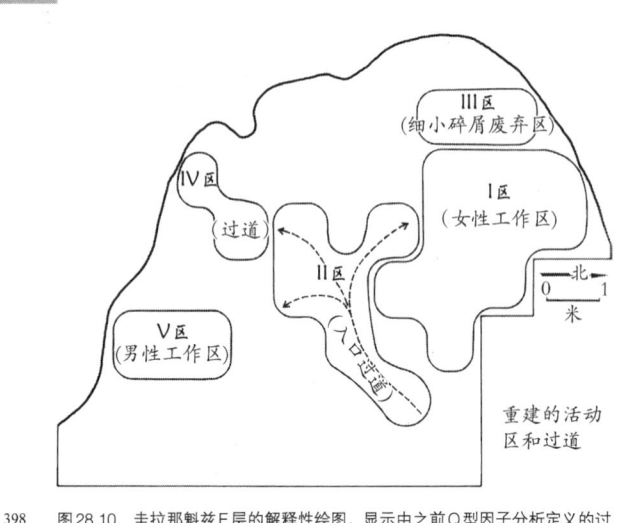

图 28.10 圭拉那魁兹 E 层的解释性绘图，显示由之前 Q 型因子分析定义的过道和活动区（1×1 平方米探方）。Ⅰ区被解释为一两个人（可能是女性）处理和烹煮季节限制性植物的区域，并将一些细碎的植物和骨头石屑垃圾丢弃到Ⅲ区中。Ⅴ区可解释为至少有一人（可能是男性）处理动物、加工石器并吃麻风树果和矮松果的区域。Ⅱ区可解释为进入洞口，并分别进入Ⅰ区和Ⅴ区的 Y 形过道；Ⅳ区被认为是其中一个分支的终点，比Ⅱ区的垃圾种类要少。

关于这些区域还要再作点说明。有些读者可能会问，为什么明明我们的问题是关于位置的，但我们没有采用统计程序来考虑位置。对此我们有很好的理由。首先，评估多维测量重要性的方法相对较少。在纯粹偶然的情况下，洞穴两个不同部分两个不相关的探方区域，可能会具有相同的碎屑模式。Q 型因子分析将显示它们彼此相似，但之后的空间关系检查将显示它们其实相距很远。另一方面，通过多维测量显示，一些探方区域彼此具有相似度，之后确实表明它们在洞穴的某一部分聚集在一起，因为它们实际上就处在同一个活动区里。通过这种方式，位置可以用来检查多维测量——一个真正的独立核对，因为 Q 型因子和 R 型因子分析没有考虑间距问题。因此，作为一个区域，我们分析中的单元组必须满足两个标准：(1) 多维测量必须表明它们是相似的；(2) 它们必须是连续的探方。

Ⅰ区（图 28.10）由探方 D10—D12、E10—E12、F9—F11 和 G10 组成。所有这些连续的单元，在跟季节限制性植物相关的向量上得分最高。由于其大小，Ⅰ区可能是这样一个地点，有一两个人在咀嚼烧熟的龙舌兰芯的同时，处理或废弃橡子、麻风树果、针叶樱桃和仙人掌果嫩茎。根据民族志的类比，这些可能是女性做的事情。因此，我们的解释是，在洞穴的概念划分中，这里被认为是女性工作区。

Ⅴ区由探方 G4—G5 组成，在这里，看来至少有一个人打片，同时处理或废弃鹿、兔子和泥龟的骨骸，咀嚼烧熟的龙舌兰芯，吃朴树果并吐籽。通过民族志类比，这个人可能是一个男性。

Ⅰ区和Ⅴ区都代表由 R 型因子分析得出的单元集群。然而，Q 型因子分析的特点之一是，根据不同类型变量的数量来区分各单元，看看它们是否一起存在或一起缺失。进行特定加工的活动区的特点是，存在大量共生的相似类型变量的采集品，同时缺失在处理上明显可与前者相比的那些大变量组。这在Ⅰ区和Ⅴ区尤其如此。

Ⅱ区和Ⅳ区具有独特的废弃模式，但是缺乏Ⅰ区和Ⅴ区中的大变量组，它们要么同时存在，要么同时缺失。这表明这些区域中对活动概念的限制较少，至少就动植物加工而言。其实，Ⅱ区和Ⅳ区的形状和位置都有力表明，它们要么被用作进入洞穴的过道，要么用作工作区域之间来往的过道。Ⅱ区（探方 E7、F7、E9、F8、G5 和 H9）似乎是洞穴的入口，一旦进入，就分为三个分支。一支结束于Ⅰ区附近，另一支与Ⅴ区相邻，第三支与洞穴后方附近的Ⅳ区相邻。我们的解释是，进入和离开洞穴主要沿着这条过道。从洞内的一个工作区移到另一个工作区，似乎也要穿越Ⅱ区的交汇处。Ⅳ区（探方 D5 和 E6）似乎是Ⅱ区中部分支的延伸，但是包含的碎屑更少。

Ⅲ区（探方 C10—C11）位于靠近洞顶低矮处的洞穴后部，它没有特别的性质（与Ⅰ区和Ⅴ区相比），这表明它可能是一个废弃区域，位于Ⅰ区的人将他们所产生的碎屑中的一小部分扫到这个区域（这些东西因太小而无法被扔出洞外）[1]。

尽管 Q 型因子分析表明，根据特定变量的范围，洞穴的这五个基本区域被排除或包含在连续的单元里，但是 R 型因子分析只定义了两个区域。其中第一个与动物加工相关，由 Q 型因子分析所定义，由围绕着Ⅴ区的一组单元组成。第二个区域则反映了植物加工过程，被发现包括了与 Q 型因子分析所定义的Ⅰ区中的相同单元。在 Q 型因子分析中定义的过道和边缘废弃区，在 R 型因子分析中都没有显示。

事实上，对于所有分析的区域，R 型因子分析的

---

[1] 正如前面章节所述，我们假设体积较大的垃圾已被扔到洞外或者更远的地方。当我们提到洞内的"垃圾区"时，只是指体积较小的垃圾，比如朴树果籽和细小的骨骼碎片。

结果都不如Q型因子分析精细。因此，我们没有列出R型因子分析的图表，而是在接下来的几个区域中将重点放在Q型因子分析的图表上。

E层的Q型因子分析表明，洞穴内存在若干功能不同的活动区。我们感兴趣的是，这些活动区以及它们的相对位置，是否能从一个居住面沿用到下一个居住面中。如果地层之间存在某种程度的结构共性，那么我们可能有理由相信，在当时的居住群中存在某种程度的文化或行为连续性。当我们往下研究D层的居住遗存时，确实可以发现与E层的某种相似性。

D层

在我们对D层的分析中，我们采用了17个变量。其中包括我们在E层分析中采用的所有15个变量，以及两类季节限制性植物银合欢和西葫芦，这两类植物在E层中也有所见，但尚未达到足够用于分析的数量。图28.11给出了D层中所有23个居住单元中变量的皮尔逊积矩相关系数。作为R型因子分析的一部分，我们在矩阵的多维测量上采用了三个向量，动物遗骸和石片在向量1上再次得分很高（见图28.12和28.13）。有趣的是，仙人掌—龙舌兰组在向量1上的得分低于季节限制性植物。就如前面的地层，这可能是因为某些季节限制性植物（如朴树果），被进行动物处理的个人所食用。这二个向量结合在一起，给出的克鲁斯卡尔压力系数仅为0.11。

尽管向量1和2给出的结果与E层的结果相符，但我们在D层需要的第三个向量却是很有意思的。事实证明，D层的Q型因子分析（图28.14和图28.15）不仅表明了这是一个动植物加工区域，而且也表明了这是一个明显用于储藏橡子的区域。后面这个区域的存在，可能就是需要三个向量的原因，用以解释D层矩阵排序的89%。

在图28.14中，我们给出了23个居住单元的卡方划分距离的矩阵。作为Q型因子分析的一部分，我们在矩阵的多维测量上也使用了三个向量。克鲁斯卡尔压力系数为0.13，仍然十分合适。图28.16给出了三个向量上23个单元的得分。然后根据这三个向量的得分对单元进行聚类，形成如图28.17所示的分组。

Ⅰ区（探方B9、C7、C8、C10和D8）和Ⅱ区（探方C9、D9、D10、E7、E8）可解释为与洞穴西北部的几个储藏坑（遗迹2、3和10）相伴的过道。这个区域在很后面的洞顶下面，靠近洞穴入口主过道的终点，这是一个合乎逻辑的储藏位置。Ⅰ区中含橡子、

原 始 系 数

排=	1	2	3	4	5	6	7	8	9	10	11	12	13	14	15	16	17
行=1	0.0																
行=2	0.09	0.0															
行=3	0.12	−0.09	0.0														
行=4	0.40	0.20	−0.18	0.0													
行=5	0.79	0.46	−0.02	0.56	0.0												
行=6	0.24	−0.08	−0.02	0.16	0.14	0.0											
行=7	0.32	−0.08	0.01	0.02	0.23	0.95	0.0										
行=8	0.31	−0.05	0.76	−0.16	0.04	−0.07	−0.05	0.0									
行=9	0.08	0.15	0.64	−0.03	0.07	−0.08	−0.07	0.51	0.0								
行=10	0.47	−0.15	0.25	−0.07	0.21	0.65	0.63	0.21	0.07	0.0							
行=11	0.37	0.54	0.46	0.05	0.48	−0.15	−0.15	0.53	0.23	0.11	0.0						
行=12	−0.04	−0.10	0.10	−0.02	−0.07	0.14	0.12	0.15	0.23	0.26	0.01	0.0					
行=13	0.47	0.13	0.40	0.10	0.52	0.11	0.13	0.55	0.27	0.42	0.70	0.15	0.0				
行=14	−0.13	−0.06	−0.11	−0.08	−0.11	−0.06	−0.06	−0.10	−0.08	0.04	−0.06	0.18	0.0	0.0			
行=15	−0.03	0.64	0.09	0.03	0.05	0.02	0.02	0.05	0.00	0.49	0.03	0.19	0.02	−0.04	0.0		
行=16	0.01	−0.04	0.08	−0.13	0.05	0.44	0.47	−0.16	−0.14	0.40	0.02	0.25	0.01	0.17	0.32	0.0	
行=17	0.02	−0.01	−0.15	−0.13	0.02	0.07	0.08	−0.13	−0.13	−0.33	0.13	0.23	0.28	0.84	0.08	0.31	0.0

图28.11 D层的R型因子分析，步骤1：使用皮尔逊积矩相关系数计算17个被选变量的相关系数矩阵。矩阵显示了所有可能的变量对之间的线性关联度：1. 龙舌兰咀嚼渣；2. 龙舌兰叶；3. 朴树果籽；4. 西葫芦遗存；5. 麻风树果壳；6. 银合欢豆荚；7. 针叶樱桃；8. 仙人掌果籽；9. 仙人掌果嫩茎；10. 豆荚瓣；11. 矮松果；12. 牧豆籽；13. 橡子；14. 龟甲；15. 鹿骨；16. 棉尾兔骨；17. 未加工石片。

向量图
向量2对比向量1

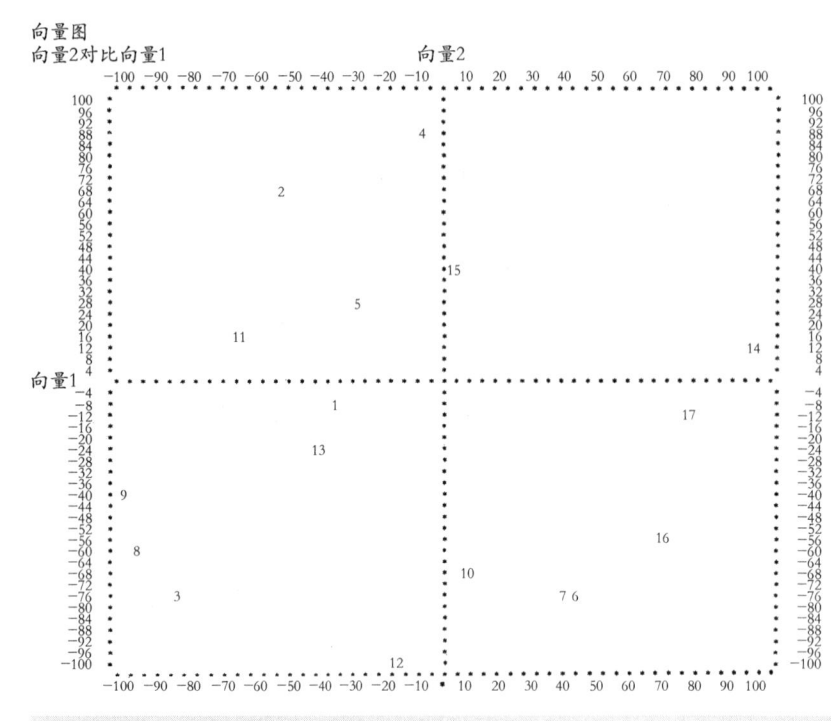

图28.12 D层的R型因子分析。步骤2：绘制向量1对向量2的图，其中一个变量到另一个变量的邻近度反映了由步骤1得出的关联度（变量如图28.11所示）。注意动物遗骸和石片在向量1上得分相对较高，而大多数植物的得分相对较低。仙人掌—龙舌兰组植物通常在向量1上比有季节限制性植物得分低得多，这表明它们可能在不同的区块中进行加工。

D层测量
M=3 的 Guttman-Lingoes 最小空间坐标（半强单调性）

尺寸		1	2	3
变量	中心指数			
1	74.272	−43.361	−16.239	−87.350
2	110.210	−64.795	−58.356	34.575
3	100.402	−69.548	94.535	−43.719
4	120.345	−26.707	−100.000	−61.370
5	72.907	−38.995	−49.742	−47.851
6	95.413	55.264	−3.322	−95.881
7	95.173	50.749	5.413	−100.000
8	100.776	−86.610	75.224	−55.334
9	107.383	−100.000	73.610	−17.816
10	67.423	24.313	44.031	−77.443
11	72.771	−71.284	8.714	12.116
12	93.891	28.025	100.000	−28.871
13	32.051	−39.958	27.024	−22.834
14	124.004	61.324	37.076	70.184
15	85.246	−15.351	−38.945	38.143
16	95.725	85.800	16.478	−29.277
17	101.245	65.897	32.017	35.555

异化系数 = 0.129 59/39 次迭代
克鲁斯卡尔压力系数 = 0.114 51

图28.13 D层的R型因子分析：三个向量的17个变量的得分，包括图28.12中所示的两个变量。得分反映了变量在所有三个轴上的相对位置。这个阶段的克鲁斯卡尔压力系数是0.11，这意味着变量对之间相对等级排序关联性的89%被这三个向量的配置保留。

28　圭拉那魁兹四个居住面的多维度分析

原 始 系 数

排=	1	2	3	4	5	6	7	8	9	10	11	12	13	14	15	16	17	18	19	20	21	22	23
行=1	0.0																						
行=2	0.14	0.0																					
行=3	0.0	0.14	0.0																				
行=4	0.22	0.36	0.22	0.0																			
行=5	0.22	0.36	0.22	0.22	0.0																		
行=6	0.31	0.17	0.31	0.31	0.31	0.0																	
行=7	0.28	0.31	0.28	0.28	0.28	0.31	0.0																
行=8	0.25	0.21	0.25	0.47	0.47	0.38	0.19	0.0															
行=9	0.43	0.45	0.43	0.21	0.43	0.40	0.0	0.36	0.0														
行=10	0.41	0.44	0.41	0.19	0.41	0.39	0.28	0.47	0.21	0.0													
行=11	0.32	0.38	0.32	0.32	0.32	0.46	0.19	0.41	0.31	0.25	0.0												
行=12	0.22	0.24	0.22	0.45	0.45	0.40	0.29	0.25	0.44	0.46	0.48	0.0											
行=13	0.41	0.44	0.41	0.19	0.41	0.39	0.28	0.47	0.21	0.16	0.20	0.52	0.0										
行=14	0.47	0.47	0.47	0.24	0.47	0.41	0.28	0.45	0.21	0.22	0.32	0.48	0.18	0.0									
行=15	0.27	0.35	0.27	0.27	0.27	0.19	0.24	0.38	0.35	0.31	0.34	0.42	0.31	0.40	0.0								
行=16	0.45	0.46	0.45	0.22	0.45	0.40	0.29	0.47	0.22	0.14	0.35	0.47	0.14	0.24	0.37	0.0							
行=17	0.39	0.40	0.39	0.39	0.39	0.24	0.12	0.35	0.26	0.31	0.34	0.43	0.32	0.28	0.20	0.35	0.0						
行=18	0.32	0.33	0.32	0.32	0.32	0.33	0.31	0.31	0.31	0.30	0.28	0.32	0.30	0.33	0.32	0.32	0.32	0.0					
行=19	0.41	0.40	0.41	0.41	0.41	0.48	0.31	0.40	0.40	0.38	0.34	0.28	0.48	0.47	0.50	0.41	0.49	0.28	0.0				
行=20	0.38	0.40	0.38	0.38	0.38	0.23	0.22	0.40	0.33	0.25	0.31	0.46	0.30	0.30	0.18	0.26	0.07	0.31	0.54	0.0			
行=21	0.43	0.45	0.43	0.21	0.43	0.40	0.32	0.46	0.24	0.21	0.47	0.35	0.35	0.21	0.25	0.46	0.28	0.32	0.48	0.0	0.0		
行=22	0.24	0.25	0.24	0.47	0.47	0.41	0.31	0.23	0.45	0.44	0.38	0.24	0.44	0.47	0.20	0.46	0.40	0.20	0.38	0.40	0.43	0.0	
行=23	0.23	0.24	0.23	0.46	0.46	0.41	0.33	0.21	0.47	0.41	0.33	0.24	0.38	0.37	0.19	0.46	0.31	0.20	0.38	0.37	0.39	0.31	0.19	0.41	0.53	0.14	0.0

图28.14　D层的Q型因子分析，步骤1：对R型因子分析中已经采用过的相同17个变量，计算它们相对共出的单元对（1×1平方米探方）之间的卡方划分距离矩阵（参见图28.11的图例）。

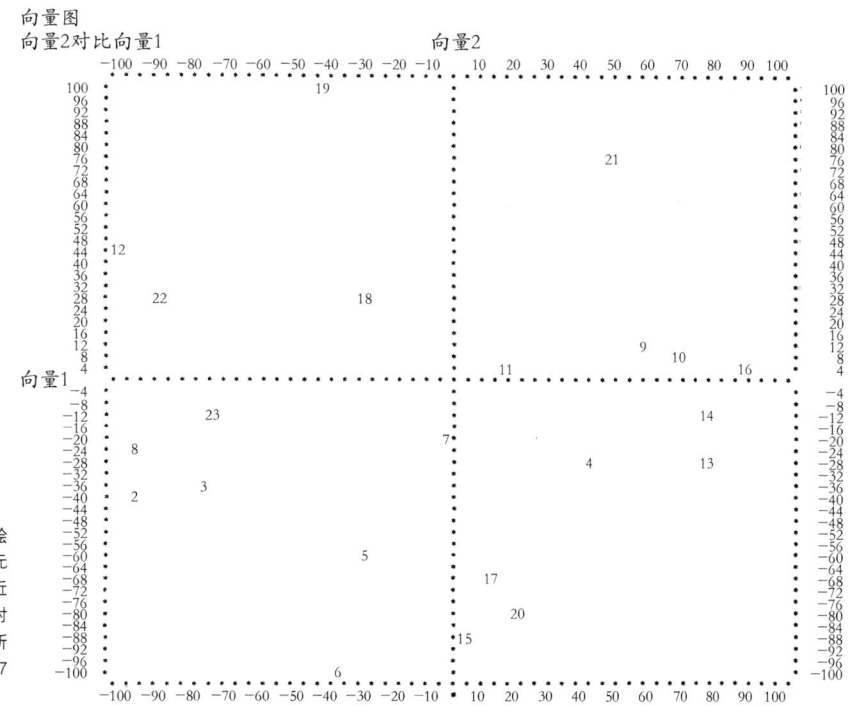

图28.15　D层的Q型因子分析，步骤2：绘制向量1对向量2的图，其中一个编号单元（1×1平方米探方）到另一编号单元的邻近度，反映了由步骤1得出的所有可能的单元对之间的关联度（编号单元1—23如表28.1所示）。这里显示的相关单元聚类成为图28.17中重建活动区和过道的基础。

D层17个变量的卡方划分距离测量
M=3 的 Guttman-Lingoes 最小空间坐标（半强单调性）

尺寸		1	2	3
变量	中心指数			
1	76.387	−72.401	−33.579	−44.360
2	88.370	−90.514	−40.574	−22.859
3	75.815	−71.638	−33.346	−44.656
4	70.948	42.839	−27.597	−58.125
5	102.474	−21.743	−60.314	−100.000
6	89.104	−30.322	−100.000	−18.260
7	14.569	0.067	−18.476	2.418
8	99.817	−92.629	−23.024	41.287
9	76.831	57.996	11.568	21.794
10	79.601	69.039	4.801	−22.227
11	68.164	17.219	2.943	−70.80
12	109.570	−100.000	42.823	−20.180
13	86.479	78.089	−28.169	−14.121
14	100.095	78.268	−11.133	42.499
15	72.415	4.837	−85.106	−19.576
16	97.775	89.470	0.466	−10.328
17	79.179	14.124	−68.352	44.346
18	51.226	−22.829	25.345	18.713
19	122.355	−36.388	100.000	−41.640
20	80.865	21.394	−80.484	27.275
21	105.433	50.140	73.659	−18.381
22	94.990	−81.185	26.584	33.625
23	88.498	−68.693	−9.138	53.836

异化系数=0.144 38/92 次迭代
克鲁斯卡尔压力系数=0.129 32

图28.16　D层的Q型因子分析：三个向量的23个编号单元（1×1平方米探方）的得分，包括图28.15中所示的两个单元。得分反映了单元在所有三个轴上的相对位置。这个阶段的克鲁斯卡尔压力系数为0.13，这意味着编号单元对之间相对等级排序关联性的87%被这三个向量的配置保留。

朴树果和石片，而Ⅱ区的最北端（D10）则有各种动植物碎屑（仅为细小颗粒）。这个北部延伸区可能包括遗迹10附近留下的食物加工的细小垃圾。

E层没有发现类似的橡子储藏区，但是在E层中所见的动植物加工区则再次（在D层）出现，甚至它们在洞穴内的大致位置也与之前所见一致。与E层相仿，植物加工区位于动物加工区的北面。Ⅲ区（探方E8、F4—F6和G8）可解释为动物加工区，除了在加工时可能吃过的东西，没有发现其他的植物残留。燧石、动物骨骼、朴树果籽和龙舌兰咀嚼渣是这些单元中最常见的遗存。

在目前认为的动物加工区以北的Ⅳ区（探方E6、F7—F8和G7—G8），由许多季节限制性植物和仙人掌—龙舌兰组植物共出的单元组成。这组单元与一个火塘相伴（遗迹22），可能是女性进行食物加工和烹饪的一个活动区。Ⅳ区向洞穴后方延伸，暗示其在遗迹2和3之间的移动，以及在Ⅲ区和Ⅳ区之间的一些可能移动。

图28.17给出了洞穴内移动的假设方向。有些植物如橡子，很明显是被人带到了洞穴后部遗迹2和3的区域，还有一些被带到了遗迹10。当然，这些遗迹很可能在居住过程中被前后使用（而不是同时）。其他植物（特别是那些产生大量碎屑的植物，如仙人掌—龙舌兰组植物）被带到了Ⅳ区，从那里可以很容易地被扔到洞外。动物在洞穴南部加工，因此不会干扰植物的加工和烹饪。Ⅱ区和Ⅲ区以及Ⅲ区和Ⅳ区之间的移动，可以用该区域的形状来表示。

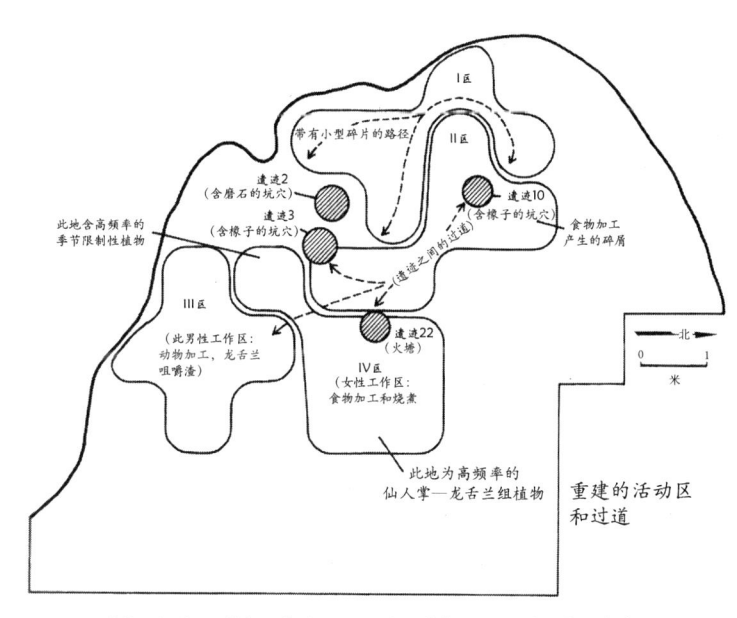

28 圭拉那魁兹四个居住面的多维度分析

尽管D层有其自身独特的形态，但E层和D层之间工作区的方向和结构，似乎有若干连续性。特别是动植物加工区的相对位置是两个居住面的共同特征。

C层

我们现在可以看看与C层相关的区域构造。图28.18显示了将皮尔逊积矩相关系数输入C层的SSA-I多维测量程序，采用与D层相同的17个变量。该测量产生两个向量（图28.19），相关单元的值绘制在图28.20中。这个二维构造中，点之间的相对距离保留了原始矩阵中相对等级排序关联性的88%。这两个向量与E层中产生的向量具有相似性。例如，向量1将季节限制性植物与动物加工石片组和仙人掌—龙舌兰组植物区分开来。向量2将动物遗骸和石片与仙人掌—龙舌兰组植物区分开来。因此，动物遗骸在向量1上得分较低，在向量2上得分较高。也非常有意思的是，西葫芦与

图28.17 圭拉那魁兹D层的解释性绘图，显示由之前的Q型因子分析定义的过道和活动区（1×1平方米探方）。I区解释为一条弯曲的过道，有橡子、朴树果和石片，它们将遗迹2与II区北边的开放区联系起来。II区解释为在橡子储藏区和食品准备区之间移动的过道。III区解释为一两个人（可能是男性）进行动物加工的区域。IV区解释为一两个人（可能是女性）加工和烹饪季节限制性植物和仙人掌—龙舌兰组植物的区域。

原始系数

排=	1	2	3	4	5	6	7	8	9	10	11	12	13	14	15	16	17
行=1	0.0																
行=2	0.98	0.0															
行=3	−0.06	0.01	0.0														
行=4	0.98	0.99	0.05	0.0													
行=5	0.27	0.26	0.80	0.32	0.0												
行=6	0.98	1.00	−0.03	0.99	0.24	0.0											
行=7	0.11	0.15	0.64	0.20	0.62	0.14	0.0										
行=8	−0.08	−0.09	−0.03	−0.07	−0.00	−0.10	0.17	0.0									
行=9	0.98	0.93	−0.08	0.94	0.27	0.94	0.10	−0.13	0.0								
行=10	−0.09	−0.02	0.95	0.02	0.81	−0.06	0.68	0.12	−0.12	0.0							
行=11	0.01	0.10	0.65	0.11	0.54	0.07	0.45	−0.07	−0.01	0.67	0.0						
行=12	0.81	0.85	0.48	0.88	0.63	0.83	0.49	−0.11	0.78	0.44	0.42	0.0					
行=13	−0.03	0.04	0.88	0.09	0.86	0.01	0.70	0.11	−0.06	0.95	0.75	0.46	0.0				
行=14	−0.14	−0.09	−0.05	−0.12	−0.20	−0.10	−0.20	−0.07	−0.14	−0.04	0.21	−0.04	−0.04	0.0			
行=15	0.11	0.17	0.18	0.15	0.04	0.15	−0.29	0.12	0.10	0.15	0.09	−0.18	0.15	0.0			
行=16	−0.24	−0.17	−0.01	−0.21	−0.16	−0.18	−0.28	−0.19	−0.22	0.09	0.31	0.04	0.06	0.66	0.17	0.0	
行=17	0.40	0.45	0.41	0.48	0.48	0.45	0.35	−0.18	0.34	0.42	0.39	0.69	0.15	0.26	0.12	0.0	

图28.18 C层的R型因子分析，步骤1：使用皮尔逊积矩相关系数计算17个被选变量的相关系数矩阵。矩阵显示了所有可能变量对之间的线性关联度（编号变量如图28.11所示）。

向量图
向量2对比向量1

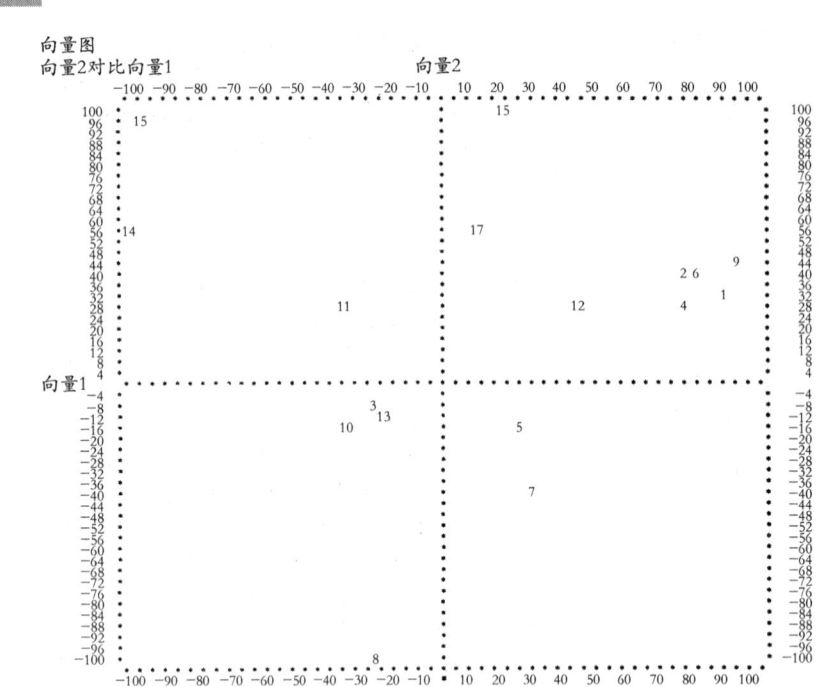

图28.19 C层的R型因子分析，步骤2：绘制向量1对向量2的图，其中一个变量到另一个变量的邻近度反映了由步骤1得出的关联度（变量如图28.11所示）。注意向量1将有季节限制性植物与动物加石片组和仙人掌—龙舌兰组植物区分开来。向量2则将动物的遗骸和石片从仙人掌—龙舌兰组植物遗迹中区分开来。注意西葫芦与在洞穴下坡区域发现的植物相关，而红花菜豆与从洞穴上坡地带采集的植物关联性更强。这些关联性是惠伦（Whallon 1973）独立发现的。

C层测量
M=2 的 Guttman-Lingoes 最小空间坐标（半强单调性）

尺寸		1	2
变量	中心指数		
1	76.388	91.045	29.685
2	63.170	76.211	36.438
3	44.204	−20.955	−5.649
4	63.001	78.036	25.640
5	35.736	24.778	−14.860
6	67.777	80.667	37.609
7	60.914	31.179	−39.211
8	124.562	−19.470	−100.000
9	81.916	94.292	41.389
10	55.245	−26.871	−16.053
11	43.578	−27.895	25.168
12	32.684	47.497	25.372
13	43.146	−13.539	−12.465
14	120.615	−100.000	54.931
15	80.822	23.614	100.000
16	128.691	−90.446	92.910
17	32.917	12.362	52.387

异化系数＝0.138 23/43次迭代
克鲁斯卡尔压力系数＝0.116 31

图28.20 C层的R型因子分析：在步骤2中使用的两个向量的17个变量的得分。分数反映了与图28.19所示图形纵坐标（向量2）或横坐标（向量1）的距离。请注意，石片和动物骨骼在向量2上显示高分，在向量1上显示低分；植物的这一趋势刚好是相反的。这个阶段的克鲁斯卡尔压力系数是0.12，这意味着变量对之间相对等级排序关联性的88%被图28.19中显示的配置保留。

洞穴下坡区域发现的植物如龙舌兰和仙人掌果嫩茎相伴。另一方面，红花菜豆与洞穴上方采集的植物，如橡子和矮松果，关联性更强。这些关联性是惠伦在他之前在对C层的分析中独立发现的（Whallon 1973）。

在图28.20中，给出了每个向量上的17个变量得分。注意在这里，只有两个向量是比较重要的，跟E层的情况相似；似乎没有任何证据显示这里有储藏区，与D层的情况相似。

接下来，对C层进行Q型因子分析。用作多维测量程序输入的卡方划分距离矩阵，如图28.21所示。21个单元被用来得到这些数据。一共提取了三个向量，由此产生三维构造，其中单元之间的距离保留了原始矩阵中相对等级排序关联性的84%（见图28.22）。图28.23给出了三个向量各自所有21个单元的得分。

然后将单元根据在向量1和2上的得分聚类。这些聚类被映射到图28.24中的洞穴居住面上。V区（探方E8和F9—F10）被解释为通往洞穴中部的过道，与E层相似，并且与早期居住面有其他相似之处。和E层一样，在中心过道的北面是一个植物加工区。Ⅰ区和Ⅱ区（探方B9—B10、C9—C11、D10—D11和E9—E10）构成了C层的植物加工区。这些区域很像从洞穴前部向后部延伸的纵向平行条带，各自形成了一片细小碎屑的垃圾区。这表明，垃圾从靠近洞穴中部的植物加工区逐渐向靠近洞穴后壁的细小垃圾区移动，也许Ⅰ区和Ⅱ区也被用作过道。离V区最近的Ⅰ区和Ⅱ区中的单元含大量植物遗存。此外，Ⅰ区和Ⅱ区的半月形形状表明，在D9探方中存在一个不该缺失的遗迹。我们记得在发掘过程中，D9中聚集了大量灰烬和木炭，表明这里曾经有一个地表火塘，但是之后被踏散，以至于无法辨认（第5章）。这表明，在此探方中，这片重要的植物加工区与这个"已被消除的"遗迹邻近。

根据我们对D层和E层的分析，我们有望找到一个位于中部过道南边的动物加工区。事实上，动物骨骸和石片大量共出于Ⅲ区（探方E5—E6）。但是，这个动物加工区似乎比之前居住阶段要小。直接靠近Ⅲ区的Ⅳ区（探方F5—F6）含石片和植物遗存，最明显的就是橡子和仙人掌果籽。

到目前为止，所有三个被观察的居住面都显示出一种倾向，即植物加工区或垃圾区通常都位于洞穴北部或西北部的较偏僻处，而动物加工区则位

原始系数

排=	1	2	3	4	5	6	7	8	9	10	11	12	13	14	15	16	17	18	19	20	21
行=1	0.0																				
行=2	0.19	0.0																			
行=3	0.33	0.25	0.0																		
行=4	0.10	0.25	0.40	0.0																	
行=5	0.16	0.28	0.44	0.22	0.0																
行=6	0.19	0.33	0.25	0.25	0.28	0.0															
行=7	0.40	0.32	0.42	0.35	0.38	0.25	0.0														
行=8	0.21	0.31	0.40	0.18	0.23	0.31	0.41	0.0													
行=9	0.28	0.31	0.24	0.24	0.19	0.31	0.24	0.22	0.0												
行=10	0.19	0.30	0.37	0.24	0.21	0.30	0.40	0.25	0.28	0.0											
行=11	0.24	0.33	0.46	0.24	0.23	0.33	0.47	0.21	0.28	0.22	0.0										
行=12	0.22	0.32	0.47	0.25	0.25	0.32	0.33	0.18	0.24	0.24	0.34	0.0									
行=13	0.47	0.33	0.44	0.44	0.47	0.31	0.48	0.36	0.19	0.47	0.36	0.47	0.0								
行=14	0.25	0.33	0.47	0.25	0.25	0.33	0.35	0.33	0.25	0.25	0.19	0.19	0.41	0.0							
行=15																					
行=16	0.28	0.31	0.24	0.33	0.32	0.31	0.29	0.32	0.31	0.28	0.29	0.32	0.33								
行=17	0.47	0.30	0.46	0.46	0.43	0.30	0.32	0.47	0.33	0.46	0.51	0.37	0.35	0.41		0.28					
行=18	0.46	0.32	0.46	0.45	0.43	0.31	0.42	0.45	0.33	0.47	0.52	0.37	0.35	0.41		0.28	0.15				
行=19	0.40	0.32	0.39	0.40	0.41	0.32	0.24	0.38	0.28	0.35	0.41	0.27	0.32	0.42		0.21	0.42	0.1			
行=20	0.39	0.32	0.37	0.42	0.41	0.32	0.34	0.35	0.32	0.45	0.43	0.31	0.35	0.30		0.29	0.47	0.46	0.10	0.0	
行=21	0.25	0.30	0.46	0.24	0.25	0.30	0.47	0.20	0.24	0.24	0.26	0.24	0.19	0.33		0.52	0.53	0.35	0.32	0.0	

图28.21 C层的Q型因子分析，步骤1：对R型因子分析中已经采用过的17个相同变量，计算它们共出的单元对（1×1平方米探方）之间的卡方划分距离矩阵。（编号单元1-21如表28.1所示）。

向量图
向量2对比向量1　　　　　　　　向量2

[散点图:向量1 对 向量2,数据点标号1—21]

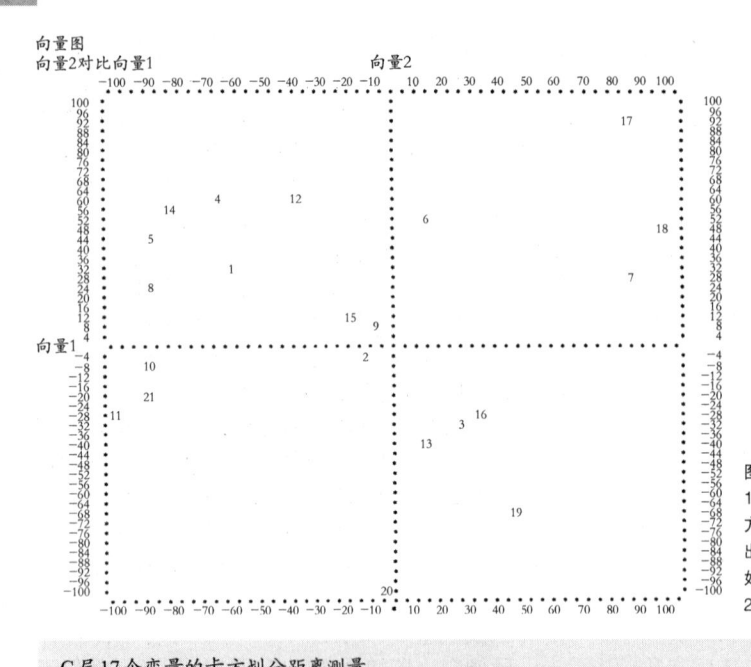

图28.22　C层的Q型因子分析,步骤2:绘制向量1对向量2的图,其中一个编号单元(1×1平方米探方)到另一编号单元的邻近度,反映了由步骤1得出的所有可能单元对之间的关联度(编号单元1—21如表28.1所示)。这里显示的相关单元聚类构成了图28.24中重建的活动区和过道的基础。

C层17个变量的卡方划分距离测量
M=3 的 Guttman-Lingoes 最小空间坐标(半强单调性)

尺寸		1	2	3
变量	中心指数			
1	68.755	−56.156	29.040	−45.958
2	59.677	−7.068	−3.415	−55.283
3	115.812	27.390	−29.727	−100.000
4	72.491	−58.702	59.712	−18.756
5	81.705	−83.526	42.797	−18.209
6	58.172	13.961	49.398	−28.202
7	102.711	85.745	24.198	−21.727
8	73.546	−81.810	20.012	24.896
9	33.293	−3.575	4.220	34.794
10	81.751	−82.255	−5.240	−37.725
11	94.320	−100.000	−27.246	6.642
12	66.764	−31.766	59.351	41.322
13	109.036	14.139	−37.066	98.543
14	93.687	−75.996	53.142	55.324
15	2.862	−9.827	8.609	3.201
16	61.769	32.143	−28.767	−18.167
17	128.246	85.069	90.738	11.728
18	127.099	100.000	45.150	48.778
19	94.928	45.312	−65.085	20.072
20	109.933	2.821	−100.000	15.371
21	85.347	−81.070	−18.851	46.284

异化系数=0.186 11/33次迭代
克鲁斯卡尔压力系数=0.160 32

图28.23　C层的Q型因子分析:三个向量的21个编号单元(1×1平方米探方)的得分,包括图28.22中所示的两个单元。得分反映了与后者图中的纵坐标(向量2)或横坐标(向量1)的距离。这个阶段的克鲁斯卡尔压力系数是0.16,这意味着编号单元对之间相对等级排序关联性的84%被这三个向量的配置保留。

于洞穴的南部或东南部。有时候，中部入口的过道将这些区域分开，如E层和C层所见。火塘或储藏遗迹倾向位于洞穴的植物加工区（大概是女性工作

区）。细小的垃圾碎屑通常被扫到洞壁边上。

B1层

就前三个地层所见的趋势，我们现在来看看B1层中有哪些趋势延续下来。在图28.25中，我们给出了之前地层采用的17个相同变量之间的皮尔逊积矩相关系数。在图28.26中，我们给出了这17个变量的测量以及之前两个提取的向量。跟以前一样，除了D层以外的所有居住面，只需要两个向量来区分我们的主要类别。向量1将除了龙舌兰叶以外所有植物与动物骨骼加石片区分开来。在我们前面对其他地层的讨论中，我们认为男性可能一边工作一边咀嚼烧熟的龙舌兰，这些叶子碎片很可能是由咀嚼龙舌兰叶茎所产生的，当主要的龙舌兰芯吃完后，就会利用这一部分。总之，向量2更加明显地将这两个类别分开，植物遗存得分高，动物遗存得分一贯非常低。换言之，跟C层相比，此地的动物加工区与植物加工区有更明显的分隔。图28.27给出了两个向量上17个变量中每个变量的得分。总之，变量对之间皮尔逊积矩相关系数相对等级排序的77%，被这种R型因子配置所保留。

然后，对B1层遗存中28个相关的1×1平方米探方进行Q型因子分析。图28.28给出了所有单元对之

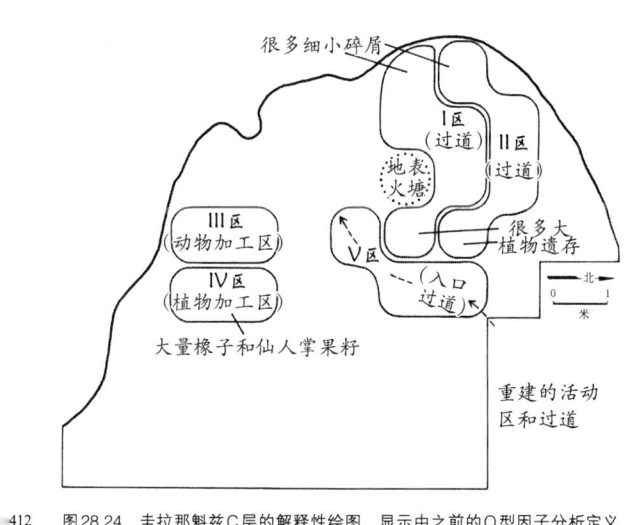

图28.24 圭拉那魁兹C层的解释性绘图，显示由之前的Q型因子分析定义的过道和活动区（1×1平方米探方）。Ⅰ区和Ⅱ区分别被解释为在植物处理区与洞穴附近的丢弃区之间通向东西方向的过道；它们所产生的垃圾存在多样性差异，Ⅰ区更为复杂。Ⅴ区被解释为与从东北进入洞穴的主要过道；它包括几个仙人掌-龙舌兰组植物。Ⅲ区被解释为至少有一个人（可能是男性）加工动物的区域。Ⅳ区被解释为至少有一个人（可能是负责Ⅲ区的同一个人）加工一些植物的区域。

原始系数

排=	1	2	3	4	5	6	7	8	9	10	11	12	13	14	15	16	17
行=1	0.0																
行=2	−0.11	0.0															
行=3	0.14	−0.14	0.0														
行=4	0.20	0.03	0.33	0.0													
行=5	0.46	−0.10	0.44	−0.01	0.0												
行=6	0.61	−0.06	0.02	−0.11	−0.02	0.0											
行=7	0.12	−0.10	−0.10	0.03	0.06	0.15	0.0										
行=8	0.51	−0.07	0.04	0.20	−0.06	0.16	−0.00	0.0									
行=9	0.59	−0.05	0.01	−0.10	−0.03	0.97	0.24	0.09	0.0								
行=10	0.26	−0.05	0.14	0.77	−0.04	−0.00	−0.04	0.36	−0.04	0.0							
行=11	0.56	−0.04	0.16	0.14	0.75	−0.01	0.31	−0.05	0.07	−0.01	0.0						
行=12	0.63	0.11	0.10	0.21	0.69	0.07	0.25	0.02	0.14	0.20	0.96	0.0					
行=13	0.38	−0.12	0.62	0.17	0.43	0.38	−0.08	0.37	−0.05	0.30	0.27	0.0					
行=14	0.02	−0.08	−0.05	−0.13	0.09	−0.11	−0.15	−0.13	−0.10	−0.28	−0.08	−0.11	−0.05	0.0			
行=15	0.40	−0.03	0.06	0.48	0.25	−0.08	−0.11	0.26	0.02	0.62	0.35	0.40	−0.00	−0.05	0.0		
行=16	0.02	0.12	−0.06	0.13	0.15	−0.11	−0.01	−0.08	−0.08	0.02	0.25	0.22	−0.07	−0.08	0.42	0.0	
行=17	−0.05	0.25	−0.36	−0.11	−0.08	−0.01	0.27	−0.18	0.01	−0.24	0.12	0.13	−0.28	0.17	0.31	0.0	

图28.25 B1层的R型因子分析，步骤1：使用皮尔逊积矩相关系数计算17个被选变量的相关系数矩阵。矩阵显示了所有可能的变量对之间的线性关联度（编号变量如图28.11所示）。

向量图
向量2对比向量1

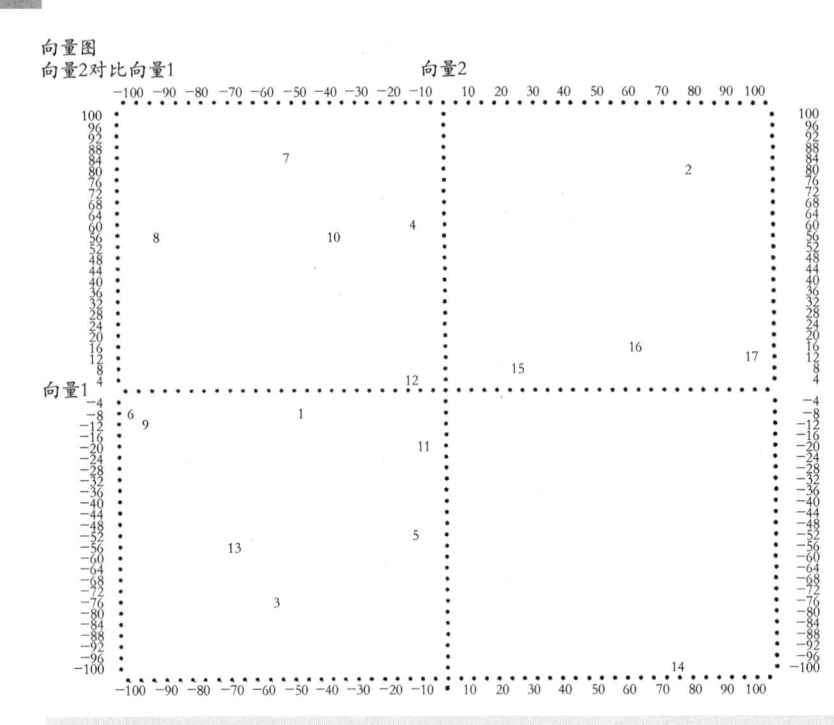

```
         -100 -90 -80 -70 -60 -50 -40 -30 -20 -10   10  20  30  40  50  60  70  80  90 100
      100 ·   ·   ·   ·   ·   ·   ·   ·   ·   ·  ·   ·   ·   ·   ·   ·   ·   ·   ·   · 100
       96 ·                                       ·                                       96
       92 ·                                       ·                                       92
       88 ·                       7               ·                                       88
       84 ·                                       ·               2                       84
       80 ·                                       ·                                       80
       76 ·                                       ·                                       76
       72 ·                                       ·                                       72
       68 ·                                       ·                                       68
       64 ·       8               10              ·                                       64
       60 ·                                4      ·                                       60
       56 ·                                       ·                                       56
       52 ·                                       ·                                       52
       48 ·                                       ·                                       48
       44 ·                                       ·                                       44
       40 ·                                       ·                                       40
       36 ·                                       ·                                       36
       32 ·                                       ·                                       32
       28 ·                                       ·                                       28
       24 ·                                       ·                                       24
       20 ·                                       ·                                       20
       16 ·                                       ·          16                           16
       12 ·                                       ·                       17              12
        8 ·                                       ·                                        8
        4 ·                            12              15                                  4
向量1    -4 ·                                       ·                                       -4
        -8 ·   6   9                   1           ·                                       -8
       -12 ·                                       ·                                      -12
       -16 ·                                       ·                                      -16
       -20 ·                                       ·                                      -20
       -24 ·                                       ·                                      -24
       -28 ·                                       ·                                      -28
       -32 ·                                    11 ·                                      -32
       -36 ·                                       ·                                      -36
       -40 ·                                       ·                                      -40
       -44 ·                                       ·                                      -44
       -48 ·           13                          ·                                      -48
       -52 ·                                       ·                                      -52
       -56 ·                           5           ·                                      -56
       -60 ·                                       ·                                      -60
       -64 ·                                       ·                                      -64
       -68 ·                                       ·                                      -68
       -72 ·                    3                  ·                                      -72
       -76 ·                                       ·                                      -76
       -80 ·                                       ·                                      -80
       -84 ·                                       ·                                      -84
       -88 ·                                       ·                                      -88
       -92 ·                                       ·                                      -92
       -96 ·                                       ·                                      -96
      -100 ·                                       ·                    14                -100
         -100 -90 -80 -70 -60 -50 -40 -30 -20 -10   10  20  30  40  50  60  70  80  90 100
```

图28.26 B1层的R型因子分析,步骤2:绘制向量1对比向量2的图,其中一个变量到另一个变量的邻近度反映了由步骤1得出的关联度(变量如图28.11所示)。注意向量1将动物骨骼和燧石废片从除了龙舌兰的植物中区分开来(向量2)。仙人掌果籽、仙人掌果嫩茎和银合欢豆荚在向量1上得分都很低,这表明银合欢和仙人掌可能是在一起加工或丢弃的。

B1层测量
M=2的Guttman-Lingoes最小空间坐标(半强单调性)

尺寸		1	2
变量	中心指数		
1	34.417	−43.900	−8.910
2	117.066	78.277	77.462
3	84.308	−49.300	−73.177
4	57.040	−6.251	58.890
5	53.165	−7.688	−50.971
6	89.082	−100.000	−5.980
7	87.157	−46.816	81.657
8	90.215	−85.133	53.887
9	79.442	−89.895	−9.378
10	54.036	−31.640	52.127
11	22.383	−1.619	−18.118
12	4.165	−7.423	0.507
13	76.471	−63.752	−53.557
14	132.931	73.876	−100.000
15	37.534	25.932	6.960
16	75.790	63.648	13.454
17	111.598	100.000	10.454

异化系数=0.272 88/38次迭代
克鲁斯卡尔压力系数=0.227 61

图28.27 B1层的R型因子分析:在步骤2中使用的两个向量的17个变量的得分。分数反映了与图28.26所示图形纵坐标(向量2)或横坐标(向量1)的距离。请注意,所有动物的种类都在向量1上显示高分,在向量2上显示低分。这个阶段的克鲁斯卡尔压力系数为0.23,这意味着变量对之间相对等级排序关联性的77%被图28.26中显示的配置保留。

28 圭拉那魁兹四个居住面的多维度分析

原 始 系 数

排=	1	2	3	4	5	6	7	8	9	10	11	12	13	14	15	16	17	18	19	20	21	22	23	24	25	26	27	28
行=1	0.0																											
行=2	0.22	0.0																										
行=3	0.22	0.16	0.0																									
行=4	0.0	0.22	0.22	0.0																								
行=5	0.0	0.22	0.22	0.22	0.0																							
行=6	0.22	0.50	0.50	0.22	0.22	0.0																						
行=7	0.22	0.14	0.23	0.22	0.22	0.40	0.0																					
行=8	0.22	0.21	0.08	0.22	0.22	0.40	0.17	0.0																				
行=9	0.22	0.46	0.50	0.22	0.22	0.39	0.32	0.40	0.0																			
行=10	0.30	0.38	0.38	0.30	0.22	0.41	0.40	0.39	0.41	0.0																		
行=11	0.22	0.41	0.50	0.22	0.22	0.23	0.46	0.50	0.48	0.41	0.0																	
行=12	0.30	0.35	0.41	0.30	0.30	0.40	0.25	0.40	0.40	0.46	0.39	0.0																
行=13	0.33	0.50	0.41	0.33	0.33	0.23	0.25	0.19	0.21	0.49	0.46	0.49	0.0															
行=14	0.22	0.47	0.47	0.22	0.22	0.49	0.50	0.49	0.22	0.35	0.49	0.42	0.49	0.0														
行=15	0.33	0.33	0.28	0.33	0.25	0.25	0.33	0.32	0.49	0.30	0.33	0.32	0.25	0.32	0.0													
行=16	0.0	0.33	0.33	0.0	0.0	0.33	0.24	0.20	0.33	0.43	0.41	0.40	0.25	0.38	0.33	0.0												
行=17	0.0	0.25	0.38	0.0	0.0	0.35	0.38	0.41	0.30	0.44	0.35	0.46	0.50	0.31	0.32	0.21	0.0											
行=18	0.22	0.46	0.46	0.22	0.22	0.31	0.39	0.38	0.19	0.41	0.49	0.40	0.24	0.38	0.30	0.30	0.39	0.0										
行=19	0.30	0.32	0.41	0.30	0.30	0.46	0.45	0.48	0.47	0.24	0.38	0.45	0.39	0.35	0.25	0.53	0.41	0.47	0.0									
行=20	0.0	0.40	0.40	0.0	0.0	0.45	0.48	0.48	0.41	0.45	0.41	0.47	0.35	0.28	0.30	0.34	0.21	0.0	0.38	0.0								
行=21	0.22	0.46	0.46	0.22	0.22	0.39	0.48	0.47	0.22	0.41	0.49	0.40	0.49	0.24	0.30	0.38	0.39	0.31	0.0	0.40	0.0							
行=22	0.30	0.40	0.40	0.0	0.0	0.48	0.47	0.46	0.40	0.25	0.41	0.50	0.49	0.40	0.30	0.49	0.44	0.0	0.31	0.19	0.41	0.0						
行=23	0.33	0.41	0.33	0.33	0.33	0.34	0.42	0.40	0.40	0.14	0.50	0.45	0.43	0.34	0.33	0.35	0.33	0.25	0.40	0.34	0.46	0.23	0.0					
行=24	0.30	0.32	0.32	0.0	0.0	0.38	0.38	0.35	0.50	0.39	0.40	0.45	0.48	0.40	0.41	0.38	0.41	0.21	0.40	0.31	0.43	0.31	0.41	0.0				
行=25	0.22	0.46	0.46	0.22	0.22	0.35	0.52	0.48	0.22	0.40	0.49	0.40	0.44	0.49	0.19	0.35	0.40	0.33	0.30	0.43	0.47	0.24	0.21	0.35	0.0			
行=26	0.22	0.25	0.22	0.22	0.22	0.38	0.17	0.19	0.39	0.39	0.50	0.35	0.10	0.50	0.21	0.38	0.41	0.46	0.48	0.25	0.49	0.31	0.47	0.39	0.54	0.0		
行=27	0.22	0.25	0.25	0.22	0.22	0.50	0.35	0.34	0.55	0.40	0.40	0.40	0.44	0.49	0.21	0.45	0.53	0.48	0.48	0.21	0.47	0.44	0.46	0.42	0.54	0.34	0.0	
行=28	0.22	0.38	0.38	0.0	0.0	0.42	0.38	0.33	0.35	0.44	0.42	0.46	0.50	0.40	0.32	0.08	0.24	0.21	0.47	0.38	0.39	0.40	0.46	0.41	0.17	0.40	0.41	0.0

图 28.28 B1层的Q型因子分析,步骤1:对R型因子分析中已经使用过的17个相同变量,计算它们共出的单元对(1×1平方米探方)之间的卡方米划分距离矩阵。(编号单元1-28如表28.1所示)。

间关联性的原始矩阵。之后，将这个卡方划分距离矩阵输入多维测量的程序中。随之产生两个向量，并在这两个维度上，把每个单元的相对位置绘制在图28.29中。该分析的拟合度为74%，而R型因子分析为77%。然后，图28.30给出了这28个单元的得分。

接下来，根据这两个维度的得分，将这些单元按相似性聚类分组，产生图28.31中给出的解释性绘图。和前面的几个地层一样，我们看到一个中央过道（V区，探方D6、E7和F7）将洞穴分成两个不等的区域。在南部我们见有一组单元（探方D5、E4、F4、F6和G5）都共出动物骨骼和石片；这是Ⅳ区，估计是一个男性工作区。B1层的R型因子分析表明，这个居住面的动物加工区要比C层的更大，而且看来显然是这种情况。

南北走向、几乎垂直于V区的，是指认为Ⅲ区南部的另一条过道。这条过道（探方F5、E6—E7和D8），看来将我们估计的男性工作Ⅳ区与位于洞穴另一侧估计的女性工作区连接起来。后一区域（Ⅱ区，探方B9—B10、C9—Q10和D9—D10）的单元中共出许多季节限制性植物，同时也共出小部分动物遗存。重要的是，可能进行植物加工和食物准备的Ⅱ区围绕着一个火塘（遗迹14），并与另一个火塘（遗迹11）相邻。用于丢弃细小垃圾（动植物皆有）的两个区域，见于Ⅱ区和洞壁之间的B8和B11区域。附近是Ⅰ区（探方C8和D7），其功能不明，但可能与来自Ⅱ区的垃圾有关。

Ⅲ区北部最北端的一组单元（探方C11—C12，D12和E10—E11），似乎代表了连接两个火塘的过道。它的半月形状表明，它绕过探方D11中的一个障碍——也许是一个坐着的人，因为在此探方中没有发现任何遗迹。D11中的遗存表明，这里有细小垃圾的丢弃行为，但这也不排除坐着一个人（也许是一位女性）。还要注意的是，具有许多相似特征的Ⅲ区北边和南边，仅由一火塘区隔（遗迹11）。如果不是这个火塘，这两片区域很可能会构成男女工作区之间一条长而交汇的过道。

需要强调的是，我们把Ⅲ区分成两部分，纯粹是遗迹11缺口造成的结果。从分析角度来看，Ⅲ区北边和南边所有单元都处于Q型因子分析生成的相同聚类中。我们估计，所有这些单元中变量结构的共性，与它们作为过道的共同功能有关。B1层的分析结果表明，这类过道是居住面中非常重要的区域。它们被用

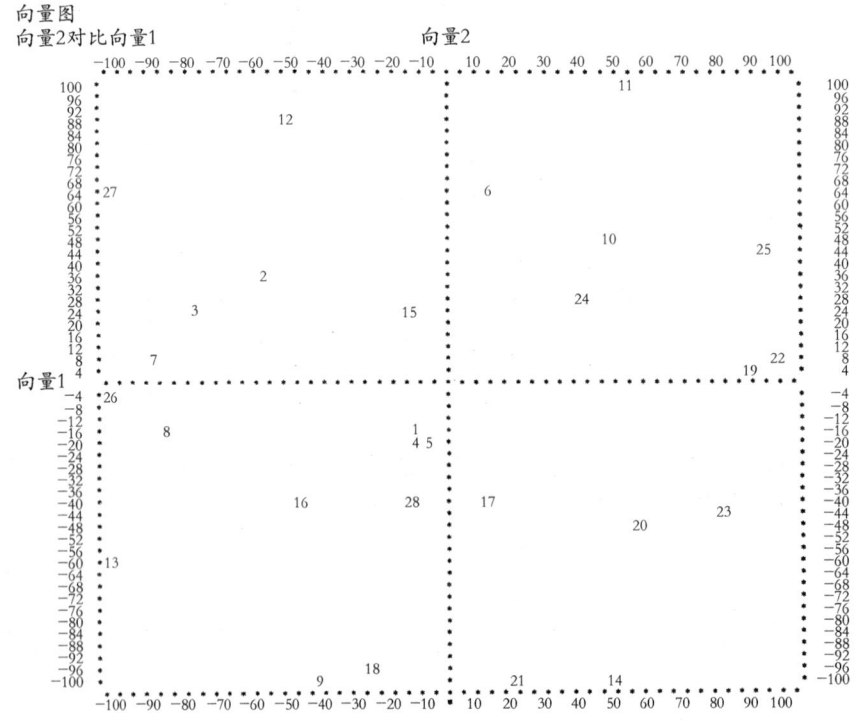

图28.29 B1层的Q型因子分析，步骤2：绘制向量1对向量2的图，其中一个编号单元（1×1平方米探方）到另一编号单元的邻近度，反映了由步骤1得出的所有可能单元对之间的关联度（编号单元1—28如表28.1所示）。这里显示的相关单元聚类构成了图28.31中重建活动区和过道的基础。

28 圭拉那魁兹四个居住面的多维度分析

B1层17个变量的卡方划分距离测量
M=2 的 Guttman-Lingoes 最小空间坐标（半强单调性）

尺寸		1	2
变量	中心指数		
1	9.219	−5.103	−16.573
2	63.171	−49.917	33.675
3	73.554	−69.325	22.428
4	10.201	−5.515	−17.471
5	9.704	−4.548	−17.233
6	72.606	13.467	63.080
7	79.703	−81.076	4.122
8	77.818	−79.869	−13.620
9	96.064	−33.881	−98.514
10	74.552	49.613	45.737
11	119.009	52.567	97.823
12	104.121	−43.172	87.950
13	109.804	−100.000	−57.857
14	106.731	51.621	−99.928
15	30.726	−7.320	22.507
16	48.173	−38.300	−39.775
17	37.297	15.388	−40.652
18	88.443	−19.334	−94.581
19	91.371	88.546	2.262
20	72.197	57.631	−48.104
21	95.407	22.261	−100.000
22	102.989	100.000	4.354
23	91.158	81.318	−44.171
24	56.348	43.990	24.373
25	108.054	93.520	42.200
26	91.825	−93.952	−2.693
27	115.884	−94.128	62.848
28	33.302	−8.043	−40.598

异化系数=0.301 46/32次迭代
克鲁斯卡尔压力系数=0.263 73

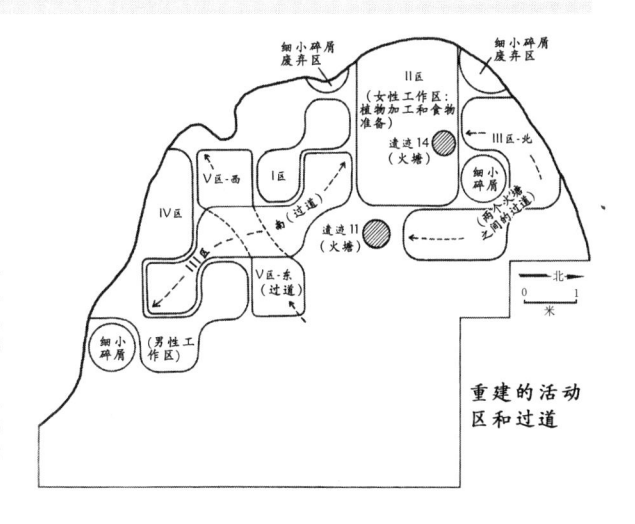

图28.30　B1层的Q型因子分析：两个向量的28个编号单元（1×1平方米探方）的得分，包括图28.29中所示的两个单元。得分反映了与后者图中的纵坐标（向量2）或横坐标（向量1）的距离。这个阶段的克鲁斯卡尔压力系数是0.26，这意味着编号单元对之间相对等级排序关联性的74%被这两个向量的配置保留。

图28.31　圭拉那魁兹B1层的解释性绘图，显示由之前的Q型因子分析定义的过道和活动区（1×1平方米探方）。Ⅱ区被解释为一个工作区，有一两个人（可能是女性）在那里加工季节限制性植物，烹饪并将垃圾丢弃在墙边。Ⅰ区和Ⅱ区北部两个未编号小区域都被认为是与Ⅱ区活动有关的废弃区。Ⅲ区北部地区被解释为两个火塘（遗迹11和14）之间的过道，可能主要由女性使用。Ⅳ区被解释为一两个人（可能是男性）加工动物、打制石器并咀嚼龙舌兰的地方。东南方向一个未编号的小废弃区被认为是与Ⅳ区有关。Ⅲ区南部被认为是连接Ⅱ区和Ⅳ区的一条过道，而Ⅴ区被认为是从东北部（并穿过Ⅲ区）进入该洞穴的主要过道的一部分。

重建的活动区和过道

来划定每个工作区的分界，并疏通人员和资源在洞穴里的移动。

从我们分析的四个居住面中可以看出三种基本的移动形态。第一，在几乎所有地层中都有证据表明，通往洞穴的中央过道都始于洞外的倒石堆山坡。其次，我们通常也会看到洞穴里男女工作区之间过道的证据。第三，我们还经常看到一些工作区内移动的证据，例如在一个女性工作区内的火塘之间。显然，这些过道的布局和方向有助于我们对整体群体活动的理解，同时也对大量探讨的动植物加工区的布局理解至关重要。

历时变化

最后一套测试是在圭拉那魁兹四个居住面上进行的。为了看看洞穴在划分上发生了什么历时变化，我们额外运行了一项多维测量，其中每个居住面与其他各居住面的Q型因子分析进行了比较。在本节中，我们将讨论这些比较的总体结果，但只选择了四种情况来图解说明（图28.32—28.35）。由于图28.32—28.35中的图例在很大程度上是不言自明的，我们简单地总结这里两个最重要的比较结果。

1. 首先，男女活动区随时间的推移日益明显。D层中男女工作区比E层更加明显；C层的这两个区也比E层更加明显。在B1层中，男女工作区都很明显，但也和C层有别。这可能意味着（推测的说法），在那魁兹期，性别分工变得更明显或更专门化。

2. 其次，即使我们已正确地把男女工作区划分开来，但是一个工作区内的活动也并非完全一致。例如，E层和D层男性工作区的相似性比女性工作区更明显，另一方面，比较D层和C层，女性工作区的相似性比男性工作区更明显。在B1层，男女工作区与C层的工作区有所不同。这可能意味着，尽管洞穴居住面确实在概念上被划分为男女工作区，但各区中所进行的具体工作可能会因居住者的不同而有差别。

3. 最后，我们还剩下一个悬而未决的问题：性别分工的变化（以及越来越鲜明的差别）是否仅仅是古代期的一个自然趋势，抑或因采用了原始农业而加速了这个变化的发生？

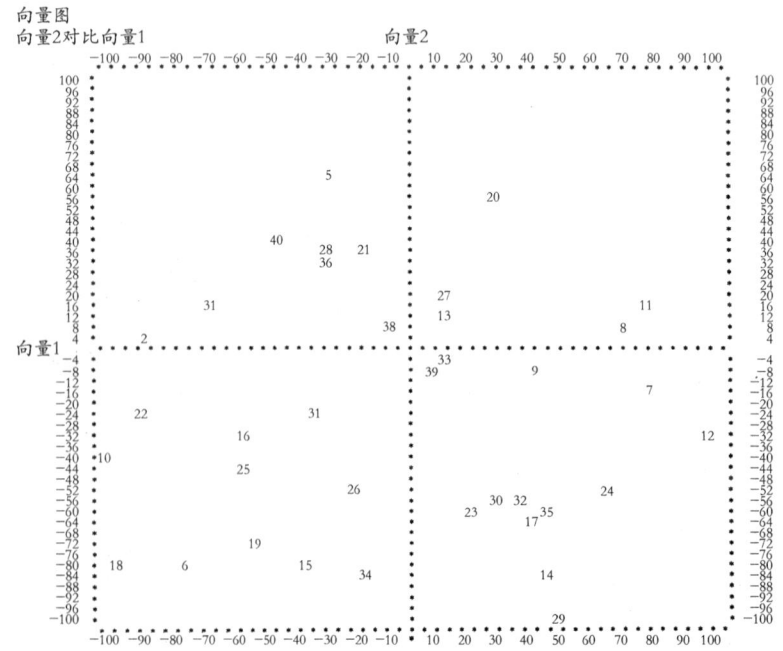

图28.32　E层和D层的Q型因子分析比较。数字指代在活动区中的单元（1×1平方米探方），在活动区之外的单元已被省略。1—19号指的是D层中的单元；20—40号指的是E层中的单元。注意，D层中推定的男女活动区比E层更加明显（比如相隔更远）；同时，E层和D层的男性活动区域比同样在这两个地层中的女性活动区更具相似性。这个阶段的克鲁斯卡尔压力系数是0.15，这意味着编号单元对之间相对等级排序关联性的85%被这四个向量的配置保留。

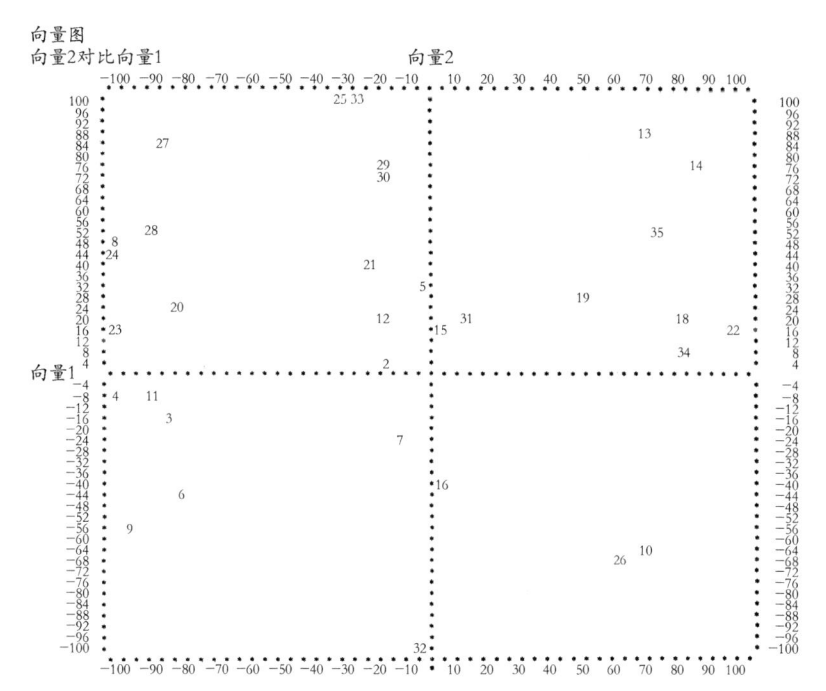

图28.33　D层和C层的Q型因子分析比较。数字指代在活动区中的单元（1×1平方米探方），在活动区之外的单元已被省略。1—16号指的是C层中的单元；17—35号指的是D层中的单元。注意，D层和C层中推定的女性活动区比这两个地层中的男性活动区更具相似性。这个阶段的克鲁斯卡尔压力系数是0.11，这意味着编号单元对之间相对等级排序关联性的89%被这四个向量的配置保留。

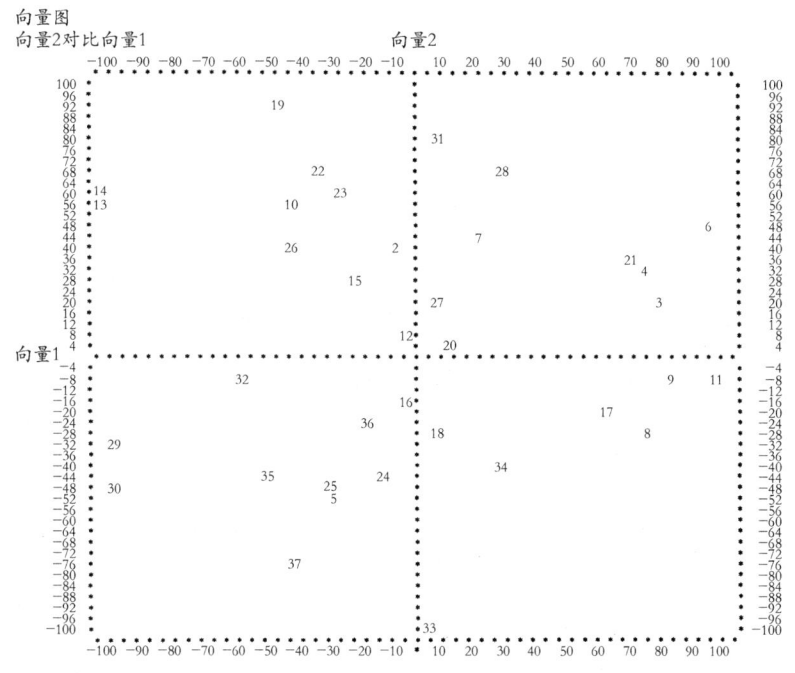

图28.34　E层和C层的Q型因子分析比较。数字指代在活动区中的单元（1×1平方米探方），在活动区之外的单元已被省略。1—16号指的是C层中的单元；17—37号指的是E层中的单元。注意，C层中推定的男女活动区比E层中更加明显（比如相隔更远）。这个阶段的克鲁斯卡尔压力系数是0.16，这意味着编号单元对之间相对等级排序关联性的84%被这四个向量的配置保留。

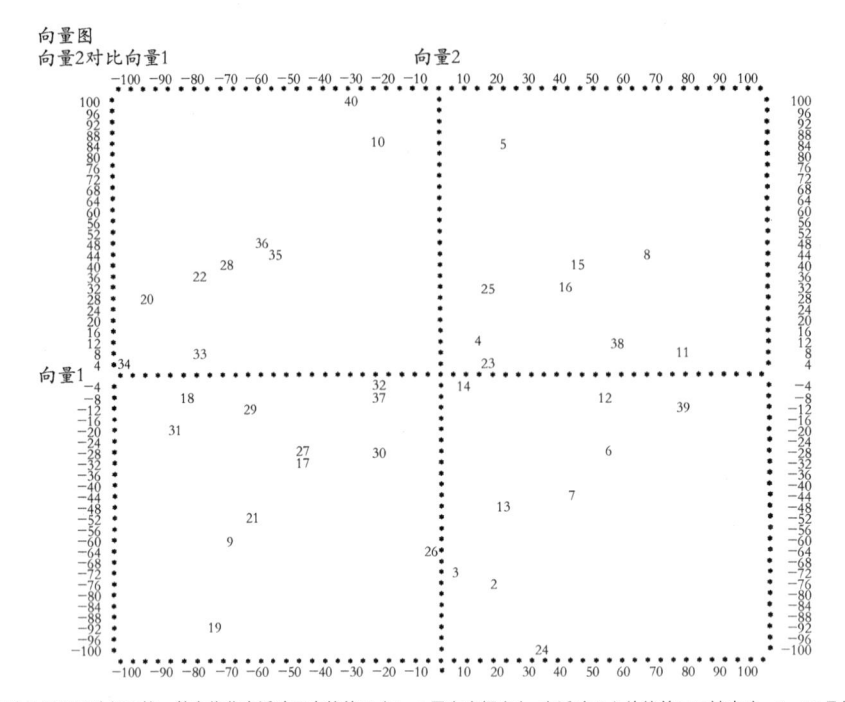

图28.35 C层和B1层的Q型因子分析比较。数字指代在活动区中的单元（1×1平方米探方），在活动区之外的单元已省略。1—26号指的是B1层中的单元；27—40号指的是C层中的单元。注意，对于这两个地层中推定的男女活动区，B1层与C层不同。这个阶段的克鲁斯卡尔压力系数是0.23，这意味着编号单元对之间相对等级排序关联性的77%被这四个向量的配置保留。

概括与小结

正如我们在开始时所说，我们的分析有几个目的。一是要看看在每个居住面1×1平方米探方的研究过程中，会出现哪些考古学可以推断的活动区。二是要看看我们是否可以通过将我们的数据以某种方式分组，来推断一些有关穴居者（使用洞穴时的）划分概念。我们的第一个目的最终形成了一些以罗马数字标示的区域。第二个目的使我们可以将这些区域解释为"男性工作区"、"女性工作区"、"入口过道"等等。

分析的另外一个副产品，就是让我们可以管窥不同统计方法对分析结果的影响。通过运用皮尔逊积矩相关系数多维测量的R型因子分析，来研究E、D、C和B1层，使得我们能够在所有情况下分离基本的动植物加工区。但是，我们尝试的第二种分析方法Q型因子分析告诉我们，只要我们知道如何观察，就可以获得更多有关活动空间结构的信息（包括概念划分的一些材料）。

之前的分析和民族志类比都提出了一些理由：为什么某些动植物产品会被穴居者在概念上"分组"并一起处理或丢弃，而在采集或加工上被认为与第一组不兼容的其他产品会在其他地方找到。这使得我们利用来自不同群组资源是否共出或不共出的信息时，采用一种共生估量。该估量，即卡方划分距离，源自基本的卡方统计。然后根据是否存在或缺失各组和亚组，来比较各单元（1×1平方米探方），而不是根据存在的资源数量（如在R型因子分析中）来进行比较。

采用这种Q型因子分析方法，在多维测量中输入卡方划分距离矩阵，产生了一种活动结构（或居住面"图"），其中不仅包括已由R型因子分析提供的活动形态，而且产生了一套新的线性区域，涉及人员和材料如何进入、通过并离开洞穴的移动。这些线性区域，被称为活动过道，被解释为与物质运动发生的单元相对应，从而形成了自己独特的废弃形态。这些过道可以用我们的卡方划分距离测量来分离，因为它们内部的废弃物来自至少两个不同的活动区。因此，过道单元具有共生的变量混合，有些来自过道所连接的各区域。也因此，这些单元组在较清晰的活动区分析中，较容易被分离开来。

分离居住面的过道是朝重建加工活动周期迈出的一步。它为我们提供了有关居住面材料的流动信息，以及加工区对应这种流动方式的相对位置。但是很显然，并非所有关联度测量都有足够的选择，来提取分辨这些区域所需的信息。这是一个较有说服力的事实，即统计的选择应该大体上取决于回答特定问题所需的信息类型。

我们分析的结果也说明了穴居的一些整体形态。E、C和B1层活动区和过道的位置非常相似，而遗迹（如果存在的话）的安置也进一步证明了这种形态。这意味着穴居群在行为上具有历时的连续性。D层显示出一些差异，但是这些差异可能部分与橡子储藏坑的位置有关。

鉴于这四个地层在空间结构方面具有长时间的共性，因此我们也饶有兴趣想知道这些特性中的哪些会在新活动出现的情况下最少发生变化。D层的构造允许我们提出一些设想。尽管在D层，植物加工区位于一个非典型的位置，但它仍然位于动物加工区域的北部，这是所有其他区域共有的特征。另一方面，动物加工区在所有四个居住面上都是不变的，因此它们总是位于南部，可能说明：(1) 采集植物需要在白天频繁进出洞穴，因此为了方便起见，它们更可能位于靠近入口的位置；(2) 女性偏好把自己的工作区放在悬崖之下，那也是最适合安置火塘和储藏坑的地方。因此，在洞穴工作空间概念化过程中似乎有一定的不变因素，这些不变因素从某居住群传到下一个居住群。其他空间的属性似乎更加灵活，这可能反映了它们在工作空间的概念化中较少的优先度或逐渐的变化。

最后，我们还应该提出另外两点看法：(1) 性别分工似乎是空间利用的决定因素，重要性甚于季节性或植被分区变化；(2) 这种分工随时间推移显得越来越清晰。和E层相比，B1层的男女工作区划分更容易、更明显、更独立。这可能反映出随着对圭拉那魁兹环境的熟悉程度越来越高，工作的专门化程度也越来越高，同时使用效率也越来越高。

显然，我们还想知道更多在圭拉那魁兹发生过的事情，但是我们已经处于对材料进行轻柔抚摸的极限。要把我们的红皇后变成一只真正的小猫，需要更为剧烈的摇晃，但这是我们不愿做的。

29
圭拉那魁兹的片段分析：
斯宾塞、惠伦和雷诺兹分析结果的综合

肯特·弗兰纳利 撰，韩婧 译

第26、第27和第28章为圭拉那魁兹的空间分析提出了三种不同的方法。虽然它们有一些重要的共同点，但每种方法都呈现出其他方法不见的特点。在本章中，我们设法综合三项研究的所有结果，并为它们的空间维度添加一个时间维度。后一做法是可能的，因为我们知道各种动植物可获得的季节顺序（第18章），以及执行中各个步骤必须采取的逻辑顺序（第17章）。

本章还给了我们一个机会，来补充研究那些数量不够而未被第26—28章分析的人工制品。把第28章中雷诺兹提出的活动区域和过道（图28.10、图28.17、图28.24和图28.31）叠加在第5章提供的人工制品分布图上（图5.32—图5.38），我们能看出哪些人工制品被留在了哪个区域。我们还能将霍尔定义的打制石器工具的位置（第6章），与第26章提供的石器废片等轮廓图作比较。因此，本章的阅读应观察本节提到的所有插图，因为这些图含有如此多的数据，所以我们可以让综合简单一点。

因为惠伦和雷诺兹都没有处理B3层或B2层，因此对这些居住面就不再进行综合。

片段分析

我们综合分析的一个方便形式是"片段分析"（episodal analysis），这是由阿舍和克卢恩（Ascher and Clune 1960）在对奇瓦瓦落水洞（Waterfall Cave, Chihuahua）的研究中采用的模式。阿舍和克卢恩将一个"片段"（episode）形容为一系列的事件（events），这些事件界定了该遗址利用的时间和背景范围。这些事件中的各事件可进一步细分为许多事情（incidents）；每桩事情进而定义了该事件的内容（Ascher and Clune 1960：272—273）。这两位学者又将落水洞中的考古沉积形成描述成一种事件的序列，每个事件由两个以上的事情组成。与第17章提及海泽（Heizer 1960）的那篇文章一样，阿舍和克卢恩的研究提醒我们，直到1970年代，考古学家才开始关注"遗址形成过程"。我们只要阅读较老的考古学文献就可以了解，几十年来这一直是个讨论的话题。

在我们版本的阿舍和克卢恩模式中，圭拉那魁兹的每个居住面的形成被作为一个片段考虑。除了E层，该层基质主要是那魁兹期最初栖居之前堆积的风化凝灰岩，洞穴中所有其他居住面主要是由人类带进来的材料组成（见第5章）。因此，我们的事情包括带入和加工食用的植物、屠宰和食用动物、打制石器、挖坑、使用火塘、铺设橡叶床等等。虽然我们无法确定每件事情发生的确切顺序，但我们可以根据它们据信发生的季节和逻辑顺序，将其组合成事件。

不言而喻，我们的片段分析是根据第17章提出的许多相同设想进行建构的。我们无法证明一切都按我们的推想发生，但是我们的推想至少得到了本书前面28章内容的支撑。

片段1　E层的堆积

夏末事件

始终在牧豆树林（C. E.史密斯［Smith 1978］重建的今天牧豆树草地B的"祖先"）中觅食的一个小游群来到圭拉那魁兹，等待山麓上部的秋收季节。在夏末，他们继续收获牧豆树林中的动植物；事情：在两个不同区域打制石器，把废片留在了南壁（V区）和西北壁（Ⅲ区）的墙角下。从牧豆树林中采集来的豆荚，在Ⅰ区加工，估计是女性所为。从同一地区采集来朴树果，在Ⅰ区大量食用，也许主要也是女性。男性捕猎了几只动物：几只棉尾兔、一头幼鹿、一只泥龟和一只已住在洞里的仓鸮。人们在Ⅰ区加工和食用了几只兔子。Ⅱ区和Ⅳ区成为男女工作区之间的过道。

初秋事件

小游群开始采集仙人掌果，其成熟期为夏末秋初。事情：男女坐在洞穴两个不同区域，将仙人掌果去刺后食用。但是，至少有两堆剩下的水果，一堆在Ⅰ区，另一堆在V区，任其在洞穴地表腐烂，留下了种子。

晚秋事件

该小游群开始收获下面橡树—松树林和荆棘—灌木—仙人掌林（C. E.史密斯［Smith 1978］重建的今天荆棘林A的"祖先"）的物产，同时继续狩猎和诱捕动物。事情：继续在Ⅲ区和V区打制石器，并把废片和石锤丢在那里。Ⅲ区成为在Ⅰ区工作女性活动的细小碎屑废弃区，而Ⅲ区的大量废片表明她们在工作中也打制了许多石器。

觅食者带着装满橡子的篮子从橡树林回来；其中至少有一篮倒在了Ⅰ区，另一篮倒在了V区外的洞口附近。这可能表明几个不同的人参与了橡子处理。Ⅰ区和V区的人加工和食用了矮松果。山麓上部产的麻风树果在V区（大概是由男性）去壳和食用，而其他壳被扔在Ⅱ区的过道。惠伦的分析表明，针叶樱桃和龙舌兰咀嚼渣与这些碎屑共生，因此可能是在同一时段吃掉和丢弃的。

小的红花菜豆是在Ⅰ区处理的，其豆荚被丢在对其他植物碎屑来说不起眼的地方。大约812件十字架荆棘豆荚，和可能一种不是食用的药用植物，被采集来并被留在了洞穴入口附近的Ⅱ区，距一件石磨板碎片不远。

男性猎鹿，至少猎杀了一头鹿；它的一些骨头出现在Ⅰ区和V区，可能是两个人分吃了一部分。在两处散落鹿骨的地方有几件凹缺石片。在此期间，他们很可能还吃了几只棉尾兔、一只鸽子、一只野鸽和其他动物。

最后事件

该小游群离开该洞穴，留下了一条践踏严重的入口过道（Ⅱ区和Ⅳ区），一大片加工食物和女性工作区（Ⅰ区），从这里有许多细小碎屑被扔到西北洞壁（Ⅲ区），还有南部洞壁附近由男性工作留下的一片碎屑区（V区）。但是，E层劳动的性别分工在统计学上看，仍然不像在较晚居住面上那么清楚。在洞口附近留下一件未完成的矛头；绳索碎段留在了入口过道和女性工作区，它们也许是用来捆扎带入洞穴的食物或柴火的。雷诺兹提出在活动区留下的重要人工制品包括：

Ⅰ区（女性工作区）	V区（男性工作区）
1粗糙石叶 1凹缺石片 1变体C两面器 绳索	1凹缺石片 1使用石片 1石锤
Ⅲ区（第Ⅰ区域抛弃的精制品）	Ⅱ区（过道）
1锯齿状陡刃刮削器 1凹缺石片 1石锤 1鹿角制品	1磨石板碎片 1绳结
Ⅳ区（过道）	
无	

居住后事件

禾鼠和其他啮齿类进入洞穴，啃咬留在地表的骨头和植物遗存。这标志着片段1的结束。

片段2　D层的堆积

夏末事件

　　如同E层的情况那样，一直在牧豆树林中收获的小游群来到了圭拉那魁兹，继续他们的夏季觅食活动，同时等待秋收季节。事情：这个群体将大量的橡树叶搬进洞穴铺床，挖了一个火塘即遗迹22，并至少挖了一个储藏坑（遗迹10）。这些遗迹体现了这样的活动，在火塘附近形成了一片女性加工和烹饪食物的区域（Ⅳ区），并在该火塘和储藏坑之间形成了一条过道（Ⅱ区）。

　　女性采集牧豆荚，在加工之前存放在遗迹10的储藏坑里。至少有两个人吃了朴树果，并丢弃了种子，一人坐在遗迹10附近，另一人坐在靠近Ⅳ区的最西南端。后者的朴树果集中区伴有一些"数量较多的季节性植物"（图28.17），其所在位置可能表明，遗迹3即第二个储藏坑在那时已被使用。（如果是这样的话，这将是我们推测女性吃掉带入洞里的大部分朴树果的第二条线索。但是，有些标本也可能是沿洞穴南壁Ⅲ区工作的男性吃剩的朴树果籽。）

　　男性至少杀死了一头幼鹿、几只棉尾兔，可能还有一只泥龟。这些动物的骨头留在了Ⅲ区（男性工作区，加工或食用一些动物）和Ⅱ区（火塘和遗迹10之间的过道），后者碎屑可能来自女性的饭食。此外，鹿骨丢弃在最北面Ⅱ区（图28.17），一片"食物加工细小碎屑"区。居住面上发现的4件凹缺石片中，有3件在鹿骨附近。

初秋事件

　　女性采集仙人掌果和嫩茎。事情：在遗迹22火塘边除刺，并将嫩茎插在木条上烘烤；在Ⅳ区的东头附近丢弃碎屑（图28.17）。男女都吃仙人掌果，Ⅲ区和Ⅳ区剩下的果子腐烂后，留下了种子。人们坐在遗迹22火塘旁生吃银合欢籽和针叶樱桃，这也许表明，这些女性吃了许多针叶樱桃和朴树果。

晚秋事件

　　该群体在荆棘—灌丛—仙人掌林和下面的橡树—树林中开始秋季觅食。事件：挖掘遗迹2坑穴，也许还有遗迹3，来增加洞穴的储藏能力（估计遗迹3之前没有挖，见上）。这两个储藏坑附近丢弃了大部分来自打制石器的未修理石片，虽然石锤、石核和石核碎块在洞穴里到处都有。男性至少杀死了一头鹿，这是一头鹿角完全硬化的雄鹿，一些骨头弃置在Ⅲ区（男性工作区）和Ⅱ区（留下"食物加工的细小碎屑"）。这个季节可能也猎杀了一只领西猊，在火塘边留下了它的下颌骨。棉尾兔被炊煮并吃掉，骨头丢弃在Ⅲ区和Ⅰ区。

　　可能之前春天在山洞附近某处种植的驯化西葫芦被采集，并在Ⅳ区加工。虽然这些工作估计是女性做的，但在Ⅲ区工作的男性显然吃了一些烘烤的西葫芦籽，因为有一粒留在了那里（图5.33）。红花菜豆在Ⅳ区的火塘边去壳，其分布与西葫芦部分重叠。

　　至少挖了一根龙舌兰芯，烧熟并吃掉，留下相隔2米的两堆主要咀嚼渣，一堆在Ⅲ区（大概是男性的咀嚼渣），另一堆靠近Ⅳ区的火塘（大概是女性的咀嚼渣）。丢弃在Ⅲ区的两件有光泽的石片可能表明，男性做了大部分重力切削工作，从龙舌兰芯上除去粗硬的叶子。留下这些咀嚼渣的两个人（或一群人）看来也吃了麻风树果，把果壳留在了相同的两个区域。

　　收获了大量橡子，并存放在遗迹2、3和10中。最后一个装满橡果的篮子沿Ⅲ区和Ⅳ区之间的界线倾倒出来，在此和遗迹3底部留下了许多未食用的橡子。这些女性显然用单手磨棒把它们加工成粉；上面提到的最后一橡子倾倒区的东部边界，留下了两件这样的磨棒，而另外两件留在了遗迹2中或附近（图5.33）。人们在遗迹10和遗迹2、3之间走动，在沿洞穴西壁形成了Ⅰ区的过道，并且向东延伸而踩实了Ⅱ区的过道。可能和橡子一起采集的矮松果在Ⅲ区（男性）和Ⅳ区（女性）去壳和食用。

最后事件

　　在居住末期的某个时候，许多带入洞穴铺床、当时已经干燥的橡树叶，着了火并冒烟。该小游群放弃了洞穴，留下1个火塘和3个储藏坑，两条连接这些遗迹并踩踏严重的过道（Ⅰ区和Ⅱ区），一片女性加工植物和食物的碎屑区（Ⅳ区），一片男性处理动

29　圭拉那魁兹的片段分析：斯宾塞、惠伦和雷诺兹分析结果的综合

物、咀嚼龙舌兰和吃东西留下的碎屑区。细小碎屑向洞穴西面和北壁集中。对于这后续的第二居住面，一段捆绑食物或柴火的绳子碎片留在了过道上（Ⅱ区）。从统计学意义而言，男女工作区划分比在E区更明显。雷诺兹提出的这些活动区留下的重要人工制品有：

Ⅳ区（女性工作区）	Ⅲ区（男性工作区）
1锯齿状陡刃刮削器	1粗糙石叶
2雕刻器	1凹缺石片
2凹缺石片	2带光泽的石片
1石锤	1变体C两面器
2石核工作面	1石核工作面
1烧过的木板	1石核缘

续　表

Ⅰ区（含有细小碎屑的过道）	Ⅰ区（遗迹间的过道）
1石钻	1锯齿状陡刃刮削器
1修尖石器	1雕刻器
1凹缺石片	1凹缺石片
1使用石片	1使用石片
1变体C两面器	1鹿角制品
1石核工作面	绳索

居住后事件

禾鼠和其他啮齿动物进入洞穴，啃咬留在地表的骨头和植物遗存。这标志着片段2的结束。

片段3　C层的堆积

夏末事件

就像前面的地层，一直在牧豆林中采集的小游群来到圭拉那魁兹，继续他们的夏季觅食活动，并等待秋收季节。事情：该群体带入洞内许多橡树叶和草并铺床。用取火钻在地面点起火塘，这个位置后来就是我们的D9探方所在位置。（在居住过程中的某个时候，这些叶子和草会着火并冒烟，这部分燃烧过的植物层变为C层下部的含沙混合物。再往后，地面火塘堆积的白灰被踩踏并遍布整个居住面，成为C层上部。）

这堆地面火塘成为一个中轴，围绕着它开始形成三条弯曲的过道（见图28.24）。入口过道Ⅴ区从东北进入，止于洞穴中部。Ⅰ区围绕火塘北侧弯绕，将Ⅴ区与洞西壁相连；Ⅱ区与Ⅰ区平行，更朝北1米。Ⅰ区和Ⅱ区的东端（离洞口最近）见有很多大植物遗存，西端（离洞壁最近）有很多细小碎屑。这与其他居住面一致：大块垃圾看来被丢到洞口的碎石坡上，而细小废弃物被扫向洞壁。

此外，D9的地面火塘看来成为一个中心点，围绕着它形成了均匀分布的石器打制区。有三块分开的间隔2米的废片集中点（可能由三个不同的打片者留下），一块在Ⅱ区，一块在Ⅴ区，第三块在Ⅱ区和Ⅲ区之间的空地中。由于雷诺兹将Ⅲ区（洞穴南壁附近）解释为动物加工区，这第三块废片集中点可能是男性工作所致；火塘北面的集中点很可能是女性工作所致。

女性采集和加工牧豆荚，并把一大堆种子丢在火塘的东边（图28.24显示Ⅰ区有"较多的大植物遗存"）。无论谁从事这项工作，这些人看来吃了至少100克朴树果，并把它的种子丢在牧豆籽同一个区域。这是女性吃掉带回洞里的大部分朴树果的又一线索。同时，男性杀死了一只仓鸮（可能他们到达时已经住在洞里）、至少一头幼鹿、几只棉尾兔和一只泥龟。惠伦的分析表明，鹿、兔子和龟彼此显著共生，也许与一些燧石废片也有关联；此外，有5至7件凹缺石片留在鹿骨附近。鹿骨被丢弃在Ⅲ区（"动物加工"）和火塘附近的Ⅰ区和Ⅴ区，鹿肉很可能是在那里烹饪和食用的。棉尾兔骨分布在相同的区域，还分布在靠近洞壁Ⅰ区和Ⅱ区的"细小碎屑垃圾"中。

这是斯宾塞和雷诺兹之间对遗物解释表面存在分歧的第一个居住面。雷诺兹认为Ⅴ区是一条过道，而斯宾塞的轮廓图则显示在这些探方中留下了许多植物加工废物。我们认为，这片区域可能是从火塘向洞口扔植物垃圾的地方，但没有变成真正的庖厨垃圾堆，因为人们进出洞穴时，不断以长条形沿Ⅴ区散布垃圾。

初秋事件

　　银合欢、针叶樱桃和仙人掌果的季节开始时,将觅食者的注意力从牧豆树林中分散开了。事情:女性食用银合欢籽,将豆荚扔在Ⅴ区,离她们早先留下牧豆籽的地方不远。她们吃针叶樱桃,把种子丢在Ⅴ区,离她们早先留下朴树果籽的地方不远。但是,第二堆针叶樱桃扔在雷诺兹Ⅳ区南边的洞壁,表明有第二个人(可能是一位男性)或几个人吃了针叶樱桃。一大堆没吃掉的仙人掌果看来在Ⅳ区腐烂,种子变成了地上的碎屑。

　　在火塘上用木棍串烤的仙人掌果嫩茎产生的碎屑被扔到了2米外的Ⅴ区;那里丢弃了一块插在棍上的仙人掌果嫩茎和三根烧过的棍子。

晚秋事件

　　该群体开始在荆棘—灌丛—仙人掌林和下面的橡树—松树林中进行秋季觅食。事情:虽然没有挖坑储存橡子,但是收获数量很多。至少留下两堆没有完全加工成粉的橡子。其中一堆倒在火塘东边,位于Ⅰ区和Ⅱ区"很多大植物遗存"的地方。这可能是女性碾磨橡子的地方;在其东边约1米处的Ⅴ区,丢弃了两件单手磨棒(图28.24)。第二堆橡子倒在洞南壁附近的Ⅳ区,明显与一件磨盘碎块相伴(图28.24)。因此,雷诺兹认为Ⅳ区可能是植物加工区。尚不清楚是否有女性偶尔在洞穴南部的这个地方工作,或者C层是否表示男性(他们看来常在南壁附近工作)也参与了加工橡子这件事。几乎可以肯定与橡子在同一季节和大致同一地区采获的矮松果壳,也集中在这两大堆垃圾里。

　　至少挖出并烹饪了一株龙舌兰芯,在Ⅴ区还有100多个吐掉的咀嚼渣;这可能意味着坐在火塘旁的人们咀嚼了大量的龙舌兰芯。一件也许用于加工龙舌兰芯的带光泽燧石片最终留在了Ⅱ区的过道上。山麓上部的另一种物产麻风树果是生吃的,它们的壳被扔在了Ⅰ区的火塘东边,那里已经有很多被丢弃的橡子和朴树果籽。当收获红花菜豆时,其豆荚也被扔在了同一片垃圾里。

　　之前春天栽种在洞穴附近的驯化西葫芦被收获,它们的种子在篝火上被烘烤,不要的外皮被丢弃在Ⅴ区。这可能也是墨西哥瓢葫芦的收获季节,它们被用作葫芦容器。

　　男性至少猎杀了一头鹿(一头鹿角完全硬化的雄鹿)和几只棉尾兔,其遗骸散布在Ⅲ区(男性工作)、Ⅴ区(女性准备食物?)、Ⅰ区和Ⅱ区。这也可能是他们追捕野猪和浣熊的季节,这些东西显然是从洞中扔出来的。

最后事件

　　该群体放弃了这个洞穴,在居住面中心附近留下了几堆未加工的橡子和大量植物碎屑。产自地面火塘的白灰现在已经遍布整个居住区,洞内的走动方式使得他们留下的垃圾沿三条半月形过道、围绕火塘遗迹部分相连。尽管洞穴分为一个南部工作区(Ⅲ区和Ⅳ区)和一个北部工作区(Ⅰ区、Ⅱ区和Ⅴ区),区分仍比较清晰,但火塘周围环状的过道模糊了主要属于女性植物加工和食物制备的细节。就像在早期的居住面一样,捆扎食物或柴火的绳索片段留在了过道上。在所有东西下面,起初带入洞里铺床的橡树叶和草已变为混合物。雷诺兹提出的留在活动区的重要人工制品包括:

Ⅲ区(处理动物)	Ⅳ区(植物处理?)
无	1 石磨盘碎块
Ⅴ区(入口过道)	**Ⅰ区(过道)**
1 边刮器/石刀 2 凹缺石片 1 使用石片 1 石片石核 2 单手磨石 1 颜料碾磨卵石 绳索 1 插在串棍上的仙人掌果嫩茎 3 烧过的串棍	3 凹缺石片 2 使用石片 1 石片石核 1 石核缘脊 1 鹿角制品
Ⅱ区(过道)	
2 锯齿状陡刃刮削器 2 凹缺石片 1 带光泽石片 1 石锤 1 石核缘脊 1 取火钻 绳索	

居住后事件

　　禾鼠和其他啮齿动物进入洞穴,啃咬留在地表的骨头和植物遗存。这标志着片段3的结束。

片段4和5　B3层和B2层的堆积

如前所述，不必广泛综合B3层和B2层，因为惠伦和雷诺兹在其分析中没有考虑这些单位。要进一步了解B3层，可以将我们重要的人工制品分布图（图5.36）叠加在斯宾塞的动植物分布图（图26.26—26.31）上。同样，对于B2层，可以将人工制品分布图（图5.37）叠加在动植物分布图上（图26.32—26.38）。

片段6　B1层的堆积

夏末事件

与前几层一样，在牧豆树林中收获的小游群来到圭拉那魁兹，继续其夏季觅食活动，并等待秋收季节。由于第26章提出的理由，我们认为这个小游群至少由两位男性和两三位女性组成。事情：遗迹11和14两个火塘被挖到了下面的沉积。遗迹11是靠近居住面中心、用石头围成的一个大火塘，它独立于雷诺兹的所有活动区（图28.31）。遗迹14是一个不太考究的火塘，是雷诺兹Ⅱ区的一个组成部分，这是洞穴西北象限里女性植物加工和食物制备的一块工作区。

Ⅱ区和遗迹11、14的确立，对B1层栖居期间的走动和垃圾丢弃产生了很大影响。Ⅲ区北面逐渐发展成连接两个火塘的一条半月形过道，这条过道可能主要是女性使用的。它的半月形是因为它刚好在Ⅱ区外围绕过了一片细小碎屑区。Ⅱ区附近还出现了另外三个细小碎屑区，其中两个靠近洞穴的后墙，一个朝南散布。雷诺兹称后者为Ⅰ区（图28.31），它可能因为男女工作区之间的走动而变长。

B1层到处见有石器打制活动，废片堆积有四个峰值区。三个最小的峰值在西北象限，表明坐在火塘附近的两三个人（可能是女性）参与了适量的工具制备工作，并把废片扔向洞壁。第四个也是最大的峰值，聚集在雷诺兹的Ⅲ区南部，那里有过道穿过，并被男性工作区Ⅳ区包围。相当数量的修理工具最终在洞穴此处被男性丢弃，包括一件石锤、几件石核和石核碎片、一件两面器和矛头、一些刮削器和修理石片。当然，这些工具中有许多经过了多种背景和使用，才成为洞穴垃圾的一部分。

收获和加工牧豆荚是这个小游群的两项主要活动，而丢弃的牧豆籽是居住面留下的最常见的一种植物。这表明，该小游群在牧豆树林可能比前几年花上了更多的时间，也许是因为他们正将初始农业逐渐转移到河流冲积区。Ⅲ区北部一大堆积累可能是女性的工作。这些女性也从同一牧豆树林带采集了朴树果，并明显边工作边吃。两个女性吃了100多个朴树果，一个在Ⅱ区遗迹14火塘附近丢弃其种子，另一个在Ⅰ区附近丢弃种子。我们的证据再次表明，女性吃了大部分带回洞里的朴树果（虽然男性可能在牧豆树林中狩猎或诱捕动物时，在洞外吃掉了他们的份额）。

对于男性，他们至少猎杀了一头鹿（一头怀孕的雌鹿，其胎儿被丢弃在B1层）和几只棉尾兔。这些动物骨头被丢弃在女性食物准备区的各处，特别是在Ⅲ区北部，或与Ⅱ区共生的细小碎屑堆中；它们也见于Ⅳ区和附近的Ⅲ区南部，抑或它们是洞里男性屠宰或食用的结果。杀了一只仓鸮（也许之前住在洞里），并且至少还有两只泥龟。龟在热炭上被烘烤（可能在遗迹14），它们烤焦的壳被丢弃在Ⅰ区。一些通常在夏天雨季活动的蜥蜴也被吃掉。

初秋事件

仙人掌果、银合欢和针叶樱桃季节的开始，将觅食者的注意力从牧豆树林中分散开去。事情：男女生吃银合欢籽，男性把豆荚扔在Ⅳ区，女性把豆荚扔在遗迹11的火塘周围。也有可能多达两男两女吃了针叶樱桃，留下四堆种子；Ⅳ区边缘的两堆大概是男性留下的，而另外两堆（在Ⅲ区北部和遗迹11附近的Ⅲ区南部）大概是女性留下的。男女都吃仙人掌果，他们各自留下未吃的成堆果实，任凭它们在居住面上腐烂。男性在Ⅳ区留下一堆种子，女性将种子留在了遗迹11的火塘附近。

晚秋事件

该群体在荆棘—灌丛—仙人掌林和下面的橡树—松树林开始秋季觅食。事情：为了采集橡子而进行了数次跋涉，但并非所有橡子都被磨成粉。至少有四篮倾倒在居住面上的橡子，部分未予加工。洞穴西北象限是女性从事大部分工作的地方，留下了三堆橡子，第一堆在Ⅱ区，附近有一件磨石，第二堆靠近遗迹11的火塘，第三堆在Ⅲ区北部过道。第四堆留在Ⅴ区东部，这是洞穴南半部的一条过道。

女性吃矮松果，把壳扔在Ⅲ区北部。男女都吃麻风树果，男性把壳扔在工作区外的Ⅴ区东面。女性扔下了两堆壳，一堆在遗迹11火塘附近的Ⅱ区，另一堆在Ⅲ区北面。

至少烘烤了一株龙舌兰芯，洞里所有人都参与咀嚼烧熟的叶基。在Ⅳ区，看来有一两个人留下了两堆咀嚼渣；在洞穴西北象限，遗迹14附近的一位女性和遗迹11附近的一两位女性留下了三堆相似的咀嚼渣。

红花菜豆和驯化西葫芦在洞穴的女性工作区被一起处理，空豆荚和丢弃的碎皮被扔向离遗迹14火塘不远处Ⅲ区北面的洞壁。西葫芦和瓢葫芦肯定是驯化的，也许是从前年春天在冲积层栽培的作物上收获的。这些菜豆在表型上是"野生的"，但是其数量出奇的多，加上它们似乎与已知的驯化植物一起处理的事实，提供了努力培育它们的基本证据（见第26章）。

与此同时，男性们猎鹿，至少猎杀了一头鹿角完全硬化的雄鹿。他们还带回几只兔子和鸟，可能包括B1层发现的鹰和地鸠。这些动物由在洞穴南部工作的男性部分处理，最终在遗迹14的火塘中煮熟后被男女吃掉，碎骨被丢弃在洞内外。

最后事件

人们在遗迹11和14点燃最后的火塘，也许是用丢弃在Ⅱ区的取火钻点燃的。在这个栖居阶段，两个火塘的灰烬已被踢散到整个居住面，为B1层提供了大量的基质。随着橡子收获季节的结束，该群体放弃了圭拉那魁兹。他们在女性植物加工和食物制备区留下了大量碎屑（Ⅱ区）、附近有些细小碎屑丢弃区、由一条弯曲过道（Ⅲ区北部）相连的两个火塘（遗迹11和14）、来自男性工作的大量碎屑（Ⅳ区）、附近几片细小碎屑区、一条连接男女工作区的过道

（Ⅲ区南部），还有一条从洞穴中部通往后墙的过道（Ⅴ区）。雷诺兹提出的活动区留下的重要人工制品包括：

Ⅱ区（女性工作区）	与Ⅱ区共生的细小碎屑
2凹缺石片 2使用石片 1石核工作面 1单手磨石 1仙人掌胶团 1切掉两端的棍棒	1凹缺石片 Ⅰ区（与Ⅱ区共生的废弃物） 1粗糙石叶 1鹿角工具
Ⅲ区北部（火塘中间过道，可能主要女性使用）	
1边刮器/石刀 2粗糙石叶 3凹缺石片 1使用石片	2石核 1石核工作面 1石核缘脊 1石臼碎片
Ⅳ区（男性工作区）	与Ⅳ区共生的细小碎屑
1雕刻器 1凹缺石片 1特立尼达矛头碎片（？） 1石核工作面 1调色石板	1石锤 1石核工作面
Ⅴ区（过道，可能主要男性使用）	
1锯齿状陡刃刮削器 5凹缺石片 2石磨盘碎块 绳索	
Ⅲ区南部（过道，男女工作区之间）	
1锯齿状陡刃刮削器 1粗糙石叶 3凹缺石片 2使用石片 1变体B两面器 2石核 1石核工作面	

居住后事件

禾鼠和其他啮齿动物进入洞穴，啃咬留在地表的骨头和植物遗存。这标志着片段6的结束。

人工制品与活动区

分析像圭拉那魁兹这样一个洞穴令人沮丧的一个方面,是我们不能确定许多工具所从事的工作。矛头、石磨盘和取火钻的用途不难想象,但是像凹缺石片、使用石片和变体C两面器这些东西的用途,并不那么容易确定。

然而在少数情况中,我们也许能提出某些人工制品更像是女性的工具还是男性的工具的判断,或两者兼而有之。我们通过查看哪些工具倾向于留在主要由女性使用的过道和活动区中,或主要由男性使用的过道和活动区中,来做到这点。表29.1和表29.2列出了雷诺兹在第28章提出的分布在活动区或过道中的所有人工制品。观察这些表格应附上通常的告诫:(1)人工制品不一定被丢弃在其使用的地方;(2)并非所有圭拉那魁兹的人工制品都分布在雷诺兹的区域中。尽管有这些免责声明,但我们认为基于表29.1和表29.2的以下观察值得思考:

1. 一般来说,石锤、石核碎块和废片都有可能分布在男女工作区里,这表明男女性都从事初步的剥片工作。
2. 过道,特别是靠近洞壁的那些过道,显然是丢弃废弃工具的好地方。几条过道见有比其他任何区域更多的石片石核,较多的凹缺石片,以及较多的使用石片。
3. 七件锯齿状陡刃刮削器中的五件,留在了主要由女性使用的过道或工作区。这表明女性使用许多锯齿状陡刃刮削器,但无法确定它们的加工任务。
4. 4件雕刻器中的3件,留在了主要由女性使用的过道或工作区。
5. 主要由女性使用的过道或工作区,比主要由男性使用的过道或工作区,留下多出两倍的凹缺石片。这表明我们发现的很多凹缺石片是女性使用的,但无法确定它们的用途。
6. 碾磨工具或许因为它们有些笨重,更多地被扔在过道上,而非留在工作区里。
7. 所有4件鹿角制品都留在主要由女性使用的过道或工作区。但是,我们不知道这些鹿角的用途是什么。
8. 六段绳索碎片中的五段分布在过道上,可能是因为经常在那里解开捆绑的食物或柴火。

表29.1 圭拉那魁兹E层、D层、C层和B1层与雷诺兹活动区相伴的所有打制石器

类　　别	女性工作区和与之相伴的废弃区	主要由女性使用的过道	过道(公用)	主要由男性使用的过道	男性工作区和与之相伴的废弃区
砍斫器/石刀	—	—	—	—	—
锯齿状陡刃刮削器	2	3	1	1	—
边刮器/石刀	—	1	1	—	—
端刮器	—	—	—	—	—
雕刻器	2	1	—	—	1
石钻	—	1	—	—	—
尖状器	—	1	—	—	—
粗糙石叶	2	2	1	—	1
凹缺石片	7	10	5	5	3
带光泽石片	—	1	—	—	2
使用石片	2	5	3	—	1
矛头	—	—	—	—	1

续表

类　别	女性工作区和与之相伴的废弃区	主要由女性使用的过道	过道（公用）	主要由男性使用的过道	男性工作区和与之相伴的废弃区
变体B两面器	—	—	1	—	—
变体C两面器	1	1	—	—	1
有柄石锛	—	—	—	—	—
石锤	2	1	—	—	2
石片石核	—	3	3	—	—
石核工作面	3	2	1	—	3
石核缘脊	—	3	—	—	1

表29.2　圭拉那魁兹E层、D层、C层和B1层与雷诺兹活动区相伴的所有工具（打制石器除外）

类　别	女性工作区和与之相伴的废弃区	植物处理区	主要由女性使用的过道	过道（公用）	主要由男性使用的过道	男性工作区和与之相伴的废弃区
碾磨石碎块	—	—	—	1	2	—
磨盘碎块	—	1	1	—	—	—
磨石与磨棒碎快	1	—	—	2	—	—
碾磨颜料卵石	—	—	—	1	—	—
调色板	—	—	—	—	—	1
绳索	1	—	2	2	1	—
取火钻	—	—	1	—	—	—
鹿角制品	2	—	2	—	—	—
仙人掌胶团	1	—	—	—	—	—

第七编

瓦哈卡的觅食与早期农业

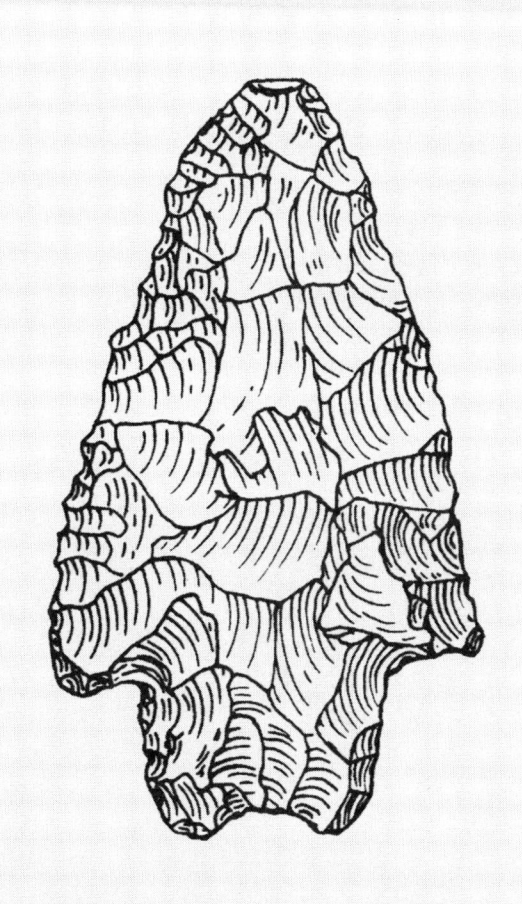

30 觅食策略的建模：第七编介绍

其他计算机模拟背景中的雷诺兹模型
为狩猎采集者生计策略建模的其他途径
我们方法的基本原理

31 瓦哈卡河谷东部植物采集与早期农业演进的适应性计算机模型

Part 1　引言
Part 2　为狩猎采集者的决策建模
Part 3　瓦哈卡河谷东部材料
Part 4　非正式的前农业模型
Part 5　开发正式模型
Part 6　前农业的模拟
Part 7　为初始农业建模
Part 8　模拟初始农业的达成
Part 9　模拟气候变化与人口增长
Part 10　概括与小结

32 适应、演进与考古时段：雷诺兹模拟分析的一些启示

前农业阶段
前农业阶段的启示
初始农业阶段
初始农业阶段的启示
作为前农业形态延伸的农业
适应与考古学年表

30

觅食策略的建模：第七编介绍

肯特·弗兰纳利 撰，韩婧 译

> 适应是进化变迁的过程，它为有机体提供了一种对"问题"更好的"解决办法"，而其最终结果就是适应的这种状态。
>
> ——莱温廷（Lewontin 1978：213）

在本书的第六编，我们介绍了圭拉那魁兹栖居者的劳动分工和工作空间的划分。在第七编我们处理一些更困难的问题：（1）是什么策略使得穴居者选择了我们在前农业居住面上所见的植物组合？（2）这种策略在农业初始期是如何变化的？

我们在第2章指出，我们打算给予农业起源中的信息以"相等时间"（equal time）角色，而雷诺兹设计的电脑模拟的适应模型（第31章）与该方法一致。雷诺兹拒绝一种机械—决定论的模拟概念，而代之以选择一种随机—概率模型，其中可以根据记忆的信息做出几千种决定。

第31章采用的方法很大程度上归功于我们密歇根大学的同事约翰·霍兰（John Holland），他的《自然与人造系统中的适应》（Holland 1975）一书探讨了适应过程的数学复杂性。霍兰声称，适应是一种非线性的现象，不适合用最方便使用的数学公式。例如他论证，如果动物的适应是利用偶尔较为有利的等位基因来逐一尝试突变这样一件简单的事情，那么宇宙生命就没有足够的时间来适应已经取得的进展。相反，适应对付的是信息"块"或几组基因的协同。霍兰对这种适应建模的建议被雷诺兹的模拟所采纳，并与齐格勒（Zeigler 1976）简化模型的一些程序结合，以便于处理，同时又保留了与所探询问题相关的基本特征。

在雷诺兹的模型中，假设五个觅食者的小游群，始于一无所知的状态，在漫长的时间里通过试错，来"学习"如何在圭拉那魁兹环境里对11种主要植食的采集做出时间安排。在模拟的每个周期或时间段里，他们设法在每片搜寻区提高卡路里和蛋白质的采集效率来做到这点。他们要面对导致植物产量变化的湿润、干旱和平均年份不可预测的连续过程；而他们过去行事方式的信息会逐渐在系统记忆中建立起来，并在他们再次遇到相似年份时，为是否决定修改策略提供信息。每种策略要考虑搜寻的植被区，每个区域中搜寻植物的等级顺序，以及每个区域采获面积的大小。通过评估几组变化（而不是单一变化，好比这群人逐一检测"突变"那样），这群人就达到了霍兰框架中所谓的"同时适应的一套决策"。随着时间的推移，经验的积累为小游群决策提供信息，直到他们的行事变得如此高效，以至于没有太多改进的概率来做新的修改（虽然如果该人群的环境参数发生变化，可能会有数千种可能的修改选项）。至此，雷诺兹将模型群体的策略与圭拉那魁兹D层的遗存进行比较，此层大体上是我们最后的前农业阶段层位。

到此时，将农业植物（西葫芦、豆子和原始玉米）加入模拟之中，整个过程再次开始。缓慢但确实地，该小游群重新安排其优先考虑，直到建立一套新的同时适应策略，并且很难再予以改善。到此，雷诺兹可以将用这套采集策略得到的植物组合，与圭拉那魁兹B1层的策略进行比较。但是分析并不止于此，因为模拟的优点之一是可以改变模型参数，看看在不同情况下可能会发生什么。因此雷诺兹在模型中做了几个变更：

1. 湿润年份频率逐渐增加，看看气候改善可能产生什么结果。
2. 干旱年份频率逐渐增加，看看气候变坏可能会产生什么结果。
3. 平均年份的频率设定为100%，看看气候变化的减少可能会产生什么结果。

4. 允许该群体的人口：(a) 稳定增长；(b) 围绕一个均值发生不可预测的波动，看看这两种人口变化可能分别会产生什么结果。

我们在此对雷诺兹的结果先不作预判，将会在第32章对他的结果做出评论。

其他计算机模拟背景中的雷诺兹模型

计算机模拟在考古学中已有相当长的时间。最早模拟狩猎采集策略的考古学家之一是戴维·托马斯（David H. Thomas），他的博士论文是对内华达州肖肖尼人的研究（Thomas 1971）。不久之后，赖特和齐德（Wright and Zeder 1973，1977）模拟了部落层面的交换系统，而沃伯斯特（Wobst 1974）模拟了旧石器时代社会系统的边界条件。到1970年代末，一些整本的研讨会文集都是进行模拟（如 Hodder 1978; Sabloff 1981）。

模拟有多重形式，为了更好地了解雷诺兹的模拟，我们可以简单考虑其中的一些。模拟是对现实的模仿，放入的数据越真实，模仿会越接近。举例的首选，我们可以用保立克和格里诺（Paulik and Greenough 1966）对太平洋西北部鲑鱼种群的研究，或麦卡洛（McCullough 1979）对乔治保护区（George Reserve）鹿群的模拟研究。在收集了有关鲑鱼补充与死亡率必要的量化数据后，保立克和格里诺在计算机上生成了250年的运行，以了解在不同情况下鲑鱼捕捞业会发生什么。在收集十二年间鹿的补充和死亡率的相似数据后，麦卡洛生成了一系列的鹿群史，来看看在不同的狩猎策略下会发生什么。这种研究很好地模拟了现实，因为：(1) 所有变量都含有从相关动物研究中获得的经验价值；(2) 采用的所有公式都基于由经验观察所获得的各变量之间重复发生的关系；(3) 几乎没有研究者"编造"的数值。

考古学中较常见的是，有些数值是基于经验的，但有些则是"缺失的材料"，不得不由研究者编造出来。而在其他情况下，这些数值来自真实世界，但是各种变量之间重复发生的关系还没有以麦卡洛、保立克和格里诺采用公式的方式经验性地生成。例如，在赖特和齐德（Wright and Zeder 1973，1977）的模拟中，参与交换系统的那些村庄是虚构的，但他们人口的增减率来自新几内亚民族志文献中实际的定量说明。

最后，我们可以找到许多模拟，(在这些模拟中,) 由于还没有人做过必要的基础研究来提供可靠的定量数值，因此所有数值不得不由研究者编造。例如，霍斯勒等（Hosler et al. 1977）采用一组变量模拟古典玛雅的崩溃，我们实际上不知道其中任何一个数值。这些数值包括古典玛雅平民的出生率和死亡率、他们的平均寿命、每年每人摄入谷物的千克数、参与营造纪念建筑的平民人数、每个平民理想的纪念建筑数量等。要拥有可与太平洋沿海鲑鱼或乔治保护区鹿群收集数据比肩的经验性变量数值，考古学家肯定还需要很长时间；而且由于我们仍然不知道古典玛雅崩溃的"真相"是什么，我们还无法评估该模型所模拟的"真实"程度。

第31章雷诺兹的模拟，如同托马斯（Thomas 1971）的模拟，介于麦卡洛的和赖特与齐德的模拟之间。就目前来说，采用的大部分数值来自我们对圭拉那魁兹附近自然植被数十年之久的研究（在第4、第18、第23和第24章中的介绍），并且因此是由经验产生的。我们偶尔必须处理缺失的数据，例如圭拉那魁兹环境中已经消失的矮松果；在这种情况下，数值就采自文献。由于我们不可能确定前陶期觅食者在瓦哈卡河谷东部采集食物时消耗了多少卡路里，因此我们把平方米采获面积用作一个变量，对于这个变量我们确实有量化的数据作为我们研究努力的衡量标准。为了让模型更加真实，雷诺兹让他假设的觅食群经历连续的湿润、干旱和平均的年份，其发生频率以瓦哈卡降雨记录为依据，但是次序是随机的，因此不可预料。这些年份以我们在真实生活中观察到的改变了米特拉地区植被的方式，来改变模型的植物资源。换言之，尽管我们受制于无法观察和采访前陶期的穴居者这一事实，但我们已经做了一切我们可以想到的事情，以便让模型更真实。

为狩猎采集者生计策略建模的其他途径

另外有许多方法能为圭拉那魁兹前陶期居民的植物利用建模。在最近的文献中采用和讨论的两个模型是最佳觅食理论（Winterhalder and Smith 1981）和线性规划（Keene 1981a, 1981b; Reidhead 1979, 1981）。尽管我们不反对这两种方法，但我们选择采用另一种方法，因此我们觉得应该解释这个选择。我们这样做的理由是：（1）与我们材料的历时性质有关，其中包括随时间变化的策略；（2）我们想给予信息与能量和物质同等的机会；（3）我们怀疑，在圭拉那魁兹案例中，其目的更可能是弹性（地处理风险）或降低风险而非最佳化。

最佳觅食理论来自进化生态学，我们认为这是它值得青睐的一点。然而，正如德拉姆（Durham 1981）所指出的，它主要是为动物而开发的，其中竞争不仅发生在与其他物种之间，而且发生在同一物种的个体之间，甚至是配对的雌雄个体，以及父母和它们的后代之间。它立足于这样的观念：在生物为资源而竞争的地方，选择优势会处于具有更好技术获取能量的生物身上。因此，觅食者应该设法将他们单位时间获取的卡路里（能量）数量最大化。雷诺兹的模型在从每公顷搜索所获取的热量和蛋白质的效率测量这方面与上述模型重叠。但是，卡什丹（Cashdan 1982）指出，尽管生态学有聚焦于能量的较佳理由，但是人类学家会很容易想到其他更合适的最佳化目的，如"能量获取的可靠性"。

虽然温特霍尔德（Winterhalder）和史密斯衡量了克里（Cree）印第安人和因纽特爱斯基摩人达到最佳觅食模式的期望度，但由于他们做的是民族志研究，所以他们并没有我们所面对的历时性问题。圭拉那魁兹E、D、C和B1层向我们展示了觅食策略的变化历史，尽管我们可以将每个居住面按一个最佳化模型进行检验，但是我们十分怀疑试图将变化作为一个长期学习过程来模拟的做法。

与最佳觅食理论相反，经济学中提出了线性规划分析（linear programming analysis）。它使用计算机程序来得到可获资源的单一组合，该组合既满足群体的生计需求，又以尽可能低的时间和风险成本来获得。其优于最佳觅食理论之处主要在于，考虑了比卡路里需求和时间限制更多的变量。雷诺兹的模拟在考虑卡路里和蛋白质两项的意义上是相同的，确实我们希望涵盖更多的变量，如猎鹿，这是我们的"缺失材料"，因为如今圭拉那魁兹地区已经没有鹿了。

基恩（Keene 1981a, 1981b）对史前萨吉诺河谷（Saginaw Valley）的线性规划表明，只有在3、4、9和11月的低日照月份，卡路里才是有力的制约；在其他月份，有不同的制约因素，如钙、抗坏血酸、硫胺素和皮毛等。基恩的结果提醒我们，我们无法为圭拉那魁兹的全年建模，因为1至8月前陶期居民会迁往其他的营地。

线性规划的问题之一是，就像最佳觅食理论，它为我们的历时性问题提供了一个静态和最佳的解决方案。而且，该解决方案要求穆尔（Moore 1981）所谓的"计算完美的全知决策者"。换言之，线性规划可以告诉我们开拓环境的最佳方式，但是它没有告诉我们如何从一无所知的位置到达那里；并且有理由相信，如果没有计算机或高层次的竞争与强大的选择压力的结合，我们可能到不了那里。

究竟史前人群如何能经常做出最佳决策？在史前印第安纳州的线性规划研究中，里德（Reidhead 1981）发现，考古记录中所见的行为"以一些显著的方式偏离纯粹的最佳策略"（第95页），还有"严格的最省力做法……看来既非食物采办的结果，也非采办的目的"（Reidhead 1981：103）。基恩（Keene 1981b：237）甚至问道："最佳化的建模是否现实？"他断言道，"不能期望在最佳解决办法与实际行为之间有完美对应关系"，但是"最佳化的建模提供了一种基准，以便将所见的行为与最佳化理论进行比较"（Keene 1981b：237）。重要的是，他补充道，"在优渥富庶的环境里，当资源充沛且风险最小时，有偏离最佳行为模式而不会危及安全和生存的更大空间"（Keene 1981b：237—238）。无需放弃雷诺兹的分析结果（第31章），我建议读者留意我们所假设的小游群在风险减少的湿润年代中的行为方式。

我们方法的基本原理

现在应已清楚，我们对待那魁兹期觅食策略的方法是，聚焦于试错来学习适应，依靠记忆为决策提供信息，并更加关注面对不可预测变化下的弹性，而非将能量获取最佳化。我们可以将此方法的理由简介如下：

1. 在线性规划和最佳觅食理论中，时间不是一个因素。这些程序为觅食问题提供了极佳的解决办法，但线性规划并不确切告诉你如何做到这点，而最佳觅食理论则告诉你通过竞争到达这点。如果你是一个研究当代人群的民族学家，缺乏时间深度不是问题，但如果你是面临一系列变化的考古学家，这会是一个问题。雷诺兹的模拟告诉我们如何从一无所知的位置开始，假定没有来自其他群体的竞争，如何达到圭拉那魁兹D或B1层中所见的适应。回顾产出，我们可以看到为了到达某个目的而做了哪些决策，因为该程序是以过程为导向的。

2. 最佳觅食理论和觅食的线性规划描述都很依赖能量和物质，而雷诺兹假设的小游群还要依赖信息，并且随着时间的推移，通过经验积累，小游群越来越善于决策。

3. 在雷诺兹的模型中，并非所有的变化都是改善，有些使情况变得更糟。通过"块"（chunks）或"同时适应的一套决策"的办法缓慢变化，建模的群体将其效率提高到这样一点，在这点上新变化导致改善的概率很低；然而即使在此阶段，一旦该群体遇到不可预见的压力，他们仍有巨大的潜在回旋余地。这就是我们所说的"保持弹性"，这在我们看来，对于史前世界的模拟至少是与"全知、计算完美的决策者"的决定一样现实。

4. 我们想变换模型参数，看看如果人口增长或波动，或如气候变得较湿润、较干旱或较为平均，会发生什么情况。雷诺兹的模拟能让我们做到这点。

5. 我们希望我们的时间安排模型是一个系统论模型，带有反馈关系，我们希望能够检验这些反馈关系的重要性。在第31章中，雷诺实验性地断开了过去行事方式记忆库与当下决策者之间的反馈回路，我们了解到了系统中有关此类反馈影响的一些情况。

6. 没有鹿群或鲑鱼群具有类似雷诺兹为其适应建模构建的那种多代记忆；因此后者的反应应该更像是一个人群的反应。毕竟我们尝试建模的就是一个人群。

最后，第31章中采取的方法只是一种选择——我们觉得它符合我们的目标和材料的性质，但远非唯一的选项。尽管我们在此给出了不采用线性规划或最佳觅食理论的理由，但我们也对这些分析会有何种结果感到好奇。我们的确希望，我们在本书前面的章节中已经包含了足够的信息，于是我们擅长于最佳建模的同事们将会尝试将它们用于我们的材料。只有这样，圭拉那魁兹的材料才能超越我们分析的狭隘性，为同行们进行觅食理论的一般性讨论作出贡献。

31

瓦哈卡河谷东部植物采集与早期农业演进的适应性计算机模型

罗伯特·雷诺兹 撰，韩婧 译

Part 1　引言

所有有趣的社会系统的一个方面，看来是要可靠地把同步或平行的社会过程的诸多部分同时进行处理。尽管许多观察者乐意承认满足这一需求的机制的存在，但是很少有人设法对其进行建模。几年前，弗兰纳利（Flannery 1968）主要根据麦克尼什在普埃布拉特化坎河谷的同步化过程的工作建议，有助于（了解）墨西哥中部原始农业系统的渐变。

尽管许多涉及农业进化的关键过程涉及物质和能量的交换，但弗兰纳利声称，它们是通过信息交流同步进行的。在后来的一篇文章中，他和马库斯声称，考古学中的大部分古生态学研究仅处理物质和能量的交换，这"令人沮丧，因为正是信息的交流对许多物质—能量的交换进行调节"（Flannery and Marcus 1976：374）。

从物质和能量来对人类生态系统建模存在的普遍偏见，反映了对可用材料性质存在的相应偏见。这就是，史前社会物质文化的各个方面，如工具、动物骨骼和植物遗存，要比其信息处理和决策结构的证据，更容易在考古记录中保存下来。因此，考古学家的处境类似于计算机专家的情况：给后者提供一种特定计算系统硬件的详细介绍，然后要求他对该系统最常运行的程序结构做出推断。在这种情况下做推论，常会涉及大多数研究者所不愿做的"信念飞跃"（leaps of faith）。

弗兰纳利1968年的农业演化模型可以简要描述如下。根据墨西哥高地半干旱的季节性因素，许多可食用动植物只在每年的某些时间才有。例如，某些物种在11月持续到来年5月的旱季末结实，使其种子在接下来的雨季可以发芽。大量其他物种在雨季末结实，使它们的种子在接下来的旱季休眠，到6月开始降雨时发芽。于是，一年中的某些时间，同时有大量的动植物资源可获，但在其他时间则不然。这种情况会产生时间安排上的冲突，一小群时间和劳力有限的狩猎采集者必须决定采集什么、何时以及如何采集。因为他们实际上在与其他动物竞争，没有立即采集的东西往往就失之交臂。

弗兰纳利认为，初始农业是作为增加当地偏好植物数量的努力的延伸开始的。这些新活动的范围起初相当有限，即便如此，对相互冲突活动的时间安排也开始出现。这些冲突在8至11月尤为重要。这是圭拉那魁兹出土的大部分季节性野生植物采集的高峰时间。任何新栽培植物的收获，对于该群体的时间来说，都会与其他采集活动发生冲突。因此，一个主要基于采集野生植物，伴有一些初始农业的系统并达到一种定居的农业系统，随着时间推移，会涉及这一群体对各种活动逐步进行的重新安排。在瓦哈卡河谷，这个过程应该发生于公元前9000年到前1500年之间，届时就出现了永久性村落居址。

这种重新安排过程背后的一个驱动力是这样的事实，即反复种植玉米和西葫芦可以增加可获得的植物，首先通过增加其密度，然后选择有利的基因变化。因此，尽管与经济中狩猎采集部分相伴的产出大致相同，但是与某些驯化物种相伴的产出增加。如果该群体的重新安排至少部分基于这种安排所见的绩效，那么随着时间的推移，我们可望见到渐进的、但直接转向侧重农业成分的时间安排策略。

尽管整个模型是处理从完全基于野生植物的采集系统，转变为定居农业的一系列适应，但是它可以被分为几个不同的阶段：（1）完全采集野生植物；（2）只涉及改变可获物种分布的一种早期农业形式；（3）由于基因变化和选择而逐渐产生较高产量的品种；（4）定居农业。在本章中，我主要关注对前两个阶段建模，它们发生在公元前9000至前6500年期间。延伸我们基本的模型来涵盖其他几个阶段应成为未来研究的课题。

弗兰纳利声称，就这两个早期阶段而言，一系列最初适应性变迁的产生所涉及的一些最重要的压力，是基于决策问题的内部压力。这为农业起源的某些其他模型提供了对照，在这些模型里，如气候变化等这样的外部压力，被认为至关重要。在此，我们旨在让1968年模型中处理农业起源的那些部分运转起来，并参照本书前面几部分提供的材料进行检验。在此过程中，我们要检验两个基本说法：（1）根据不同标准的许多时间安排决策，可用来构建前农业群体的采集行为；（2）这些时间安排的考虑，对该群体原有的采集行为进行了调节，以适应初始农业新的活动方式。由于弗兰纳利1968年的模型主要根据麦克尼什1960—1964年在特化坎的工作，而本书中的材料大部分来自1968年以后完成的瓦哈卡分析，在此不再赘述。

我进行此项分析的另一个目的，是要挑战系统论模型无法量化或无法操作的看法。例如，多兰（Doran 1970：289）曾质疑弗兰纳利1968年的模型是否能够操作：

> 例如，弗兰纳利可以指出在他所考虑时段中，中美洲生态系统中一个正反馈的例子。但是，他难以做什么来量化这些观察。即使他可以奇迹般地为他研究的各种食物采办系统添加有意义的数字，那又怎样呢？虽然肯定存在大量标示为"系统论"的数学理论和技术，但是它们是控制工程学的一个分支，在这种情况下极不可能有实际用处。

因此，多兰发现了妨碍弗兰纳利模型可操作性的两个障碍：（1）缺乏数学技术来帮助建模，并最后对这种系统进行计算机模拟；（2）缺乏可供检验该模型的考古材料。

自多兰提出这些意见的十年里，上述两个方面均取得了许多进展。例如，在控制论领域，霍兰（Holland 1975）已经开发了一个复杂框架，来对自然和人工系统的适应建模。在此，霍兰的框架被用来作为一个正式基础，以便植入弗兰纳利的模型之中。然而，这种初步的正式模型仍需要在计算机能够进行模拟之前加以简化。齐格勒（Zeigler 1976）大量处理了各种技术，将一种正式的"基础"模型转换成一个比较简单的"集总"模型，其行为保留了原始模型想要的某些性质。我们在此采用了齐格勒的方法，以生成我们最初模型的一个较简单版本，它适用于计算机模拟，并产生能与当下考古材料进行比较的结果。

在解决这些数学技术问题的同时，我们也收集了有关瓦哈卡河谷东部的季节性、产量和营养组成的定量新材料。这些材料在本书第18至第24章中做了介绍和分析，但在1968年还没有，因此弗兰纳利无法对其模型进行量化。这些新收集的瓦哈卡材料，现在可以与霍兰和齐格勒的数学方法相结合，以便使最初根据特化坎材料生成的模型具有可操作性。

考虑到上述背景，本章的其余部分的结构如下。第一部分由Part 2至Part 6组成，是开发和检验前农业系统的时间安排模型。我们从Part 2开始，正式论证在像瓦哈卡河谷这样半干旱的环境里，一群狩猎采集者所面临的诸多信息处理的复杂问题。我们认为，这些问题会产生内部压力，它们有助于引导该群体对采集资源活动做出时间安排。

在Part 3中，我们首先审视现有的考古和环境材料，着手对前农业阶段的时间安排活动建模。这些材料的性质促使我们对模型的结构做出某些初步的设想。在Part 4中，我们从时间安排模型中得出了一种非正式的特征描述。在Part 5中，将这种非正式模型描述作为适应性系统的一种网络，来提出正式的阐释。然后，该基本的正式模型被简化，以便于计算机模拟。结果显示，这种简化系统的行为，正式保留了原始模型某些想要的方面。结果，这种较简单模型的模拟可望产生与较复杂原始模型类似的行为。然后，在Part 6中介绍了该模拟的结果。我们的意图是，描述该建模群体在时间安排策略中取得平衡的过程中，所得到的一套资源时间安排的适应特点。然后将这些策略性质与考古材料进行比较。

在开发了前农业阶段时间安排活动的适应性计算机模型，并介绍了其稳定状态行为的特征之后，我们进而在Part 7，对该系统做出了若干实验性结构变动。这些变动与本章前面提出的初始农业的获取方式相对应。在Part 8中，对这个新系统进行了模拟。从该系统前农业阶段稳定状态开始，我们观察，当它开始体验初始农业时，会发生什么。有趣的是，要看看在

31 瓦哈卡河谷东部植物采集与早期农业演进的适应性计算机模型

发生了这些改变之后，该群体是否还保留了他们从前农业阶段时间安排中获得的基本适应。此外，我们想看看，模拟系统生成了何种形式的重新安排，以及这些改变在多大程度上，能与考古历时记录中的变化相对应。在 Part 9 中，我们改变模型参数，以了解气候变化和人口问题可能对达到初始农业的速率产生什么影响。

最后，在 Part 10 中，我们对结果做了总结，得出了有关我们的模型群体在前农业阶段和农业初期行为的结论，并提出我们觉得本研究的较大启示。

Part 2　为狩猎采集者的决策建模

引言

在本节中，我们观察一个正式的数学模型，它认为基于共识的平均主义狩猎采集者（特别是那些生活在诸如近东、中美洲高地和安第斯山区镶嵌环境中的狩猎采集者），会面临如何获取必要资源位置的可靠信息的重大问题。通过对信息获取问题的聚焦，我们还认为，农业可能会在一些地区出现，不是作为一种应对气候变化或人口问题的解决办法，而是作为一种对于缺乏决策层次的任何群体来说，都会遇到的搜寻可预测资源和安排时间问题的解决办法。

一群狩猎采集者所做的如何最佳利用二维分布资源的决策，是我们建模的关注点。我们特别关注以下问题：
1. 每个成员收集和处理相关资源分布信息的能力；
2. 成员间共享信息的范围；
3. 每个成员可获决策的特定内容；
4. 个别决策被整合成某群体决策的途径。

在这一背景中，我们正式论证个人之间交流的制约，对任何平均主义群体在利用所能企及的空间分布资源上所产生的限制。

我们群体决策的基本模型，是其成员仅需最少交流设备的"线性阈值"（linear threshold）或"投票"类型。通过将我们的模型与明斯基和佩珀特（Minsky and Papert 1969）研究的感知器相联，我们便能在我们自己的情境中运用一些他们对感知器识别的局限方面相当深入的结果。

这里我们的具体目标是，正式介绍某些平均主义决策系统的特点，并在该模型的背景中论证，这样一个群体难以回答有关其环境的一些问题。我们对此进行了特别论证，即该群体对开拓最多资源方向的决策能力，受到其个人成员收集信息的极大限制，而非该群体中人员数量的限制。

更具体地说，个人可搜寻区域被常数 M 所限制，那么无论群体多大，或个人处理信息的能力（当然受限于搜索区域）多么复杂，会有一个由 M 所决定的最大区域规模 N，其中该群体可决策以下的问题：最大的资源供应集中在哪个区域？我们强调，这不是一个源于企及能力受限（因为有足够数量的人就能全面搜寻任何大小的区域），或个人处理能力的微不足道的制约，而是由决策结构所施与的真正制约。

我们表示，通过用一个集中决策者[1]来扩大基本群体模型，该结构现在为魔域（pandemonium）[2]形式（参见 Minsky and Papert 1969），对最大区域的制约消失。实际上，虽然现在决策者的思维能力对方向性建议的感知和比较是必需的，但个人并不需要什么信息收集能力来解决"最佳方向"问题。

一些预备知识：环境模型

针对几个决策模型所必须处理的环境，我们首先提供一份正式的特征描述。

---

[1] 该术语是指一个简单的形态识别框架，其中该模型的组件对某特定形态是否存在进行投票。最终决策是对各组分个人决策的加权线性总和。

[2] 奥利佛·塞尔弗里奇（Oliver Selfridge）1959 年发表了《Pandemonium：一种学习模式》，描述了学习过程的模型，计算机可以通过这个模型识别新的模式。Pandemonium 有"魔域"、"鬼域"、"泛魔"等多种译法。本文采用"魔域"作为中译。后文 Pandemonium Model 译为"万魔殿理论"。——译注

定义：令 R 表示标准的二维单元空间的任意一组单元（即单位面积的一个平面区域分割为离散的子区域 [单元] R）。

在此，我们可以方便地把 R 看作是采集区，或群体现在可以获得信息的一批地点。每个地点 i 是指二维空间里的一个特定单元。这个空间中的每个单元都与一批有限的属性或特性相伴。在此，最好将这些属性看作是该群体感兴趣的那些资源。就我们的目的而言，我们需要知道的是，在某特定地点和某时间 t 里，某种资源是有（编码为1）还是没有（编码为0）。对这些属性的性质没什么假设，只是某人察看了该地点后能够识别它们。因此，如果地点 i 存在资源 Z，那么到地点 i 寻找资源 Z 的人就会看到它。

在某时间 t 里找到的一种资源 Z 于所有地点的子集（subset），会在区域 R 上呈现某种分布，未找到资源 Z 的所有地点也会呈现某种分布。我们用 Z_t 表示在时间 t 里找到资源 Z 之 R 中的诸多单元构成的子集。因为在我们目前的讨论中时间不起任何作用，所以我们不用 t 下标，直接把分布指向子集 Z 或 R。

为了开拓某种资源分布 Z，某群体必须能够以各种方式对其进行分类。最基本的分类是二进制类型，确定子集 Z 具有某种属性 P（例如为空）。

定义：构型谓词（configurational predicate）是一个函数（function），它将两个可能值中的一个分配给采集区 R 的每个子集。

如果拥有资源 Z 的 R 中诸单元的分布是以属性 P 为特点，那么 $\Psi_p(Z)$ 取值为1；否则为–1。

基本上有两类一般的谓词：
1. 由位置决定的谓词是参照 R 中的特定地点精确定义的。例如，查询"在河流南侧的山谷里是否有坚果植物"，是相对于 R 的某特定子区域来定义的。
2. 非位置决定的谓词涉及分辨诸形态的一般类别，它们与在 R 区域内的发生地点无关。一个例子是"是否关联"的谓词，它用来分辨所有相连区域分布的种类。其他有关的非位置决定谓词是，在该 R 区域里是否有果实成熟的树林，或在该 R 区域内是否有潜在的掠食者。

现在我们说明一下，某群体潜在分辨某种分布谓词究竟意味着什么。

定义：如果某群体有一个可执行的决策算法或过程，那么该群体就能潜在分辨一个分布谓词，于是该群体就能绝对可靠地确定，对于任何一个给定的分布谓词是否为真。

群体理论框架

在前面几节里，我们开发了一种形式论，分别叙述了资源分布以及这些分布在区域 R 里的属性。现在我们建立我们的基本模型，其中每人只能投票赞成或反对该群体面对的一个特定问题。但是，他或她不能向该群体其他人透露形成其观点的具体信息。

下面是对有关任何成员行为提出的设想：
1. 感兴趣的 R 区域要比该成员能收集数据的区域要大。当我们关注的是狩猎采集者，那里的交通方式主要是步行时，这肯定是一个合理的设想。
2. 如果在某单元里存在一种可见的资源，那么在那里搜寻的人便会看到它。

虽然后一设想特别乐观，但是较实际的是可能收集到一些错误数据，该模型中有这一设想便能很好达到目的。我们表明，即使这些假想群体是由不出错的个人组成的，如不做某些进一步的处理，这些群体也无法识别某些分布类型。具有相同决策结构但采用容易出错个人的较为实际的模型，最多也只是有希望做到这样。

记住以上几点，我们把任何个人 x 的数据收集活动表述为 δ_x，这是一个谓词，其定义域是 R 中地点的一个子集。各点的这个子集被称为局部谓词 δ_x 的定义域。例如，假定某人 x 在时间 t 里搜寻了一处子区域 S_x，以便查看是否存在含有资源 Z 的任何单元。正式地说，如果 $S_x \cap Z$ 不空，则 $\delta_x(Z) = 1$，否则 $\delta_x(Z) = -1$。δ_x 的定义域是个人查看的区域 R 内地点的子集。

这种所谓"封装"（masks）的局部谓词，是感知器（perception）[1] 研究的基础，但该理论对应用并无限制[2]。局部谓词的定义域可以重叠，所以一个地点可以被多人查看。而且，某局部谓词的定义域无需由连续的诸单元构成。在我们的背景里，虽然相邻是一个自然的要求，但是由于我们对灵长类群体

1　感知器（perception）是一种神经网络模型。——译注。
2　根据明斯基和佩珀特（Minsky and Papert 1969）的定理，对封装并不限制感知能力。

的决策模型甚至在最佳情况下的局限性感兴趣，所以我们不把定义域限制在连续集或局部处理限制在封装类型中。

现在我们还要讨论一下，几个人的决策如何由该群体统一起来，以形成一个总体决策。

决策函数

如已经指出的那样，我们起初考虑的这个案例，其中个人只能就该群体所面临的问题（谓词）交流其同意或反对的意见。

首先，我们采用局地化的谓词 δ_x，它基于他或她的特殊经验来象征个人的决策。每个人 x 与一个权重 W_x 相关联，它反映了其意见对该群体就某类特定问题决策的相对影响。然后每个成员都可以对此事投票，有些意见比别的数量多一些，有些意见根本没有（$W_x=0$）。

现在，该群体决策 $\Psi_{群体}$ 可以被表示为个人决定的加权线性函数（a weighted linear function），其中

$$\Psi_{群体}(Z) = \begin{cases} 1, & \text{如果} \sum_{x \in 群体} W_x \delta_x(Z) > \theta; \\ \text{否则}, & -1。 \end{cases}$$

常数 θ 代表共识达成之前必须取得的某种层次的置信度。如果加权个人意见的总和超过这个层次，那么就达成一个肯定的共识，否则就是否定的共识。需要注意，阈值 θ 是问题特指的。因此，对于不重要的问题可以取小值，对于比较重要的问题可取较大的值。

我们将上述模型指称为投票组。这样的模型属于线性阈值装置的类别，并且与明斯基和佩珀特的单层感知器在形式上同构（Minsky and Papert 1969）。

如果存在权重 W_x，$x \in$ 群体，而且存在一个阈值 θ，对于 R 中的每个子集 Z，$\Psi_{群体}(Z)=\Psi(Z)$，则谓词 Ψ 可能被这一群体识别。

个人决策能力

某个人能够识别一类位置决策的谓词，即那些参考单元属于他或她定义域的谓词。如果他或她的定义域相对较小，则这类谓词会相应受到限制。而且，在这种情况下，该个体不能识别任何不平凡且平移不变的（nontrivial translation-invariant）谓词。平移不变的谓词是非位置决定谓词的一种特殊情况，其中定义的属性保留在所有空间平移（spatial translations）之下。

定理：在足够大的区域 R 内，搜索最大面积为 L 的个人无法识别任何非常量（nonconstant）的平移不变的区域谓词。

证明：假设 Ψ 是可被 x 识别的 R 上的平移不变谓词，那么 L 上一致的任何两种分布都是 Ψ 等价的（即分配相同的 Ψ 值）。令 R 足够大，以便可以找到与 L 不相交的一个平移 L'。令 $d_空$ 为 R 中的全零分布。令 $d_{L'}$ 的组成为对 L' 的任意 0 和 1 的分配，其他地方都为 0。平移 $d_空$ 和 $d_{L'}$，把 L' 放在 L 上。由于 $d_空$ 和 $d_{L'}$ 在 L 上一致，它们是 Ψ 等价的；并且由于 Ψ 是平移不变的，它们的平移也是 Ψ 等价的。因此，它为 L 上的所有分布分配相同的值。因而为 L 上所有分布（也是 R 上所有分布）分配相同值，也就是说，Ψ 是常量谓词（Ψ 是或 Ψ 非）。证明完毕。于是我们对个人能力局限的直觉加强，继而转向群体决策能力。

投票群体的识别能力

明斯基和佩珀特（Minksy and Papert 1969）已经确立了感知器模型的某些能力和局限。在我们的背景里，感知器最相关的强项是它们进行某种计数的能力以及它们进行某种数值比较的能力。为使之更精确，我们需要引入"阶"的概念。局部谓词 δ_x 的阶是其定义域的大小（即它所看的单元数）。使用一个谓词集合 $\{\delta_x | x \in 群体\}$ 的感知器或投票群体的阶，是其局部谓词的阶的最大值。最后，区域 R 上谓词 Ψ_R 的阶是能够识别 Ψ_R 的所有感知器的最小阶。

我们刚才已经有意强调，一个谓词总是指称某特定区域。理由是，即便这是真的，我们常会考虑被用于任意区域的相同谓词。从技术上讲，这类谓词实际上是一种**谓词方案**（predicate scheme）（即将某特定谓词 Ψ_R 与各区域 R 相关联的规则）。例如，如果而且仅仅如果 Z 是在 R 上的分布，且 $Z=R$ 时，谓词方案 $\Psi_{各处}$ 将谓词 $\Psi_{各处}$ 分配给任何区域 R，其中 $\Psi_{各处}(Z)=1$。

了解这点之后，我们能够将某谓词方案的阶定义为该方案所定义的所有谓词的最小阶。如果这个阶是有限的，那么所有谓词，无论涉及的区域大小如何，都可以被这个阶或较低阶的感知器所识别；如果阶无穷大，那么需要识别谓词 Ψ_R 感知器的阶随着区域规模的增大而无限增大。

我们在表 31.1 中总结了明斯基和佩珀特（Minsky and Papert 1969）的一些结果。让我们根据投票群

体模型来解释这个表。我们的狩猎采集群体能够决定某地区是否有资源。要做到这一点，只需要有足够的个人来覆盖整个地区，每个人观察诸多单元的一个子集是否有资源。对于$\psi_{空}$权重均为-1，对于$\psi_{某处}$，权重均为$+1$，它们的阈值分别为$|R|$和$-|R|$（$|R|$是R的大小）。较有用的是，这能够决定某区域是否比第二个区域在利用上收益更大。通过为A采样的个人加权$+1$，为B采样的个人加权-1，便能识别$\psi_{A \geq B}$。表中虚线以上所有结果除了$\psi_{=N}$都是该主题的变体。这一最后结果在我们的背景里有一个有趣的含义：

表31.1 谓词方案及其阶

谓词	定义	阶
$\psi_{空}$	无资源地区	1
$\psi_{某处}$	地区某处有资源	1
$\psi_{各处}$	各处发现有资源	1
$\psi_{>N}$	至少N个单元有该资源	1
$\psi_{<N}$	不超过N个单元有该资源	1
$\psi_{=N}$	正好N个单元有该资源	2
$\psi_{A>B}$	子区域A至少含有与子区域B相同的资源	1
$\psi_{A>C, B>C}$	子区域C的资源比A和B各自的都少	∞
$\psi_{奇数}$	某奇数单元有该资源	∞
$\psi_{连接的}$	资源分布是相连的	∞

观察：谓词$\psi_{A=B}$（区域A和B含有相同数量的资源单元）为2阶。此外，至少一个局部谓词必须在A和B中都有定义域。

证明：当而且只当$\psi_{A \geq B}$和$\psi_{B \geq A}$都为真或都为假时（即$\psi_{A=B} = \psi_{A \geq B} \cdot \psi_{B \geq A}$），$\psi_{A=B}$为真。通过线性形式的取代，或通过明斯基和佩珀特定理1.5.4，$\psi_{A=B}$的阶被看作不大于2。如果阶为1，则$\psi_{=N}$的阶也将为1，因为我们可以在A中建立N个单元的分布，并且使用$\psi_{A=B}$识别何时在B中的任何分布具有这种非空单元的相同数量。

现在假定$\psi_{A=B}$有限定为A或1而不是同时具有两者的定义域的谓词，可以被识别。然后，线性形式的

和分为两个不相交的部分。通过一个熟悉的论证，我们能表明以下四种情况会产生一个矛盾：

1. $|A \cap Z| = |B \cap Z| = 0$,
2. $|Z \cap Z| = 1$, $|B \cap Z| = 0$,
3. $|A \cap Z| = 0$, $|B \cap Z| = 1$,
4. $|Z \cap Z| = |B \cap Z| = 1$。

证明完毕。

因此，为了检查两个不相交区域中的资源的平等性，群体中至少有一个成员必须对两个区域都取样，实际上是进行比较。实际上，在2阶的实现过程中，许多个人对单元对（pairs of cells）做了基本的比较。

从表31.1我们可以看出，对于感知器来说，计数模2（$\psi_{奇数}$）并不容易。事实上，明斯基表明，所有单元必须由该群体中的至少一人检视（意味着个人必须足够聪明才能进行计算）。同时值得注意的是，$\psi_{连接的}$不是有限的阶，所以对于任何一群人来说，有一个最大的区域，在此区域中该群体（投票模型）可以处理相连的概念。一个更有意义的限制是，对最小化谓词$\psi_{A>C, P>C}$的无限阶的限制。这意味着我们的投票模型很难决策两处以上的供选择区中哪个最好。但是看到这点，需要我们制定模型方向性选择的概念。

群体的方向性决策

尽管迄今为止我们以二进制形式制定了我们的决策问题，但是很多田野观察表明，狩猎采集群非常注重方向性选择。发现自己位于一个大区域中的某个点，群体成员对此有些经验，该群体必须在各种建议里决策向哪个方向移动。我们认为，按照如下扩展做方向性决策，这个问题便能被我们的投票模型捕捉到：

将某区域R中的一点指定为矩形坐标系的原点（来表示该群体的当前位置）。令QUAD分别表示由点$(1, 1)$，$(-1, 1)$，$(-1, -1)$和$(1, -1)$逆时针表示的一组象限。

定义：方向函数ψ是从R的子集到QUAD的映射。因此，ψ给每个分布Z分配QUAD中的一个元素$\psi(Z)$，该元素代表要移动的方向。

我们的主要例子是定义为$\psi_{\max}(Z) = (i^*, j^*)$的最大值函数$\psi_{\max}$，其中$(i^*, j^*)$表示具有最大量的资源单元的象限。形式上，$|Q_{(i^*, j^*)} \cap Z| =$

$$\max_{(i,j)\in \text{QUAD}} |Q_{(i,j)} \cap Z|$$，其中 $Q_{(i,j)}$ 是由 (i, j) 表示的象限。（如果有几个同等最有利可图的象限，我们允许任意选择。）

在四个方向上工作的同时，我们的结果便很容易向任意数量的方向延伸。

我们现在扩展我们的投票模型来实现方向性决策。

定义：矢量投票模型规定了一个线性阈值方向函数：$\Psi_{群体} = \text{QUAD}\left[\sum_{x \in 群体} W_x \delta_x(Z)\right]$。

其中每个 δ_x 是将 Z 映射到 QUAD $\cup$ $(0, 0)$ 中的局部方向函数，并且 QUAD 将区域 R 映射到象限中——即 QUAD $(x, y) = [\text{bin}(x), \text{bin}(y)]$，其中

$$\text{bin}(x) = \begin{cases} 1, & \text{如果 } x > 0; \\ -1, & \text{否则} \end{cases}$$

我们的矢量投票模型是基本投票模型的真正延伸。在该矢量模型中，每个人都可以根据他所探索的区域提出一个方向性建议。每个方向被视为一个单位矢量，相伴的权重给出该矢量的大小，然后采用矢量和。$\Psi_{群体} = \text{bin}\left[\sum_{x \in 群体} W_x \delta_x(Z)\right]$，然后将所得到的矢量根据其所在的象限进行分类。没有明确包含一个阈值并不会损失大多数，因为阈值可以作为局部函数之一而包括在内。在这些方面，基本投票模型是形式扩展模型的一维版本。$\Psi_{群体} = \text{bin}\left[\sum_{x \in 群体} W_x \delta_x(Z)\right]$。

定义：如果 $\Psi_{群体} = \Psi$，某矢量投票模型计算一个方向函数 Ψ。

我们现在建立了所承诺的对矢量模型方向决策能力的限制。

定理：方向函数 $\Psi_{\max}$ 在所有矢量投票模型种类里不是有限阶。

证明：假定相反，即方向函数是有限阶。令 R 为指定原点的任意区域，并令 M 阶的某矢量模型计算 $\Psi_{\max}$。

$$\Psi_{\max}(Z) = \text{QUAD}\left[\sum_{x \in 群体} W_x \delta_x(Z)\right]$$
$$= \text{QUAD}\left[\sum_{x \in 群体} W_x (\delta_x^1(Z), \delta_x^2(Z))\right]$$

（其中 δ^1 和 δ^2 分别是 δ 在第一和第二坐标上的投影）

$$= \text{QUAD}\left[\sum_{x \in 群体} W_x \delta_x^1(Z), \sum_{x \in 群体} W_x \delta_x^2(Z)\right]$$
$$= \text{bin}\left[\sum_{x \in 群体} W_x \delta_x^1(Z)\right], \text{bin}\left[\sum_{x \in 群体} W_x \delta_x^2(Z)\right]$$
$$= \left[\Psi_{群体}^1(Z), \Psi_{群体}^2(Z)\right],$$

其中 $\Psi_{群体}^1$ 和 $\Psi_{群体}^2$ 是 M 阶。（投影与原始函数的阶相同。）

因此 $\Psi_{群体}^1(Z) = 1 \Leftrightarrow \Psi_{\max}(Z) = (1, 1)$ 或是 $\Psi_{\max}(Z) = (1, -1)$。现在将 $\Psi_{群体}^1$ 限制在象限 $(1, 1)$，$(-1, 1)$ 和 $(-1, -1)$。于是

$$\Psi_{群体}^1(Z) = 1 \iff \Psi_{\max}(Z) = (1, 1)$$
$$\iff |Q_{(1,1)} \cap Z| = \max\{|Q_{(1,1)} \cap Z|, |Q_{(-1,1)} \cap Z|, |Q_{(-1,-1)} \cap Z|\}$$
$$\iff |Q_{(1,1)} \cap Z| > |Q_{(-1,1)} \cap Z|$$
并且 $|Q_{(1,1)} \cap Z| > |Q_{(-1,-1)} \cap Z|$。

因此，有可能决策三个象限中哪一个资源集中度最高。但是通过定义 $\overline{\Psi}(Z) = \Psi_{群体}^1(\overline{Z})$，其中 $\overline{Z}$ 是 Z 的互补分布，我们就有

$$\overline{\Psi}(Z) = 1 \iff |Q_{(1,1)} \cap Z| < |Q_{(-1,1)} \cap Z|, 并且$$
$$|Q_{(1,1)} \cap Z| < |Q_{(-1,-1)} \cap Z|;$$

因此，最小化谓词 $\Psi_{A>C, B>C}$ 是 M 有限阶，矛盾。证明完毕。

我们得出结论，对于每个矢量投票群体，对于该区域的大小来说，有一个区域大小的上限，其中该群体可以决策往哪个方向去找最大的资源集中地。该上限由群体成员可企及的面积大小所决定。

具有一位集中决策者的群体决策能力

现在考虑用最大值 D 增强的矢量模型。由这种魔域结构计算的方向函数是

$$\Phi(Z) = (i^*, j^*)$$

其中

$$\text{MAG}_{(i^*, j^*)}(Z) = \max_{(i, j) \in \text{QUAD}} \text{MAG}_{(i, j)}(Z),$$

其中

$$\text{MAG}_{(i, j)}(Z) = \left|\delta_x(Z) = \sum_{(i, j)} (i, j) W_x\right|。$$

换言之，输出方向是相关矢量大小最大的方向。注意，这要求每个成员的建议按方向类别归类，每个类别中的强度由恶魔（domon）D 总计，其结果也由它感知，恶魔 D 会以最大力度选择该类别。很明显，群体内交流的大部分方式需要认识这种结构。

但是，很容易看出，魔域模型能够用有限阶局部

函数计算最大值函数。确令R中的每个单元（x, y）用一阶（a first-order）局部函数进行扫描：

$$\delta_{(x,y)}(Z) = Z(x,y) \cdot QUAD(x,y);$$

也就是说，如果单元（x, y）里有资源，那么会为朝其所在位置的象限移动提出一个建议。采用单位权重，得出的四个备选方向的建议等同于它们各自的资源集中度。因此，该最大值会选择最有希望的那个方向。

尽管我们已经表明一个如何以我们所介绍的方式做决策的群体，理论上能够计算环境施与他们的许多空间谓词和功能，但不能保证它会这样做。就模型而言，为了实现某模型可计算的函数，必须满足以下标准：

1. 对应于环境中各地点的相关变量必须有一套预期值；
2. 诸多搜寻区域必须加以协调，以便扫描需要形态识别空间里的所有单元。
3. 就某一问题个人意见的权重，必须与他们的经验以及达成某群体决策所需的共识水平进行协调。

要注意，标准2要求群体中有足够数量的成员，以便覆盖该区域。我们的限制结果表明，即使该情况属实，群体的决策能力仍然有限。在此推测，权重的协调是由一套相对固定的社会生态位（social niches）或该群体参与者可能发挥的诸作用所促成的。在平均主义社会中，这种作用往往是根据年龄和性别构建的。因此，如果成员之间发生冲突，而一方能够取代另一方，主要的影响只是改变角色。如果每个角色在决策过程中以一套相伴的权重为特点，那么确保存有某角色的该群体也维持了一套相伴的权重。这增加了在未来再做好决策的可能，即使做出最初决策的个人可能已不复存在。

预测和开放性问题

我们的研究结果表明，不具备集中决策的狩猎采集群，可以最大限度利用各种资源的区域大小，但严重受到个人收集信息能力的限制。在资源呈镶嵌分布的半干旱环境里，这些斑块散布在一片很大的区域内，这可能是一种重要的制约。在这种情况下，为了采集足够的资源，某群体通常被迫在这片巨大的地区内觅食，以至于这些成员只能对可获资源的地点进行有根据的猜测。由于我们已经表明，该群体并非总能做出肯定的决策，所以增加他们做出好决定的概率很重要。

本章其余部分是对个人根据经验获得和调整资源采集策略的方式建模。特别是我们想看看，这个过程如何对该群体成员将农业发明纳入主要基于野生植物采集的一种经济之中产生影响。虽然该模型的一些方面可用于其他情况，但在此，我们只关注对瓦哈卡河谷内这个过程建模。

Part 3　瓦哈卡河谷东部材料

引言

我们在Part 2中提出，好的资源采集方案不容易产生，因为其中许多决定都是根据本来就不可靠的采集信息。结果，该群体采用的策略未必都是好的。因而重要的是，该群体能够随着时间的推移发现，哪些策略不如其他策略那么成功。于是，这里的建模是处理狩猎采集群如何获取和利用绩效的信息，来重组这些策略的所有方面。

虽然真实系统已经不复存在，使得生成这样一个模型的任务变得困难，但有关圭拉那魁兹群体行为及其环境的性质的一些考古材料，已经在本书前面几章做了介绍。这里我们利用这些信息，为模型设计提出一些建议。

环境

圭拉那魁兹地区的环境已在第3和第4章做了介绍。在第15和第16章中，舍恩韦特和L. D.史密斯以及弗兰纳利和惠勒在花粉和小动物群材料的基础上提出，今天的环境对过去的环境是有用的向导。在当前环境中：（1）5至11月的雨季与12至来年4月的旱季之间，降雨的变化是可预测的；（2）某年到翌年的降雨变化不可预测（Kirkby 1973；图9、10、58）。已有的降水资料表明，在四十年的时段中，大约有一半年份会有"平均"的降雨（420—600毫米之间），而四分之一年份会比平均年份明显干旱，而另四分之一年份会比平均年份明显湿润。第18章论证了"好"年

31 瓦哈卡河谷东部植物采集与早期农业演进的适应性计算机模型

与"坏"年对野生植物产量的影响。在我们的模型中，给予某假想狩猎采集群一个不可预测（随机模式）的年份序列，其中50%是"平均"年份，25%是"多雨"年份，而25%是"干旱"年份。如第18章所述，这些年份可能的影响是，干旱年份的生产力下降25%，湿润年份的生产力提高25%，如果连续两年湿润或干旱，上述影响可能会放大（见 Part 5）。由于没有可比的动物资源材料，我们的模型仅限于植物利用。

第4章介绍了圭拉那魁兹附近的植被区（特别请见图4.6），并在第18章中估算了它们的产量。几乎圭拉那魁兹利用的所有植食在洞穴4千米范围内都能获得，而我们拥有如下数据：（1）今天某人要走多远才能到达每个植被区；（2）必须采收该区域多少平方米面积才能得到某种植食的特定数量。第23章提供了最重要植食的营养构成数据，而在第23和第24章中，我们重建了假定的每日摄入量。这些是我们设法为我们的觅食者利用哪些区域、优先考虑哪些植物及寻获卡路里和蛋白质的成功程度建模的原始数据。

即使我们把问题限制在对一系列秋季植物采集活动的时间安排上，我们群体面临的任务并不容易。这可以从第18章的图18.1中明显看出，该图描述了8到11月可获得的大量植物。不仅有许多潜在可获得的植物，而且它们也表现出不同的密度和分布，特别是当这些参数作为可获降雨的函数而发生变化时。

于是，虽然圭拉那魁兹居民面临一个颇为复杂的问题，但是如果该群体要生存，那么这个问题必须有效地应对。堆积在洞穴居住面上的植物遗存反映了该真实群体解决这个问题的程度。这就是我们建模的最终目标，帮助我们确定这是如何做到的。为了做到这一点，我们需要将我们假想群体的行为，与我们目前拥有的有关圭拉那魁兹真实群体决策的考古材料进行比较。

考古材料

第5章中已经介绍了圭拉那魁兹的发掘，第25章中提供了主要植食的原始计数。这些是评估我们模型表现的数据。在我们的模拟中，假想的狩猎采集群在什么程度上能得出圭拉那魁兹居住面E、D、C和B1层中展现的相同植物频率？随着时间的推移，他们又在多大程度上会展现第24章中论证的E—D—C—B1层序列中植物采集的变化？

基本设想

根据本书前面章节介绍的材料，我们为本模型的目的提出以下几种设想。

1. 现在河谷的环境与所研究时期的环境非常相似，允许我们在模型中采用当前的环境数据。
2. 洞穴附近采样条带野生植物的分布和密度与公元前9000至前6500年间的分布和密度非常相似。（这里有少数例外，比如矮松果。）
3. 在所研究的时期中，该洞穴主要在8至11月间最多由4至5人的群体居住。
4. 此时，该群体主要集中在可获野生资源的采集上。由于难以评估狩猎与植物采集时间分配的相对数量，我们的模型仅考虑该群体植物采集活动的时间安排。
5. 该洞穴出土的考古材料支持这些群体先后占据洞穴时具有行为连续性的设想。换言之，这些材料并不认为有其他具有不同资源利用模式的群体的闯入。
6. 从E层（前9000年）到B1层（前6700年），栖居在圭拉那魁兹的群体规模没有增加。

基于这些基本设想，我们开始在Part 4构建前农业资源获取模型。

Part 4 非正式的前农业模型

引言

我们现在准备为瓦哈卡河谷东部四五个狩猎采集者的假想群体，建立一个前农业觅食行为的模型。在Part 4中，该模型用通俗语言做了非正式的介绍。在Part 5中，我们正式介绍该模型，以便将它作为一个模拟程序执行。

但是在着手执行之前，看看他人采用系统论视角，为狩猎采集者生计建模的经验，不无裨益。特别是托马斯（Thomas 1971）采用这种方法，为内华达州大盆地与欧洲人接触之前的肖肖尼人建立了一个生计模型。在那里，他利用斯图尔特（Steward 1938）收集的民族志材料，来总结该群体获取资源与决策的子系统的特点。在计算机上模拟该模型得出结果，然后与可获得的考古材料进行比较。这样做是为了检验根据当下民族志信息，解释在与欧洲人最初接触之前的群体行为的能力。在下面章节里，我们将详细介绍这项出色的研究。这不仅有助于为我们自己的系统总结特点，而且能为我们提供一些可供我们模型参照的标准。

托马斯的模型

内华达州大盆地是一片广袤的内陆流域区，主要位于犹他州的瓦沙奇山脉（Wasatch Mountains）与加利福尼亚州的内华达山脉之间。该景观以自北向南被山脉怀抱的巨大干旱山谷为特点（Steward 1955：103）。这些山谷高出海平面约 1 219—1 819 米（4 000—6 000 英尺），年降雨量为 127—508 毫米（5—20 英寸）。如此低的降雨量加上高蒸发量，支持的主要是耐旱植被。这类植被中的多数，对动物或人的营养价值有限。根茎和可食种子被发现主要集中在侵蚀该景观的河岸边。但是，在这些河流之间的广阔沙地上，可食植物的数量很少，而它们的分布根据降雨，在不同年份和不同地区迥异。这种匮乏的植被严重限制了可获猎物的数量。因此，狩猎是在群体基础上进行的间断性活动。鱼是一种额外的食物资源，但它们的游程是季节性的。

第二个主要植被区的特点是矮松和杜松（juniper trees）。该区域在海拔 1 819—2 743 米（6 000—9 000 英尺）之间，主要沿着山脉两侧。降雨随海拔增高而增多，使得这里比谷底有更多的可获种子、根茎、草类和猎物（尤其是鹿）。但是，最重要的可获资源是矮松果。它们的季节性产量很高，并能被密集采集。这种坚果被大量贮藏，并用作冬季的食物。

这些生物群落有助于构建该地区狩猎采集者的时空活动。于是，觅食者根据局地资源的可获性，随季节变化从一个区域移到另一个区域。斯图尔特以如下方式描述了一个典型肖肖尼家庭的移动：

生活在内华达州矮松区的典型肖肖尼家庭，在春夏季节独自流动，或与一两个相关家庭一起流动，寻找种子、植物根茎、各种小型哺乳动物、啮齿类、昆虫、昆虫幼体和其他可食的东西。在夏末，当某家庭听说山脉某处的松子看起来很有希望，这个家庭就会安排行程，以便在 10 月底或 11 月初到达那里，那时初霜很可能已经打开了球果，使得松果能够采收。出于同样的原因，当地大概在 32—48 千米（20—30 英里）半径内的其他家庭也会来到那里觅食。

在采集松子时，每个家庭都以共识将自己限定在一片有限的区域中，因为在当地，总的来说有那么多的松果，没有一个家庭可以在它们掉落之前把它们全部采集，还因为每个家庭如果单独工作，可以收获更多。不同家庭相距百米到千米（几百码到一英里）甚至更远。每个家庭都尽可能快地采集松果，并将它们储存在地窖里。如果收成很好，它可能可以支持这个家庭度过大部分冬天。

冬季营地也许由二三十个家庭组成，位于容易彼此探望的距离内。一般发现，早春人们多少会遭受严重的饥馑之苦。于是，这些家庭必须各自分头搜寻菜蔬、猎物和其他能够找到的任何食物。在整个春夏季节，虽然某特定家庭的迁移一般限于其熟悉的地形，但是他们几乎每个星期都需根据对可获食物的了解来做决策。这个家庭可能会听到某地的沙草种子颇有希望、其他地方有许多兔子、在某个湖里有大量的飞虫，（或）根据某萨满或巫医的指点，邻近河谷里有可供集体捕猎的羚羊（Steward 1955：105—106；经伊利诺伊大学出版社许可引用）。

斯图尔特的观察被许多人类学家用来代表肖肖尼人与白人首次接触之前的生活方式。由于这一接触已经导致环境发生了巨大的变化，所以人们只能假设存在这样的对应关系。托马斯用以下方式来检验这一假设。他首先研发了一个计算机程序，根据斯图尔特的观察，模拟一个"典型"家庭在某"平均"年份中活动的季节性周期。这种模拟的目的是估计一个据斯图尔特描述行为方式的群体，在某平均年份里留下的人工制品的相对组成。

它并不关注某文化轨迹的变迁图表，而是为大盆地肖肖尼人的技术经济系统构建"平衡洼地"（the equilibrium basin）。该模拟模型没有采用传统意义上的时间，也就是说，一个 1 000 年

31 瓦哈卡河谷东部植物采集与早期农业演进的适应性计算机模型

的模拟模型,并没有设法列出连续1 000年间的系统行为。相反,模拟1 000年的计算机运行,只是将同年的人工堆积重复1 000次。(Thomas 1971:12)

为了做到这一点,托马斯在系统结构中植入了斯图尔特的理论(Thomas 1971:图2.1)。其流程图中的每个框都代表了针对某资源的特定资源获取策略。决策方案仅处理一年里如何选择这些不同的子系统;实际上,托马斯把选择活动的顺序限定在斯图尔特提及的顺序之内。因此,他并不关心为资源采办策略的历时变化建模,而是为某时间点上(特别是1840年)的特定季节性安排策略建模。

重要的是,在托马斯的图2.1中,不同资源采办的子系统之间没有关系。也就是说,每组活动都被视为独立于所有其他活动而进行的:

洼地Ⅰ显然忽略了子系统之间的互动。在更先进的模拟模型中,这些相互影响可能比任何主要影响更重要(Watt 1968:151)。但是**洼地Ⅰ**还没有这样复杂的形式。此处的尝试是将一个复杂的提取系统简化为不同部分组成的子系统,从而可以模拟人工制品的堆积(Thomas 1971:38—39)。

正如托马斯所指出的,这个设想与他的模拟目标十分一致。但是,在开发我们的日常决策和资源时间安排的模型时,必须将这些互动的影响包括在内。

因此,托马斯主要关注对斯图尔特提出的一种季节性活动的特定时间安排建模。结果,决策子系统由单一季节性活动的序列组成。与这些活动相伴的是留在地上的一组活动废弃物。于是,该模型生成了人工制品的一种空间形态,然后将其与考古学所知的这些人工制品的分布作比较。然后,用里斯河(Reese River)采集的材料检验该模型。结果显示,75%的预测频率被考古材料所证实。据此,托马斯对接触时期之前的肖肖尼人的行为下结论,就像斯图尔特介绍的那样,很好地代表了里斯河谷史前人类的生计活动。

托马斯的系统论模型被设计来模拟在特定时间点由一个年度采收策略所产生的人工制品的空间分布。但是他建议,可以扩展这样一种基本模型,来描述资源采办策略的历时变化。"如果可以整合关键变量,那么还可以研究目标引导的系统变迁(文化轨迹)。"(Thomas 1971:21)

为了检验我们的瓦哈卡模型,我们必须模拟托马斯上面提及的各种变化类型。这是我们开始要在下面章节里做的工作。

瓦哈卡模型的运行准备

上面介绍的托马斯工作表明,斯图尔特所见的季节性活动时间安排,也为里斯河谷的史前人群采用。尽管这种行为模式在利用资源的季节性变化上最容易被观察到,但是短时间里(比如说几天)局地采集活动的时间安排也应该很重要。例如,利基和卢因介绍了!昆布须曼人的觅食活动中局地决策的重要性:

食物采集的真正技巧是知道去哪里和何时去那里。随着各种水果、坚果、根茎和嫩芽在一年中的不同时间和不同地点到了成熟季节,食物采集者必须平衡跋涉中成功的概率,比如说,某方向4.8千米(3英里)到达一处潜在不错的食物资源,相对于朝反方向6.4千米(4英里)到达一处更丰富的资源,但也许那里刚好可供采集的食物产量还比较低。

为了让食物采集经济成功,你需要高效的智力地图,不仅是空间地图而且是时间地图;你必须知道去哪里,并在何时……所以,这种经济的关键在于头脑里的信息和分析技巧,而不在于手中拥有的花哨技术。[Leakey and Lewin 1978:109;经安科出版社(Anchor Press)许可引用]

结果,我们可以方便地将资源采集时间安排看作一批活动的序列,其中每项活动包括在某特定植被区中的多个地点搜寻某种资源。关注的主要资源被称为活动的焦点(focus)。在特定地点寻找该资源时,某人可能在相同地点或跋涉途中采集所见的其他相伴的少量资源。但是,这种做法对于一项活动的总收益只有少量贡献,因此在这不做明确处理。

在我们的模型中,一项活动被定义为发生在第4章介绍的四个植被区(荆棘林A、B和牧豆树草地A、B)之中的一处。这是因为圭拉那魁兹附近的每个植被区都有一组各不相同的物种成分和相伴密度。因此,与焦点资源相伴的一批物种,会因区域而异,而该资源的密度亦然。这意味着,采集活动的性质也会因区域而异。事实上,斯图尔特很好地为肖肖尼人论证了这一差异。通过将某活动地点限制在一片植被区内的各点，就可以考虑这些差异。

资源采集的时间安排或策略，代表了该群体在某时段里行为活动的序列。在我们的模型中，我们观察以10天为一阶段的采集活动。在这10天里，群体成员依次执行每项计划好的活动。在这个阶段结束时，可能并非所有计划好的活动都做了。这些"想干的活"仍然与该时间安排相关联，并与完成的活动一起，介绍整个采集策略。之后，我们介绍了允许时间安排重组的机制。这种重组的一个可能结果，是允许利用该群体先前没有时间进行的活动。

就我们目前的方法而言，在群体成员心目中如何表达该时间安排并不重要。通过在采集资源和搜寻地点的基础上对一项活动进行介绍，我们能根据采用该时间安排时产生的可见结果，来真正概括一项策略的特点。因此，是否由某人或由若干成员共同指定并不重要；重要的是它被指定并被采用。

至此，我们只谈了一般化的时间安排策略。但是弗兰纳利提出，该群体可能有许多可能的策略可供采用："某时间安排的大概计划虽然会有冲突，但它是存在的……'侦察报告'依靠每年生长季节的个别变化，帮助解决冲突，并精准确定每种资源利用的日期。"(Flannery 1968：90) 也就是说在任何时间点，有许多可能相互冲突的时间安排选项可用。到底选择哪个选项，取决于当时的环境状况。然后用环境的采集信息来选择所用的策略。

在我们的模型中，我们假设在8月末至12月初的4个月间，我们的群体可供选择的基本策略不超过10种，这对于5人群体来说似乎是合理的。从10种选项中根据环境条件选用一种策略。由于每项策略只有10天的间隔，所以在8月末至12月初的时段里，可以多次采用许多策略。就我们的模型而言，圭拉那魁兹洞穴居住面上出土的植物遗存，是随时间利用许多小规模安排策略的结果。一种策略的利用频率越高，它可能影响植物遗存堆积的相对数量就越多。尽管某些策略可能比其他策略利用更多，但是我们的模型设想，任何年份为该群体生存作贡献的，是许多策略相互作用的结果。因此，看看我们模型系统策略的均衡配置是什么，这很有意思。如果我们的模型很好，那么由这种均衡配置采集的植物，其相对比例应该很像洞穴中发现的比例。因此，我们需要将现在的口述转变为正式的模型。然后能够在计算机上模拟这种正式模型的均衡行为，并将结果与洞穴出土的考古材料进行比较。

与每种策略相伴的是，当决定是否采用该策略时，其执行的相关信息。我们现在进一步讨论目前模型中，用于描述时间安排绩效信息的类型。

从8月份某时开始持续到12月初，该群体选择了许多目前可用的时间安排，来组织其采集活动。每次利用一种策略，均能使该群体获得一定数量的食材，在此用蛋白质和卡路里的产出进行测量。这些测量代表了满足该人群能量需求的程度。尽管狩猎采集者显然不会从所获得的蛋白质克数或卡路里数来直接评估一种策略，但是在该策略满足群体能量需求的能力和该群体在某季节内的身体健康之间，存在明显的对应关系。在这一季节，群体成员根据每项策略的使用次数，估算这些策略获取食物资源的能力。在我们的模型中，这种估计是基于本季获得的蛋白质和卡路里总量。然后这些估算被用来评估该季节各策略的相对表现。

与总产出估计相伴，群体成员也会对采集这么多食物所花的力气有了一个印象。这种考虑在当今的狩猎采集者中已有所见。例如，卡拉哈里的！昆布须曼人"倾向于在某季节只摘取可获得的最诱人食物，并忽视口味和采集上不那么中意的食物"(Lee 1972：343)。

此外，西尔伯鲍尔声称，保存采集力气对于！昆布须曼人十分重要。"从许多可获物种中进行选择……[！昆布须曼人]按重要性次序的植食偏好标准是，该植食在解渴和果腹上兼有的性质，采集的容易程度，最后才是它的口味。"(Silberbauer 1972：283)

因此，在评估某策略的绩效时，应当考虑群体成员在某特定资源采集安排过程中所作的努力。在我们的模型中，我们用搜寻单位面积获取的蛋白质和卡路里总量的估计，来反映获取它们所花的力气。这些估计所需的材料来自本书第18和第24章。

除了上面提供的各策略绩效的具体印象之外，还会提供该时间安排策略的绩效相对于该季节所用其他策略的整体印象。提供此印象的影响因素如下：

1. 该策略必须满足该群体某些起码的能量需求。萨林斯（Sahlins 1968）指出，狩猎采集者似乎很清楚这点。约基姆则很好地表达了这个原则，他说：

    群体生物学生存所需的最少卡路里数量提供了一个起码的渴求水平。大多数狩猎采集社会缺乏大量的剩余积累和大规模的再分配系统，以及存在对时间和能量相互冲突的要求表明，实际的渴求水平比这个起码水平高不了多少（Jochim 1976：16）。

2. 即使在最糟糕的年份，该策略也必须不断地提供高于最低水平的产出。这对于半干旱环境中的狩猎采集者来说显然非常重要，正如李在谈到！昆布须曼人时提及："在干旱季节，[！昆布须曼人]食谱变得更加不拘一格……正是这种较宽的基础，在难以企及曼杰提果坚果林的旱季之末，提供了一个基本的安全底线。"（Lee 1968：35）弗兰纳利（Flannery 1968：90）也指出，高于饥馑水平的一贯绩效，对于瓦哈卡的狩猎采集者也很重要。在此，比其他策略更好的一项策略的绩效能力，从产出和所需力气两方面而言，都被看作是相对可靠性的很好指标。

3. 某项策略必须考虑上次采用时的环境状况。如第4章所述，环境状况主要是降雨的情况，它决定了相关植物的密度和分布。与每次可行的采集时间安排相伴的，是决定上次采用该策略时该环境"状况"的信息。该状况与当年的相似程度，无疑是采用某策略的一个决策因素。

上述所有因素在确定是否采用该策略，以及是否对其进行修改时都会发挥作用。在我们的瓦哈卡模型中，该群体必须在10种策略选项中进行挑选。这包括根据这些策略的相对优势对它们进行比较。出于我们的目的，选择策略需要作两个比较：（1）目前的环境"状况"与上次采用该策略时的"状况"的相似程度如何？（2）相对于上一季节，群体对该策略的绩效印象如何？综合起来，这两个标准决定了某策略在某季节中至少采用一次的可能性。

该决策系统的第二个主要功能，是根据其绩效"重新安排"一项策略。一旦选择了某策略并观察其绩效，该群体成员便可选择改变其结构。如果该策略表现良好，那就几乎无需改变其结构；确实，随便改动可能弊大于利。因此，绩效不佳的策略更有可能被改动（因为它已经很差，该群体做出调整不会失去什么）。

考虑到策略改变的可能与其绩效有关，那么可以对它做些什么调整呢？根据弗兰纳利（Flannery 1968）的建议，我们将可以做到的许多选项编入我们的模型：

1. 为某项活动改变其焦点资源（focal resource）。
2. 改变从事活动的植被区。
3. 改变搜寻资源的地点集（the set of locations）。
4. 在某项时间安排中给出两个活动，改变其操作顺序。
5. 交换两项时间安排之间的活动。
6. 用一项收益较高安排的活动替换某项安排的活动。（这等于模仿与另一策略相伴的成功活动。）
7. 在同一植被区给予某项安排以两个活动，交换其焦点资源。（这意味着改变两个资源采集活动的地点。）
8. 在某同一区域的安排中给予两个活动，交换它们之间的地点子集。
9. 对于某项安排中的两个活动，交换其执行区域和地点集，条件是定义这些新的活动。（为了定义某活动，该资源必须在要搜索的植被区域中。）

要注意，这些决策各自最多涉及两项安排中的两个活动。但是，通过同时采用许多这些决策，我们可以表现比较复杂的决策，以处理许多安排中的多项活动。这样，模型群体可以从这些简单安排中做出"自己的决策"。

某重新安排的策略分配给每项基本决策以改变既有采集策略的某种可能性。这些可能性是根据过去的决策经验出现的。特别是，在两年里所见相对绩效获得改善的某项安排局部决策的组合，被再次采用的可能性就会增加。所见相对绩效下降的某项安排决策组合，将不太可能被再用于该策略的修改。因此，该群体会根据某策略相对绩效的可见变化，来调整其对该策略重新安排的政策。因为该群体的采集策略结构会随时间积累的经验发生变化，所以与其相伴的重新安排决策的结构也会发生变化。也就是说，这将成为一种趋势，即仅利用那些最有可能改善当下策略绩效的决策。

在本节中，我们迈出了可以让我们的瓦哈卡河谷东部模型运行的第一步，提供了我们在Part 5建立的正式模型的结构框架。该结构包含许多基本规则，通过它们，该群体能根据其经验改变资源采集策略。作为这些决策规则历时运行的结果，该系统应该会达到一个比较稳定的结构，并具有一些基本的性质。我们在Part 6所要尝试的，是模拟该模型的长期行为，并将其结构与真实世界中的结构进行比较。如果该模型足以代表真实系统，模拟结果应该与真实世界，即圭拉那魁兹居住面出土的材料有某种相似之处。

还有另一种方法来验证我们的模型。我们能够在模型中引入一项改变，它与真实系统中的一种已知变化相对应，看看两个系统是否产生相同的反应。如果相同，我们可以为该模型代表真实系统的能力构建更有力的依据。由于已知的真实系统在公元前8750到前6800年间已经开始了初始农业，我们允许该模型群体体验初始农业，看看该模型是否会出现与真实系统所经历的利用资源的相同变化。这是本章后面部分的任务。

概述

在图31.1中，我们提供了一个简化图表，表明我们模型的历时运行。我们的模型始于进入瓦哈卡河谷东部一个假定的5人狩猎采集者家庭。他们的进入区由四个植被区组成，类似于本书前面定义的荆棘林A、B和牧豆树草地A、B。这些区域以不同频率的矮松果、橡子、麻风树果、龙舌兰、针叶樱桃、牧豆、朴树果、仙人掌果、银合欢和西葫芦为特点，这在前面章节已经描述过；在第23和24章中可参见每种食物的蛋白质和卡路里量。

设定我们的假想群体尚未制定出有效利用这些资源的方法。首先，给他们10天一个策略，其中利用这些资源的顺序、他们造访的植被区，还有在各区所花的时间是随机选择的。然后，在四个月的采集季节中，允许他们每隔10天修改他们的策略；该程序年复一年随模拟持续运行。

我们的假想群体被置于不可预测（随机）的连年波动（环境），其中约50%为平均年份，25%为湿润年份，25%为干旱年份。植物产出按本章前面提到的年份类型进行调整。该系统具有记忆力，使得该群体可以记住特定策略在各类年份中的运行情况。某策略的"效率"以搜寻每平方米植被所获得的卡路里和蛋白质来衡量；每人每天获得2 000卡路里和40克蛋白质所花的力气越少，策略的效率就越高。我们觉得，该群体无法事先预见会有何种年份，这一事实把非常大的"真实性"引入了该模型。

在一个季节的过程中，该群体利用一个子集的植物采集时间安排，来构建其资源采集活动。根据其相对于其他策略的过去绩效以及当下的环境状态，来选择采用的策略。与其相伴的是对其相对绩效的了解，它来自许多不同的考量，如可靠性、产出和所花的力气。对于那些自上次采用以来已被改变的策略，对照新旧策略的相对绩效。如果过去重新安排的决策，令某策略的绩效有所增加，那么调整该策略的重新安排政策，使得将来更有可能做出此项决策。另一方面，如果这种改变产生了可见的绩效下降，那么就会调整重新安排政策，使得不大可能再次做出相同类型的改变。

然后，这些调整后重新安排的政策，将根据其相对绩效改变所用时间安排的结构。这用来得到一个新的时间安排集合，然后在来年采用。正是这一般的过程序列，构成了Part 5介绍的正式模型的基础。

尽管我们无法确切模拟存在于10 000—8 000年前的一个系统，但是我们觉得，我们的模拟包含了许多因素，确实增加了其真实性：

1. 该环境基于量化的材料，而这些材料是以古环境研究为基础的，被认为很像过去的环境。
2. 除了矮松果外，营养数据均基于对圭拉那魁兹5千米内采集的植物研究。
3. 我们的群体必须根据该地区可获得的最佳降水资料，按照逐年的降雨变化进行调整。
4. 该群体可以在任何四个月期间，选择各种各样的策略（超过1 000 000种采集活动的可能序列），这使得其偏好任何一种策略的"事先准备"（stack the deck）都不可能发生。

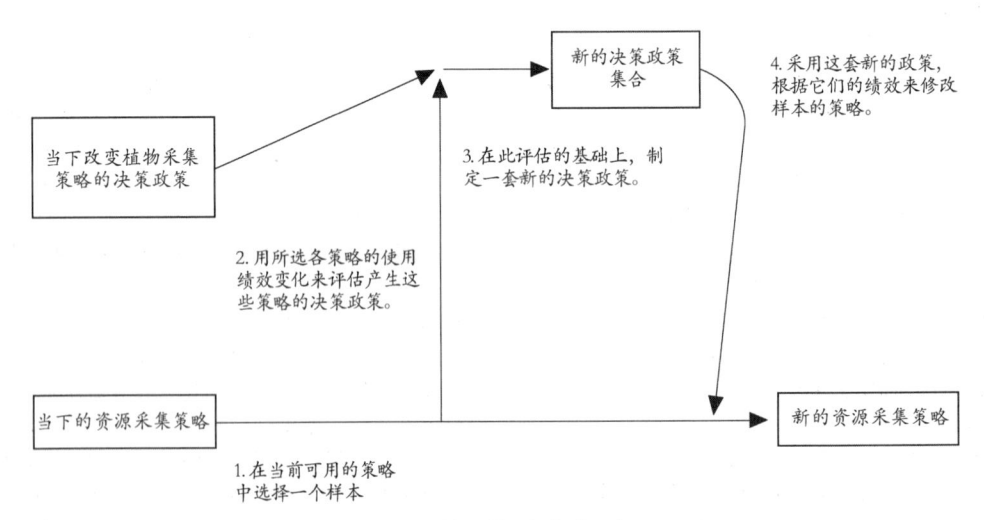

图31.1 两个适应性系统之间的互动。

Part 5　开发正式模型

引言

Part 5对前面介绍的非正式基础模型作出正式的解释。因为非正式模型关注构建瓦哈卡河谷前陶期狩猎采集者采集活动的决策适应，所以任何正式的版本必须突出该模型的诸多适应方面。按照此思路，霍兰（Holland 1975）开发了一个正式的数学框架，以描述表现适应的复杂系统。这一框架在许多情况下被用来描述诸多自然和人工系统的适应（Cavicchio 1970; De jong 1975; Holland and Reitman 1978），因此，它非常适合我们当前的目的。

先概述如何用霍兰的基本框架来表示该正式模型。将我们的模型视为由两个相互作用的适应系统组成比较方便。第一个适应系统涉及群体对各种既有植物资源采集策略的选定和采用。第二个适应系统涉及制定各种政策，使该群体能够根据经验，对这些策略做出变通。接下来的五个部分介绍这两个子系统的正式选定。

鉴于我们可以在正式的适应系统方面改写我们的非正式基础模型，就如前面所述；存在的事实是，我们的基本模型所做的预判不能用目前可收集的材料来验证。因此，我们想把正式的基础模型转化为另一个简化模型，该模型可以利用当前可用材料，并通过计算机模拟进行检验。最近关于建模和模拟理论的研究（Zeigler 1976）表明，在某些情况下，即使收集的材料不足以在所有方面检验模型，但也可以对该模型的性质做出精确的正式推断。这通过生成一种原始模型的简化或集中版本来完成，该版本保存了所挑选的结构和行为属性。

基础模型和集总模型（lumped model）之间的正式连接，被称为系统同态（*a system homomorphism*），其存在保证了：（1）两个模型结构之间存在一种精确的关系；（2）当给予相对应的输入序列，两个模型的行为之间存在相似性。换言之，系统同态的存在保证了设计来对已知材料做可比预测的集总模型，会像原始模型一样，对输入做出相同的反应。

确保这种对应的关键，是确定生成的简化模型中所做的每一项变动，都保留了建模者所寻求的特定行为与结构的对应关系。在题为"简化基本模型"部分，我们陈述了希望在简化过程中保留的结构性质，以及我们想要做的简化类型。接下来，通过连续应用这些简化模型，来产生一系列的集总模型。最终得到的模型仅用当前可收集的材料，并做与现有材料进行比较的预测。此外，我们能够正式证明，这个集总模型保留了原始模型中发现的它想要的一组结构和行为属性。一旦证实这点，我们只需模拟这个集总模型，并观察该模型与我们所关注行为的属性。

正式基础模型：概述

如莱温廷（Lewontin 1978）所言："适应的现代观是，外部世界设定了生物需要'解决'的某些'问题'……适应是演变过程，通过这一过程，生物为'问题'提供了越来越好的'解决办法'。"霍兰（Holland 1975）扩大了适应的这种生物学概念，以便开发一个可对任意系统提出适应问题的正式的框架。在这个框架内，如果一种正式的规定能够解释该系统所经历的适应、该系统能适应之环境所提出的特定问题，能够产生新适应的一套可行政策，以及用于评估该系统适应成功的某些标准，那么这个问题就提得很好。

我们的狩猎采集群所面临的两个主要问题是，采用什么采集策略以及如何根据其绩效来对它们做出变通。但是，该群体可能会同时应对这两个问题。此外，这两个问题在某种意义上是相互依存的，在某问题领域中所做的适应，可能会影响另一问题领域后续适应的性质。进化中最有意思的问题是，并行适应会在决定某系统发展的方式中发挥重要作用。因此，我们要能够充分地对这种并行性正式建模，这是相当重要的。在本章节的其余部分，我们将详细审视霍兰的适应框架，并提出如何将我们同时适应的问题纳入这个框架。

霍兰形式主义开发所围绕的基本范式，包含一个能够根据在一套绩效环境集合（E）的经验来改变其结构或行为的系统（S）。这样的系统可如下规定为数学对象的一个集合：

通过一组对象（$\mathscr{A}, \Omega, I, \tau$），其中
$\mathscr{A}=\{A_1, A_2, \cdots\}$是可实现结构的集合，适应计

划的行动域，

$\Omega = \{\omega_1, \omega_2, \cdots\}$ 是修改结构的运算符集，$\omega \in \Omega$ 是 $\omega: \mathcal{A} \to \mathcal{P}$ 的函数，其中 $\mathcal{P}$ 是 $\mathcal{A}$ 上的某组概率分布，

I 是从环境向系统可能输入的集合，且

$\tau: I \times \mathcal{A} \to \Omega$ 是根据输入和结构确定在 t 时间里采用何种运算符的适应计划。

根据预期的解释

$$\tau[I(t), \mathcal{A}(t)] = \omega_t \in \Omega \quad \text{且} \quad \omega_t[\mathcal{A}(t)] = \mathcal{P}(t+1)$$

其中 $\mathcal{P}(t+1)$ 是 $\mathcal{A}$ 上的一个特定分布。$\mathcal{A}(t+1)$ 通过根据分布 $\mathcal{P}(t+1)$ 从 $\mathcal{A}$ 中取一个随机样品来确定。给定输入序列 $<I(1), I(2), \cdots>$，τ 完全确定随机过程。偶尔，当给定 $I(t)$ 和 $\mathcal{A}(t)$ 时，在 $\mathcal{A}(t+1)$ 被唯一确定的情况下，适应系统是确定的，将不使用运算符定义 τ，于是 $\tau: I \times \mathcal{A} \to \mathcal{A}$。在 t 时刻，要求适应系统的结构 $\mathcal{A}(t)$ 总结出该计划可用输入历史的任何方面。因此，将 $\mathcal{A}$ 表示为 $\mathcal{A}_1 \times \mu$ 通常是有用的，其中 $\mathcal{A}_1$ 是要直接测试的结构集合，并且 μ 是可能的存储配置的集合，用于保留未直接并入测试结构中的过去的历史。(Holland 1975: 28，得到密歇根大学出版社许可引用。)

现在，我们对正式描述一个适应系统所需的内容有了大致的概念，那么在这个框架中，我们如何表达非正式模型呢？前面提到，狩猎采集群不仅要关注何时采用一个采集策略的问题，而且还要关注何时和如何改变它的问题。其中每个问题都以一组不同的适应为特点，这表明我们要为每个问题构建一个特定的适应系统。这些问题在某种意义上并不独立，该系统对某问题的反应会影响对另一问题的反应。因此，我们也有必要对这些系统之间的互动进行建模。图31.1是所提出的系统和互动的示意图。这些互动有以下形式：

1. 在每个模型周期或重复开始时，该群体选择8至11月间采用的一个可用策略的子集。测量每项策略获取主要植物的相对绩效和获取它们所需的努力。
2. 记录自上次采用以来经过修改策略的相对绩效的改变。然后将这些改变用来评估引起改变决策的政策效果。那些产生改善的政策，要比没有产生改善的政策，更可能被保留。
3. 然后，有关策略绩效的信息被用来生成一个新的调整决策政策的集合。
4. 这些新的决策政策被用来改变目前策略样品的选定部分。

脑中有了这个总体方案，现在让我们看看，这两个系统中有多少内容可以根据Part 4给出的非正式模型来进行定义。开始最自然的子系统是应对确定和选择采集策略的子系统。该系统 (S^C) 被正式表示为数学对象 $\{\mathcal{A}^C, \Omega^C, I^C, \tau^C\}$ 的集合，其中每个正式对象以下面方式的非正式模型部分为特点。

该群体可用的采集策略集合由 $\mathcal{A}^C$ 表示。每项策略规定了从8到11月每10天一周期的一系列采集任务。在任何时间点，这些可能策略中只有一个子集被实际采用。

该系统根据经验改变其采集策略结构的机制集合，由 Ω^C 表示。在此，这些机制是改变当前策略集合某些方面的有效决策。

在每个模型时间段中，该群体成员可获得的信息由 I^C 说明。在我们的模型中，此信息是群体成员选择采用策略的相对绩效，以及上次采用该策略时有关环境状况的信息。

转换函数 τ^C 描述了两个基本过程。其一，τ_1^C 模拟根据策略过去的相对绩效，以及上次使用它们时的气候与当前气候的相符程度，选择要用的策略集合。其二，τ_2^C 描述根据绩效，对每个采样策略所做的改变。这些变化的确切性，取决于群体成员目前就这些策略所用的决策政策。群体成员如何能够根据经验制定这些政策，是我们讨论的下一个子系统的关注点。

决策子系统 S^D 可以由数学对象集合 $\{\mathcal{A}^D, \Omega^D, I^D, \tau^D\}$ 详述。这里 $\mathcal{A}^D$ 代表群体成员就某项策略能够做出的可能的决策政策集合。在任何时间点，其中只有一个子集可以被实际采用。每项政策以采用每个基本决策的概率来表示。

集合 I^D 表示该群体成员可以用来评估其当前政策有效性的可能信息。在每个时间段中，该群体获取有关过去决策对所选策略当前绩效结果的信息。然后，可以根据自上次使用以来，该政策是否提高或降低了策略的绩效，来调整与每项策略相关的政策。

基于这种绩效对某决策政策能够做出的基本调整，用 Ω^D 表示。Part 4讨论了这些调整的性质。

决策子系统的转换函数 τ^D，详细说明了如何根据其绩效使用上述运算符。一般来说，时间安排的相对绩效越好，它就越不可能被该群体所改变。

考虑到这两个子系统，现在我们需要说明可以让它们运转的环境集合 E。就像在非正式模型中，当下的植物密度和分布被认为是年降雨的函数。然后根据总降雨量，将三大类绩效环境定义为湿润、干旱和平均。这一分类基础已在前面章节做了介绍。与每年年份类型相伴的是，以上一年条件而定的植物密度分布特点。由于有三种基本年份类型，于是会有 3^2 个即 9 个可能的绩效环境。它们之间确切差别的性质将在后面讨论。

我们现在已经概述了我们的信息模型能如何正式改述为一套并行适应的问题。我们对该基本模型的新观念可以参见图 31.2。要注意，我们的整个系统可以用两个互动的适应子系统来描述。与其相关的转换函数代表了整个系统的转换函数。

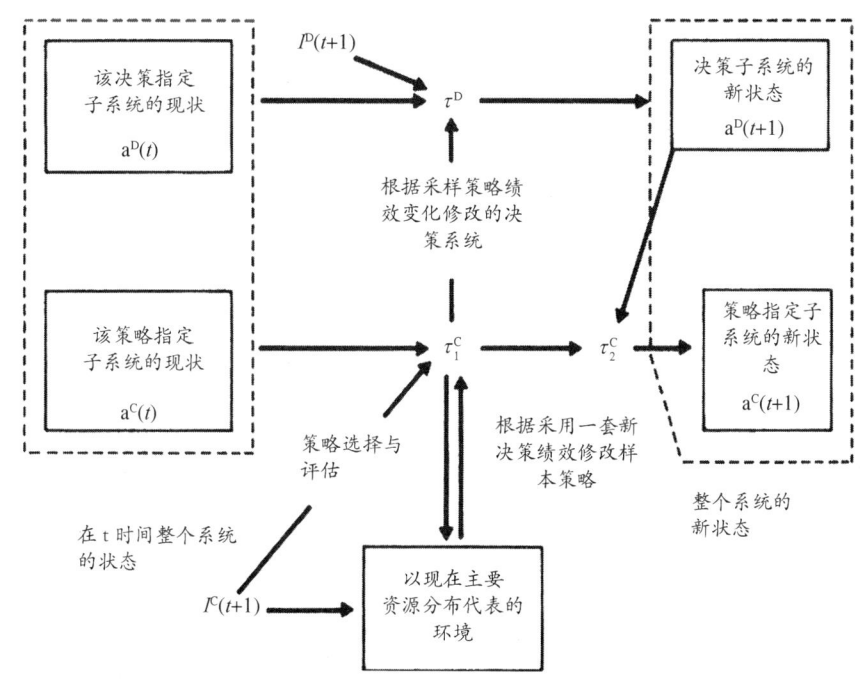

图 31.2　修改后的资源时间安排系统详述。

此外，我们已经用称为"模型时间"的变量，为模型的每个方面编了索引。也就是说，$\mathcal{A}^C(t)$ 可以指在时间 t 里采集策略的集合。将转换函数 τ^C 用于 $\mathcal{A}^C(t)$，产生一个新的现在被指定为 $\mathcal{A}^C(t+1)$ 的策略集合。注意该模型时间只是对由该模型生成的群体结构的兴替编写索引的办法。它未必与实际时间有任何直接对应。实际上，每个评估周期间的时间长度都可能不同，目前还没有能让我们描述这种变化的信息。但由于该模型的主要目的是辨别诸策略的均衡组合，所以评估周期之间的时间在此并不重要。所以为了方便，每个相继过渡之间的模型时间用 1。

即使模型时间与实际时间并不直接对应，如果模型有效代表了群体的决策适应，那么引入初始农业时，模型产生的均衡结构的变化，应该会以某种合理的方式，与我们从考古学记录中所知的内容对应。这是本章后面一个有趣的话题。

开发正式模型：策略详述

现在我们对模型结构看上去什么样有了一个大体的印象，现在是对该基本模型建立更具体了解的时候了。首先，我们必须要有一种方式来表现我们适应系统的结构。该表现应该足够描述所关注时期内该系统所有的变化。为了构建这样的表现模型，可以认为该系统包括一些子系统，其中每个子系统通过对应的一组描述性变量描述。因此，如果我们将某任意系统划分为 N 个子系统，那么每个产生的系统 S_i（其中 $i \in \{1, \cdots N\}$）会有 M_i 个描述性变量的一个相伴集

合。子系统S_i的描述性变量的数量由M_i表示，因为并非所有组成部分都必定拥有相同的一套变量。它们的和

$$\sum_{i=1}^{N} M_i$$

是用来描述整个系统的变量的总数。我们把这个数字称为K。这些M_i变量中的每个变量将被索引，使得第i个子系统中的第j个描述变量被称为D_{ij}。与这些变量相伴的是其值域集（*range set*），该值域集是这些变量在系统中测量值的范围。某任意变量D_{ij}的值域集用R_{ij}表示，然后对应于该变量的一套允许值。

首先分解为n个互连系统的某索引集合的任意系统，现在用相关描述变量替换各子系统，可再描述如下：

$$S$$
$$\Downarrow$$
$$S_1, S_2, \cdots, S_n$$
$$\Downarrow$$
$$D_{11}, D_{12}, \cdots D_{1m_1}, D_{21}, \cdots, D_{nm_n}$$

由$D_{11} \times D_{12} \times \cdots D_{nm}$表示的集合合集的笛卡尔乘积或交叉乘积，是通过为每个描述性变量选择特定测量值d_{ij}形成的所有K元组$\{<d_{11}, d_{12}, \cdots>|d_{ij} \in R_{ij}\}$的集合。这代表了我们的系统在我们观察过程中可能拥有的所有状态的集合。

在前面章节里，我们最初将系统分解成两个子系统，每个子系统都表示某种适应类型。现在我们为两个系统开发描述性的变量，从说明策略的子系统开始。这些描述性变量一起代表了当前策略集合$A^c(t)$的各种要素。

如前所述，我们的描述性变量应该详述采用某策略或作出某决策的可见结果。它们向我们介绍该系统的当前行为，因此，可以通过我们对测量对象的选择来表达。例如，即使群体成员可能以不同的方式表示某策略的搜寻面积，但是我们可以以公顷为单位描述它。我们确实认为，这种信息的内部构建与外在行为之间存在一种对应关系。

首先回想一下，在我们的基础模型中，一项时间安排策略由一个活动或任务集合表示。与每项任务相伴的是关于某植被区存在何种关键资源、需要搜索的地点以及每个地点有多少资源这类信息。此外，这一任务集合是有次序的，其次序安排反映了它们执行的相对顺序。当将这些任务放到一起，指明了从8到11月每10天为一个阶段的该群体采集活动的次序。

因此该模型预设，这一变量合集有效地说明了每项任务。这意味着，用来说明一项采集活动的信息，有效地与该活动的某些属性相伴。正是这些属性代表了任务的具体执行，这也许不会从群体某个成员的脑子里直接体现出来。然而，它们是由思维决策之任务的可见结果，因此构成了由我们策略所定子系统的描述性变量。

由于我们处理的是一个小群体的一部分行为，因此可以想见，在该群体所执行的任务总数和相伴策略上存在某些局限性。该模型设想，在任何时间点，该群体所持既定策略数量有一个上限，我们称其为**最大策略数**。在此，时间安排的最大数等于10。我们也可预期，由于某既定策略是在非常有限的10天范围内施行的，因此个别策略会由不超过最大数量的某些任务组成。该最大值在该模型中被设计为**最大任务数**。

我们现在可以列出代表该模型既定策略子系统的描述性变量如下：

1. **最大策略数**是当前活动的策略的最大数量。这里，当前活动策略的最大值取10。
2. **最大任务数**是与某既定策略相伴的最大任务数。本模型的最大任务数取25。

对于每个**策略**(i)·**任务**(j)，其中$i \in \{1, \cdots$**最大策略数**$\}$和$j \in \{1, \cdots$**最大任务数**$\}$包括在模型中的是以下变量：

3. **策略**(i)·**任务**(j)·**区域**是指从事活动的植被区。它可以从集合{牧豆树草地B，荆棘林A，荆棘林B，牧豆树草地A}中取值。
4. **策略**(i)·**任务**(j)·**资源**代表采集活动的目标资源。按该地区，这个变量可以从主要植物资源集合{矮松果，朴树果，麻风树果，针叶樱桃，仙人掌果嫩茎，仙人掌果，橡子，银合欢豆荚，牧豆树豆荚，龙舌兰，豆子}中取值。
5. **策略**(i)·**任务**(j)·**搜索地点**表示在采集活动期间，特定搜索区域的地点集合。这从各区相对于该洞穴所有可取地点的子集中取值。包括这些地点在内的总面积不超过0.33公顷。因为0.33公顷是该群体一天内允许搜索的最大面积，这意味着一项任务可以认定不会超过一天的活动。我们还假设，某策略每项任务的搜索地点不包括在该策略或其他当下策略发现的任务中。因为某地点最小面积取0.001公顷，所以这种情况看来合理。

除了描述植物采集活动顺序的变量集合之外，还可以根据其绩效来描述某项策略。回顾非正式基本模型，在任何一年中决策采用哪些策略时，发现有两条信息是非常重要的。在做出这样一种决策时，我们首先需要知道，上次使用此策略时绩效如何。由于某策略的绩效表现为该环境的作用，所以我们还需要上次采用它时的相关环境类型信息，以便将此绩效与其他策略（绩效）相比较。因此，对于每项策略i而言，有一个变量**策略**（i）·**上次采用**，它存储了该策略采用的上一年类型。相应地，要有关于上次采用该策略绩效的信息，**策略**（i）·**上次绩效**。有关这一绩效参数确切性质的讨论，将延后到我们论及绩效指标时再讨论。

在t时间选择采用某项策略，我们需要记录其当时的绩效。该变量标记为**策略**（i）·**绩效**，并为t时间采用的那些策略取值。如前一章所述，这代表了根据一批标准所得到的t时间安排相对绩效的印象。尽管我们没有如何获得这些印象的信息，但可以想象，它们是对每项策略绩效的一般性描述。在该季节中，建立起一个有关某策略绩效一般性预期的集合。这里我们用该策略的平均绩效来代表这样的预期。对于采用的每项策略i，会得出以下预期：

1. **策略**（i）·**热量**是卡路里的平均收益。
2. **策略**（i）·**蛋白质**是蛋白质的平均收益。
3. **策略**（i）·**热量_努力**是相对于所获卡路里所费的平均努力。在此，它通过将所获卡路里数除以搜寻面积，表示为**策略**（i）·**热量/策略**（i）·**搜寻面积**。**策略**（i）·**搜寻面积**通过将搜寻的所有个别地点相加来计算。
4. **策略**（i）·**蛋白质_努力**是相对于所获蛋白质量所费的平均努力。这由所获的蛋白质量（克）除以搜寻面积来表示，即**策略**（i）·**蛋白质/策略**（i）·**搜寻面积**。

接下来，将每项策略的预期与其他采样策略的预期，还有该群体的基本能量需求进行比较。由此产生了该年份对此策略整体绩效的一个总体印象，**策略**（i）·**绩效**。下面是对每项策略i所作的比较：

1. 该策略的卡路里收益，**策略**（i）·**热量**，是小于该样品的平均值吗？该信息通过对该变量的所有采样绩效加以平均得到。如果上述问题的答案为是，那么绩效参数**策略**（i）·**绩效**加1。该变量的初始值设置为0。
2. 该策略的蛋白质收益，**策略**（i）·**蛋白质**，是小于该样品的平均值吗？如果是，那么绩效参数**策略**（i）·**绩效**加1。
3. c获取当前卡路里数所花费的努力是大于样品策略的平均值吗？如果是，那么绩效参数加1。
4. 获取当前蛋白质数量所花费的努力是大于样品的平均值吗？如果是，那么**策略**（i）·**绩效**加1。
5. 卡路里收益是否低于该群体在卡路里收益上的最低需求？如果不能满足这些最低能量需求，那么**策略**（i）·**绩效**加1。
6. 蛋白质收益低于该群体对蛋白质的最低需求吗？如果是，绩效指标再加1。

因此，该绩效参数是某策略的预期绩效相对于作为整体样品绩效和该群体最低绩效需求的一个综合印象。它采用从0到6的整数值的一个值域，其中0代表某样品一项策略的最佳可能绩效，而6表示最差绩效。

因此，我们的既定策略子系统包含几个额外的变量，它们描述了该群体成员对当前时间安排策略集合绩效的印象。对于每项策略i，其中$i \in \{1, \cdots 最大策略数\}$，下面是该模型包含的描述性变量：

1. **策略**（i）·**上次使用**存储了上次采用该时间安排的年份类型。它将从Part 4提供的可能年份类型的集合$\{干燥, 湿润, 平均\}$中取值。
2. **策略**（i）·**绩效**存储了对策略绩效的当前印象。它从整数的集合$\{0, \cdots, 6\}$中取值。
3. **策略**（i）·**上次绩效**记录了上次采用该策略时对其相对绩效的印象。它也从0到6取整数值。
4. **策略**（i）·**蛋白质**代表该策略的总蛋白质收益。它从R^+（正数）取一系列值。
5. **策略**（i）·**热量**代表该策略预期的总卡路里收益。它从R^+取值。
6. **策略**（i）·**蛋白质_努力**代表相对于获得的蛋白质量所花费的努力。它可以从R^+取值。
7. **策略**（i）·**热量_努力**代表相对于获得的卡路里所花费的努力。此变量的值域在R^+中。
8. **策略**（i）·**搜寻面积**代表该策略搜寻的所有地点的总和。它在正数中取值。
9. **策略**（i）·**已使用**从集合$\{是, 非\}$中取值，并表明在当前的时间段中是否采用了该策略。

我们已经完成了对既定采集策略以及它们相关绩效相伴变量的描述。但是，我们仍然需要确定该群体的决策子系统。记住，某项决策政策给了每个可行决策者用于当前各策略的某种概率。有了一个特定的策略集合，相比其他策略，某些政策在改善该集合上更为成功。因此，该适应过程的一个关键方面是，该群体利用从其环境获得的信息，调整当前政策，以适应目前的采集结构集合的能力。这一调整过程的**可见**结果是，改变做出某种重新安排时间决策的频率。在这个模型中，对某特定时间安排的重新安排政策，是以做出某些重新安排决策的频率来表示的。改变这些使用频率代表了相关时间安排政策的改变。以这种方式，我们只能关注某个政策的可见结果，而不是该政策在某些个人的想法中是如何表现的。但是，在我们可以讨论如何用模型术语描述这些政策之前，我们首先需要定义某政策可以参考的基本决策集合。

基本的重新安排运算符

某适应系统中可以改变其结构的运算符集合由 Ω^D 表示。在这里，它构成了 Part 4 所介绍的策略修改决策的一个基本集合。此集合可以分为两大组。第一组包括处理现有既定策略重组的那些运算符（类似于遗传学中的交叉型运算）。一类重组是在不同的时间安排策略之间交换两类活动。另一类重组是在某项策略中交换两项活动执行的顺序。在更详细的层面上，既定的两项活动（诸如地点）可以在同一时间安排中的两个现有活动之间进行交换。

第二组由一些决策组成，这些决策可以为与某活动相伴的描述性变量生成新值。尽管第一个运算符集合反映了**现有**想法的交换，但是第二个运算符集合反映了**新**运算符的生成。这些运算符与重组型运算相结合，就足以描述 Part 4 给出的基本决策。

在此模型中，我们对产生某决策的精确情况集合并不特别关心，而只关心在具备某些关键变量时，该决策发生的概率。在此，这种可能性用概率表示。每项重新安排的决策被视为具有某种发生概率的随机过程。与每个过程相伴的是一个理想的随机数量生成器，其状态设定于区间 [0, 1] 中，并有**随机数**：[0, 1]→[0, 1] 形式的转换函数。给出一个初始种子 r_0，该函数将产生一个数列 <$r_0, r_1, r_2, r_3, \cdots$>，它看来均匀分布在整个 [0, 1] 区间中。该数列中的每个数字看来与以前采样的数字无关。该数字被一个随机变量转换为一个相伴的模型事件，该随机变量将 [0, 1] 中的数字映射到结果集合。在此，该集合将是 {是, 否}。一旦做出重新安排某策略的决策，那

么根据决策的确切性质，其他许多随机变量可能发挥作用。我们现在详细介绍这些决策，从重组运算符开始。

ω_1=**交换_外部**：该运算符代表策略之间任务的交换。这种交换是由三个随机变量按下列方式介导的随机过程：

1. 给定一个有转换函数**随机数**：[0, 1]→[0, 1] 的伪随机数发生器，将该映射应用于**交换_外部_种子**的当前值，以产生在 [0, 1] 之间的实数 r_1。它也将为**外部_种子**生成一个新值。

2. 接下来将**交换_外部_决策**映射应用于 r_1，以获取取样的**交换_外部_决策**。因此，**交换_外部_决策**是一个随机变量，该变量从 [0, 1] 中取实数值，并以下列方式放入集合 {是, 否}：

$$\text{策略}(i) \cdot \text{运算符}(1) \cdot \text{已使用} = \begin{cases} \text{如果 } r \leq \text{策略}(i) \cdot \\ \text{运算符}(1)\_\text{概率}, \\ \text{那么 "是"}, \\ \text{否则 "否"}. \end{cases}$$

策略(i)·**运算符**(1)_**概率**是当前对此策略执行交换外部运算的概率。

3. 如果该决策为是，那么就发生以下过程。首先产生一个新的随机数 r_2，**随机数**：(同伴_种子)→$r_2 \in$ [0, 1]。该值被用于决策，当前样品的哪些其他成员参与到用该**交换_同伴**映射（map）到 r_2 来参与交换。**交换_同伴**：[0, 1]→不包括**策略**(i) 的采样策略集合。该映射对应于将该单位区间划分为相等长度的 K 个子区间，其中 K 是值域集的基数。r_2 所在的子区间参数是要选择的该策略的参数。

4. 接下来，生成第三个随机数 r_3。以与上述相同的方式，将**阶**映射（order map）应用于 r_3。**阶** [0, 1]→{1, …**最大任务数**}。这决定了要交换任务的执行顺序。

5. 最后，具有给定执行顺序的所选任务，在**策略**(i) 和**策略**(同伴) 之间，以取决于其绩效参数的方式进行交换。如果两项策略具有相似的绩效参数，|**策略**(i)·绩效-**策略**(同伴)·绩效|≤2，那么所选择的任务在两项策略之间交换。但是，如果其差别是 3 或更多，就意味着一项策略在三个基本绩效类别（努力、收益

31 瓦哈卡河谷东部植物采集与早期农业演进的适应性计算机模型

和最小收益）中，至少有两个绩效更好，因此这不仅代表了绩效上的细微差异。在这种情况下，绩效较差的策略会用另一策略某项任务的副本取代当下的任务。

$$
交换\_外部 = \begin{cases} 如果\ |策略(i)\cdot 绩效 - 策略(同伴)\cdot 绩效| \\ \leq 2, \\ 那么\ [策略(i)\cdot 任务(阶), 策略(同\\ 伴)\cdot 任务(阶)] \to [策略(i)\cdot 策略\\ (同伴)\cdot 任务(阶), 策略(i)\cdot 策略\\ (i)\cdot 任务(阶)]. \\ 否则, 如果\ 策略(i)\cdot 绩效 > 策略(同\\ 伴)\cdot 绩效, \\ 那么\ [策略(i)\cdot 任务(阶), 策略(同\\ 伴)\cdot 任务(阶)] \to [策略(i)\cdot 策略\\ (同伴)\cdot 任务(阶), 策略(i)\cdot 任务\\ (阶)]; \\ 否则\ [策略(i)\cdot 任务(阶), 策略(同伴)\cdot 任务\\ (阶)] \to \{策略(i)\cdot 任务(阶), 策略\\ (同伴)\cdot [策略(i)\cdot 任务(阶)]\}. \end{cases}
$$

图31.3示意性描述了对任意两项策略的这一运算符。

有人可能觉得，我们的运算符过于严格，因为实际上交换可能会在不同优先级别的**任务**之间进行。我们稍后会展示，通过将这个运算符结合其他基础运算，我们的系统就可以代表这些决策类型以及更复杂的决策类型。因此，我们能够基于Ω^D中的基本运算符，生成一个决策规则越来越复杂的等级。这为我们提供了一种非常强有力的模型决策行为分析工具。

如果它们的绩效相似	A	$T_1\ T_2\ T_3\ T_4^l\ T_5\ T_6\cdots T_{最大任务数}$
	B	$T_1^l\ T_2^l\ T_3^l\ T_4^l\ T_5^l\ T_6^l\cdots T_{最大任务数}^l$
如果一个B，绩效比另一个好得多	A	$T_1\ T_2\ T_3\ T_4^l\ T_5\ T_6\cdots T_{最大任务数}$
	B	$T_1^l\ T_2^l\ T_3^l\ T_4^l\ T_5^l\ T_6^l\cdots T_{最大任务数}^l$

图31.3 **交换_外部**运算符在两个绩效相似的策略之间，以同样的执行顺序交换任务。如果一项策略绩效更好，就复制这项任务。

ω_2 = **交换_内部**：这个随机运算符在一项策略内进行任务交换。它直观地反映了在两个任务执行次序之间进行交换的决策。这样做的原因之一，是重新安排时间，以便使同一个区域中的几项活动按顺序执行。这可以减少该群体相关成员跋涉的路程。

交换_内部运算符由三个随机变量协调，其中每个以下面方式特指整个过程的某个方面：

1. 将初始种子**交换_内部_种子**输入到伪随机数生成器中，将其映射到$r_4 \in [0, 1]$。
2. 接下来，用**交换_内部_决策**映射到r_4，以获取采样决定**交换_内部_决策**。此映射代表一个随机变量，为某项样品策略i用以下方式把$[0, 1]$中的数字放到集合$\{是, 否\}$中：

$$
\begin{aligned}策略(i)\cdot 运算符\\(2)\_已使用\end{aligned} = \begin{cases} 如果\ r_4 \leq 策略(i)\cdot 运算符\\ \quad (2)\_概率, 那么\ "是", \\ \\ 否则, "否". \end{cases}
$$

策略(i)·**运算符**(2)_**概率**是对策略i执行此重新安排运算的当前概率。

3. 如果**交换_内部·策略**(i) = 是，那么该过程继续；否则不进行交换。假定这个决策是肯定的，我们现在必须选择两个任务进行交换。采用另一个种子**任务_1_种子**，我们得到一个新的随机数r_5。接下来，我们将**任务_1**定义为将r_5映射到策略i的可用任务集合的随机变量：**任务_1**：$[0, 1] \to \{T_1, T_2 \cdots T_{最大任务数}\}$。

这是通过将单位区间$[0, 1]$再分为等长的10个子区间来完成的，其中第j个子区间对应于选择第j个任务的概率。那么r_5所在的子区间的指数是要选择的任务的指数。

采用变量**任务_2_种子**、r_6和**任务_2**，以与上述相同的方式选择要交换的第二个任务。

4. 然后，**交换_内部**运算符交换策略i中两个选定任务的执行**阶**，如图31.4所示。

ω_3 = **互换_地点**：该运算符表征在某项策略两个

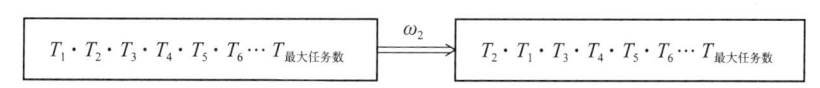

$$
\boxed{T_1\cdot T_2\cdot T_3\cdot T_4\cdot T_5\cdot T_6\cdots T_{最大任务数}} \xrightarrow{\omega_2} \boxed{T_2\cdot T_1\cdot T_3\cdot T_4\cdot T_5\cdot T_6\cdots T_{最大任务数}}
$$

图31.4 该**交换_内部**运算符描述了任务之间执行优先顺序的交换。在此，前两个任务的执行顺序反过来。

活动之间交换既定地点的决策。与每个活动相伴的是一个从事某活动的地点集合。该运算符在同一时间安排的活动之间交换地点的子集，假定这些活动位于同一区域。对于某给定策略 i，以下方式规定随机运算：

1. 首先，用**互换_地点_种子**生成随机数 r_7，定义**互换_地点_决策**为为某给定策略 i 将 r_7 映射到集合 {是, 否} 中的随机变量。

$$\text{策略}(i) \cdot \text{绩效}(3)\_\text{已使用} = \begin{cases} \text{如果 } r_7 \leq \text{策略}(i) \cdot \text{运算符}(3)\_\text{概率}, \text{ 那么 "是"}, \\ \text{否则, "否"}. \end{cases}$$

策略$(i) \cdot$**运算符**$(3)\_$**概率**表示对策略 i 做出此决策的当前概率。

2. 接下来，两项涉及的任务以之前定义的**交换_内部**运算符相同的方式随机确定。用**互换_任务_1_种子**和**互换_任务_2_种子**分别生成随机数 r_8 和 r_9。然后，它们像之前一样，被其各自的随机变量**互换_任务_1**和**互换_任务_2**映射到策略 i 的可用任务集合中。

3. 现在，该**互换_地点**运算符被用来为策略 i 交换与两个选定任务相伴的**地点**集合。

$$\text{交换}\_\text{地点}: \begin{cases} \text{策略}(i) \cdot \text{任务}(\text{互换}\_\text{任务}\_1) \cdot \text{地点} \to \\ \quad \text{策略}(i) \cdot \text{任务}(\text{互换}\_\text{任务}\_2) \cdot \text{地点} \\ \text{且} \\ \text{策略}(i) \cdot \text{任务}(\text{互换}\_\text{任务}\_2) \cdot \text{地点} \to \\ \quad \text{策略}(i) \cdot \text{任务}(\text{互换}\_\text{任务}\_1) \cdot \text{地点}. \end{cases}$$

为了运行该映射，假定作为结果的任务被很好地定义。换言之，该运算符被限制于交换对当前规定的**任务**有意义的地点，因为我们不想允许某相关植物物种与它不生长的地点交换。因此，该运算符仅将**任务**变量的允许组合改变为其他允许的组合。这些限制不仅适用于这个运算符，而且也适用于随后所有的运算符。

尽管**互换_地点**确实有助于改变一项活动的性质，但是这种改变有点保守，因为它只包含已经以某种形式用于某既定时间安排的信息。例如，**互换_地点**为一个时间安排生成的地点改变，将仅基于已经与该时间安排相伴的地点。这是下面要描述的每个互换运算所代表的改变类型。

$\omega_4 =$**互换_区域**：该随机运算符代表在相同时间安排中，各兼容活动之间既定区域的交换。由于地点集是既定的区域，因此该运算符不仅仅涉及交换区域。对于每项参与任务，如果新区域与旧区域不同，那么必须在新区域中生成新的地点集。对于每项策略，这些新地点所包含的总面积被限定为与以前相同。对于某项策略 i，该过程如下：

1. 最初，用**互换_区域_种子**产生随机数 r_{10}，然后它被**互换_区域_决策**将 r_{10} 映射到集合 {是, 否} 中。

$$\text{策略}(i) \cdot \text{运算符}(4)\_\text{已使用} = \begin{cases} \text{如果 } r_{10} \leq \text{策略}(i) \cdot \text{运算符}(j)\_\text{概率}, \text{ 那么 "是"}, \\ \text{否则, "否"}. \end{cases}$$

与之前一样，**策略**$(i) \cdot$**运算符**$(j)\_$**概率**代表该群体将根据其对策略 i 的当前政策，来决策做出改变的概率。

2. 如果该决策以这种方式重新安排策略，那么所涉及的任务是随机确定的，这通过两个种子**互换_区域_任务_1_种子**和**互换_区域_任务_2_种子**完成。这些种子产生随机数 r_{11} 和 r_{12}，然后它们以与**互换_地点**相同的方式，由随机变量**互换_区域_任务_1**和**互换_区域_任务_2**映射到可用任务集合中。

3. 接下来用**互换_区域**运算符来交换执行这些任务的所在区域。

$$\text{互换}\_\text{区域}: \begin{cases} \text{策略}(i) \cdot \text{任务}(\text{互换}\_\text{区域}\_\text{任务}\_1) \cdot \\ \quad \text{区域} \to \text{策略}(i) \cdot \text{任务}(\text{互换}\_\text{区域}\_\text{任务}\_2) \cdot \text{区域} \\ \text{且} \\ \text{策略}(i) \cdot \text{任务}(\text{互换}\_\text{区域}\_\text{任务}\_2) \cdot \\ \quad \text{区域} \to \text{策略}(i) \cdot \text{任务}(\text{互换}\_\text{区域}\_\text{任务}\_1) \cdot \text{区域}. \end{cases}$$

4. 此外，如果交换的两个区域不同，那么从**面积_种子_1**和**面积_种子_2**生成两个随机数 r_{13} 和 r_{14}。它们中的每一个被映射到新区域的一个点位的子集，其包含与先前集合相同的面积。分配给每个可用点的子集，在 0 和 1 之间的实数轴上具有相等长度的子区间。新的子集区间分别与数字 r_{13} 和 r_{14} 重叠。

$\omega_5 =$**互换_资源**：该运算符对同一时间安排的两

项兼容活动之间交换焦点资源。该过程由三个随机变量进行协调，它们决定了策略i的这一决策的基本特征：

1. 当前的**互换_资源_种子**被用来产生随机数r_{15}。随机变量**策略**(i)·**运算符**(5)_**已使用**将r_{15}映射到集合{是，否}中，并与前一个运算符的相同。
2. 如果**策略**(i)·**运算符**(5)_**已使用**的值为"是"，那么用**互换_资源_种子**_1和**互换_资源_种子**_2生成两个随机数r_{16}和r_{17}。它们通过随机变量**互换_资源_任务**_1和**互换_资源_任务**_2映射到策略i的可用任务集中。
3. 最后，**互换_资源**运算符被用于这两个选定的任务，以产生所需的时间安排的改变：

$$\text{互换\_资源}: \begin{cases} \text{策略}(i)\cdot\text{任务}(\text{互换\_资源\_任务}\_1)\cdot\text{区域}\rightarrow\text{策略}(i)\cdot\text{任务}(\text{互换\_资源\_任务}\_2)\cdot\text{区域} \\ \text{且} \\ \text{策略}(i)\cdot\text{任务}(\text{互换\_资源\_任务}\_2)\cdot\text{区域}\rightarrow\text{策略}(i)\cdot\text{任务}(\text{互换\_资源\_任务}\_1)\cdot\text{区域}。\end{cases}$$

我们对重新安排决策的讨论就结束了，这些决策涉及在策略之内和之间进行重组的现有信息。现在我们将注意力转向另一组运算符，它们代表与一项策略相伴的描述性变量的彻底变化。

ω_6= **更改_资源**：这个运算符对那些重新安排的决策建模，包括将活动的焦点资源替换为与活动的当前植被区域兼容的另一种资源。与之前的运算符不同，这允许将以前在当下任何策略中没有被利用的资源引入到一个时间安排中。对于某项策略i，它可以正式描述如下：

1. 用**更改_资源_种子**生成r_{18}。然后**策略**(i)·**运算符**(6)_**已使用**将r_{18}以与先前运算符相同的方式映射到集合{是，否}中。
2. 如果**策略**(i)·**运算符**(6)_**已使用**的值为"是"，那么我们继续。用另一个种子**更改_资源_任务_种子**产生r_{19}，它通过随机变量**更改_资源_任务**映射到策略i的可用任务集中。这指要改变的任务。
3. 然后，**资源_值_种子**被用来得到r_{20}。通过把每个兼容资源分配到相等长度的[0，1]中的子区间，将此参数通过**新_资源_值**映射到与当前限定地点兼容的资源中。因此，r_{20}所在的子区间参数是新资源的参数。然后将此**新_资源_值**分配给**策略**(i)·**任务**(**更改_资源_任务**)·**资源**。

ω_7= **更改_区域**：这个重新安排运算符的功能，是要代表某项任务植被区域的改变。只有当在另一区域中找到当前资源时，这才是可能的。因此，该运算符能够描述将资源采集活动从一个区域移到另一区域的决策。

1. 对于给定的某策略(i)，采用**更改_区域_种子**获得r_{21}，然后以与其他运算符相同的方式，将**策略**(i)·**运算符**(7)_**已使用**映射到集合{是，否}中。
2. 如果决策为是，那么我们继续选择一项要改变的任务。是这样的：用**更改_区域_任务_种子**生成r_{22}，然后它被**更改_区域_任务**映射到其中一个可用任务中。如果可以在另一区域找到该活动的焦点资源，那么我们继续，由**新_区域_种子**生成r_{23}。然后，以我们的标准方式将该数字映射到与该焦点资源兼容的区域集合中。
3. 一旦做到这点，我们用**新_区域_地点_种子**获取r_{24}。随机变量**新_区域_地点**将该数字映射到新区域中具有相同面积的位置集合中。现在我们们无需关心这个映射的细节。

ω_8= **更改_地点**：这代表某区域内改变一项采集活动地点所做的时间安排调整。给定一个当前地点集，该运算符可以通过以下方式修改其子集，以产生新的集合。

1. 首先，根据有关是否转移地点的策略的当前政策所做的决策。在此，这个决策由**更改_地点_决策_种子**生成一个随机数r_{25}。如果r_{25}的值小于或等于针对该策略做的此决策的当前概率，那么随机变量**策略**(i)·**运算符**(8)_**已使用**分配"是"值；否则给予"否"值。
2. 如果该决策是肯定的，那么随机选择要改变的任务。**更改_地点_任务_种子**生成r_{26}，通过随机变量**更改_地点_任务**，映射到包含25个可用任务的一个集合中。
3. 接下来，输入**更改_地点_值_种子**到伪随机数发生器，产生r_{27}。然后将该随机数映射到可用地点的新子集中，其中分配每个子集一个[0，1]内的子区间。新的子集的区间与r_{27}的值重叠。

$$\left[T_1 \cdot T_2 \cdot T_3 \cdots T_{最大任务数}\right] \xRightarrow{\omega_1} \left[T_1^I \cdot T_2 \cdot T_3 \cdots T_{最大任务数}\right] \xRightarrow{\omega_2} \left[T_1^I \cdot T_2 \cdot T_3 \cdots T_{最大任务数}\right]$$

$$\left[T_1^I \cdot T_2^I \cdot T_3^I \cdots T_{最大任务数}^I\right] \quad\quad \left[T_1 \cdot T_2^I \cdot T_3^I \cdots T_{最大任务数}^I\right] \quad\quad \left[T_2^I \cdot T_1 \cdot T_3^I \cdots T_{最大任务数}^I\right]$$

图31.5 两个运算符 $\omega_1 \cdot \omega_2$ 组合为两种策略。

上述一组随机运算符代表了我们可以期望的某群体，在修改其采集策略方面做出的基本决策的集合。但是，这些并不是模型可以代表的仅有决策。例如，通过依次采用这些决策，我们可以表示更复杂的运算，如图31.5所示。这两个运算符按顺序应用于一项策略，所得到的策略可以被认为是由 $\omega_1 \cdot \omega_2$ 生成的。我们用"·"来表示运算符的这种顺序的应用，这表示基本运算的连续组合。通过这种方法，相对于我们的原始集合，我们可以表示更复杂的修改决策。

因此，我们并没有规定该群体可用的复杂决策的类型，而是定义了一组简单的基本决策，并允许该群体以任何方式组合它们。该群体通过其经验，能够做出被证明是有利的复杂决策。如图31.6所示，这些复杂的运算符可以有三种类型。在第一类中，序列中的所有决策都是重组类型的运算符。其组合产生更复杂的重组决策。同样，第二类代表更复杂的变异运算。然而，第三类是新的。它是前两者的混合体。其中我们找到同时包含变异和重组类型的运算符的决策。在模型术语中，某决策的阶反映了代表它所需基本决策的最小数目。之后在分析模拟结果时，我们可以观察到该群体在其适应的每个阶段产生层次的确切性质。

模型群体重新安排政策

现在已经介绍了运算符集合 Ω^D，我们再次将注意力转向某决策政策的详述。实施这样一个政策，意味着某些运算符将用得比其他的更频繁。在该模型中，在每个运算符基本集合用于修改特定策略的相对概率方面，规定一个政策。因此，对于每个当前策略，我们将一组描述性变量与其关联，它们反映每个运算符根据当前政策应用于该策略的概率。

此外，该群体成员必须回顾包含于每项策略中的上次重新安排决策的运算符。该信息用于增加或减少参与决策的运算符的绩效，以便分摊信用。例如，如果一个修改特定策略的决策是三阶（例如，$\omega_1 \cdot \omega_2 \cdot \omega_6$），并且它改善了该策略的绩效，该群体会想要修改三个运算符每个的概率，以便能更经常地重复这一有利的决策。

我们现在可以列出与模型决策政策组成部分相伴的描述性变量。该决策既定政策的描述性变量如下：

1. 对于每项策略，**策略**(i)，其中 $i \in \{1, \cdots$ **最大值_策略**$\}$，和**运算符**(j)，其中 $j \in \{\omega_1, \cdots \omega_8\}$，我们有**策略**($i$)·**运算符**($j$)·**概率**。

    这表示当前决策政策将运算符 $\omega_{(j)}$ 应用于策略 i 的概率。该变量的值域为 $[0, 1]$ 中的实数。

2. 变量**策略**(i)·**运算符**(j)·**已使用**反映了上一次运算符 j 参与重新安排策略的决策。该变量将从集合 $\{是, 否\}$ 中取值。

这里值得注意的重要一点是，上述讨论的这些重新安排运算符的效果，并不一定是加合。例如，如果其中一个运算符不与其他的联合使用，那么一个成功的涉及多个运算符的高阶决策，可能无法完全做到改善。这种非线性的存在意味着模型群体的适应，部分地变成搜索相互适应的运算符—运算符的集合，它们用在一起时才改进时间安排绩效。由于有大量可用运算符的潜在组合或仅是这些组合的子集和群体存储关于绩效信息的能力，这种搜索变得很复杂。

阶			
$n+1$阶	·	·	·
	·	·	·
	·	·	·
3阶	$\omega_8 \cdot \omega_6 \cdot \omega_4$	$\omega_1 \cdot \omega_2 \cdot \omega_3$	$\omega_6 \cdot \omega_1 \cdot \omega_2$
2阶	$\omega_6 \cdot \omega_8$	$\omega_1 \cdot \omega_1$	$\omega_1 \cdot \omega_6$
1阶	ω_6	ω_1	无
类型	变异	重组	混合

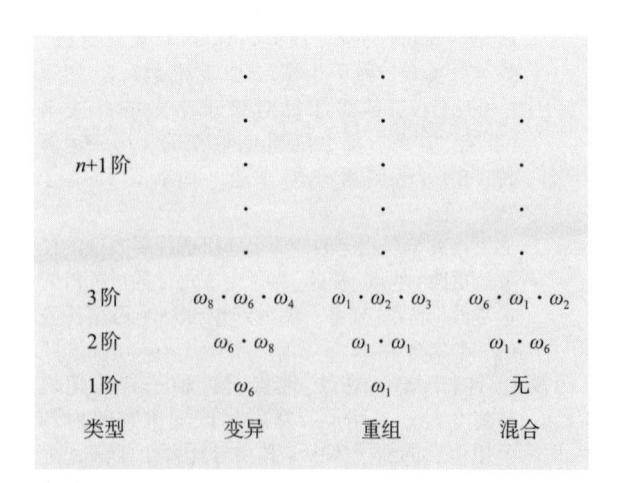

图31.6 通过连续应用运算符实现的高阶决策的层次结构。一个决策的阶代表生成它所需的基本运算的数量。这里只说明了三个阶，但可能还有更多。

但是，霍兰研究了一个系统可以应付这些问题的某些手段。为了说明他的方法，我们以所有三阶决策的集合为例。八个可用运算符中的任何一个，可以在这三个决策中的每一个中使用。这意味着可以做出 8^3 个基本类型的决策。我们可以使用以下符号来表示具有共同属性的这些决策的子集：例如，$\omega_1 \cdot \square \cdot \square$ 代表所有从 ω_1 开始的三阶决策，其中 $\square$ 代表"不在乎"。这些表示被称为模式，并且三阶决策存在 9^3 个模式。在未规定为"不在乎"的位置上定义模式。

任何给定的三阶决策（例如，$\omega_1 \cdot \omega_3 \cdot \omega_8$）是 2^3 个可能模式中的一个，可以通过将 $\square$ 替换为三个属性中的一个或多个来定义。因此，当我们观察 $\omega_1 \cdot \omega_3 \cdot \omega_8$ 的绩效时，我们其实在获取 2^3 个构成模式的绩效信息。这种情况称为内在并行。利用这种并行性的算法，已经被霍兰和赖特曼（Holland and Reitman 1978：313）证明可行。通过单个试验，这些算法能够测试许多模式，并将结果隐含地存储在当前可用的全体结构中。我们现在继续开发模型的转换函数，该函数确定群体能够随着时间的推移，改变其资源采集时间安排及相关的决策政策。在这种情况下，可以认为当前的可用时间安排及相关的重新安排政策，是从经验获得的信息存储数据库。霍兰将这组现有信息称为一段时间 t 的 $B(t)$（Holland 1975：91）。模型群体的转换函数描述了随着时间的推移且基于环境的输入，群体成员如何更新该数据库。如同我们将在下文中看到的，这个转换函数的某些部分具有上面讨论的内在并行性，它便于搜索相互兼容的资源时间安排和重新安排政策。

基本转换函数

在规定了资源采集时间安排的结构及相关决策政策的结构之后，我们仍需描述允许该群体根据其在环境中的经验来改变这些结构的转换函数。一个典型周期的转换函数可以看作一些基本过程的组合。

1. 最初环境状况是随机确定的。
2. 下一过程涉及群体成员打算采用的策略子集的选择。根据当前环境信息以及过去的绩效来选择使用时间安排。
3. 这个过程模拟该群体成员的日常觅食活动。
4. 随着季节结束，得到对每个选定时间安排预期总体绩效的印象。
5. 将每项策略的绩效与所使用的其他策略的绩效相比较，并与某些最低绩效标准进行比较。这些比较的结果是对时间安排绩效的一种相对印象。
6. 如果自上次使用该策略后对其进行了重新安排，那么比较两者的相对绩效。如果这种变化与相对绩效的改善有关，那么组合起来产生该决策的所有决策运算符（被使用）的概率就会增加。反之，如果绩效下降，那么使用每个相关联的运算符的概率就会降低。
7. 接下来，根据时间安排的当前相对绩效，决定将已更新的这些重新安排政策中的每一个，应用到相关时间安排中。

这些过程一起代表了该模型在一个周期内对该系统所做改变的特点。我们现在依次描述每个组成过程。

1. 先前的环境状态被 δ_1 映射到某新状态。在此，由随机变量**本年度**表示。从瓦哈卡河谷（Kirkby 1973）当前降雨模式的数据得出以下环境状态及相关概率：

   a. "湿润年"降雨量超过 600 毫米。其概率约为 0.25。

   b. 降雨量少于 420 毫米的年份定为"干旱年"。发生这种情况的概率是 0.25。

   c. 降雨量在 420 到 600 毫米之间，既不湿润也不干旱的年份称为"平均年"，发生概率为 0.50。

因此，**本年度**以下列方式，将由**年度_种子**生成的随机数分配到集合 {湿润，干旱，平均} 中：

$$\text{本年度} = \begin{cases} \text{如果 } r_{28} \leq 0.25\text{，那么干旱，} \\ \text{如果 } 0.25 < r_{28} \leq 0.75\text{，那么平均，} \\ \text{否则，湿润。} \end{cases}$$

注意，目前的降雨量并不取决于往年的降雨量。这个假设是基于柯克比对瓦哈卡河谷当前降水数据的分析作出的。

2. 在确定了今年的气候条件之后，下一阶段是选择该群体打算采用的策略集合的过程。该集合根据该群体当下信息和需求生成。函数 δ_2 对每个 $i \in \{1, \cdots 10\}$，将**策略**(i)_**已使用**映射到集合 {是，否} 中。它以以下方式随机选择要使用的当前可用策略的一个子集：

$$\text{策略}(i)\_\text{已使用} = \begin{cases} \text{如果随机数}(\text{评估}\_\text{种子}) \geq \text{策略} \\ (i) \cdot \text{绩效} \times 0.14 + 0.08,\text{且如果随} \\ \text{机数}(\text{气候}\_\text{种子}) \leq \text{相容性}[\text{本} \\ \text{年度, 策略}(i) \cdot \text{上次使用}],\text{那} \\ \text{么, 是,} \\ \text{否则, 否。} \end{cases}$$

随机数（评估_种子） 表示通过将**评估_种子**应用于伪随机数发生器所获得的随机数。请注意，选择一项策略的概率基于两个因素。首先，与一项策略相关的绩效印象越好，它被采用的概率就越大。绩效方面，最佳绩效有 0.92 的使用概率，而最差的则只有 0.08 的概率。然而，该策略上次使用的年份类型也很重要。当前环境与上次运行该策略时的环境越相容，其过去绩效越有可能反映当前的潜力。给定当前年份类型和上次采用该策略的年份类型，这里所用的相容性指数分配选择一项策略的概率，列于表 31.2 中。如果两年类型一致，则策略的绩效是做出决策的关键因素。它们越不一致，环境上的这些考虑对不采用一项策略决策的影响越大。

3. 转换函数的第三部分，δ_3 处理 8 至 11 月期间对这些选定策略的使用。最初每项策略可以在开始采用这项策略之后的 120 天中多次采用。在每次策略后接下来的 10 天内，该群体的采集活动受该策略的主导。使用策略的确切时间取决于与时间安排相关的焦点资源的分布和可获性。根据侦察报告，该群体能够了解当前环境状况，以便采用它觉得最适合此情况的采集策略。换句话说，该群体知道在 t 时间 x 地点当前发现的植物材料数量的固定概率。对于每个可到达的地点 x，有一个随机变量**知识**(x)，在 t 时间把地点 x 映射到具有固定概率的集合 {是, 否} 中。随后，该群体在 t 时间对其环境的感知，由**知识**(x) 值为是的所有地点 x 的信息组成。如果现在是选择某项新策略的时候，那么将今年打算使用的该策略与该群体的当前信息进行比较。然后根据比较结果，每项策略具有某种肯定的被选概率。该群体目前了解的含有最多地点的策略便是选定策略。如果有平分，他们选择具有最高相对绩效的策略。由于该群体打算采用由 δ_2 选择的每种

表 31.2 在给定的当前年份类型及上次使用某策略的年份类型的情况下，选择一项策略的概率

当年类型	上次采用策略 i 的年份类型	根据气候相容性选择的概率
干旱	干旱	1.0
干旱	平均	0.5
干旱	湿润	0.25
平均	干旱	0.5
平均	平均	1.0
平均	湿润	0.5
湿润	干旱	0.25
湿润	平均	0.5
湿润	湿润	1.0

策略，我们假定在该季节中，允许每项有意向的策略至少采用一次的方式搜索地点子集。这是通过改变该季节中的**知识**(x) 的概率来实现的。在该基本模型中，获取有关地点 x 信息的概率，即在意向策略集合中涉及的次数的一个函数。在该季节开始时，该群体了解有关地点 x 的概率，即该群体打算采用的策略集合中涉及地点 x 的次数除以**地点_总计**。**地点_总计**代表在意向策略上可以涉及该地点的最大数目。因为某策略中的 25 项任务中，每一项都可以涉及一个地点一次，所以**地点_总计** = 25 × 意向采用策略的数目。一旦采用了某项策略，就调整搜索可用地点的概率。这样的调整是因为活动的结果是这些地点资源的枯竭。这意味着搜索其他地点的概率变高。在该模型中，通过去掉该策略涉及该地点的总数，并除以**地点_总计**的新值，为每个地点 x 完成调整；其中**地点_总计** = (旧) **地点_总计** − 25。这并不排除再次采用该策略的概率。只是说在不远的将来，该策略对于主导该群体信息采集活动的影响较小。这种概率调整只发生在最初采用每项意向策略之后。对某项策略的后续采用直到已经至少采用了每个意向策略一次后才重新调整概率。在这时，复原季节开始时盛行的原始概率，并且该过程重新开始，每 10 天选择一项策略，一直到该季节第 120 天整个过程是一个持续过程。因为现在大多数涉及的地点已经去了

至少一次，并且先前被搜索的地点可能重新开始变得有吸引力，（因而后续采用某项策略的）概率被复原。

因此，每种意向策略至少被该群体采用一次。我们现在根据模型中描述的t时间的特定策略i，来讨论该群体的觅食活动。

从圭拉那魁兹的荆棘林A开始，采集者进入第一个既定的活动区域，**策略**(i)·**任务**(1)·**区域**。他们在那里搜寻每一个既定地点**策略**(i)·**任务**(1)·**地点**，寻找焦点资源**策略**(i)·**任务**(1)·**资源**。在t时间与每个地点相伴的是那里可获资源的数量，以蛋白质和卡路里表示。把这些数量加到变量**策略**(i)_**蛋白质**和**策略**(i)_**热量**中。搜寻地点所涉及的面积被添加到**策略**(i)_**面积**以及**天**_**面积**中，**天**_**面积**是记录一天搜寻面积的变量。在采用该策略之前，这些变量都设置为0。此外，从洞穴到该区域步行的距离由综合指数**距离**以如下方式表示。每个采集日开始时，**距离**设置为0。每次采集者从某区域移动到一个相邻区域，指数增加1。这不仅表示区域之间的移动，而且也表示在既定区域内搜寻焦点资源所步行的距离。如果采集者必须先穿过其他区域到达既定任务区，那么对于每个穿越区域，指数增加1。因此，如果该群体从荆棘林A转移到牧豆树草地B去采集牧豆，指数将增加3，因为采集者将穿过荆棘林B、牧豆树草地A和牧豆树草地B。一个采集日是根据该群体搜寻面积和步行距离来衡量的。前面提到，该群体在一天内可以搜寻的最大面积（**天**_**面积**）为0.33公顷；在一天内可以行走的最大距离在这里设置为6。为了对这个距离有个概念，该群体从洞穴下到牧豆树草地B的河流并回来，是6阶。虽然直接去牧豆树草地A和从那里回来本身需要不到一天的时间，但是我们必须记住，为了查看诸多既定地点而在一个区域内行走，其距离也算在步行的总距离中。

因此，从一次时间安排的第一个活动开始，该群体采集一定量的资源，并必须行走一定**距离**、搜寻某一**面积**。如果与序列中下一个任务相关联的**距离**和**面积**的潜在增量的总数，不超过每日限制，该群体将继续执行下一个任务。否则，下一个任务将在新一**天**+1开始，并且天的指数**天**_**面积**和**距离**重置为0。

这一活动的周期将持续到增加新任务将导致**天**指数超过10（当该群体开始采用该策略时，**天**最初设置为0）。这时**策略**(i)_**蛋白质**和**策略**(i)_**热量**代表所采集的总植物资源，而**策略**(i)_**面积**代表搜索的总面积。该季节中每采用一项策略，将所需收益分别添加到**策略**(i)_**蛋白质**和**策略**(i)_**热量**中。到季末，这两个变量都代表了策略的总收益。**策略**(i)_**面积**代表10天期间所有任务涵盖的区域。该季节中这项策略的这个值不变。

4. 该季节结束时，每个被采用的策略绩效的总体预期由δ_4生成。每项总收益估计，**策略**(i)·**蛋白质**和**策略**(i)·**热量**除以**策略**(i)·**面积**，生成**策略**(i)·**蛋白质**_**努力**和**策略**(i)·**热量**_**努力**。这些变量用来测算该策略为获得总收益所花费的努力。

5. 随后，由采用策略样品的总体绩效形成的预期，由δ_5表示。在该模型中，δ_5通过对每个采用的单项策略的期望取平均值产生。因此，**样品**_**蛋白质**代表用过的策略集合中，平均预期的蛋白质收益。这同样适用于**样品**_**热量**、**样品**_**热量**_**努力**和**样品**_**蛋白质**_**努力**。接下来，比较每项策略的预期绩效与样品的预期绩效，以产生策略的相对绩效印象，**策略**(i)_**绩效**。这一比较的基础已经在前面描述过，这里不再重复。

6. 现在已经仔细审查了这些自上次使用以来被改变的使用策略。如果现在环境状况与上次检验该策略时相同，**本年度**=**策略**(i)·**上次使用**且**策略**(i)·**绩效**−**策略**(i)·**上次绩效**≠0，那么重新安排的决策肯定影响了策略的绩效。对决策作出贡献的决策运算符的概率的相应调整，由δ_6表示。调整的性质取决于是否实现了绩效的改善。对于特定的策略i，过程如下：

   a. 生成随机数**随机数**(**修改**_**种子**)。随机变量**修改**_**决策**将该数值映射到集合{是，否}中：

   $$\text{修改\_决策} = \begin{cases} \text{如果}\textbf{随机数}(\textbf{修改\_种子}) \leq |\textbf{策略}(i)\cdot\textbf{绩效} - \textbf{策略}(i)\cdot\textbf{上次\_绩效}| \times 0.14 + 0.08 \\ \text{且}\textbf{本年度} = \textbf{策略}(i)\cdot\textbf{上次\_已使用}，\text{那么，"是"，} \\ \text{否则，"否"。} \end{cases}$$

请注意，即使没有发生变更，该策略的资源时间安排政策仍然有改变的一些机会，尽管这种机会较小。

b. 如果该决策为是，那么对于与策略政策相伴的4个运算符中的每一个都执行以下程序：如果**策略**$(i)\cdot$**运算符**$(j)\cdot$**已使用**=是，那么对于每个$j\in\{1,\cdots 8\}$，若变化导致改善，则随机上调使用该运算符的概率，若变化导致绩效下降，则下调。

$$\delta_6: [\text{策略}(i)\cdot\text{运}\atop\text{算符}(j)\cdot\text{概率}] = \begin{cases} \text{如果}\text{策略}(i)\cdot\text{绩效}-\text{策略}(i)\cdot\text{上次\_}\\ \quad\text{绩效}<0 \\ \text{那么生成随机数}(\text{运算符\_种子})\in \\ \quad [0,\text{策略}(i)\cdot\text{运算符}(j)\cdot\text{概率}] \\ \text{否则，如果}\text{策略}(i)\cdot\text{绩效}-\text{策略}\\ \quad (i)\cdot\text{上次\_绩效}\geq 0 \\ \text{那么生成随机数}(\text{运算符\_种子})\in \\ \quad [\text{策略}(i)\cdot\text{运算符}(j)\cdot\text{概率},1] \end{cases}$$

这里，**随机数**（**运算符_种子**）被映射到指定端点之间均匀分布的数字集合中。接下来，对于策略i中的每个运算符，**策略**$(i)\cdot$**运算符**$(j)\cdot$**已使用**被重置为否。

请注意，通过增加参与改进一个时间安排的决策的运算符的概率，我们增加了该运算符起决定作用元素的每个模式的可行性。例如，如果ω_1的概率增加，$\omega_1\square$、$\square\omega_1$、$\omega_1\square\square$、$\square\omega_1\square$、$\square\square\omega_1$等的概率也增加。因此，通过增加一个运算符的概率，还可以增加其关联模式的预期事件的数量。该属性之前被称为内在并行，允许模型群体隐含地测试并且同时存储关于多个相关模式的信息。与改善相关联的那些模式将变得更加普遍，而那些产生减少的模式将变得不那么频繁。

c. 如果重新安排策略的时间安排决策是肯定的，则对8个决策运算符中的每一个执行以下过程：生成一个随机数**随机数**[**运算符**(j)**_种子**]。于是**策略**$(i)\cdot$**运算符**$(j)\cdot$**已使用**是将该数字映射到集合{是,非}中的随机变量，使得

$$\delta_7: \text{重新安排} = \begin{cases} \text{如果随机数}(\text{重新安排\_种子})\leq\text{策略}\\ \quad (i)\cdot\text{绩效}\times 0.14+0.08，\text{那么，"是"，}\\ \text{否则，"否"。} \end{cases}$$

因此，重新安排一项策略的概率是其绩效的线性函数。请注意，即使最佳绩效，**策略**$(i)\cdot$**绩效**$=0$，也会有变化的可能。

d. 如果重新安排策略的决策是肯定的，则对8个决策运算符中的每一个执行以下过程：生成随机数**随机数**[**运算符**(j)**_种子**]。**策略**$(i)\cdot$**运算符**$(j)\cdot$**已使用**是将该数字映射到集合{是,否}中的随机变量，使得

$$\text{策略}(i)\cdot\text{运}\atop\text{算符}(j)\cdot\text{已使用} = \begin{cases} \text{如果随机数}[\text{运算符}(j)\text{\_种子}]\leq\\ \quad\text{策略}(i)\cdot\text{运算符}(j)\cdot\text{概率，那}\\ \quad\text{么，"是"，}\\ \text{否则，"否"。} \end{cases}$$

因此，根据策略i目前的重新安排政策，对运算符的使用做出决定。如果决策是肯定的，那么**策略**$(i)\cdot$**运算符**$(j)\cdot$**已使用**被设置为"是"，并且根据前面给出的规定，将适当的随机运算符应用于系统。

环境模型

这完成了我们对构成模型的基本适应子系统的讨论。现在我们将注意力转向与之相互作用的环境子系统。在每个季节开始时，这个子系统的初始状态是现在和过去年份类型的函数。与每个位置相伴的是当前年份类型的组合的平均总采集收益——**蛋白质_收益**$\cdot$**资源**$(i)\cdot$**地点**(j)和**热量_收益**$\cdot$**资源**$(i)\cdot$**地点**(j)。一般说来，每一个地点相对于连续两个平均年份的收益如表31.3所示。假定此相对收益适用于该地点的每个资源。

表31.3 每个位置相对于连续两个平均年份的序列的收益

上一年	当 年	相对收益
平 均	湿 润	1.25倍
平 均	干 旱	0.75倍
湿 润	干 旱	1.0倍
湿 润	湿 润	2.0倍
湿 润	平 均	1.25倍
干 旱	干 旱	0.5倍
干 旱	湿 润	1.0倍
干 旱	平 均	0.75倍

在两个平均年份里，一个地点的收益被定义为在野外所见的该位置的平均测量收益。

每次，该群体选择在特定地点 j 搜索资源 i 时，为随机变量**收益**分配一个介于**最小_采收**和**剩余_百分比_资源**(i)·**地点**(j) 之间的值。也就是说，该群体潜在的采集量不低于某最小量**最小_采收**，而不多于总剩余收益。如果**剩余_百分比_资源**(i)·**地点**(j) 小于**最小_采收**，则为**收益**分配**剩余_百分比_资源**(i)·**地点**(j) 的值。**收益**表示采集的分数，**剩余_百分比_资源**(i)·**地点**(j) 表示剩余百分比。后一个变量最初设置为1。每次搜索该地点时，该群体将采集该总数的某分数**收益**。然后**剩余_收益_资源**(i)·**地点**(j) 的值通过采集的分数减小。将与采集分数相伴的蛋白质量和热量添加到**策略**(i)·**蛋白质**和**策略**(i)·**热量**中。

最小_采收值由群体根据经验决定，它大得足以确保该群体获得该地点所有的可获资源。

我们现在完成了对基本模型的描述。该模型非常详细，在计算机上模拟将太昂贵。因此我们在下一个段落开发了一个简化版本，它保留了该模型的行为，但在计算机上较易模拟。

简化基本模型

尽管上一段落中介绍的基本模型很好地代表了该系统中我们关注的方面，但测试模型需要关于该季节每个地点每个主要植物资源的总收益数据。目前唯一可用的数据是每公顷每个主要植物物种的总收益。因此，我们必须做的是简化我们的基本模型，以便使用这些可获得的数据。但是，我们必须这样做来产生一个与原来模型相对应的新模型。我们首先描述对基本模型所作的改动，然后证明这个新模型的行为方式与原来的模型大致相同。

首先对资源安排组成部分作以下改动：如果我们要对每个区域的每种资源利用每0.001公顷的平均收益，我们不再需要有关地点的具体信息。相反，我们用一个代表所有这些地点面积的变量替换地点细节。因此，对于每个**策略**(i)·**任务**(j)·**地点_待搜索**，我们替换一个新变量**策略**(i)·**任务**(j)·**面积**，表示搜索这些地点所包含的面积。

现在对重新安排适应性系统中的每个运算符作相应改动：

1. 对于 ω_1= **交换_外部**，除了交换的任务采用**策略**(i)·**任务**(j)·**面积**而不是**策略**(i)·**任务**(j)·**地点_待搜索**之外，没有任何真正的改变。
2. 对于 ω_2= **交换_内部**，除了 ω_1 中提及的之外，没有任何变化。
3. 这里 ω_3= **互换_地点**与之前表示同一策略中任务之间地点集的交换不同，是在任务之间区域描述的交换。但是，此过程的机制与以前相同。
4. 对于 ω_4= **互换_区域**，除了不再需要为每个参与的任务规定一个新的地点集合以外，没有任何真正的改变。因此，现在可以省略规定中的步骤4。
5. 对于 ω_5= **互换_资源**没有变化。
6. 对于 ω_6= **更改_资源**没有变化。
7. 对 ω_7= **更改_区域**的修改与对 ω_4 的修改相同。因为不再需要为新区域重新生成具有相等面积的新的地点集，所以可以省略步骤4。
8. 对于 ω_8= **更改_地点**，我们无需选择一个新地点的子集，而只需要选择不同的搜索面积数量。也许最简单的可视化方式是按先前完成的，选择一个地点子集，并把此子集覆盖的区域分配给**策略**(i)·**任务**(j)·**面积**。因此在我们的集总模型中，重要的不是特定的地点，而是它们覆盖的区域。

记着这些基本的结构变化，现在让我们来看对系统的转换函数所作的改变：

1. 新环境状态的决定因素 δ_1 没有改变。
2. 选择该季节中使用策略的方式 δ_2 也没有改变。
3. 唯一改变很大的过程是 δ_3。以前，δ_3 模拟了该群体的日常觅食活动。这些活动的结果是根据总收益产生的绩效估计的。然而，这需要估计平均年份每个地点每种主要资源的收益。由于我们目前的数据包括在一个平均年份每个区域平均地点的总收益估算值，所以我们重组 δ_3，以便使用这些数据。

由于任意一项采集任务的总收益，包含该策略的每个地点的总收益的和，所以这个总和可以如下重新表述：

1. 在区域 j 的 n 个地点中，资源 i 的平均总收益表示为 n*，其中 n 是任务搜索的地点数。随着 n 的增加，n 个地点的平均收益接近该区域所有地点的平均收益。此外，由于任务被定义为是独立于地点的（在所有当前使用的任务中每个地点最多涉及一次），所以在某区域 j 中，使用特定资源 i 的每个任务的平均总收益是 m*。
2. 鉴于 m* 是区域 j 的 n 个地点上资源 i 的平均总

收益，其中 n 是该策略中这样的地点的总数，那么如果 m 大，则 n 个地点的平均收益将非常接近该地区所有地点的平均收益。在其他地方显示，只要 n 具有一定的最小规模，使用平均收益来表示每个单位面积的绩效，而不是使用每个单位面积的收益率，对一项策略将产生相同的平均绩效值（Reynolds 1979）。由于转换函数剩余的部分仅受相对绩效指标的影响，这意味着将一组计算替换为另一组计算，不会影响系统的整体行为。

所以我们的新版 δ_3 强调了每项策略的平均总收益，而不试图处理觅食活动的多样性。因此，该过程采用以下形式：对于该群体选择使用的每项策略，计算每项策略的总收益。这通过与基本模型相同的方式查找10天时间内实际采用了哪些任务来完成。一旦这个任务集合被限定，就计算每个任务的总收益。这通过将区域 j 资源 i 每 0.001 公顷的平均总收益乘以该任务搜索的 0.001 公顷单位的数目来完成。然后将这些任务的收益加在一起，获得策略的总收益。

3. 对于每项策略，推导出总体绩效预期 δ_4 的过程与基本模型中的相当。
4. 对整项策略样品（δ_5）的总体绩效预期的形成也不变。
5. 根据绩效，对一项策略改变重新安排政策的过程与以前相同，虽然如前所述运算符的功能略有变化。
6. 按照绩效，重新安排每个采用策略的基本过程与以前相同，虽然如前所述具体的重新安排的决策策略有改变。

可以用相当直白的方式表明，当上述模型和基本模型在相同状态下启动，并且接收相同的输入序列时，两者表现出相同的平均行为。鉴于我们对每一个系统都有一个正式的描述，剩下的只是构建两者之间的对应关系。齐格勒（Zeigler 1976：267）指出，为了使两个系统表现出相同的行为，它们之间必须保持一些关系。其他地方详细地说明了这种关系可以在我们的现有模型之间建立（Reynolds 1979）。因此，我们可以放心，通过下面的模拟，我们简化模型获得的结果也体现了该较详细的基本模型的基本特点。

Part 6　前农业的模拟

引言

弗兰纳利（Flannery 1968）描述了墨西哥高地南部农业演化早期阶段的特点，其特征是一系列正反馈回路，使得能够令前农卡的形态有越来越大的偏差。弗兰纳利认为，这些回路在先前存在的狩猎采集生存系统中发生了一系列微小的（也许最初是意外的）偏离，并将其放大，使其开始在一些同类子系统中产生广泛的变化。

在本节中，我们建议，先前存在的系统互动形态有可能产生后来的这些偏差放大循环，这种系统互动已被某些适应"填装"（primed），这些适应鼓励该系统搜寻和开拓为该系统带来积极变化的资源。例如，我们在图31.7中看到这些适应子系统之间的一组基本的互动。请注意，正反馈和负反馈循环都有一种潜力。这些互动的确切性质取决于该模型的当前状态及其环境。我们在下一段落中做的是从随机的一个资源时间安排策略集合开始的，这将使重新安排的子系统有足

够的空间进行改进。最初，我们期望该群体随着时间的推移生成和维护绩效改进的定向序列。如果该群体可以做到这一点，那么代表与这个正反馈循环相伴的行为方式，及该群体可能取得的维持这种回路的任何适应，将很有意思。当时间安排改善到当前信息不足以允许重新安排可用策略的持续成功时，两个系统之间的互动会逐渐发生变化，使负反馈回路为主导。这样，群体的重新安排政策将变得更保守，以避免失去已做出的改善绩效的风险。

然而，该群体会保持正反馈循环中获得的决策适应。这些适应"填装"了该系统，使其在另一个明智的保守决策环境中，仍使寻求改进作为一条潜流。在发现某种改善的情况下，这些适应可用于重启正反馈循环。事实上，这正是在 Part 8 引入初始农业时所发生的事情。

然后，我们比较了我们的前农业模型与同一时期圭拉那魁兹E层和D层数据的绩效。这样的比较令我们看到，我们模型群体的行为在多大程度上符合现

31 瓦哈卡河谷东部植物采集与早期农业演进的适应性计算机模型

图31.7 该系统组成部分的基本互动。

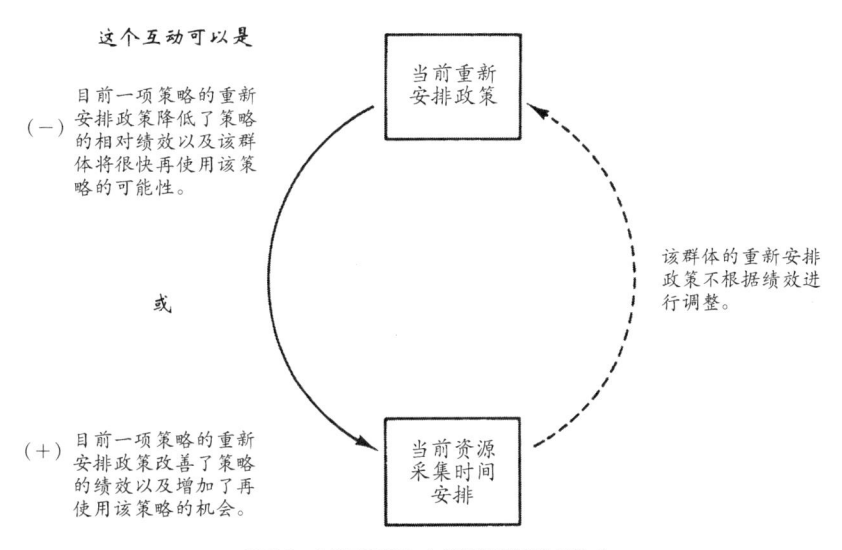

图31.8 去掉反馈循环。（虚线表示禁用的互动。）

实世界的行为。如果它们互相契合，我们将有充分的理由相信，这是与时间推移相对应的重新安排行为的结果。

最后，我们改变模型中这些子系统之间的互动网络，来看看该系统的绩效会受何种影响。特别是，我们不再允许时间安排系统根据绩效调整其决策政策。这将禁用图31.8所示的反馈回路。

这个调整后的系统能够反映考古材料的程度，为了解这些反馈机制在实际系统运转中的重要性提供了洞见。

模型群体的行为：在一种挑战性的环境中学习适应

由于我们的兴趣在于，该模型群体随着时间的推移，如何能将从环境中获得的信息融入其决策之中，因此我们以一种无差别的随机方式开始基本的结构集合。给每10个初始策略分配相同的随机活动顺序，其中采用的基本任务如表31.4所示。0.075公顷的固定搜索面积与每个策略中的每项任务相关联。采用这些策略的分配来表示该群体在初次面对此环境时对其的初步认识。与缺乏时间安排经验相对应的是缺乏决策经验。在这种情况下，每个基本的重新安排决策有50%的机会被使用。如果我们的模型完全代表了该群体时间安排系统的诸多适应方面，那么该模型群体的行为结构将根据其经验，随时间而变化。

如果该模型群体确实能从其经验中学习，那么随着时间的推移，其绩效应该会变得更好。为了衡量群体绩效的变化，通过将以下变量加在一起，形成一个指数：

$$3 \times 样品\_蛋白质\_平均 + 样品\_热量\_平均 + 3 \times 样品\_蛋白质\_努力 + 样品\_热量\_努力$$

这些代表了该群体用于判断每项策略在某给定季节的绩效的四个变量。因此，在某给定季节，该指数代表了样品策略的整体绩效，这基于所获得的平均蛋白质量和热量，以及获取这些量所花费的努力。与获取蛋白质相伴的变量都被乘以因子3，所以四个变量对指数的贡献将是相同的数量级。

在图31.9—31.11中，对每三个年份类型中的每一个，上述指数的变化都显示在500个时间步长中。请

表31.4 每个初始策略中均使用过一次的25个任务

资　源	区　域	面积（公顷）
橡　子	荆棘林A	0.75
矮松果	荆棘林A	0.75
针叶樱桃	荆棘林A	0.75
针叶樱桃	荆棘林B	0.75
野　豆	荆棘林A	0.75
野　豆	荆棘林B	0.75
麻风树果	荆棘林A	0.75
麻风树果	荆棘林B	0.75
麻风树果	牧豆树草地A	0.75
龙舌兰芯	荆棘林A	0.75
龙舌兰芯	荆棘林B	0.75
龙舌兰芯	牧豆树草地A	0.75
仙人掌果嫩茎	荆棘林A	0.75
仙人掌果嫩茎	荆棘林B	0.75
仙人掌果嫩茎	牧豆树草地A	0.75
仙人掌果嫩茎	牧豆树草地B	0.75
仙人掌果	荆棘林A	0.75
仙人掌果	荆棘林B	0.75
仙人掌果	牧豆树草地A	0.75
仙人掌果	牧豆树草地B	0.75
牧豆荚	荆棘林B	0.75
牧豆荚	牧豆树草地A	0.75
牧豆荚	牧豆树草地B	0.75
朴树果	牧豆树草地A	0.75
朴树果	牧豆树草地B	0.75

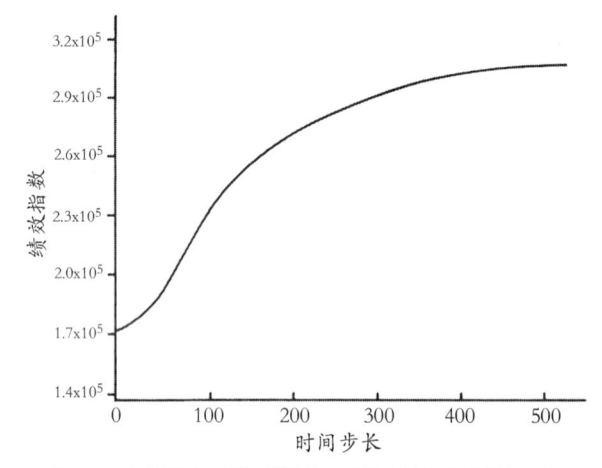

图31.9 随时间推移，该模型群体在"干旱"年份类型中的绩效变化。

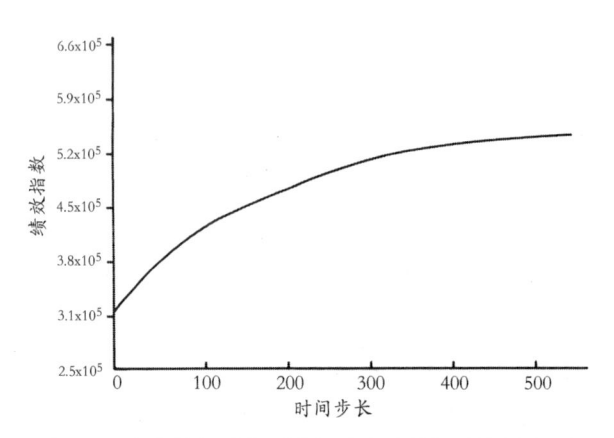

图31.10 随时间推移，该模型群体在"平均"年份类型中的绩效变化。

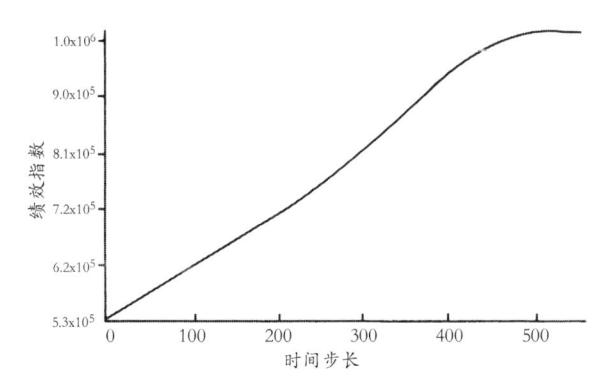

31 瓦哈卡河谷东部植物采集与早期农业演进的适应性计算机模型

图31.11 随时间推移，该模型群体在"湿润"年份类型中的绩效变化。

注意，尽管最快的改善速度随着时间的推移，与干旱和平均年份类型相关，但是该群体在所有三种情况下都能提高其绩效。在干旱和平均年份中，许多物种的收益下降给该群体带来了一定的生存压力。这种选择压力显然导致了该群体在这些年份的采集活动的迅速改善。

同样有趣的是，该群体在绩效方面，对待干旱和平均年份似乎有相同应对。例如，注意该群体在大约300次反复后，在两种年份类型中都不能产生多少绩效改善。也许这是因为在一个平均年份该群体的选择压力依然很大，以至于他们不得不像干旱年份一样对待平均年份。

另一方面，湿润年份与相对高的收益相伴，在这种情况下生存容易得多。绩效制约的减少，意味着在这样的环境中可以采用较多种的采集策略。结果，该群体在湿润年份的绩效需要更长时间来稳定，几乎可长达两倍的时间。这是因为，在已经令人满意的情况下，不太会关心绩效的改善。而且，缺乏长时间的存储技术，意味着在某合理时间长度内，不会刺激该群体采集超出其消费的东西。

虽然给予我们的假设群体有三种年份类型需要应对，但根据每个年份类型的相对选择压力，将其减少为两类（湿润相对于干旱或平均）。这很有意思，因为今天瓦哈卡河谷许多说萨波特克语的人们，似乎都将最近记忆中的所有年份归入"湿润"或"干旱"两类（比如参见Kirkby 1973：附录I）。因此，对于萨波特克农民，尽管实际年份降雨很不相同，他们只以两种年份行事。我们的模型群体有相同做法的事实可能表明，这种环境感知有一种功能的基础。

该模型群体能够在其资源采集活动中产生一些修改，起初是让绩效明显提高。然而随着时间的推移，该群体较难通过提供的信息作出新的改善。结果，该组通过500次反复达到稳定的绩效状态。从表31.5可以明显看出该群体在现阶段利用的植物资源。其中给出了每个主要资源在每个任务中的平均搜索面积。请注意，橡子和朴树果最受重视。这是一个好征兆，因为我们已经在第19章看到，这些是圭拉那魁兹E层和D层中两类最丰富的资源。在下一段落中，我们将更详细地讨论这些数据与洞穴材料之间的对应关系。

此时，该群体所从事的大部分活动集中在洞穴附近的荆棘林区。在这十项策略中，只有一项活动在这些区域之外比区域内更多。该策略强调牧豆树草地中的任务。尽管牧豆树草地里从事的活动不如荆棘林区多，但是从事的那些活动要比其他环境里大部分任务含有更多当天活动的份额。这也许是由于该群体首先要花上这点时间，从洞穴到达牧豆树草地。

随着环境经验的增加，该群体的重新安排政策也发生了变化。这些趋势如图31.12所示。请注意，所有运算符最初呈现出使用的减少。这时，该群体尚没有作决策的经验基础。因此，把政策调整到相关的时间安排要花上几个周期。一旦做到这点，就有作出改进的机会。

表31.5 500个时间步长后涉及每个主要资源的活动的平均搜索面积

资　源	平均使用面积（公顷）	基于平均面积的次序
矮松果	0.133	3
橡　子	0.164	2
银合欢	0.104	10
麻风树果	0.115	9
龙舌兰	0.117 5	8
针叶樱桃	0.123	6
野　豆	0.080	12
牧　豆	0.127 5	5
西葫芦	0.129	4
朴树果	0.171	1
仙人掌果	0.121	7
仙人掌果嫩茎	0.106	11

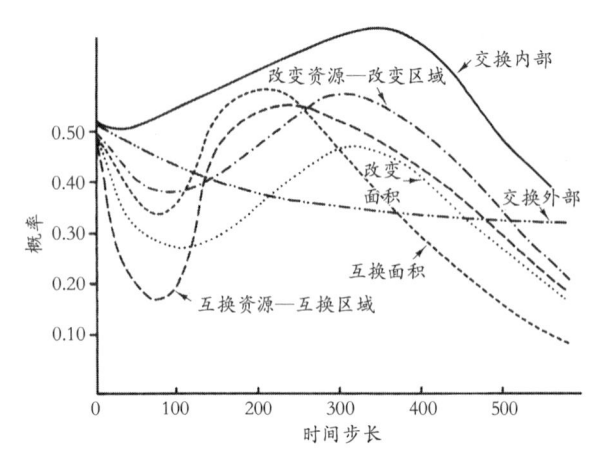

图31.12 基于采样策略的每个运算符平均概率的变化。"改变资源"和"改变区域"一起显示,"互换资源"和"互换区域"也一样。

最早呈现增加的使用运算符,是那些重新组合现有规定而非建立新规定的运算符。单用这些运算符,就解释了干旱年份绩效曲线的缓慢增长期。但是,大约在150个时间步长之后,变异运算符也开始发挥作用。两者共同导致了干旱年份绩效曲线的快速增长期。接下来,某些重组运算符开始较少被使用;到300个时间步长,变异运算符呈现出类似的变化。从这里开始,该群体的重新安排政策变得越来越保守,而由此开始,绩效曲线变得扁平化了。

换言之,由重组运算符组成的模式最早呈现出主要的增长。随着模型群体对重新安排决策的经验增加,该群体开始更经常地采用高阶模式。到350个时间步长时,所有变异运算符与重组运算符一起发挥作用。然而,任何这些模式已较难影响大多数可用采样策略的绩效改善。结果是400次迭代时采样策略集合的可用模式的总体复杂性开始减少。然而,这并不意味着特定策略政策的复杂性必然会降低。

尽管平均而言,该群体的重新安排政策往往随着时间的推移变得较为保守,但也有一些例外。这些例外在到500个时间周期时非常明显。特别是少数策略发展出鼓励试验的重新安排政策。在500个时间步长后,一项策略对每个重新安排运算符有0.75的平均概率。这意味着很可能它每次使用时都会有改变。

乍一看,这似乎并不符合我们以前的说法,即群体的重新安排行为变得更加保守。但是,事实证明,这项策略绩效相对较差,而且很少被采用。与大多数可用策略不同,其主要任务(25个中的18个)发生在两个生产力最低的区域中,即荆棘林B和牧豆树草地A。于是,它倾向于使用生产力较低地区中生产力较低的物种。

这里实在有趣的不是时间安排的生产力,而是何时使用它。这个低于平均水平的策略有非常不寻常的任务合集和被修改的高概率,主要在湿润年份采用。这一战略有很大的意义。在这样做时,系统即使在变得更加保守的情况下也能继续其试验。做出的改变不是针对那些如果不成功就会损失惨重的策略,而是针对如前所述绩效不佳的策略,它损失极少但收获较多。此外,该群体通过主要在湿润年份做出这种改变,来对冲其赌注,此时植物密度高,重新安排错误的影响不大。

因此,该群体将专门的决策政策与绩效较差的策略联系起来,可以在选择压力减少的年份向系统中引入变化。这一变化的连续过程会产生一个时间安排,对于湿润年份其结构是特有的。因此在一个变得日趋保守的系统中,这些湿润年份的策略提供了一种改变的潜流。

这个在湿润年份里试验时间安排的概念很有意思,在河谷今天的农民中仍然可以找到这样的例子。柯克比(Kirkby 1973:94)在介绍萨波特克农民种植策略时指出,"边缘土地提供了在湿润年份赌一把运气的区域"。甚至有可能,这种现代行为是前农业阶段发展起来的资源采集政策的一种延伸。

模型绩效与考古材料的比较

我们在上一段中已经看到,在达到稳定的绩效水平之前,该群体获得了一些决策适应。在本段落中,我们希望看看采取这些适应的群体,所产生的策略在多大程度上代表了实际群体的资源采集行为。为了做到这一点,我们将模型群体中每种主要植物物种的相对重要性,与圭拉那魁兹E层和D层的每种植物的相对频率进行比较。如前几章所述,这两个地层都是公元前7500年之前人类栖居的结果,并代表该河谷中狩猎采集者的前农业活动[1]。

我们从洞穴中发现的最早的居住层E层开始。表31.6给出了该地层发现的每个主要物种的原始计数及

---

[1] 虽然D层可能有一颗西葫芦种子,但是野生植物遗存占了压倒性多数,以至于就我们的目的而言,可以认为D层是前农业阶段的。

31 瓦哈卡河谷东部植物采集与早期农业演进的适应性计算机模型

表31.6 E层每种主要植物的原始计数、相对频率、相对频率的等级次序和模型预测的相应的等级次序

资源	原始频率计数	相对频率	基于相对频率的等级次序	模型预测的等级次序
矮松果壳	155	0.042	4	3
橡子	1 846	0.511	1	2
麻风树果壳	98	0.027	6	8
龙舌兰咀嚼渣和叶子	8	0.002	8	7
针叶樱桃籽	6	0.001	9	5
豆荚瓣	161	0.044	3	10
牧豆籽	32	0.008	7	4
朴树果籽	1 166	0.322	2	1
仙人掌果籽	135	0.037	5	6
仙人掌嫩茎	3	0.0008	10	9

其相对频率，也计算和给出了基于其相对频率的等级排序。我们用这个等级排序与模型结果进行比较。

对于模型中与E层中相应的每种主要资源，根据从事的每项任务而分配给它的平均面积，在500个时间步长内为所有现有的时间安排列出等级。选择这个时间片段是因为如前所述，到那时，我们的模型群体已经取得了一种稳定的绩效状态。因此，这种等级排序反映了此时每种资源对模型群体的相对重要性。

在比较两组等级时，我们注意到它们之间有很多对应关系。实际上，10种植物资源中，有7种等级相差2或不到。只有牧豆、针叶樱桃和野豆呈现出较大差异。

虽然两组趋势的对应看来相当明显，但我们能用统计数据量化这一对应关系吗？这可以通过采用测试k组观测值之间一致性的非参数统计来完成。在我们的案例中，计算了预判和所见变化之间的等级对应关系。这些成对比较的线性函数的一致性统计，代表了它们之间的吻合度（Gibbons 1971）。该统计用于测试假设：模型独立于基于E层考古材料对植物利用的观察值等级排序而做出的预判。如果一致性统计的值足以有别于预期值，从而假设这两组不相关（即它们互相独立），那么我们有理由拒绝这一独立性假设。此案例的一致性统计计算发现为0.75（1.00表示完美的对应）。考虑到目前的一致水平，这两个排序由独立过程产生的概率为0.07。这对于我们来说，有充分理由拒绝我们原来的假设，而赞同模型与实际系统之间存在对应关系的那个假设。

尽管两个系统之间的相似性很重要，但是它们之间的差异也很有启发性。在洞穴中发现的牧豆树和针叶樱桃比预判的要少，而更经常发现野豆的这些事实很有趣。从图18.1中我们了解到，在该季节早些时候（约8月份）牧豆树和针叶樱桃都可以获得，而豆子稍后（9月份）可以获得。因此，有可能这两个系统之间的区别在于，实际群体比模型中推测的要稍晚抵达洞穴（也请参见第24章的讨论）。

接下来见表31.7，我们看到D层的频率数据。这时共有12种主要资源，而不仅仅是E层发现的10种。这两种新植物包括西葫芦和龙舌兰。表中也给出了模型生成的12种资源中每种资源的相应排名。通过检查，我们观察到12对排名中有9对相差最多2。这两组排名的一致性统计是0.78，相关的显著性水平为0.03。再次根据我们的标准，拒绝了我们原来两个排名是相互独立的假设。

表31.7 D层每种主要植物基于相对频率的原始计数、相对频率、等级次序和模型预测的相应的等级次序

资源	原始频率计数	相对频率	基于相对频率的等级次序	模型预测的等级次序
矮松果壳	94	0.020	5	3
橡子	3 182	0.707	1	2
麻风树果壳	237	0.052	4	9
龙舌兰咀嚼渣和叶子	53	0.011	7	8
针叶樱桃籽	49	0.010	8	6
豆荚瓣	17	0.003	10	12
牧豆籽	59	0.013	6	5
朴树果籽	416	0.092	2	1
仙人掌果籽	348	0.077	3	7
仙人掌嫩茎	28	0.006	9	11
银合欢豆荚	11	0.002	11	10
西葫芦遗存	6	0.001	12	4

因此，该模型群体采集植物资源的相对频率，与洞穴D层和E层中实际发现材料的等级排序没有太大差别。在此基础上，似乎很有可能的是，这种建模类型的重新安排过程，对随时间推移而形成的前农业群体资源采集活动非常重要。

检验反馈周期假设，用来证实我们的反馈周期在实际群体采集活动发展中发挥着一种必要作用的假设，我们可以如图31.8所示，禁用我们模型中的反馈回路。然后我们使用与以前一样的策略和重新安排政策集合，来启动我们的模拟。但这一次，该群体无法根据经验改变其基本的重新安排政策。这种情况有点类似于在更为复杂的社会中发生的情况，此时决策系统或者是明显密切注意它应控制的那些子系统，或者在其政策制定过程中变得过于僵化。发生的情况是，修改后系统以与原始系统有点相同的方式，显示出一系列初步的改善。这是因为这个初始集合中，几乎任何的变化都会代表一种改善。该群体的绩效不仅比以前提前达到峰值，而且其绩效在三个年份类型中的任何一个都会同时达到峰值。这表明，原来模型在湿润和干旱气候类型之间的区别在这里并不存在。这是有道理的，因为该群体现在不能调整其重新安排的政策，来利用不同年份类型中选择压力的差异。结果，它无法产生其他模型中所见的决策或资源采集专门化。

此外，我们的群体无法调整其重新安排的政策，以适应现有时间安排的结构。这意味着它将对当前的时间安排作出不必要和可能不明智的调整。正是由于这个和上述提到的其他问题，该群体的绩效在经历最初的增长之后，很快开始出现疯狂的振荡行为。尽管在此仅绘制了其中的一部分（图31.13），这种不稳定的行为在2 000次迭代中继续。

表31.8 调整的模型与D层出土的实际遗存之间采集植物等级排序的比较[a]

资源	基于调整模型中相对数量的等级次序	基于D层中相对数量的等级次序
矮松果壳	7	5
橡子	9	1
银合欢豆荚	3	11
麻风树果壳	12	4
龙舌兰咀嚼渣和叶子	8	7
针叶樱桃籽	2	8
豆荚瓣	4	10
牧豆籽	10	6
西葫芦遗存	11	12
朴树果籽	5	2
仙人掌果籽	6	3
仙人掌果嫩茎	1	9

[a] 值1表示最重要，12表示最不重要。

不仅两个组成子系统之间缺乏联系，导致了内在绩效的不稳定，而且整体绩效也逐渐恶化。例如，表31.8给出了该模型对每种主要植物资源的相对重视程度，与洞穴D层发现的资源相对数量作比较。许多高产植物，如橡子和牧豆被削弱，并由生产力较低的植物取代。

额外运行不仅以这一固定的政策集合进行，也以其他固定政策进行。在每个案例中，该系统在一段时间后会出现内在的不稳定。不仅考古学中没有这种不稳定的证据，而且所产生的资源组合也与现有的材料不符。例如，将该模型产生的排名偏好与D层观察到的植物实际排名进行比较，一致性统计值为0.35。这种关联度在统计学上不显著。这些结果明显表明，前农业阶段必定存在群体内决策系统的反馈回路，以便该群体呈现出所见的时间安排行为。

小结

本节这一部分对模拟结果的分析揭示了有趣的几点。首先，似乎我们的模型中阐述的两个决策子系统

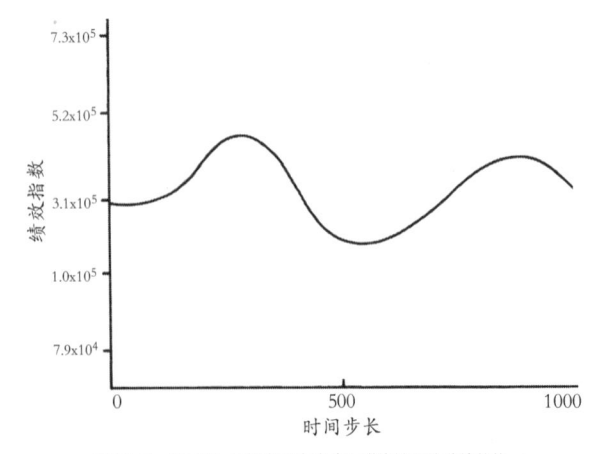

图31.13 "平均"年份类型中修改后群体模型的绩效趋势。

之间的基本反馈回路，需要确保与实际系统相当的绩效。该反馈回路同时允许试验和系统稳定性。这是在该群体随着时间的推移获得的许多适应的帮助下实现的。这种适应似乎设计用于处理该群体遇到的不同环境状况所表现的选择压力差异。在这些适应中，我们发现了以下几点：

1. 在整体收益大于正常水平的湿润年份，该群体倾向于较频繁地做出重新安排的决策。这些决策与绩效相对较差的策略相关。这样做，使得该群体能够在有利的情况下做出重新安排的决策。也就是说，由于目标策略不如其他策略好，所以即使此改变导致绩效下降，也不会失去什么。在一个湿润年份，大多数物种的收益增加，很少会注意到绩效的下降。
2. 这种差异决策产生了一个湿润年份策略集合，它比在其他类型年份中使用的策略集合呈现出采集行为更多的变化。例如，较成功的策略可以被称为"一般目的"，并将其活动集中在最易到达的区域中生产力最高的物种。另一方面，湿润年份策略也较有可能利用生产力较低的物种。
3. 虽然给了该群体三种不同年份类型的信息，但其行为就像只有两种年份类型。这种二分与萨波特克人对干湿年份的传统二分相合。事实证明，平均年份类型较之干旱年份并不具有足够的选择优势，来允许像湿润年份那样作专门的决策。因此，干旱和平均年份实际上被放到了一起。

采用上述适应，该群体能够产生与圭拉那魁兹E层和D层出土材料非常相合的资源采集行为。

上述行为的整体基础是从环境中获取的绩效信息。有可能系统变化的速率在某种程度上受制于其环境向群体提供的信息量。该群体可用信息越多，在需要的时候，群体可以作的调整也越多。

河谷的气候使得历时的年份类型序列不可预测。也许正是这种具有不同选择压力的气候类型不可预测的演替，为该群体提供了可以通过试验获得大量的关于其现有时间安排的信息背景。在本章Part 9中，我们要看看这个气候序列对系统变化的速率有多重要。通过变换每年类型的相伴概率，我们可以假设改变群体所面对的气候，并衡量该群体的相应成绩。

Part 7 为初始农业建模

引言

在Part 6中我们论证了，考虑觅食效率本身要面对每年的变化，这样足以产生一种很好的采集行为方式，以应对前农业阶段的考古材料。但是，在500个时间步长后所见的相对稳定形态并没有持续整个前陶期，整个那魁兹期发生的一些情况暗示，初始农业现在成为生计形态的一部分。

也许最早被驯化的第一种植物是西葫芦。瓢葫芦则早由在圭拉那魁兹C层的果皮碎片代表；D层见有一粒可能的西葫芦种子，西葫芦在C至B1层甚至更多，在这些地层还有14粒种子和果柄（第20章）。在圭拉那魁兹也有大量菜豆。虽然这一物种没有驯化的后代，但是就相对更加常见的植物而言，这些豆子数量令人意外得多，说明穴居者可能在对它进行栽培试验（第24章）。最后，在圭拉那魁兹的C至B1层出现了玉米的花粉颗粒（第15章）。尽管不能确定该花粉的来源是墨西哥类蜀黍还是早期驯化的玉米，但是在圭拉那魁兹以北不远的特化坎附近，已在公元前6000年的地层中发现了很小但无可争议的玉米棒。

基于所有这些理由，我们决定，在为瓦哈卡河谷东部初始农业的建模中，把玉米、豆子和西葫芦加入前农业模拟已有的植物组中，来看看小游群会如何改变已有采集时间安排以便容纳它们将是十分有意思的。

初始农业的机制

本章中并不对第一粒种子为何种植在瓦哈卡河谷进行推测。在我们的模型中，初始农业被视为一个过程，通过它：（1）某些有用植物的密度被人为提高；（2）让这些非典型密度植物在圭拉那魁兹整体环境中的地点更加可预测。从考古记录判断，与这些早期农业活动相伴的生产力上的任何提高，与较晚时期（前5000年后）相比微不足道，后来遗传学上的变化才使这些植物的产量大大提高。然而，这种最初的变化可能不仅在群体采集活动上，而且在可能做出重新安排决策的类型上会发生某些改变。这些调整会偏好初始农业的持续试验[1]，最终导致改变的植株在遗传学上"固定"下来。

我们这里的目的，是将初始农业的潜能引入处于平衡状态的前农业群体模型中，以便了解时间安排上这些最初变化的性质。我们的前农业集总模型需要进行以下调整：首先，与每项策略中的每个任务相关联的是一个新的描述性变量**策略(*i*)·任务(*j*)·密度**。该变量表示该群体对相关地点焦点资源密度的改变程度。它有效地代表了前几个月在调整规定地点焦点资源的分布上的努力的结果。这些分布的变化，将对焦点资源在整个季节中的产出产生同样的相对影响。

尽管可能预见，一些资源的分布上会有调整，但这里只涉及3种植物——西葫芦、豆子和玉米。这些植物将成为之后河谷中定居农业系统的骨干。虽然其他植物的密度也可能受到影响，但相比之下其调整相对较小，因此不予考虑。

这3种植物中的每一种——玉米、豆子和西葫芦——在四个植被区的每个区的可能密度有一个特征范围。表31.9给出了初始农业中3个物种的最大增产潜力。由于可获降雨量的增加，荆棘林A和牧豆树草地B的产量提高最多。在这两个地方，由于有优质的冲积土壤，牧豆树草地B的潜在产量较高。

表31.9 作为初始农业成果的玉米、豆子和西葫芦的分布和最大密度[a]

植物	牧豆树草地B	牧豆树草地A	荆棘林B	荆棘林A
玉米	0.33	1	1	0.16
豆子	5.0	1	3	4.0
西葫芦	5.0	1	2	4.0

[a] 每个数字代表初始农业可以达到的密度上的最大相对增长。1表示密度不受初始农业明显影响的区域。

因此，在某一年中，某些植物的分布可能在春夏两季被该群体改变。由于他们对这些区域的了解和关注会有所增加，所以这样做的程度会影响该群体在秋季打算采用的策略性质。**策略(*i*)·任务(*j*)·密度**变量用来与以前努力付出所获可见产出的采集工作相关联。如果没有事先努力来改变相伴分布，则变量取值为1。否则，它的值可以达到特定区域中特定资源的最大潜在增长。这些值在模型术语中表示群体活动所获的产量增加，并被认为是产量与之前的努力直接相关。

模型中需要做的唯一额外结构性变化，是有关重新安排运算符的基本集合。既然该群体可能会改变这3种植物的密度，那么群体成员必须做出新的决策集合。这些新的决策由两个新的随机运算符表示如下：

ω_9=**修改_密度**：这代表对一项任务修改焦点资源密度的决策。对任意的策略*i*和任务*j*，这一过程在两个阶段随机模拟：

1. 产生一个随机数**随机数(修改_密度_种子)**，并把该数用于随机变量**策略(*i*)·运算符(9)·已使用**，将其映射到集合{是，否}，其中

策略(*i*)·运算符(9)·已使用 = $\begin{cases} \text{如果}\textbf{随机数(修改\_密度\_种子)}\leq\textbf{策略}\\ \textbf{(\textit{i})·运算符(9)·概率},\text{那么"是"},\\ \text{否则"否"}. \end{cases}$

2. 如果决策是肯定的，那么产生**随机数(修改_密度_任务_种子)**，并由**修改_密度_任务**映射到可用任务指数的集合{1，…25}中。

3. 接下来用**修改_密度_值_种子**提供一个新的随机数，映射到$R^+\in[1,$ **最大_密度_区域**]的集合中。**最大_密度_区域**来自表31.9，代表作为初始农业结果的指定区域中焦点资源产量的最大潜在增长。

ω_{10}=**互换_密度**：这一运算符代表策略*i*中两项相容的任务之间密度描述的交换。它由以下过程顺序随机决定：

1. 首先随机数**随机数(互换_密度_种子)**由随机变量**策略(*i*)·运算符(10)·已使用**映射到集合{是，否}中，如下

策略(*i*)·运算符(10)·已使用 = $\begin{cases} \text{如果}\textbf{随机数(互换\_密度\_种子)}\leq\textbf{策略}\\ \textbf{(\textit{i})·运算符(10)·概率},\text{那么"是"},\\ \text{否则"否"}. \end{cases}$

策略(*i*)·运算符(10)·概率代表在给定策略的当前重新安排政策下，作出一项有利的决策来修改该策略的概率。

---

[1] 在此，采用试验（experimentation）这个术语只是俗称，就像在很长时间里"尝试"各种生存策略一样。

2. 如果决策为是，那么用**互换_密度_种子**_1和**互换_密度_种子**_2产生两个随机数。它们由**互换_密度_任务**_1和**互换_密度_任务**_2，以与描述的之前互换运算符相同的方式，映射到策略的可用任务集合中。
3. 如果两项任务在相同的植被区进行并涉及相同的资源——玉米、豆子或西葫芦——那么密度描述以如下方式交换：

$$互换\_密度 = \begin{cases} 策略(i) \cdot 任务(互换\_密度\_任务\_1) \cdot \\ 密度 \to 策略(i) \cdot 任务(互换\_密度\_ \\ 任务\_2) \cdot 密度 \\ 并且 \\ 策略(i) \cdot 任务(互换\_密度\_任务\_2) \cdot \\ 密度 \to 策略(i) \cdot 任务(互换\_密度\_ \\ 任务\_1) \cdot 密度 \end{cases}$$

除了上述变化之外，初始农业模型的其余部分与前农业模型相同。

小结

在对我们的前农业模型进行上述结构调整后，我们现在可以模拟该群体初始农业的发展。在 Part 8 中我们描述了运行农业模型的结果，其中最初在前农业模型中定义的资源采集时间安排的所有的值，与前农业模型平衡状态下的值相同。对每个任务新的密度规定初始化为1。这意味着尚未对任何焦点资源的分布进行更改。另外，由于该群体没有影响密度规定的决策经验，所以把作每个新决策的初始概率设置为50—50。

尽管该群体开始表现出 Part 6 所介绍的时间安排行为，但是现在处于一个也可以采用这些农业新程序的位置上。在 Part 8，我们的目的是看看该群体是否能在此背景中发展初始农业。如果能，那么看看这些重新安排过程发生的方式以及产生的资源获取策略的新组合将是有意思的。

Part 8　模拟初始农业的达成

引言

在 Part 6 中，我们观察到，基于一组非常简单的决策规则的前农业模型实现了稳定的绩效水平。模型群体采集植物的相对组合，与圭拉那魁兹基本上是前农业阶段的最晚地层（D层）的现有考古材料，能够作很好的比较。这一契合表明，洞穴出土的栖居遗存代表了一个群体采集活动的结果，它达到了与其环境稳定绩效关系的结果。由于该模型群体是通过对其资源采集和决策行为进行一系列逐步调整来达成这种关系的，实际的居住者也有可能通过这种方式做到这点。

该群体通过一系列具体的决策和资源采集适应，来维持这一稳定的绩效水平。这些适应集中体现在该群体所见的不同绩效环境的顺序中。由于湿润年份中可获得的关键资源要比干旱年份多，预计群体成员应调整资源采集和决策策略，以反映这些差异。特别是，该群体为湿润和干旱气候类型开发出专门的采集策略。尽管还有第三类（平均年份），但该群体有效地将其作为干旱年份来对待。因而，给定三个可能的类别，该群体仅采用两个。事实证明，二元分类方案不仅与当地民族学材料相一致，而且降低了该群体把一项专门采集策略用于错误年份类型的概率。事实上，如果该群体不能以这种方式减少误用的概率，那么很难维持和发展这些专门的采集策略。

因此，除了该群体在任何年份类型中使用的一组通用策略之外，还有两类专门策略。干旱年份策略，利用相对较少的几种可获物种，并强调高产植物。湿润年份策略，利用较多种类的植物物种，并且不那么强调高产资源。湿润年份采集策略所展现的较大灵活性，由其相关的决策方案反映出来。如果湿润年份策略的绩效不如干旱年份策略，那么湿润年份策略较有可能被改变。与湿润年份类型相关的决策，要比干旱年份复杂得多。在稳定的绩效水平上，湿润年份策略和通用策略之间几乎不作转换。也就是说，专用策略很少成为通用策略，反之亦然。这是因为几乎没有变化会使绩效提高。虽然增加的绩效将允许一项特定的湿润年份策略用在其他类型的年份中，但一旦系统达到稳定的绩效水平，这就不太可能发生。这样的专门化让群体能够有效地利用好年份的优势,来增加对某些资源采集策略的试验。

专门策略占现有策略总数的30%。其余是通用策略,因为无论年份类型如何,由于其高绩效,使用它们的概率高。由于通用策略相对成功,其相关决策政策相当保守。通用策略的重点是洞穴附近的高产资源。以这些策略采集的资源组合,与洞穴遗存能够进行很好的对比。这些策略决定了洞穴遗存的基本特征,并且从绩效上说,它们代表了该群体经验的最佳结果。然而值得注意的是,考古学上不太显眼的特殊目的策略,在初始农业发展中仍然起着重要作用。

在本章中,我们将察看一个拥有上述专门(策略)的群体是否能够将初始农业纳入其结构之中。具体来说,我们想知道,预先存在的适应如何影响群体获取这些基于农业新任务的方式。还有,在这些变化之后,我们想知道,该群体是否能够保持早些时候获得的决策和专门化资源采集。

达到初始农业

早些时候,我们介绍了初始农业第一阶段的特征:试图明确改变特定植物的密度。现在,我们从上述处于稳定绩效状态的某群体开始,模拟其达到这一新活动。我们首先观察,群体目前的资源采集和决策结构将如何影响这一过程。可以想见,初始试验将在湿润年份进行,因为只有湿润年份的决策政策足以灵活而允许发生这种变化。以前曾经提到,在稳定的绩效水平下,湿润年份的某(专门)策略几乎没有改善其绩效并取代当下某通用策略的机会。但是,将有用创新与其结构相结合的湿润年份策略具有决定性的优势。其增加的绩效应该允许它们取代现有的通用策略,因此会在较干

旱年份中更频繁地利用它们。随着利用的增加,这些策略将变得更加明显,其结构的某些方面可能会被其竞争者复制。实际上,这就是该模型群体的所作所为。

随着模拟的进行,每个策略的使用频率随时间开始发生变化(图31.14)。这些变化如表31.10所示,该表描述了代表该群体前农业例行基本程序的策略1仍最常被使用。然而,经过100个时间步长,发生了一些变化。特别是策略2被更频繁地利用,这是前农业阶段的一个湿润年份策略。其策略是一种试验。因此,它几乎每次使用都要被修改。

这些对策略2的早期修改,在荆棘林A中引入了与豆子初始栽培相关的许多任务。由于这是洞穴今天所在的植被区,这意味着对洞穴附近采集策略进行了重新聚焦。这样可以让每个人通过在洞穴附近区域栽培豆子,增加豆子密度,来减少行走、增加采获。就增加总收获和减少采集这些资源的力气花费而言,这种适应看来是有利的。实际上,从相关的绩效曲线来看,这正是发生的事情(图31.15—31.17)。在每个图中,从模拟开始每类年份的绩效逐渐提高,到样品策略进行了90个时间步长之后逐渐减少。

由于策略6最初也是一个湿润年份策略,我们预计其绩效将会有类似增长。这发生于时间步长100和150之间。在此期间,策略6被使用了27次,仅次于策略1的使用(见表31.10)。两个湿润年份策略的绩效提高,使得它们更频繁地被使用。这也意味着它们将在使用频率上取代其他策略。这大约在150个时间步长后发生。到那时,策略3和9的相对优势已经被削弱为主要用在湿润年份。随着其相对绩效的下降,相应被修改的概率再次增加。由于它们在与原始湿润年份策略略有不同的绩效环境中,人们可能对其修改政策有

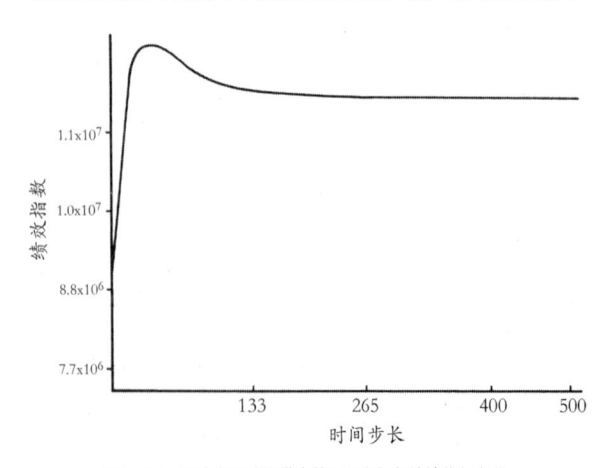

图31.15 初始农业试验带来的"湿润"年份绩效指标变化。

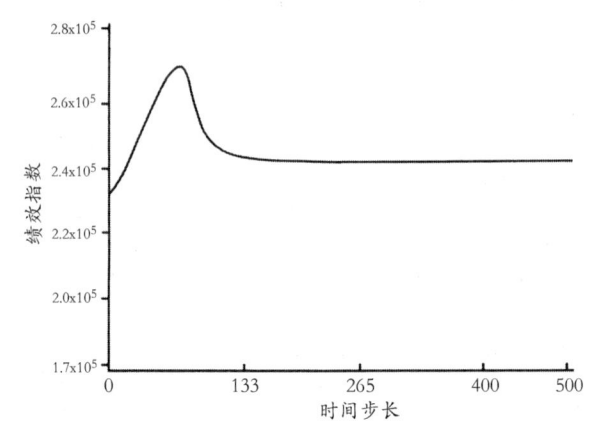

图31.16 初始农业试验带来的"干旱"年份绩效指标变化。

31 瓦哈卡河谷东部植物采集与早期农业演进的适应性计算机模型

表31.10 在450个时间步长中，10个策略（1—10）每一个的使用频率变化[a]

时间步长									
50	100	150	200	250	300	350	400	450
1	1	1	1	1	1	1	3	1
10	8	6	10	7	10	10	1	10
8	2	10	3	9	9	9	6	8
3	4	8	7	10	3	8	10	2
4	10	4	5	5	4	3	7	6
9	3	2	8	3	7	7	2, 4, 8, 9	9
5	5	5	4	8	5	2	—	7
7	7	7	6	4	8	6	—	3
6	9	9	2	2	6	4	—	5
2	6	3	9	6	2	5	5	4

[a] 策略按照使用频率由高到低排列。

不一样的期待。现在其他策略有创新，策略之间和内部的任务交换是相当有利的。因此，在策略3中更频繁地使用涉及重组运算的方案，来产生改善的时间安排变化。

这些变化使得策略3和9的绩效有所增加。这使得它们有可能取代其他策略，而且这个周期还在继续。这一逐渐改善周期的存在见图31.18。该图比较了选择湿润年份策略和干旱年份策略的修改概率。在后一个年份类型中，这种概率保持在0.32左右。然而，湿润年份的概率一直较高。这再次肯定了我们以前的观察，即增加的试验发生在湿润年份类型中。此外，湿润年份的修改概率似乎以相当规则的方式振荡。这种振荡是由于当前的湿润年份策略（以其高修改概率）由新的策略替代。当它们开始产生成功的变化时，其使用概率也会增加。一旦它们变得足够好，就会取代其他策略，它们的决策政策将变得更加保守，而且这个周期还在继续。通过这一改善和替代，该群体在这些新的农业任务的时间安排上获得了经验。

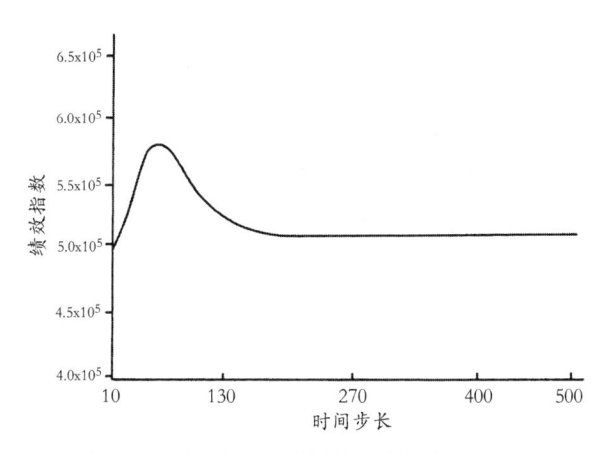

图31.17 初始农业试验带来的"平均"年绩效指标变化。

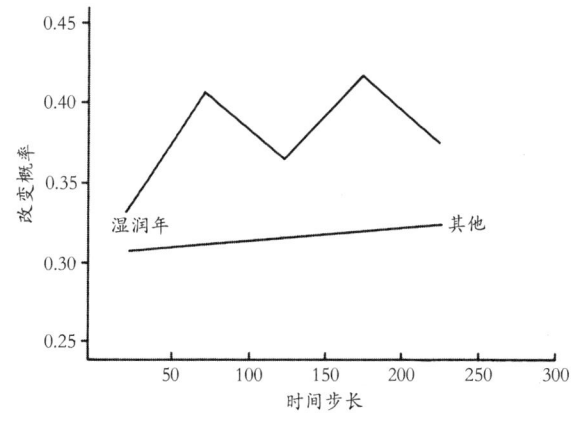

图31.18 相对于其他年份类型，"湿润"年中改变样品策略的概率。

在450个时间步长之后，全体所有策略都参与到这一周期中来，包括策略1。策略1是前农业阶段最常用的，它最后加入了替代周期。只要绩效良好，就没有必要进行大幅调整。虽然农业任务最初与这一策略相关，但它们使用的优先级很低。事实上，它们的优先级是如此之低，以至于从未被实际使用过。这如表31.11所示。从表中我们还可以看到，农业任务直到大约250次迭代，才积极采用该策略。此时，其他基于农业的策略开始削弱策略1的绩效优势。随着相对绩效的下降，它更有可能被改变。这些早期的变化是成功的，并导致鼓励试验的政策变化。到550个时间步长，策略1再次成为最常用的策略。但是，现在它已包括了一个农业成分[1]。

表31.11还提供了一个很好的例子，说明某特定策略如何将农业纳入其结构。它们开始时的优先级很低，因此很少使用。随着时间的推移，它们的频率增加，使用优先级提高。在第550个时间步长，初始农业通过该策略予以利用。了解在产生这些转变中涉及什么政策变化将很有意思。较一般地说，在这个阶段采纳这项创新的一项策略，与以前的策略相比，究竟有何不同？

表31.11 随着时间推移，策略1中农业任务的地点[a]

时间步长	策略（使用的任务从左到右）
50	[（000000000000）000000000C00] 使用
250	[（000000000000）000000C000CC0] 使用
550	[（0B000C00000BB）00M0000000CB] 使用

[a] 一项农业任务由B（豆子）、C（西葫芦）或是M（早期玉米）描述；所有其他任务由0代表。

我们已经看到，200次迭代时的政策既有利于创造新任务，又有利于重新安排现有的任务。变异运算符产生新任务，重组运算符尝试重新安排现有的任务序列，以适应这些变化。但是，到了要改变策略1的时候（约300次迭代），情况有所不同。一些农业任务已经可用，并在当时已被其他策略定期采用。与策略1相关的还有一些并没有使用过的农业活动。因此，人们会期望把策略的政策改为于组合型运算符有利。这样的运算符可以改变任务执行的优先级，并允许从其他更成功的策略中"复制"任务。如表31.12所示，这种可能性似乎得到了确认。**交换外部**和**交换内部**（在同一策略中交换活动的优先级），通过550次迭代，均增加了其可能性。这种增加之前是趋向于相应更多改变与某任务相关的区域或资源。尽管这种形态与模拟开始时运算符的演替类似，但现在改变资源的趋势并不像之前那么高。这是可以预期的，因为策略已经包含了一些农业活动。这里的问题不在于怎么产生新的任务，而是高效地安排已有的任务。

一旦上述运算符为该策略提供了几项可行的农业任务，那么互换运算符就会发挥作用。然后，这些重组运算符通过在该策略的农业任务组中交换资源、区域和密度描述，来"微调"策略。因此，在该群体对这项创新有一定体验后，需要改变策略的政策调整会明显有别于最初采用的那些策略。后一阶段的重点是重新安排原始顺序，以适应新任务。这种重新安排的形式是在策略之内和之间大规模转换任务，以及微调农业任务的顺序。

因此，我们已经能够在模拟过程中观察湿润年份政策的逐渐转变。最初的重点是那些可以产生新任务的运算符。随着这些新任务越来越普通，越来越强调有效重组策略的运算符，以适应新的任务，很快，成功进行"粗粒度"调整变得更为困难，由此转向强调在策略的农业任务组中产生"细粒度"变化的运算符。500次迭代后，系统再次达到稳定的绩效状态，策略1再次成为最常用的策略。在这时，对这组时间安排策略几乎不做改变（不到12%的运算符有超过50%的使用机会）。

有趣的是，初始农业系统需要大约550次迭代，才能达到稳定的绩效水平，而在前农业阶段，只用300次迭代就达到了稳定。这种放缓与该群体在前农业阶段获得的决策适应有关。这种适应似乎旨在保持大部分结构完整，同时将试验推迟到湿润年份。这使

---

[1] 在策略1（前农业情况）中，该群体在荆棘林A花了近80%的时间，甚至到第6天才离开；第二个最常去的植被区是牧豆树草地B，在那里他们花了近20%的时间。每10天中约8天，他们每天仅集中在1种主要资源上，一般每天采获面积为1 700—2 900平方米。他们可能会花一天时间收获2到3种次要资源，但并不那么频繁。在策略1中加入初始农业时，收获900—1 400平方米的驯化西葫芦成为一项额外任务。这大约是他们每天需要搜索野生产品的面积的一半，说明农业以这种方式进一步减少搜索面积。

表31.12　随着时间的推移，策略1中运算符概率的变化

时间步长	修改资源	修改区域	修改面积	交换内部	交换外部	互换资源	互换区域	互换面积	互换密度	修改密度
50	0.5	0.5	0.01	0.20	0.06	0.44	0.44	0.009	0.12	0.5
250	0.5	0.5	0.01	0.20	0.06	0.44	0.44	0.009	0.12	0.5
550	0.003	0.003	0.01	0.86	0.86	0.065	0.065	0.062	0.94	0.14

得系统更加保守。由于目前结构体现了对环境长期体验的结果，所以看来系统不愿改变是合乎逻辑的。这种逻辑在模型以做出成功变化的低概率为特点，因此调整的概率很低。结果，在接触这项创新直到50多次迭代之后，该群体成员才做出重大的政策转变。即使如此，这种变化在人群中的扩散相当缓慢。但事实证明，这种接受过程有许多优点。为了领会这些优点是什么，我们需要了解一下刚刚解释过程的外部结果。我们特别想知道，这些过程如何改变该群体对每个可用资源的相对重视。这允许对模型变化的顺序和考古记录中的相应变化作直接比较。如果它们匹配，我们就有理由相信，模型的行为很好地体现了真实的系统。

资源利用的时空变化

在上一段落中，我们重点介绍了适应系统网络中各组成部分对新创新所作的一般调整。这里我们更详细地察看模型所展示的资源利用的特定变化。然后将这些变化与相关的考古材料进行比较。

我们首先追踪与初始农业有关的3个物种相关任务总数的变化。这些变化以图的形式显示在图31.19中。注意，最初250个可用任务中有32个归于这3个物种，其中只有13个实际上具有足够高的优先级用于各自的策略。一般来说，似乎最初3个物种在该群体的资源采集活动中起着相当次要的作用。然而在大约50次迭代之后，涉及玉米、豆子和西葫芦的任务数量开始增加。在这时，由于初步成功，该群体在湿润年份开始增加试验。此时的湿润年份策略提高了绩效，并暂时取代了相对绩效较差的其他策略。这些策略在湿润年份采用的频率降低，并得到了更多的试验。这种变化产生新的初始农业任务，并提高了其相对绩效。进而这些策略取代其他策略，周期继续。这些发展在350个时间步长中和3个物种任务的数量上产生了几乎呈线性的增长。在此时间间

隔内，每8个时间步长生成一个新任务。

在350次迭代后，每个策略都有了农业任务，曲线的斜率接近0。此时生成一个必须取而代之的更好新任务的概率也降低了。因此，随着系统达到稳定的绩效状态，所有可用任务中的近30%与初始农业有关。

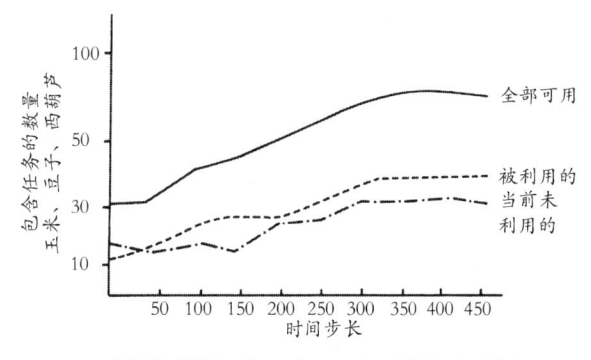

图31.19　随着时间的推移，涉及玉米、豆子或西葫芦的任务总数的变化。

由于个人只有有限时间采用一项策略，所以他们可能只能完成他们安排任务中的一部分。在图31.19中，3个物种的总任务数分为两类。第一类代表了重要到足以被采用的那些任务的数量。第二类中给出了指定但未被采用的任务数量。请注意，在前50次迭代之后，所采用的农业任务数总是大于那些不采用的任务数。随着系统达到稳定状态，这种关系继续保持下去。在这里，使用了这3个物种的所有可用任务的60%。它们也约占群体所使用任务数量的30%。

尽管我们看到农业任务的采用随着时间推移而日益增加，但是我们想分辨3个物种各自的相对贡献。图31.20—31.22表现了每个物种任务数量的变化。很明显，豆子和西葫芦都占有所见增长的主要份额。玉米的采用程度要小得多。由于这种玉米早期单位面积

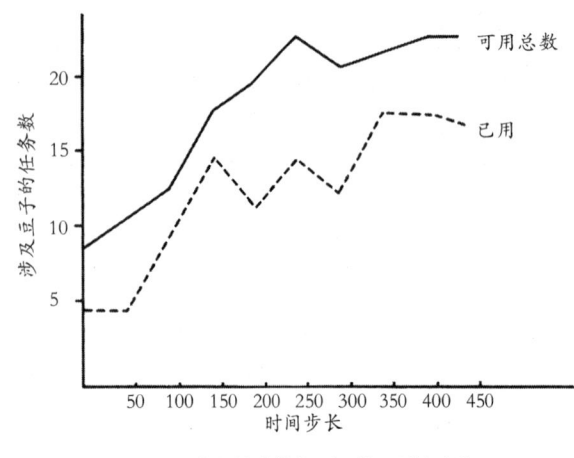

图31.20 随着时间的推移，分配给豆子的任务数。

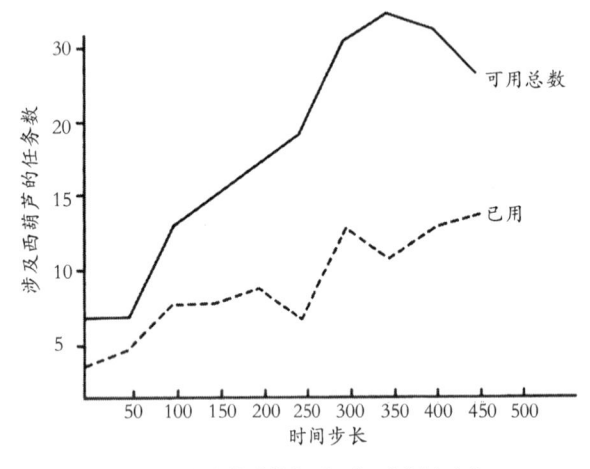

图31.21 随着时间的推移，分配给西葫芦的任务数。

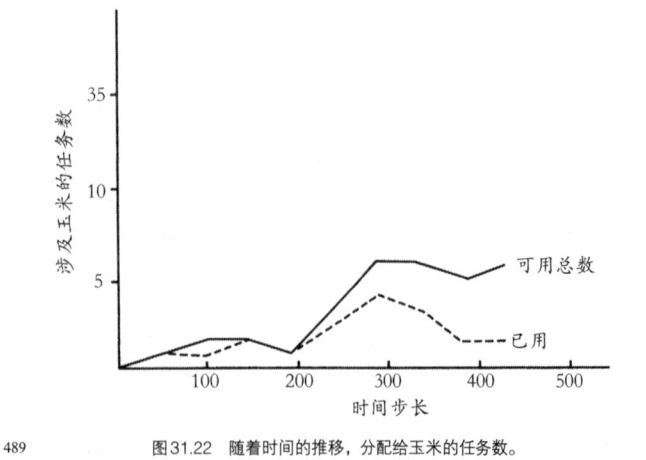

图31.22 随着时间的推移，分配给玉米的任务数。

产量相当低，所以它被该群体利用这一点就很有意思。事实上，由于其原始生产力低，该群体多在湿润年份策略中采用该任务。此时，其产量足以令其具有竞争力。该结果表明，早期的玉米试验是在湿润年份进行的，这促进了它的长期持续利用。这可以保证重复采用玉米任务，并为未来通过遗传改造出现生产力较高的新品种奠定基础。

现在十分清楚的是，该群体成员正慢慢地将农业任务纳入他们的日常工作中。但在这样做时，他们在利用其他资源方面有什么变化？表31.13给出了答案。该表给出了模型利用的每个季节可获资源任务总数的变化。首先要注意任务总数有所增加。由于个人在10天内可以行走的最长距离不变，所以这些变化的原因一定在于，群体随时间推移而合并资源采集任务的能力增强。这与以前观察的结果相一致，即专门策略把初始农业主要放在荆棘林A里，这是我们模型中最靠近洞穴的植被区（正如在瓦哈卡河谷东部今天气候条件下的情况）。该趋势有助于重新集中荆棘林A中的采集活动；事实上，这种最早农业的优势之一似乎就在于它鼓励这种转变的能力。

表31.13 模型中用于每种季节性可用资源的任务数量的变化

植　物	前农业阶段中数量（0个时间步长）	初始农业稳定绩效状态的数量（450个时间步长）	0—450个时间步长中总数的变化
矮松果	6	3	−3
朴树果	17	11	−6
麻风树果	24	16	−8
针叶樱桃	13	5	−8
仙人掌果	46	37	−9
仙人掌果嫩茎	41	31	−10
橡　子	5	9	+4
银合欢	5	7	+2
牧　豆	17	21	+4
龙舌兰	29	32	+3
豆　子	9	23	+14
西葫芦	7	23	+16
玉　米	0	7	+7

随后重新聚集采集活动的更多证据见图31.23。图中我们看到前农业阶段采集主要在距洞穴最近的三个植被区进行，并给予荆棘林A的资源采集以略多的偏好。随着初始农业的开始，重点转向荆棘林A，并疏远距洞穴较远的其他两个区域。荆棘林A也是该群体实践初始农业的主要区域。至于距洞穴最远的牧豆树草地B，就其涉及执行的非农业任务数而言，变化不大。由于这个区域距洞穴最远，让人走这么长路的活动必然有很吸引他的地方。例如，采集牧豆对于该群体的生存非常重要，并代表了该区域相当大的一部分可行任务。在此版模型中，与初始农业相伴的产量本来不足以让在牧豆树草地B的活动产生实质性的变化。但是，在Part 9中，当额外的变化被添加到模型中时，这种变化就看出来了。

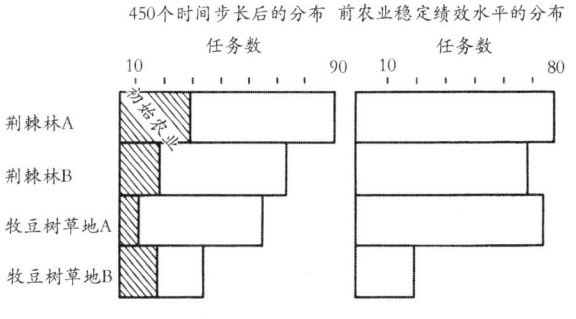

图31.23 所有当前策略中每个植被区的任务数量。

尽管牧豆树草地B的非农业任务数量保持一致，但农业任务的数量代表了那里进行的大量活动。看来，直到现在，该群体才开始意识到最靠近河流这个区域的农业优势。（当该群体的活动范围离开荆棘林A，该区域[牧豆树草地B]将在后期成为河谷中最早定居的村落遗址所在地。）

初始农业让洞穴附近的植物具有较高的密度，无疑让个人能花较少时间行走而花较多的时间采集。结果，该群体能够增加采集的数量。在我们模型最接近洞穴的物种中，这些增加最显著。例如，主要见于荆棘林A的橡子越来越受重视，银合欢、针叶樱桃和龙舌兰也是如此。牧豆也增加了，大概是因为该群体现在花更多的时间在牧豆树草地B。不管这是否因为他们现在正在河流冲积层上尝试农业还是出于其他原因，这都是重要的。

在这个系统中加入初始农业的另一影响是，现在这些人在边缘（低密度、低产量）资源上花的时间减少，转而加大对豆子、西葫芦和玉米的重视。由于与这些早期栽培方法相伴的物种产量相对较低，所以仅4种野生物种的利用减少了。它们是矮松果、朴树果、针叶樱桃和麻风树果。涉及麻风树果的任务数量下降了34%，涉及朴树果的下降了36%，涉及矮松果的下降50%，涉及针叶樱桃的下降62%。麻风树果虽然在荆棘林A中非常多产，但在荆棘林B和牧豆树草地A中却逊色不少。因此，我们看到在荆棘林A之外的麻风树果采集任务减少，这可能是由于产量下降和行走距离增加所致。

尽管对诸如麻风树果等多产资源在其分布范围的边缘的利用被削减，但对不那么多产的物种在其范围内的利用也减少了；对针叶樱桃、矮松果和朴树果都是如此。（今天的矮松果和针叶樱桃主要见于荆棘林A。）在该模型利用的资源中，只有野豆的生产力低于矮松果和针叶樱桃；而与初始农业相伴的物种产量超过这两类植物时，它们的相对利用减少。

朴树果在牧豆树草地B的情况类似。在那里可获得的四种主要资源中，朴树果产量最低。因此可以理解的是，它是该区域中唯一显示出利用减少的物种。

换句话说，把初始农业加入该系统的主要影响是，将采集活动重新集中到靠近洞穴的植被区。其次，它减少了对其范围边缘生产率较高物种和范围中心附近生产率较低物种的利用。

在模型方面，添加农业意味着该群体可以增加洞穴附近所选植物的密度。这一效率的提高，使得该群体有更多的时间采集附近的植物。此外，与初始农业相关的物种最终使其比采集其他某些物种更多产。由于该群体获得这种收益需要时间，人们可能会期望由于效率的提高，在模型中得以见到第一次利用的变化。因为每个人不必再像以前那样走很长的路来进行采集，所以他们有更多时间从事更多的活动。这导致分配给某些物种任务数量的增加。随着群体经验的增加，与初始农业相伴的物种产量也继续增加。此外和初始农业相比，某些活动不再多产，它们就较少进行。因此，该模型预测，矮松果、朴树果、麻风树果和针叶樱桃利用的减少，应该跟在其他如橡子、银合欢和西葫芦等物种利用的初步增加之后。

该模型不仅预测主要资源利用的可预期变化，而且预测这些变化将发生的顺序。现在我们来看这些预测与洞穴出土考古材料的相符程度。表31.14给出了洞穴D、C、B层发现的各主要植物资源的原始频率计数S。表31.15列出各层里每种植物与植物总数的相对频率，以及D层到B1层之间的净变化。表31.16将观察到的总计数和相对频率的净变化与预测的变化进行比较。

表31.14 从D层到B1层主要植物品种的原始频率计数

植 物	D层	C层	B1层	从D层到B1层的净变化
龙舌兰咀嚼渣和叶	53	216	56	+3
朴树果籽	416	969	240	−176
西葫芦遗存	6	50	21	+15
麻风树籽皮	237	68	22	−215
银合欢豆荚	11	247	105	+94
针叶樱桃籽	49	196	46	−3
仙人掌果籽	348	751	143	−205
仙人掌果嫩茎	28	49	45	+17
豆荚瓣	17	43	111	+94
矮松果壳	94	80	31	−63
牧豆籽	59	554	1 833	+1 774
橡子	3 181	1 570	892	−2 290
	4 500	4 793	3 545	

表31.15 从D层到B1层主要植物品种出现的相对频率

植 物	D层	C层	B1层	从D层到B1层相对百分比的变化
龙舌兰咀嚼渣和叶	0.011 7	0.045 0	0.015 7	+0.004 0
朴树果籽	0.092 4	0.202 1	0.067 7	−0.025
西葫芦遗存	0.001 3	0.010 4	0.005 9	+0.004 6
麻风树果壳	0.052 6	0.014 1	0.006 2	−0.046 2
银合欢豆荚	0.002 4	0.051 5	0.029 6	+0.027 2
针叶樱桃籽	0.010 8	0.040 8	0.012 9	+0.002 1
仙人掌果籽	0.077 3	0.156 69	0.040 3	−0.037 0
仙人掌果嫩茎	0.006 2	0.010 2	0.012 6	+0.006 4
豆荚瓣	0.003 7	0.008 9	0.031 3	+0.027 6
矮松果壳	0.020 8	0.016 6	0.008 7	−0.012 1
牧豆籽	0.013 1	0.115 5	0.517 0	+0.503 9
橡子	0.707 1	0.327 5	0.251 6	−0.455 5

表31.16 从D层到B1层相对频率的预测变化与实际变化比较[a]

植 物	频率的预测变化	总频率观察到的变化	相对频率观察到的变化
矮松果壳	减 少	减 少	减 少
朴树果籽	减 少	减 少	减 少
麻风树果壳	减 少	减 少	减 少
仙人掌果籽	减 少	减 少	减 少
仙人掌果嫩茎	减 少	增 加	增 加
针叶樱桃籽	减 少	减 少	增 加
橡 子	增 加	减 少	减 少
银合欢豆荚	增 加	增 加	增 加
牧豆籽	增 加	增 加	增 加
龙舌兰咀嚼渣和叶	增 加	增 加	增 加
豆荚瓣	增 加	增 加	增 加
西葫芦遗存	增 加	增 加	增 加

[a] 斜体字代表与模型预测不匹配的变化。

在表31.16中请注意，对于12种资源中的10种，预测的变化与D层到B1层之间见到的总频率变化相匹配。只有橡子和仙人掌果嫩茎表现出与模型不相符的趋势。这代表模型与这些资源的材料之间有83%的一致性。这也表明，推动该模型群体变化的过程也可能是影响实际群体行为变化的主要因素。因此表面看来是一个非常复杂的资源转变形态，可以用上述讨论的几个基本适应方面来简要说明。

统计计算两组预测之间的一致性，发现其值为0.83，而1.00表示完全对应。鉴于目前的对应水平，两个序列由独立过程产生的概率为0.009。这足以摒弃我们原来的假设，而支持假定模型与实际系统之间具有依赖关系的假设。

到目前为止，我们只处理了原始频率的变化。如果我们把所见的相对频率变化与模型的预测相比较，那么对应关系如何？从表31.16可以看出，12个相对频率变化中有9个由该模型所预测。橡子和仙人掌果嫩茎再次不符合模型的预测。而且，与该模型预测相反，针叶樱桃表现出相对频率的增加。

仍然有75%对应，这相当不错，尤其是因为相对频率是比原始计数更为保守的变化指数。考虑到这一点，对实际系统所显示的相对频率上所见的变化与模型不一致这一零假设进行了测试。这次一致性统计的值为0.75，这由两个独立过程产生的概率为0.04。鉴于我们指出，任何小于0.10的概率都足够成为拒绝的理由，与两组值无关的零假设被排除。

尽管该模型资源利用的总体变化与D层到B1层间考古材料的变化能作很好的比较，但是这些变化发生的顺序如何？该模型表明，初始农业的初步效应是增加利用一些物种，特别是离洞穴最近的植被区的物种。随着与早期农业相伴的产量的提高，那些与初始农业相伴的产出较少的植物的利用将会减少。考古材料中这样变化的顺序是否成立？再看看我们的表格，我们注意到，D层（前8750—前7840年）到C层（前7450—前7280年）中12个相对频率变化中有9个是增加的。所有6个预期增长的物种都做到了这点。在C层（前7450—前7280年）到B1层（前6910—前6670年）的后期转变中，出现了相反的趋势。在此期间，12个物种中有9个出现了下降。另外，预测增加的6个物种中有5个确实增加了。

从这点来看，非常明显的是，考古材料的变化与模型的预测非常一致。为了说明它们如何匹配，现在让我们按预测增加的上升顺序，对每组12个物种进行排名，预测增幅最大的物种排名第12位。接下来根据观察到的D层到B1层间相对频率的增长，物种按照升序排列。然后在表31.17中比较这两个排名。现在的问题是，它们的符合程度如何？

我们再次使用一致性统计来检验两个数据集由不相关过程生成这一零假设。计算观察到一致性为0.70。两个统计上不相关的进程可能产生与这个序列很好匹配的概率是0.08。这足以让我们再次排除零假设。因此，我们得出结论：支配真实群体行为和模型行为的过程一定十分相似。该模型不仅预测了群体在资源利用变化方面的一般行为，还模拟了这些变化的相对量级。

考古材料和真实系统的变化之间的这种对应关系，可以被用来验证该模型的其他方面。起初假定该群体进行每年一次的评估和更改基本周期。在特定数量时间步长上预测的变化顺序，与考古材料中所见的变化相匹配，这个事实令我们能大概估计模型中一个周期所需的平均时间长度。换言之，如果模型与真实系统在相同时间内发生变化，我们可以估计周期之间的时间长度。事实证明，根据人们的设想，一段时间长度一般在一到一年半之间。考虑到为进行这些计算必须做出的假设数量，如果实际结果是由类似模型中

表31.17　D层和B1层之间各物种相对其他物种相对增长的预测顺序与所见增长顺序的比较

植　　物	预测排名按照递增的顺序排列	观察到的排名按照递增的顺序排列
矮松果壳	2	5
朴树果籽	3	4
麻凤树果壳	4	2
仙人掌果籽	5	3
仙人掌果嫩茎	6	9
针叶樱桃籽	1	6
橡　子	10	1
银合欢豆荚	9	10
牧豆籽	8	12
龙舌兰咀嚼渣和叶	7	7
豆荚瓣	11	11
西葫芦遗存	12	8

本地决策的年际序列所产生，那么时长的数量级可望惊人地接近预期结果。这只用来确认我们的其他发现，所有这些都表明了所见真实系统的行为和模型行为之间的详细对应关系。

我们会期望，这种行为的一致性源于两个系统决策结构之间的基本相似性。正如我们所看到的，模型的行为极大取决于其获得性适应的结构。这表明，这些适应会提供更详细的绩效优势观察。特别是，它就如Part 2根据理论和Part 6根据实验提出的那样，在减少决策"错误"对系统绩效影响的变化上将是有利的。这样的机制当然会减少与系统绩效相伴的多样性。在目前的情况下这一点尤其重要，因为一开始环境本来就是不可预测的。

小结

尽管瓦哈卡河谷后期的人口压力等因素可能是重要的，但在Part 1中假设，河谷资源利用的初步结构主要是信息处理的考虑结果。在瓦哈卡，这些考虑似乎特别重要，因为在这里资源分布和密度每年都有明显的波动。考虑到这点，模拟的主要目标是看狩猎采

集信息处理的基本模型如何解释与初始农业相关的考古材料。

初始栽培的开始在模型中产生了两种类型的基本变化。首先，初步重新调整洞穴附近的活动。能够增加某些植物的密度，意味着采集它们所花的时间减少。这使得该群体有更多时间在附近采集其他资源。同时，有了经验，与初始农业相关的物种产量开始增加。这使得初始农业比其他某些资源采集活动更多产。结果，该群体开始努力从采集转向初始农业。

然后，初始农业的主要影响是导致洞穴周围采集活动空间上的重新调整，并取代不那么多产的策略。由这些变化引起的资源利用的改变，与洞穴所见主要出土植物的相对频率的变化相当吻合。这一充分吻合表明，这些考古材料很可能就是以相似的方式产生的。

对信息处理的考虑，对描述不确定绩效环境中模型群体的行为很有用。如 Part 6 所示，在这种背景下的决策失误，倾向于产生大规模的系统不稳定性。该群体减少这些错误概率的适应，将是相当有利的。事实上，这个模型群体确实采用了一些这样的适应。真正的系统似乎不太可能显示与稳定模型相应的一种详细对应，除非它也能减少错误的概率。此外，模型使用的这些适应类型，与已知的狩猎采集行为相一致。这表明，真实系统采用的适应很可能与模型中的适应不会相差太远。

Part 9　模拟气候变化与人口增长

引言

在论证了我们模型绩效与考古记录证据之间的合理对应之后，我们便可以通过改变模型的一个变量，并保持其他所有变量不变来做"实验"。在 Part 9 里，我们在模型中模拟降雨和人口两个方面的变化。选择这些变量有几个原因。其一，气候变化和人口增长一直被认为是采取初始农业的动因。其二，这两个变量之一或两者很可能对农业从山麓地带移到河流冲积平原产生了影响。其三，那魁兹期气候被认为是要比现在略为干旱，我们要看看，我们的模型如何应对较干旱的条件。对后者的观察应该有助于弥补这样的事实：我们无法在与那魁兹期相同的条件下收集到所需的环境资料。

在 Part 9 开始之前，我们采用固定群体大小（5人）和发生概率固定的年度类型（湿润、干旱、平均）进行模拟。平均降雨量年份的发生概率是 0.5，湿润和干旱年份的概率各是 0.25。初始栽培起始后约 550 个时间步长后，我们的模型群体已经实现了稳定的适应，其特点是与圭拉那魁兹 B1 层植物遗存很好对应的资源采集策略组合。在模型中，这些策略主要表现为在荆棘林 A 重视初始农业，洞穴所在的这个植被区具有今天的气候条件。但是，通过增加试错（以及驯化物种的遗传改良），人们最终发现，农业在牧豆树草地 B，这片与河流冲积区相伴的植被带，更多产。到了公元前 1500 年，几乎所有农业社区所在地都利用了这种冲积区的优势。因此，我们在 Part 9 的目标之一，就是确定模型中什么变量的改变，会促进牧豆树草地 B 中栽培的增加。

因此，我们允许模型中某些人口和气候的基本变量随时间发生变化，观察它们对模型群体发展初始农业的速度和程度的影响。有三个基本测量被用来估计采纳农业的程度。其一是群体随时间推移而致力于初始栽培的不同任务数量。其二是观察模型群体对四个植被带（荆棘林 A 和 B 以及牧豆树草地 A 和 B）的相对使用量。其三，我们考察该群体在多大程度上引起了玉米、豆子和西葫芦密度的变化。

令气候较湿润

在我们的第一个实验中，我们决定模拟一个较湿润气候阶段的逐渐开始。一个湿润年（> 600 毫米）发生的概率在每个模型时间步长增加 0.000 5，而干旱年份（< 420 毫米）发生的概率每个时间步长减少 0.000 5。这意味着气候在较长一段时间内慢慢变得越来越湿润。

图 31.24 展示了一些结果，其中**常规**表示，在今天"常规"气候（50% 平均、25% 湿润、25% 干旱年份）下获得的初始农业任务；而**湿润气候**表示，在我们模拟的湿润气候条件下所获得同样的初始农业任务。请注意，模型群体在较湿润条件下，初始农业任务数量

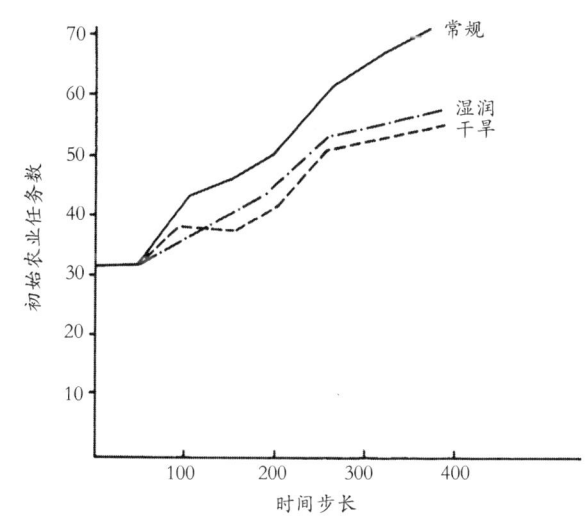

图31.24 常规气候、干旱气候和湿润气候三个实验中随着时间获得的初始农业任务数量。

的增加速度明显下降。这可能有几个原因，也许包括该群体辨认连续0.000 5变化和做出相应调节的困难。但是，从输出中观察到的一个重要可能是，效率的压力降低了。湿润年份数目的增加使得该群体能尝试很多新策略（其中许多没有表现出改善），干旱年份数目的减少降低了淘汰不良策略的速度。

令气候较干旱

我们的第二个实验与第一个相反：我们对干旱年份发生的概率的每个时间步长增加0.000 5，同时湿润年份发生的概率减少0.000 5。通过这种方式，我们模拟了随时间推移，气候开始逐渐变干的一段干旱时段。图31.24也展示了一些结果，其中**干旱气候**表示在我们模拟的较干旱气候条件下获得初始农业任务。请注意，模型群体甚至比在**湿润气候**条件下做得更差，显然是因为他们变得更加保守；湿润年份数目的减少使他们尝试新策略的机会更少，而干旱的加剧给他们带来了更大的压力，要更高效并且不冒风险。探知和适应湿度稳定下降的困难，可能又一次成为一个促成因素。

令气候较均衡

在模拟了较湿润和较干旱的气候时段之后，我们发现自己对气候一致和变化之间的权衡兴趣越来越大。

从一开始，我们的模型就以湿润、干旱和平均年份一系列不可预测的相继过程为特征，甚至我们模拟的湿润和干旱气候也保持了这种很强的年际变化。这与整个圭拉那魁兹研究项目的一般主题相一致，即研究狩猎采集者处理变化的方式。但是，如果变化大大减少呢？

因此，我们第三个实验是观察模型群体在没有两种极端年份类型（湿润和干旱）条件下的行为。因此，对于这个实验的每个计算机运行，将每个时间步长按平均年份编程。图31.25显示了模型群体在此均衡气候的500个时间步长中的表现，并将其与该群体在我们最初（**常规**）气候条件下达到的最高效率作比较。这个新图的两个特点特别有趣。其一，大体而言，该群体在均衡气候条件下的表现不如三个年份类型都存在时的表现。其二，该群体的表现随时间上下摆动，而不是像原来（变化的）气候条件下那样达到稳定水平。这两个特征都表明，缺乏气候变化往往会降低群体分离出有效采集新策略的能力。

虽然我们没有预料到均衡气候实验的结果，但回想起来，这些结果可能并不令人惊讶。我们之前已经看到，在瓦哈卡的"常规"条件下，湿润年份用来在低风险条件下尝试新的策略，而干旱年份用来突出较有效的策略并删除低效的策略。在我们均衡气候的模拟中，没有了湿润年份，便减少了尝试和采取新策略的机会；没有了干旱年份，便减少了对效率的压力，因此图中的"峰值"较低。如果没有足够的气候变化，该群体就在远远低于常规条件下取得的绩效标准下的水平振荡。

还有另外一种方式来看待这种现象，这种方式与本书的整体理论途径是一致的。变化的环境提供了开发和检验新策略的良好环境，因为这些环境包含了非

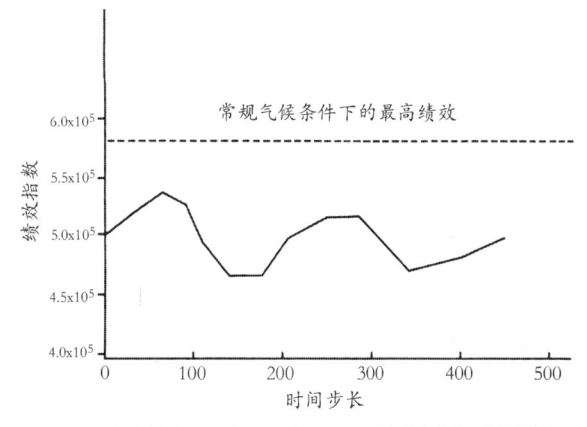

图31.25 大幅减少气候变化情况下，由初始农业试验带来的绩效指数的变化。

常多的信息。我们新的均衡气候大大减少了所能提供的有关压力、植物生产力、效率的信息，以及该群体为作出正确决策所需长期记忆的其他因素。剥夺了这些信息，该群体就无法像在低压力、平均压力、高压力条件下那样或快速地适应。这一发现不仅证实了我们的想法，即信息一定是生态进化平衡的一部分，而且表明，不可预测的环境变化远非一些人所认为的那样是祸害，它实际上很可能为早期人类提供了一种长期适应改善的良好背景。

令人口增长

对于第四个实验，我们决定让我们的模型群体开始以觅食人口合理的速率增长。在查阅文献中对狩猎采集人口增长的估计之后（如参见 Hassan 1981），我们最终决定让我们的群体每100个模型时间步长增长0.002%。我们推断，即使以这么小的增长速度，如果允许时间持续足够长，也应当会增加该群体对该地区植物性食物的需求。在其他事项中，我们还想看看，我们增长的人口是否会加速其采用初始农业的适应（过程）。

图31.26 展示了一些结果，它对我们增加的觅食人口（**人口增长**）和早期模拟（**常规**）中采用的五人稳定组作了比较。请注意，随着这种逐渐而长期的人口增长，相对于我们原来的模拟，该系统的绩效降低了。虽然最初在时间步长（或迭代）50和100之间增加了采用的初始农业任务，但曲线很快趋于稳定，并在450个时间步长时，比**常规**曲线少了约20个任务。在这个实验中，计算机的所有运行都是如此。显然，就像通过强化农业一样，我们增长的模型人口，采取加强对某些野生植物的利用，也满足了生计增长的需求。

这个实验表明，至少对于我们的模型来说，人口增长，并不一定会加快初始农业任务的采纳。这是重要的，但我们想要补充的是，它未必被解释为对科恩（Cohen 1977）人口压力模型的一种检验。科恩声称，人口压力首先会导致觅食者转向农业。我们的模拟是要询问，那些已经把初始农业作为一种选择的觅食者，如果其人口开始增长，他们是否会更快地采纳初始农业。这两个问题相关，但并不完全相同。

令人口波动

在第五个实验里，我们采取了人口变化的不同途径。不是让人口稳步增长，而是从一个时间步长到下一个之间，让我们的模型群体在4人和6人之间（平均是5人）随机波动。这个新随机变量的基本分布是均衡的。即一个拥有4、5、6人的群体概率相同。实际上这意味着，一个不可预测变量的人口必须适应不可预测的气候变化。虽然我们在此不关心这种变化的缘由，但这种大小的波动在当地狩猎采集群体中很常见。结果如图31.26所示，将我们变化的小游群（**人口波动**）曲线与**常规**人口曲线作比较。

显然，该**人口波动**群体要比稳定增长群体（**人口增长**）采纳初始农业任务的速率更快，并且**人口波动**表面上显示了像**常规**那样的表现状况。但是，当仔细比较所有**人口波动**运行的输出与**常规**输出时，显示了惊人的差异。

尽管**人口波动**和**常规**模拟均积累了相当数量的初始农业任务，但这些任务的性质差异很大。特别是，人口规模增加的短期变化，对系统施加了产生较多高产策略的额外压力，这些策略能令一个大于平均人口的群体在比平均水平干旱的年份里感到满意。因此，在150个时间步长内，**人口波动**群体已经将超过20个任务分配给牧豆树草地B的初始农业；这花了**常规**群体大约500个时间步长来取得冲积区所采用农业的同等水平。经过150个时间步长后，**人口波动**群体在牧豆树草地B花掉了50%以上的时间；而**常规**群体即使经过了500个模型时间步长后，花在那里的时间还不到25%。**人口波动**群体也增加了牧豆树草地B中玉米、豆子和西葫芦的作物密度，而**常规**群体则没有。

仔细观察输出，看来弥补短期人口不可预测变化的需要，增加湿润年份的试验和干旱年份的检验，结果得到了更有效的策略。这并不是说这些改善的策

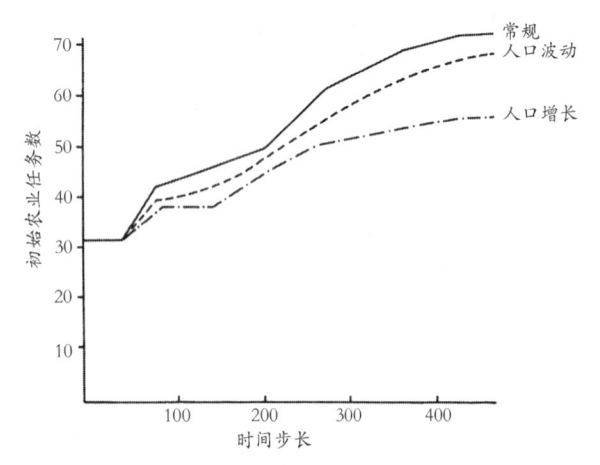

图31.26 常规、人口波动、人口增长三项实验中，随时间变化取得的初始农业任务数。

略总是必要的，但是有了它们，该群体在"6人"和"干旱年份"的压力期，在相同时间步长里，获得了额外的资源。更重要的是，虽然总体来说，**人口波动**并没有采取与**常规**群体同样多的初始农业任务，但是它在将农业从山麓地带转移到牧豆树草地B的河流冲积区这一点上，做得更好。比**人口增加**做得更好的是，年际变化不可预测的小游群，可能比长期逐渐增加的人口，更会选择河谷底部的农业。尽管这显然部分是由我们模拟设计所决定的，但它可能也对宾福德（Binford 1968）的"密度均衡模型"有所启示。

小结

在五个独立实验的过程中，我们改变了模型的一个变量，同时保持所有其他变量不变。首先，气候以三种方式发生变化：（1）变得较湿润；（2）变得较干旱；（3）保持均衡。其次，人口规模以两种方式变化：（1）以小而稳定的速率增长；（2）随机地在4到6人之间变化，平均为5人。

长期的气候变化，无论是朝较湿润还是朝相对较干旱变化，除了减缓农业任务添加到模型任务中去的速度之外，没有任何作用。更糟糕的是，模型在气候均衡条件下的表现，说明这一条件减少了系统中的信息。均衡性阻碍了我们原来模型中所见的二元策略的发展，即在湿润年份尝试新策略，在干旱年份淘汰效率低下的策略。

两种人口变化的结果很不一样。我们的模型群体适应了人口的长期增长，却没有更多尝试农业，实际上，它没有像原来模型那样获得很多农业任务。而该人口在一个平均值附近做小而随机的波动，尽管它导致了类似原始模型的整体表现，但是较快地将农业移到了牧豆树草地B的冲积区。这点意义重大，因为冲积区的玉米、豆子和西葫芦密度的增加，被认为是朝形成村落生活方向发展的重要一步。

这使得我们能够部分回答我们之前的问题：模型参数的何种变化会促使牧豆树草地B种植的增加。给出的两个不确定性来源——不可预测的气候波动和不可预测的人口波动——该模型在其产量潜力最大的环境里，朝着提高驯化植物密度的方向更快发展。至少在我们的实验中，这一双重的不确定性对系统的影响，要比可预测的稳定人口增长更大。我们也许应该补充一点，即两个变化的来源也意味着两种信息来源。

显然，我们有了这个建立的模型，我们就能做许多其他的实验，我们有望在将来探索其他可能性。对这五个额外的模拟，我们在此感到满意，它们可以用作建模方式的样板，借以攻克本书其他章节提出的一些问题。

Part 10   概括与小结

模拟前农业

在初始农业之前，我们先开发了一个狩猎采集者时间安排和资源采集活动的计算机适应模型。在该模型中，该季节中一个相对于其他所用时间安排的某安排之绩效信息，被"反馈"给该系统，并用于执行以下功能：
1. 根据其绩效再次调整使用该时间安排的概率。
2. 根据政策所见的影响时间安排绩效的能力，调整该群体对某项策略的重新安排政策。
3. 用与时间安排关联的当前的重新安排政策，调整该时间安排的结构。

从随机的资源获取时间安排序列和任意决策政策开始，我们的前农业群体通过这个互动网络，能够建立一套稳定的资源采集时间安排，它显示出与圭拉那魁兹洞穴结果非常显著的一致性。在稳定的绩效状态下，模型的时间安排对可利用植物资源的相对重视，与洞穴中E层和D层所见的相同资源的相关数量，有显著的一致性（80%）。因此，仅仅根据绩效信息，系统就能够开发出相当复杂的采集活动顺序，它产生的结果与真实穴居者所产生的结果类似。

这个反馈周期持续运行的关键在于一个策略的测量绩效，总是与此季节使用的其他策略的绩效相关。因此，总有一些策略不如其他策略。这些策略更有可能被修改，因此为我们的进化磨坊提供了粮食。如果这些新的修改提高了某时间安排的绩效，其他的就开始效仿其成功的方面。因此随着时间的推移，基本重新安排运算符的有利组合被开发并被更频繁地使用。如 Part 5 所述，数据采集过程本质上是并行的，这样便于获取相互适应的决策集。这样越来越多的信息被加入群体的决策结构中，直到难以改善作为其结果的策略。一旦发生这种情况，重新安排决策就更有可能导致绩效下降，该模型群体在变化方面将变得比较保守。

在前农业模型的这个稳定绩效水平上，那些代表重新安排过程最佳结果的高收益时间安排，与非常保守的重新安排政策相伴。这种"通用目的"策略经常被使用，并似乎决定了洞穴遗存的基本特点。虽然这些策略在每种可能的年份类型中均被使用，但另一套"特殊用途"策略是为特定年份类型开发的。其中最有趣的是在湿润年份里最常用的时间安排。他们通常会把低产的种类纳入他们的采集表，结果绩效相对较差。但是在湿润年份，环境生产力的提高使得它们比较多产。

虽然湿润年份策略对总体生产力的贡献不如较明显的通用策略，但它们仍有重要作用。由于湿润年份策略的绩效不一定比其他策略高明，预计与其相伴的重新安排政策将不那么保守。即使不大可能改进整个系统，该模型群体也会对这种策略进行调整。这有几个基本的启示：

1. 生产力相对较高的时期要比干旱年份有较为多样化的资源时间安排行为，在干旱年份中，系统又回到了试用的方法。
2. 虽然多数群体行为是由不情愿改变的相对高绩效的时间安排决定的，但在湿润年份中产生了不太明显的持续不断的变化。
3. 很有可能的是，这个总适应过程成功的积累，是由于降雨量不可预测的变化所致。虽然湿润年份不多见，它却让行为更具变化性，并提供尝试新策略的机会。另一方面，干旱年份对模型群体施加了更大的选择压力，因此群体采用可靠性和产量相对较高的策略。

对该群体施加的选择压力有不可预测的变化，这种变化可能是决定该系统内在变化速率的一个重要因素。例如，如果让该群体只面对一个干旱年份的序列，就会对该群体施与持续的选择压力，那么引入该系统的大部分湿润年份策略就会消失或者永不采用。资源时间安排系统作为一个整体，是极其保守的。事实上，大部分民族学家介绍过被逼入极端荒芜环境的许多狩猎采集群的时间安排行为。

另一方面，过度的湿润年份会给系统引入大量变化，但是该群体很少有机会在较剧烈的环境中检验这些适应的价值。结果，有可能获得许多适应，但这些适应在较有选择性的环境中将无法立足。瓦哈卡的环境在这两个极端之间。在那里，湿润年份的时间大约只有25%，但这有足够的规律性，允许一定时间尝试稳定数量的新策略。有时候甚至有机会在比较极端的环境中尝试一些比较成功的湿润年份时间安排。如果它们没有竞争力，可能会再次被变更。这使得该群体只保持那些不降低系统绩效的时间安排的更改。

模拟初始农业

给予该模型群体获得初始农业的机会，并继续保持上述相同的基本适应。对现行时间安排集合作出的主要修改如下：
1. 对于高密度物种，在其密度变得相对较低的生长范围边缘，减少对这些物种的利用。
2. 对于典型的低密度物种，在其出现的所有植被区中减少对它们的利用。
3. 把初始农业集中在最靠近洞穴的植被区——在我们的模型中是荆棘林A——在靠近河流的牧豆树草地B也有一些活动。
4. 将较不高产的物种替换为可以更靠近洞穴种植的较高产物种，以便该群体有更多时间，在同一植被区采集额外的野生植物。

结果，该模型预测了随时间推移利用资源的一系列变化，这是逐渐获得初始农业的结果。根据上述原则，模型预测的变化与圭拉那魁兹D层到B1层所见的相同物种相对利用的变化有80%相符，其中只有一个不可预测的变化涉及具有显著变化的一个物种。这种相符不仅具有统计学意义，而且还为表面看似颇为复杂、对资源利用无形态可言的一个转变，提供了一个相当直观的解释。

因此，我们有关瓦哈卡河谷初始农业起步阶段对野生植物利用重新安排的预测，与考古数据非常吻合。该模型能够预测农业初期发生前的资源采集行为，并预测随初始农业发生的利用主要资源的大部分变化，这为我们的想法提供了强有力的支持：日常资源时间安排决策在群体生存活动的形成中起着重要的作用。通过这种方式，我们可以构建绩效曲线的序列以及相伴的时间重新安排政策，进而它们可以与洞穴的不同居住面相关联。因此，这些居住面和相伴的遗存，作为瓦哈卡河谷内文化适应长期过程的一部分而得到一种新的解释。因此，我们的模型允许我们在某群体的信息处理结构与考古记录之间建立起必要的联系。

另外，我们认为在初始农业出现之前，在真实群体的决策网络中必然存在某些反馈循环。这种循环的存在对于产生基本的前农业时间安排行为是必要的。它们还提供了该群体能够将选定的初始农业任务纳入其活动时间安排的手段。实际上，这些循环看来很可能形成了一个核心，之后在这个核心周围发生了基于玉米遗传变化的更复杂的反馈循环。为了检验这点，我们需要扩大我们的时间安排模型，来涵盖群体在整个季节中的活动。这项提议的扩展将需要该群体狩猎活动的相关数据，因为狩猎是每年其他时间的一项重要活动。来自布兰卡洞穴的材料将为我们提供更多关于这些活动的信息。这是稍晚的一个遗址，比圭拉那魁兹这个遗址狩猎更多。这个扩展的决策模型将构成一个更详细的模拟基础，并将最终探索河谷内定居农业的演变和形成的决策系统的发展。

改变系统参数

最后，我们进行了呈系列的5个实验，改变初始农业模型的某些变量，而所有其他变量保持不变。首先是气候逐渐变得较湿润；其次，让气候变得较干旱；第三，通过设置所有年份为平均年份，减少变化。在第四个实验中，让人口增长缓慢而稳定；在第五个实验中，允许人口在一个固定的平均值上下摆动。

尽管还有很多工作要做，但我们的基本发现如下：

1. 长期缓慢的气候变化，无论是向较湿润还是较干旱的气候发展，都没有加快采用初始农业任务的速度。
2. 减少年际气候变化大大减缓了农业的采纳，因为模型群体不再有：(a)在低风险条件下尝试新策略的湿润年份；(b)对他们施压的干旱年份；(c)可以获得尽可能多的信息来做出决策。
3. 对于狩猎采集者来说，合理的缓慢而长期的人口增长，并没有加快采纳初始农业任务的速度；所产生的资源"组合"与圭拉那魁兹的B1层不符合。
4. 人口在一个固定平均值附近的短期波动，加快了农业从山麓（荆棘林A）向河流冲积层（牧豆树草地B）的转移。
5. 后一成果表明，瓦哈卡河谷的史前农业演变可以用以下方式来作更真实的模拟：(a)具有多个短期不确定性因素的模型，即使这些因素的变化范围很小；(b)某单一长期的"主动力"过程，如气候变化或人口增长，即使允许这个过程持续数百个时间步长。
6. 最后，我们不想给人留下这样的印象：我们忽视了气候或人口长期单向变化趋势的重要性。我们很清楚，古代世界的许多地方经历了长期的单向气候变化，如更新世末欧洲冰川的退缩；或人口变化趋势，如墨西哥形成期持久而且剧烈的人口增长。我们还从我们的模拟中得知，这种单向的长期变化对于我们的模型群体来说是难以适应的，因为，从过去条件存储下来的数据，在未来长期变化的条件下，评估群体绩效会变得越发不当。这种单向变化可能需要对群体绩效评估过程进行重大修改，我们希望今后能够调查在墨西哥形成期中这是如何发生的。我们在此要说的一切是：(a)在瓦哈卡前陶期的考古记录中明显没有这种趋势；(b)我们的计算机建模认为，没有必要为了模拟瓦哈卡河谷采纳初始农业而作这些假设。

32
适应、演进与考古时段：雷诺兹模拟分析的一些启示

肯特·弗兰纳利 撰，韩婧 译

进行计算机模拟的一个原因是它有时会提供出人意料、甚至是违反直觉的洞见。发生这种情况是因为人们倾向于认为，在时空上紧密相伴的变量之间存在因果关系；事实上，复杂系统中的因果关系可能在时间和年代学上是分开的。在本章中，我们来看雷诺兹计算适应模型的一些可能启示，其中兼有预料之中和始料未及的。

前农业阶段

雷诺兹的模型小游群丛无知状态开始（或者更恰当地说，没有过去利用瓦哈卡河谷东部的记忆），在500个时间步长内实现了与圭拉那魁兹D层相似的策略。应该强调的是，在这个模型中，时间步长不是以年计，不管它们看起来有多相似；因此我们不知道一个真实群体要取得相同策略需要多长时间。

没有任何指导该群体"优化"或"最大化"的特定变量。只是告知他们在每个时间步长上，对他们的觅食策略进行小的改变，记住每个策略做得如何，并且通过重复比较成功的策略和放弃不太成功的策略来加以改进。该假设群体得出了两个策略，一个用于干旱和平均年份，另一个用于湿润年份；前者比较保守，后者比较有尝试性，但两者在模型参数发生变化时都表现出弹性。在干旱年份里，这个群体更加努力工作，在湿润年份里工作不那么辛苦，从而减少了两类年份间生产力的差异。他们把精力集中在荆棘林A和牧豆树草地B中，这表明他们对减小搜索范围比对减少行走时间更感兴趣。他们的策略看来以牺牲植物蛋白为代价而重视热量，但是如果没有最佳觅食分析，我们不想猜测他们对这两种营养成分的优化的缺乏有多严重。

前农业阶段的启示

1. 雷诺兹的模型群体在制定自己的决策政策而非应对计算机程序员设定的速率时做得最好，在这里，我们可以看到一种具有多代记忆、逻辑、详细感知和决策能力的生物的许多进化优势之一。

2. 而且，当雷诺兹断开多代记忆和决策装置之间的反馈回路时，策略变化开始从渐进变为随机起伏。这表明，尽管多兰（Doran 1970）和萨蒙（Salmon 1978）表达了考虑周全的保留意见，但采用系统论方法是对文化适应进行建模的最合理方式。事实上，当未来考古学家有可能在史前生态系统背景里，以一种真正重大规模对人类决策进行建模时，很难想象如果没有一种系统论方法，如何能够做到这点（例如参见Thomas 1971）。

3. 值得指出的是，雷诺兹的模拟给了他假设群体，比他们最终显示所取得的效率水平所需，有更多的分类、更多的选择、更多的任务以及更多可能的策略。

因此这看来，甚至一个较简单的模型，尽管不那么"真实"，但仍可能在某些最基本的方面产生类似的形态。

4. 雷诺兹的分析最令人感兴趣和意想不到的结果之一，是他的假想觅食者始终表现得仅以两种年份行事。干旱年份和平均年份被视为一类，需要一种保守的策略；可能因为基恩（Keene 1981b：237—238）提到的资源增加，湿润年份更具有尝试性的策略的特点。换句话说，该群体采取了雷诺兹的三元年份分类，后将其降至湿润—干旱的二元对立。如同雷诺兹指出的，这正是米特拉萨波特克语人今天的所为。萨波特克人记住过多降雨或过度干旱的年份，并（错误地）相信他们可以从中探知各周期（Kirkby 1974）。如果农民将晚春的降雨量视为"大"（以我们的话来说大于80毫米），他们预测这将是一个湿润年并采取相应行动。如果他们认为晚春降雨量"小"（以我们的话来说小于40毫米），他们则预测干旱年并采取相应行动。由于萨波特克农民没有雨量计，他们不可能做到如我们一样能够分辨所有细微差别；他们集中在当地降雨的一个方面，这使得他们能将大量模糊性降为二元决策。尽管结构主义者和民族学家可能会很好地得出结论：干湿是基于萨波特克世界观的认知分类，但是雷诺兹计算机的同样做法表明，降至两种策略可能有完美的适应理由，一个保守，一个具有尝试性。我认为这一发现的启示是：（a）文化生态学家不应简单地把所有原住民的二元对立当作思想活动的副现象；（b）结构主义者不应该过快声称，他们的线人脑子里的"想法"是独立于生态适应的。

5. 干旱年份提高觅食效率更为迅速，大概是由于较大的选择压力；湿润年份提高效率较慢，大概是因为较小的选择压力。这些研究结果不会让那些相信间断平衡（punctuated equilibrium）或因压力期加速而步进的人感到惊讶。但雷诺兹的模型也显示，在干湿年份交替不可预测的情况下，改进可能发生最快，这表明环境条件年际变化在设定进化速率方面的作用可能被低估了。在雷诺兹的模拟中，对干旱年份的适应得益于利用在湿润年份宽松压力下先期尝试的改进措施。这可能意味着适应不只是在有压力的情况下发展最快，而是当其环境混合了：（a）在有压力的时期，严格挑选保守和有弹性的策略；（b）在比较放松时期，可以增加潜在创新的积累而没有淘汰风险。

6. 仿佛为了强调这一点，当雷诺兹尝试性地指导该模型，为他的群体提供一套完全"平均"年份的序列时，一个极有趣的洞见就出现了。我们从直觉上很可能以为，该群体在这些条件下会采取一种统一和长期稳定的适应。不料，该群体开始漫无目地在不同策略之间游荡，而不是朝着较高的效率前进。（对模型）输出的观察向雷诺兹表明，去掉年降雨量和植被生产力的变化，剥夺了该群体做出正确决策所需的大量信息。倘若如此，清楚说明了信息在进化系统中的重要性。

7. 上面一段还提出了一个问题。在不变环境中的某群体，就如利用线性规划或最佳觅食理论时常见的那样，其适应能否达到最佳状态？最佳觅食理论家会说："是的，在竞争条件下。雷诺兹模型中就缺乏竞争条件。"也许在此条件下，必要的压力会来自竞争而不是年际变化。但是雷诺兹的模型表明，即使在没有竞争的情况下，年际变化也可以加快适应；而这一成果对许多人类群体都有启发，他们似乎不太与他人竞争，就像圭拉那魁兹的小游群一样。

8. 由于雷诺兹的群体具有类似圭拉那魁兹D层的稳定适应，他们似乎通过牺牲植物蛋白来获得较多的热量并减少搜索面积。当然在现实生活中，这个群体可以从鹿、棉尾兔、鸟和龟获得蛋白质，这些都不包括在我们的模拟中。但是不应忽略他们牺牲的植物蛋白，因为它设立了一个有趣的情况——可能选择栽培在一个很小的搜索面积中的高蛋白植物。罗布森和伊莱亚斯的图23.1显示，圭拉那魁兹蛋白质含量最高的植物是西葫芦籽，随后是麻风树籽、银合欢籽和牧豆。当人们认为麻风树、银合欢和牧豆树都是多年生树木或木本灌木，需要好几年才成熟，西葫芦栽培的情况就变得非常有利。西葫芦是一年生的；它们是"野草营地追随者"（weedy camp follower），在扰动土壤上长得好，比如栖居洞穴的斜坡上（Cutler and Whitaker 1967）；并且它们含有33.5%的蛋白质。很可能的是，对圭拉那魁兹居民来说，在持续减少搜索面积的同时，没有比种植西葫芦来获取其种子以增加他们植物蛋白的更好方法了[1]。

9. 我们几乎可以将上述情况叙述为一个可检验的假设：如果在提高植物采集效率、减少搜索面积的过程中牺牲了蛋白质，那么该群体可以：（a）增加狩猎；（b）驯化高蛋白植物物种；（c）或两者都做。就瓦哈卡河谷东部而言，证据仍不明确。在圭拉那魁兹附近的两个较晚的前陶期晚段遗址盖欧希和布兰

---

[1] 一般来说，野生西葫芦有的很难吃，有的没有果肉；大量和好吃的果肉是驯化后经过几个世纪遗传变化的产物。

卡洞穴,矛头和其他狩猎工具比圭拉那魁兹更丰富(Flannery et al,1981:56—63);因此,我们不能排除在希卡拉斯期和布兰卡期加强猎鹿的可能性。另一方面,由于我们估计圭拉那魁兹地区鹿的密度很低(第24章),因此猎鹿肯定不利于雷诺兹模型所见的减少搜索面积。西葫芦栽培在圭拉那魁兹附近产生了局部高蛋白质片区,如果定居恰好是该群体的目标之一,西葫芦栽培将促成定居;强化猎鹿可能需要频繁的移动而妨碍定居。这可能是在瓦哈卡农业起源与定居生活起源之间拖延了很久的许多因素之一。

10. 当然,协调猎鹿离心力和栽培向心力的一种方式,是宾福德(Binford 1980)术语中从"觅食"向"集食"的转变,或类似于桑布须曼人的那种系统,他们寻找植物,并在后勤移动上组织狩猎大型猎物(Binford 1982)。第一种选择可以解释在合适的农耕地点1.5公顷(内)的大本营(如盖欧希),伴有山麓峡谷中的小型狩猎营地(如布兰卡洞穴)。这也可以用一个可验证的假设表述:当高度局地的植物资源和极其分散的动物资源之间存在冲突时,以后勤移动组织采集是一个非常有可能的解决方案。

11. 尽管我们不想把瓦哈卡案例的启示发挥得过头,但是我们为中美洲和近东之间的有趣反差感到惊讶。在瓦哈卡,高热量植物丰富,有蹄类动物种类很少,驯化的第一种植物是蛋白质来源。在近东地区,有蹄类物种极其丰富多样,首先驯化植物中的两个——小麦和大麦——是碳水化合物来源。

初始农业阶段

在本书的前面章节,我们讨论了新大陆驯化的第一种植物很可能是瓠葫芦的可能性(Heiser 1979:81—82; Lathrap 1977)。我对这个假说很好奇,原因有二:(1)这可能意味着后来在中美洲驯化西葫芦(和其他植物),部分是先前瓠葫芦长期驯化的结果;(2)这可能意味着,墨西哥最早的农业是以一种用作器物的植物为特点的,而非作为减少人们的食物压力或人口压力的食物来源。这进而令我们免于寻找迄今为止考古记录中看来还未表现出来的虚幻的人口增加或营养缺乏。

由于驯化终极原因的不确定性,雷诺兹明智地没有试图让他的模型"触发"栽培。他所做的就是把西葫芦、豆子和原始玉米添加到前农业时期晚期所取得的适应之中,就好像初始农业从邻近地区引入瓦哈卡河谷东部,这可能就是发生的事实。然后,他想看看:(1)是否采纳农业;(2)采用何种形式;(3)它如何改变对其他植物的利用;(4)随着时间的推移,它如何逐渐改变其理论小游群的采集策略。

雷诺兹发现,随着模型中所有创新的开始,采纳驯化就开始了:在湿润年份中首先利用它们,只有证明它们可靠之后,才引入干旱和平均年份。随着利用栽培品种的重要性增加,野生植物的"组合"慢慢与圭拉那魁兹D层所见的植物"组合"相偏离。在第24章,我们记下了这个事实,从洞穴E层向B1层的过渡期间,"牧豆荚的利用随时间增加,而橡子、矮松果、麻风树果和朴树果的利用下降"。雷诺兹的假设群体有几乎相同的改变,达到与圭拉那魁兹B1层所见相似的野生植物利用形态。该群体也逐渐开始将其主要活动重点从荆棘林A(一个对前农业生存十分重要的植物区)转移到牧豆树草地B(一个对后来的农业适应十分重要的区域)。这支持了麦克尼什(MacNeish 1967)的特化坎模型,该模型中农业始于山麓峡谷,后来才扩散到河谷底部的冲积区。

初始农业阶段的启示

1. 雷诺兹用实验改变其模型来观察以下因素的影响:(a)人口增长;(b)较湿润的气候;(c)较干旱的气候。结果很有意思,对几种初始农业模型有所启示。首先,增加湿度和增加干旱都没有加快该系统采用栽培品种的速度。后者增加的压力过大,以至于系统变得过于保守,而前者压力减少太大,以至于缺乏有效率的压力;在这两种情况下,适应都比原来降雨情况下进展缓慢。其次,被认为是狩猎采集者正常的人口稳定增长速率,也没有加快栽培品种的采纳。该系统有足够的弹性来对它做出调节——假使在瓦哈卡前陶期有很好的人口增长证据;事实上并没有。令人口在平均值上下不可预测地波动,尽管这更有效地将农业从山麓转移到了冲积区,但这也减缓了采纳初始农业任务的总体速度。另外,如果这样的局部波动(这在考古学上几乎难以察觉)确实发生过的话,那么这可能是另一个有助于解释墨西哥高地农业发展时间极长的因素。

因为在雷诺兹模型中没有农业的触发因素,所以我们不能声称证明了人口压力或气候变化与第一批西葫芦籽的种植无关。但是,我们怀疑它们与第一批瓢葫芦籽栽培有很大关系。在前面两段讨论的基础上,我们可以这样说:没有必要借助人口增长或气候变化来解释瓦哈卡河谷对栽培品种的采纳。很简单,系统并不需要它们,加入它们只会减慢进程。

2. 尽管年际变化非常重要,它给了我们假想群体达到一种新适应所需的压力和信息,而事实上,他们在干旱年份努力工作而在湿润年份轻松工作,表明实际上一种"令人满意的"策略减少了年份之间差异的影响。在第1章中,我们讨论了理查德·福特的观点,即采纳农业的原因是因为它有助于"平均"年际变化的影响。如果是这样的话,雷诺兹的结果支持了福特的看法。这使得农业起源并不是一个令人吃惊的创新或对新压力的回应,而只是前农业时期该群体已有策略的延伸。

在第18章中,我们指出瓦哈卡河谷的气候沿着两条轴线变化:可预测地从旱季到雨季的变化,不可预测地从年到年的变化。前陶期觅食者通过从一个环境转移到另一个环境,来应对季节性变化,这是对跋涉时间的很大(但不可避免的)投入。他们将所有年份类型减少到干湿二分,以此处理年际变化,为此他们制定出两套策略——一套保守且劳力强化,一套尝试且劳力不强化。除了减少年份之间的差异之外,这一策略还提供了降低风险和实现有效而灵活适应所需创新的组合。

通过西葫芦栽培进一步减少高蛋白植物的搜索面积,来提高这一适应效率。当加入豆子和原始玉米时,搜索面积进一步缩小。与美国农民不同,瓦哈卡印第安人不用地块把作物分开。他们在同一片地里种植玉米、豆子和西葫芦,从而在同一植物片区中集中了三个物种。这不是印第安人的发明,因为大自然已经提供了这种模式(见图1.3,以及Flannery 1973:291;Flannery and Ford 1972)。

但是,如果大自然提供了这种模式,那么印第安人就提供了干扰。例如,在墨西哥州的奇尔潘辛戈、格雷罗和布拉沃河谷(Valle de Bravo)附近的一些荆棘林区,任何为种植西葫芦清理的片区,最终都会被墨西哥类蜀黍、野生菜豆和其他当地演替的先驱杂草侵入。思考这很可能影响了印第安人选择栽培作物是很有意思的。在这样的地区,人们甚至无需用种植来开辟一片玉米、西葫芦和菜豆田;只要清理1公顷的荆棘林,第二年你回来的时候,大自然已经完成了你要做的工作。当然,如果你想要豆子的豆荚不裂开、西葫芦肉要好吃,那你必须进行选种和栽培。

作为前农业形态延伸的农业

那么,让我们从那魁兹期的前农业适应中所见的种种策略和生态关系,简单地考虑下农业。

1. 正如我们所见,农业降低了搜索时间;栽培者确切知道最密集的地方在哪里,因为这是他的所为。
2. 这可以将区域环境转换为斑块状(patchy)环境,其中栽培区是斑块区。
3. 这可以在麦克阿瑟和威尔逊(MacArthur and Wilson 1967)术语所谓的"细粒度"环境中,为玉米、豆子和西葫芦造就"粗粒度"斑块区。
4. 这可以建立一个斑块区,其中史前人群可以:(a)花更多的时间;(b)少走路;(c)在继续行进之前清理掉更多植被。
5. 如果林多斯(Rindos 1984)是对的,这也可以使某r—选择植物变得较为k—选择,这是由于人们目前在种子中投入了更多的"亲子关怀"。

6. 林多斯还认为，农业使人类更加r—选择，但正如我们所见，瓦哈卡河谷任何r—选择上的显著增加，都是农业起源几千年后发生的，并且可能与定居村落生活相伴。
7. 农业可以鼓励人群将其基本栖居策略从宾福德（Binford 1980）所谓的觅食或"规划资源"（mapping onto resource），向集食或"基于后勤移动的食物采办"方向持续发展。
8. 农业可以将负反馈回路转化为正反馈回路，从而启动一系列改变，这些变化大大改变了人类在当地生态系统中的角色。对此加以说明的一种方法是，回到我们在第1章中采用的简单系统图之一。那个图在本章图32.1A中重复，展示了人类、原始玉米和牧豆树之间的关系。

总之，沿米特拉河分布的成熟牧豆树林平均产出183.6千克/公顷可食部分（第18章），远远超出柯克比（Kirkby 1973：图48）在特化坎序列中对最早玉米棒估计的60—80千克/公顷。在此条件下，最好的策略是继续在荆棘林A的山麓峡谷栽培玉米，同时在牧豆树草地B的冲积区收获牧豆荚。两种植物没有直接竞争。在五六月份，觅食者会注意到长出的绿色牧豆荚，也许七八月份会在附近扎营采集它们。这些采获也许有助于牧豆籽的散播，因为圭拉那魁兹的证据表明，许多种子从未被吃过。到九十月份，觅食者已经移到山麓去收获玉米，并等待橡子、矮松果和麻风树果的成熟。

但是，如图32.1所示，随着玉米棒长度的增加，玉米产量稳步提高。最终达到250千克/公顷，这是今天瓦哈卡河谷东部萨波特克农民在为农业清除牧豆树林之前，要求的最低产量。当达到这一点时——这点大概各个河谷都不一样——印第安人可能很清楚玉米对土壤和水的需求。米特拉河冲积区的降雨量比荆

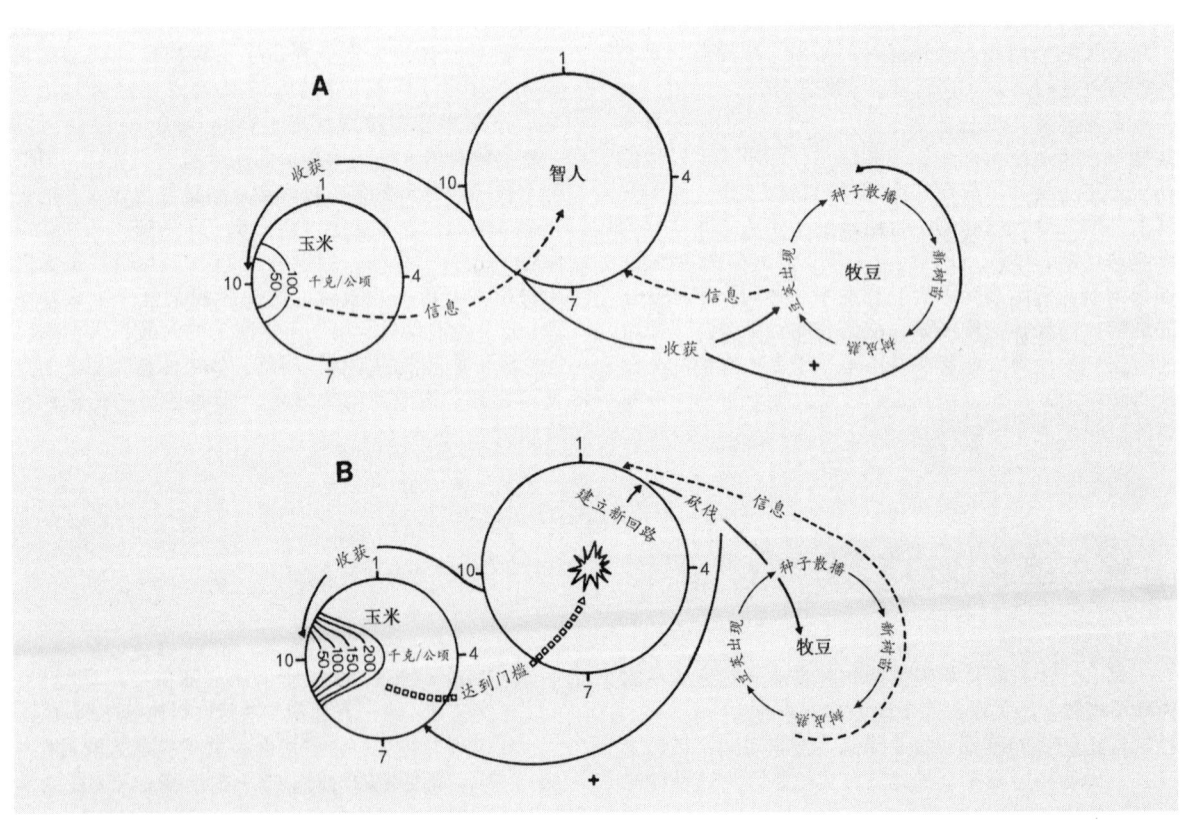

图32.1 随着前陶期玉米产量的显著增加，人类和牧豆树之间系统关系发生的变化。A. 在公元前4000年玉米的产量只有50—100千克/公顷时，牧豆荚用作食物；豆荚的出现是触发七八月收获的信息，收获有助于牧豆籽的散播。B. 到公元前2000—前1500年，玉米达到印第安人任意设定的门槛（瓦哈卡案例中可能为250千克/公顷），牧豆树被砍伐，以便在河流冲积区种植玉米；这里成熟牧豆的出现是触发四五月土地清理的信息，这减少了牧豆树并增加了玉米种群（见正文）。

棘林A少，但其土壤更加肥沃且湿润。

图32.1B设法模拟那时发生的事情。随着玉米跨越250千克/公顷的门槛，该系统一个新的回路建立起来；虽然前陶期人群继续采集牧豆荚，但是他们砍掉牧豆树给玉米让路，他们从不断减少的牧豆树林中收获牧豆荚。他们没有用采集和脱粒的行为来散播牧豆籽，而是通过清除成熟牧豆树来繁殖玉米粒。

注意到信息流在图32.1A和图32.1B之间改变的方式特别有趣。由于原始玉米产量只有80千克/公顷，所以觅食者通过"阅读"牧豆树可以获得的最重要信息，就是估计准备收获豆荚的时间。玉米产量为250千克/公顷，从阅读牧豆树得到的最重要信息是成熟的树，这被认为是理想玉米地的肯定标志。今天的萨波特克人说，当休耕地上的牧豆树"像男性的手臂那样粗"时，说明这片地已经恢复了足够的肥力，可以再次耕种。因此，信息变化与物质和能量的变化相结合，建立了如图32.1B所示的新反馈回路。

还有一点需要指出的是，这种系统性的变化并不是由环境、相关的植物或生产力的提高强加于我们的初始栽培者的。萨波特克人250千克/公顷的门槛，是由农民自己主观设定的，他们可以很容易设定一个100或500千克的门槛，这取决于他们想要多么努力工作。用男性手臂来衡量牧豆树粗细的适当概念，并借以衡量土壤肥力的概念，也是主观的。诸如人类感知和环境解释等因素，是一种满意度的伦理，而一整套有关人们应该如何努力工作的概念，在此模型中，就像千克和卡路里一样重要。因此，该模型说明了哈里斯（Harris 1979）所谓的"某文化上层建筑与下层基础之间的反馈"；而且这不应该简单地用于上层建筑十分不同的世界其他某些地方。

9. 农业对瓦哈卡人群的人口和蛋白质供应的长期后果与短期结果有很大不同。

对于那些密切注意系统长期演变的人来说，这并不令人惊讶，但这个案例的细节值得注意。虽然西葫芦栽培在植物蛋白质方面可能具有适应性，但几千年来它似乎对人口规模没什么影响。如果以留下更多后代来衡量"适应"，那么可以合理地询问瓦哈卡人公元前3000年比公元前8000年究竟"更适应"了多少。不幸的是，考古记录并没有告诉我们，相比科阿韦拉或杜兰戈（Durango）仍是植物采集的觅食者，瓦哈卡的早期栽培者是否留下了更多的后代。它只告诉我们，人口密度一直很低，要到公元前2000—前1500年之间，才建立起村落生活。

具有讽刺意味的是，并不是一种高蛋白的植物改变了瓦哈卡人群的人口速率，而是另一种碳水化合物来源——一种可以在前陶期晚期产出250千克/公顷，并在之后产出1000千克或更多的碳水化合物来源。通过这样做，玉米实际上已经使系统回到了以下策略：（1）增加热量；（2）牺牲蛋白质；（3）减少搜索面积。这些都是我们在前农业时期已经见到的。事实上，搜索面积减少得如此剧烈，以至于到了形成期，一个四五口的家庭可以从地点100%可预测的1公顷土地上，获得他们所需的几乎所有热量。

尽管玉米农业提高了瓦哈卡河谷东部的土地载能，但这甚至可能不是导致人口增长的主要变量。决定定居在永久性房屋的村寨里，以及在牧豆树草地B的冲积区边缘进行储藏，可能是一个同样重要的因素。例如，宾福德和查斯科（Binford and Chasko 1976）表明，即使不涉及农业，从流动到定居的转变，也会对人口增长速率产生影响。因此，可能是定居而非农业本身，大大提高了瓦哈卡人群的适应力。

当然，这一人口增长只会使得蛋白质供应恶化，最早的这种迹象出现在雷诺兹的模拟中。立足于玉米、豆子、西葫芦和鳄梨的热量而增加的人口，在公元前900年达到了50—700人/社区的水平（Flannery et al. 1981：69）。瓦哈卡河谷没有足够的鹿供给这样一群人以肉食，而且村民唯一驯养的动物是狗。因此毫不奇怪，在瓦哈卡兴起的世袭等级系统包括将鹿肉限于贵族消费（Whitecotton 1977：143），这改善了统治者的蛋白质供应，但与下等级人群无关。事实上，在形成期瓦哈卡人群的骨骼中可以看到各种蛋白质缺乏的迹象（Richard G. Wilkinson 未发表材料1977），尽管如此，他们仍继续从考古学上表现出令人印象深刻的人口增长率（因此"很适应"）。

适应与时间

鉴于上述情况，我们不能对时间不置一词就离开雷诺兹的模拟。如果适应是解决问题的方案，那么时间是史前人类身边最伟大的盟友。给予足够长的时间——在瓦哈卡古代期案例中是数千年——即使是最微小的增量变化和增长速率，最终可能转变为巨大的文化变迁。这个事实让我们不必要在考古记录中寻找戏剧性的"革命"；我们所需的一切只是微小的适应性改善和漫长的时间。

适应与考古学年表

最后，让我们考虑考古学家处理时间方式上的一个主要问题。我们可以从再看一下雷诺兹的图31.9—31.18开始，这些图描述了在引进栽培植物之前和之后该群体逐渐提高的效率。

例如，在图31.9中，模型群体的绩效改善类似一条S形曲线。那魁兹期初的觅食者选项很多但经验很少，暂时改善缓慢，然后开始了他们效率曲线急剧上升的一个阶段，也许有一百个时间步长，接下来是一个新适应性平台的稳定状态。当我们的群体出现了少量早期栽培植物时，一条较不S形但同样惊人的新曲线从之前的平台上升起，最终在几百个时间步长后，在一个新的平台达到了稳定（见图31.16）。

作为人类学家，我们声称我们最想知道的是这些曲线表面下的过程。在我们的研究基金申请报告中，我们谈及"前农业适应"、农业"达到起飞点"、古代文化"达到一个新的适应高度"。因此，人们会期望我们的前陶期年表立足于这些S形曲线的主要标志。我们可能有望听到诸如这样的说法："圭拉那魁兹E层在靠近上升曲线的顶端，正好就在曲线拉平之前，而圭拉那魁兹D层位于上升平稳后形成的平台上。"我们可能会期望听到有人抱怨说，找上升时期的居住面比较难（时间很短），而在曲线平台（时间较长）找到居住面比较容易。

我们听到了这样的事吗？没有。相反，我们把居住面归于根据尖状器或矛头形制指称的各考古期。我们了解到特化坎河谷西葫芦栽培可能始于公元前6500—前5000年的埃尔列戈期，定义该期是根据残留的普莱恩维尤（Plainview）和阿巴桀罗尖状器，以及存在埃尔列戈、弗拉科（Flacco）、托尔图加斯（Tortugas）、玛瑙盆地（Agate Basin）、拉米纳、伊达尔戈（Hidalgo）、特立尼达和诺加莱斯（Nogales）等尖状器，还有在"该期之末"出现的圣尼可拉斯和蒂拉帕（Tilapa）尖状器（MacNeish et al. 1967：55）。另一方面，玉米栽培始于科斯卡特兰期，该期跨度为公元前5000—前3500年，并以阿巴索洛、特立尼达、诺加莱斯、蒂拉帕、阿贝哈斯、阿尔马格雷和科斯卡特兰尖状器为代表（MacNeish et al. 1967：55）。我们在瓦哈卡做的事没什么不同，因为我们前陶期年表的基础之一是在类型学上与特化坎序列有所重叠。在本书中，我们知道瓦哈卡西葫芦栽培始于公元前8900—前6700年间的那魁兹期，并以雷尔玛（?）、佩德纳雷斯，可能还有阿尔马格雷和特立尼达尖状器为代表。

因此，在瓦哈卡和特化坎河谷的植物采集、初始栽培和逐渐发展的前陶期农业，整个序列已经根据猎鹿工具的类型变化拆分为时段。这种情况对于我们刚才所见的绩效改善曲线来说，是没有意义的，但是我们暂时在这里卡住了。放射性碳断代过粗，无法解决我们的问题，而且大多数磨制石器和前陶期石片工具变化太慢，无法作为有用的年代学指标。因此我们面临一个悖论：我们希望论证的过程是作为一系列逻辑曲线进行的，而我们的年表则是根据器物形制变化的线性时段组成的，它们可能与那些过程没多大关系。在图32.2中，我试图将圭拉那魁兹的居住面，与瓦哈卡前陶期植物利用效率提高曲线上的一系列点位联系起来。但植物的利用只是人类适应的一个方面，图32.2只是一个临时措施；它主要提醒我们，只要我们的演化序列与形制的阶段相联系，我们就有一个无法解决的困境。

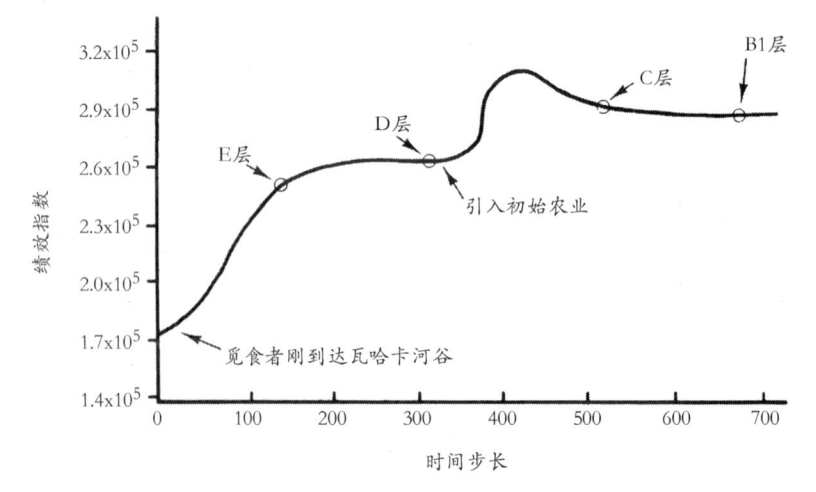

图32.2 圭拉那魁兹的四个居住层暂时匹配到第31章雷诺兹采用的那些改善觅食绩效的曲线上。目的是为了表现如果基于适应或进化过程而非器物形制，考古学年表可能看上去会是什么样子。（虽然曲线是根据雷诺兹的图31.9—31.18模拟的，但此图并不打算匹配那些图中某特定的曲线。）

第八编

概括与小结

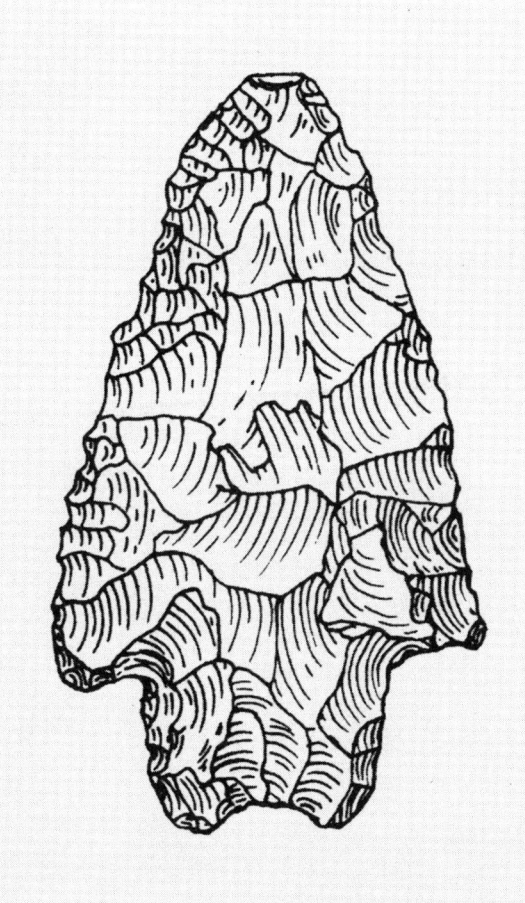

33 探访大师

大师
下午
傍晚
午夜
拂晓

34 摘要

参考文献
索引
译后记

33

探访大师

肯特·弗兰纳利 撰，陈淳 译

圭拉那魁兹只是一处很小的遗址，一处小游群的营地，而我们对它所做的分析可能已经竭尽了我们所能，从一种真正的意义上，现在它需要的不是从其本身来了解，而是要从一批遗址如布兰卡和盖欧希等洞穴的背景来理解，我们希望这些遗址的报告以后能够出版。

这一章不是提供一篇冗长的总结和结语，因为这些内容大体在前面章节里已经交代了。第1章介绍了农业起源的理论，这在本书开始的时候是我们主要关注的内容。第2章概述了我们在此采用的生态系统建模，尽管要在第31章才加以应用。我们对生计分析的主要结果在第24章里介绍。第29章列举了我们对洞穴空间分析的结果，而第32章介绍了我们对从觅食向早期农业转变的主要模拟结果。因此，在这类书中一般所期盼的小结和结语，能够从阅读这些章节获得。

相反，本章集中在我们尚未完全探究的两个议题上：解释和因果关系。我们的所言与所做的一切，就是什么原因促使瓦哈卡印第安人转向栽培？我们的研究为农业起源提供了一个解释，抑或只是对它的描述？

因果关系和解释的问题在考古学中是热门的话题，有些议题把有些考古学家带到了哲学的门槛上。许多逻辑实证论者——他们有的被称为卡尔（波普尔）——对我们专业的工作方式频频发难。难道就像我的许多好友所言，考古学的解释必须包含普遍法则（covering laws）吗？难道一种多变量因果关系的见解就是一种回避？抑或许多关键事件实际上就是有多种原因？以其循环的因果关系，系统论建模是否真的能提供解释？

坦白地说，我对站在哲学的门槛上感到颇不自在，在要开始撰写本章时，我觉得我应该求助于一位高人。有些人毕生考虑知识的结构、方法、原理和宇宙之谜，其中的因果关系看来常令人类逻辑混乱。

作为一位中美洲学者，我的首选本应是探访唐望·马特斯（Don Juan Matus），他是亚基（Yaqui）印第安人的巫师，因卡洛斯·卡斯塔尼达的著作而名声大噪[1]。由于各种原因，我不得不放弃这个念头。首先，这一探访将是一次非常困难的穿越墨西哥北部酷热沙漠之旅，主要靠四轮驱动车。第二，有人劝我，唐望已经被西南部许多大学"发现"得如此彻底，以至于他的预约日程通常爆满。"来自亚利桑那大学、新墨西哥大学和加州大学洛杉矶分校的考古学家已经和他热络得不可开交，"来自埃尔帕索[2]的一位朋友这样告诉我，"有时周末在他住所外排队的还能看到科罗拉多州和德克萨斯州的车牌。上次我去那里，等了四个小时才进去，即使那样，他所告诉我的就是，我的假设（Hypothesis）实际上是一种设想（Assumption）。"

"我对唐望实在心有所系。"我说。

---

1 卡洛斯·卡斯塔尼达（Carlos Castaneda 1925—1998）出生于南美，后来随父母移居美国。后来就读于加州大学洛杉矶分校人类学系。1960年春，为论文收集材料，他在亚利桑那州认识了亚基印第安巫师唐望·马特斯，向他请教植物致幻药的知识。在此过程中，他成为唐望的门徒，学习巫术。卡斯塔尼达以人类学收集资料的技术，巨细无遗地记下唐望传授的过程，并以此完成了学位论文，1968年以《巫士唐望的教诲》出版了第一本书。这本书出版后在文化界引起了震动，成为畅销书。后来他继续跟随唐望学习巫术，以巫师门生和人类学家的双重身份出版了一系列著作，到2001年共出版了12本书。唐望教诲的核心概念是"知觉状态的转换"，其渊源可上溯至语言产生前的远古时代。卡斯塔尼达的著作体现了这样一种人类学的认识，即世界本身是奥妙无穷的，人的感知却受限于人类自身的作用。巫术是使人感知自由与完整的追求，与所有超越内在精神的宗教和思想都有不谋而合之处。研究这种精神世界的意义在于，我们对自己世界的了解是一种文化的构建，经历了其他世界，就能看见我们世界的本来面目。——译注。

2 埃尔帕索（El Paso）是位于德克萨斯州、新墨西哥州和墨西哥交界处的城市，行政区上属于德克萨斯州。——译注。

"实在太挤了，不值得，"我的埃尔帕索朋友说，"还有，我听人说有个家伙甚至还要灵光。现在知道他的人还不多。"

"哪里去找他？"我有点好奇。

"北方某地；大概在俄勒冈州和内华达州交界处某地。这个地方叫羚羊溪——至少这是我听说的。但他不是巫师；据说他是来自东方的一位真正的圣人。"

"他懂科学阐释吗？"

"嗯，"我的埃尔帕索朋友说，"据说此人的主要专长是新大陆考古。"

大 师

第一眼的印象，羚羊溪就像俄勒冈州东南部、爱达荷州西南部和内华达州南部大盆地几百处河谷中的任何一处。灰绿色的山脉点缀着矮松和刺柏，就像上部山脊上的森林一样茂密，然后沿山麓的两翼变得稀疏，山麓上的冲沟一直下切到一个早已干涸的沙漠盆地湖泊的盐碱地上。在河谷底部，灌木蒿丛、密叶滨藜和摩门茶树断断续续在一片灰黄土色的地表上延展。在该河谷的上部，有一座高高的第三纪火山岩的峭壁，为大片的系列原住民岩画提供了几乎永久性的遮蔽。

使得羚羊溪成为独一无二之处，是它被一位真正的精神大师和东方智者选中，在此我隐去他的姓名，只是因为我不想让其他考古学家知道他。他的追随者称其为大师，他与一小群信徒在1974年来到羚羊溪。1976年，他有50位崇拜者，包括当地的邮政局长、两位志愿消防员和一位当地自助洗衣店的老板。1977年，该镇唯一的一家餐馆只提供素食，而40%的选民都是该大师的信徒。1978年，该圣人被宣布为镇长候选人。据说，如果他被选上，为吃肉而杀生将是一桩重罪。这看来是一项误判，在七十多年里，羚羊溪唯一的经济来源是经营养牛的大牧场。

在他提出竞选资格后一星期，警长、两位代表、牧牛者协会主席和大约100名牧场工人乘坐贴有"登记录犯罪，不记枪支"标语的皮卡访问了该大师。该圣人提出了两个选择：要么离开，要么被皮带传动的国际收割者（International Harvester）磨碎机加工成青饲料。

大师最后妥协了。他放弃了对该镇及尘世间所有政治权力的抱负，隐退到羚羊溪上方火山峭壁高处的一个山洞里。在此他潜心读书、上课、沉思和研究岩画，并偶尔从事一些合同考古学。他重燃对大盆地史前史和新大陆其他已逝文化的兴趣，这使他成为考古学家咨询的一个理想权威——堪比唐望或卡尔·波普尔那样的哲人。

我在1983年时探访大师，是从攀爬漫长而炎热的羚羊山开始的。在沙漠盆地边缘遇到了一位披着藏红花长袍的随从，他仔细看了我的证件，然后带着我沿弯曲的小路启程。矮小的刺柏紧贴在陡峭的山坡上，空气干燥而充满尘土，直到我们踏入峭壁的阴影之中。那条路上有三处歇脚点，在那里可以歇口气，并自省这样的事实，即你正在向宁静和有点像超自然的世界攀登。在那里，考古学的理论问题变得更加敏锐和清晰，不受流行时尚、经费申请、发表文章和过眼云烟的干扰。

山顶上有一个大型的三角形洞口，两边原生岩石上的两处地方刻有人的手印。随从先进去禀报了我的到来，然后在一个简单的净化仪式后我被允许进入山洞。我花了很长时间才使我的眼睛习惯里面的暗度，蜡烛靠在有象形文字覆盖的洞壁上，烛光闪烁。

"请进，"大师说，"请坐。"

我很不舒服地坐在一块很小的地毯上，通过磨损了纤维的破洞，我能感觉到洞穴地板颗粒物的形成物质——压实的老鼠粪便。我猜是的，不过还行，它们已经干燥了。

大师看上去意外地柔弱，具有穿透力的黑眼睛嵌在鞣制皮革般的脸上。我无法肯定他的族属，感觉上很可能来自印度次大陆到中国西藏或印尼一线的某个亚洲国家。宽松藏红花长袍包裹的身体形状不明，但看来瘦而精干。大师耸肩躬身坐在一个木碗前，他不时将手指放入碗里，每次做成一个小饭团，漫不经心地送进嘴里。我说"漫不经心"，是因为并非每颗米粒都送进了嘴里，这是个小小的瑕疵，否则他真是威风八面。探访大师的客人本应在闪烁的烛光里被他具有穿透力的眼睛所吸引，但如果被他胡须上零碎的米粒分散了注意力的话就很难做到。

"告诉我你探访的来由。"他说。他的声音令我放松了心情，没有傲慢或过分冒昧的感觉。

我尽可能地向他解释，我是一名研究墨西哥农业起源的考古学家。在考虑了许多当下有关这个议题的理论之后，我根据从特化坎获得的材料，设计了一个多变量的模型。我的一位同事将它转变为数学模型，以便能够在计算机上操作，有了它，我们能够模拟最近从瓦哈卡收集的整套新材料中所见的生计形态。其结果能够使得我们排除目前有关农业起源的某些观点，支持其他观点，并为我们提出自己的一些新观点作出贡献。

"但是你仍不满意。"他心领意会地说。

"不，"我说，"今天的考古学，人们要你找出一些史前现象的确切**原因**。他们希望这些原因能从人类行为的普遍规律来解释。我认为，我们已经了解瓦哈卡的农业**如何**从觅食转变而来，但是如果你要问我'农业为何起源？'我不知道给出的是否是一种原因。而如果你问我，'你找到了何种规律？'我就无言以对了。"

被一颗错位米粒玷污的笑容照亮了大师的脸庞。"你能告诉我，"他说，"在所有科学，如数学、物理学、化学或生物学中，哪一门科学最像考古学？"

"在我看来是生物学，"我回答，"在生物学中，古生物学特别像考古学。这两门学科都是根据一种不完整的化石记录来重建进化序列。"

"那样的话，"大师说，"我们为何不看看一位资深著名生物学家对普遍规律是如何说的呢？"

在闪烁的烛光中，他的手沿他座位后的一个木架移动，我才第一次看见架子上堆满了各种形状和大小的书籍。他停在了一本很厚的棕色书卷上；他的指尖在书脊上金色的印刷字上轻轻划过，并提起那本书，在我面前的地毯上翻开。

"恩斯特·迈尔（Ernst Mayr）是现代进化综合的构建者，"大师说，"这是他的新著《生物学思想发展的历史》（The Growth of Biological Thought, Mayr 1982）[1]。我翻到了他的第2章《生物学在科学中的地位及其概念结构》，我们可以一起阅读。"

下午

直到我到该洞穴的那天，我都没有读过迈尔的书；当时，我翻到了第40页，上面写得很清楚，他的许多观点很可能被一代人奉为圣人的卡尔斥为异端。"大多数科学哲学家的背景是物理学出身，"他开始说，"不幸的是，他们几乎完全根据物理科学来对待哲学和科学的方法论。"（Mayr 1982：33）然而，物理科学并非是一个合适的尺度，因为生物学无法简化成物理学法则。在生物科学里"我们所处理的现象是无生命对象所没有的"（Mayr 1982：35）。通常来讲，"生命世界中的系统要比无生命对象的系统不知要更加复杂多少倍。生命系统总是以精致的反馈机制为特点，这种机制就其精确性和复杂性而言，为任何无生命系统所不知"（Mayr 1982：53）。

但是，也许迈尔为生物学提出的最惊人特点就是，这门学科的推进实际上根本就没有类似物理学的规律可言。"生物学家通常并不制定法则，而是将他们的通则组织成一种概念结构"，可是科学哲学家对概念毫不挂怀（Mayr 1982：43）。尽管斯马特（Smart）否认生物学存在普遍规律，但是鲁斯（Ruse）和赫尔（Hull）为规律声辩道，"生物学家几乎不重视这种争论，认为这个问题与从事实际工作的生物学家毫无关系"（Mayr 1982：37）。实际上，为生物学制定的每项法则要想成为一项普遍规律，总会有太多的例外；"它们对有关过去的事件只是说明而已，不是预测，一种数理统计意义上（可能性）的预测除外"。这就是为何生物学通则的性质几乎毫无例外都是一种可能，要对进化做出预测是不可能的。"没有人能在白垩纪开始时，就预测到欣欣向荣的恐龙群将会在这一地质时代末期完全灭绝。"（Mayr 1982：58）

迈尔声称，有几个理由可以说明为何进化不可预测。一个理由是其动态系统的性质，带有多因循环关系和反馈回路。绝对的预测"是不可能的，这是由于这种等级系统的复杂性、每一步高度多样的可能性选择以及无数同时发生过程的互动……在这

---

[1] （美）恩斯特·迈尔：《生物学思想发展的历史》（涂长晟译），四川教育出版社，2012年。——译注

种高度复杂系统中，潜在可能的互动数量实在过大，以至于无法预测实际会发生的情况"（Mayr 1982：42）。另一个理由是，这种动态系统总是具有特异性，而其整体的特征不可能（理论上也是如此）由各组成部分的完整知识、分别考虑或与其他部分的结合来推断。出现新的整体特征被称为"突现"（emergence）（Mayr 1982：63）。这个概念也被波普尔称为"出现的新生事物"（emergent novelty），是较高系统层次的特点，它无法从较低系统层次的知识来预测。

"那么，生物学家又如何来证明各种现象呢？"我问大师。

"通过把他们从这样的想法解脱出来，即生物学的证据和像物理学那样的预测性科学的证据是一样的，"他回答，"看这里：'随机过程，即使是预测或然性（或不可能）而非绝对性，也像决定论过程一样具有因果关系'（Mayr 1982：42）。"迈尔认为，现代生物学并不要求物理学那种绝对的证据。生物学家满足于认为是真的，即"根据所拥有的证据看来极有可能"，或"与越来越多令人信服的证据相一致，而非各种假设相互矛盾"（Mayr 1982：26）。这在诸如古生物学这样的领域里尤其真实，这些学科无法做实验，而"预测未来"毫无意义。一位古生物学家"应该坚称，过去恐龙和三叶虫的存在就像任何数学定理一样真实"（Mayr 1982：76）。生物学"不应把主要关注集中在规律上，去考虑哪些小规律在具体的生物学理论中发挥了作用"（Mayr 1982：76）。相反，生物学应当集中在诸如突变、自然选择、掠食、竞争和**共生**等概念上。这些概念不大可能简化为物理学和化学。迈尔声称，比如，虽然掠食是一种化学和物理过程，但是它只是一种生物学概念，无法简化成物理化学的概念或法则（Mayr 1982：62）。

"现在，"大师说，"如果在生物学中没有起作用的任何普遍规律，那么你认为在人类学和考古学中能有找到任何规律的机会吗？"

"微乎其微，"我回答，"所以如果我找不到规律，我想我也不会失眠。"

"那就好，"大师说，他慢慢地在手指间又捏成了一个饭团，"最近有一位年轻人来访，他告诉我，他需在拿到终生职位前至少找到一个规律。"

"那你给他什么建议？"

"我给了他一个规律，"大师说，在把饭团送进嘴里时停顿了一下，"这就是'你遗址中最重要的墓葬将发现在该野外季节最后一天的下午4点，而其大部分将延伸到剖面上'。"

"那他喜欢吗？"

又有几粒米饭在大师的胡须上抖动："他要求我在他完成前不要公布。"

我们在昏暗的烛光里静坐了一两分钟，喝着茶，并仔细思考迈尔有关生物学是一种哲学的新观点。其中之一就是"把功能生物学的控制论—功能论—结构化思想与进化生物学的种群—历史过程（historical program）—独特性（uniqueness）—适应性（adaptedness）概念结合起来"（Mayr 1982：72）。这种观点利用概念和循环的关系，但也承认进化中某些事件实际上很可能是独一无二的。

"那么，"大师最终说，"没有规律，无法简约成数学公式，那么考古学家应该采取何种形式的解释呢？"

"根据迈尔的看法，在生物学里，特别是在进化生物学里，阐释采取了所谓的'历史叙述'（historical narratives）（Mayr 1982：58）。采用叙述性阐释概念，但是其构建无需提及任何普遍规律（Mayr 1982：71）。对于某些科学如古生物学，历史叙述发挥着重要的作用，而迈尔实际上采用了'历史叙述理论'这样的说法。他进而说，历史叙述'具有价值，是因为历史序列较早的事件通常会对后来的事件具有因果关系的贡献'（Mayr 1982：72）。同时，他承认，'从本质论逻辑[1]原理训练出来的哲学家，看来很难理解独特性和历史事件序列的特异性'。他们常常试图否认历史叙述的重要性，或试图用普遍性规律来将它们公理化，但是迈尔不以为然。"

大师的手指在胡须上停留了片刻，我宽慰地发现，几粒米饭已经掉到洞穴地板上不见了。

"好，"他说，"那你为何不能给我一个有关瓦哈卡农业起源历史叙述的阐释呢？在你说完之后，我们可以讨论一下因果律。"

"那可能要花去整个晚上，"我带着些歉意说。

"不好意思，"大师带着会意的笑容，"我很清闲。"

---

[1] 本质论逻辑（essentialistic logic）主要来源于物理和化学，侧重研究差异（variation），而非生物学里的变化（change），因此本质论与物质论逻辑相对。——译注

傍 晚

当我开始做前陶期瓦哈卡的历史叙述时，太阳已经从羚羊溪西下。我介绍了麦克尼什、宾福德、科恩、赖特和林多斯的前期贡献作为铺垫，这已经在第1章里做了概述。其中每个人各有其亮点，而每个人都有道理。但每个人的看法都有与考古记录抵牾的地方。我所做的就是对他们的主要观点进行综述，以作为我们分析的一个初步阶段。

在这一综述中，由赖特描述的更新世末气候变化，与由科恩和哈桑描述的世界人口增长结合起来，在公元前10000—前5000年间的世界大部，引发了人类文化行为的一种密度依赖的变化。过去人地关系失衡的一种迁移和高度流动性的主要解决办法及其重要性下降；人类现在必须改变他们的策略，在较为局地的基础上来应对可预见的（季节性）和不可预见的（年际）环境波动。工具组合的地域化、食谱的扩大以采纳营养较差的食物、增加储藏设施，还有宾福德描述的更加多样的"觅食"和"后勤组织的集食"，在考古记录中变得越发明显。出于这样的态势，看来农业是在这样一种背景中兴起的，即努力从局地应对长时段的环境波动。如果这一情况属实，那么我们可能就无法从一种普遍规律的概括或一种生物学概念如共同进化，来充分了解早期栽培。我们需要了解早期栽培产生的前农业阶段晚期的各种策略系统。

人类很适合制定灵活的策略，来应对长时段的环境波动，因为他们拥有世代积累的记忆，能够无需等待基因变化来改变他们的行为，并且具有独特的办法来交流信息和建立长期的合作关系。因此在第2章里，我们为人与植物的关系提出了一种生态系统模型，其中将信息作为它的组成部分。实际上，在第32章里，该模型被拓宽，甚至纳入了认知或意识形态的变量，诸如有关需要多少产出才值得进行土地清理这样的主观信念。

该模型由许多互动的子系统组成，通过它们，物质和能量在植物和人类种群之间进行交流，而信息则用来调节次序、时间和这类交流的性质。该模型中有许多"循环关系"，对于它们，我们要求读者不要和规律相混淆。"当然，"我说，"现在读了迈尔的书，我们就不需要在意规律了。"

我无需看大师的脸就知道，在黑暗里的某处，他正在微笑。

雷诺兹将我粗糙的口述模型转变为较为精致的数学模型，使得我们能够在计算机里对它进行操作，我解释道，接下来是一个假设的小游群历经几百年的环境波动。当我们将营养学研究加入其中，并采用居住面分析，前农业生计策略的一个轮廓就开始呈现。

该策略之一就是劳动分工，它（和挖掘储藏坑与火塘一起）要比其他因素更加能够确定洞穴空间的划分。女性看来主要处理大部分的植食。男性狩猎、诱捕和屠宰动物，咀嚼龙舌兰，并在外出的路上主要食用鲜果。圭拉那魁兹的先民大体上是觅食者，他们对各种资源了如指掌，而我们的研究推测，他们可能在耗竭可食植物之前很久，就已经耗尽了这个地区的鹿类。制约着他们植食供应的不是土地面积，而是季节性变化；储藏设施和季节性居址的变化被设计来解决这个问题。

该策略的另一部分是缩小搜寻区。我们的模拟显示，觅食者的效率是与直接前往植物产量最集中的丛林、缩小收获平方面积有关，而非与从洞穴到丛林的行走距离有关。但是同样的这些模拟显示，我们设想的觅食者采集的"混合"植物，是以牺牲蛋白质为代价而强调卡路里的。尽管这一策略就搜寻每公顷千卡来说是"有效的"，但是它也揭示了第24章里已经提及的一个脆弱方面：那魁兹期的植食需要更多的蛋白质，如每天提供100克肉类。就这样的事实，即他们更可能耗竭了鹿类而非野生植物而言，那魁兹期的适应似乎很可能大体上需要靠对高蛋白的植食，如西葫芦籽的驯化，来改善。

我们所模拟的觅食者所展示的适应的最有意思的一个方面，就是他们对不可预测的年际波动的应对办法。该群体根据两项基本策略来栖居，一项针对湿润的年份，一项针对干旱的年份。在干旱或平均年份的压力下，他们会比较保守；而在压力不大的湿润年份，他们会体验更多植物的新组合。和他们两项对应策略一样有意思的事实是，他们将三类年份减为两类不同的年份，就像今天萨波特克人所做的那样。前农业策略中几乎所有发明都是在湿润年份发生的，只有当它过一段时间被证实可行之后，才会用到干旱年份。

"现在请告诉我，"大师说，"农业是怎样起源的。"

"一个有趣的可能，"我说，"就是新大陆最早的驯化植物很可能是瓢葫芦（Lagenaria）。这是用作器物而非食物的一种植物。它可能对觅食者很有用，尽管他们人数很少，而其驯化能够提供的最大好处，可能是保证觅食者在陆地上到处游走时有水喝。赖特、科恩和哈桑甚至认为，它很可能在气候和人口发生变化之前就已驯化。"

"有意思。"大师说。

"但是，"我接着说，"瓢葫芦是个谜，因为它在新大陆没有野生祖先；有些植物学家认为它是从别处漂到美洲大陆的，并在此地适应了人类的扰动。如果这样，这是我们早期驯化种中唯一比较符合林多斯前农业时期人与植物相互依赖的一例。"如果早期"野生"瓢葫芦只限于人类所干扰的生境，如果它们种子的散播机制是人类的干预，那么它们就符合林多斯的推测。其他野生植物不是这样，因为它们数量有好几百万，而人群只有好几百。你知道，蚂蚁—金合欢共同进化发挥作用，是因为有几百万只蚂蚁，足以对几百万棵金合欢产生影响。瓦哈卡河谷25或50个人对几百万棵野生菜豆不会有什么影响。99%的菜豆仍然要靠野生类型的螺旋形豆荚散播种子。只有那些**已经开始栽培豆子**的人群才能利用偶尔发生的松软豆荚突变体，栽种它并持续选择它，最终得到了驯化的软豆荚菜豆。即使在今天，在附近菜豆已驯化了好几千年后，瓦哈卡的野生菜豆仍然是螺旋形豆荚。

夜色降临到羚羊溪，从洞口我们看见黑黝黝刺柏上悬挂着清凉如水的一轮明月。我仔细斟酌用词，试图向大师解释西葫芦（Cucurbita pepo）是瓦哈卡最早驯化的植物并不令人意外。它和瓢葫芦属同一科，很可能易于分辨和栽培。它是一种一年生草类，其种子可以烘烤、储藏，并在旅途上携带和食用。对其早期驯化所不知的事实是，其种子可以提供人们食谱所需的蛋白质补充，但是，这种意外的营养价值，很可能为早期南瓜栽培者提供了一种选择优势。麻风树果很可能也有同样的作用，但是麻风树是一种多年生灌木，因此几乎很难像控制一年生草类那样随便栽培。

那魁兹期的觅食者为什么要开始栽培西葫芦呢？肯定不是他们的人口很多，以至于耗竭了所有野生食物资源。没有，我解释道，我倾向于视早期农业为前农业形态的一种合乎逻辑的延伸。我们所模拟的觅食者显示出一种对缩小搜寻区的关注；可以通过栽培将许多西葫芦集中到一个地方而做到这点。这也使得每年可能预测最密集的西葫芦植株的地点，并增加了一种可储藏种子的植物，这就延长了收获季节。

我们所模拟的觅食者显示，前农业的一个趋势就是在湿润年份尝试新的策略。有驯化西葫芦在手，他们先是设法在湿润年份种植它们，并在证明其价值后，将其栽培延伸到干旱和平均年份。为了选择的每个果实能够产生更多的种子，我们可以想见，前陶期的栽培者无意中选择了一种果实，以利用它的果肉，积极增加它的栽培优势，最终得到了一种没有人类干预就无法存活的表型。当农业增强了他们搜寻卡路里和蛋白质的效率，他们几乎在所有的策略中均增强了农业活动的数量，最终将农业移出了山麓地带而进入了冲积平原，而这是取得的最大进展。于是，行为中只不过是前农业策略的延伸的一个很小的初级变化，被时间和正反馈放大成一项重大的变迁。

也许最有趣的就是，我们在模拟圭拉那魁兹时并未见到可以归因于人口压力或气候变化的形态。实际上，当雷诺兹采用实验方法改变这些变量时，他发现，采纳农业的速率并没有随以下的情况加快：(1) 降雨增加；(2) 干旱加剧；(3) 人口持续增长；(4) 人口围绕一个平均值增加。相反，我们原来湿润、干旱和平均年份的顺序，看来提供了最佳的适应背景：使效率提高的压力的时间，加上充分的允许进行实验的时间。

"最后你们得出了偏好将一种可能的生态系统模型作为机械—决定论的理论？"大师问道。

"有几种原因，"我回答，"第一，这一模型为应对系统变迁留下了许多不同选择的空间。比如，一个缩小搜寻区的群体策略导致蛋白质短缺，那将有几种变通的选项可供选择。他们可以按那魁兹期先民行事的方向行动，驯化一种高蛋白植物，同时进一步缩小搜寻区。或者，他们可以朝较为强化的渔猎方向行事；这曾发生在世界许多地方，公元前10000—前5000年间那些没有出现农业的地区。如果我们让农业成为我们模型唯一可能的结果，那么我们就无法解释这些农业没有独立起源的地区。"

"那么什么是其他原因呢？"他问道。

"我想把信息与物质和能量一起结合到该模型之中，"我说，"因为没有信息，你就否认了人类适应最重要的一个方面。当雷诺兹通过实验'切断'了世代记忆与决策机制之间的联系，你知道发生了什么吗？各种策略就开始从逐渐改善朝无序摆动滑落。你看，人类如果牢记自己祖辈的教诲，他们就无需等待自然选择或共同进化来为自己做决定。当雷诺兹将模型中的所有年份都变成'平均'年份时，又发生了什么呢？该群体开始在不同策略之间毫无目的地游荡，他们被剥夺了良好决策所需的大部分环境信息。这好比该群体这样说：'来吧，用各种变化考验我们，这只会让我们成为更加聪明的决策者。'"

"我想对你来说，**意图**（intentional）在人类适应中仍有一席之地。"大师说。

"我觉得，这得看是指短期还是长期的意图，"我说，"如果一个觅食者花两个小时打制矛头并给它装柄，我会说，他有打鹿的意图。如果他花两天清理洞坡上的荆棘林，并种下软豆荚的种子，那我会说他有栽培的意图。这些都是短期的意图。我们知道每个人群都有这样的意图。另一方面，我并不相信我们的猎人会说，'我今天出门要猎杀老弱个体来为鹿群的生存作贡献'。我也不相信，我们的菜豆种植者会说，'今天我要开始一场农业革命，它总有一天会改变中美洲的历史进程'。这些是长期意图，而在这个层次上，我同意林多斯的说法，即农业起源是'无意识的'。"

大师示意随从再拿一碗米饭过来。"那么你对模型的选择还有其他理由吗？"他问道。

"是的，"我回答，"我加入了信息，它甚至可以让我添加世界观和宗教这样的特征。例如，萨波特克人认为，'像手臂一样粗的豆树'标志着这是一块种植玉米的好地，或者除非玉米产量能够达到每公顷250千克，否则不值得清理。这些看法可能含有生态学或经济上的深层基础，但是它们基本上是主观的文化信念。然而，我们需要把它们考虑进去，因为它们有助于决定何时清理土地或将其撂荒。如果你将主观限额在每公顷50千克，或提高到1 000千克，这将会明显影响到将玉米移植到冲积平原上去的速度。"

"是否可以这样说，"大师说，"尽管你将共同进化视为迈尔意义上的一个强有力'概念'——对无文化生物具有很大的启发——但是你认为它在人类案例中仅仅提供了故事的一部分？"

"是的，"我说，"如果存在像文化进化这样的事情，那么不管是否涉及生物学过程，我们也需要了解'初期栽培'的文化形态是如何从'觅食'文化形态中脱颖而出的。"

"我觉得，你把文化看得如此灵活，以至于它会令大部分机械—决定论的模型受挫。"大师说。

"确实如此，"我说，"如果生物界是由复杂的反馈回路和循环关系组成的，就如瓦特和迈尔坚信的那样，如果甚至古生物学家都依赖历史叙述的阐释，那

么我们确实可望将文化行为简化成一套类似物理学的法则。"

大师耐心地用手指做成了一个新的饭团，我发誓，我不知道他将它放到哪里，但是我决定不再担心这点。

"有什么事情令你觉得在有关你历史叙述的阐释上感到比较熟悉？"他问道。

"我感觉到，它和过去许多考古学家提供的那种概括和总结并无二致，"我承认，"是否这意味着一直这样做就行。"

"这让你感到意外吗？"他问道。

"许多考古学家都已35岁出头，这肯定就比较安心了。"

大师强忍着不笑。他的强忍，部分是因为这会损害他尊贵的形象，部分是因为这会令他把许多米饭喷到碗里。

"我还有另外一个问题，"我说，"历史叙述的阐释，用迈尔的话来说，是否能被称为'中程理论'？"

"根据他的第2章，"大师说，"这能够被看作是'理论'，如果它采用各种'概念'：共同进化、共生、意图、循环关系、觅食效率、后勤移动组织的集食、缩小搜寻面积、密度依赖和劳动分工等就是能想到的这样一些概念。但是你说的'中程理论'是指什么？"

"我没有太大把握，"我承认，"但是从我看过的文献，我认为，它就是我们后来在历史叙述中采用的概念。"

"所以，有点讽刺意味的是，中程理论是所有考古学家迄今为止所涉及的最高层次理论（the highest-level theory）。"大师说。

现在轮到我差点要笑出来。"是的，就目前来说，"我说，"但是'最高层次理论'的范畴还悬而未决，也许有人能够得出一种真正的牛顿定律。"

大师的脸上出现了一种遥远的期待。"从事这件工作的考古学家将通过七级浮屠直接登上考古学的天堂。"

那位随从在这么长时间里一直默不出声，而现在听到他在我后面说话让我吃了一惊。"大师，什么是考古学的天堂？"他深情地说。

大师专心地看着手指上的新饭团，好像它是一个小的水晶球，从中他可以看见极乐世界云雾缭绕的轮廓。"天堂是一个巨大的考古遗址，绵延无数千米，直到我们所见的宇宙边缘。你在它上面发掘所有的永恒，而你所到之处挖掘探坑，发现美妙的材料——克洛维斯（Clovis）尖状器、奥尔梅克玉器、明布勒斯陶器、

卢里斯坦青铜器、不可思议的莫奇卡情色陶罐[1]。你不用做记录，不用统计陶片，最好的是，你不用把这些材料写下来。"

"大师，我应该已经在天堂了，"那位随从彻底松了口气说道，"我在我们最后一次抢救性项目中，我没有做记录，没有统计一块陶片，我也不想把这些材料写出来。"

"卑微的人，"大师说，"这就是你们的创世主为你们设定的一个非常不同的终极境界。"

午 夜

羚羊溪的夜晚像死一样的寂静，一丝凉意在洞穴里蔓延。在用了点酸奶餐点后，大师、他的随从和我蜷缩着坐在一个小型的煤油加热器周围，纠结着我最后的理论问题。

我说："好，我们已经提到，考古学已经发现古生物学的一个模型要比物理学模型要好。这使得我们能够利用历史叙述，并且承认独一无二的历史事件，以及普遍性的长时段过程在因果律上非常重要。这使得我们能够集中在概念而非法则、集中在概率而非机械—决定论的阐释上。这证明采用遗址生态系统框架是可行的，它能够整合一种复杂的反馈关系，将有生命的物质与无生命的物质区分开来。它也承认，虽然是典型的较高级别的系统，但是新生事物的产生不可预测。"

大师笑了："但是你仍然不满意。"

"不，"我回答，"直到我对一种历史叙述的阐释中，何为'因果律'有了一个比较清晰的印象。当有人问我：'是什么导致了瓦哈卡的农业起源？'我该说什么？"

"从询问他们偏好哪种原因开始，"他回答，"物质原因、效率原因、形式原因，还是最终原因。"

大师又把手伸到他很暗的书架里，拿下一本皮革装订的旧书，破旧封面上是手写的几个字《后分析篇》（*Analytica Posteriora*）。

"在第二本第10章里，"他在翻开发黄的书页时解释道，"亚里士多德提出，每个事件都有四个原因。物质的原因是用**什么东西**制作的：'牛皮是鞋子的材料来源。'效率的原因（efficient cause）是指某种东西是**从哪里**制成的：'鞋匠是鞋子的效率原因'。形式的原因（formal cause）是指东西被做成的**式样**。于是，鞋匠根据一个模型做成了皮鞋，一种'鞋样'的概念。最终原因是指制作某件东西的**目的**：'把脚裹上是鞋子的最终原因。'现在，你可以将这些术语用到瓦哈卡的叙述中去。"

"你不需要太多，是吗？"我声明。

"你能讲多少就多少。"他笑道。

"好的，"我便开始说，"一批草类，总的来说是具有可塑性的一年生植物是物质原因，是早期农业脱颖而出的东西。多年生木本植物不行，它们是错误的'材料'。"

"那什么是效率原因呢？"

"这可能取决于你讲的是谁。如果'鞋匠是鞋子的效率原因'，那么人类是农业的效率原因，因为他们清理土地，从事种植，并选择突变品种。我可以肯定，有人会说，人口压力或气候变化很可能是效率原因，但是我们的模拟表明未必如此。"

"那么正反馈如何？"他提出。

"你有点道理，"我承认，"如果正反馈能够将很小和偶然的种植转变为永久性的栽培，那么这看来是个效率原因。但是反馈不是一个'角色'（actor），就我的理解，效率原因应该是一个'角色'。"

"那什么是形式原因？"

"这有点难，"我说，"就我的印象，亚里士多德用了一颗橡子长成一棵橡树的例子——跟橡树的样子

---

[1] 克洛维斯（Clovis）尖状器是北美早期古印第安人使用的投掷尖状器，在底端打出凹槽以做成镶嵌矛头，年代为距今13 500—10 000年左右；奥尔梅克（Olmec）是分布在墨西哥中南部热带低地的古文化，处于中美洲文化的形成期（前1500—前400年），玉器是显赫物品，如奥尔梅克风格的面具；明布雷斯（Mimbres）是美国西南莫戈永（Mogollon）文化的最晚期（1050—1200年），出现了大量的普埃布罗地上建筑群，出土的陶器绘有精美的几何与具象图案；卢里斯坦（Luristan）青铜器是伊朗西部早期铁器时代的器物（前1000—前650年），以独特的动物形象和人形小型浇筑器物而著名；莫奇卡（Mochica）情色陶罐属于秘鲁北部沿海的莫切（Moche）文化（100—700年），为研究安第斯地区史前的性行为提供了直接证据。——译注。

一样。如果可以这样说，那么植物的遗传密码可以胜任，如有驯化的表型，就成了'造成的那样东西'。"

"植物学家会欣赏这个说法，"他笑道，"那人类学家又如何？"

"他们或许会说前哥伦布时期的瓢葫芦是葫芦栽培的形式原因。或一片稠密的软荚菜豆地是早期栽培者脑子里的'祖型'。"

"那什么是最终原因？"他问道。

"我觉得最终原因是最有趣的原因，"我回答，"因为'制作某种东西的目的'这句话告诉我，亚里士多德相信意图。如果是这样的话，我有几个选项。'进一步缩小搜寻区'可以算一个。'进一步缩小湿润年份与干旱年份之间的差别'可以再算作一个。'进一步延长植物供应季节'可以算第三个。'不管去哪里都有装水的瓢葫芦'是第四个。要注意，这些选项中，没有一个会被人们意识到是在做一件全新的事情，也即我觉得是林多斯所指的那种刻意性。所有这些可以是觅食者共有的'最终原因'，因此根据我们的结果似乎是合理的。"

"但肯定的是，"大师说，"应该有某种没有被觅食者共享的最终原因，或农业没有进而取代觅食。"

我深深吸了口气。"如果我讲清楚，我们是在谈某种意义上的进化，"我说道，"摒弃人类的意图和目的论，我就至少能提出一种。雷诺兹的模拟表明，瓦哈卡的早期栽培者要比他们的觅食祖先有较高的绩效参数（performance index）；在竞争的条件下，如果有足够时间的话，前者很可能会胜过后者。所以，一种进化的最终原因可能是'为了对相邻的觅食者具有一种选择性优势的目的'。也有可能的是，农业具有养活更多的人类后代的潜力，因此具有'适应优势'，虽然定居看来在瓦哈卡案例中是个介于中间的变量。"

大师示意随从将取暖器调高几度。"你显然很在

意目的论的概念。"他说道。

"考古学家对此经常持批评态度。"

"是的，"他承认，"但主要是那些以物理学为原型的哲学家。让我们看看迈尔从生物学背景是怎么说的。"

他又打开《生物学思想发展的历史》一书，慢慢翻到72页，折上页角后递给了我。

"所有生物学过程都具有一个直接的原因和一个进化的原因。生物学史中大部分的困扰来自学者要么专注于直接过程，要么专注于进化过程。"迈尔写道（Mayr 1982：72—73），他进而解释，直接原因的生物学集中在"什么"和"如何"的问题上，很像物理学所为。另一方面，进化原因的生物学问问"为什么"的问题，这个问题对于无生命世界是毫无意义的，远非一种目的论，"在生命世界里，'为何'的问题具有一种强大的启发价值"（Mayr 1982：72）。

为何一只鸣鸟要迁徙？迈尔指出，直接原因是图像周期性的改变，把该鸟送往南方。但是其他鸟类处在相同的日昼长度里却原地不动。进化的原因是，在几千年里，对一种食虫鸟类的自然选择，如果夏季出现昆虫时会冒险北上，然后在冬季昆虫消失后返回南方。鸣鸟是一种经历了好几千年发展的遗传程序的产物，它依赖先前的进化事件如昆虫的增加和翅膀的进化。

"你看，"大师说，他的膝盖靠取暖器如此之近，以至于他的袍子看来要冒烟了，"虽然我们今天不大听得到有人提起亚里士多德的四个原因，但是人们对这样的事实有不断的了解，即因果律不止一种。多变量的因果律不单单是用来避免必须指定某种原因的办法，这是认识到这样的事实，生命系统中的因果律要比无生命系统中的因果律要复杂得多。基本而言，迈尔所说的是，生物学需要的一种哲学，是能将生物独一无二的性质考虑在内，而不是以物理学马首是瞻。"

拂 晓

第一缕阳光刚刚照亮了羚羊山脉，我听见随从在后面冲了三杯茶。

"如果这样就好了，"我认为，"如果考古学有一种把人类适应独一无二的性质考虑在内的哲学。"

大师从随从手里接过茶杯，站在取暖器散发的温暖气流中啜饮。"它应该做的，"他说道，"就是再添加

一个概念。"

我期待地望着他。

"迈尔指出，生物学现象只有在同时了解了直接和进化原因后才能被了解，"他说道，"但是两者都无法解决人类适应独一无二的性质，这种适应更多取决于文化行为，而非遗传程序。因此，考古学阐释必须

把所有三个原因，直接原因、进化过程和人类决策都考虑在内。"

"这能解释许多有关农业起源的说法，"我说，"比如，考古学家在谈论有关人口压力或密度—平衡的失衡时，他们实际上只是谈直接的原因。这不会让一位植物学家感到满意，因为他对进化过程更加关注，如共生和共同进化；同时，植物学家感到十分满意的共同进化会让考古学家感到困惑，因为他想了解促发农业的直接原因。"

"两者都无法令你满意，"大师说道，"根据你的看法，人类行为至少部分是决策的结果。"

"是的，"我说，"人类狩猎采集根本上说是经济行为。觅食者决定去哪片植物群丛收获、走多远、搜寻区多大、集中在哪些植物以及当它们的回报下降到某一点时何时离开。他们转向农业并非是像是蚂蚁看中金合欢树一样的遗传程序的变化。这代表一种决策方式的改变，一种可逆的变化，他们可能只察觉到对新情况几种不同反应中的一种。我们必须从他们先前的决策方式、他们所拥有的选项以及新情况来加以理解。"

"而反过来，"大师说道，"直接原因和进化原因的倡导者会发现，他们立足于文化的解释无法单独成立。这就是为什么对你来说，给予前者以均等机会十分重要。你的直接原因必须从你所说的更新世末的全球现象产生，而这些现象一定造成了这样的情况，即你所谓的人类决策变化可以被用来应对这些现象。你的进化解释一定说的是赋予早期栽培者的选择优势，以及这样的事实，即他们成了一群植物播种的工具，而这些植物的遗传程序违背自然选择而做出了改变。"

我们一起站在洞口，享受着逐渐变暖的气温和下部河谷慢慢展现的晨景。

"我不知道如何感谢您，"我最后说，"我曾不知如何对待因果律。现在，我想我能够撰写我最后一章了。"

大师笑了。"不要急于感谢我，"他说，"我只不过是将你从物理学的规律引开，转向生物学的概念。为了充分了解农业起源，你必须完全免谈科学，并上升到更高的精神层面，在那里，植物与人类之间没有根本的区别。你还没有为那个层面做好准备。甚至这个卑微的学生，"他指着那位随从，"也没有那种准备。"

"是，大师。"沉思中的随从承认。

"你看，"大师说道，"现在我们谈完了。我可以对你坦言，我对农业起源曾身历其境。当然，这是一种早期的生活，在另一片土地和另一个洞穴。但是，它并不像你所想的那样发生。那个时候，我并没有想到它在今天会成为一个重要的问题。那时我还太年轻而无法理解。"

"你能给我一个提示吗？"我问道。

"不，"大师说，"这会打消你探求的整个理由。在某些领域如考古学和古生物学，这种探求有一半是乐趣。"

在洞外满是尘土的坡地上，我试图寻找一个适当的词汇道别。

"在东方，"他亲切地说，"我们相信人类最重要的特征是谦逊。我设法让每个来访者留下一种想法，能使他更加谦虚，因此就更值得尊敬。"

我有点担心地等待着。

"我希望你能提醒自己，"他说道，"你现在已经花了一年的发掘季节、十五年的分析和纳税人的几千美元，只是要发现这样的东西：一个5口家庭在秋季、六种不同情况下和历时2 000年的时段里干了些什么。我真诚地希望，这样的想法能够令你保持谦逊。"

"你相信'深感沮丧'吗？"

"你们美国人有这样一种表达自己的有趣方式。"他笑道。

那位随从默默地沿小径将我带到山下三个歇脚点的第二处。我们停了片刻，享受着刺柏的芳香，我告诉他，我认识下山的路了。

只是在最后一个歇脚点，山谷底部的灌木蒿丛和正在吃草的赫里福牛群（Hereford）才映入眼帘，我有一种恍若隔世的感觉。上面峭壁阴影里半隐半显的洞穴看上去有点虚幻，但是我马上就有一种渴望再回到那里的感觉，我还有很多想问的问题，还有许多我不知道从哪里开始询问的问题。

当然，这就是东方智慧的烦恼。一小时后，你又会对知识感到饥渴。

34

摘　要[1]

徐昭宇　译

本书是根据位于米特拉村西北约6千米山区一个名为圭拉那魁兹洞穴采集的材料，所提出的有关墨西哥瓦哈卡河谷农业起源的一项跨学科研究成果。

该洞穴的发掘分为六个前陶期地层，以字母E（最早）、D、C、B3、B2，及B1（最晚）来命名。显然，每层都是麦克尼什（MacNeish 1964，1972）术语中的"小游群"营地，大约有3到5人。这些层位与那魁兹期对应，放射性碳年代在公元前8900至前6700年之间。

最古老的层位（E）未发现驯化植物。最早的一种栽培植物西葫芦（*Cucurbita pepo*），出现在D层（前8750—前7840年），C层（前7450—前7280年）则发现瓢葫芦（*Lagenaria siceraria*）。菜豆见于每一层，尤其是B1层（前6900—前6700年），表明这里曾有过尝试性栽培。尽管我们没有绝对的证据，然而从现况看，这种菜豆当时显然尚未达到量产阶段。洞穴里的C至B1层发现了玉米花粉（可能是玉米或墨西哥类蜀黍），但未见任何玉米标本。

本书分为八编，内容如下。

第一编

第1章讨论了作为全球人类学课题的农业起源，参考了宾福德（Binford 1968、1980）、科恩（Cohen 1977）、哈桑（Hassan 1981）、林多斯（Rindos 1980，1984）和其他人的观点。

我们尊重各位学者提出的观点，不论是否有效，均予以综合讨论，诸如赖特所提出更新世末的气候变化，以及科恩及哈桑陈述的公元前10000—前5000年全球人口的集中增长，与世界许多地方人类文化行为的改变有极大的关联。此时人口迁移和高流动性的重要性下降，依靠当地可预测（季节性）和不可预测（年际）情况变化相关的策略应运而生。

宾福德陈述了觅食者为了增加食物储备，添加更多低营养水平、更多样化的食物以及有组织的后勤采集，而打制石器的区域化则成为显见的考古证据。

以上情况表明，早期农业可能始于狩猎采集者面对环境长期波动，而采取的对既有生计方式的拓展。

通过在特定地点增加人工栽培的某种一年生植物的密度，可以有效预测好年份与不好年份的产量差别，并建立缩小该差别的方式。

世界考古证据表明，在改善植物的遗传特点之前，人类就已开始尝试驯化，而不是林多斯模式之后才开始。

人类之所以能够创造长期策略以应对环境的长期波动，不仅得自数代人的记忆，同时也因为人类可以不断修正自己的行为，无需等待遗传的变化，并且有交换信息的独特方法和通过时间建立的互惠机制。

为此，我们在第2章提出了人类与植物关系的一种生态系统论模型，信息是其中一个组成部分。该模型包括多个子系统的互动，通过植物和动物群体之间物质和能量的交换，这些信息对这种互动的次序、频率和性质做出调节。

在该生态系统论模型里有大量的"重复关系"，一些考古学习惯性地称之为"规律"，但我们一直提醒，在现实中，这些关系绝非规律。在圭拉那魁兹应用该系统论模型是本书的主题之一。

第二编

第3章将圭拉那魁兹置于其时空和文化背景之中。

第4章则观察洞穴的整体环境。根据植物学家厄尔·史密斯的研究，瓦哈卡河谷的原始植被包括：（1）沿阿托亚克河及其主要支流的一片生机盎然的树

---

[1] 原文为西班牙文。

林；(2)河流冲积区的牧豆—合欢树林；(3)山麓地带的荆棘林；(4)山区的橡树和松树林。现在可以把圭拉那魁兹地区分为四个植被带，即：荆棘林A和B（洞穴附近）和牧豆树草地A和B（靠近下方的河流）。洞穴的穴居者对这四个区域的资源进行了开拓。

第三编

第5章介绍了圭拉那魁兹的发掘，考虑其垂直面（地层的分层或栖居的层位）和水平面（1×1平方米及人工制品的三维位置）的统一。

第6章霍尔介绍了打制石器，包括雷尔玛、佩德纳雷斯、阿尔马格雷和特立尼达尖状器、两面器、雕刻器、各类刮削器；以及各种刻意打制和使用的石片。

第7章惠伦介绍了几处采石场加工石器的燧石和硅化凝灰岩。

第8章介绍了碾磨用的磨石、磨盘、石臼和其他石制工具；木器、骨器及鹿角器则在第10和12章做了介绍。

第9章玛丽·金介绍了网结、龙舌兰纤维绳索和篮子。

在本编的其他章节，介绍了木柴、粪化石和圭拉那魁兹的放射性碳测年数据。

第四编

第四编的目标之一是：圭拉那魁兹实际的植被面积是否足以让我们构建史前那魁兹期环境关系的模型。

第15章，舍恩韦特和L.D.史密斯提供了整个瓦哈卡前陶期序列的花粉证据，而圭拉那魁兹仅为其中的一部分。

第16章弗兰纳利和惠勒对前陶期和现代的小型动物群作了比较。两项研究都表明，虽然史前的那魁兹期比现在干燥温暖，但是二者的相似性仍然足以允许我们提出这样的框架模型。

第五编

在第五编中，几位作者分析了圭拉那魁兹的生计形态。

第17章报道了动植物是如何进入洞穴的。此外，为了提出一些假设，将它们的遗存做了进一步的量化。

第18章介绍了圭拉那魁兹附近野生植物（和一些动物）十年期（1966—1976年）的生长密度，经过七次年度普查，这些调查包括每年"湿度"、"干旱"和"平均"的特点，并且计算它们之间的产出差异。这些数据被转换成后面章节中所采用的每公顷主要动植物可食部分所含的蛋白质和卡路里千克数。

第19章小厄尔·史密斯介绍了圭拉那魁兹出土的野生植物，包括橡树（*Quercus*）、松树（*Pinus*）、银合欢（*Leucaena*）、麻风树（*Jatropha*）、龙舌兰（*Agave* spp.）、针叶樱桃（*Malpighia*）、仙人掌果与仙人掌（*Opuntia*）、野洋葱（*Allium*）、牧豆树（*Prosopis*）和朴树（*Celtis*）等。

第20章惠特克和卡特勒介绍了洞穴出土的西葫芦。

第21章普兰介绍了菜豆。

第22章弗兰纳利和惠勒鉴定了野生动物，其中最常见的是白尾鹿、棉尾兔和泥龟。他们还捕捉领西猯、浣熊，以及各种鸟类如山齿鹑、斑尾鸽、哀鸽、地鸽和仓鸮等。

在第23章中，罗布森和伊利亚斯提出了关于圭拉那魁兹地区史前期植物消费的营养学分析。这些采集的现代植物标本，以冷冻形式空运到密歇根大学进行研究。

上述这些作者的分析得以重建那魁兹期食谱的营养面貌。第24章，我们利用前面章节收集的数据，以洞穴出土的材料为基础，重建圭拉那魁兹地区狩猎采集者生存之所需。

第六编

第六编是对圭拉那魁兹层位中动植物及人工制品的空间分析。

第25章，以此建立的分析基础，展示了在每个1×1平方米大小的17个主要类别废弃物的变量，以及在各层中所占的空间。在下面章节中，采用了三种方法来研究这17种变量在1平方米空间以及其他层位是如何分布的。

斯宾塞和弗兰纳利（第26章）描述了绘制各层各种废弃物密度轮廓的电脑程序。

惠伦（第27章）为每个层位提出一种皮尔逊积矩相关系数，显示某些特定类别的废弃物非常明显地与4—8这几个探方有关。

雷诺兹（第28章）提出两个多维度分析程序，一个用于废弃物种类，另一个用于1×1米探方；基于这些结果，提出了各层中哪些探方的组合可显示出女性工作区、男性工作区、垃圾区和洞内的过道。

第29章对这三种方法进行了"片段分析"（Ascher and Clune 1960），或通过分析每个层位的形成，以重建各居住面上发生的事情。

第七编

第七编是对瓦哈卡圭拉那魁兹地区植物采集和早期农业演变的模拟研究。

第31章，雷诺兹将我们在第2章里曾介绍过的生态系统模型，先转变成数学模型，然后转变成计算机程序。

在雷诺兹的程序中，一个4人的小游群被置于荆棘林A和B，牧豆树草地A和B的组合环境中，我们就根据这些区域植被带进行定量研究。

一个小游群被置于湿润年份、干旱年份和平均年份的一种随机顺序之中（即不可预测），而根据瓦哈卡过去档案降水纪录的比例而言，确实可能发生。经过先前缺乏经验的阶段之后，这个群体发展出一种涵盖数百时间周期的野生植物采集策略。

据评估，在每单位时间内，他们每人每天有获得2 000卡路里和40克蛋白质的能力，同时持续努力缩小采集的范围，这使他们的植物采集集中在1公顷之内。他们在记忆之中增加了信息，清楚地记得怎么应对不同状况，并逐渐修改其采集策略，直到达到无论如何变化都不会造成太大影响为止。在这一点上，他们利用了植物的组合，这与圭拉那魁兹D层的情况非常相似。

一些有趣的结果如下：（1）该群体决定了两个基本策略，一个是针对多雨年份，另一个针对干旱和平均年份。干旱/平均年份的策略都比较保守；对于多雨年份则往往试验性较强。（2）该群体似乎更专注于摄取自蛋白质的热量。（3）该群体似乎更热衷于在同一个植被区中减少采集的路程，这是为了减少从洞穴走到植被区的路程。

之后，这使得该群体以替代策略，将西葫芦、豆子和原始玉米组合到一起。该群体首先在湿润年份尝试栽培这些植物，后来也在干旱/平均年份里尝试。他们觅食的效率因新兴农作物而改善，在西葫芦、豆子和玉米上投入的时间增加，并同时减少了投入特定野生植物的时间。

一个历经了数百个时间周期的新应对策略稳定下来，其利用的植物组合明显与圭拉那魁兹的B1层相似。

最后，雷诺兹保持其他变量不变，而在生态系统中改变五个实验参数。在这些实验中，（1）气候变得更加干旱；（2）气候变得更加湿润；（3）极端气候消失，只有"平均"年份；（4）人口在数百个时间周期中缓慢增长；（5）人群不可预测的波动，但保持着4人的平均水平。

这些实验都没有加快农业发展的过程，有的甚至导致该过程趋缓。至于气候，似乎干旱年份（改进效率）和多雨年份（允许尝试）的组合提供了最佳的环境适应性。

我们的研究结果并不支持人口增长可加速农业适应进程的理论；但是，不可预测的人口波动确实加速了牧豆树草地B的农业发展进程，那里是冲积平原，土壤最好。

第32章检视了雷诺兹模拟研究对于考古学理论方法的启示。

第八编

第33章总结了本研究的主要成果，评估了最近一些有关农业起源的理论，并回应了史前文化变迁语境中所体现的"因果律"之含意。此外，还检视了著名生物学家恩斯特·迈尔以"规律"解释生命现象那本著作之观点。

参考文献

Ahrens, E. H., Jr., and C. A. Boucher
1978　The composition of a simulated American diet. Journal of the American Dietetic Association 73: 613–620.
Alvarez del Toro, Miguel
1952　Los Animales Silvestres de Chiapas. Tuxtla Gutiérrez: Ediciones del Gobierno del Estado.
Arabie, Phipps, and Scott A. Boorman
1972　Multidimensional scaling of measures of distance between partitions, *Psychology and Education Series, Institute for Mathematical Studies in the Social Sciences*, Stanford University, Technical Reports 189.
Ascher, Robert, and Francis J. Clune, Jr.
1960　Waterfall Cave, southern Chihuahua, Mexico. American Antiquity 26(2): 270–274.
Aschmann, Homer
1980　Comment on Rindos' "Symbiosis, Instability, and the Origins and Spread of Agriculture." Current Anthropology 21(6): 765.
Aveleyra Arroyo de Anda, L.
1956　The second mammoth and associated artifacts at Santa Isabel Iztapan, Mexico. American Antiquity 22(1): 12–28.
Bailey, K. V.
1963　Nutrition in New Guinea, Food and Nutrition Notes and Reviews 20(7 and 8): 89–112.
Banerjee, V. C., and E. S. Barghoorn
1972　Fine structure of pollen grain ektexine of maize, teosinte, and tripsacum. *Thirtieth Annual Proceedings of the Electron Microscopy Society of America*: 226–227.
Barash, David P.
1982　*Sociobiology and Behavior* (second ed.). New York: Elsevier Press.
Barkley, Fred A.
1934　The statistical theory of pollen analysis. Ecology 15: 283–289.
Beadle, George W.
1972　The mystery of maize. Field Museum of Natural History Bulletin 43(10): 2–11.
1977　The origin of Zea mays. In Origins of Agriculture, edited by Charles A. Reed. The Hague: Mouton Press. Pp. 615–635.
Berlin, E. A., and E. K. Markell
1977　An assessment of the nutritional and health status of an Aguaruna Jívaro community, Amazonas, Peru. Ecology of Food and Nutrition 6(2): 69–81.
Bernabo, J. Christopher, and Thompson Webb, III
1977　Changing patterns in the Holocene pollen record of northeastern North America. Quaternary Research 8: 64–96.
Bertatanffy, Ludwig von
1962　General system theory: a critical review, *General Systems, Yearbook of the Society for General Systems Research* 7: 1–20.

Bettinger, Robert L.
1979　Multivariate statistical analysis of a regional subsistence-settlement model for Owens Valley. American Antiquity 44(3): 455–470.
Binford, Lewis R.
1968　Post-Pleistocene Adaptations. In *New Perspectives in Archeology*, edited by Sally R. Binford and Lewis R. Binford. Chicago: Aldine Publishing Co. Pp. 313–341.
1980　Willow smoke and dogs' tails: Hunter-gatherer settlement systems and archaeological site formation. American Antiquity 45(1): 4–20.
1981　Behavioral archaeology and the "Pompeii Premise." Journal of Anthropological Research 37: 195–208.
1982　The archaeology of place. Journal of Anthropological Archaeology 1(1): 5–31.
Binford, Lewis R., and W. J. Chasko, Jr.
1976　Nunamiut demographic history: A provocative case. In *Demographic Anthropology: Quantitative Approaches*, edited by Ezra B. W. Zubrow. Albuquerque: University of New Mexico Press. Pp. 63–143.
Birdsell, Joseph B.
1968　Some predictions for the Pleistocene based on equilibrium systems among recent hunter-gatherers. In *Man the Hunter*, edited by Richard B. Lee and Irven DeVore. Chicago: Aldine Publishing Co. Pp. 229–240.
Birks, H. J. B., and Hillary H. Birks
1981　*Quaternary Paleoecology*. Baltimore: University Park Press.
Birks, H. J. B., T. Webb III, and A. A. Berti
1975　Numerical analysis of pollen samples from central Canada: A comparison of methods. Review of Paleobotany and Palynology 20: 228–269.
Blake, Emmet Reid
1953　*Birds of Mexico*. Chicago: University of Chicago Press.
Bradbury, John Platt
1971　Paleolimnology of Lake Texcoco, Mexico: Evidence from diatoms. Limnology and Oceanography 16: 180–200.
Braidwood, Robert J., and Bruce Howe
1960　Prehistoric investigations in Iraqi Kurdistan. Studies in Ancient of Oriental Civilization 31. Chicago: University of Chicago Press.
Bressani, R., and N. S. Scrimshaw
1958　Effect of lime treatment on *in vitro* availability of essential amino acids and solubility of protein fractions In corn. Journal of Agricultural and Food Chemistry 6: 774–778.
Bryant, Vaughn M., Jr.
1975　Pollen analysis of 10 soil samples from Cache River basin. In the Cache River Archaeological Project: An experiment in contract archaeology, edited by M. B. Schiffer and J. H. House. Arkansas Archaeological Survey Research Series 8: 311–312.
Bryant, Vaughn M., Jr., and Richard G. Holloway
1983　The role of palynology in archaeology. In *Advances in Archaeological Method and Theory*, Volume 6, edited by M. B. Schiffer. Pp. 191–224.
Bryson. Reid, D. A. Baerreis, and W. M. Wendland
1970　The character of late-Glacial and post-Glacial climatic changes. In Pleistocene and Recent environments of the central Great Plains, edited by W. Dort and J. K. Jones. *University of Kansas Department of Geology Special Publication* 3. Lawrence, Kansas. Pp. 53–74.
Burton, Robert J.
1973a　Progress report on the statistical analysis of Koster surface pollen. Manuscript submitted to J. Schoenwetter, Department of Anthropology, Arizona State University, Tempe.
1973b　Discriminant analysis of Koster pollen samples. Manuscript submitted to J. Schoenwetter, Department of Anthropology, Arizona State University, Tempe.
Byers, Douglas S. (editor)
1967　*The Prehistory of the Tehuacán Valley*. Volume 1: Environment and Subsistence. Austin: University of Texas Press.
Caldwell, M. J.
1972　Ascorbic acid content of Malaysian leaf vegetables. Ecology of Food and Nutrition 1(4): 313–317.
Callen, Eric O.
1967a　Analysis of the Tehuacán coprolites. In *The Prehistory of the Tehuacán Valley* (V101. 1): *Environment and Subsistence*, edited by Douglas S. Byers. Austin: University of Texas Press. Pp. 261–289.
1967b　The first New World cereal. American Antiquity 32(4): 535–538.
Calloway, D. H., R. D. Giague, and F. M. Costa
1974　The superior mineral content of some American Indian foods in comparison to federally donated counterpart commodities. Ecology of Food and Nutrition 3(3): 203–211.
Canseco, Alonso de
1980　Relación de Tlacolula y Mifla hecha en los Días 12 y 23 de Agosto respectivamente. *Papeles de Nuñeva Espaha: Segunda Serie, Geografía y Estadística* (Vol. 4), **edited by Francisco** del Paso y Troncoso. Madrid 1905. Pp. 144–154.
Carr, Christopher
1984　The nature of organization of intrasite archaeological records and spatial analytic approaches to their investigation. In *Advances in Archaeological Method and Theory*, Volume 7, edited by M. B. Schiffer. Orlando: Academic Press.

Cashdan, Elizabeth
1982 Review of *Hunter-Gatherer Foraging Strategies: Ethnographic and Archaeological Analyses*, edited by Bruce Winterhalder and Eric Alden Smith. *Science* 216: 1308–1309.
Cavicchio, Donald J.
1970 Adaptive search using simulated evolution. Ph. D. dissertation, Department of Computer and Communication Sciences, University of Michigan.
Ceci, Lynn
1980 Comment on Rindos' "Symbiosis, Instability, and the Origins and Spread of Agriculture." *Current Anthropology* 21(6) : 766.
Cohen, Mark Nathan
1977 *The Food Crisis in Prehistory: Overpopulation and the Origins of Agriculture.* New Haven: Yale University Press.
1980 Comment on Rindos' "Symbiosis, Instability, and the Origins and Spread of Agriculture." *Current Anthropology* 21(6): 766–767.
Cooley, William W., and Paul R. Lohnes
1971 *Multivariate Data Analysis.* New York: John Wiley and Sons.
Córdova, Fray Juan de
1578 *Vocabulario en Lengua Zapoteca.* México: Pedro Charte y Antonio Ricardo. (Reprinted 1942.)
Cowgill, George L.
1968 Archaeological applications of factor, cluster, and proximity analysis. *American Antiquity* 33: 367–375.
Cravioto, R. B., E. E. Lockhart, R. K. Anderson, F. de P. Miranda, and R. S. Harris
1945 Composition of typical Mexican foods. *Journal of Nutrition* 29: 317–329.
Craytor, W. B., and L. Johnson, Jr.
1968 Refinements in computerized item seriation. *University of Oregon Museum of Natural History Bulletin* 10. **Eugene.**
Curwen, E. Cecil
1930 Prehistoric flint sickles. *Antiquity* 4(14): 182–186.
Cutler, Hugh C., and Thomas W. Whitaker
1961 History and distribution of the cultivated cucurbits in the Americas. *American Antiquity* 26: 469–485.
1967 Cucurbits from the Tehuacán Caves. In *The Prehistory of the Tehuacán Valley* (Vol. 1): *Environment and Subsistence*, edited by Douglas S. Byers. Austin: University of Texas Press. Pp. 212–219.
Dacey, M. F.
1973 Statistical tests of spatial association in the locations of tool types. *American Antiquity* 38: 320–328.
Dawkins, R.
1976 *The Selfish Gene.* London: Oxford University Press.
De Jong, Kenneth A.
1975 Analysis of the behavior of a class of genetic adaptive systems. Ph. D. dissertation, Department of Computer and Communication Sciences, University of Michigan.
Delcourt, Paul A., Hazel R. Delcourt, and Thompson Webb, III
1984 Atlas of mapped distributions of dominance and modern pollen percentages for important tree taxa of Eastern North America. *American Association of Stratigraphic Palynologists, Contribution* 14.
Department of Geography, University of Michigan
1974 Interactive contouring program. *Cartographic Laboratory Report* 7. Ann Arbor.
De Wet, J. M., and Jack R. Harlan
1972 Origin of maize: The tripartite hypothesis. *Euphytica* 21: 271–279.
Dixon, Wilfrid J., and Frank J. Massey
1969 *Introduction to Statistical Analysis.* New York: McGraw-Hill.
Doran, James E.
1970 Systems theory, computer simulations and archaeology. *World Archaeology* 1: 289–298.
Doran, James E., and F.R. Hodson
1975 *Mathematics and Computers in Archaeology.* Cambridge, Mass.: Harvard University Press.
Drennan, Robert D.
1976a A refinement of chronological seriation using nonmetric multidimensional scaling. *American Antiquity* 41(3): 290–302.
1976b Fábrica San José and Middle Formative society in the Valley of Oaxaca. Prehistory and human ecology of the Valley of Oaxaca (Vol. 4). *Memoirs of the University of Michigan Museum of Anthropology* 8. Ann Arbor.
Durham, William H.
1981 Overview: Optimal foraging analysis in human ecology. In *Hunter-Gatherer Foraging Strategies: Ethnographic and Archaeological Analyses*, edited by Bruce Winterhalder and Eric Alden Smith. Chicago: University of Chicago Press. Pp. 218–231.
Food and Agriculture Association (FAA)
1972 *Food Composition Table for Use in East Asia.* New York: Food and Agriculture Association.
Faegri, Knut, and J. Iverson
1975 *Textbook of Pollen Analysis* (third ed.). New York: Hofner Press.
Fish, Suzanne K.
1969 A pollen record from the Valley of Oaxaca. Paper presented at the thirty-fourth annual meeting of the Society for American Archaeology, Milwaukee.
1977 Cultigens, cultivation, and chronology: Palynology at Edzná. Paper presented at the forty-second annual meeting of the Society for American Archaeology, New Orleans.
1978 Palynology of Edzná and Aguacatal: Environment and economy. Paper presented at the forty-third annual meeting of the Society for American Archaeology, Tucson.
Flannery, Kent V.
1966 The Postglacial "readaptation" as viewed from Mesoamerica. *American Antiquity* 31(6): 800–805.
1967 Vertebrate fauna and hunting patterns. In *The Prehistory of the Tehuacán Valley* (Vol. 1): *Environment and Subsistence*, edited by Douglas S. Byers. Austin: University of Texas Press. Pp. 132–177.
1968 Archeological systems theory and early Mesoamerica. In *Anthropological Archeology in the Americas*, edited by Betty J. Meggers. Washington, D. C.: Anthropological Society of Washington. Pp. 67–87.
1969 Origins and ecological effects of early domestication in Iran and the Near East. In *The Domestication and Exploitation of Plants and Animals*. edited by P. J. Ucko and G. W. Dimbleby. London: Gerald Duckworth and Co. Pp. 73–100.
1972 The cultural evolution of civilizations. *Annual Review of Ecology and Systematics* 3: 399–426.
1973 The origins of agriculture. *Annual Review of Anthropology* 2: 271–310.
1976 Empirical determination of site catchments in Oaxaca and Tehuacán. In *The Early Mesoamerican Village*, edited by Kent V. Flannery. New York: Academic Press. Pp. 103–117.
1983 Settlement, subsistence, and social organization of the proto-Otomangueans. In *The Cloud People: Divergent Evolution of the Zapotec and Mixtec Civilizations*, edited by Kent V. Flannery and Joyce Marcus. New York: Academic Press. Pp. 32–36.
Flannery, Kent V(editor)
1970 Preliminary archaeological investigations in the Valley of Oaxaca, Mexico, 1966 through 1969: Report to the Instituto Nacional de Antropología e Historia and the National Science Foundation. Manuscript on file, Museum of Anthropology, University of Michigan, Ann Arbor.
Flannery, Kent V. and Richard I. Ford
1972 A productivity study of teosinte (*Zea mexicana*), Nov. 22–25, 1971. Manuscript on file, Museum of Anthropology, University of Michigan, Ann Arbor.
Flannery, Kent V., Anne V. T. Kirkby, Michael J. Kirkby, and Aubrey W. Williams. Jr.
1967 Farming systems and political growth in ancient Oaxaca. *Science* 158: 445–454.
Flannery, Kent V., and Joyce Marcus
1976 Formative Oaxaca and the Zapotec cosmos. *American Scientist* 64(4): 374–383. New Haven, Conn. : Sigma Xi, The Scientific Research Society of North America, Inc.
Flannery, Kent V., Joyce Marcus, and Stephen A. Kowalewski
1981 The preceramic and Formative of the Valley of Oaxaca. In *Supplement to the Handbook of Middle American Indians* (Vol. 1): *Archaeology*, edited by Jeremy A. Sabloff (general editor, Victoria R. Bricker). Austin: University of Texas Press. Pp. 48–93.
Flannery, Kent V., and James Schoenwetter
1970 Climate and man in Formative Oaxaca. *Archaeology* 23: 144–152.
Flannery, Kent V., and C. Earle Smith, Jr.
1983 Monte Albán IV foodstuffs in Guilá Naquitz Cave. In *The Cloud People: Divergent Evolution of the Zapotec and Mixtec Civilizations*, edited by Kent V. Flannery and Joyce Marcus. New York: Academic Press. P. 206.
Ford, Richard I.
1968 An ecological analysis involving

the population of San Juan Pueblo, New Mexico. Ph.D. dissertation, Department of Anthropology, University of Michigan.
1976   Carbonized plant remains. In Fábrica San José and Middle Formative Society in the Valley of Oaxaca, edited by Robert D. Drennan. *Prehistory and Human Ecology of the Valley of Oaxaca* (Vol. 4), *Memoirs of the University of Michigan Museum of Anthropology* 8. Ann Arbor. Pp. 261–268.
Fowler, Melvin L., and Richard S. MacNeish
1972   Excavations in the Coxcatlán locality in the alluvial slopes. In *The Prehistory of the Tehuacán Valley* (Vol. 5): Excavations and Reconnaissance, by Richard S. MacNeish, Melvin L. Fowler, Angel García Cook, Frederick A. Peterson, Antoinette Nelken-Terner, and James A. Neely. Austin: University of Texas Press. Pp. 219–340.
Fox, Dennis, and Kenneth Guire
1976   Documentation for MIDAS. Manuscript on file, University of Michigan Statistical Laboratory, Ann Arbor.
Fried, Morton H.
1967   *The evolution of political society*. New York: Random House.
Galinat. Walton C.
1970   The cupule and its role in the origin and evolution of maize. *Massachusetts Agricultural Experiment Station Bulletin* 585: 1–18.
1971   The origin of maize. *Annual Review of Genetics* 5: 447–478.
García Moll, Roberto
1977   Análisis de los materiales arqueológicos de la Cueva del Texcal, Puebla. *Colección Científica 56 Arqueología*. México, D. F.: Instituto Nacional de Antropología e Historia, Departamento de Prehistoria.
Gibbons, Jean Dickinson
1971   *Non-parametric Statistical Inference*. New York: McGraw-Hill.
Gilbert, Lawrence E., and Peter H. Raven (editors)
1975   *Coevlution of Animals and Plants*. Austin: University of Texas Press.
Gish, Jannifer W.
1976   Palynology of the Robinson site, north-central Wisconsin. *Arizona State University Anthropological Research Paper* 5. Tempe.
Greig-Smith, P.
1952   The use of random and contiguous quadrats in the study of the structure of plant communities. *Annals of Botany* (n. s.)16: 293–316.
1961   Data on pattern within plant communities Ⅰ: The analysis of pattern. *Journal of Ecology* 49: 695–702.
1964   *Quantitative Plant Ecology* (second ed.). New York: Plenum Publishing Co.
Greig-Smith, P., K. A. Kershaw, and D. J. Anderson
1963   The analysis of pattern in vegetation: A comment on a paper by D. W. Goodall. *Journal of Ecology* 51: 223–229.
Hall, E. Raymond, and Keith R. Kelson
1959   *The Mammals of North America* (2 vols). New York: The Ronald Press.
Harris, Marvin
1979   *Cultural Materialism: The Struggle for a Science of Culture*. New York: Random House.
Hassan, Fekri A.
1977   The dynamics of agricultural origins in Palestine: A theoretical model. In *Origins of Agriculture*, edited by Charles A. Reed. The Hague: Mouton Publishers. Pp. 589–609.
1981   *Demographic Archaeology*. New York: Academic Press.
Heiser, Charles B.
1979   *The Gourd Book*. Norman: University of Oklahoma Press.
Heizer, Robert F.
1960   Physical analysis of habitation residues. In *The application of quantitative methods in archaeology*, edited by Robert F. Heizer and Sherburne F. Cook. Viking Fund Publications in Anthropology 28. New York: Wenner-Gren Foundation. Pp. 93–142.
Heizer, Robert F., and Sherburne F. Cook, (editor)
1960   The application of quantitative methods in archaeology. *Viking Fund Publications in Anthropology* 28. New York: Wenner-Gren Foundation.
Helbaek, Hans
1969   Plant collecting, dry-farming, and irrigation agriculture in prehistoric Deh Luran. In *Prehistory and Human Ecology of the Deh Luran Plain*, by Frank Hole, Kent V. Flannery, and James A. Neely. *Memoirs of the University of Michigan Museum of Anthropology* 1. Ann Arbor. Pp. 383–426.
Hevly, Richard H.
1968   Studies of modern pollen rain in northern Arizona. Journal of the Arizona Academy of Sciences 5: 111–115.
Hipsley, E. H., and N. E. Kirk
1965   Studies of dietary intake and the expenditure of energy by the New Guineans. *South Pacific Commission Technical Papers* 147. Noumea.
Hodder, Ian(editor)
1978   *Simulation studies in archaeology*. Cambridge: Cambridge University Press.
Hodder, Ian, and Clive Orton
1976   *Spatial Analysis in Archaeology*. Cambridge: Cambridge University Press.
Hole, Frank, Kent V. Flannery, and James A. Neely
1969   Prehistory and human ecology of the Deh Luran plain. *Memoirs of the University of Michigan Museum of Anthropology* 1. Ann Arbor.
Holland, John H.
1975   *Adaptation in Natural and Artificial Systems*. Ann Arbor: University of Michigan Press.
Holland, John H., and Judith R. Reitman
1978   Cognitive systems based on adaptive algorithms. In *Pattern Directed Information Systems*, edited by Roth F. Hayes and D. Waterman. New York: Academic Press. Pp. 313–329.
Holmes. W. H.
1897   Archaeological studies among the ancient cities of Mexico (Part II): Monuments of Chiapas, Oaxaca and the Valley of Mexico. *Field Columbian Museum Anthropological Series* (1)1. Chicago.
Hosler, Dorothy, Jeremy A. Sabloff, and Dale Runge
1977   Simulation model development: A case study of the Classic Maya collapse. In *Social Process in Maya Prehistory*, edited by Norman Hammond. New York: Academic Press. Pp. 553–590.
Iltis, Hugh H.
1983   From teosinte to maize: The catastrophic sexual transmutation. *Science* 222: 886–894.
Iltis, Hugh H., J. F. Doebley, R. Guzmán M., and B. Pazy
1979   Zea diploperennis (Gramineae): A new teosinte from Mexico. *Science* 203: 186–188.
Jacobs, A.
1969   Availability of food iron. *British Medical Journal* 1: 673–676.
Jennings, Jesse D.
1957   Danger Cave. *Memoirs of the Society for American Archaeology* 14.
Jochim, Michael A.
1976   *Hunter-Gather Subsistence and Settlement: A Predictive Model*. New York: Academic Press.
Johnson, Frederick, and Richard S. MacNeish
1972   Chronometric dating. In *The Prehistory of the Tehuacán Valley* (Vol. 4): *Chronology and Irrigation*, edited by Frederick Johnson. Austin: University of Texas Press. Pp. 3–55.
Johnson, Gregory A.
1978   Information sources and the development of decision-making organizations. In *Social Archaeology: Beyond Subsistence and Dating*, edited by C. L. Redman, M. J. Berman, E. V. Curtin, W.T. Langhorne, Jr., N. M. Versaggi, and J. C. Wanser. New York: Academic Press. Pp. 87–112.
Johnson. Irmgard W.
1967   Textiles. In *The Prehistory of the Tehuacán Valley* (Vol. 2): *The Non-ceramic Artifacts*, by Richard S. MacNeish, Antoinette Nelken-Terner, and Irmgard W. Johnson. Austin: University of Texas Press. Pp. 191–226.
Kaplan, Lawrence
1965   Archaeology and domestication in American *Phaseolus* (beans). *Economic Botany* 19(4): 358–368.
1981   What is the origin of the common bean? *Economic Botany* 35(2): 240–254.
Kaplan, Lawrence, and Richard S. MacNeish
1960   Prehistoric bean remains from caves in the Ocampo Region of Tamaulipas, Mexico. *Harvard University Botanical Museum Leaflets* 19(2): 33–56.
Katz, S. H., M. L. Hediger, and L. A. Valleroy
1974   Traditional maize processing techniques in the New World. *Science* 184: 765–773.
Keene, Arthur S.
1981a   Optimal foraging in a nonmarginal

environment: A model of prehistoric subsistence strategies in Michigan. In *Hunter-Gatherer Foraging Strategies: Ethnographic and Archaeological Analyses*, edited by Bruce Winterhalder and Eric Alden Smith. Chicago: University of Chicago Press. Pp. 171–193.
1981b *Prehistoric Foraging in a Temperate Forest: A Linear Programming Model*. New York: Academic Press.
Kershaw, K. A.
1957 The use of cover and frequency in the detection of pattern in plant communities. *Ecology* 38: 291–299.
1964 *Quantitative and Dynamic Ecology*. New York: Elsevier Press.
King, James E., W. E. Klippel, and R. Duffield
1975 Pollen preservation and archaeology in eastern North America. *American Antiquity* 40: 180–190.
Kirkby. Anne V. T.
1973 The use of land and water resources in the past and present Valley of Oaxaca, Mexico. Prehistory and human ecology of the Valley of Oaxaca. (Vol. 1) *Memoirs of the University of Michigan Museum of Anthropology*. 5. Ann Arbor.
1974 Individual and community responses to rainfall variability in Oaxaca. Mexico. In *Natural Hazards: Local, Regional, and Global*, edited by Gilbert F. White. New York: Oxford University Press. Pp. 119–128.
Klecka, William R.
1975 Discriminant analysis. In Statistical Package for the Social Sciences (second ed.), by Norman H. Nie, C. Hadla Hull, Jean G. Jenkins, Karin Steinbrenner, and Dale H. Brent. New York: McGraw-Hill. Pp. 434–467.
1980 Discriminant analysis. In *Quantitative Applications in the Social Sciences* 19, edited by J. L. Sullivan. Beverly Hills, Calif.: Sage Publications Inc. Pp. 1–71.
Konlande, J. E., and J. R. K. Robson
1972 The nutritive value of cooked camas as consumed by Flathead Indians. *Ecology of Food and Nutrition* 1(3): 193–195.
Kuhnlein, H. V., and D. H. Calloway
1979 Adventitious mineral elements in Hopi Indian diets. *Journal of Food Science* 44(1): 282–285.
Lamprecht, Herbert
1968 Wesen and Wedegang Naturbedingter Arten. *Phyton* 13(1–21): 1–14.
Lathrap. Donald W.
1968 The "hunting" economies of the tropical forest zone of South America: An attempt at historical perspective. In *Man the Hunter*, edited by Richard B. Lee and Irven DeVore. Chicago: Aldine Publishing Co. Pp. 23–29.
1977 Our father the cayman, our mother the gourd: Spinden revisited, or a unitary model for the emergence of agriculture in the New World. In *Origins of Agriculture*, edited by Charles A. Reed. The Hague: Mouton Publishers. Pp. 713–752.
Leakey, Richard E., and Roger Lewin
1978 *People of the Lake*. New York: Anchor Press.

Lee, Richard B.
1968 What hunters do for a living, or how to make out on scarce resources. In *Man the Hunter*, edited by Richard B. Lee and Irven DeVore. Chicago: Aldine Publishing Co. Pp. 30–48.
1972 The !Kung Bushmen of Botswana. In *Hunters and Gatherers Today*, edited by M. G. Bicchieri. New York: Holt, Rinehart, and Winston. Pp. 327–368.
Lee, Richard B., and Irven DeVore (editors)
1968 *Man the Hunter*. Chicago: Aldine Publishing Co.
Leopold, A. Starker
1959 *Wildlife of Mexico*: The Game Birds and Mammals. Berkeley: University of California Press.
Lewin, Roger
1983 How did vertebrates take to the air? *Science* 221: 38–39.
Lewontin, Richard C.
1978 Adaptation. *Scientific American* 239(3): 213–230.
Lindsay, Alexander J., Jr
1968 Current research: Western Mesoamerica. *American Antiquity* 33: 418.
Lingoes, James C.
1973 *The Guttman-Lingoes Nonmetric Program Series*. Ann Arbor: Mathesis Press.
Lorenzo, José Luis
1958 Un sitio precerámico en Yanhuitlán, Oaxaca. *Instituto Nacional de Antropología e Historia, Dirección Prehistoria*, Pub. 6. México, D. F.
1960 Aspectos físicos del Valle de Oaxaca. *Revista Mexicana de Estudios Antropológicos* 16: 49–63.
Lorenzo, José Luis, and Lauro Gonzales Q.
1970 El más antiguo teosinte. *Instituto Nacional de Antropología e Historia, Boletín* 42: 41–43. México, D. F.
Lorenzo, José Luis, and Miguel Messmacher
1963 Hallazgo de horizontes culmrales precerámicos en el Valle de Oaxaca. In Homenaje a Pedro Bosch-Gimpera, edited by Santiago Genovés. México D. F.: Instituto Nacional de Antropología e Historia and Universidad Nacional Autónoma de México. Pp. 289–301.
McArthur, M.
1960 Food consumption and dietary levels of groups of Aborigines living on naturally occurring foods. In *Records of the American-Australian Scientific Expedition to Arnhem Land* (Part 2): Anthropology and Nutrition, edited by C.P. Mountford. Melbourne: Melbourne University Press. Pp. 90–135.
MacArthur, Robert H., and Edward O. Wilson
1967 The Theory of Island Biogeography. *Monographs in Population Biology* 1. Princeton: Princeton University Press.
McCullough, Dale R.
1979 *The George Reserve Deer Herd: Population Ecology of a K-Selected Species*. Ann Athor: University of Michigan Press.

MacNeish, Richard S.
1958 Preliminary archaeological investigations in the Sierra de Tamaulipas, Mexico. *Transactions of the American, Philosophical Society*. (Vol. 48, Part 6.) Philadelphia.
1961 *First Annual Report of the Tehuacán Archaeological-Botanical Project*, R. S. Peabody Foundation for Archaeology. Andover, Mass. : Phillips Academy.
1964 Ancient Mesoamerican civilization. *Science* 143: 531–537.
1967 A summary of the subsistence. In *The Prehistory of the Tehuacán Valley*. (Vol. 1): *Environment and Subsistence*, edited by Douglas S. Byers. Austin: University of Texas Press. Pp. 290–309.
1972 The evolution of community patterns in the Tehuacán Valley of Mexico and speculations about the cultural processes. In *Man, Settlement, and Urbanism*, edited by P. J. Ucko, R. Tringham. and G. W. Dimbleby. London: Gerald Duckworth and Co. PD.: 67–93.
1978 *The Science of Archaeology?* N. Scituate, Mass.: Duxbury Press.
MacNeish, Richard S., Melvin L. Fowler, Angel García Cook, Frederick A. Peterson, Antoinette Nelken-Terrier, and James A. Neely
1972 *The Prehistory of the Tehuacán Valley* (Vol. 5): *Excavations and Reconnaissance*. Austin: University of Texas Press.
MacNeish, Richard S., and Antoinette Nelken-Terner
1972 Introduction. In *The Prehistory of the Tehuacán Valley* (Vol. 5): *Excavations and Reconnaissance*, by Richard S. MacNeish, Melvin L. Fowler, Angel García Cook, Frederick A. Peterson, Antoinette Nelken-Terner, and James A. Neely. Austin: University of Texas Press. Pp. 3–13.
MacNeish, Richafd S., Antoinette Nelken-Terner, and Irmgard W. Johnson
1967 *The Prehistory of the Tehuacán Valley* (Vol. 2): *Nonceramic Artifacts*. Austin: University of Texas Press.
MacNeish, Richard S., and Frederick A. Peterson
1962 The Santa Marta Rockshelter, Ocozocoautla, Chiapas, Mexico. *Papers of the New World Archaeological Foundation* 14. Provo, Utah.
Mangelsdorf. Paul C.
1947 The origin and evolution of maize. *Advances in Genetics* 1: 161–207.
1958 Reconstructing the ancestor of corn. *Proceedings of the American Philosophical Society* 102: 454–463.
1974 *Corn: Its Origin, Evolution, and Improvement*. Cambridge, Mass: Harvard University Press.
1983 The search for wild corn. *Maydica* 28: 89–96.
n. d. Preliminary report on archaeological remains of corn from caves in Oaxaca, Mexico. Unpublished manuscript to appear in a future Memoir of the University of Michigan Museum of Anthropology, Ann Arbor.

Mangelsdorf, Paul C., Richard S. MacNeish, and Walton C. Galinat
1967　Prehistoric wild and cultivated maize. In *Prehistory of the Tehuacán Valley*. (Vol. 1): *Environment and Subsistence*, edited by Douglas S. Byers. Austin: University of Texas Press. Pp. 178–200.

Mangelsdorf, Paul C., Richard S. MacNeish, and Gordon R. Willey
1964　Origins of agriculture in Middle America. In *Handbook of Middle American Indians* (Vol. 1): *Natural Environment and Early Cultures*, edited by Robert Wauchope and Robert C. West. Austin: University of Texas Press. Pp. 427–445.

Mangelsdorf, Paul C., and R. G. Reeves
1938　The origin of maize. *Proceedings of the National Academy of Sciences* 24: 303–312.
1939　The origin of Indian corn and its relatives. *Texas Agricultural Experiment Station Bulletin* 574: 1–315.

Marks, Anthony
1971　Settlement patterns and intrasite variability in the Central Negev, Israel. *American Anthropologist* 73: 1237–1244.

Martin. Paul Schultz
1963　*The Last 10000 Years: A Fossil Pollen Record of the American Southwest*. Tucson: University of Arizona Press.

Martin, Paul S., J. R. Rinaldo, E. Bluhm, H. C. Cutler, and R. Grange
1952　Mogollon cultural continuity and change: The stratigraphic analysis of Tularosa and Cordova caves. *Fieldiana: Anthropology* 40.

Maruyama, Magoroh
1963　The second cybernetics: deviation-amplifying mutual causal processes. *American Scientist* 51(2): 164–179.

Mayr, Ernst
1982　*The Growth of Biological Thought*. Cambridge, Mass. : Harvard University Press.

Mehringer, Peter J., Jr.
1967　Pollen analysis of the Tule Springs Site. In Pleistocene studies in southern Nevada, edited by M. Wormington and D. Ellis. *Nevada State Museum Anthropological Papers* 13: 130–200.

Messer, Ellen
1978　Zapotec plant knowledge: Classification, uses, and communication about plants in Mitla, Oaxaca, Mexico. In Prehistory and human ecology of the Valley of Oaxaca (Vol. 5. Part 2), edited by Kent V. Flannery and Richard E. Blanton. *Memoirs of the University of Michigan Museum of Anthropology* 10. Ann Arbor.

Metzger, Duane, and Gerald Williams
1966　Some procedures and results in the study of native categories: Tzeltal firewood. *American Anthropologist* 68: 389–407.

Miller, lames G.
1965　Living systems: Basic concepts; structure and process; cross-level hypotheses. *Behavioral Science* 10: 193–237, 337–379, 380–411.

Minsky, M., and P. Papert
1969　*Perceptrons*. New York: Princeton Hall.

Moore, James A.
1981　The effects of information networks in hunter-gatherer societies. In *Hunter-Gatherer Foraging Strategies: Ethnographic and Archaeological Analyses*, edited by Bruce Winterhalder and Eric Alden Smith. Chicago: University of Chicago Press. Pp. 194–217.

National Academy of Sciences (NAS)
1974　*Food and nutrition board: Recommended dietary allowances* (eighth ed.). Washington, D. C.: National Academy of Sciences.

Neter, J., and W. Waserman
1974　*Applied Linear Statistical Models*. Homewood, Ⅲ .: Richard D. Irwin Inc.

Niederberger, Christine
1976　Cinco milenios de ocupación humana en un sitio lacustre de la Cuenca de Mexico. *Instituto Nacional de Antropología e Historia, Colección Cientifíca* 30. México, D. F.
1979　Early sedentary economy in the Basin of Mexico. *Science* 203: 131–142.

Niklewski, J. and W. van Zeist
1970　A Late Quaternary pollen diagram from northwestern Syria. *Acta Botanica Neerlandica* 19: 737–754.

Ohngemach, Dieter
1973　Análisis polínico de las sedimentas del Pleistoceno Recientey de Holoceno en la región Puebla-Tlaxcala. *Comunicacions, Proyecto Puebla-Tlaxcala* 7. Puebla: Fundación Alemana Para la Investigación Científica. Pp. 47–49.

Oomen, H. A. P. C.
1961　The Papuan child as a survivor. *Journal of Tropical Pediatrics* 6: 103–121.

Orton, Clive
1980　*Mathematics in Archaeology*. London: Collins Publishers.

Parsons, Elsie Clews
1936　*Mitla, Town of the Souls*. Chicago: University of Chicago Press.

Paulik, G. J., and J. W. Greenough, Jr.
1966　Management analysis for a salmon resource system. In *Systems Analysis in Ecology*, edited by Kenneth E. F. Watt. New York: Academic Press. Pp. 215–252.

Pielou. E. C.
1969　*An Introduction to Mathematical Ecology*. New York: Wiley-Interscience.

Piper, C. V.
1926　Studies in American phaseolinae. *Contributions from the U.S. National Herbarium* 22: 663–701. Washington. D. C.

Platt, B. S.
1962　Tables of representative values of foods commonly used in tropical countries. *Medical Research Council, Special Report Series* 302. London: Her Majesty's Stationery Office.

Rankin, Adrianne
1980　Pollen analytical studies in Corduroy Creek. In *Studies in the Prehistory of the Forestdale Region, Arizona*, edited by C. Russel Stafford and Glen E. Rice. *Anthropological Field Studies*, No. 1. office of Cultural Resource Management. Arizona State University.

Reidhead, Van A.
1979　Linear programming models in archaeology. *Annual Review of Anthropology* 8: 543–578.
1981　A Linear Programming Model of a Prehistoric Subsistence Optimization: A Southeastern Indiana Example. *Indiana Historical Society Prehistory Research Series* (Vol. 6, No. 1). Indianapolis.

Reinhold, J. G.
1972　Phytate concentrations of leavened and unleavened Iranian breads. *Ecology of Food and Nutrition* 1(3): 187–192.

Reinhold, J. G., H. Hedayati, A. Lahimgarzader, and K. Nasr
1973　Zinc, calcium, phosphorus and nitrogen balance of Iranian villagers following a change from phytate-rich to phytate-poor diets. *Ecology of Food and Nutrition* 2(2): 157–162.

Reynolds, Robert G.
1978　On modeling the evolution of hunter-gatherer decision-making systems. *Geographical Analysis* 10(1): 31–46.
1979　Multiformalism modeling of cultural adaptations. Manuscript on file, Department of Computer and Communication Sciences, University of Michigan, Ann Arbor.

Reynolds, Robert G., and Bernard P. Zeigler
1979　A formal mathematical model for the operation of consensus-based hunting-gathering bands. In *Transformations: Mathematica, Approaches to Culture Change*, edited by Colin Renfrew and Kenneth L. Cooke. New York: Academic Press. Pp. 405–418.

Riley, Thomas J.
1974　Constraints on dimensions of variance. *American Antiquity* 39: 489–490.

Rindos, David
1980　Symbiosis, instability, and the origins and spread of agriculture: a new model. *Current Anthropology* 21(6): 751–772.
1984　*The Origins of Agriculture: An Evolutionary Perspective*. New York: Academic Press.

Robson, J. R. K.
1978　Fruit in the diet of prehistoric man and of the hunter-gatherer. *Journal of Human Nutrition* 32: 19–26.

Robson, I. R. K., and Douglas E. Yen
1976　Some nutritional aspects of the Philippine Tasaday diet. *Ecology of Food and Nutrition* 5(2): 83–89.

Sabloff, Ieremy A. (editor)
1981　*Simulations in Archaeology*. Albuquerque: University of New Mexico Press.

Sahlins, Marshall D.
1968　*Stone Age Economics*. Chicago: Aldine Publishing Co.

Sahlins, Marshall D., and Elman R. Service (editors)
1960　*Evolution and Culture*. Ann Arbor: University of Michigan Press.

Salmon, Merrilee H.
1978　What can systems theory do for archaeology? *American Antiquity* 43: 174–183.

Schiffer, Michael B.
1974 On Whallon's use of dimensional analysis of variance at Guilá Naquitz. *American Antiquity* 39: 490–492.
Schlegel, S. A., and H. A. Guthrie
1973 Diet and the Tiruray shift from swidden to plow farming. *Ecology of Food and Nutrition* 2(3): 181–191.
Schmieder, Oscar
1930 The settlements of the Tzapotec and Mije Indians, State of Oaxaca, Mexico. *University of California Publications in Geography* 4. Berkeley.
Schoenwetter, James
1972 Appendix C: Archaeological pollen studies in western Sonora. In *An archaeological reconnaissance in southern Sonora and reconsideration of the Rio Sonora culture*, by Richard A. Pailes. Ph. D. dissertation, Department of Anthropology, Southern Illinois University.
1974 Pollen records of Guilá Naquitz Cave. *American Antiquity* 39(2): 292–303.
1981 Contributions of pollen analysis in investigations of New World Agriculture. *Proceedings of the IV International Palynological Conference, Lucknow, India (1976–1977)*. Birbal Sahni Institute of Paleobotany.
Schoenwetter, James, Michael J. Kirkby, and Anne V. Whyte
1967 Environment of the Valley of Oaxaca, past and present. Paper presented at the Thirty-Second Annual Meeting of the Society for American Archaeology, Ann Arbor.
Shaffer, Jim G.
1980 Comment on Rindos' "Symbiosis, Instability, and the Origins and Spread of Agriculture." *Current Anthropology* 21(6): 768.
Silberbauer, G. B.
1972 The G/Wi Bushmen. In *Hunters and Gatherers Today*, edited by M. G. Bicchieri. New York: Holt, Rinehart, and Winston. Pp. 271–326.
Smith, C. Earle, Jr.
1965 Flora, Tehuacán Valley. *Fieldiana: Botany* 31(4): 101–143.
1980 Plant remains from Guitarrero Cave. In *Guitarrero Cave*, edited by Thomas F. Lynch. New York: Academic Press. Pp. 87–119.
1969 Additional notes on pre-conquest avocados in Mexico. *Economic Botany* 23: 135–140.
1978 The vegetational history of the Oaxaca Valley. In *Prehistory and human ecology of the Valley of Oaxaca* (Vol. 5, Part 1), edited by Kent V. Flannery and Richard E. Blanton. "*Memoirs of the University of Michigan Museum of Anthropology* 10. Ann Arbor.
1980 Plant remains from Guitarrero Cave. In *Guitarrero Care*, edited by Thomas E. Lynch. New York: Academic Press.
Smith, Judith E.
1981 Formative botanical remains at Tomaltepec. In Excavations at Santo Domingo Tomaltepec: Evolution of a Formative community in the Valley of Oaxaca, Mexico, by Michael E. Whalen. *Prehistory and human ecology of the Valley of Oaxaca* (Vol.6), edited by Kent V. Flannery and Richard E. Blanton. *Memoirs of the University of Michigan Museum of Anthropology* 12. Ann Arbor. Pp. 186–194.
Smith, Landon D.
1974 The multidiscriminate analysis of surficial and fossil pollen samples from Oaxaca, Mexico. Manuscript on file, Department of Anthropology, Arizona State University, Tempe.
1975 Statistically defining the environmental expression of pollen in Oaxaca, Mexico: Present and prehistoric. Paper prepared for presentation at the Conference on Computer Applications in Archaeology, 1976, Birmingham, England.
Sneath, Peter H. A., and Robert R. Sokal
1973 *Numerical Taxonomy*. San Francisco: W. H. Freeman.
Sokal, Robert R., and F. James Rohlf
1969 *Biometry*. San Francisco: W. H. Freeman.
Somogyi, J. C., and K. Schiebe
1966 Der Vitamin-C Gehalt Verscheidener Kartoffelsorten und Seine Abnahme Während der Lagerung. *International Journal of Vitamin and Nutrition Research* 36: 337–359.
Speth, John D., and Gregory A. Johnson
1976 Problems in the use of correlation for the investigation of tool kits and activity areas. In *Cultural Change and Continuity*, edited by Charles Cleland. New York: Academic Press. Pp. 35–57.
Steward, Julian
1938 Basin-plateau aboriginal sociopolitical groups. *Bureau of American Ethnology Bulletin of the Smithsonian Institution* 120. Washington, D. C.
1955 *Theory of Culture Change*. Urbana: University of Illinois Press.
Suhm, Dee Ann, and Edward B. Jelks (editors)
1962 Handbook of Texas Archaeology: Type descriptions. *Texas Archeological Society Special Publications* 1, *Texas Memorial Museum Bulletin* 4. Austin.
Tchernov, Eitan
1968 *Succession of Rodent Faunas during the Upper Pleistocene of Israel*, Mammalia Depicta. Hamburg: Parey.
Thomas, David Hurst
1971 Prehistoric subsistence-settlement patterns of the Reese River valley, central Nevada. Ph. D. dissertation, Department of Anthropology, University of California at Davis.
1972 A computer simulation model of Great Basin Shoshonean subsistence and settlement patterns. In *Models in Archaeology*, edited by David L. Clarke. London: Methuen. Pp. 671–704.
1973 An empirical test for Steward's model of Great Basin settlement patterns. *American Antiquity* 38: 155–176.
1976 *Figuring Anthropology: First Principles of Probability and Statistics*. New York: Holt. Rinehart and Winston.
1983 The archaeology of Monitor Valley (Part 1): Epistemology. *Anthropological Papers of the American Museum of Natural History* 58(1). New York.
Thompson, H. R.
1958 The statistical study of plant distribution patterns using a grid of quadrats. *Australian journal of Botany* 6: 322–342.
Townsend, P. K., S. C. Liao, and J. E. Konlande
1973 Nutritive contributions of sago ash used as a native salt in Papua, New Guinea. *Ecology of Food and Nutrition* 2(2): 91–97.
Tsukada, Matsuo, and Edward S. Deevey, Jr.
1967 Pollen analyses from four lakes in the southern Maya area of Guatemala and El Salvador. In *Quaternary paleoecology*, edited by E. J. Cushing and H. E. Wright, Jr. *Proceedings of the Seventh Congress of the International Association of Quaternary Research* 7: 303–333.
Turner, Judith, and Joyce Hodgson
1979 Studies in the vegational history of the Northern Pennines I. Variations in the composition of the early Flandrian forests., *Journal of Ecology* 67: 629–646.
1983 Studies in the vegetational history of the Northern Pennines III. Variations in the composition of the mid-Flandrian forests. *Journal of Ecology* 71: 95–118.
Van de Geer, John P.
1971 *Introduction to Multivariate Analysis for the Social Sciences*. San Francisco: W. H. Freeman.
Van Loon, Maurits, James H. Skinner, and W. van Zeist
1968 The oriental institute excavations at Mureybit, Syria: Preliminary report on the 1965 Campaign (Part 1): Architecture and general finds. *Journal of Near Eastern Studies* 27: 265–290.
1970 The oriental institute excavations at Mureybit, Syria: Preliminary report on the 1965 campaign(Part 3): The paleobotany. *Journal of Near Eastern Studies* 29: 167–176.
Van Zeist. W., and W.A. Casparie
1968 Wild einkorn wheat and barley from Tell Mureybit in northern Syria. *Acta Botanica Neerlandica* 17(1): 44–53.
Veldman, D. J.
1967 *Fortran Programming for the Behavioral Sciences*. New York: Holt, Rinehart and Winston.
Villa R., Bernardo
1954 Contribución al conocimiento de las épocas de caída y nacimiento de la cornamenta y de su terciopelo en venados cola blanca (*Odocoileus virginianus*) de San Cayetano, Estado de México, México. *Anales del lnstituto de Biología* 25. México, D. F.: Universidad Nacional Autónoma de México. Pp. 451–461.
Vita-Finzi, Claudio, and Eric S. Higgs
1970 Prehistoric economy in the Mt. Carmel area of Palestine: Site catchment analysis. *Proceedings of the Prehistoric Society* 36: 1–37.
Walker, A. R. P.
1951 Cereals, phytic acid and calcification.

Walker, A. R. P., B. F. Walker, and M. Wadvalla
1975 An attempt to measure the availability of calcium in edible leaves commonly consumed by South African Negroes. *Ecology of Food and Nutrition* 4(2): 125–130.

Warner, Rose Ella, and C. Earle Smith, Jr.
1968 Boll weevil found in pre-Columbian cotton from Mexico. *Science* 162: 911–912.

Watt. Bernice K., and Annabel L. Merrill
1963 Composition of foods. *U. S. Department of Agriculture, Agricultural Research Service, Consumer and Food Economics Research Division, Agriculture Handbook* 8. Washington, D. C.

Watt, Kenneth E. F.
1966a *Systems Analysis in Ecology*. New York: Academic Press.
1966b The nature of systems analysis. In *Systems Analysis in Ecology*, edited by Kenneth E. F. Watt. New York: Academic Press. Pp. 1–14.
1968 *Ecology and Resource Management*. New York: McGrawHill.

Webb, Thompson, III
1974a Corresponding patterns of pollen and vegetation in lower Michigan: A comparison of quantitative data. *Ecology* 55: 17–28.
1974b A vegetational history of northern Wisconsin: Evidence from modern and fossil pollen. *American Midland Naturalist* 92: 12–34.

Webb, Thompson, III, and Reid A. Bryson
1972 Late- and Postglacial climatic change in the northern Midwest, U. S. A.: Quantitative estimates derived from fossil pollen spectra by multivariate statistical analysis. *Quaternary Research* 2: 70–115.

Webb, Tompson, III, and D. R. Clark
1977 Calibrating micropaleontological data in climatic terms : A critical review. *Annals of the New York Academy of Sciences* 288: 93–118.

Webb, Thompson, III, and John H. McAndrews
1976 Corresponding patterns of contemporary pollen and vegetation in central North America. *Geological Society or America Memoir* 145: 267–302.

Wendorf, Fred, Angela E. Close, and Romuald Schild
1983 Letter to Boyce Rensberger, Senior Editor, *Science* '83, June 3, 1983.

Wendorf, Fred, Romuald Schild, N. el Hadidi, Angela E. Close, M. Kobusiewicz, H. Wieckowska, B. Issawi, and H. Haas
1979 The use of barley in the Egyptian Late Paleolithic. *Science* 205: 1341–1347.

West, Gerald James
1978 Recent Palynology of the Cedar Mesa Area, Utah. Ph.D. dissertation, Department of Anthtopology, University of California, Davis.

Whalen. Michael E.
n.d. The Oaxaca Chert Survey Project. Manuscript on file. Phoenix Memorial Laboratory, University of Michigan, Ann Arbor.

Whallon, Robert
1973 Spatial analysis of occupation floors I: Application of dimensional analysis of variance. *American Antiquity* 38: 266–278.
1974a Spatial analysis of occupation floors II: Application of nearest neighbor analysis. *American Antiquity* 39: 16–34.
1974b Reply to Riley and Schiffer. *American Antiquity* 39: 492–494.

Whitaker, Thomas W., and W. P. Bemis
1975 Origin and evolution of the cultivated Cucurbita. *Bulletin of the Torrey Botanical Club* 102: 362–368.

Whitaker, Thomas W., and Hugh C. Cutler
1971 Pre-historic cucurbits from the Valley of Oaxaca. *Economic Botany* 25(2): 123–127.

Whitaker, Thomas W., Hugh C. Cutler, and Richard S. MacNeish
1957 Cucurbit materials from three caves near Ocampo, Tamaulipas. *American Antiquity* 22: 352–358.

White. Theodore
1953 A method of calculating the dietary percentage of various food animals utilized by aboriginal peoples. *American Antiquity* 18: 396–398.

Whitecotton, Joseph W.
1977 *The Zapotecs: Princes, Priests, and Peasants*. Norman: University of Oklahoma Press.

Wilkes, H. Garrison
1972 Maize and its wild relatives. *Science* 177: 1071–1077.

Willey, Gordon R.
1966 *An Introduction to American Archaeology.* (Vol.1)*: North and Middle America.* Englewood Cliffs. N. J.: Prentice-Hall.

Williams, Howel, and Robert F. Heizer
1965 Geological notes on the ruins of Mitla and other Oaxacan sites, Mexico. *Contributions of the University of California Archaeological Research Facility* 1: 41–54.

Wilson, Edward O.
1979 Comparative social theory. *The Tanner Lecture on Human Values*. University of Michigan, Ann Arbor.

Winer, B.J.
1962 *Statistical Principles in Experimental Design*. New York: McGraw-Hill.

Winterhalder, Bruce, and Eric Alden Smith (editors)
1981 *Hunter-Gatherer Foraging Strategies: Ethnographic and Archaeological Analyses*. Chicago: University of Chicago Press.

Witthoft, John
1967 Glazed polish on flint tools. *American Antiquity* 32(3): 383–388.

Wobst, H. Martin
1974 Boundary conditions for palaolithic social systems: A simulation approach. *American Antiquity* 39: 147–178.

World Health Organization(WHO)
1963 Expert Committee on medical assessment of nutritional status. *World Health Organization Technical Reports Series* 258. Geneva: World Health Organization.
1973 Protein and energy requirements. *World Health Organization Technical Reports Series* 522. Geneva: World Health Organization.

Wright, Henry T., and Melinda Zeder
1973 The simulation of a linear exchange system under equilibrium conditions. Paper presented at the Annual Meeting of the Society for American Archaeology, San Francisco. May 1973.
1977 The simulation of a linear exchange system under equilibrium conditions. In *Exchange Systems in Prehistory*, edited by Timothy K. Earle and Jonathan E. Ericson. New York: Academic Press. Pp. 233–253.

Wright, Herbert E., Jr.
1974 The environment of early man in the Great Lakes area. In Aspects of upper Great Lakes anthropology: Papers in honor of Lloyd A. Wilford, edited by Elden Johnson *Minnesota Historical Society Minnesota Prehistoric Archaeology Series* 11: 8–14.
1977 Environmental change and the origin of agriculture in the Old and New Worlds. *In Origins of Agriculture*, edited by Charles A. Reed. The Hague: Mouton Publishers. Pp. 281–318.

Yarnell. S. H.
1965 Cytogenetics of the vegetable crops IV: Legumes. *The Botanical Review* 31(3): 247–330.

Yellen, John E.
1977 *Archaeological Approaches to the Present: Models for Reconstructing the Past*. New York: Academic Press.

Zeigler, Bernard P.
1976 *Theory of Modeling and Simulation*. New York: John Wiley and Sons.

索引

（页码为本书的边码）

A

Acorns 橡子, 28, 40-41, 49, 52, 68-70, 74, 77, 80-87, 91, 97, 147, 151, 156, 178, 250-253, 256-268, 272-273, 294, 297, 299-301, 303-317, 323-329, 332-337, 339, 342-343, 346-347, 352-353, 356, 360-361, 364, 374-383, 387, 389, 392-394, 398-407, 426-431, 451, 470, 472, 474-476, 489-493, 503-504, 515, 517
Activity area(s) 活动区, 321-323, 328-367, 385-391, 393-423, 426-431
Activity cycle 活动周期, 407
Activity pathway(s) 活动过道, 323, 386, 391, 394-423, 426-431
Adaptation 适应
definition of 的定义, 453
parallel 平行, 453
Agave(agave, maguey) 龙舌兰, 23-24, 28, 46, 49-51, 75, 77, 80, 81-87, 91, 103, 112, 120-121, 139, 160, 163-165, 174, 178, 185, 203-204, 216-217, 221-226, 228-231, 250-253, 256-268, 272-273, 297, 299-301, 303-306, 308-317, 323-329, 336, 343-344, 348-349, 352, 354, 357, 360, 362, 367, 374-383, 387, 389, 392-394, 397-407, 426-431, 451, 470, 472, 474-476, 489-493, 515
Apodanthera 葫芦亚科, 7, 51, 266, 271, 275, 278-279
Aristotle 亚里士多德, 517-518

B

Beadle, George W. 乔治·比德尔, theories of 的理论, 7, 178
Beans 豆子, 3, 6-8, 15-17, 20, 24-25, 48, 51, 77, 81-87, 91, 220, 250, 252, 256-264, 266, 268-269, 272-273, 281-284, 299-301, 304-317, 323-329, 339-340, 343, 346, 348, 350, 352, 355, 357-358, 364-365, 367, 374-383, 387, 389, 392-394, 399-407, 426-431, 436, 451, 470, 472, 474-478, 480, 486-494, 498, 503-504, 506, 515-517
Binford, Lewis R. 路易斯·宾福德, theories and models of 的理论与模式, 10-11, 13, 17, 496, 503-504
Bottle gourd 瓢葫芦、葫芦, 3, 6-7, 17, 28, 81-87, 91, 178, 266, 272, 275, 277-279, 429-431, 477, 503-504, 515, 517
Broad-spectrum adaptation 广谱适应, 13-14, 16, 18
Butchering technique(s) 屠宰技术, 288, 290-291, 293-295

C

Cartesian product 笛卡尔乘积, definition of 的定义, 455
Causality 因果关系

Linear 线性, 19, 22
Multivariate 多变量, 16, 511, 518
"prime mover" 主动力, 19, 500
Cause(s) 原因
efficient 效率的, 517-518
evolutionary 进化的, 518
final 最后的, 517-518
Formal 形式的, 517-518
material 材料的, 517-518
proximate 直接的, 518
Celtis 朴树, 见 Hackberry 朴树果
Chipil 普米腊猪屎豆, 4
Chi-square measure 卡方测量, 389-390, 392, 398, 400, 403, 406
Climatic change(s) 气候变化, 3, 9-10, 16, 18, 21, 202, 494-498, 500, 503-504, 516-517
Coarse-grained change(s) 粗粒度变化, 486
Coarse-grained environment(s) 粗粒度环境, 504
Coefficient of variation 变异系数, definition of 的定义, 332
Coevolution 共同进化, 4-5, 12, 14-16, 18, 514-516, 518
Cohen, Mark Nathan 马克·科恩, theories of 的理论, 10-11, 13, 15
Collecting (Binford's definition) 集食（宾福德的定义), 11, 16-17, 40-42, 503-504, 514-516, 518
Collecting strategy (Reynolds's definition) 采集策略（雷诺兹的定义), 454-457
Concepts 概念, role of 的作用, 513-514, 516-518
Concordance statistic 一致性统计, definition of 的定义, 474
Cottontail rabbit(s) 棉尾兔, 28, 53, 77, 79, 87, 174, 239, 256-264, 286-295, 300-301, 307-317, 323-329, 339, 341, 345-346, 348, 351-352, 355, 357, 359, 364, 366, 374-383, 391-394, 399-407, 426-431, 502
Covering law(s) 普遍法则, 511-514
Cucurbita 西葫芦, 见 Cucurbits 西葫芦
Cucurbits 西葫芦, 3, 6-9, 16, 18, 48, 66, 77, 80-87, 91, 178, 186-188, 196, 216-217, 223-226, 228-231, 251-252, 256-264, 266, 271-279, 297-299, 304-306, 309-317, 323-329, 343, 345, 351, 357-358, 364-365, 367, 387, 389, 397-407, 427-431, 436, 440, 451, 472, 474-478, 486-494, 498, 502-504, 506-507, 515

D

Decision making 决策, 5, 20, 27, 439-448, 451-452, 454, 458, 462, 468, 477, 479-480, 486, 493, 498-499, 501-502, 516, 518-519
Centralized 集中的, 441, 445-446
consensus-based 基于共识的, 20, 441
pandemonium form 魔域形式的, 441, 445
Decision-making subsystem 决策子系统

统, 448, 454, 457, 516
Deer 鹿, 见 White-tailed deer 白尾鹿
Density equilibrium (model) 密度平衡（模式), 10-11
Dimensional analysis of variance 方差三维分析方法, 369-372, 385
Discriminant function(s) 判别功能, 180, 194-201, 233-238

E

Emergence 突现, 513
Emergent novelty 出现的新生事物, 513
Episode(Ascher and Clune's definition) 片段（阿舍和克卢恩的定义), 425

F

Feedback 反馈
negative 负反馈, 21-28, 468, 504
positive 正反馈, 18, 21-28, 468, 504, 516-517
Feedback cycle 反馈周期, 468-469, 475, 498-499
Feedback loop 反馈回路, 18, 21-28, 438, 468-469, 476, 501, 504-505, 513, 516
Feedback mechanism(s) 反馈机制, 513
Fine-grained change(s) 细粒度变化, 486
Fine-grained environment(s) 细粒度环境, 504
"Fitness" 适应 506, 518
Foraging (Binford's definition) 觅食（宾福德的定义), 11, 16-17, 40-42, 503-504, 514-516, 518
Ford, Richard I. 理查德·福德, theories and models of 的理论和模式, 14, 504

G

GEOG：CONTUR program GEOG：CONTUR 程序, 333-336, 357
Guaje 银合欢, 25, 34, 49-51, 53, 69, 75, 77, 81-87, 91, 185-186, 217, 256-259, 261, 266-269, 272, 297, 299-301, 304-306, 309-317, 323-329, 348, 350, 352, 355, 364-365, 366-367, 374-383, 389, 397, 399-407, 427-431, 451, 472, 474-476, 489-493, 502
G/Wi(bushmen) G/Wi 布须曼人, 450

H

Hackberry 朴树果, 53, 59, 68, 80, 81-87, 91, 178, 194, 203, 205, 214, 217, 223-226, 228-231, 250-253, 256-259, 265-268, 272-273, 290-291, 299-301, 303-306, 308-317, 323-329, 336, 339-340, 345, 348-349, 352, 354, 363-364, 367, 374-383, 387, 389, 391-394, 396-407, 426-431, 451, 470, 472, 474-476, 489-493, 503
Hassan, Fekri A. 费克里·哈桑, theories and models of 的理论与模式, 11-13, 16
Hearth(s) 火塘, 77, 80, 82, 85, 87, 343, 360, 364, 403-404,

426-427, 429-431, 514
Heiser, Charles B. 查尔斯·海泽, theories and models of 的理论与模型, 6-7
Heizer, Robert F. 罗伯特·海泽, methodological contributions of 的方法论贡献, 249-250
Historical narrative explanation 历史叙述的解释, 514, 516-517
Historical narrative theory 历史叙述理论, 514
Holland, John H. 约翰·霍兰, theories and models of 的理论与模式, 435, 440, 452-454

I

Incident 事情（Ascher and Clune's definition) 阿舍和克卢恩的定义 425
Information 信息（as a system variable）（作为一个系统的变量), 20-28, 385-386, 435, 437, 439-446, 462-463, 477, 493, 495, 499-500, 502, 504-505, 514, 516
Intentionality 意图、刻意性, 4-5, 14, 16, 18, 516-518

K

Keene, Arthur S. 亚瑟·基恩, linear programming analysis by 线性规划分析, 437
Kruskal's stress 克鲁斯卡尔压力, 393, 397-398, 401, 404, 408, 411, 415, 418, 420-423
K-selection K-选择, 504
! Kung (bushmen) ! 昆布须曼人, 6, 13, 449-450

L

Lagenaria 瓢葫芦, 见 Bottle gourd 瓢葫芦
Lathrap, Donald W. 唐纳德·莱斯拉普, theories of 的理论, 6
Linear programming 线性规划, 437-438, 502
Living floor(s) 居住面, 38, 42, 66-95, 97, 152, 160, 249, 253, 285, 288-295, 313-315, 323, 331, 346, 348, 360, 364, 367, 369-370, 372-382, 386, 390, 393, 397, 401, 406, 408, 425, 507
definition of 的定义, 81

M

MacNeish, Richard S. 理查德·麦克尼什, theories, methods and models of 的理论、方法与模型 6-7, 40, 67-68, 71, 503
Macroband 大游群, 39-42
definition of 的定义, 40
Maguey 龙舌兰, 见 Agave 龙舌兰
Maize 玉米, 6-7, 8, 48, 91, 178, 186, 220-222, 250, 436, 440, 477-478, 486-487, 489-493, 498-499, 503-507, 516, 见 *Zea* 玉米
Mangelsdorf, Paul C. 保罗·曼格尔斯多夫, theories of 的理论, 7
Maximization function 最大化功能, 445

索 引

Mayr, Ernst 恩斯特·迈尔, philosophical framework of 的哲学框架, 513-514, 518
Mesquite 牧豆, 25-28, 34, 36, 40-41, 52-53, 59, 69, 75, 77, 81-87, 91, 97, 147, 151, 156, 178, 185, 187, 189, 197, 203, 217, 220-226, 228-231, 250-252, 256-266, 269, 272-274, 294, 297, 299-301, 304-317, 323-329, 336, 338-339, 343-345, 352, 354, 357-358, 360, 363, 366, 374-383, 387, 389, 392-394, 399-407, 426-431, 451, 470, 472, 474-476, 487, 489-493, 502-506, 515
Mesquite Grassland 牧豆树草地, 36, 50-58, 178, 185-186, 189-194, 213-215, 246, 256-264, 294, 308-317, 328, 339, 343, 348, 350, 366, 374, 376, 382, 426, 449, 451, 456, 465, 470, 472-473, 478, 487, 490, 494, 496, 498-501, 503-504, 506
Microband 小游群, 23, 39-42, 97, 426-431, 435-436, 496, 501, 503, 511, 514
  definition of 的定义, 40
Middle-range theory 中程理论, 516-517
Model 模型
  "base" 基础, 440, 452, 456
  formal 形式的, 452-468
  "lumped" 合并的、集中的, 440, 452, 453, 477
  system(s) 系统, 见 Systems model 系统论模式
Moore, James A. 詹姆斯·穆尔, theories and models of, 20
Mud turtle 泥龟, 83, 87, 286-295, 300-301, 307-317, 323-329, 339, 341, 357, 359, 362, 364, 367, 374-382, 389, 391-394, 399-407, 426-431, 502
Multidimensional scaling 多维度测量, 155, 323, 390-392, 397-398, 400, 403-404, 406
Mutual-causal processes 互为因果的过程, 20, 22

N

Nanche(s) 针叶樱桃, 51, 75, 77, 81-87, 91, 251-252, 256-264, 266, 269-270, 272, 297, 299, 304-317, 323-329, 348-349, 352, 357, 360, 363, 367, 372-382, 387, 389, 392-394, 399-407, 426-431, 451, 470, 472-476, 489-493
Nearest-neighbor analysis 最近毗邻分析, 322, 385, 390
Nopales 仙人掌果嫩茎, 见 Opuntia; Prickly pear 仙人掌果

O

Occupation floors 居住面, 见 Living Floors
Operator(s) 运算符
  Mutation-type 变异型, 472
  Recombination-type 重组型, 472, 486
  Rescheduling 重新安排, 457-462
  Stochastic 随机的, 458-462, 478

Optimal foraging 最佳觅食, 20, 437-438, 501-502
Optimization 最佳化, 20, 437-438, 502
Opuntia 仙人掌果, 24, 28, 49-55, 81, 103, 165-168, 173-174, 256-261, 266, 270-271, 297, 299-301, 304-317, 323-329, 336-339, 348-349, 360, 362, 367, 374-383, 387, 389, 392-394, 399-407, 470, 472, 474-476, 489-493, 见 Prickly pear 仙人掌果
Overpopulation 人口过剩, 10-11, 17

P

Partition 划分、分割, definition of 的定义, 389
Partition distance 划分距离, 389-390, 392, 398, 406
Pearson's r 皮尔逊r矩阵, 323, 373, 390, 397, 401, 406, 413
Phaseolus 菜豆, 见 Beans 豆子
Pinon 矮松, 28, 77, 80-87, 91, 147, 169-170, 178, 217, 249-251, 261, 265-266, 272, 297-301, 303-306, 308-317, 323-329, 336, 338, 342-343, 346-347, 360-361, 367, 374-383, 387, 389, 392-394, 399-407, 426-431, 436, 447, 451, 470, 472, 474-476, 489-493, 503-504
Poisson distribution 泊松分布, 332, 369-370
Population growth 人口增长, 10, 12, 16, 18, 21, 436, 494-498, 500, 503, 504, 506, 516-517
Predicate 谓词
  configurational 构型的, definition of 的定义, 442
  distributional 分布的, definition of 的定义, 442
  translation-invariant 平移不变的, definition of 的定义, 443
Predicate scheme, 谓词方案, definition of 的定义, 443
Prickly pear 仙人掌果, 14, 16, 24, 28, 49-55, 77, 80-87, 91, 185, 216, 241, 250-252, 256-266, 272-273, 294, 297-301, 336-339, 343-344, 348-349, 351, 360, 362, 366-367, 387, 426-431, 451, 470, 472, 474-476, 489-493, 见 Opuntia 仙人掌果
Principal components(analysis) 主成分（分析）, 180, 195
Processing routines 处理的常规, 250-253
Prosopis 牧豆, 见 Mesquite 牧豆

Q

Q-mode analysis Q 型因子分析, 390-423

R

Rabbit 兔子, 见 Cottontail rabbit 棉尾兔
Range set 值域集, definition of 的定义, 455
Recurrence relationship(s) 重复发生的关系, 20, 22, 436, 513-514, 516
Reidhead, Van A. 冯·赖德海德, linear programming analysis by 线性

规划分析, 437
Resiliency, 弹性, 16, 437-438, 501-504, 514
Rindos, David 戴维·林多斯, theories and models of 的理论与模型, 4-6, 12, 14-16, 504, 515
R-mode analysis R 型因子分析, 390-416
r-selection r-选择, 504

S

Scheduling decisions 时间安排决策, 28
Scheduling policies 时间安排政策, 457
Setaria 狗尾草, 15, 17, 25, 323
Sexual division of labor 劳动的性别分工, 28, 323, 328, 366, 382, 384, 386-387, 405, 408, 426, 514-515
Shoshone 肖肖尼人, 40, 436, 447-449
Simulation 模拟
  Computer 计算机, 10, 18, 20-21, 316, 435-438, 440-441, 447-448, 492, 494-499, 501, 506, 512, 517
  incipient agricultural 初始农业的, 21, 436, 441, 477-493, 499-500, 515-516
  preagricultural 前农业的, 21, 435-436, 441, 451-452, 468-477, 498-499, 515
Site formation process(es) 遗址形成过程, 249, 425
Squash 南瓜, 见 Cucurbits 西葫芦
Standard deviation 标准偏差, definition of 的定义, 332
Steward, Julian 朱利安·斯图尔特, foraging model of 的觅食模型, 447-448
Storage feature(s) 储藏遗迹, 13, 73-74, 76-77, 82, 85, 90-91, 156, 339, 343, 346, 398, 407, 427-428, 514-515
Strategy 策略
  definition of 的定义, 见 Collecting strategy 集食策略
  dry-year 干旱年份, 477, 479, 495, 501-502, 504, 515
  general purpose 一般目的, 477, 479-480, 498
  resource-collecting 资源采集, 437, 448, 454-457, 478
  satisficing 满意的, 504-506
  wet-year 湿润年份, 473, 477, 479-480, 486-487, 495, 498-502, 504, 515
Susi 麻风树, 51, 55, 66, 77, 80-87, 91, 147, 156, 249-252, 256-264, 266, 269-270, 272-273, 294, 297-301, 304-306, 307-317, 323-329, 336-337, 343-344, 348, 350, 352-353, 356, 364-365, 367, 372, 374-383, 387, 389, 392-394, 399-407, 426-431, 451, 470, 472, 474-476, 489-493, 502-503, 506, 515-516
Symbiosis 共生、共栖, 5, 14, 16, 18-19, 513, 516, 518
System homomorphism 系统同态, definition of 的定义, 452-453
System(s) model(s) 系统论模型,

19-28, 438, 448, 501-506, 511, 514, 516
System(s) theory 系统论, 19

T

Task 任务, resource procurement 资源采办, definition of 的定义, 456
Tehuacán 特化坎, 3, 6, 8, 11, 13, 19-28, 34, 38-42, 67, 98, 101-120, 147-152, 157-160, 163-165, 171, 173-174, 176, 239, 272-274, 277, 285-286, 288, 303, 321, 439-440, 477, 503-504, 506, 512
Teosinte 墨西哥类蜀黍, 6-9, 16, 25-27, 79, 178, 203, 216, 228-231, 477, 见 Zea 玉米
Thomas, David Hurst 戴维·赫斯特·托马斯, computer simulation by 计算机模拟, 328, 332, 436, 447-448
Thorn Forest 荆棘林, 36, 49-56, 178, 185, 186, 188-193, 212-216, 221-222, 246, 256-263, 286, 288, 294, 308-317, 328, 366, 374, 376, 379, 382, 426, 449, 451, 456, 465, 470, 472-473, 478, 487, 490, 494, 499-501, 503-505, 516
Transition function 转变功能, 454, 463-466, 468 definition of 的定义, 454
Tunas 仙人掌果实, 见 Opuntia; Prickly pear 仙人掌果
Turtle 龟, 见 Mud turtle 泥龟
Two-sample test 双样品检测, definition of 的定义, 242

V

Variance-mean ratio 均方比, 332, 372-373
  method of computing 计算方法, 332
Variation 差异、变化、多样性
  Environmental 环境的, 14, 27, 42, 436, 495, 497-498, 503-504, 514
  Predictable 可预测的, 16, 259-261, 446, 504, 514
  Unpredictable 不可预测的, 16, 259-261, 446, 495-496, 504, 514-515
Voting groups 投票组, definition of 的定义, 443

W

White-tailed deer 白尾鹿, 28, 53, 79, 80, 87, 171, 239, 260-264, 286-294, 300-301, 307-317, 323-329, 339, 341, 343, 346, 348, 351-352, 355, 357, 359, 364, 366-367, 374-383, 389, 391-394, 399-407, 426-431, 437, 502-503, 506, 515-516

Z

Zea 玉米, 6-8, 25-27, 79, 178, 187-188, 196, 203, 205, 216, 223-226, 228-231, 477, 504, 见 Maize 玉米; Teosinte 墨西哥类蜀黍
Zeigler, Bernard P. 伯纳德·齐格勒, model-simplifying method of 的模型简化方法, 435, 440, 452, 467-468

译后记

本书是墨西哥圭拉那魁兹洞穴遗址的发掘报告，作者利用瓦哈卡河谷个案研究，检验采集经济向原始农业的转变，成为考古学理论与实践完美结合的典范。自1960年代起，圭拉那魁兹洞穴的发掘项目就闻名于世，当本书1986年在美国出版时，它成为考古学界翘首以盼的一部力作，也是作者在农业探源领域最为厚重的一部代表作。

圭拉那魁兹项目的主持人肯特·弗兰纳利是世界著名且才华横溢的美国考古学家，他在学生时代是罗伯特·布雷德伍德扎尔莫项目和理查德·麦克尼什特化坎项目的团队成员，这两个项目被公认为考古学从类型学转向生计聚落研究的里程碑，是考古学多学科探索的起点，也可以被看作是1960年代美国新考古学的先驱。弗兰纳利对美国过程考古学理论方法的拓展和完善居功甚伟，特别在将系统论方法应用于考古学阐释以重建古代人类生计和行为方面享有盛誉。因此，他在美国过程考古学的发展中自成一家，在农业起源、文明与国家起源方面都有独到的建树。

这本书对考古学理论、方法与实践的贡献在于：首先，它第一次将系统论应用于一个具体遗址的发掘和研究之中，并以严谨的演绎方法对农业起源的动因进行检验和阐释。将系统论和控制论引入考古材料分析，使得研究更加精细、更为定量和更具逻辑性，为缺乏严谨手段的考古研究提供了以变量分析模型来解释社会文化变迁的一种方法论。其次，本书的系统论分析使考古学家对因果关系解释的复杂性有了更清楚的认识。尽管参与该项目的研究者和作者多达10余位，但弗兰纳利出色的研究与阐释能力，使这项复杂与全面的研究始终保持契合与统一，每一章节都是整个研究的有机组成，丝毫不给人以零散之感，体现了弗兰纳利本人对科学方法的驾驭能力和学术才华。由于本书对考古学理论的原创性贡献，至今仍被奉为考古学的经典之作。此外，弗兰纳利本人执笔篇幅占全书80%以上，他文笔流畅、想象丰富。特别是本书的第33章，充分体现了作者的哲学思辨和浪漫情怀，使得本书极具启迪性和可读性。

作为这本书的后记，值得对农业起源的考古学探索以及圭拉那魁兹研究的背景做一番简要的历史回顾。因为农业起源是考古学探索的三大战略性课题之一，被柴尔德称为新石器时代革命，或改变人类经济的第一次革命。这个课题不仅是考古学所关注，也为其他学科的专家所思考。这种思索可以追溯到考古学诞生之前，比如早在1673年，英国政治家威廉·坦普尔（W. Temple）就曾提出，密度很高的人口会迫使人们辛勤的劳作。1843年，瑞典考古学家斯文·尼尔森（S. Nilsson）认为，人口的增长导致了斯堪的纳维亚从游牧向农业的转变。真正从考古发掘来探索农业起源，并提出农业起源动力的假设，则以美国地质学家和考古学家拉斐尔·庞佩利（R. Pumpelly）的研究为起点。从1903年开始，庞佩利团队对当时俄国中亚土库曼斯坦的安诺（Anau）遗址进行了发掘。他的绿洲理论被柴尔德进一步发挥而在旧大陆极其流行，并被认为是考古学过程论解释的早期代表，深刻影响到后续的农业起源研究。第二次世界大战后，在英国的经济学和美国生态学方法的激励下，农业起源的考古探索开启了新的征程。并以美国考古学家罗伯特·布雷德伍德团队1948—1955年的伊拉克扎尔莫项目和理查德·麦克尼什团队的墨西哥特化坎项目为代表。1966年，弗兰纳利启动了他自己设计的圭拉那魁兹洞穴发掘项目，以探索墨西哥南部高地的农业起源。这几个重大项目代表了美国考古学家前赴后继的探索精神，他们锲而不舍的开拓和创新将作为里程碑载入考古学史册。

一

安诺遗址与庞佩利的名字联系在一起。庞佩利是美国地质学家、矿物学家和探险家，他就读于弗莱堡矿业学院（Freiburg Mining Academy），毕业后成为亚利桑那州的一名矿业工程师。1861年，他应日本德川幕府的邀请，前往北海道进行地质考察，并在北海道大学传授采矿技术。1863年，庞佩利应中国北洋政府的邀请，参加中国的地质研究和煤矿勘探。1864—1865年他考察了戈壁沙漠和长江流域，之后取道蒙古和西伯利亚前往圣彼得堡。1866年他成为哈佛大学的教授，1905年任美国地质学会的主席。

庞佩利对安诺遗址的发掘深受他1863年对中国和蒙古的考察的影响，他对中国肥沃土地与蒙古贫瘠沙漠之间的强烈反差印象深刻。他从中国的地图上得知，戈壁沙漠有的地方被称为旱海，意味着这里过去很可能是很大的内陆湖,这使得他希望能够通过地质学和考古学的探索,来解决冰后期环境和人类适应的巨大变迁。

安诺遗址位于中亚土库曼斯坦的阿什哈巴德（Ashkhabad）附近,北部离伊朗边界不远。安诺遗址包括南北两座土丘,当地称为库尔干（Kurgan）,之前由俄国考古学家进行过发掘,出土了公元前3000年前彩陶以及人类栽培谷物和驯养动物的证据。1903年,庞佩利得到俄国政府的许可,在新成立的卡内基基金会赞助下,前往中亚寻找当地农业起源的最古老证据。

1903—1905年,庞佩利以近古稀之年率领第一支中亚科学考察队前往土库曼斯坦。该项目的研究成员组成了一支可谓最早的国际多学科团队,其中庞佩利本人研究地质环境及文化变迁,德国柏林皇家博物馆的资深考古学家赫伯特·施密特（Hubert Schmidt）对遗址进行地层学发掘和年代学研究,瑞士联邦理工大学植物学家舍伦贝格（H. C. Schellenberg）鉴定炭屑和谷物种子,柏林大学动物学家杜尔斯特（J. U. Duerst）研究遗址出土的动物化石,庞佩利的儿子韦尔斯·庞佩利（R. W. Pumpelly）从事地貌学和地文学研究,苏黎世人类学研究所的莫里森（T. Mollison）博士和体质人类学家塞尔吉（G. Sergi）研究出土人骨。此外,庞佩利还请其他专家分析了遗址出土的石器、陶器和金属工具的化学成分。值得一提的是,考古学家施密特是谢里曼的学生,曾参与谢里曼对特洛伊的发掘,整理和研究过特洛伊出土的藏品,并对欧洲和地中海的考古材料有精深的研究。庞佩利团队的先驱性工作建立了一种用考古材料研究农业起源的基本方法,1908年出版的安诺遗址两卷本多学科研究报告,其分析和论述的科学、细致和严谨,今天读来仍然令人叹服。

安诺遗址包括南北两个土丘,北侧土丘含有新石器时代和铜石并用时代的遗存（安诺Ⅰ和Ⅱ期）,而南侧土丘属于青铜和铁器时代（安诺Ⅲ和Ⅳ期）。安诺Ⅰ期（约前5000—前3300年）最下层约3米（10英尺）处只见野生动物的骨骼,表明主要依赖狩猎为生。该期后段出现了驯化的牛、猪和两种绵羊,表现为栽培与畜牧的一种混合经济。陶器手制,饰有几何花纹。安诺Ⅱ期（约公元前3300—前2800年）为安诺Ⅰ期晚段文化的延续,见有新的发明,出现了手制的灰陶。铜器比较流行,较大的工具都用金属制作,并引入了天青石和玛瑙。生计延续一种农业和畜牧的混合经济,但出现了新的驯化物种,包括山羊、骆驼、狗和短角羊。安诺Ⅲ期（约公元前2800—前2000年）为发达的

铜石并用时代,与土库曼斯坦的早期城市发展有关,技术和经济都有很大进步,铜器丰富,并采用铅和砷制作合金。刻有人、动物和几何花纹的石印章十分流行。大理石和雪花石被用来制作器皿和装饰品。绵羊和山羊成为主要的家畜。安诺Ⅳ期（约公元前900—前650年）保存很差,以约2.4米（8英尺）厚的侵蚀物质与安诺Ⅲ期分开,陶器和金属（铜器、青铜器及铁器）与中亚铁器时代的器物相当。

植物学家舍伦贝格根据安诺北侧土丘出土的炭屑、泥砖和陶片来鉴定植物遗存。他从炭屑鉴定出了双子叶灌木,可能是蔷薇科或豆科植物。他从一块8×6厘米的泥砖里发现了大量麦壳、麦芒和秸秆碎片,有的只是谷物的印痕和空腔灰烬,分别属于一种小型普通小麦（*Triticum vulgare*）和两棱大麦（*Hordeum distichum*）。此外,从发掘基准面以下约7.0—7.3米（23—24英尺）处出土的陶片羼料中也鉴定出麦子及其印痕,其中主要是两棱大麦,小麦很少。其他层位出土的陶片中也含有不等的麦粒印痕。

动物学家杜尔斯特分析了安诺遗址出土的动物群,发现安诺北侧土丘约公元前7800年的最下层位不见任何驯化动物,主要有野牛、野马、大角野山羊和羚羊。然后在离底部约3.7米（12英尺）的层位,出现了猪以及最早驯化的绵羊,其形态很像较早层位出土的大角绵羊。之后,这类绵羊的角变得越来越小。此外,牧羊犬和马也开始饲养。到安诺Ⅱ期,突然出现了新的驯化物种,包括骆驼、无角绵羊和短角山羊。该时期羊和猪数量增加,马的数量不变,但是牛明显减少,而骆驼的引入可能表明气候的变化。杜尔斯特讨论了德国学者穆克（J. R. Mucke）的理论,即狩猎者不可能驯养动物,反刍动物如牛和羊等的饲养应该晚于谷物的栽培。杜尔斯特指出,安诺最原始的人群的器物中不见箭镞等狩猎武器似乎证明了这点,虽然尚无法证明后一个观点,但是从安诺土丘的情况来看,家畜饲养者应该已经栽培谷物。

根据安诺遗址的出土材料,庞佩利提出一种"绿洲假说"来解释中亚的农业起源。他说,随着内陆湖泊和生存区域的缩小以及野生动物的减少,人类被迫聚集到残存的绿洲附近,并采取新的生存方式,他们开始利用当地的植物,其中包括生长在旱地和沙漠河口湿地的各种草籽。随着人口和需求的增长,人们学会了栽培这些草籽,通过有意或无意的选择,迈出了谷物驯化的第一步。

在1928年出版的《最古老的东方》（*The Most*

Ancient East）一书中，柴尔德采用了庞佩利的绿洲理论来解释西亚的农业起源。该理论在1927年由皮克（H. J. Peak）及弗勒（H. J. Fleure）合著的《时间的走廊》（The Corridors of Time）一书出版前不久就引起了大家的关注，后来，柴尔德对这个理论做了进一步发挥来解释农业在美索不达米亚的起源。但是在1928年，认为粮食生产首先在西南亚起源的说法尚未得到支持，这个理论后来成为布雷德伍德于1948年启动伊拉克扎尔莫项目的主要动机。

二

1948—1955年，罗伯特·布雷德伍德的扎尔莫项目意在了解近东从旧石器时代晚期向新石器时代的转变，检验柴尔德有关农业起源的绿洲理论。扎尔莫遗址位于伊拉克北部恰姆恰马勒（Chemchemal）镇附近的库尔德山（Kurdish hills），该遗址由伊拉克文物管理局发现，主要为前陶期的一处遗址，而且看来已经明显定居。布雷德伍德之所以对扎尔莫深感兴趣，是因为它刚好位于近东"新月沃地"侧翼的丘陵地带，这片高地有足够的降雨而无需灌溉，是非常适合驯化动植物野生祖先活动的栖息地。他认为，在这些驯化种祖先生活的地方应该可以找到最早农人和牧民的考古遗存。布雷德伍德在学生期间深受柴尔德后更新世农业革命理论的影响，对这一问题非常着迷，认为这是考古学迫切需要加以论证和填补的空白。

1932年和1933年，布雷德伍德从密歇根大学分别获得学士和硕士学位，之后受聘于芝加哥大学东方研究所，从1933年作为一名田野助理，在阿穆克（Amuq）遗址为东方研究所的叙利亚探险队工作，1938—1942年在芝加哥大学远东语言与文学系的亨利·法兰克福（Henri Frankfort）教授指导下获得博士学位。1945年，布雷德伍德成为东方研究所和人类学系的考古学教授，直至他1978年正式退休。

"二战"结束后，布雷德伍德希望重返叙利亚。当时因为伊拉克的政局要比叙利亚稳定，比较适合长期的田野考古工作，于是他在1948年启动了伊拉克北部的扎尔莫项目，其中包括发掘两处较早的遗址，一处是帕勒高拉（Palegawra）岩棚，另一处是旷野遗址卡里姆·沙赫尔（Karim Shahir）。1950—1951年的田野工作由布雷德伍德的同事布鲁斯·豪（Bruce Howe）和地质学家赫伯特·赖特（Herbert Wright）加盟，然而1954—1955年的田野季节，在美国国家基金会的赞助下，布雷德伍德得以组织起第一支多学科团队来探索近东的农业起源。除了地质学家赖特以外，这个团队还包括丹麦古植物学家汉斯·赫贝克（Hans Helbaek）、动物学家查尔斯·里德（Charles Reed）、陶器年代学与放射性碳断代专家弗里德·马特森（Fred Matson），以及包括他妻子琳达·布雷德伍德（Linda Braidwood）和布鲁斯·豪在内的四位考古学家和四位营地主管。

扎尔莫项目的研究确认，石镰、切割工具和碗等加工和储藏食物的工具证实了农业活动的存在。扎尔莫村民种植单粒小麦和二粒小麦，一种原始的大麦和小扁豆。他们的食谱还包括许多野生物种，如豆、橡子、长豆角籽、开心果和野生小麦。驯化动物有羊、绵羊和狗，猪的驯化稍晚，并伴随着最早陶器的出现。

1958年夏，由于伊拉克政局动荡，扎尔莫团队移师伊朗，改称伊朗史前考古项目。1959—1960年，年轻的伊朗考古学家埃扎特·内加班（Ezat Negahban）加盟，他在1950年代初是东方研究所的研究生。考古队在伊朗几处地点同时展开发掘，并在数个村落展开民族考古学调查。在扎格罗斯山区几处湖泊进行的孢粉学研究取得了重要进展，分析结果彻底改变了对全新世气候和环境的认识，不仅是新月沃地，甚至包括整个近东。

1963年，布雷德伍德和土耳其伊斯坦布尔大学史前学系的哈蕾特·坎贝尔（Halet Çambel）教授组建了史前考古合作项目，在土耳其东南部展开田野工作，将重点放在一处重要的大型村落遗址卡约努（Çayönü）上。该遗址要比扎尔莫还早几百年，但是在建筑和人工制品组合上更加独特。布雷德伍德和坎贝尔在卡约努的工作一直延续到1989年坎贝尔退休，她的一位学生、伊斯坦布尔大学的梅米特·厄兹多干（Mehmet Özdogan）教授接任合作项目的领导工作。

扎尔莫项目及后续的近东田野考古是布雷德伍德自密歇根大学学生时代开始就孜孜以求的一个梦想，并毕其一生的努力来探索柴尔德有关农业革命的真谛。柴尔德提出，西亚的农业革命为美索不达米亚的城市革命和文明起源奠定了基础，而布雷德伍德则用考古发掘来解决这两次革命是在何时、何地、如何及为何发生的。虽然布雷德伍德团队在伊拉克、伊朗和土耳其的工作并没有为这些问题提供最终的答案，但是他们的研究至少证明了绿洲理论并不成立，从而激励了全世界的考古学家来共同探索这个战略性课题，由此大大推动了考古学理论、方法的进步以及对人类历史这两件革命性事件的了解。

伊朗史前考古项目的另一重要成果是由两位团队新成员弗兰克·霍尔（Frank Hole）和肯特·弗兰纳利取得的，他们当时是布雷德伍德的学生，自1961年起在伊朗西南部德赫洛兰（Deh Luran）平原启动了他们自己的研究。弗兰克·霍尔和肯特·弗兰纳利对德赫洛兰阿里科什（Ali Kosh）遗址的三年发掘，提供了早期农业和动物饲养的证据。他们为农业起源研究作出了突破性贡献，这就是率先采用浮选技术来提取肉眼无法发现的碳化植物种子和微小动物化石。在第一年野外发掘季结束后，弗兰纳利认为阿里科什的植物遗存很少，基本没有农业的迹象。在后来两年里，他们采纳了考古学家斯图尔特·斯特鲁弗（Stuart Struever）的建议，对发掘的泥土进行浮选，从遗址各文化层中发现了40 000多颗种子，提供了该遗址惊人完整的植物利用史，显示了二粒小麦和二棱大麦的利用的日趋重要性，以及灌溉对农业所发挥的作用。植物学家汉斯·赫贝克分析了阿里科什三个居住期出土的种子，证实它们是近东最早和最丰富的农业生计证据，尽管就目前所知，近东其他地方动植物的驯化比阿里科什更早。浮选法为史前的植物考古研究带来了革命性的影响，为农业起源研究奠定了技术和方法论的坚实基础。

三

特化坎河谷位于墨西哥城南面约241千米（150英里）的普埃布拉州（Puebla）南部和瓦哈卡州最北端的墨西哥高地中心。由于年降水量低于600毫米，所以非常干旱，适合有机物的保存。1960年，麦克尼什考察了特化坎河谷，在科斯卡特兰附近的一处岩棚的探坑中发现了原始玉米棒。这令他感觉已经找到了梦寐以求的地点。在国家科学基金会和洛克菲勒基金会的资助下，麦克尼什启动了特化坎植物考古学项目，组织起一个多学科团队。除了考古学家之外，他邀请了6位植物学家分析植物，2位专家研究灌溉，他的研究生肯特·弗兰纳利研究动物遗骸。

在前三年的勘察中，麦克尼什团队发现了392处史前遗址，包括临时营地和城市废墟。他们对其中30处遗址进行了探掘，其中的12处遗址揭示了很厚的地层堆积，从这些地层堆积中分辨出140处居住面。这12处遗址中5处是旷野遗址，7处为洞穴和岩棚遗址。麦克尼什在谈及特化坎项目的目的时说，农业的发展是村落和城市生活的基础。如果能够在中美洲找到农业起源特别是玉米驯化的证据，那么我们就能够了解中美洲文明是在哪里和如何起源的。

从1961年到1968年，特化坎项目揭示了从古印第安时期到西班牙征服时期长达12 000年的连续文化发展序列。与布雷德伍德在伊拉克尔莫项目一样，特化坎项目证明了农业在新旧大陆起源比柴尔德推测的要早，而且生计转变过程也更为缓慢。1949年，麦克尼什在芝加哥大学获得博士学位。同年，他从正在发掘的墨西哥东北部塔毛利帕斯山遗址的文化层里发现了几千年前的原始玉米棒。这一发现激励他将探索新大陆农业起源作为自己毕生的事业，这项发现也令他意识到多学科交叉方法在断代和信息提炼方面的重要性。于是，他在特化坎项目中邀请考古学科之外的专家参与发掘，利用所有相关科学领域的技术来共同分析这些遗址的出土材料。

由于特化坎河谷极为干旱，所以5个洞穴中55个居住面上的所有东西都保存了下来，统计和编目的标本数量达75万件，包括食物、粪便、易朽的人类遗骸和人工制品。这些材料不仅有助于重建古代先民的生活方式，而且能够为生计、食物习惯、食谱、葬俗、祭祀、气候变化，甚至洞穴栖居的季节提供大量的证据。

麦克尼什将特化坎河谷的文化序列分为七个时期。最早的是阿惠雷亚多期，约公元前10000—前7200年，这一时期主要以小游群为代表的狩猎采集经济，该期早段狩猎和诱捕目前已经绝灭的动物如马和羚羊，后段则是现生的小型动物，如兔子、囊地鼠、老鼠和龟。花粉和动物群表明，更新世末的气候要比今天稍冷，并比较湿润。植被主要为旱生类型，但是不像现在的特化坎河谷，而是一种牧豆树草地景观。工具主要为打制石器，以两面加工的刀和尖状器、端刮器、雕刻器以及粗糙的柱状石核和石叶为代表。不见磨制或碾磨石器。

后续是古代期的埃尔列戈期，相当于旧大陆的中石器时代，约公元前7200—前5200年。这一时期人群的生计延续之前的狩猎采集，人口有所增加。栖居形态也有变化，分为以家庭为单位的小游群旱季营地，和延伸家庭组成的雨季大营地。该时期的先民可能经常利用后来被驯化的植物，如西葫芦、辣椒、鳄梨，并可能采集和食用野生玉米，还有棉花。打制石器包括多种两面尖状器或矛头，许多大型的平—凸刃刮削器和砾石砍斫器。仍然制作和使用前一时间的石叶、雕刻器和端刮器，但是大量出现磨制石器和敲琢器，石杵和石臼尤其丰富。并首次发现编织的网、篮子和飞镖。该时期最重要的发现是存在人牲的丧葬形式，老人、儿童和女性尸体和头骨有被焚烧、烘烤和敲碎的痕迹，表明信仰和仪式的复杂化。

接下来的科斯卡特兰期约公元前5200—前3400年。这个时期的人群延续以前的生计，早段利用野生玉米、辣椒、鳄梨和瓢葫芦，中段利用苋菜、豆子和西葫芦，并见证了植物驯化的开始。石器工具包括各种打制的两面尖状器和矛头、制作较为标准的石叶，还有新式的刮削器和砍斫器。真正的石磨盘和磨棒取代了石杵和石臼。该时期随着对农业依赖的加大，萨满在栽培、收获和生死仪式的活动中的作用日益增大。

再后面的阿贝哈斯期约公元前3400—前2300年。该期的栖居形态发生了巨大变化，出现了坑穴屋（pit house）。洞穴仍然被小游群用作旱季营地，河谷阶地则是大游群的营地，由5—10个坑穴屋组成，有的看似全年栖居。这种定居因粮食生产更为有效而成为可能，除了以往利用的动植物外，增加了驯化的刀豆、南瓜、含墨西哥类蜀黍基因的杂交玉米。人们也利用棉花，并驯化了狗。尽管有这些驯化物种，但是人类粪便分析表明，他们的食谱的70%仍然依赖野生动植物。人工制品变化不大，但也出现了一些新的类型如石碗、石锅、黑曜石长石叶等。该时期代表了墨西哥的"新石器革命"，但是人口并没有明显增加。

下面的普隆期约公元前2300—前1500年。该时期的重要发现是出土了早期三排颗粒的玉米棒和非常粗糙的模仿石碗和石锅形制的陶片。虽然这是中美洲最早的陶器，但可能受到了其他地区更早陶器的影响。该时期的生计、栖居形态和社会结构与前期基本相同。

后续的阿哈尔潘期（Ajalpan）约公元前1500—前900年。该期的先民已是完全的农人，他们种植早期的杂交玉米、西葫芦、南瓜、瓢葫芦、苋菜、豆子、辣椒、鳄梨和棉花等，住在木骨泥墙茅舍的村寨里，大约100—300人。没有祭祀建筑。存在的女性塑像和女性富墓，可能暗示了母系的社会结构。石器生产延续以前的式样，但是制作的素面陶器质量改善。

圣塔玛利亚期（Santa Maria）约公元前900—前200年。这时期的先民是全职农人，利用以前所见的各种植物，但是产量更高，可能开始采用了灌溉技术。出现了一些新的打制和磨制石器，陶器制作良好，多为单色的白陶或灰陶，少数为双色陶。该时期中美洲开始分为两个单位，各自有独特的文化发展。一是低地的刀耕火种农业，二是高地的灌溉农业，继而发展

出城市文明，特化坎河谷属于后者。

帕罗布兰科期（Palo Blanco）约公元前200—公元700年。该时期人群都是全职农人，系统利用灌溉。除了以前的作物外，开始栽培西红柿、花生、利马豆，并且驯化了火鸡。人们住在木骨泥墙房屋的村寨里，出现了祭祀中心，比如位于山顶的石筑金字塔、广场、球场和其他建筑。该时期可能是瓦哈卡河谷蒙特阿尔班II期的扩展，国家形成，是中美洲的古典期。

最后的文塔萨拉达期（Venta Salada）约公元700—1540年。该时期为西班牙征服期。当时的经济为灌溉农业，并与各地区存在广泛的商贸往来，当地制盐和棉花产品是用于出口的物产。政治上，河谷内已经分成一系列小型的王国，每个王国都有城市中心，农民居住在周围的村寨里。他们制作彩陶、各种棉花植物、树皮布、打制石器和箭镞。

特化坎河谷的研究表明，新大陆农业、定居、磨制石器和陶器生产的起始时间并不同步。从埃尔列戈期开始，驯化植物到阿贝哈斯期定居村落的出现大概用了5 000年的时间，但那时人类的食谱主要还是依赖野生资源。陶器出现比定居要晚1 000年，而真正的农业经济还要晚1 000年左右。

四

弗兰纳利提到，他的圭拉那魁兹项目是布雷德伍德扎尔莫项目和麦克尼什特化坎项目的延续，没有这两位先驱性的工作，这项研究无从谈起。他发掘圭拉那魁兹的目的在于检验有关农业起源的理论，其中包括气候变化说、人口压力说、广谱适应说、共同进化说，还有就是他自己的多变量模型。他的团队包括考古学家、地质学家、生态学家、植物学家、孢粉学家、动物学家、营养学家、石器专家和电脑模拟专家。在分析中，弗兰纳利采用了自己擅长的系统论方法，借助电脑模拟来检验各种变量的互动，以了解农业如何起源的问题。

对圭拉那魁兹获得的炭屑进行的放射性碳测定结果表明，其前陶期居住面从大约公元前8750年延续至前6670年。公元前8750年这个年代，对不同层位出土花粉样品的分析，提供了荆棘、橡树和松树等当地植被波动的变迁序列，以及大约从公元前8000年以降利用栽培植物的可能，并伴有从该序列开始就存在的野生植物资源的采集。

出土的小动物群如啮齿类、鸟类、蜥蜴和陆生蜗牛与当地现生代表做了比较，以求了解前陶期的环境，

除了人为引起的变化外,那时与今天并无很大差别。因此,现在的景观可以用来对古代情况做出解释。出土的可鉴定植物遗存超过21 000件,主要是橡子、龙舌兰、豆荚和豆子,还有其他十几种数量较少的物种。因此,尽管有各种可食植物可获,但是先民只选择少数几种作为主食。橡子很可能在秋季采集后被储存起来,以便食物短缺时利用。因为此地生活的一个主要特点是,可获得的不同食物有极大的季节性差异。研究发现,每层植物遗存反映了从几平方米到数百平方米面积的收获。

遗址里出土的一些西葫芦籽,从形态上看已驯化,用加速器质谱法直接断代为10 000—8 000年前,这要比中美洲其他驯化物种如玉米和豆子等早了数千年。圭拉那魁兹出土的两件玉米棒子,用加速器质谱法得到的年龄在6 000年前。至少有360可鉴定骨片来自作为食物狩猎和陷阱捕捉的动物。它们用骨片数量和最少个体数进行了统计。主要肉食资源来自白尾鹿和棉尾兔等。

从前陶期地层中出土了1 716件打制的石制品,至少有1 564件不见任何加工。这意味着,大部分石制品不做进一步加工就被直接使用。几乎每层活动面上都见有剥片的证据——石核。仅见7件矛头,考虑到动物骨骼的证据,表明在洞穴居住季节,狩猎并非主要活动。边刮器和石刀很可能被用于屠宰和皮革加工。对石料来源的调查显示,大部分石器所用的粗糙石料在几千米之内可获,质量较好的燧石偶尔要从25—50千米外获取。

大部分碾磨石估计与植物加工有关。一些编织物如网、篮子和绳索也残存下来,还发现少量木器、茅草或仙人掌,包括取火和器物装柄的材料。圭拉那魁兹的采集区分析表明,植物食物需要5—15公顷以上的面积;鹿至少要17公顷;优质石器原料来自50千米以外。

圭拉那魁兹研究的一个创新之处是,根据材料最丰富的四个居住面出土的、包括石制品和动植物遗存在内的17种主要废弃物的空间分布,电脑专家罗伯特·雷诺兹设计了一个程序,模拟一个四口之家分别在干旱和湿润年份里可能采取的觅食策略。模拟表明,该模型群体的觅食策略与遗址出土材料所反映的特点基本吻合。在干旱季节,采集群的觅食策略比较保守,而在多雨年份会尝试西葫芦和菜豆的栽培,动机主要是减少觅食的步行代价。模拟进而调整变量,比如分别让气候变得更干或更湿润、气候保持不变、人口增加,结果发现这些因素变化都没有加快农业发展的过程。因此弗兰纳利认为,农业起源是一种无意识的偏差放大过程,并不存在气候或人口压力的驱动因素。

五

从安诺遗址到圭拉那魁兹的发掘和研究,体现了以问题为导向的农业起源探索。庞佩利从气候变迁来解释农业起源,提出了绿洲理论的解释。该理论被柴尔德充分发挥而极其流行,这个假说激励布雷德伍德组织扎尔莫项目来对其进行检验。该项目研究的结果并不支持绿洲理论。花粉证据表明,西亚的农业起源于一种与现在气候相同、仅有10%地表适于旱地农业的地区。那里从未有过丰沛的降雨和茂盛的植被,以及在冰后期发生干旱的情况。

麦克尼什在特化坎进行的农业起源探索则发现,新石器时代的农业起源并非一场革命,而是极为漫长的生计转变,中美洲史前人群对驯化作物的依赖从5%增加到75%,整整花了七千年的时间。弗兰纳利对圭拉那魁兹的研究证明,在植物栽培开始的前陶期,瓦哈卡河谷人口很少,食物资源丰富,并没有明显的人口压力。因此,人口压力并不能解释中美洲的农业起源。

弗兰纳利强调,要想发现最早驯化的玉米棒子或体现其他重大突破的最早发明是徒劳的。农业起源从"如何"起源来研究比较合适,而探索"为何"起源的问题,则带有目的论的缺陷。农业起源漫长的过程说明,这完全是一种无意识和无目的的随机渐变过程,而且影响该过程的因素和互动极其复杂,无法用简单的因果关系来找到驯化的动力机制。弗兰纳利采用系统论来探索这个问题,将中美洲前陶期的觅食系统分为七个子系统,古代游群以时间安排的策略来对这些觅食子系统进行调节,这些子系统相互依赖,彼此影响,维持着系统的运转。然后他从正反馈和负反馈来观察系统的运转,负反馈对外界的波动和影响进行自我调节,从而保持系统的平衡。而正反馈会引起整个系统不可逆转的变化。野生资源会因季节性和干湿年份出现波动,觅食者则以"抵消偏差"的负反馈来维持系统的正常运转。之后,或因某种资源减少,或因某些资源采办成本较高,人们无意识对某些植物进行干预,导致了某些植物如西葫芦、玉米和豆子的遗传变异。比如玉米棒变大、颗粒变多或豆荚变软,产量增大或易于收获。于是,人们逐渐加大对这些植物的依赖。某个采办子系统发生了变化,最终导致整个觅食系统发生不可逆转的正反馈，作物栽培开始启动。因此，弗兰纳利指出，农业起源或其他任何发明创新，都是以偏离原先形态的一种偶然和微不足道的方式发生，以至于难以察觉其端倪。因此考古学的真谛在于探究放大这类微小的偏差在引起史前文化重大变迁中的作用和因果关系。

我国农业起源研究正处在草创阶段，多学科的交叉也在逐渐展开。回顾美国考古学家在农业起源的探索历程，以及了解弗兰纳利在圭拉那魁兹研究中提出的问题和解决办法，可以帮助我们在农业起源中提出和检验自己的阐释理论，采用多学科手段来提炼信息和分析各种变量，为解决水稻和小米的起源问题作出自己的贡献。

本书另外一个重要意义是为我们提供了一个如何撰写考古发掘报告的典范。我国目前大部分的考古报告是介绍和罗列出土材料，很少发表材料分析和信息提炼的结果，更不要说做出历史重建的阐释了。本书提供了当代考古学研究的一体化范式，这就是在发掘之前就要确立需要解决的问题，并有明确的理论指导或检验假设的预期。然后以问题为导向寻找发掘地点，并为解决这些问题设计研究的方法和路径，据此组织参与研究的多学科团队。具体发掘严格按照问题，有目的地采集所需的各种材料和样品，以便进行后续的定性和定量分析与比较。最后，对动植物、花粉、生态环境、气候、人工制品、营养学等多学科分析的结果加以整合，以观察从早到晚采集群的适应策略与历时变化是否与某种驯化的触发因素相关。令人印象深刻的是，弗兰纳利还用电脑模拟来观察某理想采集群觅食系统各种变量的互动，将静态的考古材料变成了各子系统之间保持平衡与放大偏差的过程分析，并以此作为考古材料解释的参照与验证。因此，本书为真正的科技考古和考古学理论阐释提供了值得借鉴的模式。只有如此，考古学才能真正胜任历史重建的工作，并达到探索社会发展规律的境界。

陈　淳
2019年1月

附记：《圭拉那魁兹》是一本多学科交叉的考古发掘报告，共有22位专家参与研究并撰写相关章节的内容，不但体量很大，而且专业跨度也很大。因此，中文翻译也有相当的难度。本书各章节的翻译是这样分配的，陈淳承担序、再版前言、中文版自序，第2、3、4、6和33章的翻译；陈虹承担第5、7到14章的翻译；董惟妙承担第15、17、19到21和24章的翻译；董宁宁承担第16、18、22和23章的翻译；殷敏承担第25到28章的翻译；韩婧承担第29到32章的翻译；潘艳翻译了第1章，并帮助提供了部分植物学名称的中译。本书第34章的西班牙文摘要以及本书西班牙文地名和人名是由徐昭宇先生帮助翻译的。全书中译由陈淳校对和最后统稿。

图书在版编目(CIP)数据

圭拉那魁兹:墨西哥瓦哈卡的古代期觅食与早期农业/(美)肯特·弗兰纳利主编;陈淳等译.—上海:上海古籍出版社,2019.6
ISBN 978-7-5325-9265-4

Ⅰ.①圭… Ⅱ.①肯… ②陈… Ⅲ.①农业考古—墨西哥 Ⅳ.①K887.31

中国版本图书馆CIP数据核字(2019)第121288号

Guilá Naquitz: Archaic Foraging and Early Agriculture in Oaxaca, Mexico Updated edition / Edited by Kent V. Flannery / ISBN: 1-598-74470-4

Copyright © 2009 by Kent V. Flannery

Authorized translation from English language edition published by the Left Coast Press, part of Taylor & Francis Group; All Rights Reserved. 本书原版由Taylor & Francis出版集团旗下, the Left Coast Press出版,并经其授权翻译出版。版权所有,侵权必究。

Shanghai Chinese Classics Publishing House Co., Ltd is authorized to publish and distribute exclusively the **Chinese (Simplified Characters)** language edition. This edition is authorized for sale throughout **Mainland of China**. No part of the publication may be reproduced or distributed by any means, or stored in a database or retrieval system, without the prior written permission of the publisher. 本书中文简体翻译版授权由上海古籍出版社独家出版并仅限在中国大陆地区销售,未经出版者书面许可,不得以任何方式复制或发行本书的任何部分。

Copies of this book sold without a Taylor & Francis sticker on the cover are unauthorized and illegal. 本书贴有Taylor & Francis公司防伪标签,无标签者不得销售。

外国考古学研究译丛

圭拉那魁兹
墨西哥瓦哈卡的古代期觅食与早期农业

[美]肯特·弗兰纳利　主编

陈　淳　陈　虹　董惟妙　董宁宁
殷　敏　韩　婧　潘　艳　译

上海古籍出版社出版发行
(上海瑞金二路272号　邮政编码200020)
(1)网址: www.guji.com.cn
(2)E-mail: gujil@guji.com.cn
(3)易文网网址: www.ewen.co
上海天地海设计印刷有限公司印刷
开本787×1092　1/16　印张29.75　插页5　字数956,000
2019年6月第1版　2019年6月第1次印刷
ISBN 978-7-5325-9265-4
K·2668　定价: 148.00元

如有质量问题,请与承印公司联系